ESAT

이랜드그룹 인적성검사

시대에듀

2025 최신판 시대에듀 이랜드그룹 ESAT 인적성검사
8개년 기출 + 모의고사 5회 + 무료이랜드특강

Always **with you**

사람의 인연은 길에서 우연하게 만나거나 함께 살아가는 것만을 의미하지는 않습니다.
책을 펴내는 출판사와 그 책을 읽는 독자의 만남도 소중한 인연입니다.
시대에듀는 항상 독자의 마음을 헤아리기 위해 노력하고 있습니다. 늘 독자와 함께하겠습니다.

머리말 PREFACE

이랜드그룹은 1980년 잉글런드를 오픈하여 당시 양분화되어 있던 캐쥬얼 의류의 유명브랜드와 시장제품의 장단점을 취합하여 저렴한 가격으로 소비자에게 신뢰를 줄 수 있는 제품을 기획하였고, 의류업계 최초로 프랜차이즈 시스템을 통해 시간과 장소에 구애받지 않는 동일한 이미지를 구축하여 브랜드의 신뢰도와 인지도를 높였다. 이랜드그룹은 30여 년간 쌓아온 패션 · 유통업계의 노하우와 Off-line 인프라를 바탕으로 On-line 분야에 대한 지속적인 투자를 통해 새로운 '이랜드 신화'를 이룩하고 21세기를 대표하는 지식경영회사로 자리매김하고 있다.

이에 따라 이랜드그룹은 채용 절차에서 지원자들이 업무에 필요한 역량을 갖추고 있는지 평가하기 위해 인적성검사를 실시하여 맞춤인재를 선발하고 있다.

이랜드그룹의 인적성검사인 ESAT는 기초인재검사와 직무적성검사, 상황판단검사, 인재유형검사로 구성되어 있다. 미리 문제 유형을 익혀 대비하지 않으면 자칫 시간이 부족하여 문제를 다 풀지 못하는 경우가 많다.

이에 시대에듀에서는 이랜드그룹에 입사하고자 하는 수험생들에게 좋은 길잡이가 되어주고자 다음과 같은 특징을 가진 본서를 출간하게 되었다.

도서의 특징

❶ 8개년(2024~2017년) 기출복원문제를 수록하여 최근 출제경향을 한눈에 파악할 수 있도록 하였다.

❷ 영역별 대표기출유형과 기출응용문제를 수록하여 단계별로 체계적인 학습이 가능하도록 하였다.

❸ 최종점검 모의고사 3회분과 온라인 모의고사 2회분을 제공하여 실전과 같은 연습이 가능하도록 하였다.

❹ 인성검사와 이랜드그룹 실제 면접 기출 질문을 수록하여 한 권으로 이랜드그룹 채용 전반에 대비할 수 있도록 하였다.

끝으로 본서를 통해 이랜드그룹 입사를 준비하는 여러분 모두에게 합격의 기쁨이 있기를 진심으로 기원한다.

SDC(Sidae Data Center) 씀

◇ **경영이념**

이랜드가 가장 소중하게 지켜온 **가치이자 신념**

벌기 위해서가 아니라 쓰기 위해서 일한다.

기업은 반드시 이익을 내야 하고, 그 이익을 바르게 사용해야 한다.
지속적으로 수익을 낼 뿐 아니라, 순수익의 10%는 사회에 환원한다.

돌아가더라도 바른 길을 가는 것이 지름길이다.

기업은 이익을 내는 과정에서 정직해야 한다.
빛과 소금의 선한 영향력을 끼치며, 바른 성공 모델을 만든다.

직장은 인생의 학교이다.

일하는 과정에서 배우고, 그 과정도 우리의 목표이다.
성숙한 인격과 탁월한 능력을 갖춘 바른 지도자를 양성한다.

만족한 고객이 최선의 광고이다.

기업은 고객을 위해 운영되어야 한다.
기업은 모든 고객과 사회 전반에 플러스를 남겨야 한다.

◇ **기업문화**

빠른 성장과 정직한 비즈니스의 기회

빠른 성장의 기회

이랜드그룹은 직원들에게 다양하고 수준 높은 교육의 기회를 제공하고 더불어 3×5 CDP 제도를 통해 청년 글로벌 CEO를 배출해 내고 있다.

업계 최고의 보상 제도

이랜드그룹은 2011년 창립 30주년을 맞이하여 업계 최고의 급여 제도를 발표하였다. 기본급, 업적급, 성과급으로 구성된 성과 연봉제도는 이랜드그룹의 우수한 인재들에게 또 하나의 프라이드가 되고 있다.

품격 있는 기업문화

이랜드그룹은 창업 초기부터 송페스티벌, 전 가족수련회, 전 직원 체육대회, 김밥 송년회 등 다양한 문화활동을 지속해 왔다. 문화활동을 통해 우리가 하는 일의 의미를 되돌아보고, 가정에 감사를 표현하는 시간을 갖고 있다.

높은 기준의 윤리경영

정직은 이랜드그룹의 경영이념의 첫 번째이다. 이랜드그룹은 높은 윤리경영 기준을 가지고 직원들이 양심을 지키며 일을 할 수 있도록 하고 있다.

다양한 기회의 제공

이랜드그룹은 패션, 유통, 호텔레저, 외식, IT, 건설 등 다양한 비즈니스뿐 아니라, 복지재단과 같은 사회사업을 운영하고 있다. 직원들은 사내공모 제도를 통해 산업과 직무의 기회를 가질 수 있다.

2024년 하반기 기출분석 ANALYSIS

2024년 하반기 ESAT는 상반기와 비슷한 유형과 난도로 출제되었다. 전반적인 출제 수준은 평이하며 언어비평검사 영역 독해 유형의 경우, 짧은 시간 내에 풀기에는 길이가 긴 지문이 나오기 때문에 주어진 시간을 잘 활용하는 것이 중요하다. 또한 오답을 하나하나 걸러내는 전략보다는 의심할 여지가 없는 명확한 정답을 선택하고 바로 다음 문제로 넘어가 시간을 줄이는 전략을 취하는 것이 합리적이다.

◆ 핵심전략

어려운 문제를 푸는 것보다 빠르게 정답을 짚어내는 것이 중요한 시험이므로 영역별로 접근하는 것이 필요하다. 먼저 자주 출제되는 문제 유형을 익히고, 가장 자신 있는 유형과 자신 없는 유형을 파악해야 한다. 평소에도 문제 순서를 미리 정해 본인이 강한 유형을 먼저 풀고 약한 유형에 나머지 시간을 투자하는 연습을 해야 한다.

마지막으로 이랜드그룹은 적성검사만큼 인성검사의 반영 비율이 높다. 따라서 많은 문항 수에 지치지 않도록 체력 안배를 해야 한다. 비슷한 질문을 하는 문제들이 순서가 무작위로 나오기 때문에 항상 일관성 있는 답변 태도를 유지하는 것이 중요하다.

◆ 시험진행

구분		문항 수	응시시간
기초인재검사		176문항	40분
직무적성검사	언어비평검사 I (언어추리)	20문항	10분
	언어비평검사 II (독해)	25문항	22분
	수리비평검사	25문항	24분
상황판단검사		32문항	45분
인재유형검사		462문항	60분

◇ 영역별 출제비중

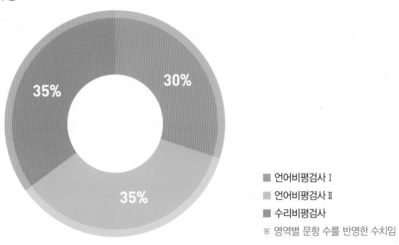

35% 30% 35%

- ■ 언어비평검사 Ⅰ
- ■ 언어비평검사 Ⅱ
- ■ 수리비평검사
- ※ 영역별 문항 수를 반영한 수치임

◇ 영역별 출제특징

구분	영역	출제특징
직무적성검사	언어비평검사 Ⅰ (언어추리)	• 논리 전개 과정에서 발생하는 오류 또는 제시된 예와 공통된 오류를 찾는 유형 • 주어진 전제와 결론을 통해 필요한 전제를 추가하거나 도출하는 문제 • 주어진 조건 · 상황 · 규칙들을 정리하여 문제를 해결하는 유형 • 주어진 진술을 통해 참 · 거짓 여부를 추론하여 범인을 찾는 문제
	언어비평검사 Ⅱ (독해)	• 철학 · 과학 · 기술 · 민속 등 다양한 분야의 지문을 활용한 주제 찾기, 내용일치, 나열하기, 비판 · 반박하기, 추론하기 등의 유형 • 구조화된 개요를 통해 글의 구조와 각 구성요소의 적절성을 파악하는 유형
	수리비평검사	• 주어진 자료를 해석하거나 추론하는 문제 • 기본적인 증감폭, 증감 추이, 증감률을 구하는 문제

신입사원 채용 안내 INFORMATION

◇ 채용시기

계열사 또는 본부별로 수시채용

◇ 지원방법

이랜드그룹 채용 포털(careers.eland.co.kr) 접속 후 지원서 작성 및 제출

◇ 채용절차

서류전형	직무적성검사(ESAT)	실무면접	최종면접

서류전형	▸ 이랜드 채용 홈페이지 온라인 접수를 통해 입사 지원서를 작성, 제출 ▸ 채용계획에 적합한 지원자를 선별한 후 서류전형 과정을 거쳐 합격자를 선별
직무적성검사 (ESAT)	▸ 지원자의 조직적응력 및 직무적합성을 판단하기 위한 인재유형, 언어, 수리영역 검사 ▸ 서류전형 합격자를 대상으로 성공적인 업무능력과 직무적합 여부를 판별하기 위한 검사
실무면접	▸ 다양한 방식을 이용하여 하루 동안 ONE-STOP으로 실무진과 면접 진행 ▸ 지원자의 역량, 가치관 및 발전 가능성을 종합적으로 심사
최종면접	▸ 실무면접을 통과한 합격자를 대상으로 1:1 경영자 면접 진행 ▸ 지식을 기반으로 성과를 내는 이랜드인을 선별하기 위한 마지막 절차

◇ 유의사항

❶ 부문에 따라 채용과정이 달라질 수 있으며, 상황에 따라 유동적으로 운영될 수 있다.

❷ 지원서 작성 내용이 사실과 다르거나 증빙할 수 없는 경우, 합격 취소 또는 전형상의 불이익을 받을 수 있다.

❖ 채용절차는 채용유형 · 직무 · 시기 등에 따라 변동될 수 있으니 반드시 이랜드그룹에서 발표하는 채용공고를 확인하기 바랍니다.

◇ **필수 준비물**

1 **신분증** : 주민등록증, 외국인등록증, 여권, 운전면허증 중 하나

2 **필기도구** : 컴퓨터용 사인펜

3 **수험표**

◇ **유의사항**

1 컴퓨터용 사인펜 이외의 필기구는 사용할 수 없다.

2 시험지에 필기하면 불이익을 받을 수 있다.

3 직무적성검사가 끝난 후 제공되는 도서와 함께 집에서 수행해야 하는 추가 과제가 별도로 주어진다.

4 오답 감점에 대한 사항은 계열사별로 차이가 있을 수 있으므로 사전에 확인한다.

◇ **알아두면 좋은 Tip**

1 적성검사보다 인재유형검사가 더 긴 시험이므로 끝까지 집중력을 유지한다.

2 약 4시간 동안 진행되는 시험이므로 물이나 간단한 간식 등을 미리 챙긴다.

3 시험지에 필기가 불가하므로 평소 답안지에 바로 마킹하는 연습을 한다.

주요 대기업 적중 문제 TEST CHECK

언어비평 I ▶ 명제

07 E사는 자율출퇴근제를 시행하고 있다. 출근 시간은 12시 이전에 자유롭게 할 수 있으며 본인 업무를 마치면 바로 퇴근한다. 다음 1월 28일의 업무에 대한 일지를 고려하였을 때, 항상 참인 것은?

- 점심시간은 12시부터 1시까지이며, 점심시간에는 업무를 하지 않는다.
- 업무 1개당 1시간이 소요되며, 출근하자마자 업무를 시작하여 쉬는 시간 없이 근무한다.
- E사에 근무 중인 K팀의 A, B, C, D는 1월 28일에 전원 출근했다.
- A와 B는 오전 10시에 출근했다.
- B와 D는 오후 3시에 퇴근했다.
- C는 팀에서 업무가 가장 적어 가장 늦게 출근하고 가장 빨리 퇴근했다.
- D는 B보다 업무가 1개 더 많았다.
- A는 C보다 업무가 3개 더 많았고, 팀에서 가장 늦게 퇴근했다.
- 이날 K팀은 가장 늦게 출근한 사람과 가장 늦게 퇴근한 사람을 기준으로, 오전 11시에 모두 출근하였으며 오후 4시에 모두 퇴근한 것으로 보고되었다.

언어비평 II ▶ 일치·불일치

※ 다음 글의 내용으로 적절하지 않은 것을 고르시오. [6~7]

06
예술가는 작품에 하나의 의미만을 부여한다. 그러므로 예술 작품을 감상하는 사람이 한 작품을 두고 둘 이상의 의미로 해석하는 것은 모순이다. 어떤 특정한 시공간과 상황에서 예술 작품이 창작된다는 점을 전제한다면 그 예술 작품의 해석은 창작의 과정과 맥락을 모두 종합할 때 가능해진다. 이럴 때 비로소 해석은 유의미해지는 것이다.

달리 말하면 작품에 대한 해석은 작품의 내재적 요소만으로는 파악하기 어렵고, 그 작품을 창작한 작가의 경험과 사상, 시대 상황 등 외재적 요소까지 종합하여 살펴보아야 완전해진다. 차이코프스키의 「백조의 호수」와 피카소의 「게르니카」를 예로 들면, 이 작품들을 둘러싸고 있는 창작 맥락을 종합적으로 살펴야 유일한 의미를 찾아낼 수 있는 것이다.

위에서 말한 것처럼, 예술 작품의 해석은 작품의 단일한 의미를 찾아내는 데 목적이 있지만 실제로 그 목적이 꼭 실현되는 것은 아니다. 그것은 이론적으로 가능할 뿐 실제로 그것이 실현되기는 불가능해 보인다. 그럼더라도 우리는 모든 예술 작품이 단일한 의미를 찾으려고 노력해야 한다. 예술

수리비평 ▶ 자료계산

13 2023년 대비 2024년의 중국, 베트남, 미국 출신의 이주민 증가량이 각각 약 2.0%, −2.0%, 3.0%라고 할 때, 2024년 중국, 베트남, 미국 이주민의 예상 인원은?(단, 소수점 첫째 자리에서 반올림한다)

	중국	베트남	미국
①	917,279명	215,468명	147,036명
②	912,804명	207,018명	149,947명
③	908,329명	209,131명	152,859명
④	921,753명	204,906명	148,492명
⑤	882,885명	200,680명	149,220명

삼성

---

03 다음은 S기업 영업 A ~ D팀의 분기별 매출액과 분기별 매출액에서 각 영업팀의 구성비를 나타낸 자료이다. A ~ D팀의 연간 매출액이 많은 순서와 1위 팀이 기록한 연간 매출액을 바르게 나열한 것은?

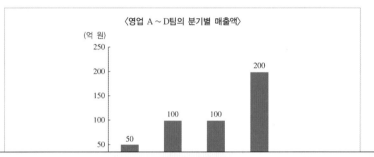

〈영업 A ~ D팀의 분기별 매출액〉

(억 원)

※ 다음 도식에서 기호들은 일정한 규칙에 따라 문자를 변화시킨다. 물음표에 들어갈 적절한 문자를 고르시오(단, 규칙은 가로와 세로 중 한 방향으로만 적용되며, 모음은 단모음 10개를 기준으로 한다). [1~4]

※ 다음 글의 내용이 참일 때 항상 거짓인 것을 고르시오. [24~26]

24 권리와 의무의 주체가 될 수 있는 자격을 권리 능력이라 한다. 사람은 태어나면서 저절로 권리 능력을 갖게 되고 생존하는 내내 보유한다. 그리하여 사람은 재산에 대한 소유권의 주체가 되며, 다른 사람에 대하여 채권을 누리기도 하고 채무를 지기도 한다. 사람들의 결합체인 단체도 일정한 요건을 갖추면 법으로써 부여되는 권리 능력인 법인격을 취득할 수 있다. 단체 중에는 사람들이 일정한 목적을 갖고 결합한 조직체로서 구성원과 구별되어 독자적 실체로서 존재하며, 운영 기구를 두어 구성원의 가입과 탈퇴에 관계없이 존속하는 단체가 있다. 이를 사단(社團)이라 하며, 사단이 갖춘 이러한 성질을 사단성이라 한다. 사단의 구성원은 사원이라 한다. 사단은 법인(法人)으로 등기되어야 법인격이 생기는데, 법인격을 가진 사단을 사단 법인이라 부른다. 반면에 사단성을 갖추고도 법인으로 등기하지 않은 사단을 '법인이 아닌 사단'이라 한다. 사람과 법인만이 권리 능력을 가지며, 사람

주요 대기업 적중 문제 TEST CHECK

언어이해 ▶ 사실적 독해

03 다음 글의 내용으로 적절하지 않은 것은?

> 생물 농약이란 농작물에 피해를 주는 병이나 해충, 잡초를 제거하기 위해 자연에 있는 생물로 만든 천연 농약을 뜻한다. 생물 농약을 개발한 것은 흙 속에 사는 병원균으로부터 식물을 보호할 목적에 서였다. 뿌리를 공격하는 병원균은 땅속에 살고 있으므로 병원균을 제거하기에 어려움이 있었다. 게다가 화학 농약의 경우 그 성분이 토양에 달라붙어 제 기능을 발휘하지 못했기 때문에 식물 성장을 돕고 항균 작용을 할 수 있는 미생물에 주목하기 시작한 것이다.
> 식물 성장을 돕고 항균 작용을 하는 미생물 집단을 '근권미생물'이라 하는데, 여러 종류의 근권미생물 중 농약으로 쓰기에 가장 좋은 것은 뿌리에 잘 달라붙는 것들이다. 근권미생물의 입장에서 뿌리 주변은 사막의 오아시스와 비슷한 조건이다. 뿌리 주변은 뿌리에서 공급되는 양분과 안락한 서식 환경을 제공받지만, 뿌리 주변에서 멀리 떨어진 곳은 황량한 지역이어서 먹을 것을 찾기가 어렵기 때문이다. 따라서 뿌리 주변에는 종은 인치를 선점하기 위해 미생물 간에 치열한 싸움이 벌어진

자료해석 ▶ 자료추론

Hard

15 다음은 우리나라 지역별 가구 수와 1인 가구 수에 대한 자료이다. 이에 대한 설명으로 옳은 것은?

〈지역별 가구 수 및 1인 가구 수〉

(단위 : 천 가구)

구분	전체 가구	1인 가구
서울특별시	3,675	1,012
부산광역시	1,316	367
대구광역시	924	241
인천광역시	1,036	254
광주광역시	567	161
대전광역시	596	178
울산광역시	407	97
경기도	4,396	1,045
강원도	616	202
충청북도	632	201
충청남도	866	279

언어추리 ▶ 진실게임

01 S사 직원들끼리 이번 달 성과급에 대해 이야기를 나누고 있다. 성과급은 반드시 늘거나 줄어들었고, 직원 중 1명만 거짓말을 하고 있을 때, 항상 참인 것은?

> • 직원 A : 나는 이번에 성과급이 늘어났어. 그래도 B만큼은 오르지 않았네.
> • 직원 B : 맞아 난 성과급이 좀 늘어났지. D보다 조금 더 늘었어.
> • 직원 C : 좋겠다. 오~ E도 성과급이 늘어났네.
> • 직원 D : 무슨 소리야! E는 C와 같이 성과급이 줄어들었는데.
> • 직원 E : 그런 것보다 D가 A보다 성과급이 조금 올랐는데?

① 직원 A의 성과급이 오른 사람 중 가장 적다.
② 직원 B의 성과급이 가장 많이 올랐다.

LG

※ 다음 문단을 논리적 순서대로 바르게 나열한 것을 고르시오. [3~4]

03

(가) 교정 중에는 치아뿐 아니라 교정장치를 부착하고 있기 때문에 교정장치까지 닦아주어야 하는데요. 교정용 칫솔은 가운데 홈이 있어 장치와 치아를 닦을 수 있는 칫솔을 선택하게 되고, 가운데 파여진 곳을 교정장치에 위치시킨 후 옆으로 왔다 갔다 전체적으로 닦아줍니다. 그다음 칫솔을 비스듬히 하여 장치의 위아래를 꼼꼼하게 닦아줍니다.

(나) 치아를 가지런하게 하기 위해 교정하시는 분들 중에 간혹 교정 중에 칫솔질이 잘 되지 않아 충치가 생기고 잇몸이 내려가 버리는 경우를 종종 보곤 합니다. 그러므로 교정 중에는 더 신경써서 칫솔질을 해야 하죠.

(다) 마지막으로 칫솔질을 할 때 잊지 말아야 할 것은 우리 입안에 치아만 있는 것이 아니므로 혀와 잇몸에 있는 플라그들도 제거해 주셔야 입 냄새도 예방할 수 있다는 것입니다. 올바른 칫솔질 방법으로 건강한 치아를 잘 유지하시길 바랍니다.

(라) 또 장치 때문에 닿이지 않는 부위는 치간 칫솔을 이용해 잇아래 오른쪽 왼쪽 넣어 잘 닦아줍니

Hard

11 다음은 2021 ~ 2023년 국가별 이산화탄소 배출량에 대한 자료이다. 이에 대한 설명으로 옳지 않은 것을 〈보기〉에서 모두 고르면?(단, 소수점 둘째 자리에서 반올림한다)

〈국가별 이산화탄소 배출 현황〉

구분		2021년		2022년		2023년	
		총량 (백만 톤)	1인당 (톤)	총량 (백만 톤)	1인당 (톤)	총량 (백만 톤)	1인당 (톤)
아시아	한국	582	11.4	589.2	11.5	600	11.7
	중국	9,145.3	6.6	9,109.2	6.6	9,302	6.7
	일본	1,155.7	9.1	1,146.9	9	1,132.4	8.9
북아메리카	캐나다	557.7	15.6	548.1	15.2	547.8	15
	미국	4,928.6	15.3	4,838.5	14.9	4,761.3	14.6
남아메리카	브라질	453.6	2.2	418.5	2	427.6	2
	페루	49.7	1.6	52.2	1.6	49.7	1.5
	베네수엘라	140.5	4.5	127.4	4	113.7	3.6
	체코	99.4	9.4	101.2	9.6	101.7	9.6
	프랑스	299.6	4.5	301.7	4.5	306.1	4.6
	독일	799.7	8.0	734.5	8.0	718.8	8.7

15 원가의 20%를 추가한 금액을 정가로 하는 제품을 15% 할인해서 50개를 판매한 금액이 127,500원일 때, 이 제품의 원가는?

① 1,500원 ② 2,000원
③ 2,500원 ④ 3,000원
⑤ 3,500원

도서 200% 활용하기 STRUCTURES

1 8개년 기출복원문제로 출제경향 파악

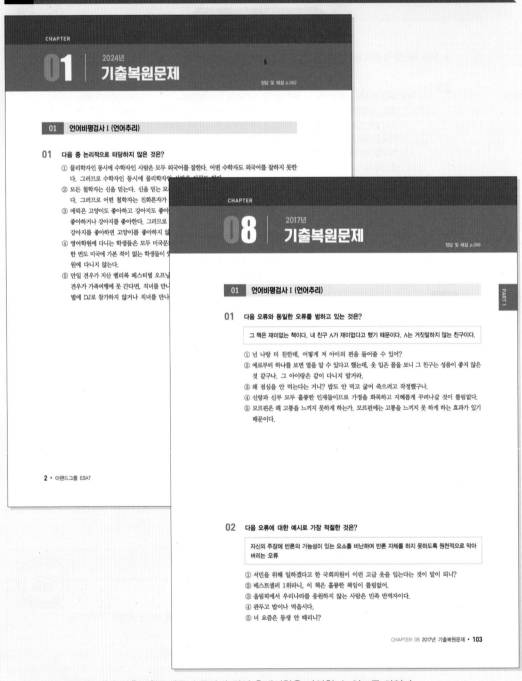

▶ 2024~2017년 8개년 기출복원문제를 수록하여 최신 출제경향을 파악할 수 있도록 하였다.

▶ 기출복원문제를 바탕으로 학습을 시작하기 전에 자신의 실력을 판단할 수 있도록 하였다.

2 이론점검, 대표기출유형, 기출응용문제로 영역별 단계적 학습

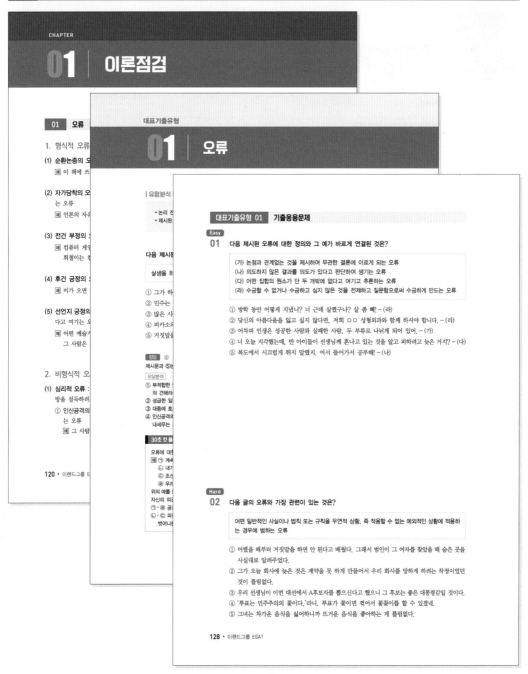

CHAPTER

01 이론점검

01 오류

1. 형식적 오류

(1) 순환논증의 오
　예 이 책에 쓰

(2) 자가당착의 오
　는 오류
　예 언론의 자유

**(3) 전건 부정의 **
　예 컴퓨터 게임
　회철이는 컴

**(4) 후건 긍정의 **
　예 비가 오면

(5) 선언지 긍정의
　다고 여기는 :
　예 어떤 예술가
　그 사람은

2. 비형식적 오

(1) 심리적 오류 :
　방을 설득하려
　① 인신공격의
　는 오류
　예 그 사람

120 · 이랜드그룹 티

대표기출유형

01 오류

|유형분석|

• 논리 전
• 제시된

다음 제시된

| 살생을 하 |

① 그가 하
② 민수는
③ 많은 사
④ 피카소의
⑤ 거짓말은

|정답| ⑤
제시문과 ⑤는

|오답분석|
① 부적합한 :
　의 견해라
② 성급한 일
③ 대중에 호
④ 인신공격의
　내세우는

30초 컷 !
오류에 대
예 ㉠ 계속
　㉡ 내가
　㉢ 조선
　㉣ 우리
위의 예를 :
자신의 의도
㉠·㉣ 공
㉡·㉢ 파
벗어나는

대표기출유형 01 **기출응용문제**

Easy

01 다음 제시된 오류에 대한 정의와 그 예가 바르게 연결된 것은?

(가) 논점과 관계없는 것을 제시하여 무관한 결론에 이르게 되는 오류
(나) 의도하지 않은 결과를 의도가 있다고 판단하여 생기는 오류
(다) 어떤 집합의 원소가 단 두 개밖에 없다고 여기고 추론하는 오류
(라) 수긍할 수 없거나 수긍하고 싶지 않은 것을 전제하고 질문함으로써 수긍하게 만드는 오류

① 방학 동안 어떻게 지냈니? 너 근데 살쪘구나? 살 좀 빼! - (라)
② 당신의 아름다움을 잃고 싶지 않다면, 저희 ○○ 성형외과와 함께 하셔야 합니다. - (라)
③ 어차피 인생은 성공한 사람과 실패한 사람, 두 부류로 나뉘게 되어 있어. - (가)
④ 너 오늘 지각했는데, 반 아이들이 선생님께 혼나고 있는 것을 알고 피하려고 늦은 거지? - (다)
⑤ 복도에서 시끄럽게 뛰지 말랬지. 어서 들어가서 공부해! - (나)

Hard

02 다음 글의 오류와 가장 관련이 있는 것은?

어떤 일반적인 사실이나 법칙 또는 규칙을 우연적 상황, 즉 적용할 수 없는 예외적인 상황에 적용하는 경우에 범하는 오류

① 어렸을 때부터 거짓말을 하면 안 된다고 배웠다. 그래서 범인이 그 여자를 찾았을 때 숨은 곳을 사실대로 알려주었다.
② 그가 오늘 회사에 늦은 것은 계약을 못 하게 만들어서 우리 회사를 망하게 하려는 작정이었던 것이 틀림없다.
③ 우리 선생님이 이번 대선에서 A후보자를 뽑으신다고 했으니 그 후보는 좋은 대통령감일 것이다.
④ '투표는 민주주의의 꽃이다.'라니, 투표가 꽃이면 꺾어서 꽃꽂이를 할 수 있겠네.
⑤ 그녀는 차가운 음식을 싫어하니까 뜨거운 음식을 좋아하는 게 틀림없다.

128 · 이랜드그룹 ESAT

▶ 출제되는 영역에 대한 이론점검, 대표기출유형, 기출응용문제를 수록하였다.
▶ 최근 출제되는 유형을 체계적으로 학습하고 점검할 수 있도록 하였다.

도서 200% 활용하기 STRUCTURES

3 | 최종점검 모의고사로 실전 연습

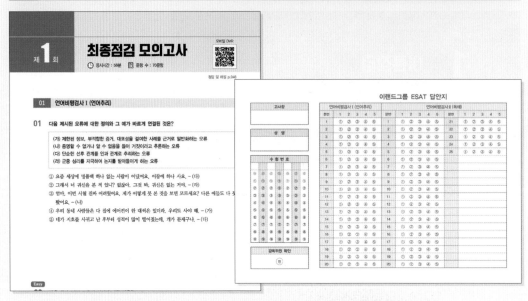

▶ 실제 시험과 유사하게 구성된 최종점검 모의고사 3회분을 통해 마무리를 하도록 하였다.

▶ OMR 답안카드를 수록하여 시험 직전 실전처럼 연습할 수 있도록 하였다.

4 | 인성검사부터 면접까지 한 권으로 대비하기

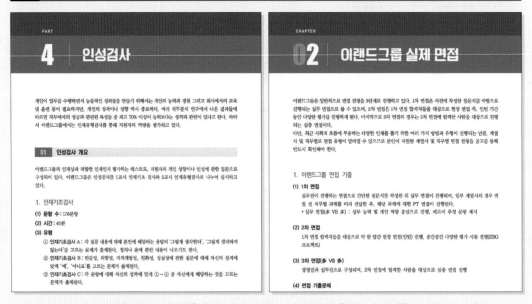

▶ 인재기초검사와 인재유형검사 모의연습을 통해 이랜드그룹의 인재상에 부합하는지 판별할 수 있도록 하였다.

▶ 이랜드그룹 면접 기출 질문을 통해 실제 면접에서 나오는 질문에 미리 대비할 수 있도록 하였다.

5 Easy & Hard로 난이도별 시간 분배 연습

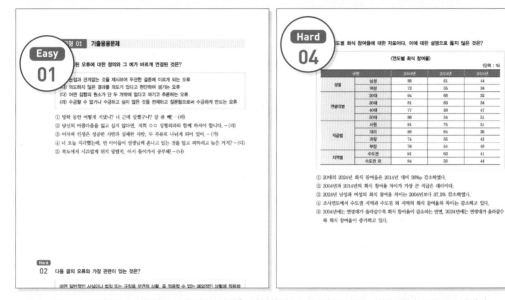

▶ Easy & Hard 표시로 문제별 난이도에 따라 시간을 적절하게 분배하여 풀이하는 연습이 가능하도록 하였다.

6 정답 및 오답분석으로 풀이까지 완벽 마무리

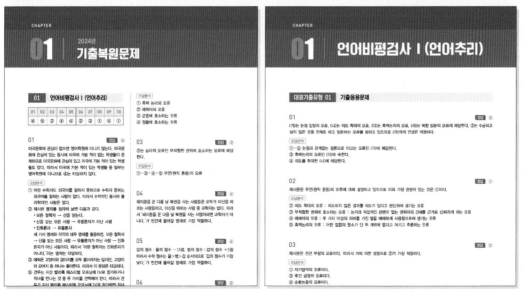

▶ 정답에 대한 상세한 해설과 오답분석을 통해 혼자서도 체계적인 학습이 가능하도록 하였다.

학습플랜 STUDY PLAN

1주 완성 학습플랜

본서에 수록된 전 영역을 단기간에 끝낼 수 있도록 구성한 학습플랜이다. 한 번에 전 영역을 공부하지 않고, 한 영역을 집중적으로 공부할 수 있도록 하였다. 인성검사 및 필기시험에 대한 기초 학습은 되어 있으나, 학습 계획 세우기에 자신이 없는 분들이나 미리 시험에 대비하지 못해 단시간에 많은 분량을 봐야 하는 수험생에게 추천한다.

ONE WEEK STUDY PLAN

	1일 차 ☐	2일 차 ☐	3일 차 ☐
Start!	_____월 _____일	_____월 _____일	_____월 _____일

4일 차 ☐	5일 차 ☐	6일 차 ☐	7일 차 ☐
_____월 _____일	_____월 _____일	_____월 _____일	_____월 _____일

STUDY CHECK BOX

구분	1일 차	2일 차	3일 차	4일 차	5일 차	6일 차	7일 차
PART 1							
PART 2							
제1회 최종점검 모의고사							
제2회 최종점검 모의고사							
제3회 최종점검 모의고사							
다회독 1회							
다회독 2회							
다회독 3회							
오답분석							

스터디 체크박스 활용법

1주 완성 학습플랜에서 계획한 학습량을 어느 정도 실천하였는지 표시하여 자신의 학습량을 효율적으로 관리한다.

구분	1일 차	2일 차	3일 차	4일 차	5일 차	6일 차	7일 차
PART 1	언어비평 I	✕	✕	완료			

이 책의 차례 CONTENTS

PART 1

8개년 기출복원문제

01 | 2024년 기출복원문제

정답 및 해설 p.002

01 언어비평검사 I (언어추리)

01 다음 중 논리적으로 타당하지 않은 것은?

① 물리학자인 동시에 수학자인 사람은 모두 외국어를 잘한다. 어떤 수학자도 외국어를 잘하지 못한다. 그러므로 수학자인 동시에 물리학자인 사람은 아무도 없다.

② 모든 철학자는 신을 믿는다. 신을 믿는 모든 사람은 유물론자가 아니다. 진화론자는 유물론자이다. 그러므로 어떤 철학자는 진화론자가 아니다.

③ 에릭은 고양이도 좋아하고 강아지도 좋아한다는 것은 사실이 아니다. 그러나 에릭은 고양이를 좋아하거나 강아지를 좋아한다. 그러므로 에릭은 고양이를 좋아하지 않으면 강아지를 좋아하고, 강아지를 좋아하면 고양이를 좋아하지 않는다.

④ 영어학원에 다니는 학생들은 모두 미국문화에 관심이 있다. 미국문화에 관심을 갖는 학생들 중 한 번도 미국에 가본 적이 없는 학생들이 있다. 그러므로 미국에 가본 적이 있는 학생들은 영어학원에 다니지 않는다.

⑤ 만일 견우가 지산 밸리록 페스티벌 오프닝에 DJ로 참가한다면, 가족여행은 못 갈 것이다. 만일 견우가 가족여행에 못 간다면, 직녀를 만나지 못할 것이다. 그러므로 견우는 지산 밸리록 페스티벌에 DJ로 참가하지 않거나 직녀를 만나지 못할 것이다.

02 다음 글과 동일한 오류를 범하고 있는 것은?

> 영희야, 우리나라 여성 세 명이 8,848m나 되는 에베레스트산 정복에 성공했다는 소식을 들었니? 남성들도 하기 힘든데 여성의 몸으로 그런 커다란 업적을 이룩했다는 것은 우리나라 등반사뿐만 아니라 여성사에도 기록될 만한 일일 거야. 이것만 봐도 우리나라 여성은 대단해.

① 영희는 자장면을 좋아하지 않으니까 틀림없이 자장면을 싫어할 거야.

② 지옥에는 행복이 없다. 이 세상은 지옥이다. 따라서 이 세상에는 행복이 없다.

③ 이 차는 작년에 최고 판매량을 기록하였습니다. 따라서 현명한 소비자는 이 차를 택합니다.

④ 그 시인은 결코 훌륭한 시인일 수 없다. 왜냐하면 그 집안의 혈통은 결코 문학가의 집안이 아니기 때문이다.

⑤ 저 젊은이는 나이 많은 할머니에게 자리를 양보해 주지 않는다. 이런 것을 보더라도 요즘 젊은이들은 어른을 공경할 줄 모른다.

03 다음 중 논리적 오류의 성격이 다른 것은?

① 학생의 본분은 공부이므로 나는 집안일은 전혀 하지 않고 공부만 한다.

② 이 아파트는 인기 탤런트의 부모님이 사는 곳이므로 집값이 오른다고 보장할 수 있다.

③ 남자는 여자를 지켜줘야 하기 때문에 미정이가 친구의 돈을 빼앗는 것을 보았어도 그녀를 지켜주기 위해 아무에게도 말하지 않았다.

④ 다른 사람의 물건에 손을 대어서는 안 된다. 할머니께서 무거운 짐을 들고 가시더라도 함부로 손대어서는 안 되므로 들어드릴 수 없다.

⑤ 사람은 남의 것을 욕심내지 말아야 한다. 지하철에서 노인 분들이 젊은 사람의 자리를 탐내는 것을 보면 이해할 수가 없다.

04

> 과학자들 가운데 미신을 따르는 사람은 아무도 없다.
> 돼지꿈을 꾼 다음 날 복권을 사는 사람들은 모두가 미신을 따르는 사람들이다.
> 그러므로 _____

① 미신을 따르는 사람들은 모두 돼지꿈을 꾼 다음 날 복권을 산다.
② 미신을 따르지 않는 사람 중 돼지꿈을 꾼 다음 날 복권을 사는 사람이 있다.
③ 과학자가 아닌 사람들은 모두 미신을 따른다.
④ 돼지꿈을 꾼 다음 날 복권을 사는 사람이라면 과학자가 아니다.
⑤ 돼지꿈을 꾼 다음날 복권을 사지 않는다면 미신을 따르는 사람이 아니다.

05

> 갑은 수학 시험에서 을보다 15점이 낮다.
> 병의 점수는 갑의 점수보다 5점이 높다.
> 그러므로 _____

① 갑의 점수가 가장 높다.
② 갑의 점수가 병의 점수보다 높다.
③ 을의 점수가 병의 점수보다 낮다.
④ 갑의 점수가 가장 낮다.
⑤ 을의 점수보다 높은 사람은 1명이다.

06

> 어떤 사람은 신의 존재와 운명론을 믿는다.
> 모든 무신론자가 운명론을 거부하는 것은 아니다.
> 그러므로 _____

① 모든 사람은 신의 존재와 운명론을 믿는다.
② 무신론자 중에는 운명론을 믿는 사람이 있다.
③ 운명론을 받아들이는 무신론자가 있을 수 없다.
④ 어떤 무신론자는 신의 존재와 운명론을 믿는다.
⑤ 모든 무신론자가 신의 존재를 거부하는 것은 아니다.

PART 1

※ 다음 명제가 참일 때, 반드시 참인 것을 고르시오. [7~8]

07

- 마케팅 팀의 사원은 기획 역량이 있다.
- 마케팅 팀이 아닌 사원은 영업 역량이 없다.
- 기획 역량이 없는 사원은 소통 역량이 없다.

① 마케팅 팀의 사원은 영업 역량이 있다.
② 소통 역량이 있는 사원은 마케팅 팀이다.
③ 영업 역량을 가진 사원은 기획 역량이 있다.
④ 기획 역량이 있는 사원은 소통 역량이 있다.
⑤ 영업 역량이 없으면 소통 역량도 없다.

08

- 어떤 ♣는 산을 좋아한다.
- 산을 좋아하는 것은 여행으로 되어있다.
- 모든 여행으로 되어있는 것은 자유이다.

① 어떤 ♣는 자유이다.
② 여행으로 되어있는 것은 ♣이다.
③ 산을 좋아하는 모든 것은 ♣이다.
④ 모든 ♣는 여행으로 되어있다.
⑤ 산을 좋아하는 어떤 것은 여행으로 되어있지 않다.

09 다음 명제가 모두 참일 때, 참이 아닌 것은?

> • 적극적인 사람은 활동량이 많다.
> • 잘 다치지 않는 사람은 활동량이 많지 않다.
> • 활동량이 많으면 면역력이 강화된다.
> • 적극적이지 않은 사람은 영양제를 챙겨먹는다.

① 적극적인 사람은 잘 다친다.
② 적극적인 사람은 면역력이 강화된다.
③ 잘 다치지 않는 사람은 영양제를 챙겨먹는다.
④ 영양제를 챙겨먹으면 면역력이 강화된다.
⑤ 잘 다치지 않는 사람은 적극적이지 않은 사람이다.

10 다음 명제로부터 일반화할 수 있는 결론으로 타당한 것은?

> • 책은 휴대할 수 있고, 값이 싸며, 읽기 쉬운 데 반해 컴퓨터는 들고 다닐 수가 없고, 값도 비싸며 전기도 필요하다.
> • 전자기술의 발전은 이런 문제를 해결할 것이다. 조만간 지금의 책 크기만 한, 아니 더 작은 컴퓨터 가 나올 것이고, 컴퓨터 모니터도 훨씬 정교하고 읽기 편해질 것이다.
> • 조그만 칩 하나에 수백 권 분량의 정보가 기록될 것이다.

① 컴퓨터는 종이책을 대신할 것이다.
② 컴퓨터는 종이책을 대신할 수 없다.
③ 컴퓨터도 종이책과 함께 사라질 것이다.
④ 종이책의 역사는 앞으로도 계속될 것이다.
⑤ 전자기술의 발전은 종이책의 발전과 함께할 것이다.

01 다음 문단을 논리적 순서대로 바르게 나열한 것은?

> (가) 이 방식을 활용하면 공정의 흐름에 따라 제품이 생산되므로 자재의 운반 거리를 최소화할 수 있어 전체 공정 관리가 쉽다.
>
> (나) 그러나 기계 고장과 같은 문제가 발생하면 전체 공정이 지연될 수 있고, 규격화된 제품 생산에 최적화된 설비 및 배치 방식을 사용하기 때문에 제품의 규격이나 디자인이 변경되면 설비 배치 방식을 재조정해야 한다는 문제가 있다.
>
> (다) 제품을 효율적으로 생산하기 위해서는 생산 설비의 효율적인 배치가 중요하다. 설비의 효율적인 배치란 자재의 불필요한 운반을 최소화하고, 공간을 최대한 활용하면서 적은 노력으로 빠른 시간에 목적하는 제품을 생산할 수 있도록 설비를 배치하는 것이다.
>
> (라) 그중에서도 제품별 배치(Product Layout) 방식은 생산하려는 제품의 종류는 적지만 생산량이 많은 경우에 주로 사용된다. 제품별로 완성품이 될 때까지의 공정 순서에 따라 설비를 배열해 부품 및 자재의 흐름을 단순화하는 것이 핵심이다.

① (다) – (가) – (나) – (라) 　　② (다) – (나) – (가) – (라)

③ (다) – (나) – (라) – (가) 　　④ (다) – (라) – (가) – (나)

⑤ (다) – (라) – (나) – (가)

02 다음 글의 내용으로 적절하지 않은 것은?

> 인류의 역사를 석기시대, 청동기시대 그리고 철기시대로 구분한다면 현대는 '플라스틱시대'라고 할 수 있을 만큼 플라스틱은 현대사회에서 가장 혁명적인 물질 중 하나이다. "플라스틱은 현대 생활의 뼈, 조직, 피부가 되었다."는 미국의 과학 저널리스트 수전 프라인켈(Susan Freinkel)의 말처럼 플라스틱은 인간 생활에 많은 부분을 차지하고 있다. 저렴한 가격과 필요에 따라 내구성, 강도, 유연성 등을 조절할 수 있는 장점 덕분에 일회용 컵부터 옷, 신발, 가구 등 플라스틱이 아닌 것이 거의 없을 정도이다. 그러나 플라스틱에는 치명적인 단점이 있다. 플라스틱이 지닌 특성 중 하나인 영속성(永續性)이다. 즉, 인간이 그동안 생산한 플라스틱은 바로 분해되지 않고 어딘가에 계속 존재하고 있어 플라스틱은 환경오염의 원인이 된 지 오래이다.
>
> 치약, 화장품, 피부 각질제거제 등 생활용품, 화장품에 들어 있는 작은 알갱이의 성분은 '마이크로비드(Microbead)'라는 플라스틱이다. 크기가 1mm보다 작은 플라스틱을 '마이크로비드'라고 하는데 이 알갱이는 정수처리과정에서 걸러지지 않고 생활 하수구에서 강으로, 바다로 흘러간다. 이 조그만 알갱이들은 바다를 떠돌면서 생태계의 먹이사슬을 통해 동식물 체내에 축적되어 면역체계 교란, 중추신경계 손상 등의 원인이 되는 잔류성유기오염물질(Persistent Organic Pollutants)을 흡착한다. 그리고 물고기, 새 등 여러 생물은 마이크로비드를 먹이로 착각해 섭취한다. 마이크로비드를 섭취한 해양생물은 다시 인간의 식탁에 올라온다. 즉, 우리가 버린 플라스틱을 우리가 다시 먹게 되는 셈이다.
>
> 플라스틱 포크로 음식을 먹고, 플라스틱 컵으로 물을 마시는 등 플라스틱을 음식을 먹기 위한 수단으로만 생각했지 직접 먹게 되리라고는 상상도 못했을 것이다. 우리가 먹은 플라스틱이 우리 몸에 남아 분해되지 않고 큰 질병을 키우게 될 것을 말이다.

① 플라스틱은 필요에 따라 유연성, 강도 등을 조절할 수 있고, 값이 싼 장점이 있다.
② 플라스틱은 바로 분해되지 않고 어딘가에 존재한다.
③ 마이크로비드는 크기가 작기 때문에 정수처리과정에서 걸러지지 않고 바다로 유입된다.
④ 마이크로비드는 잔류성유기오염물질을 분해하는 역할을 한다.
⑤ 물고기 등 해양생물들은 마이크로비드를 먹이로 착각해 먹는다.

03 다음 ㉠ ~ ㉣에 들어갈 연결어를 순서대로 나열한 것은?

> 오늘날의 민주주의는 자본주의가 성숙함에 따라 함께 성장한 것이라고 볼 수 있다. ___㉠___ 자본주의가 발달함에 따라 민주주의가 함께 발달한 것이다. ___㉡___ 이러한 자본주의의 성숙을 긍정적으로만 해석할 수는 없다. ___㉢___ 자본주의의 성숙이 민주주의와 그 성장에 부정적 영향을 끼칠 수도 있기 때문이다. 자본주의가 발달하면 돈 많은 사람이 그렇지 않은 사람보다 더 많은 권리 내지는 권력을 갖게 된다. ___㉣___ 시장에서의 권리나 권력뿐만 아니라 정치 영역에서도 그럴 수 있다는 것이 문제다.

① 즉 – 그러나 – 왜냐하면 – 비단
② 그러나 – 즉 – 비단 – 왜냐하면
③ 비단 – 즉 – 그러나 – 왜냐하면
④ 즉 – 그러나 – 비단 – 왜냐하면
⑤ 왜냐하면 – 즉 – 그러나 – 비단

04 다음 중 밑줄 친 단어의 쓰임이 적절하지 않은 것은?

> 철도안전법 제42조에 따르면 무기, 화약류, 유해화학물질 또는 ㉠ 인화성(引火性)이 높은 물질 등 ㉡ 공중(空中)이나 여객에게 위해를 끼치거나 끼칠 우려가 있는 위해물품은 열차에서 ㉢ 휴대(携帶)하거나 ㉣ 적재(積載)할 수 없다. 다만, 국토교통부장관 또는 시·도지사의 허가를 받은 경우 또는 철도공안 사무에 종사하는 국가공무원, 경찰관 직무를 수행하는 사람, 위험 물품을 운송하는 군용열차를 ㉤ 호송(護送)하는 군인 등 특정한 직무를 수행하는 경우에는 제외한다. 휴대 또는 적재허가를 받은 경우에는 해당 위해물품이 위해물품임을 나타낼 수 있는 표지를 포장 바깥면 등 잘 보이는 곳에 붙여야 한다.

① ㉠
② ㉡
③ ㉢
④ ㉣
⑤ ㉤

(가) 사회복지 정책을 비판하는 논리 중 하나는 사회복지 정책이 개인의 자유를 침해한다는 것이다. 일반적으로 시장에서의 거래에 의한 자원의 배분(配分)은 거래 당사자들의 자유로운 선택의 결과인 반면, 사회복지 정책에 의한 자원의 배분은 개인의 자유로운 선택을 제한하여 이루어지는 경향이 있기 때문이다. 하지만 기본적으로 사회복지 정책은 특정한 사람들의 자유를 제한할 수도 있는 반면, 다른 사람들의 자유를 증진시킬 수도 있다.

(나) 사회복지 정책이 사람들의 자유를 침해(侵害)한다는 논리 가운데 하나는, 사회복지 정책 추진에 필요한 세금을 많이 낸 사람들이 이득을 적게 볼 경우, 그 차이만큼 불필요하게 개인의 자유를 제한한 것이 아니냐는 것이다. 일반적으로 사회복지 정책이 제공하는 재화와 서비스는 공공재적 성격을 갖고 있어 이를 이용하는 데 차별(差別)을 두지 않는다.

　　따라서 강제적으로 낸 세금의 액수와 그 재화의 이용을 통한 이득 사이에는 차이가 존재할 수 있고, 세금을 많이 낸 사람들이 적은 이득을 보게 될 경우, 그 차이만큼 불필요하게 그 사람의 자유를 제한하였다고 볼 수 있다.

(다) 그러나 이러한 자유의 제한은 다음과 같은 측면에서 합리화될 수 있다. 사회복지 정책을 통해 제공하는 재화는 보편성을 가지고 있기 때문에, 사회 전체를 위해 강제적으로 제공하는 것이 개인들의 자발적인 선택의 자유에 맡겨둘 때보다 그 양과 질을 높일 수 있다.

　　예를 들어 각 개인들에게 민간 부문의 의료 서비스를 사용할 수 있는 자유가 주어질 때보다 모든 사람들이 보편적인 공공 의료 서비스를 받을 수 있을 때, 의료 서비스의 양과 질은 전체적으로 높아진다. 왜냐하면, 모든 사람을 대상으로 하는 의료 서비스의 양과 질이 높아져야만 개인에게 돌아올 수 있는 서비스의 양과 질도 높아질 수 있기 때문이다.

　　이러한 경우 세금을 많이 낸 사람이 누릴 수 있는 소극적 자유는 줄어들지만, 사회 구성원들이 누릴 수 있는 적극적 자유의 수준은 전반적으로 높아지는 것이다.

(라) 자유 민주주의 사회에서는 자아의 사회적 실현을 위하여 개인의 자유를 최대한으로 보장(保障)해야 한다. 그러나 무제한의 자유를 모든 사람에게 보장하기는 불가능한 일이므로 우리가 추구해야 할 자유는 제한적일 수밖에 없다. 사회복지 정책이 시장에서의 거래에 의한 자원배분에 개입하여 개인들의 자유로운 선택의 기회를 제한할 때는 소극적 자유를 침해하는 것이다. 반면에 사회복지 정책을 통하여 빈자(貧者)들이 자신이 원하는 바를 할 수 있는 능력을 갖게 할 때에는 적극적인 자유를 신장(伸張)시키는 것이다. 이처럼 사회복지 정책은 특정한 사람들의 소극적 자유를 줄이는 반면 다른 사람들의 적극적 자유는 증가시키는 방향으로 결정되는 경우가 많다.

(마) 적극적 자유를 높이는 것이 소극적 자유를 줄이는 것보다 사회적으로 더 바람직할 수 있다. 이를 지지하는 근거는 소극적 자유로부터 감소되는 효용이 적극적 자유로부터 증가되는 효용보다 적을 수 있다는 것이다. 이렇게 볼 때, ㉠소극적 자유의 제한이 적극적 자유를 확대하여 인간이 인간답게 살 수 있는 사회적 가치를 실현하는 데 용이하다면 이를 사회적으로 합의·인정하지 않을 수 없을 것이다.

05 윗글의 중심 화제로 가장 적절한 것은?

① 사회복지 정책의 한계
② 사회복지 정책의 양면성
③ 사회복지 정책의 발전 과정
④ 사회복지 정책의 근본적 개념
⑤ 사회복지 정책이 나아가야 할 방향

06 윗글의 (나)와 (다)의 전개 구조를 가장 잘 설명한 것은?

① (나)에서 논의한 것을 (다)에서 사례를 들어 보완하고 있다.
② (나)에서 서로 대립되는 견해를 소개한 후, (다)에서 이를 절충하고 있다.
③ (나)에서 문제의 원인을 분석한 후, (다)에서 해결 방안을 모색하고 있다.
④ (나)에서 반대 의견을 소개한 후, (다)에서 반론의 근거를 마련하고 있다.
⑤ (나)에서 제기한 의문에 대해 (다)에서 새로운 관점을 내세워 해명하고 있다.

07 윗글의 ㉠을 뒷받침하는 사례로 적절하지 않은 것은?

① 교실에서 면학 분위기를 조성하기 위해 휴대전화 사용을 금지한다.
② 다수 국민들의 건강 증진을 위해 공공장소에서의 흡연을 단속한다.
③ 골목길에서 승용차가 지나가도록 하기 위해 사람들의 통행을 제한한다.
④ 고속도로에서 응급 상황에 효과적으로 대비하기 위해 갓길 통행을 제약한다.
⑤ 교통의 소통을 원활하게 하기 위해 날짜별로 자가용 승용차 운행을 통제한다.

'만족한 돼지보다 불만족한 인간이 되는 것이, 만족한 바보보다 불만족한 소크라테스가 되는 것이 낫다.' 이는 19세기 영국의 철학자 존 스튜어트 밀(John Stuart Mill)의 저서인 '공리주의(Utilitarianism)'에 기술된 문장이다. 공리주의는 흔히 제러미 벤담(Jeremy Bentham)이 주장하는 것처럼 '최대 다수의 최대 행복'을 가장 중시한다고 알려졌지만 밀의 경우 행복의 양뿐만 아니라 행복의 질이 고려되어야 함을 주장하고 있다. 이는 단순한 쾌락 추구보다 지적이고 고뇌하는 삶이 더 가치 있다는 의미로 해석될 수 있다.

이 말은 때로 오해를 불러일으키는데 만족과 행복을 단순히 속물적인 것으로 여기는 시각을 낳기도 한다. 그러나 심리학자들은 삶의 만족도가 높은 사람들이 지적 수준이나 직업적 성취도가 낮지 않다는 연구 결과를 제시하며 만족하는 삶이 반드시 나태함을 의미하지 않는다고 주장한다. 오히려 이들은 결혼생활, 사회적 관계, 직업적응도에서 더 높은 성취를 보이며 더 건강하고 오래 사는 경향이 있다. 긍정심리학자인 에드 디너는 80% 정도의 만족이 가장 건강하고 바람직하다고 주장하는데 이는 지나친 만족이 오히려 성취욕구를 저하시킬 수 있다는 점에서 적절한 만족감을 유지하는 것이 중요함을 의미한다.

현대사회에서는 특히 행복의 질적 차이에 대한 논의가 중요하다. 예를 들어 포장마차에서의 식사와 고급 레스토랑에서의 식사가 질적으로 다른 행복을 제공하는지에 대한 질문은 개인의 주관적 만족도와 관련이 있다. 이러한 논의는 행복 추구에 큰 영향을 미칠 수 있으며 더 고품질의 행복을 추구하게 만들 수 있다.

양적 공리주의는 국가의 최고 목표가 최대 다수의 최대 행복이라고 주장하지만 21세기에는 더 나아가 행복을 최고의 가치로 여기는 질적 공리주의가 부활하고 있으며, 국가의 발전을 ___㉠___ (으)로 평가해야 한다는 주장도 제기되고 있다.

그러나 한국은 눈부신 경제적 발전에도 불구하고 국민의 행복 수준은 비교적 낮게 나타난다. 물질적으로는 풍요로워졌지만 정신적으로는 빈곤한 나라다. 대한민국은 치열한 경쟁을 통해 발전하는 역동적인 국가지만 국민들이 그 안에서 행복한 삶을 영위하기는 어려운 사회다. 따라서 한국 사회의 주된 과제 중 하나는 밀의 질적 공리주의에 입각하여 경제적 성장과 풍요를 넘어 정신적 성숙과 행복으로 추구하는 것이다.

08 윗글의 제목으로 가장 적절한 것은?

① 한국의 경제 성장과 GDP
② 공리주의와 심리학적 성과
③ 벤담과 밀의 공리주의 구분
④ 공리주의 철학의 형성 배경
⑤ 질적 공리주의와 현대사회의 행복

09 윗글의 빈칸 ㉠에 들어갈 단어로 가장 적절한 것은?

① 국내총생산
② 경제적 성장
③ 행복지수
④ 1인당 소득
⑤ 소비와 지출

10 윗글에 대한 설명으로 적절하지 않은 것은?

① 행복의 질은 개인의 주관적 만족도와 관련이 있다.
② 밀은 지적이고 고뇌하는 삶이 더 가치 있다고 주장하였다.
③ 한국의 국민 행복 수준이 낮은 주요 원인은 치열한 경쟁과 스트레스 때문이다.
④ 심리학 연구에 따르면 행복의 총량이 높으면 높을수록 건강한 삶을 살 수 있다.
⑤ 삶의 만족도가 높은 사람들이 결혼생활, 사회적 관계, 직업적응도에서 더 높은 성취를 보인다.

01 다음은 우리나라 첫 직장 근속기간에 대한 자료이다. 이에 대한 설명으로 옳지 않은 것은?(단, 졸업·중퇴 후 취업 유경험자 전체는 비임금 근로자와 임금 근로자의 합이다)

〈15 ~ 29세 첫 직장 근속기간 현황〉

(단위 : 명)

	구분	전체	첫 일자리를 그만둔 경우	첫 일자리가 현 직장인 경우
2022년	졸업·중퇴 후 취업 유경험자 전체	4,032	2,411	1,621
	임금 근로자	3,909	2,375	1,534
	평균 근속기간(개월)	18	14	24
2023년	졸업·중퇴 후 취업 유경험자 전체	4,101	2,516	1,585
	임금 근로자	4,012	2,489	1,523
	평균 근속기간(개월)	18	14	24
2024년	졸업·중퇴 후 취업 유경험자 전체	4,140	2,574	1,566
	임금 근로자	4,055	2,546	1,509
	평균 근속기간(개월)	18	14	25

① 첫 직장에서의 비임금 근로자 수는 전년 대비 매년 감소하였다.

② 2022 ~ 2024년의 졸업·중퇴 후 취업 유경험자 수의 평균은 4,091명이다.

③ 2022년 첫 일자리를 그만둔 임금 근로자 수는 첫 일자리가 현 직장인 근로자 수의 약 1.5배이다.

④ 2023년 첫 일자리가 현 직장인 임금 근로자 수는 전체 임금 근로자 수의 35% 이하이다.

⑤ 2024년 첫 일자리를 그만둔 경우의 평균 근속기간은 첫 일자리가 현 직장인 경우 평균 근속기간의 56%이다.

02 다음은 주요 대상국별 김치 수출액에 대한 자료이다. 기타를 제외하고 2024년 수출액이 세 번째로 많은 국가의 2023년 대비 2024년 김치 수출액의 증감률은?(단, 소수점 셋째 자리에서 반올림한다)

〈주요 대상국별 김치 수출액〉

(단위 : 천 달러, %)

구분	2023년		2024년	
	수출액	점유율	수출액	점유율
일본	44,548	60.6	47,076	59.7
미국	5,340	7.3	6,248	7.9
호주	2,273	3.1	2,059	2.6
대만	3,540	4.8	3,832	4.9
캐나다	1,346	1.8	1,152	1.5
영국	1,919	2.6	2,117	2.7
뉴질랜드	773	1.0	1,208	1.5
싱가포르	1,371	1.9	1,510	1.9
네덜란드	1,801	2.4	2,173	2.7
홍콩	4,543	6.2	4,285	5.4
기타	6,093	8.3	7,240	9.2
합계	73,547	100	78,900	100

① −5.06%

② −5.68%

③ −6.24%

④ −6.82%

⑤ −7.02%

03 다음은 2019 ~ 2023년 우리나라의 출생 및 사망에 대한 자료이다. 이에 대한 설명으로 옳지 않은 것은?

〈우리나라 출생 및 사망 현황〉

(단위 : 명)

구분	2019년	2020년	2021년	2022년	2023년
출생아 수	436,455	435,435	438,420	406,243	357,771
사망자 수	266,257	267,692	275,895	280,827	285,534

① 출생아 수가 가장 많았던 해는 2021년이다.
② 2021년 출생아 수는 같은 해 사망자 수의 1.7배 이상이다.
③ 2020년 출생아 수는 2023년 출생아 수보다 약 15% 이상 많다.
④ 사망자 수는 전년 대비 매년 증가하고 있다.
⑤ 조사기간 동안 사망자 수가 가장 많은 해와 가장 적은 해의 사망자 수 차이는 15,000명 이상이다.

04 다음은 2024년 11월 시도별 이동자 수 및 이동률을 조사한 자료이다. 이에 대한 설명으로 옳지 않은 것은?(단, 소수점 둘째 자리에서 반올림한다)

〈2024년 11월 시도별 이동자 수(총전입)〉

(단위 : 명)

구분	전국	서울	부산	대구	인천	광주
이동자 수	650,197	132,012	42,243	28,060	40,391	17,962

〈2024년 11월 시도별 이동률(총전입)〉

(단위 : %)

구분	전국	서울	부산	대구	인천	광주
이동률	1.27	1.34	1.21	1.14	1.39	1.23

① 총전입자 수가 가장 낮은 지역은 광주이다.
② 부산의 총전입자 수는 광주의 총전입자 수의 약 2.35배이다.
③ 서울의 총전입자 수는 전국의 총전입자 수의 약 20.3%이다.
④ 서울, 부산, 대구, 인천, 광주 중 대구의 총전입률이 가장 낮다.
⑤ 서울은 총전입자 수와 총전입률 모두 다른 지역에 비해 가장 높다.

※ 다음 자료는 E지역의 연령대별 장애인 취업 현황이다. 이어지는 질문에 답하시오. [5~6]

<E지역 연령대별 장애인 취업 현황>

(단위 : 명)

구분	전체 장애인 취업자 수	연령대		
		20대	30대	60대 이상
2017년	9,364	2,233	1,283	339
2018년	9,526	2,208	1,407	1,034
2019년	9,706	2,128	1,510	1,073
2020년	9,826	2,096	1,612	1,118
2021년	9,774	2,051	1,714	1,123
2022년	9,772	1,978	1,794	1,132
2023년	9,914	1,946	1,921	1,135
2024년	10,091	1,918	2,051	1,191

05 E지역의 20대 미만 장애인 취업자가 전혀 없고, 40대 장애인 취업자와 50대 장애인 취업자 수의 비가 2 : 1이라 할 때, 2019년의 40대와 50대 장애인 취업자 수를 순서대로 바르게 나열한 것은?

	40대 장애인 취업자	50대 장애인 취업자
①	3,730명	1,865명
②	3,530명	1,765명
③	3,330명	1,665명
④	3,130명	1,565명
⑤	2,930명	1,465명

06 다음 중 위 자료에 대한 설명으로 옳지 않은 것은?

① 20대 장애인 취업자 수는 매년 감소하였다.
② 2024년 20대 장애인 취업자는 전년 대비 3% 이상 감소하였다.
③ 30대 장애인 취업자가 20대 장애인 취업자보다 많은 연도는 2024년 한 해뿐이다.
④ 전년 대비 전체 장애인 취업자의 증가 인원은 2023년에 비해 2024년이 크다.
⑤ 전체 장애인 취업자 중 30대 장애인 취업자가 차지하는 비율은 2019년에 비해 2020년이 더 크다.

※ 다음은 어느 산부인과의 연도별 출산한 산모 수 및 태아 유형 비율을 나타낸 자료이다. 이어지는 질문에 답하시오. [7~8]

<연도별 출산 산모 수 및 태아 유형 비율>

(단위 : %)

구분		2019년	2020년	2021년	2022년	2023년
출산 산모 수(명)		882	898	1,020	1,108	1,174
단태아 산모 비율		62	68	71	64	65
다태아 산모 비율	쌍둥이	27	26	17	22	19
	삼둥이	11	6	12	14	16

※ 모두 정상적인 분만을 했으며, 표에 제시된 것 외의 다태아 유형은 없음

07 단태아 산모 수가 가장 많은 연도는?(단, 소수점 이하는 버린다)

① 2019년 ② 2020년

③ 2021년 ④ 2022년

⑤ 2023년

08 2021년 출생한 태아 수는 총 몇 명인가?(단, 각 태아 유형 계산 시 소수점 이하는 버린다)

① 972명 ② 1,019명

③ 1,248명 ④ 1,436명

⑤ 1,583명

PART 1

※ 제시된 선택지에서 자신이 가장 타당하다고 생각하는 것과 멀다고 생각하는 것을 각각 한 개씩 고르시오. [1~6]

01 IT회사에서 일하는 A씨는 새로운 AI 시스템을 개발하고 있다. 최근 새로 개발하는 AI 시스템이 사용자의 개인정보를 과도하게 수집하고 있음을 알게 되었다. 신기술인 AI에 대한 법적인 근거가 없어 문제가 되지는 않지만, 사용자의 불이익이 명확하게 예상되고 있으며, 해당 AI 시스템은 회사의 주력 상품으로 A씨의 경력에 큰 도움이 될 것이다. 당신이 A씨라면 어떻게 하겠는가?

① 익명으로 언론에 해당 사실을 제보한다.

② 윤리적 갈등을 이유로 프로젝트를 포기한다.

③ 문제를 무시하고 AI 시스템 개발에 집중한다.

④ 회사 내부의 윤리위원회에 이 문제를 제기한다.

⑤ 개인정보 보호를 강화하는 방안을 직접 제안하고 개발한다.

02 회사의 중간관리자인 A팀장은 연말 성과평가 기간 중 오랜 기간 동안 친하게 지낸 팀원 B대리가 자신의 실적을 지나치게 부풀려 보고한 것을 발견하였다. B대리에게 그 이유를 물어보았더니, B대리는 집안 사정이 어려워 이번 평가에서 좋은 결과를 받아 승진해야 하는 절박한 상황임을 털어놓았다. 당신이 A팀장이라면 어떻게 하겠는가?

① 회사 규정에 따라 즉시 인사부에 사실을 보고한다.

② B대리의 어려운 상황을 고려해 이번만 눈감아주고 넘어간다.

③ B대리에게 자진 신고를 권유하고, 함께 상급자를 찾아가 상황을 설명한다.

④ 평가 마감 전에 B대리와 개인적으로 대화하여 보고서를 수정하도록 설득한다.

⑤ 부정행위 사실은 숨기되, B대리가 합법적으로 좋은 평가를 받을 수 있도록 다른 방면에서 적극적으로 지원한다.

03 자연 환경이 아름다운 도시의 시장인 A씨는 최근 대기업으로부터 도시에 대규모 리조트를 건설하겠다는 제안을 받았다. 이 프로젝트는 지역 경제에 큰 도움이 되겠지만, 도시의 자연 환경을 크게 훼손할 것이다. 당신이 A씨라면 어떻게 하겠는가?

① 지역 경제 활성화를 위해 전면 승인한다.

② 환경 보호를 위해 프로젝트를 전면 거부한다.

③ 규모를 축소하고 환경 영향을 최소화하는 조건으로 승인한다.

④ 리조트 대신 친환경 관광 프로그램을 개발하는 대안을 제시한다.

⑤ 대기업과 환경 단체가 함께 참여하는 협의체를 구성하여 합의점을 찾는다.

04 E사원은 F팀장이 매번 개인물품을 회사로 보내 택배로 받는 것을 발견했다. E사원은 한두 번도 아니고 매번 공용물품이 아닌 개인물품을 회사로 보내는 것은 적절하지 않다고 생각한다. 이 상황에서 당신이 E사원이라면 어떻게 하겠는가?

① 어차피 본인 일이 아니므로 모른척한다.
② F팀장의 상사를 찾아가 F팀장의 잘못된 행동을 말한다.
③ F팀장에게 자신이 생각하는 문제점을 공손하게 이야기한다.
④ F팀장에게 찾아가 팀장으로서 행동에 모범을 보일 것을 조목조목 따진다.
⑤ 개인 택배를 회사에서 받지 않았으면 좋겠다는 자신의 의견을 팀 안건으로 제안한다.

05 A사원과 같은 팀인 C주임과 D팀장은 유독 업무 수행에 있어 마찰이 심한 편이다. 신입사원인 A사원은 C주임, D팀장 모두와 불편한 관계가 되고 싶지 않은데 업무를 할 때마다 괜히 양쪽의 눈치가 보이는 상황이다. 이 상황에서 당신이 A사원이라면 어떻게 하겠는가?

① 두 사람이 의견이 부딪힐 때는 모른 척한다.
② 인사과에 다른 부서로 옮겨달라고 요청한다.
③ 같은 팀의 팀원과 이 문제를 해결하기 위해 방안을 마련한다.
④ 다른 부서의 선배에게 현재 팀의 상황을 말하고, 조언을 구한다.
⑤ 중간에서 두 사람의 이견을 조율하기 위해 자신이 할 수 있는 방법을 생각해 본다.

06 입사한 지 얼마 되지 않은 G사원은 최근 업무 관련해서 스트레스가 많다. P과장의 순서 없는 업무 분배는 물론 P과장 자신의 업무를 넘기는 탓에 정작 G사원 본인의 업무를 제대로 하고 있지 못하기 때문이다. 이 상황에서 당신이 G사원이라면 어떻게 하겠는가?

① P과장에게 업무의 비효율성에 대해 조목조목 따진다.
② P과장의 상사에게 찾아가 상황을 설명하고 조언을 구한다.
③ P과장의 업무를 같은 팀의 C사원과 분배해서 함께 수행한다.
④ 스트레스를 받지만, P과장이 상사이기 때문에 그냥 참고 일한다.
⑤ P과장에게 자신이 느끼는 스트레스에 대해 말하고, 효율적인 업무 배분을 위해 함께 대책을 마련한다.

01 언어비평검사 I (언어추리)

01 다음 글에서 나타나는 오류로 가장 적절한 것은?

> 농업에 종사하는 사람이라면 농협에 가입해야 하고, 가입하지 않는 사람은 농업에 종사하는 사람이 아니다. 따라서 농협에 가입하지 않은 사람이라면 농업인이라고 할 수 없다.

① 성급한 일반화의 오류
② 피장파장의 오류
③ 순환 논증의 오류
④ 거짓 딜레마의 오류
⑤ 미끄러운 비탈길의 오류

02 다음 대화에서 나타난 오류와 동일한 오류를 저지른 사례로 가장 적절한 것은?

> • 의사 : 음주와 흡연은 고혈압과 당뇨를 유발할 수 있으니 조절하십시오.
> • 환자 : 에이, 의사 선생님도 술, 담배 하시잖아요.

① 저와 오랜 시간을 함께한 선생님은 제 의견에 동의하셔야 합니다.
② 재은이는 오늘도 늦게 올 거야. 지난번 약속에는 30분이나 늦었거든.
③ 이 카메라는 정형외과 전문의가 사용하는 제품이라 믿고 구매할 수 있었어.
④ 나를 거짓말쟁이라 비난하는 당신은 단 한 번의 거짓말도 한 적이 없습니까?
⑤ 저는 학생에게서 돈을 빼앗지 않았습니다. 제가 돈을 뺏는 걸 본 사람이 없는걸요.

03 다음 글의 '증인'이 범하고 있는 오류로 가장 적절한 것은?

> 우리는 몇 년 전 국회 청문회에서 과거의 비리를 밝히기 위해 국회의원들이 권력층에 있었던 사람들을 증인으로 출두시켜 신문한 적이 있었다. 그때 어느 증인은 다음과 같은 발언을 하였다. "내가 입을 열면 엄청난 사태가 벌어질 것입니다. 그러한 사태는 전적으로 당신들의 책임입니다."

① 인신공격의 오류
② 순환논증의 오류
③ 성급한 일반화의 오류
④ 감정에 호소하는 오류
⑤ 군중에 호소하는 오류

04 제시된 명제가 모두 참일 때, 빈칸에 들어갈 명제로 가장 적절한 것은?

> • 음악을 좋아하는 사람은 미술을 잘한다.
> • 미술을 잘하는 사람은 노래를 잘한다.
> • 나는 음악을 좋아한다.
> • 그러므로 _____

① 나는 음악을 잘한다.
② 나는 미술을 좋아한다.
③ 나는 노래를 좋아한다.
④ 나는 노래를 잘한다.
⑤ 나는 음악을 좋아하지만 잘하지는 못한다.

05 A ~ F 6명은 피자 3판을 모두 같은 양만큼 나누어 먹기로 하였다. 피자 3판은 각각 동일한 크기이며 8조각으로 나누어져 있다. 다음 〈조건〉을 고려할 때, 앞으로 2조각을 더 먹어야 하는 사람은?

> **조건**
> • 현재 총 6조각이 남아있다.
> • A, B, E는 같은 양을 먹었고, 나머지는 모두 먹은 양이 달랐다.
> • F는 D보다 적게 먹었으며, C보다는 많이 먹었다.

① A, B, E   ② C
③ D   ④ F
⑤ 없음

06 E사의 사내 체육대회에서 A ~ F 6명은 키가 큰 순서에 따라 2명씩 1팀, 2팀, 3팀으로 나뉘어 배치된다. 다음 〈조건〉에 따라 배치된다고 할 때, 키가 가장 큰 사람은?

> **조건**
> • A, B, C, D, E, F의 키는 서로 다르다.
> • 2팀의 B는 A보다 키가 작다.
> • D보다 키가 작은 사람은 4명이다.
> • A는 1팀에 배치되지 않는다.
> • E와 F는 한 팀에 배치된다.

① A   ② B
③ C   ④ D
⑤ E

07 다음 명제가 모두 참일 때, 반드시 참인 명제는?

> • 갑과 을 앞에 감자칩, 쿠키, 비스킷이 놓여있다.
> • 세 가지의 과자 중에는 각자 좋아하는 과자가 반드시 있다.
> • 갑은 감자칩과 쿠키를 싫어한다.
> • 을이 좋아하는 과자는 갑이 싫어하는 과자이다.

① 갑은 좋아하는 과자가 없다.
② 갑은 비스킷을 싫어한다.
③ 을은 비스킷을 싫어한다.
④ 갑과 을이 같이 좋아하는 과자가 있다.
⑤ 갑과 을이 같이 싫어하는 과자가 있다.

08 다음은 같은 반 학생인 A ~ E 5명의 영어단어 시험 결과이다. 이를 바탕으로 바르게 추론한 것은?

> • A는 이번 시험에서 1문제의 답을 틀렸다.
> • B는 이번 시험에서 10문제의 답을 맞혔다.
> • C만 유일하게 이번 시험에서 20문제 중 답을 다 맞혔다.
> • D는 이번 시험에서 B보다 많은 문제의 답을 틀렸다.
> • E는 지난 시험에서 15문제의 답을 맞혔고, 이번 시험에서는 지난 시험보다 더 많은 문제의 답을 맞혔다.

① A는 E보다 많은 문제의 답을 틀렸다.
② B는 D보다 많은 문제의 답을 맞혔지만, E보다는 적게 답을 맞혔다.
③ C는 가장 많이 답을 맞혔고, B는 가장 많이 답을 틀렸다.
④ D는 E보다 많은 문제의 답을 맞혔다.
⑤ E는 이번 시험에서 5문제 이상의 답을 틀렸다.

※ 다음 주어진 명제를 읽고 문제가 참이면 ①, 거짓이면 ②, 문제의 진위를 알 수 없으면 ③을 고르시오.
[9~10]

- 가영이는 독서보다 피아노 치는 것을 좋아한다.
- 가영이는 독서보다 운동을 좋아한다.
- 가영이는 운동보다 TV 시청을 좋아한다.
- 가영이는 TV 시청보다 컴퓨터 게임을 좋아한다.

09 가영이는 피아노 치는 것보다 컴퓨터 게임을 좋아한다.

① 참   ② 거짓   ③ 알 수 없음

10 가영이가 피아노 치는 것보다 운동하는 것을 더 좋아한다고 하면, 독서＜피아노＜운동＜TV＜컴퓨터 게임 순서로 좋아한다.

① 참   ② 거짓   ③ 알 수 없음

01 다음 글의 제목으로 가장 적절한 것은?

중세 유럽에서는 토지나 자원을 왕실이 소유하고 있었다. 사람들은 이러한 토지나 자원을 이용하려면 일정한 비용을 지불해야 했다. 예를 들어 광산을 개발하거나 수산물을 얻는 사람들은 해당 자원의 이용에 대한 비용을 왕실에 지불하였고 이는 왕실의 권력과 부의 유지를 돕는 동시에 국가의 재정을 보충하는 역할을 하였는데 이때 지불한 비용이 바로 로열티이다.

로열티의 개념은 산업혁명과 함께 발전하였다. 산업혁명을 통해 특허, 상표 등의 지식재산권이 보호되기 시작하면서 기업들은 이러한 권리를 보유한 개인이나 조직에게 사용에 대한 보상을 지불하게 되었다. 지식재산권은 기업이 특정한 기술, 디자인, 상표 등을 보유하고 있을 때 그들에게 독점적인 권리를 제공하고 이러한 권리의 보호와 보상을 위해 로열티제도가 도입되었다.

로열티는 기업과 지식재산권 소유자 간의 계약에 의해 설정되는 형태로 발전하였다. 기업이 특정 제품을 판매하거나 특정 기술을 이용하는 경우 지식재산권 소유자에게 계약에 따라 정해진 로열티를 지불하게 된다. 이로써 지식재산권을 보유한 개인이나 조직은 자신들의 창작물이나 기술의 사용에 대한 보상을 받을 수 있으며 기업들은 이러한 지식재산권의 이용을 허가받아 경쟁우위를 확보할 수 있게 되었다.

현재 로열티는 제품 판매나 라이선스, 저작물의 이용 등 다양한 형태로 나타나며 지식재산권의 보호와 경제적가치를 확보하는 중요한 수단으로 작용하고 있다. 로열티는 지식과 창조성의 보상으로서의 역할을 수행하며 기업들의 연구개발을 촉진하고 혁신을 격려한다. 이처럼 로열티제도는 기업과 지식재산권 소유자 간의 상호협력과 혁신적인 경제발전에 기여하는 중요한 구조적요소이다.

① 지식재산권의 정의
② 로열티제도의 모순
③ 로열티 지급 시 유의사항
④ 로열티제도의 유래와 발전
⑤ 지식재산권을 보호하는 방법

02 다음 글의 내용으로 적절하지 않은 것은?

최근 국내 건설업계에서는 3D프린팅 기술을 건설 분야와 접목하고자 노력하고 있다. 해외 건설사들도 3D프린팅 기술을 이용한 건축 시장을 선점하기 위한 경쟁이 활발히 이루어지고 있으며 이미 미국 텍사스 지역에서 3D프린팅 기술을 이용하여 주택 4채를 1주일 만에 완공한 바 있다. 또한 우리나라에서도 인공조경 벽 등 건설 현장에서 3D프린팅 건축물을 차차 도입해 가고 있다.

왜 건설업계에서는 3D프린팅 기술을 주목하게 되었을까? 3D프린팅 건축방식은 전통 건축방식과 비교하여 비용을 절감할 수 있고 공사 기간이 단축되는 점을 장점으로 꼽을 수 있다. 특히 공사 기간이 짧은 점은 천재지변으로 인한 이재민 등을 위한 주거시설을 빠르게 준비할 수 있다는 점에서 호평받고 있다. 또한 전통 건축방식으로는 구현하기 힘든 다양한 디자인을 구현할 수 있는 점과 건축 폐기물 감소 및 CO_2 배출량 감소 등 환경보호 면에서도 긍정적인 평가를 받고 있으며 각 국가 간 이해관계 충돌로 인한 직·간접적 자재 수급난을 해결할 수 있는 점도 긍정적 평가를 받는 요인이다.

어떻게 3D프린터로 건축물을 세우는 것일까? 먼저 일반적인 3D프린팅의 과정을 알아야 한다. 일반적인 3D프린팅은 컴퓨터로 물체를 3D 형태로 모델링한 후 용융성 플라스틱이나 금속 등을 3D프린터 노즐을 통해 분사하여 아래부터 층별로 겹겹이 쌓는 과정을 거친다.

3D프린팅 건축방식도 마찬가지이다. 컴퓨터를 통해 건축물을 모델링 후 모델링한 정보에 따라 콘크리트, 금속, 폴리머 등의 건축자재를 노즐을 통해 분사시켜 층층이 쌓아 올리면서 컴퓨터로 설계한 대로 건축물을 만든다. 기계가 대신 건축물을 만든다는 점에서 사람의 힘으로 한계가 있는 기존 건축방식의 해결은 물론 코로나19 사태로 인한 인건비 상승 및 전문 인력 수급난을 해결할 수 있다는 점 또한 호평받고 있다.

하지만 아쉽게도 우리나라에서의 3D프린팅 건설사업은 관련 인증 및 안전 규정 미비 등의 제도적 한계와 기술적 한계가 있어 상용화 단계가 이루어지기는 힘들다. 특히 3D프린터로 구조물을 적층하여 구조물을 쌓아 올리는 데에는 로봇 팔이 필요한데 아직은 5층 이하의 저층 주택준공이 한계이고 현 대한민국 주택시장은 고층 아파트 등 고층 건물이 주력이므로 3D프린터 고층건축물 제작 기술을 개발해야 한다는 주장도 더러 나오고 있다.

① 현재 우리나라의 3D프린팅 건축사업은 제도적 장치 및 기술적 한계를 해결해야만 하는 과제가 있다.
② 3D프린팅 건축 기술은 전통 건축 기술과는 달리 환경에 영향을 덜 끼친다.
③ 3D프린팅 건축 기술은 인력난을 해소할 수 있는 새로운 기술이다.
④ 이미 해외에서는 3D프린터를 이용하여 주택을 시공한 바 있다.
⑤ 3D프린팅 건축 기술로 인해 대량의 실업자가 발생할 것이다.

03 다음 글의 밑줄 친 '정원'에 대한 설명으로 적절하지 않은 것은?

야생의 자연이라는 이상을 고집하는 자연 애호가들은 인류가 자연과 내밀하면서도 창조적인 관계를 맺었던 반(反)야생의 자연, 즉 '정원'을 간과한다. 정원은 울타리를 통해 농경지보다 야생의 자연과 분명한 경계를 긋는다. 집약적인 토지 이용이라는 전통은 정원에서 시작되었다. 정원은 대규모의 농경지 경작이 행해지지 않은 원시적인 문화에서도 발견된다. 만여 종의 경작용 식물들은 모두 대량 생산에 들어가기 전에 정원에서 자라는 단계를 거쳐온 것으로 보인다.

농업경제의 역사에서 정원이 갖는 의미는 시대와 지역에 따라 매우 달랐다. 좁은 공간에서 집약적인 농사를 짓는 지역에서는 농부가 곧 정원사였다. 반면 예전의 독일 농부들은 정원이 곡물 경작에 사용될 퇴비를 앗아가므로 정원을 악으로 여기기도 했다. 하지만 여성들의 입장은 지역적인 편차가 없었다. 아메리카의 푸에블로 인디언부터 근대 독일의 농부 집안까지 정원은 농업혁신에 주도적인 역할을 해온 여성들에게는 자신들의 제국이자 자존심이었다. 그곳에는 여성들이 경험을 통해 쌓은 지식 전통이 살아있었다. 환경사에서 여성이 갖는 특별한 역할의 물질적 근간은 대부분 정원에서 발견된다. 지난 세기들의 경우 이는 특히 여성 제후들과 관련되어 있으며 자료가 풍부하다. 작센의 여성 제후인 안나는 식물에 관한 지식을 늘 공유했던 긴밀하고도 광범위한 사회적 네트워크를 가지고 있었는데, 그중에는 식물 경제학에 관심이 깊은 고귀한 신분의 여성들도 많았으며 수도원 소속의 여성들도 있었다.

여성들이 정원에서 쌓은 경험의 특징은 무엇일까? 정원에서는 땅을 면밀히 살피고 손으로 흙을 부스러뜨리는 습관이 생겨났을 것이다. 정원에서 즐겨 이용되는 삽도 다양한 토질의 층을 자세히 연구하도록 부추겼을 것이 분명하다. 넓은 경작지보다는 정원에서 땅을 다룰 때 더 아끼고 보호했을 것이다. 정원이라는 매우 제한된 공간에는 옛날에도 충분한 퇴비를 줄 수 있었다. 경작지보다도 다양한 종류의 퇴비로 실험할 수 있었고 새로운 작물을 키우며 경험을 수집할 수 있었다. 정원에서는 좁은 공간에서 다양한 식물이 자라기 때문에 모든 종류의 식물들이 서로 잘 지내지는 않는다는 사실에도 주의를 기울였다. 이는 식물 생태학의 근간을 이루는 통찰이었다.

결론적으로 정원은 여성들이 주도가 되어 토양과 식물을 이해하고, 농경지 경작에 유용한 지식과 경험을 배양할 수 있는 좋은 장소였다.

① 울타리를 통해 야생의 자연과 분명한 경계를 긋는다.
② 시대와 지역에 따라 정원에 대한 여성들의 입장이 달랐다.
③ 정원에서는 모든 종류의 식물들이 서로 잘 지내지는 않는다.
④ 여성이 갖는 특별한 역할의 물질적 근간이 대부분 발견되는 곳이다.
⑤ 집약적 토지 이용의 전통이 시작된 곳으로 원시적인 문화에서도 발견된다.

04 다음 글에서 〈보기〉의 문장이 들어갈 위치로 가장 적절한 곳은?

게임 중독세는 세금 징수의 당위성이 인정되지 않는다. 세금으로 특별목적 기금을 조성하려면 검증을 통해 그 당위성을 인정할 수 있어야 한다. (가) 담배에 건강 증진 기금을 위한 세금을 부과하는 것은 담배가 건강에 유해한 요소들로 이루어져 있다는 것이 의학적으로 증명되어 세금 징수의 당위성이 인정되기 때문이다. (나) 하지만 게임은 유해한 요소들로 이루어져 있다는 것이 의학적으로 증명되지 않았다.

게임 중독세는 게임업체에 조세부담을 과도하게 지우는 것이다. 게임업체는 이미 매출에 상응하는 세금을 납부하고 있는데, 여기에 게임 중독세까지 내도록 하는 것은 지나치다. (다) 또한 스마트폰 사용중독 등에 대해서는 세금을 부과하지 않는데, 유독 게임중독에 대해서만 세금을 부과하는 것은 형평성에 맞지 않는다.

게임 중독세는 게임에 대한 편견을 강화하여 게임업체에 대한 부정적 이미지만을 공식화한다. 게임 중독은 게임이용자의 특성이나 생활환경 등이 원인이 되어 발생하는 것이지 게임 자체에서 비롯되는 것은 아니다. (라) 게임중독이 이용자 개인의 책임이 큰 문제임에도 불구하고 게임업체에 징벌적 세금을 물리는 것은 게임을 사회악으로 규정하고 게임업체에 사회문제를 조장하는 기업이라는 낙인을 찍는 것이다. (마)

> **보기**
>
> 카지노, 복권 등 사행산업을 대상으로 연 매출의 일부를 세금으로 추가 징수하는 경우가 있긴 하지만, 게임산업은 문화콘텐츠산업이지 사행산업이 아니다.

① (가) ② (나)
③ (다) ④ (라)
⑤ (마)

05 다음 제시된 글을 읽고, 이어질 내용을 논리적 순서대로 바르게 나열한 것은?

> S공사의 무임승차로 인한 손해액이 연간 약 3,000억 원에 달하자, 서울시는 8년 만에 지하철·버스 요금을 300원 가까이 인상을 추진하였고 이에 노인 무임승차가 다시 논란이 되었다.

> (가) 이에 네티즌들은 요금 인상 대신 노인 무임승차 혜택을 중단하거나 축소해야 한다고 주장했지만 서울시는 그동안 노인 무임승차 중단 이야기를 꺼내지 못했다.
> (나) 우리나라에서 65세 이상 노인에 대한 지하철·버스 무임승차는 전두환 전 대통령의 지시로 시작되어 지난 40년간 유지되었다.
> (다) 이는 서울시장이 선출직인 이유와 더불어 우리나라의 오래된 미덕인 경로사상의 영향 때문이다. 실제로 지하철을 운영하는 각 지자체는 노인 무상승차를 거부할 법적 권한이 있지만 활용하지 못하고 있는 상황이다.
> (라) 하지만 초고령화 시대가 접어들면서 복지혜택을 받는 노인인구가 급격히 늘어나 무임승차 기준인 65세 이상 인구가 지난 2021년 전체 인구의 16.8%에 달하면서 도시철도의 동반 부실도 급격히 심화되었다.

① (나) – (가) – (라) – (다)
② (나) – (라) – (가) – (다)
③ (나) – (라) – (다) – (가)
④ (다) – (가) – (나) – (라)
⑤ (다) – (나) – (라) – (가)

06

(가) 다만 각자에게 느껴지는 감각질이 뒤집혀있을 뿐이고 경험을 할 때 겉으로 드러난 행동과 하는 말은 똑같다. 예컨대 그 사람은 신호등이 있는 건널목에서 똑같이 초록불일 때 건너고 빨간 불일 때는 멈추며, 초록불을 보고 똑같이 "초록불이네."라고 말한다. 그러나 그는 자신의 감각질이 뒤집혀있는지 전혀 모른다. 감각질은 순전히 사적이며 다른 사람의 감각질과 같은지를 확인할 수 있는 방법이 없기 때문이다.

(나) 그래서 어떤 입력이 들어올 때 어떤 출력을 내보낸다는 기능적·인과적 역할로써 정신을 정의하는 기능론이 각광을 받게 되었다. 기능론에서는 정신이 물질에 의해 구현되므로 그 둘이 별개의 것은 아니라고 주장한다는 점에서 이원론과 다르면서도 정신의 인과적 역할이 뇌의 신경세포에서든 로봇의 실리콘칩에서든 어떤 물질에서도 구현될 수 있음을 보여준다는 점에서 동일론의 문제점을 해결할 수 있기 때문이다.

(다) 심신 문제는 정신과 물질의 관계에 대해 묻는 오래된 철학적 문제이다. 정신 상태와 물질 상태는 별개의 것이라고 주장하는 이원론이 오랫동안 널리 받아들여졌으나 신경과학이 발달한 현대에는 그 둘은 동일하다는 동일론이 더 많은 지지를 받고 있다. 그러나 똑같은 정신 상태라고 하더라도 사람마다 그 물질 상태가 다를 수 있고, 인간과 정신 상태는 같지만 물질 상태는 다른 로봇이 등장한다면 동일론에서는 그것을 설명할 수 없다는 문제가 생긴다.

(라) 그래도 정신 상태가 물질 상태와 다른 무엇이 있다고 생각하는 이원론에서는 '나'가 어떤 주관적인 경험을 할 때 다른 사람에게 그 경험을 보여줄 수는 없지만 나는 분명히 경험하는 그 느낌에 주목한다. 잘 익은 토마토를 봤을 때의 빨간색의 느낌, 시디신 자두를 먹었을 때의 신 느낌, 꼬집힐 때의 아픈 느낌이 그런 예이다. 이런 질적이고 주관적인 감각경험, 곧 현상적인 감각경험을 철학자들은 '감각질'이라고 부른다. 이 감각질이 뒤집혔다고 가정하는 사고실험을 통해 기능론에 대한 비판이 제기된다. 나에게 빨강으로 보이는 것이 어떤 사람에게는 초록으로 보이고 나에게 초록으로 보이는 것이 그에게는 빨강으로 보인다는 사고실험이 그것이다.

① (다) – (가) – (나) – (라)
② (다) – (나) – (가) – (라)
③ (다) – (나) – (라) – (가)
④ (다) – (라) – (가) – (나)
⑤ (다) – (라) – (나) – (가)

(가) 하지만 지금은 고령화 시대를 맞아 만성질환이 다수다. 꾸준히 관리받아야 건강을 유지할 수 있다. 치료보다 치유가 대세다. 이 때문에 미래 의료는 간호사시대라고 말한다. 그럼에도 간호사에 대한 활용은 시대 흐름과 동떨어져 있다.

(나) 인간의 질병 구조가 변하면 의료서비스의 비중도 바뀐다. 과거에는 급성질환이 많았다. 맹장염(충수염)이나 구멍 난 위궤양 등 수술로 해결해야 할 상황이 잦았다. 따라서 질병 관리 대부분을 의사의 전문성에 의존해야 했다.

(다) 현재 2년 석사과정을 거친 전문간호사가 대거 양성되고 있다. 하지만 이들의 활동은 건강보험 의료수가에 반영되지 않고, 그러니 병원이 전문간호사를 적극적으로 채용하려 하지 않는다. 의사의 손길이 미치지 못하는 곳은 전문성을 띤 간호사가 그 역할을 대신해야 함에도 말이다.

(라) 고령 장수 사회로 갈수록 간호사의 역할은 커진다. 병원뿐 아니라 다양한 공간에서 환자를 돌보고 건강관리가 이뤄지는 의료서비스가 중요해졌다. 간호사 인력 구성과 수요는 빠르게 바뀌어 가는데 의료환경과 제도는 한참 뒤처져있어 안타깝다.

① (나) – (가) – (다) – (라)   ② (나) – (다) – (라) – (가)
③ (나) – (라) – (가) – (다)   ④ (다) – (라) – (가) – (나)
⑤ (라) – (나) – (다) – (가)

08 다음 글을 읽고 추론한 내용으로 적절하지 않은 것은?

'정보 파놉티콘(Panopticon)'은 사람에 대한 직접적 통제와 규율에 정보수집이 합쳐진 것이다. 정보 파놉티콘에서의 '정보'는 벤담의 파놉티콘에서의 시선(視線)을 대신하여 규율과 통제의 메커니즘으로 작동한다. 작업장에서 노동자들을 통제하고 이들에게 규율을 강제한 메커니즘은 시선에서 정보로 진화했다. 19세기에는 사진 기술을 이용하여 범죄자 프로파일링을 했는데, 이 기술이 20세기의 폐쇄회로 텔레비전이나 비디오 카메라와 결합한 통계학으로 이어진 것도 그러한 맥락에서 이해할 수 있다. 더 극단적인 예를 들자면, 미국은 발목에 채우는 전자기기를 이용하여 죄수를 자신의 집 안과 같은 제한된 공간에 가두어 감시하면서 교화하는 프로그램을 운용하고 있다. 이 경우 개인의 집이 교도소로 변하고, 국가가 관장하던 감시가 기업이 판매하는 전자기기로 대체됨으로써 전자기술이 파놉티콘에서의 간수의 시선을 대신한다.

컴퓨터나 전자기기를 통해 얻은 정보가 간수의 시선을 대체했지만 벤담의 파놉티콘에 갇힌 죄수가 자신이 감시를 당하는지 아닌지를 모르듯이 정보 파놉티콘에 노출된 사람들 또한 자신의 행동이 국가나 직장의 상관에 의해 열람될지의 여부를 확신할 수 없다. "그들이 감시당하는지 모를 때도 우리가 그들을 감시하고 있다고 생각하도록 만든다."라고 한 관료가 논평했는데, 이는 파놉티콘과 전자 감시의 유사성을 뚜렷하게 보여준다.

전자감시는 파놉티콘의 감시 능력을 전 사회로 확장했다. 무엇보다 시선에는 한계가 있지만 컴퓨터를 통한 정보수집은 국가적이고 전 지구적이기 때문이다. "컴퓨터화된 정보시스템이 작은 지역 단위에서만 효과적으로 작동했을 파놉티콘을 근대 국가에 의한 일상적인 대규모 검열로 바꾸었는가?"라고 한 정보사회학자 롭 클링은 시선의 국소성과 정보의 보편성 사이의 차이를 염두에 두고 있었다. 철학자 들뢰즈는 이러한 인식을 한 단계 더 높은 차원으로 일반화하여 지금 우리가 살고 있는 사회는 푸코의 규율사회를 벗어난 새로운 통제 사회라고 주장했다.

그에 의하면 규율사회는 증기기관과 공장이 지배하고 요란한 구호에 의해 통제되는 사회이지만 통제 사회는 컴퓨터와 기업이 지배하고 숫자와 코드에 의해 통제되는 사회이다.

① 정보 파놉티콘은 기술이 발달할수록 더욱 정교해질 것이다.
② 정보 파놉티콘은 범죄자만 감시 대상에 해당하는 것이 아니다.
③ 정보 파놉티콘이 종국에는 감시체계 자체를 소멸시킬 것이다.
④ 정보 파놉티콘은 교정시설의 체계를 효율적으로 바꿀 수 있다.
⑤ 정보 파놉티콘이 발달할수록 개인의 사생활은 보장될 수 없을 것이다.

09 다음 글에서 비판하는 주장으로 가장 적절한 것은?

'모래언덕'이나 '바람'같은 개념은 매우 모호해 보인다. 작은 모래 무더기가 모래언덕이라고 불리려면 얼마나 높이 쌓여야 하는가? 바람이 되려면 공기는 얼마나 빨리 움직여야 하는가?

그러나 지질학자들이 관심 있는 대부분의 문제상황에서 이런 개념들은 아무 문제없이 작동한다. 더 높은 수준의 세분화가 요구될 만한 맥락에서는 그때마다 '30 ~ 40m 사이의 높이를 가진 모래언덕'이나 '시속 20km와 시속 40km 사이의 바람'처럼 수식어구가 달린 표현이 과학적 용어의 객관적인 사용을 뒷받침한다.

물리학 같은 정밀과학에서도 사정은 비슷하다. 물리학의 한 연구 분야인 저온물리학은 저온현상, 즉 초전도 현상을 비롯하여 절대온도 0도인 −273.16℃ 부근의 저온에서 나타나는 흥미로운 현상들을 연구한다. 그렇다면 정확히 몇 도부터 저온인가? 물리학자들은 이 문제를 놓고 다투지 않는다. 때로는 이 말이 헬륨의 끓는점(−268.6℃) 같은 극저온 근방을 가리키는가 하면, 질소의 끓는점(−195.8℃)이 기준이 되기도 한다.

과학자들은 모호한 것을 싫어한다. 모호성은 과학의 정밀성을 훼손할 뿐만 아니라 궁극적으로 과학의 객관성을 약화하기 때문이다. 그러나 모호성에 대응하는 길은 모든 측정의 오차를 0으로 만드는 데 있는 것이 아니라 대화를 통해 그 상황에 적절한 합의를 하는 데 있다.

① 과학의 정확성은 측정 기술의 정확성에 달려 있다.
② 물리학 같은 정밀과학에서도 오차는 발생하기 마련이다.
③ 과학의 발달은 과학적 용어 체계의 변화를 유발할 수 있다.
④ 과학적 언어의 객관성은 그 언어가 사용되는 맥락 속에서 확보된다.
⑤ 과학적 언어의 객관성은 용어의 엄밀하고 보편적인 정의에 의해서만 보장된다.

10 다음은 '고등학교 진로 교육 내실화 방안'에 관한 글을 쓰기 위해 작성한 개요이다. 빈칸에 들어갈 내용으로 가장 적절한 것은?

Ⅰ. 서론 : 진로 교육의 중요성
Ⅱ. 본론
    1. 현황 : 고등학교 현장에서 형식적으로 운영되는 진로 교육 실태
    2. 문제점 분석
       가. 고등학교 교사의 진로 교육에 대한 낮은 이해도
       나. 진로 교육에 임하는 학생들의 소극적인 태도
       다. 교육청의 체계적 지원 부족
    3. 개선 방안
       가. _____
       나. 진로 교육에 대한 학생들의 적극적 참여 기회 확대
       다. 지역사회, 기업 등과 연계한 지원체계 마련을 위한 교육청의 노력
Ⅲ. 결론

① 진로 교육에 대한 학생들의 인식변화
② 진로 상담을 통한 교사와 학생 간의 유대감 형성
③ 지역사회와 연계하여 다양한 직업 체험활동 실시
④ 고등학교 교사들을 위한 체계적인 진로 교육 연수 확대
⑤ 학생들의 관심과 흥미를 유발할 수 있는 진로 교육프로그램 개발

01 다음은 서울과 각 지역의 지역사회 정신건강 예산에 대한 자료이다. 2022년 대비 2023년 정신건강 예산의 증가액이 가장 큰 지역을 순서대로 바르게 나열한 것은?

〈시도별 공공의료기관 인력 현황〉

구분	2023년		2022년	
	정신건강 예산(천 원)	인구 1인당 지역사회 정신건강 예산(원)	정신건강 예산(천 원)	인구 1인당 지역사회 정신건강 예산(원)
서울	58,981,416	6,208	53,647,039	5,587
부산	24,205,167	7,275	21,308,849	6,373
대구	12,256,595	5,133	10,602,255	4,382
인천	17,599,138	5,984	12,662,483	4,291
광주	13,479,092	9,397	12,369,203	8,314
대전	14,142,584	9,563	12,740,140	8,492
울산	6,497,177	5,782	5,321,968	4,669
세종	1,515,042	4,129	1,237,124	3,546
제주	5,600,120	8,319	4,062,551	6,062

① 서울 – 세종 – 인천 – 대구 – 제주 – 대전 – 울산 – 광주 – 부산
② 서울 – 인천 – 부산 – 대구 – 제주 – 대전 – 울산 – 광주 – 세종
③ 서울 – 대구 – 인천 – 대전 – 부산 – 대전 – 울산 – 광주 – 제주
④ 서울 – 인천 – 대전 – 부산 – 제주 – 대구 – 울산 – 세종 – 광주
⑤ 서울 – 대구 – 인천 – 세종 – 제주 – 대전 – 울산 – 광주 – 부산

02 E회사에서는 업무 효율을 높이기 위해 근무 여건 개선 방안에 대하여 논의하고자 한다. 귀하는 논의 자료를 위하여 전 사원의 야간 근무 현황을 조사하였다. 다음 중 조사 내용으로 옳지 않은 것은?

<야간 근무 현황(주 단위)>

(단위 : 일, 시간)

구분	임원	부장	과장	대리	사원
평균 야근 빈도	1.2	2.2	2.4	1.8	1.4
평균 야근 시간	1.8	3.3	4.8	6.3	4.2

※ 60분의 3분의 2 이상을 채울 시 1시간으로 야근 수당을 계산함

① 과장급 사원은 한 주에 평균적으로 2.4일 정도 야간 근무를 한다.
② 전 사원의 주 평균 야근 빈도는 1.8일이다.
③ 평사원은 한 주 동안 평균 4시간 12분 정도 야간 근무를 하고 있다.
④ 1회 야간 근무 시 평균적으로 가장 긴 시간 동안 일하는 사원은 대리급 사원이다.
⑤ 야근 수당이 시간당 10,000원이라면 과장급 사원은 주 평균 50,000원을 받는다.

03 다음은 우리나라 초·중·고등학생의 사교육 현황에 대한 자료이다. 한 달을 4주라고 했을 때, 사교육에 참여한 일반 고등학교 학생의 시간당 사교육비는?(단, 백의 자리에서 반올림한다)

<우리나라 초·중·고등학생의 사교육 현황>

구분		총 사교육비 (억 원)	전체 학생 1인당 연 평균 사교육비 (만 원)	전체 학생 1인당 월 평균 사교육비 (만 원)	참여 학생 1인당 월 평균 사교육비 (만 원)	사교육 참여시간 (주당 평균)
전체		208,718	288.4	24.0	32.7	7.0
초등학교		97,080	294.3	24.5	28.3	8.2
중학교		60,396	305.8	25.5	35.3	7.7
고등학교		51,242	261.1	21.8	41.2	4.1
	일반고	47,512	317.5	26.5	61.1	4.8
	전문고	3,730	80.0	6.7	25.6	2.0

① 약 23,000원
② 약 27,000원
③ 약 32,000원
④ 약 37,000원
⑤ 약 43,000원

04 다음은 국가별 연도별 이산화탄소 배출량에 대한 자료이다. 〈조건〉에 따라 빈칸 ㉠ ~ ㉣에 해당하는 국가명을 순서대로 바르게 나열한 것은?

〈이산화탄소 배출량〉

(단위 : 백만 CO_2톤)

구분	1995년	2005년	2015년	2020년	2022년
일본	1,041	1,141	1,112	1,230	1,189
미국	4,803	5,642	5,347	5,103	5,176
㉠	232	432	551	572	568
㉡	171	312	498	535	556
㉢	151	235	419	471	507
독일	940	812	759	764	723
인도	530	890	1,594	1,853	2,020
㉣	420	516	526	550	555
중국	2,076	3,086	7,707	8,980	9,087
러시아	2,163	1,474	1,529	1,535	1,468

조건
- 한국과 캐나다는 제시된 5개 연도의 이산화탄소 배출량 순위에서 8위를 두 번 했다.
- 사우디의 2020년 대비 2022년의 이산화탄소 배출량 증가율은 5% 이상이다.
- 이란과 한국의 이산화탄소 배출량의 합은 2015년부터 이란과 캐나다의 배출량의 합보다 많아진다.

① 캐나다 – 이란 – 사우디 – 한국
② 한국 – 사우디 – 이란 – 캐나다
③ 한국 – 이란 – 캐나다 – 사우디
④ 이란 – 한국 – 사우디 – 캐나다
⑤ 한국 – 이란 – 사우디 – 캐나다

05 다음은 E국의 2018 ~ 2022년 부양인구비에 대한 자료이다. 2022년 15세 미만 인구 대비 65세 이상 인구의 비율은?(단, 비율은 소수점 둘째 자리에서 반올림한다)

<부양인구비>

(단위 : %)

구분	2018년	2019년	2020년	2021년	2022년
부양비	37.3	36.9	36.8	36.8	36.9
유소년부양비	22.2	21.4	20.7	20.1	19.5
노년부양비	15.2	15.6	16.1	16.7	17.3

※ (유소년부양비)$= \dfrac{(15세\ 미만\ 인구)}{(15 \sim 64세\ 인구)} \times 100$

※ (노년부양비)$= \dfrac{(65세\ 이상\ 인구)}{(15 \sim 64세\ 인구)} \times 100$

① 72.4%
② 77.6%
③ 81.5%
④ 88.7%
⑤ 90.1%

06 다음은 분기별 모바일 뱅킹 서비스 이용 실적에 대한 자료이다. 이에 대한 설명으로 옳지 않은 것은?

<모바일 뱅킹 서비스 이용 실적>

(단위 : 천 건, %)

구분	2021년				2022년
	1/4분기	2/4분기	3/4분기	4/4분기	1/4분기
조회 서비스	817	849	886	1,081	1,106
자금 이체 서비스	25	16	13	14	25
합계	842(18.6)	865(2.7)	899(3.9)	1,095(21.8)	1,131(3.3)

※ ( )는 전 분기 대비 증가율을 의미함

① 조회 서비스 이용 실적은 매 분기 계속 증가하였다.
② 자금 이체 서비스 이용 실적은 2021년 2/4분기에 감소하였다가 다시 증가하였다.
③ 2021년 2/4분기의 조회 서비스 이용 실적은 전 분기보다 3만 2천 건 증가하였다.
④ 2021년 4/4분기의 조회 서비스 이용 실적은 자금 이체 서비스 이용 실적의 약 77배이다.
⑤ 모바일 뱅킹 서비스 이용 실적의 전 분기 대비 증가율이 가장 높은 분기는 2021년 4/4분기이다.

07 다음은 E편의점의 3 ~ 8월까지 6개월간 캔 음료 판매 현황에 대한 자료이다. 이에 대한 설명으로 옳지 않은 것은? (단, 3 ~ 5월은 봄, 6 ~ 8월은 여름이다)

〈E편의점 캔 음료 판매 현황〉

(단위 : 캔)

구분	맥주	커피	탄산음료	이온음료	과일음료
3월	601	264	448	547	315
4월	536	206	452	523	362
5월	612	184	418	519	387
6월	636	273	456	605	406
7월	703	287	476	634	410
8월	812	312	513	612	419

① 맥주는 매월 커피의 2배 이상 판매되었다.

② 모든 캔 음료는 봄보다 여름에 더 잘 팔렸다.

③ 봄에는 이온음료가 탄산음료보다 더 잘 팔렸다.

④ 맥주는 매월 가장 많은 판매 비중을 보이고 있다.

⑤ 모든 캔 음료는 여름에 매월 꾸준히 판매량이 증가하였다.

08 다음은 국내 이민자의 경제활동에 대한 자료이다. 이에 대한 〈보기〉의 설명 중 옳은 것을 모두 고르면?

〈국내 이민자 경제활동인구〉

(단위 : 천 명, %)

구분	이민자			국내인 전체
	외국인		귀화허가자	
	남성	여성		
15세 이상 인구	695.7	529.6	52.7	43,735
경제활동인구	576.1	292.6	35.6	27,828
취업자	560.5	273.7	33.8	26,824
실업자	15.6	18.8	1.8	1,003.0
비경제활동인구	119.5	237.0	17.1	15,907.0
경제활동 참가율	82.8	55.2	67.6	63.6

보기

ㄱ. 15세 이상 국내 인구 중 이민자가 차지하는 비율은 4% 이상이다.

ㄴ. 15세 이상 외국인 중 실업자의 비율이 귀화허가자 중 실업자의 비율보다 낮다.

ㄷ. 외국인 취업자의 수는 귀화허가자 취업자 수의 20배 이상이다.

ㄹ. 외국인 여성의 경제활동 참가율이 국내인 여성의 경제활동 참가율보다 낮다.

① ㄱ, ㄴ   ② ㄱ, ㄷ

③ ㄴ, ㄷ   ④ ㄱ, ㄴ, ㄷ

⑤ ㄴ, ㄷ, ㄹ

※ 상황판단검사는 정답을 따로 제공하지 않는 영역이니 참고하기 바랍니다.

※ 제시된 선택지에서 자신과 가장 가깝다고 생각하는 것과 멀다고 생각하는 것을 각각 한 가지씩 고르시오.
[1~6]

01 E회사에서 영업을 담당하는 A사원은 거래처 직원을 만나러 미팅 장소에 왔다. 그런데 미팅에 나온 거래처 직원은 대학교를 다닐 때 금전 문제로 싸웠던 동창이었다. 당신이 A사원이라면 어떻게 행동할 것인가?

① 다른 거래처를 이용한다.
② 모르는 척 하고 거래를 진행한다.
③ 미팅을 취소하고 다른 사람을 보낸다.
④ 소통을 통해 이전의 갈등을 해소하도록 한다.
⑤ 전문적인 태도를 유지하여 업무에 대한 이야기만 짧게 하고 끝낸다.

02 A팀장은 새로운 업무 지시를 받고 팀원들과 새 업무를 진행하려고 한다. 그러나 팀원들의 역량과 성향이 달라 고민이 되고 있다. 팀장의 입장에서 A팀장은 어떻게 행동해야 하는가?

① 팀원들끼리 상의해서 정하도록 한다.
② 업무를 모두에게 비슷한 양으로 분배한다.
③ 역량이 뛰어난 팀원에게 더 많은 일을 분배한다.
④ 처음 생각한 대로 팀원들과 상의 없이 업무를 지시한다.
⑤ 일의 양은 비슷하나 핵심이 되는 일은 역량이 뛰어난 팀원에게 분배한다.

03 A사원과 같은 팀에 근무하는 B대리는 평소 내성적인 성격으로 혼자 지내는 것을 좋아한다. 그러던 중 A사원은 B대리의 생일이 얼마 남지 않았다는 것과 취미가 클래식 감상이라는 것을 알았다. 평소 B대리에게 많은 도움을 받은 A사원이 개인적으로 축하를 해주려고 한다면 어떻게 하겠는가?

① 클래식 공연에 함께 간다.
② 생일에 축하 문자를 남긴다.
③ 평소 B대리가 좋아하는 클래식 CD를 선물한다.
④ 직원들에게 B대리의 생일을 알리고 파티를 준비한다.
⑤ 개인적으로 깜짝 생일파티를 준비한 후 팀원들과 함께 축하한다.

04 G사원은 주어진 업무를 생각보다 일찍 끝냈다. 개인 업무를 일찍 끝낸 뒤 바쁜 다른 팀원들을 위해 팀 공동업무까지 끝낸 상황이다. 다른 사람들은 바쁜 가운데 혼자 일이 없어 눈치가 보인다. 이런 상황에서 당신이 G사원이라면 어떻게 행동하겠는가?

① 눈치껏 다른 업무를 찾아본다.

② 일이 많아 보이는 같은 팀 선배 사원의 일을 도와준다.

③ K팀장이 자신에게 일을 줄 때까지 자리에서 조용히 기다린다.

④ 실수한 것이 없는지 다시 한 번 살펴본 후, K팀장에게 업무를 보고한다.

⑤ K팀장을 찾아가 자신의 상황을 설명하고, 새로운 업무에 대해 물어본다.

05 A사원은 입맛이 까다로운 편이다. 얼마 전 A사원이 입사한 회사는 전반적으로 맘에 들지만, 문제가 있다면 자신과 입맛이 정반대인 B상사이다. B상사는 매일 점심마다 자신이 좋아하지 않는 메뉴를 점심 메뉴로 선택하기 때문이다. 이에 A사원은 매일 점심마다 고역을 치르고 있다. 이런 상황에서 당신이 A사원이라면 어떻게 행동하겠는가?

① 일상적인 일일지라도 상사의 제안이므로 이를 존중하여 아무 말도 하지 않는다.

② 점심 메뉴를 결정할 때 자신의 선호 메뉴를 적극적으로 주장한다.

③ 자신과 비슷한 생각을 하는 동료들을 모아 반대 여론을 조성한다.

④ 상사에게 자신의 심정을 있는 그대로 솔직하게 토로한다.

⑤ 적당한 핑계를 대고 점심을 혼자 먹는다.

06 C사원은 운동을 하기보다는 영화관에 가서 영화를 보거나 새로 나온 책을 읽으며 쉬는 것을 선호하는 편이다. 그러나 C사원이 속한 부서의 B부장은 C사원과 반대로 운동을 취미로 삼고 있다. 문제는 사원들과 친밀한 관계를 유지하고 싶어 하는 B부장이 C사원에게도 계속해서 같은 운동을 취미로 삼을 것을 강요한다는 점이다. 이런 상황에서 당신이 C사원이라면 어떻게 행동하겠는가?

① 비슷한 생각을 지닌 동료들과 B부장에 대한 반대 여론을 만든다.

② 관계 유지 및 개선을 위해 요구를 받아들여 운동을 취미로 삼는다.

③ B부장에게 자신은 운동에 흥미가 없음을 밝히고 정중하게 거절한다.

④ 주말 등 별도의 시간을 투자하여 해당 운동에서 두각을 드러낼 수 있도록 한다.

⑤ B부장에게 개개인의 특성을 고려하지 않은 업무 외의 일방적인 요구는 옳지 않다고 딱 잘라 말한다.

03 | 2022년 기출복원문제

정답 및 해설 p.010

---

01 | 언어비평검사 I (언어추리)

01 다음 글의 논리적 오류로 가장 적절한 것은?

> 촉망받던 A농구선수는 많은 연봉을 제시한 구단으로 이적했지만, 별다른 활약을 펼치지 못했다. 반면, 전보다 낮은 연봉을 받고 이적한 B농구선수는 경기에 몰두하기 시작하면서 높은 성적을 거두었다. 결국 고액의 연봉이 오히려 선수의 동기를 낮아지게 하므로 선수들의 연봉을 낮춰야 한다.

① 성급한 일반화의 오류   ② 무지에 호소하는 오류

③ 인신공격의 오류   ④ 대중에 호소하는 오류

⑤ 순환논증의 오류

02 다음과 동일한 오류를 저지른 사례는?

> 노사 간의 갈등이 있는 사업장에 노조파괴 컨설팅을 제공한 혐의를 받고 있는 A대표는 아들의 건강 문제로 자신의 공판기일을 연기해 줄 것을 재판부에 요청했다. 최근 급격히 나빠진 아들의 건강 상태로 인해 예정 공판기일에 자신이 참석할 수 없다는 것이었다.

① 이번엔 반드시 복권에 당첨될 것 같아. 어젯밤 꿈속에서 할머니가 번호를 불러줬거든.

② 너 지난번에 쌀국수는 좋아하지 않는다고 했잖아. 그런데 오늘 점심에 왜 싫어하는 쌀국수를 먹었어?

③ 진희의 말은 믿을 수 없다. 그녀는 단 한 번도 약속을 지킨 적이 없기 때문이다.

④ 죄 없는 많은 생명이 죽어가고 있습니다. 우리 모두 기부 행사에 참여합시다.

⑤ 신이 존재한다고 믿으십니까? 그 누구도 신의 존재를 증명하지 못합니다. 따라서 신은 존재하지 않습니다.

※ 다음 명제가 모두 참일 때 반드시 참인 명제를 고르시오. [3~5]

03

> • 창조적인 기업은 융통성이 있다.
> • 오래 가는 기업은 건실하다.
> • 오래 가는 기업이라고 해서 모두가 융통성이 있는 것은 아니다.

① 창조적인 기업은 오래 간다.
② 어떤 창조적인 기업은 건실하다.
③ 융통성이 있는 기업은 건실하다.
④ 융통성이 있는 기업은 오래 간다.
⑤ 창조적인 기업이 오래 갈지 아닐지 알 수 없다.

04

> • 사람은 빵도 먹고 밥도 먹는다.
> • 사람이 아니면 생각을 하지 않는다.
> • 모든 인공지능은 생각을 한다.
> • T는 인공지능이다.

① 사람이면 T이다.
② 생각을 하면 인공지능이다.
③ T는 빵도 먹고 밥도 먹는다.
④ 빵을 먹지 않거나 밥을 먹지 않으면 생각을 한다.
⑤ 인공지능이 아니면 밥을 먹지 않거나 빵을 먹지 않는다.

05

> • 도보로 걷는 사람은 자가용을 타지 않는다.
> • 자전거를 타는 사람은 자가용을 탄다.
> • 자전거를 타지 않는 사람은 버스를 탄다.

① 자가용을 타는 사람은 도보로 걷는다.
② 도보로 걷는 사람은 자전거를 탄다.
③ 버스를 타는 사람은 도보로 걷는다.
④ 도보로 걷는 사람은 버스를 탄다.
⑤ 버스를 타지 않는 사람은 자전거를 타지 않는다.

06 E사에서는 사내 직원들의 친목 도모를 위해 산악회를 운영하고 있다. A ~ D 4명 중 최소 1명 이상이 산악회 회원이라고 할 때, 항상 참인 것은?

> • C가 산악회 회원이면 D도 산악회 회원이다.
> • A가 산악회 회원이면 D는 산악회 회원이 아니다.
> • D가 산악회 회원이 아니면 B가 산악회 회원이 아니거나 C가 산악회 회원이다.
> • D가 산악회 회원이면 B는 산악회 회원이고 C도 산악회 회원이다.

① A는 산악회 회원이다.
② B는 산악회 회원이 아니다.
③ C는 산악회 회원이 아니다.
④ B와 D의 산악회 회원 여부는 같다.
⑤ A ~ D 중 산악회 회원은 2명이다.

01 다음 문단을 논리적 순서대로 바르게 나열한 것은?

> (가) 그런데 '의사, 변호사, 사장' 등은 그 직업이나 직책에 있는 모든 사람을 가리키는 것이어야 함에도 불구하고, 실제로는 남성을 가리키는 데 주로 사용되고, 여성을 가리킬 때는 '여의사, 여변호사, 여사장' 등이 따로 사용되고 있다. 즉, 여성을 예외적인 경우로 취급함으로써 남녀 차별의 가치관을 이 말들에 반영하고 있는 것이다.
>
> (나) 언어에는 사회상의 다양한 측면이 반영되어 있다. 그렇기 때문에 남성과 여성의 차이도 언어에 반영되어 있다. 한편 우리 사회는 꾸준히 양성평등을 향해서 변화하고 있지만, 언어의 변화 속도는 사회의 변화 속도를 따라가지 못한다. 따라서 국어에는 남녀 차별의 사회상을 알게 해주는 증거들이 있다.
>
> (다) 오늘날 남녀의 사회적 위치가 과거와 다르고 지금 이 순간에도 계속 변하고 있다. 여성의 사회적 지위 향상의 결과가 앞으로 언어에 반영되겠지만, 현재 언어에 남아있는 과거의 흔적은 우리 스스로의 노력으로 지워감으로써 남녀의 '차이'가 더 이상 '차별'이 되지 않도록 노력을 기울여야 하겠다.
>
> (라) 우리말에는 그 자체에 성별을 구분해 주는 문법적 요소가 없다. 따라서 남성을 지칭하는 말과 여성을 지칭하는 말, 통틀어 지칭하는 말이 따로 존재해야 하지만 국어에는 그런 경우도 있고 그렇지 않은 경우도 있다. 예를 들어 '아버지'와 '어머니'는 서로 대등하게 사용되고, '어린이'도 남녀를 구별하지 않고 가리킬 때 쓰인다.

① (나) – (가) – (라) – (다) 　　② (나) – (라) – (가) – (다)
③ (다) – (가) – (라) – (나) 　　④ (다) – (나) – (라) – (가)
⑤ (라) – (가) – (나) – (다)

02 다음 문장을 논리적 순서대로 바르게 나열한 것은?

> (가) 여름에는 찬 음식을 많이 먹거나 냉방기를 과도하게 사용하는 경우가 많은데, 그렇게 되면 체온이 떨어져 면역력이 약해지기 때문이다.
>
> (나) 만약 감기에 걸렸다면 탈수로 인한 탈진을 방지하기 위해 수분을 충분히 섭취해야 한다.
>
> (다) 특히 감기로 인해 열이 나거나 기침을 할 때에는 따뜻한 물을 여러 번에 나누어 먹는 것이 좋다.
>
> (라) 여름철 감기를 예방하기 위해서는 찬 음식은 적당히 먹어야 하고 냉방기에 장시간 노출되는 것을 피해야 하며, 충분한 휴식을 취하고, 집에 돌아온 후에는 손발을 꼭 씻어야 한다.
>
> (마) 일반적으로 감기는 겨울에 걸린다고 생각하지만 의외로 여름에도 감기에 걸린다.

① (가) – (다) – (나) – (라) – (마) 　　② (가) – (라) – (다) – (마) – (나)
③ (가) – (라) – (마) – (나) – (다) 　　④ (마) – (가) – (라) – (나) – (다)
⑤ (마) – (다) – (라) – (나) – (가)

03 교육부에서는 학생들이 다양한 교과 지식을 균형 있게 이수하고, 흥미나 적성에 따라 배우고 싶은 과목을 선택할 수 있도록 새롭게 교육과정을 편성·운영하는 방안을 마련하고자 한다. 이와 관련하여 작성된 개요에 대한 설명으로 적절하지 않은 것은?

Ⅰ. 서론
  1. 학생 과목 선택권 확대의 필요성 ·················· ㉠

Ⅱ. 본론
  1. 개정 교육과정의 편성
    (1) 개정 교육과정 주요 사항 ······················· ㉡
    (2) 개정 교육과정 편성 운영 절차 ·············· ㉢
  2. 개정 교육과정 운영의 실제
    (1) 학기당 3단위 8과목 선택인 경우
    (2) 학기당 3단위 3과목, 4단위 2과목 선택인 경우
    (3) 학기당 3단위 5과목 선택인 경우 ··········· ㉣
    (4) 학기당 2단위 4과목 선택인 경우
  3. _____ ·············· ㉤

Ⅲ. 결론
  1. 과목 선택권 확대에 따른 변화

---

① ㉠ : 이전 교육과정의 문제점을 지적하고, 학생의 과목 선택 필요성에 대해 제시한다.
② ㉡ : 교과별 필수 이수 단위를 최소 수준으로 설정하도록 하는 내용을 포함시킨다.
③ ㉢ : 학기 전체 편성 운영 절차를 제시하고, 시기별 세부 운영 절차는 생략한다.
④ ㉣ : 선택 경우에 따른 권장 교육과정 편성 예시를 제시한다.
⑤ ㉤ : Ⅱ-1, 2의 내용을 고려하여 교육과정 편성, 운영 시 유의사항을 추가한다.

04 다음 글의 내용으로 가장 적절한 것은?

> 보름달 중에 가장 크게 보이는 보름달을 슈퍼문이라고 한다. 이때 보름달이 크게 보이는 이유는 달이 평소보다 지구에 가까이 있기 때문이다. 슈퍼문이 되려면 보름달이 되는 시점과 달이 지구에 가장 가까워지는 시점이 일치하여야 한다. 달의 공전궤도가 완벽한 원이라면 지구에서 달까지의 거리가 항상 똑같을 것이다. 하지만 실제로는 타원궤도여서 달이 지구에 가까워지거나 멀어지는 현상이 생긴다. 유독 달만 그런 것은 아니고 태양계의 모든 행성이 태양을 중심으로 타원궤도로 돈다. 이것이 바로 그 유명한 케플러의 행성운동 제1법칙이다.
> 지구와 달의 평균 거리는 약 38만km인 반면 슈퍼문일 때는 그 거리가 35만 7,000km 정도로 가까워진다. 달의 반지름은 약 1,737km이므로, 지구와 달의 거리가 평균 정도일 때 지구에서 보름달을 바라보는 *시각도는 0.52도 정도인 반면, 슈퍼문일 때는 시각도가 0.56도로 커진다. 반대로 보름달이 가장 작게 보일 때, 다시 말해 보름달이 지구에서 제일 멀 때는 그 거리가 약 40만km여서 보름달을 보는 시각도가 0.49도로 작아진다.
> 밀물과 썰물이 생기는 원인은 지구에 작용하는 달과 태양의 중력 때문인데, 달이 태양보다는 지구에 훨씬 더 가깝기 때문에 더 큰 영향을 미친다. 달이 지구에 가까워지면 평소 달이 지구를 당기는 힘보다 더 강하게 지구를 당긴다. 그리고 달의 중력이 더 강하게 작용하면, 달을 향한 쪽의 해수면은 평상시보다 더 높아진다. 실제 우리나라에서도 슈퍼문일 때 제주도 등 해안가에 바닷물이 평소보다 더 높게 밀려 들어와서 일부 지역이 침수 피해를 겪기도 했다.
> 한편 달의 중력 때문에 높아진 해수면이 지구와 함께 자전을 하다보면 지구의 자전을 방해하게 된다. 일종의 브레이크가 걸리는 셈이다. 이 때문에 지구의 자전 속도가 느려지게 되고 그 결과 하루의 길이에 미세하게 차이가 생긴다. 실제 연구 결과에 따르면 100만 년에 17초 정도씩 길어지는 효과가 생긴다고 한다.
>
> *시각도 : 물체의 양끝에서 눈의 결합점을 향하여 그은 두 선이 이루는 각을 의미함

① 해수면의 높이는 지구와 달의 거리와 관계가 없다.

② 지구에서 태양까지의 거리는 1년 동안 항상 일정하다.

③ 달의 중력 때문에 지구가 자전하는 속도는 점점 빨라지고 있다.

④ 달이 지구에서 멀어지면 궤도에서 벗어나지 않기 위해 평소보다 더 강하게 지구를 잡아당긴다.

⑤ 지구와 달의 거리가 36만km 정도인 경우, 지구에서 보름달을 바라보는 시각도는 0.49도보다 크다.

05 다음 글의 내용으로 적절하지 않은 것은?

연방준비제도(이하 연준)가 고용증대에 주안점을 둔 정책을 입안한다 해도 정책이 분배에 미치는 영향을 고려하지 않는다면, 그 정책은 거품과 불평등만 부풀릴 것이다. 기술 산업의 거품붕괴로 인한 경기침체에 대응하여 2000년대 초에 연준이 시행한 저금리 정책이 이를 잘 보여준다.

특정한 상황에서는 금리 변동이 투자와 소비의 변화를 통해 경기와 고용에 영향을 줄 수 있다. 하지만 다른 수단이 훨씬 더 효과적인 상황도 많다. 가령 부동산 거품에 대한 대응책으로는 금리 인상보다 주택담보대출에 대한 규제가 더 합리적이다. 생산적 투자를 위축시키지 않으면서 부동산 거품을 가라앉힐 수 있기 때문이다.

경기침체기라 하더라도, 금리 인하는 은행의 비용을 줄여주는 것 말고는 경기 회복에 별다른 도움이 되지 않을 수 있다. 대부분의 부문에서 설비 가동률이 낮은 상황이라면, 대출 금리가 낮아져도 생산적인 투자가 별로 증대하지 않는다. 2000년대 초가 바로 그런 상황이었기 때문에, 당시의 저금리 정책은 생산적인 투자 증가 대신에 주택시장의 거품만 초래한 것이다.

금리 인하는 국공채에 투자했던 퇴직자들의 소득을 감소시켰다. 노년층에서 정부로, 정부에서 금융업으로 부의 대규모 이동이 이루어져 불평등이 심화되었다. 이에 따라 금리 인하는 다양한 경로로 소비를 위축시켰다. 은퇴 후의 소득을 확보하기 위해, 혹은 자녀의 학자금을 확보하기 위해 사람들은 저축을 늘렸다. 연준은 금리 인하가 주가 상승으로 이어질 것이므로 소비가 늘어날 것이라고 주장했다. 하지만 2000년대 초 연준의 금리 인하 이후 주가 상승에 따라 발생한 이득은 대체로 부유층에 집중되었으므로 대대적인 소비 증가로 이어지지 않았다.

2000년대 초 고용 증대를 기대하고 시행한 연준의 저금리 정책은 노동을 자본으로 대체하는 투자를 증대시켰다. 인위적인 저금리로 자본 비용이 낮아지자 이런 기회를 이용하려는 유인이 생겨났다. 노동력이 풍부한 상황인데도 노동을 절약하는 방향의 혁신이 강화되었고, 미숙련 노동자들의 실업률이 높은 상황인데도 가게들은 계산원을 해고하고 자동화 기계를 들여놓았다. 경기가 회복되더라도 실업률이 떨어지지 않는 구조가 만들어진 것이다.

① 2000년대 초 연준의 금리 인하로 국공채에 투자한 퇴직자의 소득이 줄어들어 금융업으로부터 정부로 부가 이동하였다.

② 2000년대 초 연준은 고용 증대를 기대하고 금리를 인하했지만, 결과적으로 고용 증대가 더 어려워지도록 만들었다.

③ 2000년대 초 기술 산업 거품의 붕괴로 인한 경기침체기에 설비 가동률은 대부분의 부문에서 낮은 상태였다.

④ 2000년대 초 연준이 금리 인하 정책을 시행한 후 주택 가격과 주식 가격은 상승하였다.

⑤ 금리 인상은 부동산 거품 대응 정책 가운데 가장 효과적인 정책이 아닐 수 있다.

※ 다음 글을 읽고 이어지는 질문에 답하시오. [6~7]

발전된 산업사회는 인간을 단순한 수단으로 지배하기 위한 새로운 수단을 발전시키고 있다. 여러 사회과학들과 심층심리학이 이를 위해서 동원되고 있다. 목적이나 이념의 문제를 배제하고 가치 판단으로부터의 중립을 표방하는 사회과학들은 쉽게 인간 조종을 위한 기술적·합리적인 수단을 개발해서 대중 지배에 이바지한다. 마르쿠제는 발전된 산업사회에 있어서의 이러한 도구화된 지성을 비판하면서 이것을 '현대인의 일차원적 사유'라고 불렀다. 비판과 초월을 모르는 도구화된 사유라는 것이다. 따라서 산업사회에서의 합리화라는 것은 기술적인 수단의 합리화를 의미하는 데 지나지 않는다.

발전된 산업사회는 이와 같이 사회과학과 도구화된 지성을 동원해서 인간을 조종하고 대중을 지배할 뿐만 아니라 향상된 생산력을 통해서 인간을 매우 효율적으로 거의 완전하게 지배한다. 곧 발전된 산업사회는 그의 높은 생산력을 통해서 늘 새로운 수요들을 창조하고 이러한 새로운 수요들을 광고와 매스컴과 모든 선전 수단을 동원해서 인간의 삶을 위한 불가결의 것으로 만든다. 그뿐만 아니라 사회구조와 생활 조건을 변화시켜서 그러한 수요들을 필수적인 것으로 만들어서 인간으로 하여금 그것들을 지향하지 않을 수 없게 한다. 이렇게 산업사회는 늘 새로운 수요의 창조와 그 공급을 통해서 인간의 삶을 거의 완전히 지배하고 그의 인격을 사로잡아버릴 수 있게 되어가고 있다.

06 윗글의 중심 내용으로 가장 적절한 것은?

① 산업사회에서 도구화된 지성의 필요성

② 산업사회의 발전과 경제력 향상

③ 산업사회의 특징과 문제점

④ 산업사회의 대중 지배 양상

⑤ 산업사회의 새로운 수요의 창조와 공급

07 윗글의 내용으로 보아 다음 중 우리가 취해야 할 태도로 가장 적절한 것은?

① 문화적인 개성을 살리는 방향으로 나아간다.

② 전통문화와 외래문화를 조화시켜 발전시킨다.

③ 산업사회의 긍정적인 측면을 최대한 부각시킨다.

④ 보다 효율적인 산업사회로의 발전 방향을 모색한다.

⑤ 산업사회에서 인간소외를 줄이는 방향으로 생활양식을 변화시킨다.

01 E사는 사무실을 새롭게 꾸미기 위해 바닥에 붙일 타일을 구매하려고 한다. 타일을 붙일 사무실 바닥의 크기는 가로 8m, 세로 10m이며, 다음 3개의 타일 중 하나를 선택하여 구매하려고 할 때, 가장 저렴한 타일과 총 가격이 바르게 나열된 것은?

〈업체별 타일 정보〉

구분	크기(가로×세로)	단가(원)	배송비(원)
A타일	20cm×20cm	1,000	50,000원
B타일	25cm×25cm	1,500	30,000원
C타일	25cm×20cm	1,250	75,000원

① A타일 – 2,050,000원
② A타일 – 1,950,000원
③ B타일 – 2,050,000원
④ B타일 – 1,950,000원
⑤ C타일 – 1,950,000원

02 다음은 당해 연도 방송사별 연간 방송시간과 편성 비율에 대한 자료이다. 이에 대한 〈보기〉의 설명 중 옳지 않은 것을 모두 고르면?

〈연간 방송시간〉

(단위 : 시간)

구분	보도시간	교양시간	오락시간
A방송사	2,343	3,707	1,274
B방송사	791	3,456	2,988
C방송사	1,584	2,520	3,243
D방송사	1,586	2,498	3,310

보기

ㄱ. 4개 방송사의 총 연간 방송시간은 교양시간, 오락시간, 보도시간의 순이다.
ㄴ. A방송사의 연간 방송시간 중 보도시간 비율은 D방송사의 교양시간 비율보다 높다.
ㄷ. 각 방송사의 연간 방송시간 중 보도시간 비율이 가장 높은 방송사는 A이다.
ㄹ. 4개 방송사의 총 연간 방송시간 중 오락시간 비율은 40% 이상이다.

① ㄱ, ㄴ
② ㄱ, ㄷ
③ ㄴ, ㄷ
④ ㄴ, ㄹ
⑤ ㄷ, ㄹ

03 다음은 최근 5개년 동안의 연령대별 평균 데이트폭력 경험 횟수에 대한 자료이다. 이에 대한 설명으로 옳지 않은 것은?

〈평균 데이트폭력 경험 횟수〉

(단위 : 회)

구분	2017년	2018년	2019년	2020년	2021년
10대	3.2	3.9	5.7	7.9	10.4
20대	9.1	13.3	15.1	19.2	21.2
30대	8.8	11.88	14.2	17.75	18.4
40대	2.5	5.8	9.2	12.8	18
50대	4.1	3.8	3.5	3.3	2.9

① 2019년 이후 20대와 30대의 평균 데이트폭력 경험 횟수의 합은 전 연령대 평균 데이트폭력 경험 횟수의 절반 이상이다.

② 10대의 평균 데이트폭력 경험 횟수는 매년 증가하고 있지만, 50대는 매년 감소하고 있다.

③ 2021년 40대의 평균 데이트폭력 경험 횟수는 2017년의 7.2배에 해당한다.

④ 30대의 2020년 전년 대비 데이트폭력 경험 횟수 증가율은 2018년보다 크다.

⑤ 2017 ~ 2021년까지 평균 데이트폭력 경험 횟수가 가장 높은 연령대는 동일하다.

04 다음은 카페 판매 음료에 대한 연령별 선호도에 대한 자료이다. 이에 대한 〈보기〉의 설명 중 옳은 것을 모두 고르면?

〈연령별 카페 음료 선호도〉

(단위 : %)

구분	20대	30대	40대	50대
아메리카노	42	47	35	31
카페라테	8	18	28	42
카페모카	13	16	2	1
바닐라라테	9	8	11	3
핫초코	6	2	3	1
에이드	3	1	1	1
아이스티	2	3	4	7
허브티	17	5	16	14

보기

ㄱ. 연령대가 높아질수록 아메리카노에 대한 선호율은 낮아진다.
ㄴ. 아메리카노와 카페라테의 선호율 차이가 가장 적은 연령대는 40대이다.
ㄷ. 20대와 30대의 선호율 하위 3개 메뉴는 동일하다.
ㄹ. 40대와 50대의 선호율 상위 2개 메뉴가 전체 선호율의 70% 이상이다.

① ㄱ, ㄴ
② ㄱ, ㄹ
③ ㄴ, ㄷ
④ ㄴ, ㄹ
⑤ ㄷ, ㄹ

※ 상황판단검사는 정답을 따로 제공하지 않는 영역이니 참고하기 바랍니다.

※ 제시된 선택지에서 자신과 가장 가깝다고 생각하는 것과 멀다고 생각하는 것을 각각 한 가지씩 고르시오.
[1~3]

01 퇴근 시간이 가까워져 오고 있지만, A사원이 오늘까지 처리해야 할 업무가 아직 많이 남아 있다.
주어진 업무를 모두 마치기 위해서 A사원은 오늘 밤 야근을 해야 한다. 그러나 A사원의 상사인
B가 퇴근을 앞두고 다 같이 회식을 가자고 제안했다. 이 상황에서 당신이 A사원이라면 어떻게
할 것인가?

① 상사의 제안이니 회식에 간다.
② 업무 기일을 연기해 달라고 상사에게 부탁한다.
③ 업무가 있다고 말하고 회식 자리에 참석하지 않는다.
④ 회식에 참석하되 회식 이후 밤을 새워 업무를 수행한다.
⑤ 동료에게 업무를 나누어 처리해 달라고 부탁하고 회식에 참석한다.

02 A사원은 평소 밝고 긍정적인 성격의 소유자로 자신이 속한 부서에서 다른 사원들과 두루두루 친하
게 지내며 즐겁게 회사 생활을 하고 있다. 그러나 요즘 들어 부쩍 B대리가 A사원에게 장난을 거는
일이 잦아졌다. 특히 B대리는 A사원의 신체적 약점을 꼬집어 반복적으로 놀린다는 점에서 A사원
은 스트레스를 받고 있는 상황이다. 당신이 A사원이라면 이런 상황에서 어떻게 하겠는가?

① 힘들지만 B대리가 상사이므로 인내한다.
② B대리의 상사에게 부탁해서 조치해달라고 한다.
③ B대리의 이러한 행동에 대해 직장동료들에게 이야기한다.
④ B대리에게 자신의 신체적 약점을 놀리지 말 것을 요구한다.
⑤ 다른 부서로의 이동을 신청하여 B대리와의 접촉을 최소화한다.

03 B대리는 직원들의 근태를 관리하는 일을 한다. 어느 날 B대리와 친한 C사원이 지각을 하였다.
D팀장은 항상 늦게 출근을 하여 아직 C사원이 지각을 한 사실을 모른다. 이때 C사원이 B대리를
찾아와 자신과 친하다는 점을 부각하며 지각한 사실을 덮어달라고 한다. 이 상황에서 당신이 B대리
라면 어떻게 하겠는가?

① 건방진 C사원의 군기를 잡는다.
② D팀장도 매일 지각을 하니 C사원도 한 번 봐준다.
③ C사원의 잘못된 태도를 지적하고 보고하겠다고 이야기한다.
④ C사원의 말을 무시하고 지각한 사실을 D팀장에게 보고한다.
⑤ 앞으로 이런 일이 계속될 것 같으니 근태관리 하는 것을 그만둔다.

01 언어비평검사 I (언어추리)

01 다음 명제가 모두 참일 때, 항상 참인 것은?

> • 수학 수업을 듣지 않는 학생들은 국어 수업을 듣지 않는다.
> • 모든 학생들은 국어 수업을 듣는다.
> • 수학 수업을 듣는 어떤 학생들은 영어 수업을 듣는다.

① 모든 학생들은 영어 수업을 듣는다.
② 모든 학생들은 국어, 수학, 영어 수업을 듣는다.
③ 어떤 학생들은 국어와 영어 수업만 듣는다.
④ 어떤 학생들은 국어, 수학, 영어 수업을 듣는다.
⑤ 모든 학생들은 국어 수업을 듣거나 수학 수업을 듣는다.

02 다음은 논리적 오류를 보여주는 예이다. 유사한 오류를 범하고 있는 것은?

> 모래알 하나하나는 가볍다. 그러므로 한 트럭의 모래도 가볍다.

① 최고의 투수 박찬호와 최고의 골프 선수 박세리가 결혼하면 최고의 운동선수가 탄생할 것이다.
② 바보 중에 착한 사람은 없다. 그러므로 천재 중에도 착한 사람은 없다.
③ 비가 오면 땅이 젖는다. 땅이 젖어 있다. 따라서 비가 왔다.
④ 경진아, 어서 가서 공부해라. 공부 안 하면 나쁜 어린이가 된단다.
⑤ 수민이는 IQ가 높고 머리가 좋아서 좋은 대학교에 갔다.

03 다음 중 중대장이 범하는 오류와 유형상 가장 유사한 것은?

> 중대장 : 자네는 왜 그렇게 목소리에 군기가 없는가?
> 병사 : 감기에 걸려서 목소리에 힘이 없습니다.
> 중대장 : 그게 무슨 말인가? 목소리에 군기가 빠져 있고 힘이 없으니 감기 따위에 걸리는 게 아닌가!

① 내가 쓰는 휴대전화가 제일 좋은 것이야. 왜냐하면 그게 제일 많이 팔리니까.
② 내가 본 모든 골초들은 나중에 폐렴을 앓았지. 오늘 소개를 받은 김형사 역시 골초더구먼. 김형사도 폐렴을 앓게 될 거야.
③ CEO는 직원보다 뉴스 시청 시간이 많다는 연구 결과가 있다. 당신은 CEO가 되길 원하는가? 그렇다면 뉴스를 자주 시청하라!
④ 급격한 원화 절상은 수출 감소를 초래하며, 수출 감소는 고용 부진으로 이어진다. 원화가 갑자기 절상했다. 따라서 틀림없이 고용 부진이 나타날 것이다.
⑤ 소크라테스의 인생철학은 가치가 없다. 왜냐하면 그는 공처가였기 때문이다.

04 S는 게임동호회 회장으로 주말에 진행되는 게임 행사에 동호회 회원인 A ~ E 5명의 참여 가능 여부를 조사하려고 한다. 다음을 참고하여 E가 행사에 참여하지 않는다고 할 때, 행사에 참여 가능한 사람은 몇 명인가?

> • A가 행사에 참여하지 않으면 B가 행사에 참여한다.
> • A가 행사에 참여하면 C는 행사에 참여하지 않는다.
> • B가 행사에 참여하면 D는 행사에 참여하지 않는다.
> • D가 행사에 참여하지 않으면 E가 행사에 참여한다.

① 1명   ② 2명
③ 3명   ④ 4명
⑤ 5명

05 환경부의 인사실무 담당자는 환경정책과 관련된 특별위원회를 구성하는 과정에서 외부 환경 전문가를 위촉하려 한다. 현재 거론되고 있는 외부 전문가는 A ~ F 6명으로, 인사 실무담당자는 다음 〈조건〉에 따라 외부 환경 전문가를 위촉해야 한다. 만약 B가 위촉되지 않는다면, 총 몇 명의 환경 전문가가 위촉되는가?

조건
- 만약 A가 위촉되면 B와 C도 위촉되어야 한다.
- 만약 A가 위촉되지 않는다면 D가 위촉되어야 한다.
- 만약 B가 위촉되지 않는다면 C나 E가 위촉되어야 한다.
- 만약 C와 E가 위촉되면 D는 위촉되지 않는다.
- 만약 D나 E가 위촉되면 F도 위촉되어야 한다.

① 1명
② 2명
③ 3명
④ 4명
⑤ 5명

06 다음 〈조건〉을 바탕으로 했을 때, 5층에 있는 부서는?(단, 한 층에 한 부서씩 있다)

조건
- 기획조정실의 층수에서 경영지원실의 층수를 빼면 3이다.
- 보험급여실은 경영지원실 바로 위층에 있다.
- 급여관리실은 빅데이터운영실보다는 아래층에 있다.
- 빅데이터운영실과 보험급여실 사이에는 두 층이 있다.
- 경영지원실은 가장 아래층이다.

① 빅데이터운영실
② 보험급여실
③ 경영지원실
④ 기획조정실
⑤ 급여관리실

01 다음 문단을 논리적 순서대로 바르게 나열한 것은?

> (가) 과거에 한 월간잡지가 여성 모델이 정치인과 사귄다는 기사를 내보냈다가 기자는 손해배상을 하고 잡지도 폐간된 경우가 있었다. 일부는 추측 기사이고 일부는 사실도 있었지만, 사실이든 허위든 관계없이 남의 명예와 인권을 침해하였기에 그 책임을 진 것이다.
>
> (나) 인권이라는 이름으로 남의 사생활을 침해하는 일은 자기 인권을 내세워 남의 불행을 초래하는 것이므로 보호받을 수 없다. 통상 대중스타나 유명인들의 사생활은 일부 노출되어 있고, 이러한 공개성 속에서 상품화되므로 비교적 보호 강도가 약하기는 하지만 그들도 인간으로서 인권이 보호되는 것은 마찬가지다.
>
> (다) 우리 사회에서 이제 인권이라는 말은 강물처럼 넘쳐흐른다. 과거에는 인권을 말하면 붙잡혀 가고 감옥에도 가곤 했지만, 이제는 누구나 인권을 스스럼없이 주장한다. 그러나 중요한 점은 인권이라 하더라도 무제한 보장되는 것이 아니라 남의 행복과 공동체의 이익을 침해하지 않는 범위 안에서만 보호된다는 것이다.
>
> (라) 그런데 남의 명예를 훼손하여도 손해배상을 해주면 그로써 충분하고, 자기 잘못을 사죄하는 광고를 신문에 강제로 싣게 할 수는 없다. 헌법재판소는 남의 명예를 훼손한 사람이라 하더라도 강제로 사죄 광고를 싣게 하는 것은 양심에 반하는 가혹한 방법이라 하여 위헌으로 선고했다.

① (가) - (나) - (다) - (라) 　　② (나) - (가) - (다) - (라)
③ (다) - (나) - (가) - (라) 　　④ (다) - (나) - (라) - (가)
⑤ (다) - (라) - (나) - (가)

02 다음 빈칸에 들어갈 접속어로 옳은 것은?

> '딥페이크(Deepfake)'란 딥러닝(Deep Learning)과 페이크(Fake)의 합성어로, 인공 지능(AI) 기술을 이용해 제작된 가짜 동영상 또는 가짜 동영상 제작 프로세스 자체를 의미한다. 생성적 적대 신경망(GAN)이라는 기계학습 기술을 사용하여 사진이나 영상을 원본 영상에 겹쳐서 만들어낸다. 이는 미국의 한 네티즌이 온라인 소셜 커뮤니티인 레딧(Reddit)에 할리우드 배우의 얼굴과 포르노 영상 속 인물의 얼굴을 악의적으로 합성한 편집물을 올리면서 시작되었다. 연예인이나 정치인 등 유명인뿐만 아니라 일반인도 딥페이크의 피해자가 될 수 있다는 우려가 커지면서 사회적 문제가 되고 있다.
>
> ＿＿＿＿＿ 딥페이크 기술을 유용하게 쓰는 방안도 등장했다. 과학기술 전문지 〈뉴 사이언티스트〉에 따르면 이스라엘의 기업인 '캐니 인공 지능(Canny AI)'은 동영상을 여러 다른 언어로 더빙하는 데 딥페이크 기술을 이용하고 있다. 이 기업은 현재 유명 연예인이 촬영한 광고나 홍보 동영상을 다양한 언어로 더빙하는 데 딥페이크 기술을 활용하고 있으며, 향후 텔레비전 프로그램이나 영화 더빙에 이를 확대 적용할 예정이다.

① 이를 통해 　　② 그러므로
③ 한편 　　④ 즉
⑤ 그래서

03 다음 중 레드 와인의 효능으로 적절하지 않은 것은?

알코올이 포함된 술은 무조건 건강에 좋지 않다고 생각하는 사람들이 많다. 그러나 포도를 이용하여 담근 레드 와인은 의외로 건강에 도움이 되는 성분들을 다량으로 함유하고 있어 적당량을 섭취할 경우 건강에 효과적일 수 있다.

레드 와인은 심혈관질환을 예방하는 데 특히 효과적이다. 와인에 함유된 식물성 색소인 플라보노이드 성분은 나쁜 콜레스테롤의 수치를 떨어트리고, 좋은 콜레스테롤의 수치를 상대적으로 향상시킨다. 이는 결국 혈액순환 개선에 도움이 되어 협심증이나 뇌졸중 등의 심혈관질환 발병률을 낮출 수 있다.

레드 와인은 노화 방지에도 효과적이다. 레드 와인은 항산화 물질인 폴리페놀 성분을 다량 함유하고 있는데, 활성산소를 제거하는 항산화 성분이 몸속에 쌓여 노화를 빠르게 촉진하는 활성산소를 내보냄으로써 노화를 자연스럽게 늦출 수 있는 것이다.

또한 레드 와인을 꾸준히 섭취할 경우 섭취하기 이전보다 뇌의 활동량과 암기력이 높아지는 것으로 알려져 있다. 레드 와인에 함유된 레버라트롤이란 성분이 뇌의 노화를 막고 활동량을 높이는 데 도움을 주기 때문이다. 이를 통해 인지력과 기억력이 향상되고 나아가 노인성 치매와 편두통 등의 뇌와 관련된 질병을 예방할 수 있다.

레드 와인은 면역력을 상승시켜주기도 한다. 면역력이란 외부의 바이러스나 세균 등의 침입을 방어하는 능력을 말하는데, 레드 와인에 포함된 퀘르세틴과 갈산이 체온을 상승시켜 체내의 면역력을 높인다.

이외에도 레드 와인은 위액의 분비를 촉진하여 소화를 돕고 식욕을 촉진하기도 한다. 그러나 와인을 마실 때 상대적으로 떫은맛이 강한 레드 와인부터 마시게 되면 탄닌 성분이 위벽에 부담을 주고 소화를 방해할 수 있다. 따라서 단맛이 적고 신맛이 강한 스파클링 와인이나 화이트 와인부터 마신 후 레드 와인을 마시는 것이 좋다.

① 위벽 보호   ② 식욕 촉진
③ 노화 방지   ④ 기억력 향상
⑤ 면역력 강화

※ 다음 글을 읽고 이어지는 질문에 답하시오. [4~5]

맹사성은 고려시대 말 문과에 급제하여 정계에 진출해 조선이 세워진 후 황희 정승과 함께 조선 전기의 문화 발전에 큰 공을 세운 인물이다. 맹사성은 성품이 맑고 깨끗하며, 단정하고 묵직해서 재상으로 지내면서 재상으로서의 품위를 지켰다. 또 그는 청렴하고 검소하여 늘 ㉠ 남루한 행색으로 다녔는데, 이로 인해 한 번은 어느 고을 수령의 야유를 받았다. 나중에서야 맹사성의 실체를 알게 된 수령이 후사가 두려워 도망을 가다가 관인을 못에 빠뜨렸고, 후에 그 못을 인침연(印沈淵)이라 불렀다는 일화가 남아있다.

조선시대의 학자 서거정은 『필원잡기』에서 이런 맹사성이 평소에 어떻게 살았는가를 소개했다. 서거정의 소개에 따르면 맹사성은 음률을 ㉡ 깨우쳐서 항상 하루에 서너 곡씩 피리를 불곤 했다. 그는 혼자 문을 닫고 조용히 앉아 피리 불기를 계속할 뿐 ㉢ 사사로운 손님을 받지 않았다. 일을 보고하러 오는 등 꼭 만나야 할 손님이 오면 잠시 문을 열어 맞이할 뿐 그 밖에는 오직 피리를 부는 것만이 그의 삶의 전부였다. 일을 보고하러 오는 사람은 동구 밖에서 피리 소리를 듣고 맹사성이 방 안에 있다는 것을 알 정도였다.

맹사성은 여름이면 소나무 그늘 아래에 앉아 피리를 불고, 겨울이면 방 안 부들자리에 앉아 피리를 불었다. 서거정의 표현에 의하면 맹사성의 방에는 '오직 부들자리와 피리만 있을 뿐 다른 물건은 없었다.'고 한다. 당시 한 나라의 정승까지 ㉣ 맡고 있었던 사람의 방이었건만 그곳에는 온갖 ㉤ 요란한 장신구나 수많은 장서가 쌓여있지 않고 오직 피리 하나만 있었던 것이다.

옛 왕조의 끝과 새 왕조의 시작이라는 격동기를 살면서 급격한 변화를 경험해야 했던 맹사성이 방에 오직 부들자리와 피리만을 두면서 생각한 것은 무엇일까? 그는 어떤 생각을 하며 어떤 삶을 살아갔을까? 피리 소리만 남겨둔 채 늘 비우는 방과 같이 늘 마음을 비우려 노력했던 것은 아닐까.

04 다음 중 윗글의 내용으로 가장 적절한 것은?

① 맹사성은 조선 전기 과거에 급제하여 조선의 문화 발전에 큰 공을 세웠다.
② 맹사성은 자신을 야유한 고을 수령의 뒤를 쫓다 인침연에 빠졌다.
③ 맹사성은 자신의 평소 생활 모습을 『필원잡기』에 담았다.
④ 맹사성은 혼자 문을 닫고 앉아 일체의 손님을 받지 않았다.
⑤ 맹사성은 여름과 겨울을 가리지 않고 피리를 불었다.

05 윗글의 밑줄 친 ㉠ ~ ㉤의 의미가 잘못 연결된 것은?

① ㉠ : 옷 따위가 낡아 해지고 차림새가 너저분한
② ㉡ : 깨달아 알아서
③ ㉢ : 보잘것없이 작거나 적은
④ ㉣ : 어떤 일에 대한 책임을 지고 담당하고
⑤ ㉤ : 정도가 지나쳐 어수선하고 야단스러운

06 다음 글의 내용으로 가장 적절한 것은?

베라 고부노바 미국 로체스터대 교수 겸 노화과학연구센터 공동책임자는 KAIST 글로벌전략협력연구원이 '포스트 코로나, 포스트 휴먼 – 의료・바이오 혁명'을 주제로 개최한 제3차 온라인 국제포럼에서 "대다수 포유동물보다 긴 수명을 가진 박쥐는 바이러스를 체내에 보유하고 있으면서도 염증반응이 일어나지 않는다."며 "박쥐의 염증 억제 전략을 생물학적으로 이해하면 코로나19는 물론 자가면역질환 등 다양한 염증 질환 치료제에 활용될 수 있을 것"이라고 말했다.

박쥐는 밀도가 높은 군집 생활을 한다. 또한 포유류 중 유일하게 날개를 지닌 생물로서 뛰어난 비행능력과 비행 중에도 고온의 체온을 유지하는 것 등의 능력으로 먼 거리까지 무리를 지어 날아다니기때문에 쉽게 질병에 노출된다. 그럼에도 오랜 기간 지구상에 존재하며 바이러스에 대항하는 면역기능이 발달된 것으로 추정된다. 에볼라나 코로나바이러스에 감염돼도 염증 반응이 일어나지 않기때문에 대표적인 바이러스 숙주로 지목된다.

고부노바 교수는 "인간은 도시에 모여 산 것도, 비행기를 타고 돌아다닌 것도 사실상 약 100년 정도로 오래되지 않아 박쥐만큼 바이러스 대항 능력이 강하지 않다."며 "그렇다고 박쥐처럼 약 6,000 ~ 7,000만 년에 걸쳐 진화할 수도 없다."라고 설명했다. 그러면서 "박쥐 연구를 통해 박쥐의 면역체계를 이해하고 바이러스에 따른 다양한 염증반응 치료제를 개발하는 전략이 필요하다."라고 강조했다. 고부노바 교수는 "이 같은 비교생물학을 통해 노화를 억제하고 퇴행성 질환에 대응하기 위한 방법을 찾을 수 있다."며 "안전성이 확인된 연구 결과물들을 임상에 적용해 더욱 발전해 나가는 것이 필요하다."라고 밝혔다.

① 박쥐의 수명은 긴 편이지만 평균적인 포유류 생물의 수명보다는 짧다.
② 박쥐는 날개가 있는 유일한 포유류지만 짧은 거리만 날아서 이동이 가능하다.
③ 박쥐는 현재까지도 바이러스에 취약한 생물이지만 긴 기간 지구상에 존재할 수 있었다.
④ 박쥐가 많은 바이러스를 보유하고 있는 것은 무리생활과 더불어 수명과도 관련이 있다.
⑤ 박쥐의 면역은 인간에 직접 적용할 수 없기에 연구가 무의미하다.

07 다음 글의 전개 방식으로 가장 적절한 것은?

지구가 스스로 빙빙 돈다는 것, 또 그런 상태로 태양 주변을 빙빙 돌고 있다는 것은 선구자들의 연구 덕분에 증명된 사실이다. 하지만 돌고 있는 것은 지구뿐만이 아니다. 물 역시 지구 내에서 끊임없이 돌고 있다. '물이 돌고 있다.'는 의미는 지구처럼 물이 시계방향이나 반시계 방향으로 빙빙 돌고 있다는 뜻은 아니다. 지구 내 물의 전체 양은 변하지 않은 채 상태와 존재 위치만 바뀌면서 계속해서 '순환'하고 있음을 말한다.

그러면 '물의 순환'을 과학적으로 어떻게 정의할 수 있을까? 한마디로 물이 기체, 액체, 고체로 그 상태를 바꾸면서 지표면과 지하, 대기 사이를 순환하고, 이 과정에서 비와 눈 같은 여러 가지 기상 현상을 일으킨다고 할 수 있다. 강과 바다에서 물이 증발하면 수증기가 되는데, 수증기가 상공으로 올라가다 보면 기압이 낮아져 팽창하게 된다. 그러면서 에너지를 쓰게 되고 온도가 낮아지다 보면 수증기는 다시 작은 물방울이나 얼음 조각으로 변하는데, 그것이 우리가 알고 있는 구름이다. 구름의 얼음 조각이 커지거나 작은 물방울들이 합해지면 큰 물방울이 눈이나 비가 되어 내리고, 지표 사이로 흘러 들어간 물은 다시 강과 바다로 가게 된다. 이러한 현상은 영원히 반복된다.

이처럼 물의 순환은 열을 흡수하느냐와 방출하느냐에 따라 물의 상태가 변함으로써 발생한다. 쉽게 말해 얼음이 따뜻한 곳에 있으면 물이 되고, 물에 뜨거운 열을 가하면 수증기가 되는 것처럼, '고체 → 액체 → 기체' 혹은 '고체 → 기체'로 변화할 때는 열을 흡수하고, 반대의 경우에는 열을 방출하는 것이다. 흡수된 열에너지는 운동에너지로 전환되어 고체보다는 액체, 액체보다는 기체 상태에서 분자 사이의 움직임을 더 활발하게 만든다.

① 대상에 대한 다양한 관점을 소개하면서 이를 서로 절충하고 있다.
② 전문가의 견해를 토대로 현상의 원인을 분석하고 있다.
③ 비유의 방식을 통해 대상의 속성을 드러내고 있다.
④ 대상의 상태 변화 과정을 통해 현상을 설명하고 있다.
⑤ 묘사를 통해 대상을 구체적으로 설명하고 있다.

01 다음은 E사 필기시험 응시자와 합격자에 대한 자료이다. 이를 참고할 때, 제1차 시험 대비 제2차 시험 합격률의 증가율은?

<필기시험 현황>

(단위 : 명, %)

구분	접수자	응시자	응시율	합격자
제1차 시험	250,000	155,000	62	32,550
제2차 시험	120,000	75,000	62.5	17,325

※ 응시율은 접수자 중 응시자의 비율을 의미하고, 합격률은 응시자 중 합격자의 비율을 의미함

① 0.1%   ② 1%
③ 2%   ④ 5%
⑤ 10%

02 다음은 지난달 봉사 장소의 연령대별 봉사자 수에 대한 자료이다. 이에 대한 <보기>의 설명 중 옳은 것을 모두 고르면?

<봉사 장소의 연령대별 봉사자 수>

(단위 : 명)

구분	10대	20대	30대	40대	50대	전체
보육원	148	197	405	674	576	2,000
요양원	65	42	33	298	296	734
무료급식소	121	201	138	274	381	1,115
노숙자쉼터	0	93	118	242	347	800
유기견보호소	166	117	56	12	0	351
합계	500	650	750	1,500	1,600	5,000

보기

ㄱ. 전체 보육원 봉사자 중 30대 이하가 차지하는 비율은 36%이다.
ㄴ. 전체 무료급식소 봉사자 중 40 ~ 50대는 절반 이상이다.
ㄷ. 전체 봉사자 중 50대의 비율은 20대의 3배이다.
ㄹ. 노숙자쉼터 봉사자 중 30대는 15% 미만이다.

① ㄱ, ㄷ   ② ㄱ, ㄹ
③ ㄴ, ㄷ   ④ ㄴ, ㄹ
⑤ ㄷ, ㄹ

03 다음은 태양광 산업 분야 투자액 및 투자 건수에 대한 자료이다. 이에 대한 설명으로 옳지 않은 것은?

① 2016 ~ 2020년까지 투자액의 전년 대비 증가율은 2019년이 가장 높다.

② 2016 ~ 2020년까지 투자 건수의 전년 대비 증가율은 2020년이 가장 낮다.

③ 2015년과 2018년 투자 건수의 합은 2020년 투자 건수보다 작다.

④ 투자액이 가장 큰 해는 2019년이다.

⑤ 투자 건수는 매년 증가하였다.

04 다음은 2020년 4월 기준 의료 인력 코로나19 주요 감염 경로에 대한 자료이다. 이에 대한 〈보기〉의 설명 중 옳지 않은 것을 모두 고르면?

〈의료 인력 코로나19 주요 감염 경로(2020년 4월 기준)〉

(단위 : 명)

구분		합계	의사	간호인력	기타
합계		241	25	190	26
의료 관련 감염	확진자 진료	0	0	0	0
	선별 진료	3	1	2	0
	일반 진료 중 감염	66	6	57	3
	원내 집단발생 등	32	4	23	5
지역사회감염 등		101	7	76	18
감염경로불명 등		26	5	21	0
조사 중		13	2	11	0

보기

ㄱ. 감염된 전체 인력 중 의사의 수는 감염된 전체 간호인력 수의 15% 이상이다.

ㄴ. 일반 진료 중 감염된 인원 수 중 간호인력이 차지하는 비율은 원내 집단발생 등에 따른 감염인원 중 간호인력이 차지하는 비율보다 높다.

ㄷ. 감염된 간호인력 중 감염경로불명 등으로 감염된 인원의 수는 지역사회감염 등에 따라 감염된 인원의 수의 30% 이상이다.

ㄹ. 전체 감염 의료인력 중 기타 인원이 차지하는 비중은 지역사회감염 등에 따라 감염된 인원 중 기타 인원이 차지하는 비중보다 낮다.

① ㄱ, ㄴ　　　　　　　　　② ㄱ, ㄷ

③ ㄴ, ㄷ　　　　　　　　　④ ㄴ, ㄹ

⑤ ㄷ, ㄹ

※ 제시된 선택지에서 자신과 가장 가깝다고 생각하는 것과 멀다고 생각하는 것을 각각 한 가지씩 고르시오. [1~3]

01 A주임은 오늘 중요한 가족 모임이 있다. 업무를 마치고 집으로 돌아가던 중 A주임은 본인이 제출한 파일에 수정해야 할 사항이 있는 것을 발견했다. 파일의 마감 기한은 오늘까지이며, 다시 회사로 돌아가려면 1시간이 걸리는 상황이다. 이때, A주임의 입장에서 어떻게 할 것인가?

① 사소한 실수이므로 아무도 모를 거라 생각하며 집으로 간다.
② 친한 동료인 B주임에게 대신 업무를 처리해 줄 것을 부탁한다.
③ 상사인 C팀장에게 사정을 설명하고, 제출일을 다음 날로 미룬다.
④ 집으로 가서 모임에 참여한 이후 회사로 돌아와 업무를 마무리한다.
⑤ 불가피한 상황이므로 회사에 다시 돌아가서 파일을 수정한 후 제출한다.

02 모바일 관련 부서에서 근무를 했던 F사원은 최근 인터넷 관련 부서로 발령이 나서 이동한 후 업무가 재미가 없어 고민에 빠졌다. 이전에는 모바일 검색 관련 업무를 했으나 부서 이동 후에는 인터넷 홍보 관련 일을 하려니까 업무가 잘 익숙해지지 않고 있다. 이런 상황에서 F사원은 어떻게 해야 될까?

① 모바일 관련 부서로 부서 이동을 신청한다.
② 다른 회사의 모바일 관련 부서로 이직을 한다.
③ 인터넷 관련 업무 중 홍보 외의 것을 달라고 요청한다.
④ 홍보 관련 업무에 대해 주변 동료들을 조언을 받아 기량을 발전시킨다.
⑤ 개인적으로 인터넷 관련 업무에 대한 정보를 검색해 자신의 흥미를 끌 수 있는 것을 찾는다.

03 A프로젝트를 진행하고 있던 K부서장은 자신이 오랫동안 하고 싶었고 확실한 성과를 낼 수 있는 C프로젝트를 진행할 부서를 곧 설치한다는 정보를 알게 되었다. 두 프로젝트를 모두 진행하기에는 업무의 양이 상당히 많은 상황에서 당신이 K부서장이라면 어떻게 할 것인가?

① A프로젝트를 보류하고, C프로젝트를 진행한다.
② 업무량이 너무 많아지기 때문에 A프로젝트만 진행한다.
③ 부서원들에게 성과급을 말하고 두 프로젝트를 모두 진행한다.
④ C프로젝트에 참여할 사람을 모집하여 그 사람들하고만 진행한다.
⑤ C프로젝트의 일정을 A프로젝트 다음으로 연기해달라고 회사에 요청한다.

05 │ 2020년 기출복원문제

정답 및 해설 p.017

01 　언어비평검사 I (언어추리)

01 민국이는 A박스를 발견하여 뚜껑을 열어보았고, 그 속에는 사탕이 한가득 들어 있었다. 이를 본 철수는 그 옆에 있는 B박스를 보고 똑같이 사탕이 들어있을 거라 생각하였다. 이때 철수가 저지른 오류는 무엇인가?

① 흑백 사고의 오류

② 논점 일탈의 오류

③ 성급한 일반화의 오류

④ 전건 부정의 오류

⑤ 정황에 호소하는 오류

02 다음 오류와 가장 관련 있는 것은?

> 어떤 주장이 참(거짓)임을 입증할 수 있는 방도를 모른다는 것을 근거로 그것이 거짓(참)이라고 논증하는 오류

① 소금과 간장은 짜다. 그러므로 소금과 간장이 함께 들어간 음식은 너무 짜서 도저히 먹을 수 없다.

② 세상에는 키가 큰 남자와 작은 남자, 두 종류밖에 없다.

③ 저는 영수를 때리지 않았어요. 제가 영수를 때리는 걸 아무도 못 봤다고 하잖아요.

④ '나는 아직도 배가 고프다.'는 히딩크 감독은 식사를 잘 거르나 보다.

⑤ 나도 투표에 참여하는 것이 매우 중요하다고 생각해. 하지만 너무 날씨가 추워서 밖에 나가기 싫으니까 투표를 안 할 거야.

03 다음 대화에서 교수의 논리의 모순점을 지적한 기술로 적절하지 않은 것은?

> 교수 : 이번 시험을 위해 확실히 공부했나?
> 학생 : 네. 내분비계에 대해서만큼은 2시간 정도 공부했습니다.
> 교수 : 순환기계에 대해서는?
> 학생 : 교과서를 3번 읽었습니다.
> 교수 : 정직하게 말하게. 만약 공부했다면 좌심실과 우심실의 기능의 차이, 이런 기본적인 항목에서 헷갈렸을 리가 없지 않은가.

① 집중력이 낮으면 기억력이 저하되는 가능성에 대해서 고려하고 있지 않다.
② 이 학생이 말한 공부 방법은 효과적이라고 가정하고 있다.
③ 몇 번이고 반복해서 읽는 것과 기억하는 것은 관련이 있다고 가정하고 있다.
④ 공부를 확실히 했다면 기본적인 항목은 다 맞출 것이라고 가정하고 있다.
⑤ 기본적인 항목은 기억하기 쉽다고 가정하고 있다.

04 다음 명제들로부터 추론할 수 있는 결론으로 가장 적절한 것은?

> • 어떤 안경은 바다를 좋아한다.
> • 바다를 좋아하는 것은 유리로 되어 있다.
> • 모든 유리로 되어 있는 것은 열쇠이다.

① 모든 안경은 열쇠이다.
② 유리로 되어 있는 어떤 것 중 안경이 있다.
③ 바다를 좋아하는 모든 것은 안경이다.
④ 바다를 좋아하는 어떤 것은 유리로 되어 있지 않다.
⑤ 안경이 아닌 것은 바다를 좋아하지 않는다.

05 마지막 명제가 참일 때, 빈칸에 들어갈 명제로 가장 적절한 것은?

> • 낡은 것을 버려야 새로운 것을 채울 수 있다.
> • _____
> • 그러므로 새로운 것을 채우지 않는다면 더 많은 세계를 경험할 수 없다.

① 새로운 것을 채운다면 낡은 것을 버릴 수 있다.
② 낡은 것을 버리지 않는다면 새로운 것을 채울 수 없다.
③ 새로운 것을 채운다면 더 많은 세계를 경험할 수 있다.
④ 낡은 것을 버리지 않는다면 더 많은 세계를 경험할 수 없다.
⑤ 더 많은 세계를 경험하지 못한다면 새로운 것을 채울 수 없다.

06 현수, 정훈, 승규, 태경, 형욱 다섯 명이 마라톤 경기에서 뛰고 있다. 한 시간이 지난 후에 다섯 명 사이의 거리가 다음 〈조건〉과 같다면, 〈보기〉에 대한 판단으로 가장 적절한 것은?

> **조건**
> • 태경이는 승규보다 3km 앞에서 뛰고 있다.
> • 형욱이는 태경이보다 5km 뒤에서 뛰고 있다.
> • 현수는 승규보다 5km 앞에서 뛰고 있다.
> • 정훈이는 태경이보다 뒤에서 뛰고 있다.
> • 1등과 5등의 거리는 10km 이상 벌어지지 않는다.

> **보기**
> 정훈이와 승규의 거리는 2km 이내이다.

① 확실히 아니다.
② 확실하지 않지만 틀릴 확률이 높다.
③ 확실하지 않지만 맞을 확률이 높다.
④ 확실히 맞다.
⑤ 알 수 없다.

01 다음 글의 내용으로 가장 적절한 것은?

> 우리는 '재활용'이라고 하면 생활 속에서 자주 접하는 종이, 플라스틱, 유리 등을 다시 활용하는 것
> 만을 생각한다. 하지만 에너지 역시도 재활용이 가능하다고 한다.
> 에너지는 우리가 인지하지 못하는 일상생활 속 움직임을 통해 매 순간 만들어지고 또 사라진다. 문
> 제는 이렇게 생산되고 또 사라지는 에너지의 양이 적지 않다는 것이다. 이처럼 버려지는 에너지를
> 수집해 우리가 사용할 수 있도록 하는 기술이 에너지 하베스팅이다.
> 에너지 하베스팅은 열, 빛, 운동, 바람, 진동, 전자기 등 주변에서 버려지는 에너지를 모아 전기를
> 얻는 기술을 의미한다. 이처럼 우리 주위 자연에 존재하는 청정에너지를 반영구적으로 사용하기 때
> 문에 공급의 안정성, 보안성 및 지속 가능성이 높고, 이산화탄소를 배출하는 화석연료를 사용하지
> 않기 때문에 환경공해를 줄일 수 있어 친환경에너지 활용 기술로도 각광받고 있다.
> 이처럼 에너지원의 종류가 많은 만큼, 에너지 하베스팅의 유형도 매우 다양하다. 체온, 정전기 등
> 신체의 움직임을 이용하는 신체 에너지 하베스팅, 태양광을 이용하는 광 에너지 하베스팅, 진동이나
> 압력을 가해 이용하는 진동 에너지 하베스팅, 산업 현장에서 발생하는 수많은 폐열을 이용하는 열에
> 너지 하베스팅, 방송 전파나 휴대전화 전파 등의 전자파 에너지를 이용하는 전자파 에너지 하베스팅
> 등이 폭넓게 개발되고 있다.
> 영국의 어느 에너지 기업은 사람의 운동에너지를 전기에너지로 바꾸는 기술을 개발했다. 사람이 많
> 이 다니는 인도 위에 버튼식 패드를 설치하여 사람이 밟을 때마다 전기가 생산되도록 하는 것이다.
> 이 장치는 2012년 런던 올림픽에서 테스트를 한 이후 현재 영국의 12개 학교 및 미국 뉴욕의 일부
> 학교에서 설치하여 활용 중이다.
> 이처럼 전 세계적으로 화석연료에서 신재생에너지로 전환하려는 노력이 계속되고 있는 만큼, 에너
> 지 전환 기술인 에너지 하베스팅에 대한 관심은 계속될 것이며 다양한 분야에 적용될 것으로 예상하
> 고 있다.

① 재활용은 유체물만 가능하다.
② 태양광과 폐열은 같은 에너지원에 속한다.
③ 에너지 하베스팅은 버려진 에너지를 또 다른 에너지로 만든다.
④ 에너지 하베스팅을 통해 열, 빛, 전기 등 여러 에너지를 얻을 수 있다.
⑤ 사람의 운동에너지를 전기에너지로 바꾸는 기술은 사람의 체온을 이용한 신체 에너지 하베스팅
   기술이다.

02 다음 밑줄 친 빈칸에 들어갈 내용으로 가장 적절한 것은?

> 경기적 실업이란 경기침체의 영향으로 기업활동이 위축되고 이로 인해 노동에 대한 수요가 감소하여 고용량이 줄어들어 발생하는 실업이다. 다시 말해 경기적 실업은 노동시장에서 노동의 수요와 공급이 균형을 이루고 있는 상태라고 가정할 때, 경기가 침체되어 물가가 하락하게 되면 _____ _____ 경기적 실업은 다른 종류의 실업에 비해 생산량 측면에서 경제적으로 큰 손실을 발생시킬 수 있기에 경제학자들은 이를 해결하기 위한 정부의 역할에 대해 다양한 의견을 제시한다.

① 기업은 생산량을 줄이게 되고 이로 인해 노동에 대한 공급이 감소하여 발생한다.
② 기업은 생산량을 늘리게 되고 이로 인해 노동에 대한 수요가 증가하여 발생한다.
③ 기업은 생산량을 늘리게 되고 이로 인해 노동에 대한 공급이 감소하여 발생한다.
④ 기업은 생산량을 줄이게 되고 이로 인해 노동에 대한 수요가 감소하여 발생한다.
⑤ 기업은 생산량을 줄이게 되고 이로 인해 노동에 대한 수요가 증가하여 발생한다.

03 다음 문장을 논리적 순서대로 바르게 나열한 것은?

> (가) 하지만 예후가 좋지 못한 암으로 여겨져 왔던 식도암도 정기적 내시경검사로 조기에 발견하여 수술 등 적절한 치료를 받을 경우 치료 성공률을 높일 수 있는 것으로 밝혀졌다.
> (나) 이처럼 조기에 발견해 수술을 받을수록 치료 효과가 높음에도 불구하고 실제로 E병원에서 식도암 수술을 받은 환자 중 초기에 수술을 받은 환자는 25%에 불과했으며, 어느 정도 식도암이 진행된 경우 60%가 수술을 받은 것으로 조사됐다.
> (다) 식도암을 치료하기 위해서는 50세 이상의 남자라면 매년 정기적으로 내시경검사, 식도조영술, CT 촬영 등 검사를 통해 식도암을 조기에 발견하는 것이 중요하다.
> (라) 서구화된 식습관으로 인해 식도암은 남성 중 6번째로 많이 발생하고 있으며, 전체 인구 10만 명당 3명이 사망하는 것으로 나타났다.
> (마) E병원 교수팀이 식도암 진단 후 수술을 받은 808명을 대상으로 추적 조사한 결과, 발견 당시 초기에 치료할 경우 생존율이 높았지만, 반대로 말기에 치료할 경우 치료 성공률과 생존율 모두 크게 떨어지는 것으로 나타났다고 밝혔다.

① (다) – (가) – (나) – (라) – (마) ② (다) – (나) – (라) – (마) – (가)
③ (라) – (가) – (마) – (나) – (다) ④ (라) – (다) – (마) – (나) – (가)
⑤ (마) – (다) – (라) – (나) – (가)

04 다음은 '학교 급식 문제의 해법'에 관한 글을 쓰기 위해 작성한 개요이다. 개요의 수정 방안으로 적절하지 않은 것은?

주제문 : ㉠ 학교 급식 문제의 해법은?
Ⅰ. 서론 : 학교 급식에 대한 문제 제기
    – 급식 재료에 수입 농산물의 비중이 크다.
Ⅱ. 본론
    1. 수입 농산물 사용의 문제점
        가. ㉡ 유전자 조작 농산물의 안전성에 대한 우려
        나. 미래 우리 국민의 입맛과 농업 구조에 미칠 영향
    2. 문제 발생의 원인
        가. ㉢ 비용에 대한 부담으로 저렴한 수입 농산물 구매
        나. 급식 재료의 중요성에 대한 사회적 인식 부족
    3. 문제 해결의 방안
        가. 급식 재료에 우리 농산물 사용 확대
        나. ㉣ 학생들에 대한 올바른 식습관 교육
        다. 급식 운영에 대한 국가적 지원 확대
Ⅲ. 결론 : 수입 농산물 사용 자제 촉구

① ㉠ : 주제가 분명히 드러나도록 '학교 급식 재료에 우리 농산물 사용을 늘리자.'로 진술한다.
② ㉡ : 범주가 다르므로 '수입 농산물'로 교체한다.
③ ㉢ : 논지 전개상 어색하므로 '본론 1'의 하위 항목으로 옮긴다.
④ ㉣ : 논지와 무관한 내용의 항목이므로 삭제한다.
⑤ 글의 완결성을 고려하여 '본론 3'에 '급식 재료의 중요성에 대한 사회적 인식 제고'라는 하위 항목을 추가한다.

01 다음은 연도별 국내 출생아 및 혼인 현황에 대한 자료이다. 〈정보〉를 보고 (ㄱ), (ㄴ), (ㄷ)에 들어갈 수를 바르게 나열한 것은?

〈출생아 및 혼인 현황〉

(단위 : 명)

구분	2011년	2012년	2013년	2014년	2015년	2016년	2017년	2018년	2019년
출생아 수	471,265	484,550	436,455	435,435	438,420	406,243	357,771	326,822	(ㄷ)
합계출산율	(ㄱ)	1.297	1.187	1.205	1.239	1.172	1.052	0.977	0.918
출생성비	105.7	105.7	105.3	105.3	(ㄴ)	105.0	106.3	105.4	105.5
혼인 건수(건)	329,087	327,073	322,807	305,507	302,828	281,635	264,455	257,622	239,159

※ 합계출산율은 한 여자가 가임기간(15 ~ 49세)에 낳을 것으로 기대되는 평균 출생아 수임

※ 출생성비($=\dfrac{\text{남자 출생아}}{\text{여자 출생아}} \times 100$)는 여자 출생아 100명당 남자 출생아 수임

〈정보〉

• 출생아 수는 2016 ~ 2019년 동안 전년 대비 감소하는 추세이며, 그중 2019년의 전년 대비 감소한 출생아 수가 가장 적다.
• 2011 ~ 2019년까지 연도별 합계출산율에서 2011년 합계출산율은 두 번째로 많다.
• 2013년부터 3년 동안 출생성비는 동일하다.

	(ㄱ)	(ㄴ)	(ㄷ)
①	1.204	105.0	295,610
②	1.237	105.0	295,610
③	1.244	105.3	302,676
④	1.237	105.3	302,676
⑤	1.251	105.3	295,873

02 다음은 학년별 및 성별 온라인수업 수강 방법에 대한 자료이다. 이에 대한 〈보기〉의 설명 중 옳은 것을 모두 고르면?

〈온라인수업 수강 방법〉

(단위 : %)

구분		스마트폰	태블릿PC	노트북	PC
학년	초등학생	7.2	15.9	34.4	42.5
	중학생	5.5	19.9	36.8	37.8
	고등학생	3.1	28.5	38.2	30.2
성별	남학생	10.8	28.1	30.9	30.2
	여학생	3.8	11.7	39.1	45.4

보기

ㄱ. 초등학생에서 중학생, 고등학생으로 올라갈수록 스마트폰과 PC의 이용률은 감소하고, 태블릿 PC와 노트북의 이용률은 증가한다.

ㄴ. 초・중・고등학생의 노트북과 PC의 이용률의 차이는 고등학생이 가장 작다.

ㄷ. 태블릿PC의 남학생・여학생 이용률의 차이는 노트북의 남학생・여학생 이용률의 2배이다.

① ㄱ

② ㄱ, ㄴ

③ ㄱ, ㄷ

④ ㄴ, ㄷ

⑤ ㄱ, ㄴ, ㄷ

03 다음은 2020년도 E자동차 회사에서 출시한 차량 종류별 생산 비율에 대한 그래프이다. 이에 대한 〈보기〉의 설명 중 옳은 것을 모두 고르면?

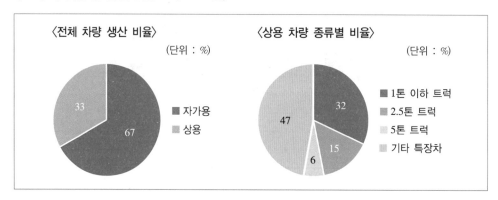

> **보기**
>
> ㄱ. 전체 차량 생산에서 1톤 이하 상용 차량이 차지하는 비율은 20%이다.
> ㄴ. 이 회사의 상용 차량에서 특장차의 생산 대수가 트럭보다 많다.
> ㄷ. 2.5톤 트럭의 상용 차량 생산 대수가 270대라면 자가용의 대수는 약 3,655대이다.

① ㄱ
② ㄴ
③ ㄷ
④ ㄱ, ㄴ
⑤ ㄴ, ㄷ

※ 상황판단검사는 정답을 따로 제공하지 않는 영역이니 참고하기 바랍니다.

※ 제시된 선택지에서 자신과 가장 가깝다고 생각하는 것과 멀다고 생각하는 것을 각각 한 가지씩 고르시오. [1~3]

01 E사에 근무하는 A사원은 동료로부터 다른 팀에서 새로 진행하는 프로젝트에 대한 이야기를 들었다. A사원은 평소 관심있던 분야인 이번 프로젝트에 투입되고 싶은 욕심이 생겼다. 당신이 A사원이라면 어떻게 하겠는가?

① 다른 팀 팀장님에게 프로젝트에 참여하고 싶다고 말씀드린다.
② 상사에게 프로젝트에 참여하고 싶다고 말씀드린다.
③ 프로젝트를 다른 팀과 별개로 진행한다.
④ 다른 팀으로부터 프로젝트를 빼앗는다.
⑤ 소속된 팀을 옮긴다.

02 올해 E사 신입사원이 된 K사원은 M상사와 함께 거래처 첫 미팅에 참여했다. 그런데 회의에서 M상사가 K사원을 소개하지 않고 회의를 곧바로 진행하기 시작했다. 당신이 K사원이라면 어떻게 하겠는가?

① 회의에는 지장이 없으니 소개하지 않고 넘어간다.
② 회의를 끊고 거래처 사람들에게 본인을 소개한다.
③ 본인을 소개하지 않았으므로 회의에 참여하지 않는다.
④ 회의가 다 끝나고 거래처 사람들에게 본인을 소개한다.
⑤ 회의가 다 끝나고 M상사에게 본인을 사람들에게 소개해달라고 한다.

03 E프로젝트를 진행하는 A대리는 R과장에게 보고할 E프로젝트 중간보고서를 만들었다. R과장에게 보고하기 전 A대리는 E프로젝트를 함께 진행하고 있는 B대리에게 중간보고서를 검토해달라고 부탁했다. 중간보고서 파일을 B대리에게 보내주고 난 다음날 A대리는 B대리에게 보낸 파일이 중간보고서의 최종파일이 아닌 수정 전 파일임을 알게 되었다. 당신이 A대리라면 어떻게 하겠는가?

① 실수를 인정하고 바로 B대리에게 최종파일을 보내주며 처음부터 다시 검토해달라고 부탁한다.
② B대리에게 검토를 중단하라고 한 후, 다른 동료에게 최종파일을 검토해달라고 부탁한다.
③ B대리에게는 알리지 않고 다른 동료에게 최종파일을 검토해달라고 부탁한다.
④ 치명적인 오류가 아니면 B대리가 검토한 수정 전 파일로 보고한다.
⑤ B대리에게 파일을 넘긴 후 수정한 것처럼 다시 전달한다.

06 | 2019년 기출복원문제

정답 및 해설 p.020

01 언어비평검사 I (언어추리)

※ 다음 조건을 참고하여 내린 A, B의 결론에 대한 판단으로 옳은 것을 고르시오. [1~2]

01

- 1교시부터 4교시까지 국어, 수학, 영어, 사회 4과목의 수업이 한 시간씩 있다.
- 국어는 1교시가 아니다.
- 영어는 2교시가 아니다.
- 영어는 국어와 수학 시간 사이에 있다.

A : 2교시가 수학일 때, 1교시는 사회이다.
B : 3교시는 영어이다.

① A만 옳다.　　　　　　　　　② B만 옳다.
③ A, B 모두 옳다.　　　　　　④ A, B 모두 틀리다.
⑤ A, B 모두 옳은지 틀린지 판단할 수 없다.

02

- 아침에 시리얼을 먹는 사람은 두뇌 회전이 빠르다.
- 아침에 토스트를 먹는 사람은 피곤하다.
- 에너지가 많은 사람은 아침에 밥을 먹는다.
- 피곤하면 회사에 지각한다.
- 두뇌 회전이 빠르면 일 처리가 빠르다.

A : 회사에 지각하지 않은 사람은 아침에 토스트를 먹지 않았다.
B : 일 처리가 빠른 사람은 아침에 시리얼을 먹은 것이다.

① A만 옳다.　　　　　　　　　② B만 옳다.
③ A, B 모두 옳다.　　　　　　④ A, B 모두 틀리다.
⑤ A, B 모두 옳은지 틀린지 판단할 수 없다.

03 다음 명제가 모두 참일 때, 빈칸에 들어갈 명제로 가장 적절한 것은?

- 검은 양은 더위를 많이 탄다.
- 어미 양이 검은 양이면 새끼 양도 검은 양이다.
- 그러므로 _____

---

① 새끼 양이 검은 양이 아니면 어미 양은 검은 양이다.
② 어미 양이 더위를 많이 타면 새끼 양도 더위를 많이 탄다.
③ 새끼 양이 검은 양이면 어미 양은 더위를 많이 탄다.
④ 어미 양이 검은 양이면 새끼는 더위를 많이 탄다.
⑤ 어미 양이 검은 양이 아니면 새끼 양도 검은 양이 아니다.

PART 1

04 어느 날 밤 11시경 회사 사무실에 도둑이 들었다. CCTV를 확인해 보니 도둑은 한 명이며, 수사 결과 용의자는 갑 ~ 무 다섯 명으로 좁혀졌다. 이 중 두 명은 거짓말을 하고 있으며, 그중 한 명이 범인이라고 할 때 범인은?

- 갑 : 그날 밤 11시에 저는 을, 무하고 셋이 함께 있었습니다.
- 을 : 갑은 그 시간에 무와 함께 타 지역에 출장 중이었어요.
- 병 : 갑의 진술은 참이고, 저도 회사에 있지 않습니다.
- 정 : 을은 밤 11시에 저와 단둘이 있었습니다.
- 무 : 저는 사건이 일어났을 때 집에 있었습니다.

---

① 갑   ② 을
③ 병   ④ 정
⑤ 무

05 다음과 동일한 오류를 범한 사례는?

> 나는 지난 겨울방학에 이어 이번 여름방학에 알래스카를 다시 방문했는데, 흰 눈과 얼음으로 뒤덮여 있던 내 기억 속의 겨울 알래스카와 전혀 다른 모습이라 당황스러웠어.

① 소크라테스는 독배를 들고 죽은 사람이므로 그의 말은 믿을 것이 못된다.

② 게임을 좋아하는 철수보다 책을 좋아하는 영희가 똑똑한 이유는 게임보다 책을 좋아하는 사람이 더 지적이기 때문이야.

③ 천국이나 지옥이 없다는 것을 증명할 수 없으므로 천국이나 지옥의 존재를 인정해야 한다.

④ ○○치약을 사용하는 사람이 900만 명이나 되는 걸 보면 ○○치약이 가장 좋은 제품이야.

⑤ 요즘 청소년들의 사고가 많은 걸 보니 청소년들은 전부 문제가 많은 모양이야.

01 다음 밑줄 친 ㉠, ㉡에 들어갈 접속어가 바르게 연결된 것은?

> 평화로운 시대에 시인의 존재는 문화의 비싼 장식일 수 있다. __㉠__ 시인의 조국이 비운에 빠졌거나 분단되었을 때 시인은 장식의 의미를 떠나 민족의 예언가가 될 수 있고, 민족혼을 불러일으키는 선구자적 지위에 놓일 수도 있다. 예를 들면 스스로 군대를 가지지 못한 채 제정 러시아의 가혹한 탄압 아래 있던 폴란드 사람들은 시인의 존재를 민족의 재생을 예언하고 굴욕스러운 현실을 탈피하도록 격려하는 예언자로 여겼다. __㉡__ 통일된 국가를 가지지 못하고 이산되어 있던 이탈리아 사람들은 시성 단테를 유일한 '이탈리아'로 숭앙했고, 제1차 세계대전 때 독일군의 잔혹한 압제하에 있었던 벨기에 사람들은 베르하렌을 조국을 상징하는 시인으로 추앙하였다.

	㉠	㉡
①	그러므로	따라서
②	그러므로	반대로
③	그러나	반대로
④	그러나	또한
⑤	그리고	또한

02 다음 문장을 논리적 순서대로 바르게 나열한 것은?

> (가) 1970년 이후 적정기술을 기반으로 많은 제품이 개발되어 현지에 보급되어 왔지만, 그 성과에 대해서는 여전히 논란이 있다.
> (나) 적정기술은 새로운 기술이 아닌 우리가 알고 있는 여러 기술 중의 하나로, 어떤 지역의 직면한 문제를 해결하는 데 적절하게 사용된 기술이다.
> (다) 빈곤 지역의 문제 해결을 위해서는 기술개발 이외에도 지역 문화에 대한 이해와 현지인의 교육까지도 필요하다.
> (라) 이는 기술의 보급만으로는 특정 지역의 빈곤 탈출과 경제적 자립을 이룰 수 없기 때문이다.

① (가) - (나) - (다) - (라)   ② (가) - (라) - (나) - (다)
③ (나) - (가) - (라) - (다)   ④ (나) - (다) - (라) - (가)
⑤ (다) - (라) - (나) - (가)

03 다음 글의 중심 내용으로 가장 적절한 것은?

칸트는 인간이 이성을 부여받은 것은 욕망에 의해 움직이지 않게 하기 위함이라고 말하면서 자신의 행복을 우선시하기보다는 도덕적인 의무를 먼저 수행해야 한다고 주장했다. 칸트의 시각에서 볼 때 행동의 도덕적 가치를 결정하는 것은 어떠한 상황에서든 모든 사람들이 그 행동을 했을 때에 아무런 모순이 생기지 않아야 한다는 보편주의이다. 내가 타인을 존중하지 않으면서 타인이 나를 존중하고 도와줄 것을 기대한다면, 이는 보편주의를 위배하는 것이다. 그러므로 남이 나에게 해주길 바라는 것을 실천하는 것이 바로 도덕적 행동이라는 것이다. 따라서 도덕적 행동이 나의 이익이나 본성과 일치하지 않더라도 나는 나의 의무를 수행해야 한다고 역설했다.

① 칸트의 도덕관에 대한 비판
② 칸트가 생각하는 도덕적 행동
③ 도덕적 가치에 대한 칸트의 관점
④ 무목적성을 지녀야 하는 도덕적 행위
⑤ 칸트의 도덕적 의무론이 지니는 가치

04 다음 글의 내용으로 적절하지 않은 것은?

> 사람의 눈이 원래 하나였다면 세계를 입체적으로 지각할 수 있었을까? 입체 지각은 대상까지의 거리를 인식하여 세계를 3차원으로 파악하는 과정을 말한다. 입체 지각은 눈으로 들어오는 시각 정보로부터 다양한 단서를 얻어 이루어지는데, 이를 양안단서와 단안단서로 구분할 수 있다.
>
> 양안단서는 양쪽 눈이 함께 작용하여 얻어지는 것으로, 양쪽 눈에서 보내오는 시차(視差)가 있는 유사한 상이 대표적이다. 단안단서는 한쪽 눈으로 얻을 수 있는 것인데, 사람은 단안단서만으로도 이전의 경험으로부터 추론에 의하여 세계를 3차원으로 인식할 수 있다. 망막에 맺히는 상은 2차원이지만 그 상들 사이의 깊이의 차이를 인식하게 해주는 다양한 실마리들을 통해 입체 지각이 이루어진다.
>
> 동일한 물체의 크기가 다르게 시야에 들어오면 우리는 더 큰 시각(視角)을 가진 쪽이 더 가까이 있다고 인식한다. 이렇게 물체의 상대적 크기는 대표적인 단안단서이다. 또 다른 단안단서로는 직선 원근이 있다. 우리는 앞으로 뻗은 길이나 레일이 만들어 내는 평행선의 폭이 좁은 쪽이 넓은 쪽보다 멀리 있다고 인식한다. 또 하나의 단안단서인 결 기울기는 같은 대상이 집단적으로 어떤 면에 분포할 때, 시야에 동시에 나타나는 대상들의 연속적인 크기변화로 얻어진다. 예를 들면 들판에 만발한 꽃을 보면 앞쪽은 꽃이 크고 뒤로 가면서 서서히 꽃이 작아지는 것으로 보이는데, 이러한 시각적 단서가 쉽게 원근감을 일으킨다.
>
> 어떤 경우에는 운동으로부터 단안단서를 얻을 수 있다. 운동시차는 관찰자가 운동할 때 정지한 물체들이 얼마나 빠르게 움직이는 것처럼 보이는지가 물체들까지의 상대적 거리에 대한 실마리를 제공하는 것이다. 예를 들어 기차를 타고 가다 창밖을 보면 가까이에 있는 나무는 빨리 지나가고 멀리 있는 산은 거의 정지해 있는 것처럼 보인다.

① 세계를 입체적으로 지각하기 위해서는 단서가 되는 다양한 시각 정보가 필요하다.

② 단안단서에는 물체의 상대적 크기, 직선 원근, 결 기울기, 운동 시차 등이 있다.

③ 사고로 한쪽 눈의 시력을 잃은 사람은 입체 지각이 불가능하다.

④ 대상까지의 거리를 인식할 수 있어야 세계를 입체적으로 지각할 수 있다.

⑤ 이동하는 차 안에서 창밖을 보면 가까이에 있는 건물이 멀리 있는 건물보다 더 빨리 지나간다.

수면은 피로가 누적된 심신을 회복하기 위해 주기적으로 잠을 자는 상태를 의미한다. 수면은 '비-REM수면'
과 급속한 안구 운동을 동반하는 'REM(Rapid Eye Movement)수면'이 교대로 나타난다. 일반적으로 비
-REM수면 이후 REM수면이 진행된다. 비-REM수면은 4단계로 진행되면서 깊은 잠에 빠져들게 되는 수면
이다. 이러한 수면의 양상은 수면 단계에 따라 달리 측정되는 뇌파로 살펴볼 수 있다. (가)

먼저 막 잠이 들기 시작하는 1단계 수면 상태에서 뇌는 '세타파'를 내보낸다. 세타파란 옅은 잠을 자는 상태
에서 나타나는 뇌파로, 이때는 언제든 깰 수 있을 정도의 수면 상태이다. 이 단계는 각성상태에서 수면으로
넘어가는 과도기적 상태로 뇌파가 각성상태보다 서서히 느려진다. (나)

2단계 수면에서는 세타파 사이사이에 '수면방추'와 'K-복합체'라는 독특한 뇌파의 모습이 보인다. 수면방추
는 세타파 중간마다 마치 실이 감겨 있는 것처럼 촘촘한 파동의 모습인데, 분당 2~5번 정도 나타나며 수면
을 유지시켜 주는 역할을 한다. K-복합체는 2단계 수면에서 나타나는데, 세타파 사이사이에 아래위로 갑자
기 삐죽하게 솟아오르는 모습을 보인다. 실험에 의하면 K-복합체는 수면 중 갑작스러운 소음이 날 때 활성
화된다. (다)

깊은 수면의 단계로 진행되면 뇌파 가운데 가장 느리고 진폭이 큰 '델타파'가 나타난다. 3단계와 4단계는
'델타파'의 비중에 따라 구별된다. 보통 델타파의 비중이 20~50%일 때는 3단계로, 50%를 넘어서 더 깊은
수면에 빠지는 상태가 되면 4단계로 본다. 때문에 4단계 수면은 '서파수면(Slow-wave-sleep)'으로도 알려
져 있다. (라)

서파수면은 대뇌의 대사율과 혈류량이 각성 수준의 75%까지 감소되는 깊은 잠의 상태이고, REM수면은 잠
에 빠져 있음에도 정신 활동이 이루어지는 상태이다. 이 때문에 서파수면 상태에 있는 사람을 깨우면 정신을
못 차리고 비틀거리며 혼란스러워 하고, REM수면 상태의 사람을 깨우면 금세 각성 상태로 돌아온다. (마)
자극에 반응을 하지 않을 정도의 비-REM수면은 온전한 휴식을 통해 진정한 심신의 회복을 가져다준다.
자면서도 정신 활동이 이루어지는 REM수면은 인간의 뇌의 활동이나 학습에도 도움을 준다. 비-REM수면
이든 REM수면이든 문제가 생기면 인간의 활동은 영향을 받게 된다.

05 윗글의 주된 내용 전개 방식으로 가장 적절한 것은?

① 현상의 과정을 단계별로 나누어 설명하고 있다.
② 현상에 대한 다양한 관점을 비교·분석하고 있다.
③ 현상에 대한 해결 방안을 제시하고 있다.
④ 구체적인 사례를 통해 관련 현상을 설명하고 있다.
⑤ 새로운 시각으로 현상을 분석하는 이론을 소개하고 있다.

06 다음 중 윗글을 이해한 내용으로 적절하지 않은 것은?

① 세타파만 측정되는 수면 상태라면 작은 소음에도 쉽게 깰 수 있겠어.
② 세타파 사이사이에 아래위로 뾰죽하게 솟아오르는 뇌파는 분당 5번 정도 나타나는군.
③ 델타파의 속도는 세타파보다 느리지만, 진폭은 세타파보다 커.
④ 서파수면 상태의 사람과 REM수면 상태의 사람이 동시에 잠에서 깨 일어난다면 REM수면 상태의 사람이 더 빨리 움직이겠군.
⑤ 피로가 누적된 사람에게는 REM수면보다 비-REM수면이 필요해.

07 윗글의 (가) ~ (마) 중 〈보기〉의 문장이 들어갈 위치로 가장 적절한 곳은?

> 보기
>
> 이를 통해 이것은 잠자는 사람이 깨는 것을 방지해 주는 역할을 하여 깊은 수면을 유도함을 알 수 있다.

① (가)   ② (나)
③ (다)   ④ (라)
⑤ (마)

01   다음은 성인의 독서프로그램 정보 획득경로에 대한 자료이다. 관공서, 도서관 등의 안내에 따라 독서프로그램 정보를 획득한 여성 수 대비 스스로 탐색하여 독서프로그램 정보를 획득한 남성 수의 비율은?(단, 인원은 소수점 첫째 자리에서, 비율은 소수점 둘째 자리에서 반올림한다)

〈성인의 독서프로그램 정보 획득경로〉

(단위 : %)

구분	남성	여성
사례 수(명)	137	181
지인	23.4	20.1
스스로 탐색	22.0	27.6
소속단체에서의 권장	28.8	23.0
관공서, 도서관 등의 안내	22.8	20.5
인터넷, 동호회, SNS	3.0	6.4
기타	-	2.4

① 72.6%
② 75.5%
③ 79.8%
④ 81.1%
⑤ 84.7%

02 다음은 우리나라 건강보험 재정 현황에 대한 자료이다. 이에 대한 설명으로 옳지 않은 것은?(단, 수지율은 소수점 첫째 자리에서 반올림한다)

<건강보험 재정 현황>

(단위 : 조 원, %)

구분	2010년	2011년	2012년	2013년	2014년	2015년	2016년	2017년
수입	33.6	37.9	41.9	45.2	48.5	52.4	55.7	58.0
보험료 수입 등	28.7	32.9	36.5	39.4	42.2	45.3	48.6	51.2
정부지원	4.9	5.0	5.4	5.8	6.3	7.1	7.1	6.8
지출	34.9	37.4	38.8	41.6	43.9	48.2	52.7	57.3
보험급여비	33.7	36.2	37.6	40.3	42.5	46.5	51.1	55.5
관리운영비 등	1.2	1.2	1.2	1.3	1.4	1.7	1.6	1.8
수지율	104	99	93	92	91	92	95	99

※ 수지율(%) $= \dfrac{(지출)}{(수입)} \times 100$

① 2010년 대비 2017년 건강보험 수입의 증가율과 건강보험 지출의 증가율의 차이는 15%p 이상이다.

② 2011년부터 건강보험 수지율이 전년 대비 감소한 해에는 정부지원 수입이 전년 대비 증가했다.

③ 2015년 보험료 수입 등이 건강보험 수입에서 차지하는 비율은 75% 이상이다.

④ 건강보험 수입과 지출의 전년 대비 증감 추이는 2012 ~ 2015년까지 동일하다.

⑤ 2011 ~ 2013년까지 건강보험 지출 중 보험급여비가 차지하는 비중은 매년 90%를 초과했다.

03 다음은 국가별 크루즈 외래객 점유율에 대한 자료이다. 이에 대한 〈보기〉의 설명 중 옳은 것을 모두 고르면?

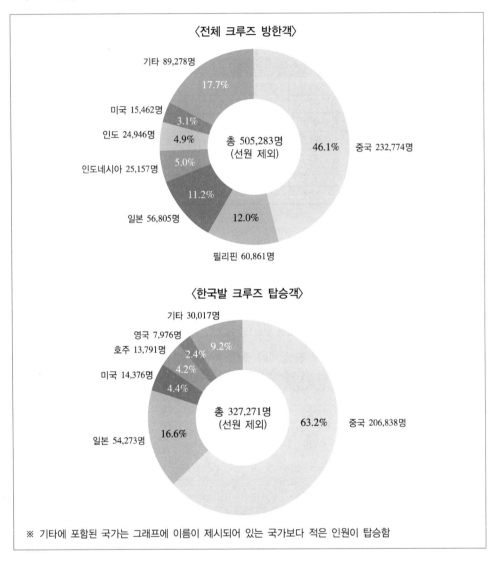

〈전체 크루즈 방한객〉

기타 89,278명 17.7%
미국 15,462명 3.1%
인도 24,946명 4.9%
인도네시아 25,157명 5.0%
일본 56,805명 11.2%
필리핀 60,861명 12.0%
총 505,283명 (선원 제외)
46.1% 중국 232,774명

〈한국발 크루즈 탑승객〉

기타 30,017명 9.2%
영국 7,976명 2.4%
호주 13,791명 4.2%
미국 14,376명 4.4%
일본 54,273명 16.6%
총 327,271명 (선원 제외)
63.2% 중국 206,838명

※ 기타에 포함된 국가는 그래프에 이름이 제시되어 있는 국가보다 적은 인원이 탑승함

보기
ㄱ. 전체 크루즈 방한객의 수와 한국발 크루즈 승객 수의 국가별 순위는 동일하다.
ㄴ. 미국 크루즈 방한객 수 대비 미국의 한국발 크루즈 탑승객 수의 비율은 85% 이상이다.
ㄷ. 필리핀의 크루즈 방한객 수는 필리핀의 한국발 크루즈 탑승객 수의 최소 8배 이상이다.
ㄹ. 영국의 한국발 크루즈 탑승객의 수는 일본의 한국발 크루즈 탑승객의 수의 20% 미만이다.

① ㄱ, ㄴ
② ㄱ, ㄷ
③ ㄴ, ㄷ
④ ㄴ, ㄹ
⑤ ㄷ, ㄹ

※ 다음은 음식업종 사업자 수 현황에 대한 자료이다. 이어지는 질문에 답하시오. [4~5]

〈음식업종 사업자 수 현황〉

(단위 : 명)

구분	2014년	2015년	2016년	2017년
커피음료점	25,151	30,446	36,546	43,457
패스트푸드점	27,741	31,174	32,982	34,421
일식전문점	12,997	13,531	14,675	15,896
기타외국식전문점	17,257	17,980	18,734	20,450
제과점	12,955	13,773	14,570	15,155
분식점	49,557	52,725	55,013	55,474
기타음식점	22,301	24,702	24,818	24,509
한식전문점	346,352	360,209	369,903	375,152
중식전문점	21,059	21,784	22,302	22,712
호프전문점	41,796	41,861	39,760	37,543
간이주점	19,849	19,009	17,453	16,733
구내식당	35,011	31,929	29,213	26,202
합계	632,026	659,123	675,969	687,704

04 2014년 대비 2017년 사업자 수의 감소율이 두 번째로 큰 업종의 감소율은?(단, 소수점 둘째 자리에서 반올림한다)

① 25.2%

② 18.5%

③ 15.7%

④ 10.2%

⑤ 9.9%

05 다음 중 위 자료에 대한 설명으로 옳지 않은 것은?

① 기타음식점의 2017년 사업자 수는 전년보다 309명 감소했다.

② 2015년의 전체 음식업종 사업자 수에서 분식점 사업자 수가 차지하는 비중과 패스트푸드점 사업자 수가 차지하는 비중의 차이는 5%p 미만이다.

③ 사업자 수가 해마다 감소하는 업종은 두 곳이다.

④ 2014년 대비 2016년 일식전문점 사업자 수의 증감률은 약 15.2%이다.

⑤ 전체 음식업종 사업자 수 중 구내식당의 비중은 2014년이 가장 높다.

※ 다음은 범죄의 수사단서에 대한 자료이다. 이어지는 질문에 답하시오. [6~7]

〈범죄 수사단서〉

(단위 : 건)

범죄 구분		합계	현행범	신고	미신고
합계		1,824,876	142,309	1,239,772	442,795
형법범죄	소계	958,865	122,097	753,715	83,053
	재산범죄	542,336	23,423	470,114	48,799
	강력범죄(흉악)	36,030	7,366	23,364	5,300
	강력범죄(폭력)	238,789	60,042	171,824	6,923
	위조범죄	19,502	286	13,399	5,817
	공무원범죄	3,845	69	1,560	2,216
	풍속범죄	12,161	2,308	4,380	5,473
	과실범죄	8,419	169	7,411	839
	기타형법범죄	97,783	28,434	61,663	7,686
특별법범죄	소계	866,011	20,212	486,057	359,742

06 위 자료에 대한 〈보기〉의 설명 중 옳지 않은 것을 모두 고르면?

보기

ㄱ. 풍속범죄의 경우 수사단서 중 미신고 유형이 가장 많다.
ㄴ. 수사단서 중 현행범 유형의 건수가 가장 많은 범죄는 재산범죄이다.
ㄷ. 형법범죄의 수사단서 합계보다 특별법범죄의 수사단서 합계가 더 많다.
ㄹ. 수사단서 중 미신고 유형의 건수가 5만 건 이상인 범죄는 없다.

① ㄴ, ㄷ
② ㄱ, ㄴ, ㄷ
③ ㄱ, ㄴ, ㄹ
④ ㄱ, ㄷ, ㄹ
⑤ ㄴ, ㄷ, ㄹ

07 다음 중 위 형법범죄 중 수사단서로 신고의 건수가 가장 많은 범죄와 가장 적은 범죄의 신고 건수의 차이는?

① 410,045건
② 468,052건
③ 468,554건
④ 473,179건
⑤ 485,102건

※ 상황판단검사는 정답을 따로 제공하지 않는 영역이니 참고하기 바랍니다.

※ 제시된 선택지에서 자신이 가장 타당하다고 생각하는 것과 멀다고 생각하는 것을 각각 한 개씩 고르시오. [1~3]

01 구매팀에 근무하는 A대리는 새로운 거래처를 찾기 위해 심사 중이었다. 최종적으로 E와 G를 남겨두고 고민하고 있는데, 그중 G거래처 사장이 식사 도중 5만 원 상당의 선물을 건넸다. 당신이 A대리라면 어떻게 하겠는가?

① 식사 자리에서 바로 화를 내며 거절한다.
② 정중히 거절하고 없었던 일처럼 행동한다.
③ 개인적인 선물이라고 생각하고 감사히 받는다.
④ 상사에게 G거래처 사장의 행동을 이야기하고 후보에서 탈락시킨다.
⑤ 선물을 받으면서 이런 행동이 심사 결과에 아무런 영향을 끼치지 않는다는 것을 단호히 말한다.

02 고객만족팀에서 일하는 P과장은 자사의 음식에서 이물질이 발생되었다는 전화를 받았다. 확인 결과 실제로 상품에 문제가 있었다. 이에 대해 P과장은 회사 내규에 따른 보상 절차를 설명했지만, 고객은 규정보다 더 큰 보상을 요구하고 있다. 당신이 P과장이라면 어떻게 하겠는가?

① 회사에 공론화를 하여 문제 해결 방안을 찾는다.
② 규정에 없는 내용이므로 절대 불가능하다는 것을 설명한다.
③ 개인적인 비용으로 처리하고, 고객을 블랙컨슈머로 등록한다.
④ 고객에게 과한 요구를 하면 법적으로 대응하겠다고 설명한다.
⑤ 회사의 실수이므로 고객이 원하는 보상을 모두 해줄 것을 요구한다.

03 A사원은 다른 업무에는 자신이 있지만 유독 컴퓨터를 사용하는 업무에는 자신이 없다. 그러나 A사원의 상사인 B부장은 종종 자신의 능력 밖인 컴퓨터 사용 업무를 부탁하곤 한다. A사원은 B부장이 자신에게 업무를 부탁하는 것 자체는 상관없지만, 컴퓨터 사용 업무는 잘하지 못하기 때문에 곤란한 상황이다. 당신이 A사원이라면 어떻게 하겠는가?

① B부장을 도와줄 수 있는 다른 동료나 선배를 찾는다.
② 컴퓨터 능력을 개선하기 위해 별도의 시간을 투자한다.
③ B부장에게 업무가 밀려있다고 말하며 부탁을 정중히 거절한다.
④ B부장에게 부탁하는 일들이 자신의 능력 밖임을 밝히고 정중히 거절한다.
⑤ 업무 외에 별도 지시를 반복해서 내리는 B부장에 대한 반대 여론을 조성한다.

07 | 2018년
기출복원문제

정답 및 해설 p.023

01	언어비평검사 I (언어추리)

01 다음 명제가 모두 참일 때, 빈칸에 들어갈 명제로 가장 적절한 것은?

> • 채소를 좋아하는 사람은 해산물을 싫어한다.
> • _____
> • 디저트를 좋아하는 사람은 채소를 싫어한다.

① 채소를 싫어하는 사람은 해산물을 좋아한다.
② 디저트를 좋아하는 사람은 해산물을 싫어한다.
③ 채소를 싫어하는 사람은 디저트를 싫어한다.
④ 디저트를 좋아하는 사람은 해산물을 좋아한다.
⑤ 디저트를 싫어하는 사람은 해산물을 싫어한다.

02 다음 조건을 참고하여 내린 A, B의 결론에 대한 판단으로 옳은 것은?

> • 운동화는 슬리퍼보다 비싸다.
> • 구두는 운동화보다 비싸다.
> • 부츠는 슬리퍼보다 싸다.

> A : 운동화는 부츠보다 비싸다.
> B : 슬리퍼는 구두보다 싸다.

① A만 옳다.
② B만 옳다.
③ A, B 모두 옳다.
④ A, B 모두 틀리다.
⑤ A, B 모두 옳은지 틀린지 판단할 수 없다.

03 어젯밤에 탕비실 냉장고에 보관되어 있던 행사용 케이크가 없어졌다. 어제 야근을 한 갑 ~ 무 5명을 조사했더니 다음과 같이 진술했다. 케이크를 먹은 범인은 2명이며 2명만이 진실을 말한다고 할 때, 범인이 될 수 있는 사람으로 바르게 짝지어진 것은?(단, 모든 사람은 진실만 말하거나 거짓만 말한다)

- 갑 : 을이나 병 중에 1명만 케이크를 먹었어요.
- 을 : 무는 확실히 케이크를 먹었어요.
- 병 : 정과 무가 모의해서 함께 케이크를 훔쳐먹는 걸 봤어요.
- 정 : 저는 절대 범인이 아니에요.
- 무 : 사실대로 말하자면 제가 범인이에요.

---

① 갑, 을   ② 을, 정
③ 을, 무   ④ 갑, 정
⑤ 정, 무

04 다음 제시된 오류와 관련 있는 것은?

판단의 기준이 절대적인 것이 아닌 다른 대상과의 비교를 통해서 평가하는 오류이다. 대비되는 정보로 인해 평가자의 판단이 왜곡되는 현상이라고 볼 수 있다.

---

① 민아는 철수의 여자친구니까, 이번 회장으로 뽑아야겠다.
② TV에 나오는 여배우는 참 예쁘구나. 그럼 나는 못생긴 것 같다.
③ (두 명의 학생이 인사하는 것을 보고) 우리 학교 학생들은 참 인사를 잘하는구나.
④ A작가의 B소설 내용이 사회비판적인 것을 보니, A작가는 시회비판적인 소설가이다.
⑤ C가 아이스 커피를 싫어하는 것을 보니 뜨거운 커피를 좋아하는 게 확실하다.

01 다음 밑줄 친 ㉠, ㉡에 들어갈 접속어가 바르게 연결된 것은?

> 공황발작이란 일반적으로 극심한 불안을 말한다. 사람은 누구나 생명의 위협을 느끼거나 매우 놀라는 위기 상황에서 극심한 불안을 느끼며, 이는 정상적인 생리 반응이다. ㉠ 공황장애에서의 공황발작은 아무런 이유 없이 아무 때나 예기치 못하게 반복적으로 발생한다. 공황발작이 일어나면 심장이 두근거리기도 하고 가슴이 답답하고 아플 수도 있으며, 숨쉬기 어렵거나 숨이 막힐 것 같은 기분이 들 수 있다. 또한 구역질이 나거나 복통이 있을 수도 있고, 두통이나 어지러움이 느껴져 기절할 것 같은 느낌이 들고 땀이 나면서 온몸에 힘이 빠지거나 손발이 저릿할 수도 있다. 이러한 여러 가지 증상들이 모두 다 나타날 수도 있고, 이 중에 몇 가지만 나타날 수도 있는데 특징적으로 이러다 미쳐버릴 것 같거나, 이러다 죽을지도 모른다는 공포감을 느끼게 된다. 특별한 위기 상황이나 스트레스 상황이 아닌데도 길을 걷다가, 앉아서 수업을 듣다가, 자려고 누웠다가 공황발작이 발생할 수 있다. ㉡ 예기치 못하게 공황발작이 나타나게 되면 다음에 또다시 발작이 생길까 걱정하며 본인 나름의 발작 이유나 결과에 대해 생각하며 행동의 변화가 생기게 된다. 특히 언제 다시 발작이 생길지 몰라 불안해하며, 발작이 생기면 도움을 청할 수 있는 사람과 함께 있으려 한다든지, 혼자 외출을 못하고 집에만 있으려고 해 일상생활이 어려워지는 경우도 많다.

	㉠	㉡
①	그리고	그러므로
②	그리고	그러므로
③	그러나	하지만
④	그러나	이와 같이
⑤	그러므로	이와 같이

02 다음 문장을 논리적 순서대로 바르게 나열한 것은?

> (가) 근대에 접어들어 모든 사물이 생명력을 갖지 않는 일종의 기계라는 견해가 강조되면서, 아리스토텔레스의 목적론은 비과학적이라는 이유로 많은 비판에 직면했다.
>
> (나) 대표적인 근대 사상가인 갈릴레이는 목적론적 설명이 과학적 설명으로 사용될 수 없다고 주장했고, 베이컨은 목적에 대한 탐구가 과학에 무익하다고 평가했으며, 스피노자는 목적론이 자연에 대한 이해를 왜곡한다고 비판했다.
>
> (다) 일부 현대 학자들은 근대 사상가들이 당시 과학에 기초한 기계론적 모형이 더 설득력을 갖는다는 일종의 교조적 믿음에 의존했을 뿐, 아리스토텔레스의 목적론을 거부할 충분한 근거를 제시하지 못했다고 비판한다.
>
> (라) 이들의 비판은 목적론이 인간 이외의 자연물도 이성을 갖는 것으로 의인화한다는 것이다. 그러나 이런 비판과는 달리 아리스토텔레스는 자연물을 생물과 무생물로, 생물을 식물·동물·인간으로 나누고, 인간만이 이성을 지닌다고 생각했다.

① (가) – (나) – (다) – (라) 　　② (가) – (나) – (라) – (다)
③ (가) – (다) – (나) – (라) 　　④ (나) – (다) – (라) – (가)
⑤ (나) – (라) – (다) – (가)

03 다음 글의 내용으로 적절하지 않은 것은?

> 현재 전해지는 조선시대의 목가구는 대부분 조선 후기의 것들로 단단한 소나무·느티나무·은행나무 등의 곧은결을 기둥이나 쇠목으로 이용하고, 오동나무·느티나무·먹감나무 등의 늘결을 판재로 사용하여 자연스런 나뭇결의 재질을 살렸다. 또한 대나무 혹은 엇갈리거나 소용돌이 무늬를 이룬 뿌리 부근의 목재 등을 활용하여 자연스러운 장식이 되도록 하였다.
>
> 조선시대의 목가구는 대부분 한옥의 온돌에서 사용되었기에 온도와 습도 변화에 따른 변형을 최대한 방지할 수 있는 방법이 필요하였다. 그래서 단단하고 가느다란 기둥재로 면을 나누고, 기둥재에 홈을 파서 판재를 끼워 넣는 특수한 짜임과 이음의 방법을 사용하였으며, 꼭 필요한 부위에만 접착제와 대나무 못을 사용하여 목재가 수축·팽창하더라도 뒤틀림과 휘어짐이 최소화될 수 있도록 하였다. 조선시대 목가구의 대표적 특징으로 언급되는 '간결한 선'과 '명확한 면 분할'은 이러한 짜임과 이음의 방법에 기초한 것이다. 짜임과 이음은 조선시대 목가구 제작에 필수적인 방법으로, 겉으로 드러나는 아름다움은 물론 보이지 않는 내부의 구조까지 고려한 격조 높은 기법이었다.
>
> 한편 물건을 편리하게 사용할 수 있게 해주며, 목재의 결합 부위나 모서리에 힘을 보강하는 금속장석은 장식의 역할도 했지만 기능상 반드시 필요하거나 나무의 질감을 강조하려는 의도에서 사용되어, 조선시대 목가구의 절제되고 간결한 특징을 잘 살리고 있다.

① 조선시대 목가구는 온도와 습도 변화에 따른 변형을 방지할 방법이 필요했다.
② 금속 장석은 장식의 역할도 했지만, 기능상 필요에 의해서도 사용되었다.
③ 나무의 곧은결을 기둥이나 쇠목으로 이용하고, 늘결을 판재로 사용하였다.
④ 접착제와 대나무 못을 사용하면 목재의 수축과 팽창이 발생하지 않게 된다.
⑤ 목재의 결합 부위나 모서리에 힘을 보강하기 위해 금속 장석을 사용하였다.

서민들의 생활 문화에서 생성되고, 향수되었던 민속음악에는 궁중음악이나 선비 풍류 음악과 다른 특성이 깃들어 있다. 먼저 민속음악은 기쁘고, 노엽고, 슬프고, 즐거운 마음의 변화를 드러내는 것을 주저하지 않는다. 풀어질 수 있는 데까지 풀어져 보고, 직접 음악에 뛰어들어 보는 현실적인 음악성을 추구하며 흥과 신명은 드러내고 한(恨)을 풀어냄으로써 팍팍한 삶의 고비를 흥겹게 넘게 하는 음악, 이것이 민속음악이 지닌 큰 미덕이라고 할 수 있다.

다음으로 민속음악은 일정한 격식이나 외적인 연주 조건에 얽매이지 않기 때문에 악대의 편성과 공연 방식이 매우 개방적이다. 일상에서는 한두 가지 악기로 장단과 가락에 맞추어 노래하거나 춤을 곁들이는 경우가 많고, 또한 음악에서 격식이나 사상을 표출하기보다는 음악에 개인의 생활과 감정을 담기 때문에 표현도 직접적이고 적극적인 경우가 많다. 음악의 농현이나 시김새를 변화 있게 사용하여 흥과 한, 신명을 마음껏 표현한다. 음을 떨어내는 농현을 격렬하게 해서 음악을 극적으로 유도하며 음의 진행에 나타나는 '조이고 푸는' 과정을 뚜렷하게 내보인다. 음악의 속도는 느린 것과 빠른 것이 짝을 이루기도 하고, 음악의 진행에 따라 속도가 조절되기도 하지만, 대체로 느리고 엄숙한 이미지를 지닌 궁중음악이나 선비 풍류 음악에 비해 빠르고 발랄하다. 그런가 하면 민속음악에서는 곱고 예쁘게 다듬어내는 음보다 힘있고 역동적으로 표출되는 음이 아름답다고 여긴다. 판소리 명창이 고함치듯 질러대는 높은 소리에 청중들은 기다렸다는 듯이 '얼씨구'라는 추임새로 호응한다. 이러한 특성은 서양 클래식이나 정악의 개념에서 볼 때 이해하기 어려운 부분이다.

민속음악은 또 즉흥적인 신명성을 추구한다. 악보나 작곡자의 뜻이 강하게 반영되는 음악과 달리 우리의 민속음악가들은 어느 정도의 음악적 틀을 지키는 가운데 그때그때의 흥을 실어 즉흥적인 음악성을 발휘하는 것이다. 그것은 또 청중의 음악적 기대와도 상통한다. 즉, 민속음악을 듣는 데 귀가 트인 명창들은 판소리 명창들이 매번 똑같이 연주하는 것을 '사진 소리'라 하여 생명력 없는 음악으로 여겼다는 것은 널리 알려진 사실이다. 이러한 점은 산조에서도 마찬가지고 시나위 연주에서도 마찬가지여서 민속음악은 '배운대로 잘하면 대가가 되는 것'이 아니라 자기가 음악을 자유자재로 이끌어갈 수 있도록 민속음악의 어법에 완전히 달통한 경지에 이르러야 비로소 좋은 연주를 하게 되는 것이다.

또한 민속음악이 지닌 가장 큰 특징 중 하나는 지역에 따라 음악의 표현 요소가 많이 다르다는 것이다. 마치 각 지역의 방언이 다르듯, 민속음악은 서도와 남도, 동부, 경기 지역에 따라 다른 음악 언어를 갖는다. 민요와 풍물, 무속음악을 말할 때 반드시 지역을 구분하는 것은 민속음악이 지닌 지역적 특징 때문이다.

04 윗글의 주된 내용 전개 방식으로 가장 적절한 것은?

① 여러 가지 대상들을 비교 분석하고 있다.

② 현상이 나타나게 된 원인을 제시하고 있다.

③ 대상이 가진 특징에 대해 설명하고 있다.

④ 특정 주장에 대해 비판하고 있다.

⑤ 여러 가지 대상들의 차이점을 제시하고 있다.

PART 1

05 다음 중 윗글의 민속음악의 특징으로 적절하지 않은 것은?

① 기쁘고, 노엽고, 슬프고, 즐거운 마음의 변화를 드러낸다.

② 일정한 격식이나 외적인 연주 조건에 얽매이지 않는다.

③ 음악의 농현이나 시김새를 변화 있게 사용하여 흥과 한, 신명을 마음껏 표현한다.

④ 곱고 예쁘게 다듬어내는 음에 청중들이 추임새로 호응한다.

⑤ 서도와 남도, 동부, 경기 지역에 따라 다른 음악 언어를 갖는다.

06 윗글에 대한 이해를 심화·발전시키기 위한 활동으로 가장 적절한 것은?

① 각 지역적 민속음악 요소를 반영한 공연을 관람한다.

② 서양의 클래식과 궁중음악의 공통점과 차이점을 비교해 보았다.

③ 박물관에 가서 전통 악보에 대해 관찰하고 보고서를 작성했다.

④ 민속음악과 서양음악의 협업 공연을 관람한다.

⑤ 전통음악을 하는 명창들과 현대의 대중가수를 비교·분석하여 공통점을 찾아보았다.

01 다음은 전년 대비 주택전세가격 평균 증감률에 대한 자료이다. 이에 대한 설명으로 옳지 않은 것은?

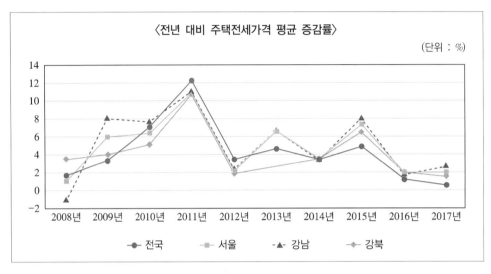

〈전년 대비 주택전세가격 평균 증감률〉

(단위 : %)

① 전국 주택전세가격은 2008 ~ 2017년까지 매년 증가하고 있다.
② 2011년 강북의 주택전세가격은 2009년과 비교해 20% 이상 증가했다.
③ 2014년 이후 서울의 주택전세가격 증가율은 전국 평균 증가율보다 높다.
④ 강남 지역의 전년 대비 주택전세가격 증가율이 가장 높은 시기는 2011년이다.
⑤ 2008 ~ 2017년까지 전년 대비 주택전세가격이 감소한 적이 있는 지역은 한 곳뿐이다.

02 다음은 A ~ E 5개 회사에서 판매 중인 사이다를 비교한 자료이다. 어느 회사의 사이다가 mL당 가장 저렴한가?(단, 소수점 셋째 자리에서 반올림한다)

〈회사별 사이다 용량 및 가격〉

구분	A사	B사	C사	D사	E사
한 묶음 가격(원)	25,000	25,200	25,400	25,600	25,800
한 개당 용량(mL)	340	345	350	355	360
한 묶음 개수(개)	25	24	25	24	24

※ 사이다는 한 묶음으로만 판매함

① A사   ② B사
③ C사   ④ D사
⑤ E사

03 다음은 국내 지역별 백미 생산량에 대한 자료이다. 이에 대한 설명으로 옳지 않은 것은?

<국내 백미 생산량>

(단위 : ha, 톤)

구분	논벼		밭벼	
	면적	생산량	면적	생산량
서울·인천·경기	91,557	468,506	2	4
강원	30,714	166,396	0	0
충북	37,111	201,670	3	5
세종·대전·충남	142,722	803,806	11	21
전북	121,016	687,367	10	31
광주·전남	170,930	871,005	705	1,662
대구·경북	105,894	591,981	3	7
부산·울산·경남	77,918	403,845	11	26
제주	10	41	117	317

① 광주·전남 지역은 백미 생산 면적이 가장 넓고 백미 생산량도 가장 많다.
② 제주 지역의 밭벼 생산량은 제주 지역 백미 생산량의 약 88.5%를 차지한다.
③ 면적당 논벼 생산량이 가장 많은 지역은 세종·대전·충남이다.
④ 전국 밭벼 생산 면적 중 광주·전남 지역의 면적이 차지하는 비율은 80% 이상이다.
⑤ 제주를 제외한 지역의 면적당 논벼 생산량은 5톤 이상이다.

※ 다음은 공장 규모별 시설면적 및 등록 현황 비율에 대한 자료이다. 이어지는 질문에 답하시오. [4~5]

〈공장 규모별 시설면적 비율〉

(단위 : %)

구분		2017년 상반기	2017년 하반기	2018년 상반기
공장용지	소계	100	100	100
	대기업	24.7	24.6	23.4
	중기업	22	21.5	20.9
	소기업	53.3	53.9	55.7
제조시설	소계	100	100	100
	대기업	20.1	20.4	21.5
	중기업	27.9	26.3	22.7
	소기업	52	53.3	55.8
부대시설	소계	100	100	100
	대기업	24.4	24.5	38.2
	중기업	23.8	22.9	20
	소기업	51.8	52.6	41.8

〈공장 규모별 등록 현황 비율〉

(단위 : %)

구분		2016년 상반기	2016년 하반기	2017년 상반기	2017년 하반기	2018년 상반기
등록완료	소계	100	100	100	100	100
	대기업	0.6	0.5	0.5	0.5	0.5
	중기업	5.3	5.3	5.3	5.3	5.3
	소기업	94.1	94.2	94.2	94.2	94.2
부분등록	소계	100	100	100	100	100
	대기업	3.5	3.5	3.4	2.8	2.8
	중기업	8.7	9.2	8.8	9.3	8.6
	소기업	87.8	87.3	87.8	87.9	88.6
휴업	소계	100	100	100	100	100
	대기업	0	0	0	0	0
	중기업	3.2	3.1	2.9	2.8	2.7
	소기업	96.8	96.9	97.1	97.2	97.3
전체	소계	100	100	100	100	100
	대기업	0.6	0.6	0.5	0.5	0.5
	중기업	5.4	5.3	5.3	5.3	5.3
	소기업	94	94.1	94.2	94.2	94.2

04 다음 중 2017년 상반기부터 2018년 상반기까지의 공장 규모별 시설면적 비율에 대한 〈보기〉의 설명 중 옳은 것을 모두 고르면?

> **보기**
>
> ㄱ. 면적 비율이 큰 순으로 순위를 매길 때, 공장용지면적 비율의 순위는 2017년과 2018년 상반기 모두 동일하다.
> ㄴ. 2017년 하반기 제조시설면적은 소기업이 중기업의 2배 이상이다.
> ㄷ. 2018년 상반기에 소기업들은 부대시설면적보다 제조시설면적을 더 많이 보유하고 있다.
> ㄹ. 제시된 기간 동안 대기업이 차지하는 공장용지면적 비율과 소기업의 부대시설면적 비율의 증감 추이는 동일하다.

① ㄱ, ㄴ   ② ㄱ, ㄹ
③ ㄴ, ㄷ   ④ ㄴ, ㄹ
⑤ ㄷ, ㄹ

05 다음 중 2016년 상반기부터 2018년 상반기까지의 공장 규모별 등록 현황 비율에 대한 설명으로 옳지 않은 것은?

① 2016년 상반기부터 2017년 하반기까지 부분등록된 중기업의 비율과 휴업 중인 중기업 비율의 증감추이는 다르다.
② 부분등록된 공장 중 대기업과 중기업의 비율의 차는 2016년 상반기보다 2017년 상반기에 증가하였다.
③ 휴업 중인 공장 중 소기업의 비율은 2016년 상반기부터 계속 증가하였다.
④ 등록완료된 중기업 공장의 수는 2016년 상반기부터 2018년 상반기까지 동일하다.
⑤ 2018년 상반기에 부분등록된 기업 중 대기업의 비율은 중기업 비율의 30% 이상이다.

※ 제시된 선택지에서 자신과 가장 가깝다고 생각하는 것과 멀다고 생각하는 것을 각각 한 가지씩 고르시오. [1~2]

01 고객지원팀에 근무하는 C대리는 여러 가지 트집을 잡아 자주 보상을 요구하는 블랙컨슈머 때문에 고민을 하고 있다. 그러던 어느 날 자사의 주력 식당인 A에서 이물질이 나왔다며 금전적으로 보상을 해주지 않으면 인터넷에 올리겠다는 전화를 받았다. 당신이 C대리라면 어떻게 하겠는가?

① 인터넷에 올라가면 회사에 막대한 손해를 끼칠 것이므로 보상해 주고 사과한다.

② 사실관계를 파악한 후, 내규상 금전적인 보상이 불가하다는 것을 안내한다.

③ 잦은 항의를 하는 블랙컨슈머의 말은 믿을 수 없으므로 무시한다.

④ 상사에게 보고한 후, 사실관계를 파악한다.

02 새로운 프로젝트를 위해 팀에 들어가게 된 A사원은 V팀장으로부터 업무를 받았다. 그러나 A사원은 모두에게 나눠진 업무량이 공평하지 않고, 몇몇 사람에게만 편중되어 있다는 것을 알게 되었다. 당신이 A사원이라면 어떻게 하겠는가?

① 자신이 불공정하다고 느끼는 점을 인사팀에 고발한다.

② 인사고과에 불리할 수도 있으므로 어떻게든 일을 끝마친다.

③ V팀장에게 찾아가 업무가 많다는 것을 말하고 도움을 요청한다.

④ 처음부터 너무 많은 양을 준 V팀장의 잘못이므로 할 수 있는 만큼만 하고 퇴근한다.

08 | 2017년 기출복원문제

정답 및 해설 p.026

01 언어비평검사 Ⅰ (언어추리)

01 다음 오류와 동일한 오류를 범하고 있는 것은?

> 그 책은 재미없는 책이다. 내 친구 A가 재미없다고 했기 때문이다. A는 거짓말하지 않는 친구이다.

① 넌 나랑 더 친한데, 어떻게 저 아이의 편을 들어줄 수 있어?

② 예로부터 하나를 보면 열을 알 수 있다고 했는데, 옷 입은 꼴을 보니 그 친구는 성품이 좋지 않은 것 같구나. 그 아이랑은 같이 다니지 말거라.

③ 왜 점심을 안 먹는다는 거니? 밥도 안 먹고 굶어 죽으려고 작정했구나.

④ 신랑과 신부 모두 훌륭한 인재들이므로 가정을 화목하고 지혜롭게 꾸려나갈 것이 틀림없다.

⑤ 모르핀은 왜 고통을 느끼지 못하게 하는가. 모르핀에는 고통을 느끼지 못 하게 하는 효과가 있기 때문이다.

02 다음 오류에 대한 예시로 가장 적절한 것은?

> 자신의 주장에 반론의 가능성이 있는 요소를 비난하여 반론 자체를 하지 못하도록 원천적으로 막아버리는 오류

① 서민을 위해 일하겠다고 한 국회의원이 이런 고급 옷을 입는다는 것이 말이 되니?

② 베스트셀러 1위라니, 이 책은 훌륭한 책임이 틀림없어.

③ 올림픽에서 우리나라를 응원하지 않는 사람은 민족 반역자이다.

④ 관두고 밥이나 먹읍시다.

⑤ 너 요즘은 동생 안 때리니?

03 다음 오류와 관련 있는 것은?

> 어떤 주장 또는 행위에 대해 그 내용과 관련한 정당한 근거를 가지고 비판하는 것이 아니라 단순히 어떠한 소속에서 문제를 인지한 사람이 떠나라는 식의 주장을 하는 오류

① 이곳은 소나무, 대나무, 밤나무로 가득한데 대체 숲은 어디 있는 거지?

② 우리나라는 더 이상 살지 못할 곳이 되었어. 지나가는 사람 아무나 붙잡고 물어봐. 다 그렇다고 할 걸?

③ 甲 : 이 작가는 자질이 부족한 것 같아. 쉬운 내용을 너무 어렵게 이야기하고 있어.
　　乙 : 그럼 읽지 마.

④ 이 법안에 반대하는 인간은 모두 종북이다.

⑤ 이 좁은 골목에서 야구를 하다니, 남의 집 유리창을 깨려고 작정을 했네.

04 다음 명제들로부터 내릴 수 있는 추론으로 가장 적절한 것은?

> • 연차를 쓸 수 있으면 제주도 여행을 한다.
> • 회를 좋아하면 배낚시를 한다.
> • 다른 계획이 있으면 배낚시를 하지 않는다.
> • 다른 계획이 없으면 연차를 쓸 수 있다.

① 제주도 여행을 하면 다른 계획이 없다.

② 연차를 쓸 수 있으면 배낚시를 한다.

③ 다른 계획이 있으면 연차를 쓸 수 없다.

④ 배낚시를 하지 않으면 제주도 여행을 하지 않는다.

⑤ 제주도 여행을 하지 않으면 배낚시를 하지 않는다.

※ 다음 제시문 A를 읽고 제시문 B가 참인지, 거짓인지, 혹은 알 수 없는지 고르시오. [5~6]

05

[제시문 A]
• 테니스를 하는 사람은 마라톤을 한다.
• 마라톤을 하는 사람은 축구를 하지 않는다.
• 축구를 하는 사람은 등산을 한다.

[제시문 B]
축구를 하는 사람은 테니스를 하지 않는다.

① 참   ② 거짓   ③ 알 수 없음

06

[제시문 A]
• 피로가 쌓이면 휴식을 취한다.
• 마음이 안정되지 않으면 휴식을 취하지 않는다.
• 피로가 쌓이지 않으면 모든 연락을 끊지 않는다.

[제시문 B]
모든 연락을 끊으면 마음이 안정된다.

① 참   ② 거짓   ③ 알 수 없음

※ 다음 글을 읽고 이어지는 질문에 답하시오. [1~2]

인지부조화는 한 개인이 가지는 둘 이상의 사고, 태도, 신념, 의견 등이 서로 일치하지 않거나 상반될 때 생겨나는 심리적인 긴장 상태를 의미한다. 인지부조화는 불편함을 유발하기 때문에 사람들은 이것을 감소시키려고 한다. 인지부조화를 감소시키는 방법은 서로 모순관계에 있어서 양립할 수 없는 인지들 가운데 하나 이상의 인지가 갖는 내용을 바꾸어 양립할 수 있게 만들거나, 서로 모순되는 인지들 간의 차이를 좁힐 수 있는 새로운 인지를 추가하여 부조화된 인지 상태를 조화된 상태로 전환하는 것이다.

그런데 실제로 부조화를 감소시키는 행동은 비합리적인 면이 있다. 그 이유는 그러한 행동들이 사람들로 하여금 중요한 사실을 배우지 못하게 하고 자신들의 문제에 대해서 실제적인 해결책을 찾지 못하도록 할 수 있기 때문이다. 부조화를 감소시키려는 행동은 자기방어적인 행동이고, 부조화를 감소시킴으로써 우리는 자신의 긍정적인 이미지, 즉 자신이 선하고 현명하며 상당히 가치 있는 인물이라는 긍정적인 측면의 이미지를 유지하게 된다. 비록 자기방어적인 행동이 유용한 것으로 생각될 수 있지만, 이러한 행동은 부정적인 결과를 초래할 수 있다.

한 실험에서 연구자는 인종차별 문제에 대해서 확고한 입장을 보이는 사람들을 선정하였다. 일부는 차별에 찬성하였고, 다른 일부는 차별에 반대하였다. 선정된 사람들에게 인종차별에 대한 찬성과 반대 의견이 실린 글을 모두 읽게 하였는데, 어떤 글은 지극히 논리적이고 그럴듯하였고, 다른 글은 터무니없고 억지스러운 것이었다. 실험에서는 참여자들이 과연 어느 글을 기억할 것인지에 관심이 있었다. 인지부조화 이론에 따르면, 사람들은 현명한 사람을 자기 편, 우매한 사람을 다른 편이라 생각할 때 마음이 편안해질 것이다. 그렇다면 이 실험에서 인지부조화 이론은 다음과 같은 ㉠ 결과를 예측할 것이다.

01 다음 중 윗글의 내용으로 가장 적절한 것은?

① 사람들은 인지부조화가 일어날 경우 이것을 무시하고 방치하려는 경향이 있다.

② 부조화를 감소시키는 행동은 합리적인 면과 비합리적인 면이 함께 나타난다.

③ 부조화를 감소시키는 행동의 비합리적인 면 때문에 문제에 대한 본질적인 해결책을 찾지 못할 수 있다.

④ 부조화의 감소는 사람들로 하여금 자신의 긍정적인 이미지를 유지할 수 있게 하고, 부정적인 이미지를 감소시킨다.

⑤ 부조화를 감소시키는 자기방어적인 행동은 사람들에게 긍정적인 결과를 가져온다.

02 윗글의 ㉠에 해당하는 내용으로 가장 적절한 것은?

① 참여자들은 자신의 의견과 동일한 주장을 하는 모든 글과 자신의 의견과 반대되는 주장을 하는 모든 글을 기억한다.

② 참여자들은 자신의 의견과 동일한 주장을 하는 모든 글과 자신의 의견과 반대되는 주장을 하는 모든 글을 기억하지 못한다.

③ 참여자들은 자신의 의견과 동일한 주장을 하는 형편없는 글과 자신의 의견과 반대되는 주장을 하는 형편없는 글을 기억한다.

④ 참여자들은 자신의 의견과 동일한 주장을 하는 논리적인 글과 자신의 의견과 반대되는 주장을 하는 형편없는 글을 기억한다.

⑤ 참여자들은 자신의 의견과 동일한 주장을 하는 형편없는 글과 자신의 의견과 반대되는 주장을 하는 논리적인 글을 기억한다.

03 다음 글을 읽고 추론한 내용으로 적절하지 않은 것은?

> 2001년 인간 유전체 프로젝트가 완료된 후, 영국의 일요신문 『옵저버』는 "드디어 밝혀진 인간 행동의 비밀, 열쇠는 유전자가 아니라 바로 환경"이라는 제목의 기사를 실었다. 유전체 연구 결과, 인간의 유전자 수는 애당초 추정치인 10만 개에 크게 못 미치는 3만 개로 드러났다. 해당 기사는 인간 유전체 프로젝트의 핵심 연구자였던 크레이그 벤터 박사의 주장을 다음과 같이 인용하였다.
> "유전자 결정론이 옳다고 보기에는 유전자 수가 턱없이 부족합니다. 인간 행동과 형질의 놀라운 다양성은 우리의 유전자 속에 들어있지 않다는 것이죠. 환경에 그 열쇠가 있습니다. 우리의 행동양식은 유전자가 환경과 상호작용함으로써 비로소 결정되죠. 인간은 유전자의 지배를 받는 존재가 아닌 것이죠. 우리는 자유의지를 발휘할 수 있는 존재인 것입니다." 여러 신문들은 이 같은 기사를 실었다. 이를 계기로, 본성 대 양육이라는 해묵은 논쟁은 인간의 행동을 결정하는 것이 유전인지 아니면 환경인지 하는 논쟁의 형태로 재점화되었다. 인간이란 결국 신체를 구성하는 물질에 의해 구속받는 존재인지 아니면 인간에게 자유의지가 허락되는지를 놓고도 열띤 토론이 벌어졌다.

① 처음 인간의 유전자 수는 약 10만 개 정도로 추정되었다.

② 『옵저버』에 실린 기사는 크레이그 벤터 박사의 주장을 인용하고 있다.

③ 제시된 기사는 인간의 행동을 결정하는 것이 유전자와 환경의 상호작용이라 보고 있다.

④ 인간의 행동양식을 결정하는 것이 본성인지 양육인지에 대한 논쟁은 오래전부터 존재했다.

⑤ 여러 신문사의 기사를 통해 인간의 행동이 유전자와 환경의 상호작용에 의해 결정된다는 것이 정설로 여겨짐을 알 수 있다.

04

우리가 탄수화물을 계속 섭취하지 않으면 우리 몸은 에너지로 사용하던 연료가 고갈되는 상태에 이르게 된다. 이 경우 몸은 자연스레 '대체 연료'를 찾기 위해 처음에는 근육의 단백질을 분해하고, 이어 내장지방을 포함한 지방을 분해한다. 지방 분해 과정에서 '케톤'이라는 대사성 물질이 생성되면서 수분 손실이 나타나고 혈액 내의 당분이 정상보다 줄어들게 된다. 이 과정에서 체내 세포들의 글리코겐 양이 감소한다. ___⑦___ 이러한 현상은 간세포에서 두드러지게 나타난다. ___ⓛ___ 혈액 및 소변 등의 체액과 인체 조직에서는 케톤 수치가 높아지면서 신진대사 불균형이 생기면 두통, 설사, 집중력 저하, 구취 등의 불편한 증상이 나타난다. ___ⓒ___ 탄수화물을 극단적으로 제한하는 식단은 바람직하지 않다.

	⑦	ⓛ	ⓒ
①	결국	따라서	따라서
②	결국	그러므로	그러므로
③	특히	이로 인해	따라서
④	특히	그런데	그러나
⑤	즉	그러나	그리고

05

동물들의 행동을 잘 살펴보면 동물들도 우리가 사용하는 말 못지않은 의사소통 수단을 가지고 있는 듯이 보인다. ___⑦___ 동물들도 여러 가지 소리를 내거나 몸짓을 함으로써 자신들의 감정과 기분을 나타낼 뿐 아니라 경우에 따라서는 인간과 다를 바 없이 의사를 교환하고 있는 듯하다. ___ⓛ___ 그것은 단지 겉모습의 유사성에 지나지 않을 뿐이고 사람의 말과 동물의 소리에는 아주 근본적인 차이가 존재한다는 점을 잊어서는 안 된다. 동물들이 사용하는 소리는 단지 배고픔이나 고통 같은 생물학적인 조건에 대한 반응이거나, 두려움이나 분노 같은 본능적인 감정들을 표현하기 위한 것에 지나지 않는다. ___ⓒ___ 동물들이 내는 소리가 때때로 의사소통의 수단으로 이용된다고 해서 그것을 대화나 토론이나 회의와 같은 언어활동이라고 할 수 없다.

	⑦	ⓛ	ⓒ
①	즉	하지만	그러나
②	즉	그래서	그리고
③	즉	그러나	따라서
④	하지만	즉	따라서
⑤	그런데	즉	그리고

06 다음 글의 흐름으로 보아 밑줄 친 빈칸에 들어갈 내용으로 가장 적절한 것은?

동물들은 홍채에 있는 근육의 수축과 이완을 통해 눈동자를 크게 혹은 작게 만들어 눈으로 들어오는 빛의 양을 조절하므로 눈동자 모양이 원형인 것이 가장 무난하다. 그런데 고양이와 늑대와 같은 육식동물은 세로로, 양이나 염소와 같은 초식동물은 가로로 눈동자 모양이 길쭉하다. 특별한 이유가 있는 것일까?

육상동물 중 모든 육식동물의 눈동자가 세로로 길쭉한 것은 아니다. 주로 매복형 육식동물의 눈동자가 세로로 길쭉하다. 이는 숨어서 기습을 하는 사냥 방식과 밀접한 관련이 있는데, 세로로 길쭉한 눈동자가 _____

일반적으로 매복형 육식동물은 양쪽 눈으로 초점을 맞춰 대상을 보는 양안시로, 각 눈으로부터 얻는 영상의 차이인 양안시차를 하나의 입체 영상으로 재구성하면서 물체와의 거리를 파악한다. 그런데 이러한 양안시차뿐만 아니라 거리지각에 대한 정보를 주는 요소로 심도 역시 중요하다. 심도란 초점이 맞는 공간의 범위를 말하며, 심도는 눈동자의 크기에 따라 결정된다. 즉, 눈동자의 크기가 커져 빛이 많이 들어오게 되면, 커지기 전보다 초점이 맞는 범위가 좁아진다. 이렇게 초점의 범위가 좁아진 경우를 '심도가 얕다.'고 하며, 반대인 경우를 '심도가 깊다.'고 한다.

① 사냥감의 주변 동태를 정확히 파악하는 데 효과적이기 때문이다.
② 사냥감의 움직임을 정확히 파악하는 데 효과적이기 때문이다.
③ 사냥감의 위치를 정확히 파악하는 데 효과적이기 때문이다.
④ 사냥감과의 거리를 정확히 파악하는 데 효과적이기 때문이다.
⑤ 사냥감과의 경로를 정확히 파악하는 데 효과적이기 때문이다.

07 다음 글의 내용으로 〈보기〉 중 적절한 것을 모두 고르면?

우리는 우리가 생각한 것을 말로 나타낸다. 또 다른 사람의 말을 듣고, 그 사람이 무슨 생각을 가지고 있는가를 짐작한다. 그러므로 생각과 말은 서로 떨어질 수 없는 깊은 관계를 가지고 있다.

그러면 말과 생각이 얼마만큼 깊은 관계를 가지고 있을까? 이 문제를 놓고 사람들은 오랫동안 여러 가지 생각을 하였다. 그 가운데 가장 두드러진 것이 두 가지 있다. 그 하나는 말과 생각이 서로 꼭 달라붙은 쌍둥이인데 한 놈은 생각이 되어 속에 감추어져 있고, 다른 한 놈은 말이 되어 사람 귀에 들리는 것이라는 생각이다. 다른 하나는 생각이 큰 그릇이고 말은 생각 속에 들어가는 작은 그릇이어서 생각에는 말 이외에도 다른 것이 더 있다는 생각이다.

이 두 가지 생각 가운데서 앞의 것은 조금만 깊이 생각해 보면 틀렸다는 것을 즉시 깨달을 수 있다. 우리가 생각한 것은 거의 대부분 말로 나타낼 수 있지만, 누구든지 가슴 속에 응어리진 어떤 생각이 분명히 있기는 한데 그것을 어떻게 말로 표현해야 할지 애태운 경험을 가지고 있을 것이다. 이것만 보더라도 말과 생각이 서로 안팎을 이루는 쌍둥이가 아님은 쉽게 판명된다.

인간의 생각이라는 것은 매우 넓고 큰 것이며, 말이란 결국 생각의 일부분을 주워 담는 작은 그릇에 지나지 않는다. 그러나 아무리 인간의 생각이 말보다 범위가 넓고 큰 것이라고 하여도 그것을 가능한 한 말로 바꾸어 놓지 않으면 그 생각의 위대함이나 오묘함이 다른 사람에게 전달되지 않기 때문에 생각이 형님이요, 말이 동생이라고 할지라도 생각은 동생의 신세를 지지 않을 수가 없게 되어 있다. 그러니 말을 통하지 않고는 생각을 전달할 수가 없는 것이다.

보기

ㄱ. 생각이 말보다 더 위대한 것이다.
ㄴ. 생각과 말이 서로 꼭 닮은 쌍둥이라는 것은 사실이 아니다.
ㄷ. 동생인 말은 형님인 생각에게 전적으로 도움을 받는 입장이다.
ㄹ. 말은 생각이라는 작은 그릇을 담고 있는 큰 그릇이라 할 수 있다.

① ㄱ
② ㄴ
③ ㄴ, ㄷ
④ ㄴ, ㄹ
⑤ ㄴ, ㄷ, ㄹ

01 다음은 상품군별 온라인쇼핑거래액에 대한 자료이다. 이에 대한 설명으로 옳지 않은 것은?

〈상품군별 온라인쇼핑거래액〉

(단위 : 억 원)

구분	2016년 9월		2017년 9월	
	온라인		온라인	
		모바일		모바일
합계	50,000	30,000	70,000	42,000
컴퓨터 및 주변기기	2,450	920	3,700	1,180
가전 · 전자 · 통신기기	5,100	2,780	7,000	3,720
소프트웨어	50	10	50	10
서적	1,000	300	1,300	500
사무 · 문구	350	110	500	200
음반 · 비디오 · 악기	150	65	200	90
의복	5,000	3,450	6,000	4,300
신발	750	520	1,000	760
가방	900	640	1,500	990
패션용품 및 액세서리	900	580	1,500	900
스포츠 · 레저용품	1,450	1,000	2,300	1,300
화장품	4,050	2,970	5,700	3,700
아동 · 유아용품	2,200	1,500	2,400	1,900
음 · 식료품	6,200	4,500	11,500	7,600
생활 · 자동차용품	5,500	3,340	6,700	4,500
가구	1,300	540	1,850	1,000
애완용품	250	170	400	300
여행 및 예약서비스	9,000	4,360	11,000	5,800
각종 서비스 및 기타	1,400	1,330	3,000	1,750

※ 꽃은 각종 서비스 및 기타에 포함됨

① 2017년 9월 온라인쇼핑 거래액은 7조 원으로 전년 동월 대비 40% 증가했다.

② 2017년 9월 온라인쇼핑 거래액 중 모바일쇼핑 거래액은 4조 2,000억 원으로 전년 동월 대비 40% 증가했다.

③ 2017년 9월 모바일 거래액 비중은 전체 온라인쇼핑 거래액의 60%를 차지한다.

④ 2017년 9월 온라인쇼핑 거래액이 전년 동월보다 낮아진 상품군이 있다.

⑤ 2017년 9월 온라인쇼핑 중 모바일 거래액의 비중이 가장 작은 상품군은 소프트웨어이다.

02 다음은 4대강 BOD 농도에 대한 자료이다. 이에 대한 설명으로 옳지 않은 것은?

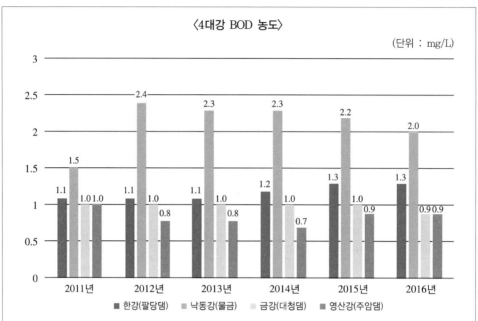

⟨4대강 BOD 농도⟩

(단위 : mg/L)

■ 한강(팔당댐) ■ 낙동강(물금) ■ 금강(대청댐) ■ 영산강(주암댐)

※ 생물학적 산소요구량(BOD)은 물속의 미생물이 유기물을 분해·안정화하는 데 필요한 산소의 양으로, 유기물질에 의한 오염 정도를 나타냄(수치가 클수록 오염이 심한 것임)

※ BOD 1mg/L 이하인 경우 수질등급 : '매우 좋음'으로 용존산소가 풍부하고, 오염물질이 없는 청정 상태의 생태계로 간단한 정수처리 후 생활용수로 사용할 수 있음

※ BOD 2mg/L 이하인 경우 수질등급 : '좋음'으로 용존산소가 많은 편이며, 오염물질이 거의 없는 청정 상태에 근접한 생태계로 볼 수 있음

※ BOD 3mg/L 이하인 경우 수질등급 : '약간 좋음'으로 약간의 오염물질은 있으나, 용존산소가 많은 상태의 다소 좋은 생태계로 일반적 정수처리 후 생활용수 또는 수영용수로 사용할 수 있는 경우를 말함

① 대청댐은 '매우 좋음'의 수질등급을 유지하고 있다.

② 2012년 이후 팔당댐을 제외한 3대강은 전년도에 비해 BOD가 줄거나 같았다.

③ 물속의 미생물이 유기물을 분해·안정화하는 데 필요한 산소의 양이 가장 많이 필요했던 곳은 2012년 낙동강이었다.

④ 가장 적게 오염이 된 곳은 영산강이다.

⑤ 낙동강은 '좋음'과 '약간 좋음'의 등급을 반복한다.

03 다음은 2012 ~ 2015년 갑국 기업의 남성 육아 휴직제 시행 현황에 대한 자료이다. 이에 대한 설명으로 옳은 것은?

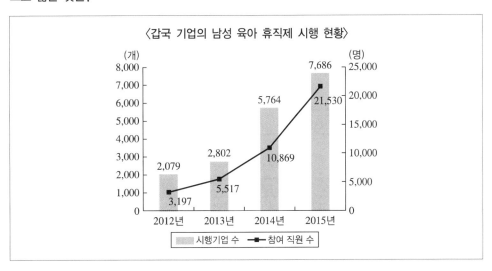

〈갑국 기업의 남성 육아 휴직제 시행 현황〉

① 2015년 남성 육아 휴직제 참여 직원 수는 2013년의 4배 이상이다.
② 시행기업당 참여 직원 수가 가장 많은 해는 2013년이다.
③ 2013년 대비 2015년 시행기업 수의 증가율은 참여 직원 수의 증가율보다 낮다.
④ 2012년부터 2015년까지 연간 참여 직원 수 증가 인원의 평균은 5,000명 정도이다.
⑤ 2013년 이후 전년보다 참여 직원 수가 가장 많이 증가한 해는 2015년이고, 시행기업 수가 가장 많이 증가한 해는 2013년이다.

04 다음은 어느 도서관의 일정 기간 도서 대여 횟수에 대한 자료이다. 이에 대한 설명으로 옳지 않은 것은?(단, 비율은 소수점 둘째 자리에서 반올림한다)

〈도서 대여건수〉

(단위 : 권)

구분	비소설		소설	
	남자	여자	남자	여자
40세 미만	520	380	450	600
40세 이상	320	400	240	460

① 소설의 전체 대여 건수가 비소설의 전체 대여 건수보다 많다.
② 40세 미만보다 40세 이상이 대여 건수가 더 적다.
③ 소설을 대여한 남자의 수가 소설을 대여한 여자의 수의 70% 이상이다.
④ 전체 40세 미만 대여 수에서 비소설 대여 수가 차지하는 비율은 40%를 넘는다.
⑤ 40세 이상 전체 대여 횟수에서 소설 대여 횟수가 차지하는 비율은 50% 미만이다.

※ 다음은 E사의 협력 건설자재 회사별 자재 가격에 대한 자료이다. 이어지는 질문에 답하시오. [5~6]

〈건설자재 회사별 자재 가격〉

구분	내장재(원/판)	천장재(원/판)	단열재(원/판)	바닥재(원/roll)
K자재	2,000	1,200	1,500	2,700
L자재	2,200	1,200	1,500	2,500
H자재	2,000	1,000	1,600	2,600
D자재	2,200	1,100	1,500	2,500
A자재	2,200	1,100	1,600	2,700

〈E회사 주문량〉

구분	내장재	천장재	단열재	바닥재
주문량	20판	70판	100판	5roll

05 가장 저렴한 업체를 선정하여 필요한 자재를 주문하려 할 때, E사가 주문을 넣을 건설자재 회사는?

① K자재회사
② L자재회사
③ H자재회사
④ D자재회사
⑤ A자재회사

06 E사 주문량에서 바닥재 7roll을 추가로 주문한다면, 어느 곳에서 주문하는 것이 가장 저렴한가?

① K자재회사
② L자재회사
③ H자재회사
④ D자재회사
⑤ A자재회사

※ 상황판단검사는 정답을 따로 제공하지 않는 영역이니 참고하기 바랍니다.

※ 제시된 선택지에서 자신과 가장 가깝다고 생각하는 것과 멀다고 생각하는 것을 각각 한 가지씩 고르시오. [1~5]

01 사원 L의 자리는 같은 팀의 Y대리 옆이다. 평소 Y대리는 남의 부탁을 잘 들어주고, 항상 밝은 표정으로 사람을 대하는데, 기분이 나쁘거나 다른 사람이 무리한 부탁을 받고 거절하지 못할 때에는 혼자 자리에 앉아 종이를 소리 나게 찢거나 펜을 세게 내려놓는 등의 행동을 하여 L사원이 업무에 집중하는 데 방해가 될 때가 있다. 당신이 L사원이라면 어떻게 하겠는가?

① Y대리에게 스트레스를 해소할 다른 방법을 찾아보라고 말한다.

② Y대리에게 말을 하면 상처받을 것 같으니 그냥 참고 넘어간다.

③ Y대리와 조용한 곳에 가서 그런 행동이 업무에 방해가 된다고 정중하게 말한다.

④ Y대리에게 말하기는 껄끄러우므로 상사를 찾아가 다른 이유를 대며 자리를 바꿔달라고 요청한다.

02 사원 O는 사원 P와 같은 해에 입사하여 친하게 지내고 있다. 사원 O와 사원 P는 부서가 달라 서로 다른 건물에서 근무하고 있는데, 어느 날 사원 P가 사원 O를 불러 얼마 전에 있었던 연봉 협상 결과에 대해 꼬치꼬치 묻는 것이었다. 사원 O는 사적인 내용이니 밝히지 않겠다고 했는데, 그다음부터 사원 P가 다른 사람들에게 사원 O의 속이 좁다는 등 험담을 하고 다닌다는 것을 알게 되었다. 당신이 사원 O라면 어떻게 하겠는가?

① 사원 P와 마찬가지로 다른 사람들에게 사원 P의 험담을 하고 다닌다.

② 사원 P를 찾아가 왜 뒤에서 자신의 험담을 하고 다니느냐고 따진다.

③ 괜한 일 만들기 싫으니 그냥 무시하고 넘어간다.

④ 사원 P를 의도적으로 무시하고 연락을 끊는다.

03 입사한 지 몇 달 되지 않은 사원 T(여성)는 같은 부서에 근무하는 W대리(남성)와 대화하는 것이 불편하다. 평소 휴식 시간에 대화를 할 때는 물론이고, 업무에 대해 이야기를 할 때에도 W대리가 자신의 신체 부위를 보고 있다는 느낌을 받았기 때문이다. 자신의 착각일 거라는 생각도 해보았지만, 시선이 느껴질 때마다 눈이 마주치는 것을 보면 착각은 아닌 것 같다. 당신이 사원 T라면 어떻게 하겠는가?

① 같은 부서의 여자 상사에게 이 이야기를 털어놓고 고민을 상담한다.

② W대리를 직접 찾아가 지켜보는 시선이 불편하니 삼가 달라고 말한다.

③ 의도적으로 W대리를 피하거나, W대리가 보이지 않는 곳으로 자리를 옮겨 달라고 한다.

④ 상사에게 W대리가 자신의 신체 부위를 보며, 그런 행동이 수치심을 유발한다고 고발한다.

04 S대리는 업무를 진행하면서 새로운 프로그램을 이용하여 작업을 해나가고 있는데, 처음 써보는 프로그램이라 혼자 작업하는 데 애를 먹고 있었다. 그러던 중, 타 부서의 U사원이 프로그램에 능숙하다는 이야기를 듣고 U사원에게 도움을 요청하였다. U사원을 찾아가 프로그램에 대해 도움을 받는데, 그럴 때마다 U사원은 이런 것도 모르냐며 은근히 무시를 하는 것이었다. 앞으로 작업할 일이 많은데, 기분이 상해 U사원을 찾아가기 꺼려진다. 당신이 S대리라면 어떻게 하겠는가?

① U사원에게 프로그램을 알려주는 것은 고마우나 말투나 행동이 자신을 무시하는 것 같아서 기분이 나쁘다고 말하며 훈계한다.

② U사원에게 도움 받는 것을 그만두고, 퇴근 후 학원을 등록하거나 인터넷 등을 통해 스스로 배운다.

③ 같은 부서원들에게 U사원에 대해 흉을 보면서 기분을 푼다.

④ U사원에게 더욱 친절하게 굴며 친해지려고 노력한다.

05 L사원은 전부터 보고 싶었던 뮤지컬 내한 공연을 어렵게 예약하였다. 몇 주 전부터 공연 볼 생각에 들떠서 여러 사람들에게 이야기를 하고 다녔고, 팀원들도 공연 날짜를 다 알고 있을 정도였다. 공연 당일 제 시각에 퇴근하여 공연장으로 갈 생각으로 열심히 일하고 있었는데, 갑자기 회사에 급한 일이 생겨서 팀 전체가 야근을 하게 되었다. 당신이 L사원이라면 어떻게 하겠는가?

① 팀원들이 모두 남아서 야근을 하는데 혼자 공연을 보러 간다고 퇴근할 수 없으므로, 어쩔 수 없이 공연을 포기하고 남아서 야근을 한다.

② 바로 퇴근하지 않고 남아서 상황을 지켜본 다음, 퇴근해도 될 것 같을 때 빠르게 나가 공연장으로 간다.

③ 자신이 맡은 업무는 밤을 새워서라도 해올 테니 먼저 퇴근하겠다고 하고 간다.

④ 팀원들에게 양해를 구하고 공연을 보기 위해 퇴근한다.

PART **2**

대표기출유형

CHAPTER 01

언어비평검사 I (언어추리)

합격 Cheat Key

언어비평검사 I 은 언어추리 유형으로, 20문항이 출제되며 10분의 시간이 주어진다. 3 ~ 6문장의 조건이나 명제가 제시되고 이를 추론하는 논리게임 문제, 논리적 오류 문제, 참/거짓을 판단하는 명제 문제가 출제된다.

1 오류

논증 과정에서 발생하는 오류와 관련된 문제를 풀기 위해서는 여러 가지 논리적 오류에 대한 지식이 필요하다. 본서에 수록되어 있는 이론을 참고하여 반드시 숙지하도록 한다.

2 명제

명제 사이의 관계를 이용해 풀어야 하는 문제가 출제된다. 명제 사이의 관계 중에서도 제시된 조건과 항상 참·거짓이 같은 대우 명제가 가장 중요한 관계이고, 경우에 따라 참·거짓이 달라지는 역/이 명제가 문제에 제시될 경우가 있으므로 각 명제의 관계는 필수적으로 학습해 두어야 한다.

3 논리력

중요한 것은 문장 이해력이다. 특히 조건에 사용된 조사의 의미와 제한사항 등을 제대로 이해해야만 정답을 찾을 수 있으므로 문제를 꼼꼼히 확인하는 습관을 길러야 한다.

01 | 이론점검

01 오류

1. 형식적 오류

(1) 순환논증의 오류 : 결론에서 주장하고자 하는 바를 전제로 제시하는 오류

예 이 책에 쓰인 내용은 사실이다. 왜냐하면 이 책에 그렇게 적혀 있기 때문이다.

(2) 자가당착의 오류 : 앞뒤의 주장이나 전제와 결론 사이에 모순이 발생함으로써 일관된 논점을 갖지 못하는 오류

예 언론의 자유는 무조건 보장되어야 한다. 하지만 특별한 경우에는 제한할 수도 있다.

(3) 전건 부정의 오류 : 전건을 부정하여, 후건을 부정한 것을 결론으로 도출하는 데서 발생하는 오류

예 컴퓨터 게임에 몰두하면 눈이 나빠진다($p \rightarrow q$).
희철이는 컴퓨터 게임에 몰두하지 않는다($\sim p$). 그러므로 희철이는 눈이 나빠지지 않는다($\sim q$).

(4) 후건 긍정의 오류 : 후건을 부정하여 전건을 부정한 것을 결론으로 도출하는 데서 발생하는 오류

예 비가 오면 땅이 젖는다($p \rightarrow q$). 지금 땅이 젖어 있다(q). 따라서 비가 왔다(p).

(5) 선언지 긍정의 오류 : 대전제의 어느 한 명제를 긍정하는 것이 필연적으로 다른 명제의 부정을 도출한다고 여기는 오류

예 어떤 예술가는 화가이거나 피아니스트이다($p \lor q$).
그 사람은 화가이다(p). 따라서 그 사람은 피아니스트가 아니다($\sim q$).

2. 비형식적 오류

(1) 심리적 오류 : 어떤 주장에 대해 논리적으로 타당한 근거를 제시하지 않고, 심리적인 면에 기대어 상대방을 설득하려고 할 때 발생하는 오류

① **인신공격의 오류** : 주장하는 사람의 인품, 직업, 과거 정황의 비난받을 만한 점을 트집 잡아 비판하는 오류

예 그 사람 말은 믿을 수 없어. 그 사람은 전과자이니까.

② **피장파장의 오류(역공격의 오류)** : 자신이 비판받는 바가 상대방에게도 역시 적용될 수 있음을 내세워 공격함으로써 벗어나는 오류

예 내가 뭘 잘못했다고 그래? 내가 보니까, 오빠는 더 하더라.

③ **정황에 호소하는 오류** : 어떤 사람이 처한 정황을 비난하거나 논리의 근거로 내세움으로써 자신의 주장이 타당하다고 믿게 하려는 오류

예 자네 생각과는 달라도, 이건 우리 회사의 기본 방침이네.

④ **동정에 호소하는 오류** : 상대방의 동정심이나 연민의 정을 유발하여 자신의 주장을 정당화하려는 오류

예 사장님, 제가 해고를 당하면 저희 식구들은 굶어 죽습니다.

⑤ **공포에 호소하는 오류** : 상대방을 윽박지르거나 증오심을 표현하여 자신의 주장을 받아들이게 하는 오류

예 우리의 요구를 받아들이지 않으면, 엄청난 사태가 벌어질 것입니다.

⑥ **쾌락이나 유머에 호소하는 오류** : 사람의 감정이나 쾌락, 재미 등을 내세워 논지를 받아들이게 하는 오류

예 인류가 원숭이로부터 진화해 왔다고 하시는데, 그렇다면 당신의 조상은 원숭이인가요?

⑦ **사적관계에 호소하는 오류** : 개인적인 친분 관계를 내세워 자신의 논지를 받아들이게 하는 오류

예 자네가 나의 제안에 반대하다니, 나는 자네만은 찬성해줄 줄 알았네.

⑧ **아첨에 호소하는 오류** : 아첨에 의해 논지를 받아들이게 하는 오류

예 야, 너 한 번 나가서 항의해 봐. 너만큼 똑똑한 사람이 아니면 누가 그걸 하겠어.

⑨ **군중에 호소하는 오류** : 많은 사람이 그렇게 행동하거나 생각한다고 내세워 군중심리를 자극하는 오류

예 이 논리학 책이 가장 좋은 책입니다. 올 상반기 동안 가장 많이 팔린 책이 아닙니까?

⑩ **부적합한 권위에 호소하는 오류** : 직접적인 관련이 없는 권위자의 견해를 근거로 들거나 논리적인 타당성과는 무관하게 권위자의 견해라는 것을 내세워 자기주장의 타당함을 입증하는 오류

예 교황이 천동설이 옳다고 했다. 따라서 천체가 지구를 돌고 있음에 틀림없다.

⑪ **원천 봉쇄의 오류(우물에 독약 치기)** : 자신의 주장에 반론의 가능성이 있는 요소를 비난하여 반론 자체를 원천적으로 봉쇄하는 오류

예 수일아, 이제 가서 자거라. 일찍 자야 착한 어린이가 된단다.

(2) 자료적 오류 : 어떤 자료에 대해 잘못 판단하여 이를 논거로 삼을 경우 범하게 되는 오류

① **성급한 일반화의 오류** : 제한된 정보, 부적합한 증거, 대표성을 결여한 사례를 근거로 마치 전부가 그런 것처럼 일반화하는 오류

예 하나를 보면 열을 안다고. 지금 너의 행동을 보니, 형편없는 애구나.

② **잘못된 유추의 오류** : 유사성이 없는 측면까지 유사성이 있는 것처럼 비유를 부당하게 적용하는 오류

예 컴퓨터와 사람은 유사점이 많아. 그러니 컴퓨터도 사람처럼 감정이 있을 거야.

③ **무지에 호소하는 오류** : 어떤 주장에 대해 증명할 수 없거나 결코 알 수 없음을 들어 거짓이라고 반박하는 오류

예 귀신은 분명이 있어. 지금까지 귀신이 없다는 것을 증명한 사람은 없으니까.

④ **논점 일탈의 오류** : 원래의 논점과는 다른 방향으로 논지를 이끌어감으로써 무관한 결론에 이르게 되는 오류

　예 너희는 형제가 텔레비전을 가지고 싸우냐? 그렇게 할 일이 없으면 가서 공부나 해!

⑤ **의도 확대의 오류** : 의도하지 않은 결과에 대해 원래부터 어떤 의도가 있었다고 확대 해석하는 오류

　예 일도 하지 않고 어떻게 돈을 벌려고 하니? 너 요즘 일도 안 하고 죽으려고 결심한 거구나.

⑥ **흑백논리의 오류** : 어떤 집합의 원소가 단 두 개밖에 없다고 여기고, 이것이 아니면 저것일 수밖에 없다고 단정 짓는 데서 오는 오류

　예 너 나 좋아하지 않지? 그럼 날 싫어한다는 말이구나.

⑦ **분할(분해)의 오류** : 전체 또는 집합이 어떤 성질을 가지고 있기 때문에 그 부분 또는 원소도 그와 같은 성질을 가지고 있다고 추론하는 오류

　예 소금은 먹을 수 있으니 나트륨과 염소도 먹을 수 있을 것이다.

⑧ **거짓 딜레마의 오류** : 둘 다 거짓일수도 있는 상황(제3의 대안이 있는 상황)에서 둘 중 하나가 반드시 참이라고 전제할 때 범하는 오류

　예 이 많은 군사가 강을 건너기 위해 헤엄쳐서 간다면 급류에 휩쓸릴 것이고, 다리로 간다면 무게 때문에 무너져버릴 것이다. 따라서 이 강을 건너는 것은 불가능하다.

⑨ **우연(원칙 혼동)의 오류** : 본질적인 경우와 우연적인 경우를 혼동할 때 범하는 오류

　예 칼로 상처를 내는 것은 범죄행위이다. 외과의사는 칼로 상처를 낸다. 따라서 외과의사는 범죄자이다.

(3) 언어적 오류 : 다의적(多義的)이거나 모호한 말에 의해 논지가 잘못 전개됨으로써 나타나는 오류

① **애매어의 오류** : 두 가지 이상의 의미를 가진 말을 동일한 의미의 말인 것처럼 애매하게 사용함으로써 생기는 오류

　예 성경은 모든 인간이 죄인이라고 말하고 있다. 따라서 모든 인간은 감옥에 가두어야 한다.

② **복합 질문의 오류** : 어떻게 대답하건 대답하면 숨어 있는 질문에 대하여 긍정하게 되도록 질문할 경우의 오류

　예 너 요즘 아내한테 안 맞지?

③ **범주의 오류** : 서로 다른 범주에 속하는 것을 같은 범주의 것으로 혼동하는 데서 생기는 오류

　예 운동장이랑 교실은 다 둘러봤는데, 그럼 학교는 어디에 있습니까?

④ **강조의 오류** : 문장의 어느 한 부분을 강조하여 발생하는 오류

　예 잔디를 밟지 마시오. / 그럼 밟지 않고 불태우는 것은 상관없겠군.

1. 연역 추론

이미 알고 있는 판단(전제)을 근거로 새로운 판단(결론)을 유도하는 추론이다. 연역 추론은 진리일 가능성을 따지는 귀납 추론과는 달리, 명제 간의 관계와 논리적 타당성을 따진다. 즉, 연역 추론은 전제들로부터 절대적인 필연성을 가진 결론을 끌어내는 추론이다.

(1) 직접 추론 : 한 개의 전제로부터 중간적 매개 없이 새로운 결론을 끌어내는 추론이며, 대우 명제가 그 대표적인 예이다.

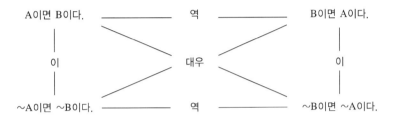

• 한국인은 모두 황인종이다.	(전제)
• 그러므로 황인종이 아닌 사람은 모두 한국인이 아니다.	(결론 1)
• 그러므로 황인종 중에는 한국인이 아닌 사람도 있다.	(결론 2)

(2) 간접 추론 : 둘 이상의 전제로부터 새로운 결론을 끌어내는 추론이다. 삼단논법이 가장 대표적인 예이다.

① 정언 삼단논법 : 세 개의 정언명제로 구성된 간접 추론 방식이다. 세 개의 명제 가운데 두 개의 명제는 전제이고, 나머지 한 개의 명제는 결론이다. 세 명제의 주어와 술어는 세 개의 서로 다른 개념을 표현한다. (P는 대개념, S는 소개념, M은 매개념이다)

• 모든 곤충은 다리가 여섯이다.	M은 P이다.(대전제)
• 모든 개미는 곤충이다.	S는 M이다.(소전제)
• 그러므로 모든 개미는 다리가 여섯이다.	S는 P이다.(결론)

② **가언 삼단논법** : 가언명제로 이루어진 삼단논법을 말한다. 가언명제란 두 개의 정언명제가 '만일 ~이라면'이라는 접속사에 의해 결합된 복합명제이다. 여기서 '만일'에 의해 이끌리는 명제를 전건이라고 하고, 그 뒤의 명제를 후건이라고 한다. 가언 삼단논법의 종류로는 혼합가언 삼단논법과 순수가언 삼단논법이 있다.

  ㉠ 혼합가언 삼단논법 : 대전제만 가언명제로 구성된 삼단논법이다. 긍정식과 부정식 두 가지가 있으며, 긍정식은 'A면 B다. A다. 그러므로 B다.'이고, 부정식은 'A면 B다. B가 아니다. 그러므로 A가 아니다.'이다.

  > • 만약 A라면 B다.
  > • B가 아니다.
  > • 그러므로 A가 아니다.

  ㉡ 순수가언 삼단논법 : 대전제와 소전제 및 결론까지 모두 가언명제들로 구성된 삼단논법이다.

  > • 만약 A라면 B다.
  > • 만약 B라면 C다.
  > • 그러므로 만약 A라면 C다.

③ **선언 삼단논법** : '~이거나 ~이다.'의 형식으로 표현되며 전제 속에 선언명제를 포함하고 있는 삼단논법이다.

  > • 내일은 비가 오거나 눈이 온다. A 또는 B이다.   A 또는 B이다.
  > • 내일은 비가 오지 않는다. A가 아니다.   A가 아니다.
  > • 그러므로 내일은 눈이 온다.   그러므로 B다.

④ **딜레마 논법** : 대전제는 두 개의 가언명제로, 소전제는 하나의 선언명제로 이루어진 삼단논법으로, 양도 추론이라고도 한다.

  > • 만일 네가 거짓말을 하면, 신이 미워할 것이다.   (대전제)
  > • 만일 네가 거짓말을 하지 않으면, 사람들이 미워할 것이다.   (대전제)
  > • 너는 거짓말을 하거나, 거짓말을 하지 않을 것이다.   (소전제)
  > • 그러므로 너는 미움을 받게 될 것이다.   (결론)

2. 귀납 추론

특수한 또는 개별적인 사실로부터 일반적인 결론을 끌어내는 추론을 말한다. 귀납 추론은 구체적 사실들을 기반으로 하여 결론을 끌어내기 때문에 필연성을 따지기보다는 개연성과 유관성, 표본성 등을 중시하게 된다. 여기서 개연성이란, 관찰된 어떤 사실이 같은 조건 하에서 앞으로도 관찰될 수 있는가 하는 가능성을 말하고, 유관성은 추론에 사용된 자료가 관찰하려는 사실과 관련되어야 하는 것을 일컬으며, 표본성은 추론을 위한 자료의 표본추출이 공정하게 이루어져야 하는 것을 가리킨다. 이러한 귀납 추론은 일상생활 속에서 많이 사용하고, 우리가 알고 있는 과학적 사실도 이와 같은 방법으로 밝혀졌다.

> • 히틀러도 사람이고 죽었다.
> • 스탈린도 사람이고 죽었다.
> • 그러므로 모든 사람은 죽는다.

그러나 전제들이 참이어도 결론이 항상 참인 것은 아니다. 단 하나의 예외로 인하여 결론이 거짓이 될 수 있다.

> • 성냥불은 뜨겁다.
> • 연탄불도 뜨겁다.
> • 그러므로 모든 불은 뜨겁다.

위 예문에서 '성냥불이나 연탄불이 뜨거우므로 모든 불은 뜨겁다.'라는 결론이 나왔는데, 반딧불은 뜨겁지 않으므로 '모든 불이 뜨겁다.'라는 결론은 거짓이 된다.

(1) **완전 귀납 추론** : 관찰하고자 하는 집합의 전체를 다 검증함으로써 대상의 공통 특질을 밝혀내는 방법이다. 이는 예외 없는 진실을 발견할 수 있다는 장점은 있으나, 집합의 규모가 크고 속성의 변화가 다양할 경우에는 적용하기 어려운 단점이 있다.

예 1부터 10까지의 수를 다 더하여 그 합이 55임을 밝혀내는 방법

(2) **통계적 귀납 추론** : 통계적 귀납 추론은 관찰하고자 하는 집합의 일부에서 발견한 몇 가지 사실을 열거함으로써 그 공통점을 결론으로 끌어내려는 방식을 가리킨다. 관찰하려는 집합의 규모가 클 때 그 일부를 표본으로 추출하여 조사하는 방식이 이에 해당하며 표본 추출의 기준이 얼마나 적합하고 공정한가에 따라 그 결과에 대한 신뢰도가 달라진다는 단점이 있다.

예 여론조사에서 일부의 국민에 대한 설문 내용을 바탕으로, 이를 전체 국민의 여론으로 제시하는 것

(3) **인과적 귀납 추론** : 관찰하고자 하는 집합의 일부 원소들이 지닌 인과관계를 인식하여 그 원인이나 결과를 끌어내려는 방식을 말한다.

① **일치법** : 공통적인 현상을 지닌 몇 가지 사실 중에서 각기 지닌 요소 중 어느 한 가지만 일치한다면 이 요소가 공통 현상의 원인이라고 판단

예 마을 잔칫집에서 돼지고기를 먹은 사람들이 집단식중독을 일으켰다.
따라서 식중독의 원인은 상한 돼지고기가 아닌가 생각한다.

② **차이법** : 어떤 현상이 나타나는 경우와 나타나지 않은 경우를 놓고 보았을 때, 각 경우의 여러 조건 중 단 하나만이 차이를 보인다면 그 차이를 보이는 조건이 원인이 된다고 판단

예 현수와 승재는 둘 다 지능이나 학습 시간, 학습환경 등이 비슷한데 공부하는 태도에는 약간의 차이가 있다.
따라서 둘의 성적이 차이를 보이는 것은 학습 태도의 차이 때문으로 생각된다.

③ **일치·차이 병용법** : 몇 개의 공통 현상이 나타나는 경우와 몇 개의 그렇지 않은 경우를 놓고 일치법과 차이법을 병용하여 적용함으로써 그 원인을 판단

  예 학업능력 정도가 비슷한 두 아동 집단에 대해 처음에는 같은 분량의 과제를 부여하고 나중에는 각기 다른 분량의 과제를 부여한 결과, 많이 부여한 집단의 성적이 훨씬 높게 나타났다. 이로 보아, 과제를 많이 부여하는 것이 적게 부여하는 것보다 학생의 학업성적 향상에 도움이 된다고 판단할 수 있다.

④ **공변법** : 관찰하는 어떤 사실의 변화에 따라 현상의 변화가 일어날 때 그 변화의 원인이 무엇인지 판단

  예 담배를 피우는 양이 각기 다른 사람들의 집단을 조사한 결과, 담배를 많이 피울수록 폐암에 걸릴 확률이 높다는 사실이 발견되었다.

⑤ **잉여법** : 앞의 몇 가지 현상이 뒤의 몇 가지 현상의 원인이며, 선행 현상의 일부분이 후행 현상의 일부분이라면 선행 현상의 나머지 부분이 후행 현상의 나머지 부분의 원인임을 판단

  예 어젯밤 일어난 사건의 혐의자는 정은이와 규민이 두 사람인데, 정은이는 알리바이가 성립되어 혐의 사실이 없는 것으로 밝혀졌다.
  따라서 그 사건의 범인은 규민이일 가능성이 높다.

3. 유비 추론

두 개의 대상 사이에 일련의 속성이 동일하다는 사실에 근거하여 그것들의 나머지 속성도 동일하리라는 결론을 끌어내는 추론, 즉 이미 알고 있는 것에서 다른 유사한 점을 찾아내는 추론을 말한다. 그렇기 때문에 유비 추론은 잣대(기준)가 되는 사물이나 현상이 있어야 한다. 유비 추론은 가설을 세우는 데 유용하다. 이미 알고 있는 사례로부터 아직 알지 못하는 것을 생각해 봄으로써 쉽게 가설을 세울 수 있다. 이때 유의할 점은 이미 알고 있는 사례와 이제 알고자 하는 사례가 매우 유사하다는 확신과 증거가 있어야 한다. 그렇지 않은 상태에서 유비 추론에 의해 결론을 끌어내면, 그것은 개연성이 거의 없고 잘못된 결론이 될 수도 있다.

- 지구에는 공기, 물, 흙, 햇빛이 있다.
  A는 a, b, c, d의 속성을 가지고 있다.
- 화성에는 공기, 물, 흙, 햇빛이 있다.
  B는 a, b, c, d의 속성을 가지고 있다.
- 지구에 생물이 살고 있다.
  A는 e의 속성을 가지고 있다.
- 그러므로 화성에도 생물이 살고 있을 것이다.
  그러므로 B도 e의 속성을 가지고 있을 것이다.

01 | 오류

| 유형분석 |

- 논리 전개 과정에서 오류 발생 시 이를 찾아내고 판단할 수 있는지 판단한다.
- 제시된 예를 읽고 공통적인 오류를 찾아 묶을 수 있어야 한다.

다음 제시된 문장과 동일한 오류를 범하고 있는 것은?

> 살생을 하면 안 되기 때문에 육식을 해서는 안 된다.

① 그가 하는 말은 서울대학교를 나온 사람이기 때문에 옳다.

② 민수는 어제 시계를 샀다. 민수는 사치가 심한 게 틀림없다.

③ 많은 사람이 신고 있는 것을 보니 이 신발은 좋은 게 분명하다.

④ 피카소의 그림은 가치가 없다. 왜냐하면 그는 바람둥이였기 때문이다.

⑤ 거짓말을 하면 안 되므로 모르는 사람이 연락처를 물어오면 정직하게 말해야 한다.

[정답] ⑤

제시문과 ⑤는 공통적으로 '우연의 오류'에 해당한다. 일반적인 법칙을 예외적인 상황에 적용할 때 발생하는 오류이다.

[오답분석]

① 부적합한 권위에 호소하는 오류 : 직접적인 관련이 없는 권위자의 견해를 근거로 들거나 논리적인 타당성과는 무관하게 권위자의 견해라는 것을 내세워 자기주장의 타당함을 입증하는 오류

② 성급한 일반화의 오류 : 특수한 사례를 근거로 일반적인 법칙을 이끌어내는 오류

③ 대중에 호소하는 오류 : 많은 사람들이 지지하는 점에서 그 주장이 옳음을 주장하는 오류

④ 인신공격의 오류 : 어떤 주장에 대한 비판의 근거로, 그 주장을 하는 사람의 인품·성격 등을 비난함으로써 그 주장이 거짓임을 내세우는 오류

■ 30초 컷 풀이 Tip

오류에 대한 개념을 이론적으로 정확하게 알고 있는 것이 아니라면 사례를 많이 접해두는 것이 좋다.

[예] ㉠ 계속 울면 호랑이가 잡아간다.

㉡ 내가 뭘 잘못했다고 그래? 너는 더 했잖아.

㉢ 조선의 힘이 강했다면 오히려 일본을 침략했을 것이므로 일본의 조선 침략은 정당합니다.

㉣ 우리가 동시에 관두면 회사는 큰 손해를 입게 될 것입니다.

위의 예를 보면 정확하게 어떤 오류가 있는지 설명할 수 없어도 두 가지로 나눠 볼 수 있다. ㉠과 ㉣은 상대방을 위협함으로써 자신의 의견을 표현하고 있고, ㉡과 ㉢은 역으로 상대방을 공격해서 자신의 잘못을 정당화하고 있다.

㉠·㉣ 공포에 호소하는 오류 : 상대방을 윽박지르거나 증오심을 표현하여 자신의 주장을 받아들이게 하는 오류

㉡·㉢ 피장파장의 오류(역공격의 오류) : 자신이 비판받는 내용이 상대방에게도 적용될 수 있음을 내세워 공격함으로써 벗어나는 오류

Easy

01 다음 제시된 오류에 대한 정의와 그 예가 바르게 연결된 것은?

> (가) 논점과 관계없는 것을 제시하여 무관한 결론에 이르게 되는 오류
> (나) 의도하지 않은 결과를 의도가 있다고 판단하여 생기는 오류
> (다) 어떤 집합의 원소가 단 두 개밖에 없다고 여기고 추론하는 오류
> (라) 수긍할 수 없거나 수긍하고 싶지 않은 것을 전제하고 질문함으로써 수긍하게 만드는 오류

① 방학 동안 어떻게 지냈니? 너 근데 살쪘구나? 살 좀 빼! – (라)
② 당신의 아름다움을 잃고 싶지 않다면, 저희 ○○ 성형외과와 함께 하셔야 합니다. – (라)
③ 어차피 인생은 성공한 사람과 실패한 사람, 두 부류로 나뉘게 되어 있어. – (가)
④ 너 오늘 지각했는데, 반 아이들이 선생님께 혼나고 있는 것을 알고 피하려고 늦은 거지? – (다)
⑤ 복도에서 시끄럽게 뛰지 말랬지. 어서 들어가서 공부해! – (나)

Hard

02 다음 글의 오류와 가장 관련이 있는 것은?

> 어떤 일반적인 사실이나 법칙 또는 규칙을 우연적 상황, 즉 적용할 수 없는 예외적인 상황에 적용하는 경우에 범하는 오류

① 어렸을 때부터 거짓말을 하면 안 된다고 배웠다. 그래서 범인이 그 여자를 찾았을 때 숨은 곳을 사실대로 알려주었다.
② 그가 오늘 회사에 늦은 것은 계약을 못 하게 만들어서 우리 회사를 망하게 하려는 작정이었던 것이 틀림없다.
③ 우리 선생님이 이번 대선에서 A후보자를 뽑으신다고 했으니 그 후보는 좋은 대통령감일 것이다.
④ '투표는 민주주의의 꽃이다.'라니, 투표가 꽃이면 꺾어서 꽃꽂이를 할 수 있겠네.
⑤ 그녀는 차가운 음식을 싫어하니까 뜨거운 음식을 좋아하는 게 틀림없다.

03 다음 글과 관련된 오류에 대한 설명으로 가장 적절한 것은?

> • 수업을 열심히 들으면 피부가 좋아진다.
> • 그녀는 수업을 열심히 듣지 않았다.
> • 그녀의 피부는 나빠졌다.

① 앞뒤의 주장 또는 결론 사이에 모순이 발생하여 일관된 논점을 갖지 못하는 오류이다.
② 조건문의 전건을 부정하여 후건의 부정을 결론으로 도출하는 오류이다.
③ 조건문의 후건을 긍정하여 전건의 긍정을 결론으로 도출하는 오류이다.
④ 결론에서 주장하고자 하는 바를 전제로 제시하는 오류이다.
⑤ 다른 대안이 있음에도 양자택일을 강요하는 오류이다.

04 다음 중 논리적 오류의 성격이 다른 것은?

① 국내 논술 경시대회에서 E고등학교 학생 민호가 일등을 했다. 그러므로 E고등학교 학생들은 논술을 잘할 것이다.
② 전철에서 현우가 할머니께 자리를 양보하는 것을 봤어. 현우는 모범생이 분명해.
③ 벽에 못도 잘 박지 못하는 위인이니까 학생들도 제대로 가르칠 수 없을 거야.
④ 은지는 벌써 두 번이나 회의에 지각했으니, 그는 지각 대장일 것이다.
⑤ 왕눈이 수진이가 겁이 많은 걸 보니 눈 큰 사람들은 겁이 많아.

02 | 삼단논법

| 유형분석 |

• 주어진 전제와 결론을 통해, 필요한 전제를 추가하거나 결론을 도출해 내는 유형이다.

다음 명제가 모두 참일 때, 빈칸에 들어갈 결론으로 옳은 것은?

- 비가 오면 큰아들의 나막신이 잘 팔릴 것이므로 좋다.
- 비가 오지 않으면 작은아들의 짚신이 잘 팔릴 것이므로 좋다.
- 비가 오거나 오지 않거나 둘 중의 하나일 것이다.
- 그러므로 _____

① 비가 왔으면 좋겠다.

② 비가 오지 않았으면 좋겠다.

③ 비가 오거나 오지 않거나 좋다.

④ 비가 오거나 오지 않거나 걱정이다.

⑤ 비가 오거나 오지 않거나 상관없다.

정답 ③

비가 오면 큰아들의 장사가 잘 돼서 좋고, 비가 오지 않으면 작은 아들의 장사가 잘 돼서 좋다.

따라서 비가 오거나 오지 않거나 반드시 둘 중의 하나이므로 '항상 좋다.'라는 내용이 결론에 들어가야 한다.

30초 컷 풀이 Tip

- 주어진 명제를 도식화하여 학습한다.
  - 도식화의 방법에는 집합 부호 사용, 벤 다이어그램 활용 등 여러 가지 방법이 있으므로 문제를 풀 때 자신에게 맞는 방법을 선택하여 학습하며, 많은 연습을 통해 실전에서는 객관적인 문제해결이 가능하도록 한다.
- 전제를 추가하는 유형인지, 결론을 도출하는 유형인지 먼저 파악한 후, 유형에 따라 접근법을 다르게 한다.
  - 전제를 추가하는 유형일 경우 : 결론과 주어진 전제의 연결고리를 찾는다.
  - 결론을 도출하는 유형일 경우 : 두 가지 전제로 도출할 수 있는 결론들을 정리한다.

※ 다음 명제가 모두 참일 때, 빈칸에 들어갈 내용으로 옳은 것을 고르시오. **[1~3]**

01

- 환율이 오르면 어떤 사람은 X주식을 매도한다.
- X주식을 매도한 모든 사람은 Y주식을 매수한다.
- _____

① 환율이 오르면 모든 사람은 Y주식을 매수한다.
② 환율이 오르면 어떤 사람은 Y주식을 매수한다.
③ 모든 사람이 X주식을 매도하면 환율이 오른다.
④ 모든 사람이 Y주식을 매수하면 환율이 오른다.
⑤ Y주식을 매도한 모든 사람은 X주식을 매수한다.

`Easy`

02

- 지구 온난화를 해소하려면 탄소 배출을 줄여야 한다.
- 지구 온난화가 해소되지 않으면 기후 위기가 발생한다.
- 그러므로 _____

① 탄소 배출을 줄이면 지구 온난화가 해소된다.
② 기후 위기가 발생하면 지구 온난화가 해소된다.
③ 탄소 배출을 줄이면 기후 위기가 발생하지 않는다.
④ 지구 온난화를 해소하려면 기후 위기가 발생하지 않아야 한다.
⑤ 기후 위기가 발생하지 않으려면 탄소 배출을 줄여야 한다.

03

- 무거운 물건을 들기 위해서는 근력이 좋아야 한다.
- _____
- 그러므로 근육을 키우지 않으면 무거운 물건을 들 수 없다.

① 무거운 물건을 들기 위해서는 근육을 키워야 한다.
② 근력이 좋으려면 근육을 키워야 한다.
③ 근육을 키우면 무거운 물건을 들 수 없다.
④ 근육을 키우면 무거운 물건을 들 수 있다.
⑤ 근력이 좋기 위해서는 무거운 물건을 들 수 있어야 한다.

03 | 명제

| 유형분석 |

- 제시된 명제의 역·이·대우를 활용하여 푸는 유형이다.
- 조건명제와 대우명제를 이용하여 출제되는 경우가 많다. 따라서 명제의 기본이론을 익히며 명제를 도식화하는 습관을 갖는다.

다음 제시된 명제가 모두 참일 때, 반드시 참인 것은?

- 테니스를 좋아하는 사람은 가족여행을 싫어한다.
- 가족여행을 좋아하는 사람은 독서를 좋아한다.
- 독서를 좋아하는 사람은 쇼핑을 싫어한다.
- 쇼핑을 좋아하는 사람은 그림 그리기를 좋아한다.
- 그림 그리기를 좋아하는 사람은 테니스를 좋아한다.

① 그림 그리기를 좋아하는 사람은 가족여행을 좋아한다.
② 쇼핑을 싫어하는 사람은 그림 그리기를 좋아한다.
③ 테니스를 좋아하는 사람은 독서를 좋아한다.
④ 쇼핑을 좋아하는 사람은 가족여행을 싫어한다.
⑤ 쇼핑을 싫어하는 사람은 테니스를 좋아한다.

정답 ④

제시된 명제를 정리하면 다음과 같다.
- 테니스 ○ → 가족여행 ✕
- 가족여행 ○ → 독서 ○
- 독서 ○ → 쇼핑 ✕
- 쇼핑 ○ → 그림 그리기 ○
- 그림 그리기 ○ → 테니스 ○

위 조건을 정리하면 '쇼핑 ○ → 그림 그리기 ○ → 테니스 ○ → 가족여행 ✕'이므로 ④가 참이다.

30초 컷 풀이 Tip

- 참인 명제는 대우명제도 반드시 참이므로, 명제의 대우를 우선적으로 구한다.
  쉬운 난이도의 문제는 대우명제가 답인 경우도 있다. 따라서 대우명제를 통해 확실하게 참인 명제와 그렇지 않은 명제를 구별한다.
- 하나의 명제를 기준으로 잡고 주어진 명제 및 대우명제들을 연결한다.
  'A → B, B → C이면 A → C이다.'와 'A → B가 참이면 ~B → ~A가 참이다.'의 성질을 이용하여 전제와 결론 사이에 연결고리를 찾는다.

※ 다음 제시된 명제가 모두 참일 때, 반드시 참인 것을 고르시오. [1~2]

Easy

01

- L카페에 가면 타르트를 주문한다.
- 빙수를 주문하면 타르트를 주문하지 않는다.
- 타르트를 주문하면 아메리카노를 주문한다.

① 타르트를 주문하지 않으면 빙수를 주문한다.
② 빙수를 주문하는 사람은 아메리카노를 싫어한다.
③ 아메리카노를 주문하면 빙수를 주문하지 않는다.
④ 빙수를 주문하지 않으면 L카페를 가지 않았다는 것이다.
⑤ 아메리카노를 주문하지 않으면 L카페를 가지 않았다는 것이다.

02

- A ~ E 5명은 찬성과 반대 둘 중 하나의 의견을 제시하였다.
- A 또는 D 둘 중 적어도 하나가 반대하면 C는 찬성하고 E는 반대한다.
- B가 반대하면 A는 찬성하고 D는 반대한다.
- D가 반대하면 C도 반대한다.
- E가 반대하면 B도 반대한다.
- 적어도 한 사람은 반대한다.

① A는 찬성하고 B는 반대한다.   ② A는 찬성하고 E는 반대한다.
③ B와 D는 반대한다.   ④ C는 반대하고 D는 찬성한다.
⑤ C와 E는 찬성한다.

Hard

03 귀하는 사내 워크숍 준비를 위해 A ~ E직원의 참석 여부를 조사하고 있다. 다음 〈조건〉을 참고하여 C가 워크숍에 참석한다고 할 때, 다음 중 워크숍에 참석하는 직원을 바르게 추론한 것은?

조건
- B가 워크숍에 참석하면 E는 참석하지 않는다.
- D는 B와 E가 워크숍에 참석하지 않을 때 참석한다.
- A가 워크숍에 참석하면 B 또는 D 중 한 명이 함께 참석한다.
- C가 워크숍에 참석하면 D는 참석하지 않는다.
- C가 워크숍에 참석하면 A도 참석한다.

① A, B, C   ② A, C, D
③ A, B, C, D   ④ A, B, C, E
⑤ A, C, D, E

04 | 배열하기 · 묶기 · 연결하기

| 유형분석 |

- 제시된 여러 조건 / 상황 / 규칙들을 정리하여 경우의 수를 구한 후 문제를 해결하는 유형이다.
- 고정 조건을 중심으로 표나 도식으로 정리하여 확실한 조건과 배제해야 할 조건들을 정리한다.

L사의 A~D 4명은 각각 다른 팀에 근무하는데 각 팀은 2층, 3층, 4층, 5층에 위치하고 있다. 다음 〈조건〉에 따를 때, 항상 참인 것은?

조건
- A, B, C, D 중 2명은 부장, 1명은 과장, 1명은 대리이다.
- 대리의 사무실은 B보다 높은 층에 있다.
- B는 과장이다.
- A는 대리가 아니다.
- A의 사무실이 가장 높다.

① A는 부장이다.　　　　　　　　　② B는 2층에 근무한다.
③ C는 대리이다.　　　　　　　　　④ 대리는 4층에 근무한다.
⑤ 부장 중 1명은 반드시 2층에 근무한다.

정답　①
B가 과장이므로 대리가 아닌 A는 부장의 직책을 가진다. 따라서 'A는 부장이다.'가 항상 참이다.

오답분석
조건에 따라 A~D의 사무실 위치를 표로 정리하면 다음과 같다.

구분	2층	3층	4층	5층
경우 1	부장	B과장	대리	A부장
경우 2	B과장	대리	부장	A부장
경우 3	B과장	부장	대리	A부장

② B는 2층 또는 3층에 근무한다.
③ C의 직책은 알 수 없다.
④ 대리는 3층 또는 4층에 근무한다.
⑤ A부장 외의 또 다른 부장은 2층, 3층 또는 4층에 근무한다.

30초 컷 풀이 Tip

고정적인 조건을 가장 먼저 파악하는 것이 중요하다. 보통 고정적인 조건은 마지막 부분에 제시되는 경우가 많은데 앞에 나온 조건들을 아무리 잘 정리해 놔도 고정 조건 하나에 경우의 수가 많이 줄어든다. 때문에 이를 중심으로 조건을 정리한다.

Easy

01 A ~ E 5명은 아파트 101 ~ 105동 중 서로 다른 동에 각각 살고 있다. 다음 〈조건〉에 따를 때, 항상 참인 것은?(단, 101 ~ 105동은 일렬로 나란히 배치되어 있다)

> **조건**
> • A와 B는 서로 인접한 동에 산다.
> • C는 103동에 산다.
> • D는 C 바로 옆 동에 산다.

① A는 101동에 산다.
② B는 102동에 산다.
③ D는 104동에 산다.
④ A가 102동에 산다면 E는 105동에 산다.
⑤ B가 102동에 산다면 E는 101동에 산다.

02 최씨 남매와 김씨 남매, 박씨 남매 6명은 야구 경기를 관람하기 위해 함께 야구장에 갔다. 다음 〈조건〉에 따를 때, 항상 참인 것은?

> **조건**
> • 양 끝자리는 같은 성별이 앉지 않는다.
> • 박씨 여성은 왼쪽에서 세 번째 자리에 앉는다.
> • 김씨 남매는 서로 인접하여 앉지 않는다.
> • 박씨와 김씨는 인접하여 앉지 않는다.
> • 김씨 남성은 맨 오른쪽 끝자리에 앉는다.

〈야구장 관람석〉

① 최씨 남매는 왼쪽에서 첫 번째 자리에 앉을 수 없다.
② 최씨 남매는 서로 인접하여 앉는다.
③ 박씨 남매는 서로 인접하여 앉지 않는다.
④ 최씨 남성은 박씨 여성과 인접하여 앉는다.
⑤ 김씨 여성은 최씨 여성과 인접하여 앉지 않는다.

03 L사의 가 ~ 라 직원 4명은 원형 탁자에 둘러앉아 인턴사원 교육 관련 회의를 진행하고 있다. 직원들은 각자 인턴 A ~ D를 1명씩 맡아 교육하고 있다. 다음 〈조건〉에 따라 직원과 인턴이 바르게 짝지어진 것은?(단, 방향은 탁자를 바라보고 앉았을 때를 기준으로 한다)

> **조건**
> • B인턴을 맡은 직원은 다 직원의 왼편에 앉아 있다.
> • A인턴을 맡은 직원의 맞은편에는 B인턴을 맡은 직원이 앉아 있다.
> • 라 직원은 다 직원 옆에 앉아 있지 않으나, A인턴을 맡은 직원 옆에 앉아 있다.
> • 나 직원은 가 직원 맞은편에 앉아있으며, 나 직원의 오른편에는 라 직원이 앉아 있다.
> • 시계 6시 방향에는 다 직원이 앉아있으며, 맞은편에는 D인턴을 맡은 사원이 있다.

① 가 직원 – A인턴   ② 나 직원 – D인턴
③ 다 직원 – C인턴   ④ 라 직원 – A인턴
⑤ 라 직원 – B인턴

04 L기업의 사내 기숙사 3층에는 다음과 같이 크기가 동일한 10개의 방이 일렬로 나열되어 있다. A ~ E 5명의 신입사원을 10개의 방 중 5의 방에 각각 배정하였을 때, 〈조건〉을 바탕으로 항상 참인 것은?(단, 신입사원이 배정되지 않은 방은 모두 빈방이다)

1	2	3	4	5	6	7	8	9	10

조건

- A와 B의 방 사이에 빈방이 아닌 방은 1개뿐이다.
- B와 C의 방 사이의 거리는 D와 E의 방 사이의 거리와 같다.
- C와 D의 방은 나란히 붙어 있다.
- B와 D의 방 사이에는 3개의 방이 있다.
- D는 7호실에 배정되었다.

① 1호실은 빈방이다.
② 4호실은 빈방이다.
③ 9호실은 빈방이다.
④ C는 6호실에 배정되었다.
⑤ E는 10호실에 배정되었다.

05 | 진실게임

| 유형분석 |

- 일반적으로 4 ~ 5명의 진술이 제시되며, 각 진술의 진실 및 거짓 여부를 확인하여 범인을 찾는 유형이다.
- 추리 영역 중에서도 체감 난이도가 상대적으로 높은 유형으로 알려져 있다.
- 각 진술 사이의 모순을 찾아 성립하지 않는 경우의 수를 제거하거나, 경우의 수를 나누어 모든 조건이 성립하는지를 확인해야 한다.

준수, 민정, 영재, 세희, 성은 5명은 항상 진실만을 말하거나 거짓만 말한다. 다음 진술을 토대로 추론할 때, 거짓을 말하는 사람을 모두 고르면?

- 준수 : 성은이는 거짓만 말한다.
- 민정 : 영재는 거짓만 말한다.
- 영재 : 세희는 거짓만 말한다.
- 세희 : 준수는 거짓만 말한다.
- 성은 : 민정이와 영재 중 1명만 진실만 말한다.

① 민정, 세희
② 영재, 준수
③ 영재, 성은
④ 영재, 세희
⑤ 민정, 영재, 성은

정답 ②

만약 민정이가 진실을 말한다면 영재가 거짓, 세희가 진실, 준수가 거짓, 성은이의 '민정이와 영재 중 1명만 진실만 말한다.'가 진실이 되면서 모든 조건이 성립한다. 반면, 만약 민정이가 거짓을 말한다면 영재가 진실, 세희가 거짓, 준수가 진실, 성은이의 '민정이와 영재 중 1명만 진실만 말한다.'가 거짓이 되면서 모순이 생긴다.
따라서 거짓을 말한 사람은 영재와 준수이다.

30초 컷 풀이 Tip

진실게임 유형 중 90% 이상은 다음 두 가지 방법으로 풀 수 있다. 주어진 진술이 해당하는 경우를 확인한 후 문제를 푼다.
- 두 명 이상의 발언 중 한쪽이 진실이면 다른 한쪽이 거짓인 경우
  1) A가 진실이고 B가 거짓인 경우, B가 진실이고 A가 거짓인 경우 두 가지로 나눌 수 있다.
  2) 두 가지 경우에서 각 발언의 진위 여부를 판단하여 범인을 찾는다.
  3) 주어진 조건과 비교한다(범인의 숫자가 맞는지, 진실 또는 거짓을 말한 인원수가 조건과 맞는지 등).
- 두 명 이상의 발언 중 한쪽이 진실이면 다른 한쪽도 진실인 경우
  1) A와 B가 모두 진실인 경우, A와 B가 모두 거짓인 경우 두 가지로 나눌 수 있다.
  2) 두 가지 경우에서 각 발언의 진위 여부를 판단하여 범인을 찾는다.
  3) 주어진 조건과 비교한다(범인의 숫자가 맞는지, 진실 또는 거짓을 말한 인원수가 조건과 맞는지 등).

01　운동선수인 A ~ D는 각자 하는 운동이 모두 다르다. 농구를 하는 사람은 늘 진실을 말하고, 축구를 하는 선수는 늘 거짓을 말하며, 야구와 배구를 하는 사람은 진실과 거짓을 한 개씩 말한다. 이들이 다음과 같이 진술했을 때 선수와 운동이 일치하는 것은?

> • A : C는 농구를 하고, B는 야구를 한다.
> • B : C는 야구, D는 배구를 한다.
> • C : A는 농구, D는 배구를 한다.
> • D : B는 야구, A는 축구를 한다.

① A – 야구　　　　　　　　　② A – 배구
③ B – 축구　　　　　　　　　④ C – 농구
⑤ D – 배구

02　A ~ E 5명에게 지난 달 핸드폰 통화 요금이 가장 많이 나온 사람부터 1위에서 5위까지의 순위를 추측하라고 했더니 각자 예상하는 두 사람의 순위를 다음과 같이 대답하였다. 각자 예상한 순위 중 하나는 참이고 다른 하나는 거짓일 때, 실제 핸드폰 통화 요금이 가장 많이 나온 사람은?

> • A : D가 두 번째이고, 내가 세 번째이다.
> • B : 내가 가장 많이 나왔고, C가 두 번째로 많이 나왔다.
> • C : 내가 세 번째이고, B가 제일 적게 나왔다.
> • D : 내가 두 번째이고, E가 네 번째이다.
> • E : A가 가장 많이 나왔고, 내가 네 번째이다.

① A　　　　　　　　　　　② B
③ C　　　　　　　　　　　④ D
⑤ E

03 백화점에서 함께 쇼핑을 한 A ~ E는 일정 금액 이상 구매 시 추첨을 통해 경품을 제공하는 이벤트에 응모하였다. 얼마 후 당첨자가 발표되었고, A ~ E 중 1명이 1등에 당첨되었다. 다음 A ~ E의 대화에서 1명이 거짓말을 한다고 할 때, 1등 당첨자는 누구인가?

- A : C는 1등이 아닌 3등에 당첨됐어.
- B : D가 1등에 당첨됐고, 나는 2등에 당첨됐어.
- C : A가 1등에 당첨됐어.
- D : C의 말은 거짓이야.
- E : 나는 5등에 당첨됐어.

① A
② B
③ C
④ D
⑤ E

04 L기업의 사내 축구 대회에서 홍보팀이 1 : 0으로 승리했고, 시합에 참여했던 홍보팀 직원 A ~ D는 다음과 같이 말하였다. 이들 중 1명의 진술만 참이라고 할 때, 골을 넣은 사람은 누구인가?

- A : C가 골을 넣었다.
- B : A가 골을 넣었다.
- C : A는 거짓말을 했다.
- D : 나는 골을 넣지 못했다.

① A
② B
③ C
④ D
⑤ 알 수 없다.

05 L기업의 직원 A ~ E 5명은 다음과 같이 자신들의 직급에 대하여 이야기하고 있다. 이들은 각각 사원, 대리, 과장, 차장, 부장이다. 1명의 말만 진실이고 나머지 사람들의 말은 모두 거짓이라고 할 때, 진실을 말한 사람은?(단, 직급은 사원 – 대리 – 과장 – 차장 – 부장 순이다)

- A : 나는 사원이고, D는 사원보다 직급이 높아.
- B : E가 차장이고, 나는 차장보다 낮은 직급이지.
- C : A는 과장이 아니고, 사원이야.
- D : E보다 직급이 높은 사람은 없어.
- E : C는 부장이고, B는 사원이야.

---

① A
② B
③ C
④ D
⑤ E

Hard

06 국내 유명 감독의 영화가 이번에 개최되는 국제 영화 시상식에서 작품상, 감독상, 각본상, 편집상 총 4개 후보에 올랐다. 4명의 심사위원이 해당 영화의 수상 가능성에 대해 다음과 같이 진술하였다. 이들 중 3명의 진술은 참이고, 나머지 1명의 진술은 거짓이라고 할 때, 해당 영화가 수상할 수 있는 상의 최대 개수는?

- A심사위원 : 편집상을 받지 못한다면 감독상도 받지 못하며, 대신 각본상을 받을 것이다.
- B심사위원 : 작품상을 받는다면 감독상도 받을 것이다.
- C심사위원 : 감독상을 받지 못한다면 편집상도 받지 못한다.
- D심사위원 : 편집상과 각본상은 받지 못한다.

---

① 0개
② 1개
③ 2개
④ 3개
⑤ 4개

CHAPTER 02

언어비평검사 II (독해)

합격 Cheat Key

언어비평검사 II 는 독해 유형으로 25문항이 출제되며 22분의 시간이 주어진다. 크게는 '빈칸추론', '언어이해', '나열하기', '개요 및 글의 수정'으로 나눌 수 있다. '빈칸추론'과 '언어이해'에서는 전반적인 글의 흐름에 대한 이해력과 이를 토대로 한 추론 능력을 평가하고, '나열하기'와 '개요 및 글의 수정'에서는 전체적인 글의 구조에 대한 분석력과 논리력을 평가한다.

1 빈칸추론

빈칸추론은 제시문 안의 빈칸에 들어갈 알맞은 문장을 찾는 유형으로, 없는 내용을 유추해야 하기 때문에 이 유형에 어려움을 느끼는 수험생들도 있으나, 글의 전체적인 흐름과 핵심 내용을 파악하는 능력을 평가한다는 점에서 독해유형과 맥을 같이한다.

2 언어이해

언어이해 유형은 내용일치, 주제 / 제목 찾기, 추론하기 등 다양한 유형의 문제가 출제되며, 다른 기업의 적성검사와 달리 다소 어려운 주제나 개념이 지문으로 등장하는 경우가 많아 쉽게 답을 고르기가 어려운 것이 특징이다.

3 나열하기

문장과 문장, 또는 문단과 문단 사이의 관계를 통해 글의 논리적 구조를 파악할 수 있는지
를 평가하는 유형으로, 문장을 논리적 순서대로 나열하는 유형과 비교적 길이가 긴 문단
을 나열하는 유형이 있다.

4 개요 및 글의 수정

글의 개요나 주어진 글에서 적절하지 못한 부분을 올바르게 수정할 수 있는지를 평가하기
위한 유형으로 각 개요의 서론·본론·결론 및 각각의 하위 항목을 수정하거나 항목을
추가·제거하는 유형과 글의 어휘·문장의 호응 관계를 고려하여 수정하거나 추가·제
거하는 유형이 출제되고 있다.

02 | 이론점검

01 논리구조

논리구조에서는 주로 단락과 문장 간의 관계나 글 전체의 논리적 구조를 정확히 파악했는지를 묻는다. 또한 글의 순서를 바르게 나열하는 유형이 출제되고 있다. 제시문의 전체적인 흐름을 바탕으로 각 문단의 특징, 단락 간의 역할 등을 논리적으로 구조화할 수 있는 능력을 길러야 한다.

1. 문장과 문장 간의 관계

① **상세화 관계** : 주지 → 구체적 설명(비교, 대조, 유추, 분류, 분석, 인용, 예시, 비유, 부연, 상술 등)

② **문제(제기)와 해결 관계** : 한 문장이 문제를 제기하고, 다른 문장이 그 해결책을 제시하는 관계(과제 제시 → 해결 방안, 문제 제기 → 해답 제시)

③ **선후 관계** : 한 문장이 먼저 발생한 내용을 담고, 다음 문장이 나중에 발생한 내용을 담고 있는 관계

④ **원인과 결과 관계** : 한 문장이 원인이 되고, 다른 문장이 그 결과가 되는 관계(원인 제시 → 결과 제시, 결과 제시 → 원인 제시)

⑤ **주장과 근거 관계** : 한 문장이 필자가 말하고자 하는 바(주지)가 되고, 다른 문장이 그 문장의 증거(근거)가 되는 관계(주장 제시 → 근거 제시, 의견 제안 → 의견 설명)

⑥ **전제와 결론 관계** : 앞 문장에서 조건이나 가정을 제시하고, 뒤 문장에서 이에 따른 결론을 제시하는 관계

2. 문장의 연결 방식

① **순접** : 원인과 결과, 부연 설명 등의 문장 연결에 쓰임
예 그래서, 그리고, 그러므로 등

② **역접** : 앞글의 내용을 전면적 또는 부분적으로 부정
예 그러나, 그렇지만, 그래도, 하지만 등

③ **대등·병렬** : 앞뒤 문장의 대비와 반복에 의한 접속
예 및, 혹은, 또는, 이에 반하여 등

④ **보충·첨가** : 앞글의 내용을 보다 강조하거나 부족한 부분을 보충하기 위해 다른 말을 덧붙이는 문맥
예 단, 곧, 즉, 더욱이, 게다가, 왜냐하면 등

⑤ **화제 전환** : 앞글과는 다른 새로운 내용을 이야기하기 위한 문맥

⑥ **비유·예시** : 앞글에 대해 비유적으로 다시 말하거나 구체적인 예를 보임
예 예를 들면, 예컨대, 마치 등

3. 원리 접근법

앞뒤 문장의 중심 의미 파악	→	앞뒤 문장의 중심 내용이 어떤 관계인지 파악	→	문장 간의 접속어, 지시어의 의미와 기능	→	문장의 의미와 관계성 파악
각 문장의 의미를 어떤 관계로 연결해서 글을 전개하는지 파악해야 한다.		지문 안의 모든 문장은 서로 논리적 관계성이 있다.		접속어와 지시어를 음미하는 것은 독해의 길잡이 역할을 한다.		문단의 중심 내용을 알기 위한 기본 분석 과정이다.

02 　논리적 이해

1. 전제의 추론

전제의 추론은 원칙적으로 주어진 내용의 이면에 내포되어 있는 이미 옳다고 인정된 사실을 유추하는 유형이다.
① 먼저 주장이 무엇인지 명확하게 파악해야 한다.
② 주장이 성립하기 위해서 논리적으로 필요한 요건이 무엇인지 생각해 본다.
③ 선택지 중 주장과 논리적으로 인과관계를 형성할 수 있는 조건을 찾아낸다.

2. 결론의 추론

주어진 내용을 명확히 이해한 다음, 이를 근거로 끌어낼 수 있는 올바른 결론이나 관련 사항을 논리적인 관점에서 찾는 문제 유형이다. 이와 같은 문제는 평상시 비판적이고 논리적인 관점으로 글을 읽는 연습을 충분히 해두어야 유리하다고 볼 수 있다.

3. 주제의 추론

주제와 관련된 추론 문제는 적성검사에서 자주 출제되는 유형으로서, 글의 표제, 부제, 주제, 주장, 의도를 파악하는 형태의 문제와 같은 유형이다. 이러한 유형의 문제는 주제를 글의 첫 문단이나 마지막 문단을 통해서 찾을 수 있으며, 그렇지 않더라도 문단의 병렬·대등 관계를 파악하면 쉽게 찾을 수 있다. 여러 문단에서 공통된 주제를 추론할 때는, 각각의 제시문을 먼저 요약한 뒤, 핵심 키워드를 찾은 다음 이를 토대로 주제문을 가려내어 하나의 주제를 유추하면 된다. 따라서 평소에 제시문을 읽고, 핵심 키워드를 찾아 문장을 구성하는 연습을 많이 해두어야 한다. 또한 겉으로 드러난 주제나 정보를 찾는 데 그치지 않고 글 속에 숨겨진 의도나 정보를 찾기 위해 꼼꼼히 관찰하는 태도가 필요하다.

01 | 빈칸추론

| 유형분석 |

- 제시문을 읽고 빈칸에 들어갈 가장 적절한 선택지를 찾는 유형이다.
- 글의 전체적인 주제뿐만 아니라 세부적인 사항까지도 제대로 이해할 수 있는지 평가한다.

다음 글의 빈칸에 들어갈 내용으로 가장 적절한 것은?

오존구멍을 비롯해 성층권의 오존이 파괴되면 어떤 문제가 생길까. 지표면에서 오존은 강력한 산화물질로 호흡기를 자극하는 대기오염물질로 분류되지만, 성층권에서는 자외선을 막아주기 때문에 두 얼굴을 가진 물질로 불리기도 한다. 오존층은 강렬한 태양자외선을 막아주는 역할을 하는데, 오존층이 얇아지면 자외선이 지구 표면까지 도달하게 된다.

사람의 경우 자외선에 노출되면 백내장과 피부암 등에 걸릴 위험이 커진다. 강한 자외선이 각막을 손상시키고 세포 DNA에 이상을 일으키기 때문이다. DNA 염기 중 티민(Thymine, T) 두 개가 나란히 있는 경우 자외선에 의해 티민 두 개가 한 데 붙어버리는 이상이 발생하고, 세포분열 시 DNA가 복제되면서 다른 염기가 들어가고, 이것이 암으로 이어질 수 있다.

지난 2월 '사이언스'는 극지방 성층권의 오존구멍은 줄었지만, 많은 인구가 거주하는 중위도 지방에서는 오히려 오존층이 얇아졌다고 지적했다. 중위도 성층권에서도 상층부는 오존층이 회복되고 있지만, 저층부는 얇아졌다는 것이다. 오존층이 얇아지면 더 많은 자외선이 지구 표면에 도달하여 사람들 사이에서 피부암이나 백내장 발생 위험이 커지게 된다. 즉, _____

① 극지방 성층권의 오존구멍을 줄이는 데 정부는 더 많은 노력을 기울여야 한다.
② 인구가 많이 거주하는 지역일수록 오존층의 파괴가 더욱 심하게 나타난다는 것이다.
③ 극지방의 파괴된 오존층으로 인해 사람들이 더 많은 자외선에 노출되고, 세포 DNA에 이상이 발생한다.
④ 극지방의 오존구멍보다 중위도 저층부에서 얇아진 오존층이 더 큰 피해를 가져올 수도 있는 셈이다.
⑤ 대기오염물질로 분류되는 오존이라도 지표면에 적절하게 존재해야 사람들의 피해를 막을 수 있다.

④

제시문에서는 오존층 파괴 시 나타나는 문제점에 대해 설명하고 있으며, 빈칸의 앞 문단에서는 극지방 성층권의 오존구멍은 줄었지만, 많은 인구가 거주하는 중위도 저층부에서는 오히려 오존층이 얇아졌다고 언급하고 있다. 따라서 많은 인구가 거주하는 중위도 저층부에서의 오존층 파괴는 극지방의 오존구멍보다 더 큰 피해를 가져올 것이라는 ④가 빈칸에 들어갈 내용으로 가장 적절하다.

① 극지방 성층권의 오존구멍보다 중위도 지방의 오존층이 얇아지는 것이 더욱 큰 문제이다.
② 제시문에서 오존층을 파괴하는 원인은 찾아볼 수 없으며, 인구가 많이 거주하는 지역일수록 오존층의 파괴에 따른 피해가 크다는 것이다.
③ 극지방이 아닌 중위도 지방에서의 얇아진 오존층이 사람들을 더 많은 자외선에 노출시키며, 오히려 극지방의 오존구멍은 줄어들었다.
⑤ 지표면이 아닌 성층권에서의 오존층의 역할 및 문제점에 대해 설명하고 있다.

30초 컷 풀이 Tip

빈칸추론을 빨리 푸는 방법은 빈칸의 앞 / 뒤 문장을 살펴보고 선택지에서 답을 추론하는 것이라고 알려져 있다. 그러나 최근 빈칸추론 유형의 난이도가 점차 높아지고 있어 글의 전체적인 주제와 맥락을 파악하지 못한다면 풀이에 어려움을 겪을 수 있다.

※ 다음 글의 빈칸에 들어갈 내용으로 가장 적절한 것을 고르시오. [1~4]

01

고대 희랍의 누드 조각, 르네상스의 누드화, 인상파, 로댕, 피카소 등에 이르기까지 서양의 에로티시즘은 생명을 새롭게 파악하여 현실의 여러 의미를 보여 준다. 발가벗은 인체를 예술의 소재로 삼는다는 것은 우리 인간의 생명의 비밀을 직시하려는 태도의 표명이며, 삶의 근원을 찾아내려는 모색의 과정이다. 또한 에로티시즘의 조형화(造型化)는 삶의 단순한 향유가 아니라 현실의 재확인이다. 그러므로 대중들이 즐기고 욕망하는 현실 감정이 가장 쉽게 그리고 직접적으로 누드에 반영된다. 우리의 미술사에서도 어느 정도 이러한 점을 확인할 수 있다. 성(性)을 경원시하고 남녀유별(男女有別)에 철저했던, 유교적 도덕으로 무장한 조선의 풍토에서 혜원 신윤복의 존재는 무엇을 말해주는가? 왜 혜원의 춘의도(春意圖)가 그 시대 산수도보다 대중들에게 잘 수용되었던가? 그것은 그가 당대의 사회적 풍토로 인해 억압되어 있었던 _____을 잘 드러냈기 때문이다. 그런데 근래의 우리 누드 화가들은 어떠한가? 누드를 통해 어떤 현실을 인식시키고 어떤 진실을 표현하려 하였던가? 가령 김승인의 〈나부(裸婦)〉를 놓고 보자. 이국적인 용모를 지닌 풍요한 여체가 옆면으로 등을 보이면서 소파 위에 앉아 있다. 주위의 실내 배경은 서구 스타일의 장식으로 간략히 정돈된 고전풍이다. 그에 따라 나부가 효과적으로 중심을 드러낸다. 기법은 인상주의 이전의 사실주의 수법으로 객관미를 표출하고 있다. 그럼에도 그의 누드는 우리에게 위화감을 불러일으킨다. 무엇 때문인가?

우리는 그의 누드 속의 인물, 즉 이국적 호사 취미에 알맞은 장식적 인물에서 그 단서를 발견할 수 있다. 우리가 보아온 누드 어디에 그 같은 취향이 있었던가? 이 누드의 풍요성과 같은 안정된 현실을 어느 시대에서 향유할 수 있었단 말인가? 결국 그의 누드에 담긴 장식적 현실은 부르주아적 모방 취미가 아닐 수 없다. 그런 누드화는 부유층의 수요에 의하여 생산되는 사치품에 불과하다. 이처럼 근래의 우리 누드화는 민중의 현실 속으로 파고들지 못했다.

① 도덕적 불감증　　　　　　　　② 전통적인 가치관
③ 지배층의 물질적 욕망　　　　　④ 보편적인 감정의 진실
⑤ 사회 체제에 대한 불만

02

일반적으로 물체, 객체를 의미하는 프랑스어 오브제(Objet)는 라틴어에서 유래된 단어로, 어원적으로는 앞으로 던져진 것을 의미한다. 미술에서 대개 인간이라는 '주체'와 대조적인 '객체'로서의 대상을 지칭할 때 사용되는 오브제가 미술사 전면에 나타나게 된 것은 입체주의 이후이다.

20세기 초 입체파 화가들이 화면에 나타나는 공간을 자연의 모방이 아닌 독립된 공간으로 인식하기 시작하면서 회화는 재현미술로서의 단순한 성격을 벗어나기 시작한다. 즉, '미술은 그 자체가 실재이다. 또한 그것은 객관세계의 계시 혹은 창조이지 그것의 반영이 아니다.'라는 세잔의 사고에 의하여 공간의 개방화가 시작된 것이다. 이는 평면에 실제 사물이 부착되는 콜라주 양식의 탄생과 함께 일상의 평범한 재료들이 회화와 자연스레 연결되는 예술과 비예술의 결합으로 차츰 변화하게 된다.

이러한 오브제의 변화는 다다이즘과 쉬르리얼리즘에서 '일용의 기성품과 자연물 등을 원래의 그 기능이나 있어야 할 장소에서 분리하고, 그대로 독립된 작품으로서 제시하여 일상적 의미와는 다른 상징적·환상적인 의미를 부여하는' 것으로 일반화된다. 그리고 동시에, 기존 입체주의에서 단순한 보조 수단에 머물렀던 오브제를 캔버스와 대리석의 대체하는 확실한 표현 방법으로 완성시켰다.

이후 오브제는 그저 예술가가 지칭하는 것만으로도 우리의 일상생활과 환경 그 자체가 곧 예술작품이 될 수 있음을 주장한다. ＿＿＿＿＿＿＿＿＿＿＿＿＿＿＿＿＿＿＿＿＿＿＿＿＿＿＿ 거기에서 더 나아가 오브제는 일상의 오브제를 다양하게 전환시켜 다양성과 대중성을 내포하고, 오브제의 진정성과 상징성을 제거하는 팝아트에서 다시 한 번 새롭게 변화하기에 이른다.

① 무너진 베를린 장벽의 조각을 시내 한복판에 장식함으로써 예술과 비예술이 결합한 것이다.
② 화려하게 채색된 소변기를 통해 일상성에 환상적인 의미를 부여한 것이다.
③ 평범한 세면대일지라도 예술가에 의해 오브제로 정해진다면 일상성을 간직한 미술과 일치되는 것이다.
④ 폐타이어나 망가진 금관악기 등으로 제작된 자동차를 통해 일상의 비일상화를 나타낸 것이다.
⑤ 기존의 수프 통조림을 실크 스크린으로 동일하게 인쇄하여 손쉽게 대량생산되는 일상성을 풍자하는 것이다.

03

과거, 민화를 그린 사람들은 정식으로 화업을 전문으로 하는 사람이 아니었다. 대부분 타고난 그림 재주를 밑천으로 그림을 그려 가게에 팔거나 필요로 하는 사람에게 그려주고 그 대가로 생계를 유지한 사람들이었던 것이다. 그들은 민중의 수요를 충족시키기 위해 정형화된 내용과 상투적 양식의 그림을 반복적으로 그렸다.

민화는 당초부터 세련된 예술미 창조를 목표로 하는 그림이 아니었다. 단지 이 세상을 살아가는 데 필요한 진경(珍景)의 염원과 장식 욕구를 충족할 수만 있으면 그것으로 족한 그림이었던 것이다. 그래서 표현 기법이 비록 유치하고, 상투적이라 해도 화가나 감상자(수요자) 모두에게 큰 문제가 되지 않았던 것이다.

_____ 다시 말해 민화는 필력보다 소재와 그것에 담긴 뜻이 더 중요한 그림이었던 것이다. 문인 사대부들이 독점 향유해 온 소재까지도 서민들은 자기식으로 해석, 번안하고 그 속에 현실적 욕망을 담아 생활 속에 향유했다. 민화에 담은 주된 내용은 세상에 태어나 죽을 때까지 많은 자손을 거느리고 부귀를 누리면서 편히 오래 사는 것이었다.

① '어떤 기법을 쓰느냐.'에 따라 민화는 색채가 화려하거나 단조로울 수 있다.

② '어떤 기법을 쓰느냐.'보다 '무엇을 어떤 생각으로 그리느냐.'를 중시하는 것이 민화였다.

③ '어떤 기법을 쓰느냐.'보다 '감상자가 작품에 만족을 하는지.'를 중시하는 것이 민화였다.

④ '어떤 기법을 쓰느냐.'에 따라 세련된 그림이 나올 수도 있고, 투박한 그림이 나올 수 있다.

⑤ '어떤 기법을 쓰느냐.'와 '무엇을 어떤 생각으로 그리느냐.'를 모두 중시하는 것이 민화였다.

04

MZ세대 직장인을 중심으로 '조용한 사직'이 유행하고 있다. '조용한 사직'이라는 신조어는 한 미국인이 SNS에 소개하면서 큰 호응을 얻은 것으로 실제로 퇴사하진 않지만 최소한의 일만 하는 업무태도를 말한다. 실제로 MZ세대 직장인은 '적당히 하자'라는 생각으로 주어진 업무는 하되 더 찾아서 하거나 스트레스 받을 수준으로 많은 일을 맡지 않고, 사내 행사도 꼭 필요할 때만 참여해 일과 삶을 철저히 분리하고 있다.

한 채용 플랫폼의 설문조사 결과에 따르면 직장인 10명 중 7명이 '월급 받는 만큼만 일하면 끝'이라고 답했고, 20대 응답자 중 78.5%, 30대 응답자 중 77.1%가 '받은 만큼만 일한다.'라고 답했다. 설문조사 결과 연령대가 높아질수록 그 비율은 감소해 젊은 층을 중심으로 이 같은 인식이 확산하고 있음을 짐작할 수 있다.

이러한 인식이 확산하는 데는 인플레이션으로 인한 임금 감소, '돈을 많이 모아도 집 한 채를 살 수 있을까?' 등 전반적인 경제적 불만이 기저에 있다고 전문가들은 말했다. 또 MZ세대가 '노력에 상응하는 보상을 받고 있는지'에 민감하게 반응하는 특성을 가지고 있는 것도 한몫하고 있다.

문제점은 이러한 '조용한 사직' 분위기가 기업의 전반적인 생산성 저하로 이어지고 있는 것이다. 이에 맞서 기업도 '조용한 사직'으로 대응해 게으른 직원에게 업무를 주지 않는 '조용한 해고'를 하는 상황이 발생하고 있다. 이에 전문가들은 MZ세대 직장인을 나태하다고 구분 짓는 사고방식은 잘못되었다고 지적하며, 기업 차원에서는 "＿＿＿＿＿＿＿＿＿＿＿＿＿＿＿＿＿＿＿＿＿＿"이, 개인 차원에서는 "스스로 일과 삶을 잘 조율하는 현명함을 만드는 것"이 필요하다고 언급했다.

① 직원이 스트레스를 받지 않게 적당량의 업무를 배당하는 것
② 젊은 세대의 특성을 이해하고 온전히 받아들이는 것
③ 젊은 세대가 함께할 수 있도록 분위기를 만드는 것
④ 직원이 일한 만큼 급여를 올려주는 것
⑤ 젊은 세대의 채용을 신중히 하는 것

02 | 일치·불일치

| 유형분석 |

- 글을 읽고 세부 내용을 파악하는 능력을 평가한다.
- 자신의 주관적인 판단보다는 글의 세부 내용에 대한 이해를 기반으로 문제를 풀어야 한다.

다음 글의 내용으로 가장 적절한 것은?

녹내장은 안구 내 여러 가지 원인에 의하여 시신경이 손상되고, 이에 따른 시야결손이 발생하는 진행성의 시신경 질환이다. 현재까지 녹내장 발병 원인에 대한 많은 연구가 진행되었으나, 지금까지 가장 확실한 원인은 안구 내 안압의 상승이다. 상승된 안압이 망막 시신경섬유층과 시신경을 압박함으로써 시신경이 손상되거나 시신경으로 공급되는 혈류량이 감소됨으로써 시신경 손상이 발생될 수 있다.

녹내장은 일반적으로 주변 시야부터 좁아지는 것이 주된 증상이며 그래서 초기에는 환자가 느낄 수 있는 자각증상이 없는 경우가 대부분이다. 그래서 결국은 중심시야까지 침범된 말기가 돼서야 병원을 찾는 경우가 많다. 녹내장은 제대로 관리되지 않으면 각막혼탁, 안구로, 실명의 합병증이 동반될 수 있다.

녹내장을 예방할 수 있는 방법은 아직 알려지지 않았다. 단지 녹내장은 대부분 장기간에 걸쳐 천천히 진행되는 경우가 많으므로 조기에 발견하는 것이 가장 좋은 예방법이라고 할 수 있다. 정기적인 검진으로 자신의 시신경 상태를 파악하고 그에 맞는 생활패턴의 변화를 주는 것이 도움이 된다. 녹내장으로 진단이 되면 금연을 해야 하며 가능하면 안압이 올라가는 상황을 피하는 것이 좋다. 예를 들면 무거운 물건을 든다든지, 목이 졸리게 넥타이를 꽉 맨다든지, 트럼펫과 같은 악기를 부는 경우에는 병의 경과를 악화시킬 가능성이 있으므로 피해야 한다.

① 녹내장은 일반적으로 중심시야부터 시작하여 주변 시야로 시야결손이 확대된다.
② 상승된 안압이 시신경으로 공급되는 혈류량을 증폭시켜 시신경 손상이 발생한다.
③ 녹내장 진단 후 안압이 하강할 수 있는 상황은 되도록 피해야 한다.
④ 녹내장의 발병을 예방할 수 있는 방법은 아직 없다.
⑤ 녹내장은 단기간에 빠르게 진행되는 경우가 대부분이다.

정답 ④

세 번째 문단에서 녹내장을 예방할 수 있는 방법은 아직 알려지지 않았고, 가장 좋은 예방법은 조기에 발견하는 것이라고 하였다. 따라서 녹내장 예방법은 아직 없다고 볼 수 있으므로 ④가 가장 적절하다.

오답분석

① 녹내장은 일반적으로 주변 시야부터 좁아지기 시작해 중심시야로 진행되는 병이다.

② 상승된 안압이 시신경으로 공급되는 혈류량을 감소시켜 시신경 손상이 발생될 수 있다.

③ 녹내장은 안압의 상승이 발병 원인이므로 안압이 상승할 수 있는 상황은 되도록 피해야 한다.

⑤ 녹내장은 대부분 장기간에 걸쳐 천천히 진행되는 경우가 많다.

30초 컷 풀이 Tip

주어진 글의 내용으로 적절한 것 또는 적절하지 않은 것을 고르는 문제의 경우, 지문을 읽기 전에 문제와 선택지를 먼저 읽어보는 것이 좋다. 이를 통해 지문 속에서 알아내야 할 정보가 무엇인지를 미리 인지한 후 글을 읽어야 문제 푸는 시간을 단축할 수 있다.

01   다음 글의 내용으로 가장 적절한 것은?

풍속화는 문자 그대로 풍속을 그린 그림이다. 세속을 그린 그림이라는 뜻에서 속화(俗畵)라고도 한다. 정의는 이렇게 간단하지만 따져야 할 문제들은 산적해 있다. 나는 풍속화에 대해 엄밀한 학문적 논의를 펼 만큼 전문적인 식견을 갖고 있지는 않다. 하지만 한 가지 확실하게 말할 수 있는 것은, 풍속화가 인간의 모습을 화폭 전면에 채우는 그림이라는 사실이다. 그런데 현재 우리가 접하는 그림에서, 인간의 모습이 그림의 전면을 차지하는 작품은 생각보다 많지 않다. 우리의 일상적인 모습은 더욱 그렇다. 만원 지하철에 시달리며 출근 전쟁을 하고, 직장 상사로부터 핀잔을 듣고, 포장마차에서 소주를 마시고, 노래방에서 스트레스를 푸는 평범한 사람들의 일상의 모습은 그림에 등장하지 않는다. 조선 시대에도 회화의 주류는 산수와 꽃과 새, 사군자와 같은 인간의 외부에 존재하는 대상을 그리는 것이었다. 이렇게 말하면 너무 지나치다고도 할 것이다. 산수화에도 인간이 등장하고 있지 않은가? 하지만 산수화 속의 인간은 산수에 부속된 것일 뿐이다. 산수화에서의 초점은 산수에 있지, 산수 속에 묻힌 인간에 있지 않다. 인간의 그림이라면, 초상화가 있지 않느냐고 물을 수도 있다. 사실 그렇다. 초상화는 인간이 화면 전체를 차지하는 그림이다. 나는 조선 시대 초상화에서 깊은 감명을 받은 적도 있다. 그것은 초상에 그 인간의 내면이 드러나 보일 때인데, 특히 송시열의 초상화를 보고 그런 느낌을 받았다. 하지만 초상화는 아무래도 딱딱하다. 초상화에서 보이는 것은 얼굴과 의복일 뿐, 구체적인 삶의 모습은 아니다. 이에 반해 조선 후기 풍속화는 인간의 현세적·일상적 모습을 중심 제재로 삼고 있다. 조선 사회가 양반 관료 사회인만큼 양반들의 생활이 그려지는 것은 당연하겠지만, 풍속화에 등장하는 인물의 주류는 이미 양반이 아니다. 농민과 어민, 그리고 별감, 포교, 나장, 기생, 뚜쟁이 할미까지 도시의 온갖 인간들이 등장한다. 풍속화를 통하여 우리는 양반이 아닌 인간들을 비로소 만나게 된 것이다. 여성이 그림에 등장하는 것도 풍속화의 시대에 와서이다. 조선 시대는 양반·남성의 사회였다. 양반·남성 중심주의는 양반이 아닌 이들과 여성을 은폐하였다. 이들이 예술의 중심대상이 된 적은 거의 없었다. 특히 그림에서는 인간이 등장하는 일이 드물었고, 여성이 등장하는 일은 더욱 없었다. 풍속화에 와서야 비로소 여성이 회화의 주요대상으로 등장했던 것이다. 조선 시대 풍속화는 18, 19세기에 '그려진 것'이다. 물론 풍속화의 전통을 따지고 들면, 저 멀리 고구려 시대의 고분벽화에 까지 이를 수 있다. 그러나 그것들은 의례적·정치적·도덕적 관념의 선전이란 목적을 가지고 '제작된 것'이다. 좀 더 구체적으로 말하자면, 죽은 이를 위하여, 농업의 중요성을 강조하고 생산력을 높이기 위하여, 혹은 민중의 교화를 위하여 '제작된 것'이다. 이점에서 이 그림들은 18, 19세기의 풍속화와는 구분되어야 마땅하다.

① 풍속화는 인간의 외부에 존재하는 대상을 그리는 것이었다.
② 조선 후기 풍속화에는 양반들의 생활상이 주로 나타나 있다.
③ 조선 시대 산수화 속에 등장하는 인물은 부수적 존재에 불과하다.
④ 조선 시대 회화의 주류는 인간의 내면을 그린 그림이 대부분이었다.
⑤ 조선 전기에도 여성이 회화의 주요대상으로 등장했다.

02 다음 글의 내용으로 적절하지 않은 것은?

> '갑'이라는 사람이 있다고 하자. 이때 사회가 갑에게 강제적 힘을 행사하는 것이 정당화되는 근거는 무엇일까? 그것은 갑이 다른 사람에게 미치는 해악을 방지하려는 데 있다. 특정 행위가 갑에게 도움이 될 것이라든가, 이 행위가 갑을 더욱 행복하게 할 것이라든가 또는 이 행위가 현명하다든가 혹은 옳은 것이라든가 하는 이유를 들면서 갑에게 이 행위를 강제하는 것은 정당하지 않다. 이러한 이유는 갑에게 권고하거나 이치를 이해시키거나 무엇인가를 간청하거나 할 때는 충분한 이유가 된다. 그러나 갑에게 강제를 가하는 이유 혹은 어떤 처벌을 가할 이유는 되지 않는다. 이와 같은 사회적 간섭이 정당화되기 위해서는 갑이 행하려는 행위가 다른 어떤 이에게 해악을 끼칠 것이라는 점이 충분히 예측되어야 한다. 한 사람이 행하고자 하는 행위 중에서 그가 사회에 대해서 책임을 져야 할 유일한 부분은 다른 사람에게 관계되는 부분이다.

① 타인과 관계되는 행위는 사회적 책임이 따른다.
② 개인에 대한 사회의 간섭은 어떤 조건이 필요하다.
③ 행위 수행 혹은 행위 금지의 도덕적 이유와 법적 이유는 구분된다.
④ 한 사람의 행위는 타인에 대한 행위와 자신에 대한 행위로 구분된다.
⑤ 사회는 개인의 해악에 관해서는 관심이 있지만, 그 해악을 방지할 강제성의 근거는 가지고 있지 않다.

03 다음 글을 읽고 독자의 반응으로 적절하지 않은 것은?

> 열차 내에서의 범죄가 급격하게 증가함에 따라 H사는 열차 내에서의 범죄 예방과 안전 확보를 위해 운행하고 있는 모든 열차의 모든 객실에 CCTV를 설치하고, 열차 승무원들에게 바디캠을 지급하겠다고 밝혔다.
> CCTV는 열차 종류에 따라 운전실에서 비상시 실시간으로 상황을 파악할 수 있는 '네트워크 방식'과 각 객실에서의 영상을 저장하는 '개별 독립 방식'의 2가지 방식으로 사용 및 설치가 진행될 예정이며, 각 객실에는 사각지대를 없애기 위해 4대 가량의 CCTV가 설치된다. 이 중 2대는 휴대 물품 도난 방지 등을 위해 휴대 물품 보관대 주변에 위치하게 된다.
> 이에 따라 H사는 CCTV 제품 품평회를 가져 각 제품의 형태와 색상, 재질 등에 대한 의견을 나누고 각 제품이 실제로 열차 운행 시 진동과 충격 등에 적합한지에 대한 시험을 진행한 후 도입할 예정이다.

① 현재는 모든 열차에 CCTV가 설치되어 있지 않다.
② 과거에 비해 승무원에 대한 승객의 범죄행위 증거 취득이 유리해졌다.
③ CCTV를 설치를 통해 인적 피해와 물적 피해 모두 예방할 수 있다.
④ CCTV의 설치를 통해 실시간으로 모든 객실을 모니터링 할 수 있다.
⑤ CCTV의 내구성뿐만 아니라 외적인 디자인도 제품선택에 영향을 줄 수 있다.

03 | 주제 · 제목찾기

| 유형분석 |

- 글을 읽고 글의 요지를 올바르게 파악하는지 평가한다.
- 경제·경영·철학·역사·예술·과학 등 다양한 분야와 관련된 지문이 제시되므로 평소에 폭넓은 독서를 해두어야 한다.

다음 글의 주제로 가장 적절한 것은?

우리 사회는 타의 추종을 불허할 정도로 빠르게 변화하고 있다. 가족정책도 4인 가족 중심에서 1~2인 가구 중심으로 변해야 하며, 청년실업률과 비정규직화, 독거노인의 증가를 더 이상 개인의 문제가 아닌 사회문제로 다뤄야 하는 시기이다. 여러 유형의 가구와 생애주기 변화, 다양해지는 수요에 맞춘 공동체 주택이야말로 최고의 주거복지사업이다. 공동체 주택은 공동의 목표와 가치를 가진 사람들이 커뮤니티를 이뤄 사회문제에 공동으로 대처해 나가도록 돕고, 나아가 지역사회와도 연결시키는 작업을 진행하고 있다.

임대료 부담으로 작품 활동이나 생계에 어려움을 겪는 예술인을 위한 공동주택, 1인 창업과 취업을 위해 골몰하는 청년을 위한 주택, 지속적인 의료서비스가 필요한 환자나 고령자를 위한 의료안심주택은 모두 시민의 삶의 질을 높이고 선별적 복지가 아닌 복지사회를 이루기 위한 노력의 일환이다. 혼자가 아닌 '함께 가는' 길에 더 나은 삶이 있기 때문에 오늘도 수요자 맞춤형 공공주택은 수요자에 맞게 진화하고 있다.

① 주거난에 대비하는 주거복지 정책
② 4차산업혁명과 주거복지
③ 선별적 복지정책의 긍정적 결과
④ 수요자 중심의 대출규제 완화
⑤ 다양성을 수용하는 주거복지 정책

정답 ⑤

제시문은 빠른 사회 변화 속 다양해지는 수요에 맞춘 주거복지 정책의 예로 예술인을 위한 공동주택, 창업 및 취업자를 위한 주택, 의료안심주택을 들고 있다. 따라서 주제로 올바른 것은 '다양성을 수용하는 주거복지 정책'이다.

30초 컷 풀이 Tip

부분적인 내용만 포함하는 선택지가 정답과 함께 제시되는 경우가 있어 헷갈리기 쉽다. 제시문을 읽고 전체적인 내용을 포괄하는 보기를 골라야 한다.

Easy

01 다음 글의 표제와 부제로 적절하지 않은 것은?

> 인간은 자연 속에서 태어나 살다가 자연으로 돌아간다. 이처럼 자연은 인간 삶의 무대요 안식처이
> 다. 그러므로 자연과 인간의 관계는 불가분의 관계이다. 유교는 바로 이 점에 주목하여 인간과 자연
> 의 원만한 관계를 추구하였다. 이는 자연이 인간을 위한 수단이 아니라 인간과 공존해야 할 대상이
> 라는 것을 뜻한다.
>
> 유교는 자연을 인간의 부모로 생각하고 인간은 자연의 자식이라고 여겨왔다. 그러므로 유교에서는
> 인간의 본질적 근원을 천(天)에 두었다. 하늘이 명한 것을 성(性)이라 하고, 하늘이 인간에게 덕(德)
> 을 낳아 주었다고 하였다. 이는 인간에게 주어진 본성과 인간에 내재한 덕이 하늘에서 비롯한 것임
> 을 밝힌 것이다. 이와 관련하여 이이는 "사람이란 천지의 이(理)를 부여받아 성(性)을 삼고, 천지의
> 기(氣)를 나누어 형(形)을 삼았다."라고 하였다. 이는 인간 존재를 이기론(理氣論)으로 설명한 것이
> 다. 인간은 천지의 소산자(所産者)이며 이 인간 생성의 모태는 자연이다. 그러므로 천지 만물이 본
> 래 나와 한몸이라고 할 수 있는 것이다.
>
> 유교에서는 천지를 인간의 모범 혹은 완전자(完全者)로 이해하였다. 유교 사상에 많은 영향을 미친
> 『주역』에 의하면 성인(聖人)은 천지와 더불어 그 덕을 합한 자이며, 해와 달과 함께 그 밝음을 합한
> 자이며, 사시(四時)와 더불어 그 질서를 합한 자이다. 이에 대하여 이이는 '천지란 성인의 준칙이요,
> 성인이란 중인의 준칙'이라 하여 천지를 성인의 표준으로 이해하였다. 따라서 성인의 덕은 하늘과
> 더불어 하나가 되므로 신묘하여 헤아릴 수 없다고 하였다. 이와 같이 천지는 인간의 모범으로 일컫
> 어졌고, 인간은 그 천지의 본성을 부여받은 존재로 규정되었다. 그러므로 『중용』에서는 성(誠)은
> 하늘의 도(道)요, 성(誠)이 되고자 노력하는 것이 인간의 도리라고 하였다. 즉, 참된 것은 우주 자연
> 의 법칙이며, 그 진실한 자연의 법칙을 좇아 살아가는 것은 인간의 도리라는 것이다. 이처럼 유교는
> 인간 삶의 도리를 자연의 법칙에서 찾았고, 자연의 질서에 맞는 인간의 도리를 이상으로 여겼다.
>
> 이렇게 볼 때, 유교에서는 인간과 자연을 하나로 알고 상호 의존하고 있는 유기적 존재로 인식함으
> 로써 천인합일(天人合一)을 추구하였음을 알 수 있다. 이러한 바탕 위에서 유교는 자존과 공존의
> 자연관을 말하였다. 만물은 저마다 자기 생을 꾸려나간다. 즉, 인간은 인간대로, 동물은 동물대로,
> 식물은 식물대로 각기 자기 삶을 살아가지만 서로 해치지 않는다. 약육강식의 먹이 사슬로 보면 이
> 러한 설명은 타당하지 않은 듯하다. 그러나 생태계의 질서를 살펴보면 먹고 먹히면서도 전체적으로
> 는 평등하다는 것을 알 수 있다. 또한 만물의 도는 함께 운행되고 있지만 전체적으로 보면 하나의
> 조화를 이루어 서로 어긋나지 않는다. 이것이야말로 자존과 공존의 질서가 서로 어긋나지 않으면서
> 하나의 위대한 조화를 이루고 있는 것이다. 나도 살고 너도 살지만, 서로 해치지 않는 조화의 질서
> 가 바로 유교의 자연관인 것이다.

① 유교와 현대 철학 – 환경 파괴 문제에 관하여
② 우주를 지배하는 자연의 질서 – 자연이 보여준 놀라운 복원력
③ 유교에서 바라본 자연관 – 자연과 인간의 공존을 찾아서
④ 유교의 현대적인 의미 – 자연에서 발견하는 삶의 지혜
⑤ 유교에서 바라본 현대 문명 – 자존과 공존의 문명을 그리며

PART 2

Hard

02

구비문학에서는 기록문학과 같은 의미의 단일한 작품 또는 원본이라는 개념이 성립하기 어렵다. 윤선도의 '어부사시사'와 채만식의 『태평천하』는 엄밀하게 검증된 텍스트를 놓고 이것이 바로 그 작품이라 할 수 있지만, '오누이 장사 힘내기' 전설이라든가 '진주 낭군' 같은 민요는 서로 조금씩 다른 구연물이 다 그 나름의 개별적 작품이면서 동일 작품의 변이형으로 인정되기도 하는 것이다. 이야기꾼은 그의 개인적 취향이나 형편에 따라 설화의 어떤 내용을 좀 더 실감 나게 손질하여 구연할 수 있으며, 때로는 그 일부를 생략 혹은 변경할 수 있다. 모내기할 때 부르는 '모노래'는 전승적 가사를 많이 이용하지만 선창자의 재간과 그때그때의 분위기에 따라 새로운 노래 토막을 끼워 넣거나 일부를 즉흥적으로 개작 또는 창작하는 일도 흔하다.

① 구비문학의 현장성   ② 구비문학의 유동성
③ 구비문학의 전승성   ④ 구비문학의 구연성
⑤ 구비문학의 사실성

03

맥주의 주원료는 양조용수·보리·홉 등이다. 맥주를 양조하기 위해서는 일반적으로 맥주 생산량의 10 ~ 20배 정도 되는 물이 필요하며, 이것을 양조용수라고 한다. 양조용수는 맥주의 종류와 품질을 좌우하며, 무색·무취·투명해야 한다. 보리를 싹틔워 맥아로 만든 것을 사용하여 맥주를 제조하는데 맥주용 보리로는 곡립이 고르고 녹말질이 많으며 단백질이 적은 것, 그리고 곡피(穀皮)가 얇으며 발아력이 왕성한 것이 좋다. 홉은 맥주 특유의 쌉쌀한 향과 쓴맛을 만들어내는 주요 첨가물이며, 맥주를 맑게 하고 잡균의 번식을 막아주는 역할을 한다.
맥주의 제조공정을 살펴보면 맥아제조, 담금, 발효, 저장, 여과의 다섯 단계로 나눌 수 있다.
이 중 발효 공정은 맥즙이 발효되어 술이 되는 과정을 말하는데 효모가 발효탱크 속에서 맥즙에 있는 당분을 알코올과 탄산가스로 분해한다. 이 공정은 일주일간 이어지며, 그동안 맥즙 안에 있던 당분은 점점 줄어들고 알코올과 탄산가스가 늘어나 맥주가 되는 것이다. 이때 발효 중 맥즙의 온도 상승을 막기 위해 탱크를 냉각코일로 감고 그 표면을 하얀 폴리우레탄으로 단열시키는데, 그 모습이 마치 남극의 이글루처럼 보이기도 한다.
발효의 방법에 따라 하면발효맥주와 상면발효맥주로 구분되는데, 이는 어떤 온도에서 발효시키느냐에 달려있다. 세계 맥주 생산량의 70%를 차지하는 하면발효맥주는 발효 중 밑으로 가라앉는 효모를 사용해 저온에서 발효시킨 맥주를 말한다. 요즘 유행하는 드래프트비어가 바로 여기에 속한다. 반면, 상면발효맥주는 주로 영국, 미국, 캐나다, 벨기에 등에서 생산되며 발효 중 표면에 떠오르는 효모로 비교적 높은 온도에서 발효시킨 맥주를 말한다. 에일, 스타우트 등이 상면발효맥주에 포함된다.

① 맥주의 제조공정
② 맥주의 발효과정
③ 주원료에 따른 맥주의 발효 방법 분류
④ 홉과 발효 방법의 종류에 따른 맥주 구분법
⑤ 맥주의 주원료와 발효 방법에 따른 맥주의 종류

04 다음 글의 중심 내용으로 가장 적절한 것은?

> 그리스 철학의 집대성자라고도 불리는 철학자 아리스토텔레스는 자연의 모든 물체는 '자연의 사다리'에 의해 계급화되어 있다고 생각했다. 자연의 사다리는 아래서부터 무생물, 식물, 동물, 인간, 그리고 신인데, 이러한 계급에 맞춰 각각에 일정한 기준을 부여했다. 18세기 유럽 철학계와 과학계에서는 이러한 자연의 사다리 사상이 크게 유행을 했으며 사다리의 상층인 신과 인간에게는 높은 이성과 가치가 있고, 그 아래인 동물과 식물에게는 인간보다 낮은 가치가 있다고 보기 시작했다. 이처럼 서양의 자연관은 인간과 자연을 동일시하던 고대에서 벗어나 인간만이 영혼이 있으며 이에 따라 인간만이 자연을 지배할 수 있다고 믿는 기독교 중심의 중세 시대를 지나, 여러 철학자들을 거쳐 점차 인간이 자연보다 우월한 자연지배관으로 모습이 바뀌기 시작했다. 이러한 자연관을 토대로 서양에서는 자연스럽게 산업혁명 등을 통한 대량소비와 대량생산의 경제성장 구조와 가치체계가 발전되어 왔다.
> 동양의 자연관 역시 동양철학과 불교 등의 이념과 함께 고대에서 중세 시대를 지나게 되었다. 하지만 서양의 인간중심 철학과 달리 동양철학과 불교에서는 자연과 인간을 동일 선상에 놓거나 둘의 조화를 중요시하여 합일론을 주장했다. 이들의 사상은 노자와 장자의 무위자연의 도, 불교의 윤회사상 등에서 살펴볼 수 있다. 대량소비와 대량생산으로 대표되는 자본주의의 한계와 함께 지구온난화, 자원 고갈, 생태계 파괴가 대두되는 요즘, 동양의 자연관이 주목받고 있다.

① 서양철학에서 나타나는 부작용
② 자연의 사다리와 산업혁명
③ 철학과 지구온난화의 상관관계
④ 서양의 자연관과 동양의 자연관의 차이
⑤ 서양철학의 문제점과 동양철학을 통한 해

04 | 나열하기

| 유형분석 |

- 문장이나 문단을 올바르게 나열할 수 있는 논리력을 평가한다.
- 문단 순서 나열에서 가장 중요한 것은 지시어와 접속어이므로, 접속어의 쓰임에 대해 정확히 알고 있어야 하며 지시어가 가리키는 것이 무엇인지 잘 파악해야 한다.

다음 문단을 논리적 순서대로 바르게 나열한 것은?

(가) 상품의 가격은 기본적으로 수요와 공급의 힘으로 결정된다. 시장에 참여하고 있는 경제주체들은 자신이 가진 정보를 기초로 하여 수요와 공급을 결정한다.

(나) 이런 경우에는 상품의 가격이 우리의 상식으로는 도저히 이해하기 힘든 수준까지 일시적으로 뛰어오르는 현상이 나타날 가능성이 있다. 이런 현상은 특히 투기의 대상이 되는 자산의 경우 자주 나타나는데, 우리는 이를 '거품현상'이라고 부른다.

(다) 그러나 현실에서는 사람들이 서로 다른 정보를 갖고 시장에 참여하는 경우가 많다. 어떤 사람은 특정한 정보를 갖고 있는데 거래상대방은 그 정보를 갖고 있지 못한 경우도 있다.

(라) 일반적으로 거품현상이란 것은 어떤 상품 – 특히 자산 – 의 가격이 지속해서 급격히 상승하는 현상을 가리킨다. 이와 같은 지속적인 가격 상승이 일어나는 이유는 애초에 발생한 가격상승이 추가적인 가격상승의 기대로 이어져 투기 바람이 형성되기 때문이다.

(마) 이들이 똑같은 정보를 함께 갖고 있으며 이 정보가 아주 틀린 것이 아닌 한, 상품의 가격은 어떤 기본적인 수준에서 크게 벗어나지 않을 것이라고 예상할 수 있다.

① (가) – (다) – (나) – (라) – (마)
② (가) – (마) – (다) – (나) – (라)
③ (나) – (마) – (다) – (가) – (라)
④ (라) – (가) – (다) – (나) – (마)
⑤ (마) – (가) – (다) – (라) – (나)

정답 ②

제시문은 가격을 결정하는 요인과 이를 통해 일반적으로 할 수 있는 예상을 언급 후, 현실적인 여러 요인으로 인해 나타날 수 있는 '거품현상'이란 구체적으로 무엇인지를 설명하는 글이다. 따라서 (가) 수요와 공급에 의해 결정되는 가격 – (마) 상품의 가격에 대한 일반적인 예상 – (다) 현실적인 가격 결정 요인 – (나) 이로 인해 예상치 못하게 나타나는 '거품현상' – (라) '거품현상'에 대한 구체적인 설명 순으로 나열되어야 한다.

30초 컷 풀이 Tip

접속어와 지시어를 찾아 순서를 유추하고, 접속어나 지시어가 없는 경우 각 문장이나 문단의 핵심어를 찾아 글의 흐름을 파악한다.

※ 다음 문단을 논리적 순서대로 바르게 나열한 것을 고르시오. [1~2]

Easy

01

> (가) 이러한 수평적 연결은 사물인터넷 서비스로 새로운 성장 동력을 모색할 수 있다. 예를 들어, 스마트 컵인 프라임베실(개인에게 필요한 수분 섭취량을 알려줌), 스마트 접시인 탑뷰(음식의 양을 측정함), 스마트 포크인 해피포크(식사 습관개선을 돕는 스마트 포크. 식사 속도와 시간, 1분간 떠먹는 횟수 등을 계산해 식사 습관을 분석함)를 연결하면 식생활 습관을 관리할 수 있을 것이다. 이를 식당, 병원, 헬스케어 센터에서 이용하면 고객의 식생활을 부가 서비스로 관리할 수 있다.
>
> (나) 마치 100m 달리기를 하듯 각자의 트랙에서 목표를 향해 전력 질주하던 시대가 있었다. 선택과 집중의 논리로 수직 계열화를 통해 효율을 확보하고, 성능을 개선하고자 했었다. 그런데 세상이 변하고 있다. 고객 혹은 사용자를 중심으로 기존의 제품과 서비스가 재정의되고 있는 것이다. 이러한 산업의 패러다임적 전환을 신성장 동력이라 말한다.
>
> (다) 기존의 가스 경보기를 만들려면 미세한 가스도 놓치지 않는 센서의 성능, 오래 지속되는 배터리, 크게 알릴 수 있는 알람 소리, 인테리어에 잘 어울리는 멋진 제품 디자인이 필요하다. 그런데 아무리 좋은 가스 경보기를 만들어도 사람의 안전을 담보하지는 못한다. 만약 집에서 가스 경보기가 울리면 아마 창문을 열어 환기시키고, 가스 밸브를 잠그고, 119에 신고를 해야 할 것이다. 사람의 안전을 담보하는, 즉 연결 지배성이 높은 가스 경보기는 이런 일을 모두 해내야 한다. 이런 가스 경보기를 만들려면 전기, 전자, 통신, 기계, 인테리어, 디자인 등의 도메인들이 사용자 경험을 중심으로 연결돼야 한다. 이를 수평적 연결이라 부른다.
>
> (라) 똑똑한 사물인터넷은 점점 더 다양해진다. S사의 '누구'나 A사의 '에코' 같은 스마트 스피커는 사용자가 언제 어디든, 일상에서 인공 비서로 사용되는 시대가 되었다. 그리고 귀뚜라미 보일러의 사물인터넷 서비스는 보일러 쪽으로 직접 가지 않아도 스마트폰 전용 앱으로 보일러를 관리한다. 이제 보일러가 언제, 얼마나, 어떻게 쓰이는지, 그리고 보일러의 상태는 어떠한지, 사용하는 방식과 에너지 소모 등의 정보도 얻을 수 있다. 4차 산업혁명의 전진기지 역할을 하는 사물인터넷 서비스는 이제 거스를 수 없는 대세이다.

① (나) – (가) – (다) – (라)   ② (나) – (다) – (가) – (라)
③ (다) – (가) – (라) – (나)   ④ (다) – (나) – (가) – (라)
⑤ (다) – (라) – (나) – (가)

02

(가) 개념사를 역사학의 한 분과로 발전시킨 독일의 역사학자 코젤렉은 '개념은 실재의 지표이자 요소'라고 하였다. 이 말은 실타래처럼 얽혀있는 개념과 정치·사회적 실재, 개념과 역사적 실재의 관계를 정리하기 위한 중요한 지침으로 작용한다. 그에 의하면 개념은 정치적 사건이나 사회적 변화 등의 실재를 반영하는 거울인 동시에 정치·사회적 사건과 변화의 실제적 요소이다.

(나) 개념은 정치적 사건과 사회적 변화 등에 직접 관련되어 있거나 그것을 기록, 해석하는 다양한 주체들에 의해 사용된다. 이러한 주체들, 즉 '역사 행위자'들이 사용하는 개념은 여러 의미가 포개어진 층을 이룬다. 개념사에서는 사회·역사적 현실과 관련하여 이러한 층들을 파헤치면서 개념이 어떻게 사용되어 왔는가, 이 과정에서 그 의미가 어떻게 변화했는가, 어떤 함의들이 거기에 투영되었는가, 그 개념이 어떠한 방식으로 작동했는가 등에 대해 탐구한다.

(다) 이상에서 보듯이 개념사에서는 개념과 실재를 대조하고 과거와 현재의 개념을 대조함으로써, 그 개념이 대응하는 실재를 정확히 드러내고 있는가, 아니면 실재의 이해를 방해하고 더 나아가 왜곡하는가를 탐구한다. 이를 통해 코젤렉은 과거에 대한 '단 하나의 올바른 묘사'를 주장하는 근대역사학의 방법을 비판하고, 과거의 역사 행위자가 구성한 역사적 실재와 현재 역사가가 만든 역사적 실재를 의미있게 소통시키고자 했다.

(라) 사람들이 '자유', '민주', '평화' 등과 같은 개념들을 사용할 때, 그 개념이 서로 같은 의미를 갖는 것은 아니다. '자유'의 경우, '구속받지 않는 상태'를 강조하는 개념으로 쓰이는가 하면, '자발성'이나 '적극적인 참여'를 강조하는 개념으로 쓰이기도 한다. 이러한 정의와 해석의 차이로 인해 개념에 대한 논란과 논쟁이 늘 있었다. 바로 이러한 현상에 주목하여 출현한 것이 코젤렉의 '개념사'이다.

(마) 또한 개념사에서는 '무엇을 이야기 하는가'보다는 '어떤 개념을 사용하면서 그것을 이야기하는가'에 관심을 갖는다. 개념사에서는 과거의 역사 행위자가 자신이 경험한 '현재'를 서술할 때 사용한 개념과 오늘날의 입장에서 '과거'의 역사서술을 이해하기 위해 사용한 개념의 차이를 밝힌다. 그리고 과거의 역사를 현재의 역사로 번역하면서 양자가 어떻게 수렴될 수 있는가를 밝히는 절차를 밟는다.

① (가) – (나) – (다) – (라) – (마)
② (라) – (가) – (나) – (마) – (다)
③ (라) – (나) – (가) – (다) – (마)
④ (마) – (나) – (가) – (다) – (라)
⑤ (마) – (라) – (나) – (다) – (가)

03 다음 제시된 글을 읽고 이어질 문단을 논리적 순서대로 바르게 나열한 것은?

> 연금제도의 금융 논리와 관련하여 결정적으로 중요한 원리는 중세에서 비롯된 신탁 원리다. 12세기 영국에서는 미성년유족(遺族)에게 토지에 대한 권리를 합법적으로 이전할 수 없었다. 그럼에도 영국인들은 유언을 통해 자식에게 토지 재산을 물려주고 싶어 했다.

> (가) 이런 상황에서 귀족들이 자신의 재산을 미성년유족이 아닌, 친구나 지인 등 제3자에게 맡기기 시작하면서 신탁제도가 형성되기 시작했다. 여기서 재산을 맡긴 성인 귀족, 재산을 물려받은 미성년유족, 그리고 미성년유족을 대신해 그 재산을 관리·운용하는 제3자로 구성되는 관계, 즉 위탁자, 수익자, 그리고 수탁자로 구성되는 관계가 등장했다.
>
> (나) 연금제도가 이 신탁 원리에 기초해 있는 이상, 연금 가입자는 연기금 재산의 운용에 대해 영향력을 행사하기 어렵게 된다. 왜냐하면 신탁의 본질상 공·사 연금을 막론하고 신탁 원리에 기반을 둔 연금제도에서는 수익자인 연금 가입자의 적극적인 권리행사가 허용되지 않기 때문이다.
>
> (다) 이 관계에서 주목해야 할 것은 미성년유족은 성인이 될 때까지 재산권을 온전히 인정받지는 못했다는 점이다. 즉 신탁 원리 하에서 수익자는 재산에 대한 운용 권리를 모두 수탁인인 제3자에게 맡기도록 되어있었기 때문에 수익자의 지위는 불안정했다.
>
> (라) 결국 신탁 원리는 수익자의 연금 운용 권리를 현저히 약화시키는 것을 기본으로 한다. 그 대신 연금 운용을 수탁자에게 맡기면서 '수탁자책임'이라는 논란이 분분하고 불분명한 책임이 부과된다. 수탁자책임 이행의 적절성을 어떻게 판단할 수 있는가에 대해 많은 논의가 있었지만 수탁자책임의 내용에 대해서 실질적인 합의가 이루어지지는 못했다.

① (가) – (나) – (라) – (다)   ② (가) – (다) – (나) – (라)

③ (나) – (가) – (다) – (라)   ④ (나) – (라) – (가) – (다)

⑤ (다) – (가) – (나) – (라)

05 | 개요 및 글의 수정

| 유형분석 |

구조화된 개요를 통해 전체 글의 구조와 각 구성요소의 적절성을 파악할 수 있는지 평가한다.

다음은 '온라인상의 저작권 침해'에 대한 글을 쓰기 위해 작성한 개요이다. 개요의 수정·보완 및 자료 제시 방안으로 적절하지 않은 것은?

> Ⅰ. 서론 : 온라인상에서의 저작권 침해 실태 ·· ㉠
> Ⅱ. 본론
>   1. 온라인상에서의 저작권 침해 문제가 발생하는 원인
>   가. 온라인 특성상 정보를 공유해야 한다는 의식 부족 ·············· ㉡
>   나. 해외서버의 불법복제를 단속하기 위한 다른 나라와의 협조 체제 미비
>   다. 확인되지 않은 악성루머의 유포 ·· ㉢
>   2. 온라인상에서의 저작권 침해 문제의 해결 방안
>   가. 온라인상에서의 저작권 보호 의식 제고를 위한 교육 실시
>   나. _____ ··· ㉣
> Ⅲ. 결론 : 온라인상에서의 저작권 보호 ·· ㉤

① ㉠ : 온라인상에서의 저작권 침해 사례를 보도한 신문 기사를 제시한다.
② ㉡ : 상위항목을 고려하여 '온라인 특성상 저작권을 보호해야 한다는 의식 부족'으로 수정한다.
③ ㉢ : 글의 주제를 고려하여 삭제한다.
④ ㉣ : 'Ⅱ-1-나'의 내용을 고려하여 '업로드 속도를 향상하기 위한 국내 서버 증설'이라는 내용을 추가한다.
⑤ ㉤ : 내용을 구체화하기 위해 '온라인상에서의 저작권 보호를 위한 개인과 정부의 행동 촉구'로 수정한다.

정답 ④

'Ⅱ-1-나'에 따르면 온라인상에서 저작권 침해 문제가 발생하는 원인으로 주로 해외서버를 통해 이루어지는 불법복제를 단속하기 위해 필요한 다른 나라와의 협조 체제가 부족함을 제시하고 있다. ④의 '업로드 속도를 향상하기 위한 국내 서버 증설'은 이러한 내용과 어긋날 뿐만 아니라 불법복제를 단속하기 위한 방안으로 보기 어렵다.

30초 컷 풀이 Tip

각 항목이 전체 주제 및 소주제의 하위 항목으로 적절한지, 또는 소주제가 전체 주제의 하위 항목과 하위 항목을 포괄하는 내용으로 적절한지 확인해야 한다. 주어진 보기 중 통일성에 위배되지 않는 내용은 수정할 필요가 없다는 점에 유의한다.

01 다음은 '나트륨 과다 섭취의 개선'에 대한 글을 쓰기 위해 작성한 개요이다. 개요의 수정·보완 및 자료 제시 방안으로 적절하지 않은 것은?

Ⅰ. 서론 : 한국인의 나트륨 과다 섭취 현황 ·· ㉠
Ⅱ. 본론
    1. 나트륨 과다 섭취의 문제점
        1) 고혈압, 관상동맥질환 등 심혈관계 질환의 위험 증가 ·············· ㉡
        2) 골다공증, 위암 등의 발병 확률 증가
    2. 나트륨 과다 섭취의 원인
        1) 개인적 측면 : 식품의 나트륨 함유량에 대한 관심 부족
        2) 사회적 측면 : _____ ································· ㉢
    3. 나트륨 과다 섭취의 개선 방안 ·· ㉣
        1) 식품 구매 시 영양 성분표를 확인하는 습관 필요
        2) 균형 잡힌 식단을 제공하는 정부의 급식소 확대
Ⅲ. 결론 : 나트륨 섭취 감소를 위한 노력이 필요하다. ···························· ㉤

---

① ㉠ : 나트륨 일일 권장 섭취량과 한국인의 나트륨 평균 일일 섭취량을 비교한 통계 자료를 제시한다.

② ㉡ : 나트륨 섭취량이 많은 사람과 그렇지 않은 사람과의 비교를 통해 나트륨 과다 섭취의 문제점을 드러낸다.

③ ㉢ : 'Ⅱ - 3 - 2)'의 내용을 고려하여 '국과 찌개류를 즐겨 먹는 식습관'을 추가한다.

④ ㉣ : 'Ⅱ - 2'의 내용을 고려하여 '개인적 측면'과 '사회적 측면'에서의 개선 방안으로 나누어 제시한다.

⑤ ㉤ : 개요의 흐름을 고려하여 '한국인의 나트륨 과다 섭취를 개선하기 위해 개인과 사회의 노력이 필요하다.'로 수정한다.

02 다음은 '소비자 권익 증진'을 주제로 하는 글의 개요이다. 이를 수정·보완할 내용으로 가장 적절한 것은?

---

1. 문제 제기
2. 소비자 권익 침해의 실태와 그 원인
   (1) 실태 ·· ㉠
      ㉮ 상품선택권 제약
      ㉯ 부실한 피해보상
   (2) 원인
      ㉮ 사업자 간 경쟁의 부재
      ㉯ 소비자 의식교육 기회 부족
      ㉰ 불합리한 피해보상 절차 및 제도 ················· ㉡
3. 소비자 권익 증진을 위한 대책
   (1) 사업자 간 경쟁의 활성화 ····················· ㉢
   (2) 소비자 의식교육 기회 확대
   (3) 소비자 구제 제도의 내실화 ················· ㉣
      ㉮ 소비자 보호기관의 역할 강화
      ㉯ 사업자 감독기관과의 정책 연계
4. 소비자 의식 함양을 통한 소비자 권익 증진 ········· ㉤

---

① 글의 완결성을 높이기 위해 ㉠의 하위항목으로 '소비자 상품 선호도의 변화'를 추가한다.

② ㉡은 '2 – (1) – ㉯'와 중복되므로 생략한다.

③ ㉢은 주제에서 벗어난 내용이므로 '사업자 간 경쟁의 규제'로 바꾼다.

④ 논리적 일관성을 고려해 ㉣을 '소비자 피해 실태조사를 위한 기구 설치'로 바꾼다.

⑤ 주장을 요약하여 강조하기 위해 ㉤을 '소비자 권익 증진을 위한 대책 촉구'로 바꾼다.

03 다음은 '서평 쓰기'에 대한 조언이다. 이에 따라 〈보기〉의 개요를 수정·보완할 방안으로 적절하지 않은 것은?

> '서평'을 쓰려면 먼저 책을 선정한 동기를 밝힌 다음, 책 내용을 소개하고 그 의의를 밝혀주는 것이 좋다. 그리고 마지막으로 책을 읽은 소감과 함께 타인에게 권유하는 내용으로 끝맺으면 된다.

보기

제목 : 『삼국유사』의 작가, 일연 ····························· ㉠
처음 : 『삼국유사』를 선정한 동기
중간 : 『삼국유사』의 기록방식 ····························· ㉡
　　　1. 『삼국유사』의 내용
　　　　ㄱ. 고대국가의 왕조와 역사
　　　　ㄴ. 효행을 남긴 사람들의 이야기
　　　　ㄷ. 고대사 연구의 중요한 자료를 담은 책 ········ ㉢
　　　2. 『삼국유사』의 의의
　　　　ㄱ. 선조들의 생생한 삶의 모습을 확인할 수 있는 책
　　　　ㄴ. 『삼국유사』를 발견한 계기 ···················· ㉣
끝 : 『삼국유사』 권유 ····································· ㉤

① ㉠ : 서평의 전체 내용을 고려하여 '선조들의 생생한 삶의 기록, 『삼국유사』'로 바꾼다.

② ㉡ : 하위항목의 내용을 포괄하도록 '『삼국유사』의 목차'로 바꾼다.

③ ㉢ : 상위항목과 어울리지 않는 내용이므로 '중간 – 2'의 하위항목으로 옮긴다.

④ ㉣ : 상위항목과 밀접한 관련성이 없으므로 삭제한다.

⑤ ㉤ : 서평 쓰기에 대한 조언을 고려하여 '책을 읽은 소감'을 추가한다.

수리비평검사

수리비평검사는 24분 동안 25문제를 풀어야 하며, 표나 그래프 등의 자료를 활용하여 수치를 비교
하거나 계산하는 능력을 평가한다. 크게 자료해석과 자료계산으로 나눌 수 있으며, 다른 기업의
인적성과 다르게 응용수리 유형 없이 자료해석 문제만 짧은 시간 내에 풀어야 하기 때문에 나름의
전략과 풀이 방법을 갖고 시험에 임하는 것이 좋다.

1 자료해석

표나 그래프 등의 통계자료를 해석하는 능력을 평가하기 위한 유형으로, 주어진 자료를 보고 수치를 비교하거나 간단한 계산을 통해 수치를 도출한 후, 옳거나 옳지 않은 선택지를 고르는 문제가 출제되고 있다.

2 자료계산

자료를 이해하고 간단한 공식을 활용할 수 있는지 평가하는 유형으로, 자료만 단독으로 제시되거나 경우에 따라 필요한 공식이 함께 제시되고, 이를 이용하여 일정한 값을 도출해 내는 문제가 출제되고 있다.

03 | 이론점검

01 자료해석

(1) 꺾은선(절선)그래프

① 시간적 추이(시계열 변화)를 표시하는 데 적합하다.

　예 연도별 매출액 추이 변화 등

② 경과·비교·분포를 비롯하여 상관관계 등을 나타날 때 사용한다.

〈중학교 장학금, 학비감면 수혜현황〉

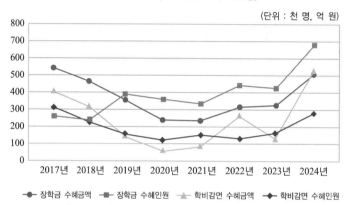

(2) 막대그래프

① 비교하고자 하는 수량을 막대 길이로 표시하고, 그 길이를 비교하여 각 수량 간의 대소 관계를 나타 내는 데 적합하다.
예 영업소별 매출액, 성적별 인원 분포 등
② 가장 간단한 형태로 내역·비교·경과·도수 등을 표시하는 용도로 사용한다.

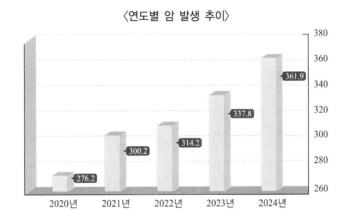

〈연도별 암 발생 추이〉

(3) 원그래프

① 내역이나 내용의 구성비를 분할하여 나타내는 데 적합하다.
예 제품별 매출액 구성비 등
② 원그래프를 정교하게 작성할 때는 수치를 각도로 환산해야 한다.

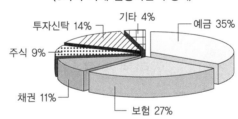

〈C국의 가계 금융자산 구성비〉

(4) 점그래프

① 지역 분포를 비롯하여 도시, 지방, 기업, 상품 등의 평가나 위치, 성격을 표시하는 데 적합하다.

　예 광고 비율과 이익률의 관계 등

② 종축과 횡축에 두 요소를 두고, 보고자 하는 것이 어떤 위치에 있는가를 알고자 할 때 사용한다.

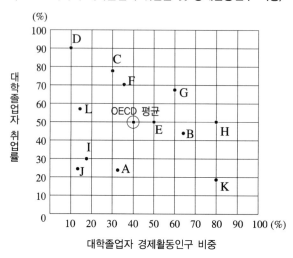

〈OECD 국가의 대학졸업자 취업률 및 경제활동인구 비중〉

(5) 층별그래프

① 합계와 각 부분의 크기를 백분율로 나타내고 시간적 변화를 보는 데 적합하다.

② 합계와 각 부분의 크기를 실수로 나타내고 시간적 변화를 보는 데 적합하다.

　예 상품별 매출액 추이 등

③ 선의 움직임보다는 선과 선 사이의 크기로써 데이터 변화를 나타내는 그래프이다.

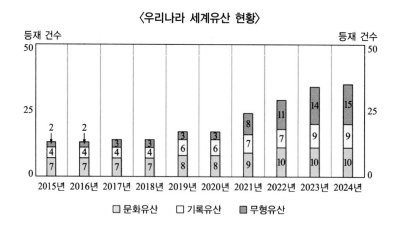

〈우리나라 세계유산 현황〉

(6) 레이더 차트(거미줄그래프)

① 다양한 요소를 비교할 때, 경과를 나타내는 데 적합하다.

  예 매출액의 계절변동 등

② 비교하는 수량을 직경, 또는 반경으로 나누어 원의 중심에서의 거리에 따라 각 수량의 관계를 나타내는 그래프이다.

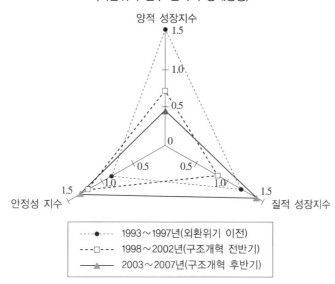

〈외환위기 전후 한국의 경제상황〉

01 | 자료해석

| 유형분석 |

- 자료를 보고 해석하거나 추론한 내용을 고르는 문제가 출제된다.
- 증감 추이, 증감률, 증감폭 등의 간단한 계산이 포함되어 있다.
- %, %p 등의 차이점을 알고 적용할 수 있어야 한다.

다음은 삶에 대한 행복감에 대한 설문조사 자료이다. 이에 대한 〈보기〉의 설명 중 옳은 것을 모두 고르면?

〈삶에 대한 행복감〉

(단위 : %)

구분		사례 수(명)	매우 행복함	행복한 편	보통	행복하지 않은 편	전혀 행복하지 않음
도농별	도시	1,147	2.9	52.7	36.4	6.5	1.4
	농어촌	2,753	2.3	42.6	44.2	9.5	1.4
읍면별	읍	1,212	3.0	41.4	45.8	8.6	1.2
	면	1,541	1.7	43.6	42.9	10.2	1.5
영농여부별	농어가	842	1.6	47.1	43.4	7.1	0.8
	비농어가	1,911	2.6	40.7	44.5	10.6	1.6
응답자 연령별	30대 이하	526	4.0	62.5	32.5	1.1	−
	40대	489	2.3	45.8	43.5	6.9	1.6
	50대	597	2.4	45.6	42.7	7.2	2.1
	60대	489	2.1	37.1	47.5	12.4	0.9
	70대 이상	614	1.0	25.0	52.6	19.2	2.1

보기

ㄱ. 도시에서 행복한 편이라고 응답한 사람의 수는 600명을 넘는다.
ㄴ. 농어가에서 전혀 행복하지 않다고 응답한 사람의 수는 비농어가에서 전혀 행복하지 않다고 응답한 사람의 수의 절반 정도이다.
ㄷ. 읍과 면 모두 매우 행복하다고 응답한 사람의 비율과 행복한 편이라고 응답한 사람의 비율의 합은 각각 50%를 넘는다.
ㄹ. 행복하지 않은 편이라고 응답한 사람의 비율은 농어촌이 50대보다 높다.

① ㄱ, ㄴ
② ㄱ, ㄹ
③ ㄴ, ㄷ
④ ㄴ, ㄹ
⑤ ㄷ, ㄹ

ㄱ. 도시에서 행복한 편이라고 응답한 사람의 수는 $1,147 \times 0.527 = 604.469$명으로 600명을 넘는다.

ㄹ. 행복하지 않은 편이라고 응답한 사람의 비율은 농어촌이 9.5%, 50대가 7.2%로 농어촌이 더 높다.

ㄴ. 농어가에서 전혀 행복하지 않다고 응답한 사람의 수는 842명 중 0.8%(6.736명)이며, 비농어가에서 전혀 행복하지 않다고 응답한 사람의 수는 1,911명 중 1.6%(30.576명)이다.

ㄷ. 읍의 경우 매우 행복하다고 응답한 사람의 비율과 행복한 편이라고 응답한 사람의 비율은 $3.0 + 41.4 = 44.4$%이며, 면의 경우 매우 행복하다고 응답한 사람의 비율과 행복한 편이라고 응답한 사람의 비율은 $1.7 + 43.6 = 45.3$%이다. 따라서 읍과 면 모두 50%를 넘지 못한다.

30초 컷 풀이 Tip

계산이 필요 없거나 생각하지 않아도 되는 선택지를 먼저 해결한다.

예 ㄹ은 제시된 두 수치를 비교하는 문제이므로 가장 먼저 풀이가 가능하다.

Easy

01 다음은 2024년 우리나라 초·중고생 스마트폰 중독 현황에 대한 자료이다. 다음 〈보기〉 중 이에 대한 설명으로 옳지 않은 것을 모두 고르면?

〈2024년 우리나라 초·중고생 스마트폰 중독 비율〉

(단위 : %)

구분		전체	초등학생(9 ~ 11세)	중고생(12 ~ 17세)
전체		32.38	31.51	32.71
성별	남자	32.88	33.35	32.71
	여자	31.83	29.58	32.72
가구소득별	기초수급	30.91	30.35	31.05
	차상위	30.53	24.21	30.82
	일반	32.46	31.56	32.81
거주지역별	대도시	31.95	30.80	32.40
	중소도시	32.49	32.00	32.64
	농어촌	34.50	32.84	35.07
가족유형별	양부모	32.58	31.75	32.90
	한부모·조손	31.16	28.83	31.79

※ 각 항목의 전체 인원은 그 항목에 해당하는 초등학생 수와 중고생 수의 합을 말함

보기

ㄱ. 초등학생과 중고생 모두 남자의 스마트폰 중독비율이 여자의 스마트폰 중독비율보다 높다.
ㄴ. 한부모·조손 가족의 스마트폰 중독 비율은 초등학생의 경우가 중고생의 70% 이상 차지한다.
ㄷ. 조사대상 중 대도시에 거주하는 초등학생 수는 중고생 수보다 많다.
ㄹ. 초등학생과 중고생 모두 기초수급가구의 경우가 일반가구의 경우보다 스마트폰 중독 비율이 높다.

① ㄱ, ㄴ
② ㄱ, ㄷ
③ ㄴ, ㄹ
④ ㄱ, ㄷ, ㄹ
⑤ ㄴ, ㄷ, ㄹ

02 다음은 어느 지역의 주화 공급에 대한 자료이다. 다음 〈보기〉 중 옳은 것을 모두 고르면?

〈주화 공급 현황〉

구분	액면가				합계
	10원	50원	100원	500원	
공급량(만 개)	3,469	2,140	2,589	1,825	10,023
공급기관 수(개)	1,519	929	801	953	4,202

※ (평균 주화공급량)=$\dfrac{(주화종류별\ 공급량의\ 합)}{(주화종류\ 수)}$

※ (주화공급액)=(주화공급량)×(액면가)

보기

ㄱ. 주화공급량이 주화종류별로 각각 200만 개씩 증가한다면, 이 지역의 평균 주화공급량은 2,700
만 개 이상이다.

ㄴ. 주화종류별 공급기관당 공급량은 10원 주화가 500원 주화보다 적다.

ㄷ. 10원과 500원 주화는 각각 10%씩, 50원과 100원 주화는 각각 20%씩 공급량이 증가한다면,
이 지역의 평균 주화공급량의 증가율은 15% 이하이다.

ㄹ. 총 주화공급액 규모가 12% 증가해도 주화종류별 주화공급량의 비율은 변하지 않는다.

① ㄱ, ㄴ 　　　　　　　　　② ㄱ, ㄷ

③ ㄷ, ㄹ 　　　　　　　　　④ ㄱ, ㄷ, ㄹ

⑤ ㄴ, ㄷ, ㄹ

03 다음은 특정 기업 47개를 대상으로 제품전략, 기술개발 종류 및 기업 형태별 기업 수를 조사한 자료이다. 조사 대상 기업에 대한 설명으로 옳은 것은?

〈제품전략, 기술개발 종류 및 기업 형태별 기업 수〉

(단위 : 개)

제품전략	기술개발 종류	기업 형태	
		벤처기업	대기업
시장 견인	존속성 기술	3	9
	와해성 기술	7	8
기술 추동	존속성 기술	5	7
	와해성 기술	5	3

※ 각 기업은 한 가지 제품전략을 취하고 한 가지 종류의 기술을 개발함

① 와해성 기술을 개발하는 기업 중에는 벤처기업의 비율이 대기업의 비율보다 낮다.
② 대기업 중에서 시장 견인 전략을 취하는 비율은 기술 추동 전략을 취하는 비율보다 낮다.
③ 존속성 기술을 개발하는 기업의 비율이 와해성 기술을 개발하는 기업의 비율보다 높다.
④ 벤처기업 중에서 기술 추동 전략을 취하는 비율은 시장 견인 전략을 취하는 비율보다 높다.
⑤ 기술 추동 전략을 취하는 기업 중에는 존속성 기술을 개발하는 비율이 와해성 기술을 개발하는 비율보다 낮다.

04 다음은 연도별 회식 참여율에 대한 자료이다. 이에 대한 설명으로 옳지 않은 것은?

<연도별 회식 참여율>

(단위 : %)

구분		2004년	2014년	2024년
성별	남성	88	61	44
	여성	72	55	34
연령대별	20대	94	68	32
	30대	81	63	34
	40대	77	58	47
	50대	86	54	51
직급별	사원	91	75	51
	대리	88	64	38
	과장	74	55	42
	부장	76	54	48
지역별	수도권	91	63	41
	수도권 외	84	58	44

① 20대의 2024년 회식 참여율은 2014년 대비 36%p 감소하였다.

② 2004년과 2014년의 회식 참여율 차이가 가장 큰 직급은 대리이다.

③ 2024년 남성과 여성의 회식 참여율 차이는 2004년보다 37.5% 감소하였다.

④ 조사연도에서 수도권 지역과 수도권 외 지역의 회식 참여율의 차이는 감소하고 있다.

⑤ 2004년에는 연령대가 올라갈수록 회식 참여율이 감소하는 반면, 2024년에는 연령대가 올라갈수록 회식 참여율이 증가하고 있다.

02 | 자료계산

| 유형분석 |

- 주어진 자료를 통해 문제에서 주어진 특정한 값을 찾고 자료의 변동량을 구할 수 있는지를 평가한다.

다음은 연도별 총진료비 대비 노인 진료비 변화추이에 대한 자료이다. 이를 참고할 때, 연도별 노인 1인당 진료비를 구한 것으로 옳지 않은 것은?(단, 백 원 단위에서 반올림한다)

〈총진료비 대비 노인 진료비 변화추이〉

구분	2021년	2022년	2023년	2024년
노인인구(천 명)	5,740	6,005	6,569	6,445
총진료비 대비 노인 진료비 구성비(%)	34.5	35.5	36.8	38.0
노인 진료비(억 원)	175,283	193,551	213,615	245,643
국민 1인당 진료비(천 원)	1,015	1,084	1,149	1,274
노인 1인당 진료비(천 원)	(가)	(나)	(다)	(라)

① (가) : 3,054천 원
② (나) : 3,233천 원
③ (다) : 3,252천 원
④ (라) : 3,811천 원
⑤ (가) ~ (라) 모두 옳다.

정답 ②

(노인 1인당 진료비)$=\dfrac{(노인 진료비)}{(노인인구)}$

(나) : 2022년 노인 1인당 진료비$=\dfrac{19,355,100,000,000}{6,005,000}≒3,223천 원$

30초 컷 풀이 Tip

자료의 내용을 확인하기 전에 자료의 제목과 범주, 단위를 우선적으로 확인하여 어떠한 자료를 담고 있는지 파악한다. 이후 구하고자 하는 자료를 판단하고, 해당 자료를 확인하는 것이 시간을 단축할 수 있다. 또한 다양한 형태의 자료를 접해보기 위해서는 문제를 많이 풀어보는 것도 중요하지만, 통계청과 같은 인터넷 사이트를 통해 표, 도식, 차트 등의 여러 가지 자료를 접하여 자료별로 구성이 어떻게 되어 있는지를 숙지해 놓는 것도 좋은 방법이 될 수 있다.

01 E마트 물류팀에 근무하는 G사원은 6월 라면 입고량과 판매량을 확인하던 중 11일과 15일, A·B업체의 기록이 누락되어 있는 것을 발견했다. 동료직원인 K사원은 G사원에게 "6월 11일의 전체 라면 재고량 중 A업체는 10%, B업체는 9%를 차지하였고, 6월 15일의 A업체 라면 재고량은 B업체보다 500개가 더 많았다."라고 얘기해 주었다. 6월 11일의 전체 라면 재고량은 몇 개인가?

〈6월 라면 입고량 및 판매량〉

(단위 : 개)

구분		6월 12일	6월 13일	6월 14일
A업체	입고량	300	–	200
	판매량	150	100	–
B업체	입고량	–	250	–
	판매량	200	150	50

① 10,000개
② 15,000개
③ 20,000개
④ 25,000개
⑤ 30,000개

02 다음은 E레스토랑의 신메뉴인 콥샐러드를 만들기 위해 필요한 재료의 단가와 A지점의 재료 주문 수량이다. A지점의 재료구입비용의 총합은 얼마인가?

〈E레스토랑의 콥샐러드 재료 단가〉

구분	단위	단위당 단가	구입처
올리브 통조림	1캔(3kg)	5,200원	A유통
메추리알	1봉지(1kg)	4,400원	B상사
방울토마토	1박스(5kg)	21,800원	C농산
옥수수 통조림	1캔(3kg)	6,300원	A유통
베이비 채소	1박스(500g)	8,000원	C농산

〈A지점의 재료 주문 수량〉

구분	올리브 통조림	메추리알	방울토마토	옥수수 통조림	베이비 채소
주문량	15kg	7kg	25kg	18kg	4kg

① 264,600원
② 265,600원
③ 266,600원
④ 267,600원
⑤ 268,600원

다음은 2024년 지자체별 쌀 소득보전 직불금 지급에 대한 자료이다. (A), (B), (C)에 들어갈 숫자가 바르게 연결된 것은?(단, 소수점 둘째 자리 및 천 원 단위에서 반올림한다)

〈2024년 지자체별 쌀 소득보전 직불금 지급〉

구분	대상자 수(명)	대상 면적(ha)	직불금액(천 원)	총액 대비(%)	1인당 평균 지급액(만 원)
경기	77,581	71,800	71,372,460	8.6	92
강원	32,561	36,452	35,913,966	4.2	110
충북	53,562	44,675	43,923,103	5.2	82
충남	121,341	145,099	147,152,697	(A)	121
전북	90,539	136,676	137,441,060	16.4	(C)
전남	130,321	171,664	175,094,641	20.9	134
경북	140,982	120,962	119,398,465	14.2	85
경남	107,406	80,483	80,374,802	(B)	75
광역·자치시	39,408	29,615	27,597,745	3.3	70
합계	793,701	837,426	838,268,939	–	–

	(A)	(B)	(C)
①	17.6	9.5	151
②	17.6	9.5	152
③	17.6	9.6	152
④	17.5	9.5	151
⑤	17.5	9.6	151

04 다음은 2022 ~ 2024년의 행정 구역별 인구에 대한 자료이다. 전년 대비 2024년의 대구광역시의 인구 증가율로 옳은 것은?(단, 소수점 둘째 자리에서 반올림한다)

〈행정 구역별 인구〉

(단위 : 천 명)

구분	2022년	2023년	2024년
서울특별시	4,194	4,190	4,189
부산광역시	1,423	1,438	1,451
대구광역시	971	982	994
인천광역시	1,136	1,154	1,171
광주광역시	573	580	586
대전광역시	592	597	606
울산광역시	442	452	455
세종특별자치시	63	82	94
경기도	4,787	4,885	5,003
강원도	674	685	692
충청북도	656	670	681
충청남도	871	886	902
전라북도	775	783	790
전라남도	824	834	843
경상북도	1,154	1,170	1,181
경상남도	1,344	1,367	1,386
제주특별자치도	247	257	267
합계	20,726	21,012	21,291

① 1.1%
② 1.2%
③ 1.3%
④ 1.4%
⑤ 1.5%

CHAPTER 04

상황판단검사

합격 Cheat Key

상황판단검사는 조직 내에서 발생할 수 있는 업무적 마찰이나 문제상황이 제시되고, 여러 가지 대처 방법 가운데 가장 바람직한 것을 선택해야 하는 문제가 출제된다. 상황판단검사는 실제 업무를 수행하기 위한 실용 지능과 정서·사회지능을 종합적으로 평가하는 영역이다. 정확한 답이 없는 영역이기 때문에 인성검사와 같이 자신의 소신대로 문제를 해결해야 한다.

1 실용지능

회사 안에서 업무를 수행하며 마주치는 대부분의 상황은 문제해결 과정에 속한다고 할 수 있다. 회사 안에서 마주할 수 있는 업무적 마찰이나 문제 속에서 어떻게 해결 방안을 찾을 것인지를 묻는 문제가 출제된다.

2 정서·사회지능

동료나 상사, 부하직원과의 관계에서 어떻게 행동할 것인지를 묻는 문제가 출제된다. 회사 생활에서는 개인의 업무 수행 능력뿐만 아니라 주변 구성원들과 관계를 맺는 능력도 중요한데, 이를 통해 바람직한 사내 문화 형성은 물론, 효과적인 팀워크를 창출할 수 있기 때문이다.

01 | 상황판단

| 유형분석 |

- 조직 생활에서 발생하는 여러 가지 상황이 출제된다.
- 문제에서 제시하고 있는 입장에 따른 답을 요구한다.
- 정답이 없는 영역이므로 고민에 많은 시간을 소요하지 않도록 해야 한다.

얼마 전부터 K팀장이 업무 수행 시 기존의 시스템이 아닌 새로운 시스템을 활용할 것을 지시했다. 그런데 A사원이 보기에는 새로운 시스템은 다루기가 너무 어려울 뿐만 아니라 기존의 시스템이 더 좋은 것 같아 보인다. 조직의 입장에서 A사원은 어떻게 행동해야 하는가?

① K팀장에게 자기 생각을 말한 후 기존의 시스템을 활용한다.

② 어려운 부분에 대해서는 K팀장에게 질문하고, 새로운 시스템에 익숙해지도록 노력한다.

③ 새로운 시스템이 비효율적이라는 생각이 들더라도, K팀장은 상사이기 때문에 지시에 순응한다.

④ K팀장 앞에서는 새로운 시스템을 활용하고, K팀장이 보지 않는 곳에서는 기존의 시스템을 활용한다.

⑤ 새로운 시스템으로 바꿀 필요가 없다고 생각하기 때문에 K팀장의 지시와 상관없이 기존의 시스템을 활용한다.

해설

실행역량 영역의 문제에서 주어지는 상황들은 대체로 선택지를 하나만 고르기가 쉽지 않다. 이는 문제에서 주어지는 상황들이 주로 개인이 조직 생활에서 중시하는 가치들 간의 충돌을 보여주고 있기 때문이다. 즉, 업무 성과, 개인의 체면, 평판, 인간관계와 같은 것들이 둘 이상 얽혀있다. 이에 대한 선택은 지원자 개개인의 가치관과 성향 등에 따라 달라질 수밖에 없을 것이다.

30초 컷 풀이 Tip

영역 특성상 명확하게 어떤 선택지는 정답이고 어떤 선택지는 오답이라고 구분하기가 어렵다. 이 영역에 대한 기업의 평가 기준이 무엇인지, 기업에서 어떤 성향의 사람을 선호하고 선발하고자 하는지 알기 어렵기 때문이다. 다만, 업무를 회피하거나 돌발행동을 하는 등의 극단적인 선택지를 선택하는 것은 좋은 점수를 받기 어렵다는 걸 충분히 예상할 수 있다. 기업의 차원, 팀의 차원, 개인의 차원을 다각도로 고려하여 최선의 선택이 무엇인지 고민한 다음에 답을 골라야 한다. 이랜드그룹의 인재상을 참고하는 것도 도움이 될 수 있다.

※ 상황판단검사는 정답을 따로 제공하지 않는 영역이니 참고하기 바랍니다.

※ 제시된 선택지에서 자신과 가장 가깝다고 생각하는 것과 멀다고 생각하는 것을 각각 한 가지씩 고르시오.
[1~6]

01 C사원은 새벽부터 몸이 좋지 않았다. 그러나 C사원은 오늘 진행되는 중요한 프로젝트 회의의 발표 담당이다. 자신이 빠지면 팀에 피해가 된다는 것을 알지만, 몸 상태가 너무 좋지 않다. 이런 상황에서 당신이 C사원이라면 어떻게 하겠는가?

① 그래도 내 건강이 우선이기 때문에 상사에게 상황을 설명하고 결근을 한다.
② 일단 오전의 프로젝트 회의는 참여해서 마친 후 오후에 휴가를 낸다.
③ 결근하면 다른 팀원에게 피해를 줄 수 있으므로 아프더라도 참고 일을 한다.
④ 같은 팀의 팀원에게 전화로 상황을 설명한 후 자신의 발표를 대신 부탁한다.
⑤ 팀장에게 전화로 자신의 상황을 설명한 후, 회의를 다른 날로 바꿀 수 없는지 물어본다.

02 B사원이 속한 부서의 R부장은 항상 결재 절차를 중시하는 사람이다. 따라서 B사원을 비롯한 다른 사원들은 중요한 업무를 처리할 때마다 세세한 절차에 따르느라 불필요한 시간을 허비하는 느낌을 받고 있다. B사원이 생각하기에는 신속하게 처리해야 하는 업무의 경우는 결재 절차를 간소화시키고 융통성 있게 대처하는 것이 바람직할 것 같다. 이런 상황에서 당신이 B사원이라면 어떻게 할 것인가?

① R부장의 방식을 더는 따르지 않고 융통성 있게 일을 처리해 버린다.
② 고집이 센 R부장은 자신의 말을 듣지 않을 것이므로 기존방식을 따른다.
③ R부장이 실수할 때까지 기다렸다가 R부장을 몰아내도록 한다.
④ 다른 직원 몇몇과 R부장을 찾아가 조심스레 건의해 본다.
⑤ 인사과 직원인 G대리에게 R부장의 이야기를 흘린다.

03 해외영업팀에서 근무 중인 귀하는 A국 지사를 담당 관리하고 있다. 오늘 아침 A국에서 한국인을 대상으로 한 범죄가 증가하고 있다는 다음의 기사를 읽은 귀하는 A국 지사에 파견되어 근무하고 있는 자사 직원들의 안전을 위한 대책을 마련하고자 한다. 이런 상황에서 귀하는 어떻게 할 것인가?

> 최근 A국에서 한국인을 대상으로 삼는 범죄가 증가하고 있다. 외교부에서 발표한 통계자료에 따르면 최근 5년 동안 국외에서 한국인 살인사건이 가장 많이 일어난 나라가 A국인 것으로 드러났다.
> – ○○신문

① 최소한의 인원만 A국 지사에 남겨둔 채 파견된 직원들을 귀국시킨다.

② A국 지사에 파견된 한국인 직원들에게 이러한 사실을 알리고 주의시킨다.

③ 강력한 자국민 보호정책을 추진하라고 A국 주재 한국대사관에 요청한다.

④ 자사 직원들이 너무 늦은 시간에는 거주지를 벗어나지 못하도록 지시한다.

⑤ 치안이 A국보다 안전한 인근 국가로 지사를 옮기는 것을 회사에 건의한다.

04 A사원은 최근에 새로 맡게 된 업무를 성공적으로 수행하려면 B부서의 협조가 필요하다. 그런데 부끄러움을 많이 타는 성격의 A사원은 평소에 B부서와의 접촉도 없었으며 B부서 내에 개인적으로 친한 직원도 없다. 그러나 B부서는 그다지 협조적이지 않으며, 업무를 진행하려면 B부서의 협조가 절대적으로 필요한 상황이다. 이런 상황에서 당신이 A사원이라면 어떻게 할 것인가?

① 부서 내의 다른 동료에게 업무를 부탁한다.

② 업무 협조가 부족해 일을 하기 어렵다고 상관에게 보고한다.

③ B부서로 직접 찾아가서 상황을 설명하고 정중히 업무 협조를 구한다.

④ 같은 부서의 직원 중에 B부서의 직원과 잘 통하는 사람이 있는지 찾는다.

⑤ 주어진 업무를 일단 뒤로 미루고 B부서가 협조적으로 변할 때까지 상황을 관망한다.

05 A과장이 속한 관리부는 높은 업무 성과를 자랑한다. 그러나 문제가 있다면 부서 내에서 B대리와 C대리가 지나치게 자주 다툰다는 것이다. A과장이 생각하기에는 업무를 처리할 때마다 B대리와 C대리 사이에 언쟁이 발생하기 때문에 부서 내 분위기가 자주 냉각되어 업무 효율이 떨어지는 것 같다. 이런 상황에서 당신이 A과장이라면 어떻게 할 것인가?

① B대리와 C대리를 따로 불러 화해를 종용한다.
② B대리와 C대리 중 한 명을 다른 부서로 이동 조치한다.
③ 팀 내에 이와 같은 상황을 그대로 알리고 전체에게 경고한다.
④ B대리와 C대리를 불러 반복적인 갈등은 징계를 받을 수 있다고 경고한다.
⑤ 부서 내에 상황을 간략하게 알리고 자발적으로 화해할 수 있는 분위기를 조성한다.

06 A사원이 속한 B부서는 다른 부서에 비해 야근이 잦은 편이다. 그렇다고 해서 B부서의 업무량이 많은 것은 아니며, 오히려 B부서의 책임자인 C부장이 부서 운영에서 비효율적인 업무 처리방식을 고수하고 있기 때문이다. A사원이 생각하기에는 C부장이 유지하고 있는 업무 처리방식과 다른 업무 처리방식을 도입한다면 효율성을 높이고 야근 횟수를 줄일 수 있을 것 같다. 이런 상황에서 당신이 A사원이라면 어떻게 할 것인가?

① C부장의 방식을 존중하여 묵묵히 견딘다.
② C부장에게 현재의 방식이 비효율적임을 논리적으로 밝힌다.
③ C부장이 고수하는 업무 처리방식을 유지하되 개선점을 찾아 제안한다.
④ C부장의 방식을 견디되 자신의 업무 내에서 최대한 효율성을 추구한다.
⑤ C부장에게 현재의 방식이 비효율적임을 공손하게 밝히고 대안을 제시한다.

아이들이 답이 있는 질문을 하기 시작하면 그들이 성장하고 있음을 알 수 있다.

– 존 J. 플롬프 –

PART 3

최종점검 모의고사

제1회   최종점검 모의고사

제2회   최종점검 모의고사

제3회   최종점검 모의고사

이랜드그룹 ESAT 인적성검사		
영역	문항 수	제한시간
언어비평검사 I (언어추리)	20문항	10분
언어비평검사 II (독해)	25문항	22분
수리비평검사	25문항	24분
상황판단검사	32문항	45분

최종점검 모의고사

🕐 응시시간 : 56분　📄 문항 수 : 70문항

정답 및 해설 p.046

01　**언어비평검사 I (언어추리)**

01 다음 제시된 오류에 대한 정의와 그 예가 바르게 연결된 것은?

> (가) 제한된 정보, 부적합한 증거, 대표성을 결여한 사례를 근거로 일반화하는 오류
> (나) 증명할 수 없거나 알 수 없음을 들어 거짓이라고 추론하는 오류
> (다) 단순한 선후 관계를 인과 관계로 추리하는 오류
> (라) 군중 심리를 자극하여 논지를 받아들이게 하는 오류

① 요즘 세상에 명품백 하나 없는 사람이 어딨어요. 이참에 하나 사요. – (다)

② 그래서 너 귀신을 본 적 있니? 없잖아. 그것 봐, 귀신은 없는 거야. – (라)

③ 엄마, 이번 시험 진짜 어려웠어요. 제가 이렇게 못 본 것을 보면 모르세요? 다른 애들도 다 못 봤어요. – (나)

④ 우리 동네 사람들은 다 집에 에어컨이 한 대씩은 있더라. 우리도 사야 해. – (가)

⑤ 네가 지호를 사귀고 난 후부터 성적이 많이 떨어졌는데, 걔가 문제구나. – (다)

Easy

02 다음 중 논리적 오류의 성격이 다른 것은?

① 오늘 나에게 행운이 찾아올 거야. 어젯밤에 돼지꿈을 꾸었거든.

② 창밖을 좀 봐. 나무가 저렇게 흔들리고 있는 것을 보니 바람이 부나 봐.

③ 할아버지 산소를 옮기고부터 일이 꼬였어. 아무래도 산소를 원래 장소로 이전하는 것이 나을 것 같아.

④ E회사 출신들은 유머 감각이 없어. 지난주에 두 명이 이직해서 같이 점심을 먹었는데 정말 재미가 없더라고.

⑤ 내가 장염에 걸렸을 때, 약을 먹고 나서 북엇국을 먹었거든? 그랬더니 장염이 다 나은 거야. 장염에는 북엇국이 최고야.

Hard

03 형준, 연재, 영호, 소정이가 언어영역, 수리영역, 외국어영역으로 구성된 시험을 본 뒤 채점을 해보니 다음 〈조건〉과 같은 결과가 나타났다고 할 때, 항상 참인 것은?

> **조건**
>
> ㉠ 형준이는 언어영역에서 1위이고, 수리영역에서는 연재보다 잘했다.
> ㉡ 연재는 수리영역 4위가 아니다.
> ㉢ 소정이는 외국어영역에서 형준이보다 못했다.
> ㉣ 형준이는 외국어영역에서 영호와 연재에게만 뒤처졌다.
> ㉤ 영호는 언어영역에서 4위를 했고, 수리영역은 연재보다 못했다.
> ㉥ 동점자는 존재하지 않는다.
> ㉦ 형준이는 수리영역에서 소정이보다 못했다.
> ㉧ 소정이의 외국어영역 순위는 연재의 수리영역 순위에 1을 더한 것과 같다.
> ㉨ 평소에 소정이의 언어영역 점수는 연재의 언어영역 점수보다 좋지 않은 편이었다.

① 언어영역 2위는 연재이다.
② 외국어영역 3위는 형준이다.
③ 영호는 세 과목에서 모두 4위이다.
④ 연재의 언어영역 순위에 1을 더한 값은 형준이의 외국어영역 순위와 같다.
⑤ 소정이는 영호보다 모든 과목에서 순위가 높다.

Easy

04 다음 사고 과정에서 범하고 있는 오류는?

> • 승엽이는 왼손잡이인데 야구를 잘한다.
> • 준혁이는 왼손잡이인데 야구를 잘한다.
> • 대성이는 왼손잡이인데 야구를 잘한다.
> • 그러므로 모든 왼손잡이는 야구를 잘한다.

① 의도 확대의 오류
② 논점 일탈의 오류
③ 결합의 오류
④ 흑백논리의 오류
⑤ 성급한 일반화의 오류

05 다음 대화에서 나타난 오류로 가장 적절한 것은?

> 갑 : 요즘 아이들은 기초 체력이 너무 부족한 것 같아요. 교육 과정에서 체육 수업 시간을 적극적으로 늘려야 합니다.
>
> 을 : 성인들의 운동 부족이 더 큰 문제입니다. 운동 부족으로 인한 성인병이 사회적 문제가 되고 있는 상황에서 아이들의 체력 부족을 문제 삼는 것은 적절하지 않다고 생각합니다. 성인들이 꾸준히 운동을 할 수 있도록 캠페인을 진행하는 것은 어떨까요?

① 성급한 일반화의 오류
② 피장파장의 오류
③ 군중에 호소하는 오류
④ 인신공격의 오류
⑤ 흑백사고의 오류

06 다음 제시된 오류와 가장 관련 있는 것은?

> 개인적인 친분을 내세워 자신의 논지를 받아들이게 하는 오류

① 아직도 담배를 끊지 못하는 걸 보니 폐암에 걸리고 싶은가 봐.
② 네가 우리 중에 가장 똑똑하잖아. 네가 이번 여행의 총무를 맡는다면 안심할 수 있을 것 같아.
③ 이제 날 도와줄 사람은 너밖에 없어. 네가 도와주지 않는다면 나는 아무것도 할 수 없을 거야.
④ 우리가 파업에 들어가면 회사는 타격을 입을 수밖에 없어. 그러니까 회사는 우리의 요구조건을 들어줘야 해.
⑤ 이번 일이 자네 생각과 다르더라도 회사의 방침대로 진행해 주게. 위에서 내려온 방침이라 나도 어쩔 수 없다네.

07 주차장에 이부장, 박과장, 김대리 세 사람의 차가 나란히 주차되어 있는데, 순서는 알 수 없다. 다음 중 한 사람의 말이 거짓이라고 할 때, 주차장에 주차된 순서로 알맞은 것은?

> • 이부장 : 내 옆에는 박과장 차가 세워져 있더군.
> • 박과장 : 제 옆에 김대리 차가 있는 걸 봤어요.
> • 김대리 : 이부장님 차가 가장 왼쪽에 있어요.
> • 이부장 : 김대리 차는 가장 오른쪽에 주차되어 있던데.
> • 박과장 : 저는 이부장님 옆에 주차하지 않았어요.

① 김대리 – 이부장 – 박과장
② 박과장 – 김대리 – 이부장
③ 박과장 – 이부장 – 김대리
④ 이부장 – 박과장 – 김대리
⑤ 이부장 – 김대리 – 박과장

08 다음 〈조건〉에 따라 5층 건물에 A ~ E 5명이 살고 있을 때, 반드시 참이 아닌 것은?(단, 지하에는 사람이 살지 않는다)

> **조건**
> • 각 층에는 최대 2명이 살 수 있다.
> • 어느 한 층에는 사람이 살고 있지 않다.
> • 짝수 층에는 1명씩만 살고 있다.
> • A는 짝수 층에 살고, B는 홀수 층에 살고 있다.
> • D는 C 바로 위층에 살고 있다.
> • E는 1층에 살고 있다.
> • D는 5층에 살지 않는다.

① A가 2층에 산다면 B와 같은 층에 사는 사람이 있을 수 있다.
② B가 5층에 산다면 C는 어떤 층에서 혼자 살고 있다.
③ C가 2층에 산다면 B와 E는 같은 층에서 살 수 있다.
④ D가 4층에 산다면 B와 C는 같은 층에서 살 수 있다.
⑤ E가 1층에 혼자 산다면 B와 D는 같은 층에서 살 수 있다.

09 제시된 명제가 항상 참이라고 할 때, 다음 중 반드시 참이라고 할 수 없는 것은?

> • 모든 사람은 자신에 대해서 호의적인 사람에게 호의적이다.
> • 어느 누구도 자신을 비방한 사람에게 호의적이지 않다.
> • 모든 사람 중에는 다른 사람을 절대 비방하지 않는 사람이 있다.
> • 어느 누구도 자기 자신에 대해서 호의적이지도 않고 자기 자신을 비방하지도 않는다.

① 두 사람이 서로 호의적이라면, 그 두 사람은 서로 비방한 적이 없다.
② 두 사람이 서로 비방한 적이 없다면, 그 두 사람은 서로 호의적이다.
③ 어떤 사람이 다른 모든 사람을 비방한다면, 그 사람에 대해 호의적인 사람은 없다.
④ A라는 사람이 다른 모든 사람을 비방한다면, A에게 호의적이지 않지만 A를 비방하지 않는 사람이 있다.
⑤ 모든 사람이 자신을 비방하지 않는 사람에게 호의적이라면, 모든 사람에게는 각자가 호의적으로 대하는 사람이 적어도 한 명은 있다.

10 제시된 명제가 모두 참일 때, 다음 중 반드시 참인 것은?

> • 지영이, 미주, 수진이는 각각 공책을 가지고 있다.
> • 지영이는 보라색 공책도 가지고 있다.
> • 미주는 보라색 공책만 가지고 있다.
> • 수진이는 빨간색 공책도 가지고 있다.
> • 세 사람은 공책을 한 권씩 책상 위에 올려두었고, 지금 책상에는 보라색 공책만 있다.

① 미주의 모든 공책은 책상 위에 있다.
② 수진이의 모든 공책은 책상 위에 있다.
③ 지영이의 빨간색 공책은 책상 위에 있다.
④ 지영이의 모든 공책이 책상 위에 있는 것은 아니다.
⑤ 수진이는 빨간색 공책과 보라색 공책만 가지고 있다.

11

- 정육점에는 다섯 종류의 고기를 팔고 있다.
- 소고기가 닭고기보다 비싸다.
- 오리고기보다 비싸다면 돼지고기이다.
- 소고기 2kg의 가격이 염소고기 4kg의 가격과 같다.

A : 닭고기보다 비싼 고기 종류는 세 가지이다.
B : 가격의 순위를 정하는 경우의 수는 세 가지이다.

① A만 옳다.
② B만 옳다.
③ A, B 모두 옳다.
④ A, B 모두 틀리다.
⑤ A, B 모두 옳은지 틀린지 판단할 수 없다.

12

- 어느 반의 남학생과 여학생 수의 합은 20명이다.
- 학생들은 체육복이나 교복을 입고 있다.
- 체육복을 입은 학생은 9명이다.
- 교복을 입은 남학생은 4명이다.
- 체육복을 입은 남학생 수와 체육복을 입은 여학생 수의 차이는 3명이다.

A : 교복을 입은 여학생은 7명이다.
B : 여학생은 교복을 입은 학생보다 체육복을 입은 학생이 더 많다.

① A만 옳다.
② B만 옳다.
③ A, B 모두 옳다.
④ A, B 모두 틀리다.
⑤ A, B 모두 옳은지 틀린지 판단할 수 없다.

13 다음 명제가 모두 참일 때, 빈칸에 들어갈 명제로 가장 적절한 것은?

> • 눈을 자주 깜빡이지 않으면 눈이 건조해진다.
> • 스마트폰을 이용할 때는 눈을 자주 깜빡이지 않는다.
> • _____

① 눈을 자주 깜빡이지 않으면 스마트폰을 이용하는 때이다.
② 눈이 건조해지지 않으면 눈을 자주 깜빡이지 않는다.
③ 눈이 건조해지면 눈을 자주 깜빡이지 않는다.
④ 눈이 건조해지면 눈을 자주 깜빡인 것이다.
⑤ 스마트폰을 이용할 때는 눈이 건조해진다.

14 A~F 여섯 명은 번지점프를 하기 위해 줄을 서 있다. 다음 〈조건〉을 만족할 때, 항상 옳은 것은?

> 조건
> • A와 D 사이에는 세 명이 있다.
> • C는 D보다 늦게, E는 C보다 늦게 뛰어내린다.
> • F와 E는 연속으로 뛰어내리지 않는다.
> • B는 C와 D 사이에서 뛰어내린다.

① F는 A보다 빨리 뛰어내린다.
② B는 C보다 빨리 뛰어내린다.
③ A는 다섯 번째에 뛰어내린다.
④ E는 F보다 늦게 뛰어내린다.
⑤ C는 세 번째에 뛰어내린다.

※ 다음 제시된 명제를 읽고 각 문제가 항상 참이면 ①, 거짓이면 ②, 알 수 없으면 ③을 고르시오.
[15~17]

- 가야금을 연주할 수 있는 사람은 거문고를 연주할 수 있다.
- 해금을 연주할 수 있는 사람은 아쟁을 연주할 수 있다.
- 거문고를 연주할 수 없는 사람은 아쟁을 연주할 수 없다.
- 가야금을 연주할 수 없는 사람은 장구를 연주할 수 없다.

---

15 아쟁을 연주할 수 있는 사람은 거문고를 연주할 수 있다.

① 참   ② 거짓   ③ 알 수 없음

Easy
16 가야금이나 해금을 연주할 수 있는 사람은 거문고를 연주할 수 있다.

① 참   ② 거짓   ③ 알 수 없음

17 가야금과 거문고를 연주할 수 있는 사람은 장구를 연주할 수 있다.

① 참   ② 거짓   ③ 알 수 없음

※ 다음 글을 읽고 각 문제가 항상 참이면 ①, 거짓이면 ②, 알 수 없으면 ③을 고르시오. [18~20]

뉴턴은 빛이 눈에 보이지 않는 작은 입자라고 주장하였고, 이것은 그의 권위에 의지하여 오랫동안 정설로 여겨졌다. 그러나 19세기 초에 토머스 영의 겹실틈 실험은 빛의 파동성을 증명하였다. 이 실험의 방법은 먼저 한 개의 실틈을 거쳐 생긴 빛이 다음에 설치된 두 개의 겹실틈을 지나가게 하여 스크린에 나타나는 무늬를 관찰하는 것이다. 이때 빛이 파동이냐 입자이냐에 따라 결괏값이 달라진다. 즉, 빛이 입자라면 일자 형태의 띠가 두 개 나타나야 하는데, 실험 결과 스크린에는 예상과 다른 무늬가 나타났다. 마치 두 개의 파도가 만나면 골과 마루가 상쇄와 간섭을 일으키듯이 보강간섭이 일어난 곳은 밝아지고 상쇄간섭이 일어난 곳은 어두워지는 간섭무늬가 연속적으로 나타난 것이다. 그러나 19세기 말부터 빛의 파동성으로는 설명할 수 없는 몇 가지 실험적 사실이 나타났다. 1905년에 아인슈타인은 빛은 광량자라고 하는 작은 입자로 이루어졌다는 광량자설을 주장하였다. 빛의 파동성은 명백한 사실이었으므로 이것은 빛이 파동이면서 동시에 입자인 이중적인 본질을 가지고 있다는 것을 의미하는 것이다.

18 아인슈타인의 광량자설은 뉴턴과 토머스 영의 가설을 모두 포함한다.

① 참 ② 거짓 ③ 알 수 없음

19 뉴턴의 가설은 그의 권위에 의해 현재까지도 정설로 여겨진다.

① 참 ② 거짓 ③ 알 수 없음

20 겹실틈 실험 결과, 일자 형태의 띠가 두 개 나타났으므로 빛은 입자이다.

① 참 ② 거짓 ③ 알 수 없음

※ 다음 제시된 문장 또는 문단을 논리적 순서대로 바르게 나열한 것을 고르시오. [1~4]

01

먹을거리가 풍부한 현대인의 가장 큰 관심사 중 하나는 웰빙과 다이어트일 것이다. 현대인은 날씬한 몸매에 대한 열망이 지나쳐서 비만한 사람들이 나태하다고 생각하기도 하고, 심지어는 거식증으로 인해 사망한 패션모델까지 있었다. 이러한 사회적 경향 때문에 우리가 먹는 음식물에 포함된 지방이나 기름 성분은 몸에 좋지 않은 '나쁜 성분'으로 매도당하기도 한다. 물론 과도한 지방 섭취, 특히 몸에 좋지 않은 지방은 비만의 원인이 되고 당뇨병, 심장병, 고혈압과 같은 각종 성인병을 유발하지만, 사실 지방은 우리 몸이 정상적으로 활동하는 데 필수적인 성분이다.

(가) 먹을 것이 풍족하지 않은 상황에서 생존에 필수적인 능력은 다름 아닌 에너지를 몸에 축적하는 능력이었다.

(나) 사실 비만과 다이어트의 문제는 찰스 다윈(Charles R. Darwin)의 진화론과 밀접한 관련이 있다. 찰스 다윈은 19세기 영국의 생물학자로 『종의 기원』이라는 책을 써서 자연선택을 통한 생물의 진화 과정을 설명하였다.

(다) 약 100년 전만 해도 우리나라를 비롯한 전 세계 대부분의 국가는 식량이 그리 풍족하지 않았다. 실제로 수십만 년 지속된 인류의 역사에서 인간이 매일 끼니 걱정을 하지 않고 살게 된 것은 최근 수십 년의 일이다.

(라) 생물체가 살아남고 번식을 해서 자손을 남길 수 있느냐 하는 것은 주위 환경과의 관계가 중요한 역할을 하는데, 자연선택이란 주위 환경에 따라 생존하기에 적합한 성질 또는 기능을 가진 종들이 그렇지 못한 종들보다 더 잘 살아남게 되어 자손을 남기게 된다는 개념이다.

그러므로 인류는 이러한 축적 능력이 유전적으로 뛰어난 사람들이 그렇지 않은 사람들보다 상대적으로 더 잘 살아남았을 것이다. 그렇게 살아남은 자들의 후손인 현대인들이 달거나 기름진 음식을 본능적으로 좋아하게 된 것은 진화의 당연한 결과였다. 그리하여 음식이 풍부한 현대 사회에서는 이러한 유전적 특성은 단점으로 작용하게 되었다. 지방이 풍부한 음식을 찾는 경향은 지나치게 지방을 축적하게 했고, 결국 부작용으로 이어졌다.

① (나) – (가) – (라) – (다)
② (나) – (다) – (가) – (라)
③ (나) – (라) – (다) – (가)
④ (다) – (가) – (나) – (라)
⑤ (다) – (라) – (가) – (나)

02

(가) 콘크리트가 굳은 뒤에 당기는 힘을 제거하면, 철근이 줄어들면서 콘크리트에 압축력이 작용하여 외부의 인장력에 대한 저항성이 높아진 프리스트레스트 콘크리트가 만들어진다.

(나) 이러한 과정을 통해 만들어진 프리스트레스트 콘크리트가 사용된 킴벨 미술관은 개방감을 주기 위하여 기둥 사이를 30m 이상 벌리고 내부의 전시 공간을 하나의 층으로 만들었다.

(다) 이 간격은 프리스트레스트 콘크리트구조를 활용하였기에 구현할 수 있었고, 일반적인 철근 콘크리트로는 구현하기 어려웠다.

(라) 특히 근대 이후에는 급격한 기술의 발전으로 혁신적인 건축작품들이 탄생할 수 있었고, 건축 재료와 건축 미학의 유기적인 관계는 앞으로도 지속될 것이다.

(마) 철근 콘크리트는 근대 이후 가장 중요한 건축재료로 널리 사용되어 왔으며, 철근 콘크리트의 인장 강도를 높이려는 연구가 계속되어 프리스트레스트 콘크리트가 등장하였다.

(바) 이처럼 건축 재료에 대한 기술적 탐구는 언제나 새로운 건축미학의 원동력이 되어 왔다.

(사) 이 구조로 이루어진 긴 지붕의 틈새로 들어오는 빛이 넓은 실내를 환하게 채우며 철근 콘크리트로 이루어진 내부를 대리석처럼 빛나게 한다.

(아) 프리스트레스트 콘크리트는 다음과 같이 제작되는데 먼저, 거푸집에 철근을 넣고 철근을 당긴 상태에서 콘크리트 반죽을 붓는다.

① (가) – (라) – (다) – (아) – (나) – (사) – (마) – (바)
② (가) – (라) – (아) – (다) – (마) – (나) – (바) – (사)
③ (마) – (다) – (아) – (나) – (가) – (바) – (라) – (사)
④ (마) – (아) – (가) – (나) – (다) – (사) – (바) – (라)
⑤ (바) – (나) – (아) – (가) – (마) – (사) – (다) – (라)

03

(가) 신채호는 아(我)를 소아(小我)와 대아(大我)로 구별한다. 그에 따르면, 소아는 개별화된 개인적 아이며, 대아는 국가와 사회 차원의 아이다. 소아는 자성(自省)을 갖지만 상속성(相續性)과 보편성(普遍性)을 갖지 못하는 반면, 대아는 자성을 갖고 상속성과 보편성을 가질 수 있다.

(나) 이러한 상속성과 보편성은 긴밀한 관계를 가지는데, 보편성의 확보를 통해 상속성이 실현되며 상속성의 유지를 통해 보편성이 실현된다. 대아가 자성을 자각한 이후, 항성과 변성의 조화를 통해 상속성과 보편성을 실현할 수 있다.

(다) 만약 대아의 항성이 크고 변성이 작으면 환경에 순응하지 못하여 멸(滅絕)할 것이며, 항성이 작고 변성이 크면 환경에 주체적으로 대응하지 못하여 우월한 비아에게 정복당한다고 하였다.

(라) 여기서 상속성이란 시간적 차원에서 대아의 생명력이 지속되는 것을 뜻하며, 보편성이란 공간적 차원에서 대아의 영향력이 파급되는 것을 뜻한다.

① (가) – (나) – (다) – (라)   ② (가) – (나) – (라) – (다)
③ (가) – (라) – (나) – (다)   ④ (나) – (다) – (라) – (가)
⑤ (나) – (라) – (다) – (가)

(가) 역사드라마는 역사적 인물이나 사건 혹은 역사적 시간이나 공간에 대한 작가의 단일한 재해석 또는 상상이 아니라 현재를 살아가는 시청자에 의해 능동적으로 해석되고 상상된다.

(나) 이는 곧 과거의 시공간을 배경으로 한 TV 역사드라마가 현재를 지향하고 있음을 의미한다.

(다) 그래서 역사적 시간과 공간적 배경 속에 놓여 있는 등장인물과 지금 현재를 살아가는 시청자들이 대화를 나누기도 하고, 시청자들이 역사드라마를 주제로 삼아 사회적 담론의 장을 열기도 한다.

(라) 역사드라마는 이처럼 다중적으로 수용된다는 점에서 과거와 현재의 대화라는 역사의 속성을 견지한다.

① (가) – (나) – (다) – (라) ② (가) – (다) – (나) – (라)
③ (가) – (라) – (나) – (다) ④ (라) – (가) – (나) – (가)
⑤ (라) – (다) – (나) – (다)

05 다음 글을 읽고 '빌렌도르프의 비너스'에 대한 설명으로 가장 적절한 것은?

1909년 오스트리아 다뉴브 강가의 빌렌도르프 근교에서 철도 공사를 하던 중 구석기 유물이 출토되었다. 이 중 눈여겨볼 만한 것이 '빌렌도르프의 비너스'라 불리는 여성 모습의 석상이다. 대략 기원전 2만 년의 작품으로 추정되나 구체적인 제작연대나 용도 등에 대해 알려진 바가 거의 없다. 높이 11.1cm의 이 작은 석상은 굵은 허리와 둥근 엉덩이에 커다란 유방을 늘어뜨리는 등 여성 신체가 과장되어 묘사되어 있다. 가슴 위에 올려놓은 팔은 눈에 띄지 않을 만큼 작으며, 땋은 머리에 가려 얼굴이 보이지 않는다. 출산, 다산의 상징으로 주술적 숭배의 대상이 되었던 것이라는 의견이 지배적이다. 태고의 이상적인 여성을 나타내는 것이라고 보는 의견이나, 선사시대 유럽의 풍요와 안녕의 상징이었다고 보는 의견도 있다.

① 빌렌도르프라는 사람에 의해 발견되었다.
② 평화의 상징이라는 의견이 지배적이다.
③ 부족장의 부인을 모델로 만들어졌다.
④ 팔은 떨어져 나가고 없다.
⑤ 구석기시대의 유물이다.

06

기업은 많은 이익을 남기길 원하고, 소비자는 좋은 제품을 저렴하게 구매하길 원한다. 그 과정에서 힘이 약한 저개발국가의 농민, 노동자, 생산자들은 무역상품의 가격 결정 과정에 참여하지 못하고, 자신이 재배한 식량과 상품을 매우 싼값에 팔아 겨우 생계를 유지한다. 그 결과, 세계 인구의 20% 정도가 우리 돈 약 1,000원으로 하루를 살아가고, 세계 노동자의 40%가 하루 2,000원 정도의 소득으로 살아가고 있다.

이러한 무역 거래의 한계를 극복하고, 공평하고 윤리적인 무역 거래를 통해 저개발국가 농민, 노동자, 생산자들이 겪고 있는 빈곤 문제를 해결하기 위해 공정무역이 생겨났다. 공정무역은 기존 관행 무역으로부터 소외당하며 불이익을 받고 있는 생산자와 지속가능한 파트너십을 통해 공정하게 거래하는 것으로, 생산자들과 공정무역 단체의 직거래를 통한 거래 관계에서부터 단체나 제품 등에 대한 인증시스템까지 모두 포함하는 무역을 의미한다.

이와 같은 공정무역은 국제 사회 시민운동의 일환으로, 1946년 미국의 시민단체 '텐사우전드빌리지(Ten Thousand Villages)'가 푸에르토리코의 자수 제품을 구매하고, 1950년대 후반 영국의 '옥스팜(Oxfam)'이 중국 피난민들의 수공예품과 동유럽국가의 수공예품을 팔면서 시작되었다. 이후 1960년대에는 여러 시민 단체들이 조직되어 아프리카, 남아메리카, 아시아의 빈곤한 나라에서 본격적으로 활동을 전개하였다. 이 단체들은 가난한 농부와 노동자들이 스스로 조합을 만들어 환경친화적으로 농산물을 생산하도록 교육하고, 이에 필요한 자금 등을 지원했다. 2000년대에는 공정무역이 자본주의의 대안활동으로 여겨지며 급속도로 확산되었고, 공정무역 단체나 회사가 생겨남에 따라 저개발국가 농부들이 생산한 농산물이 공정한 값을 받고 거래되었다. 이러한 과정에서 공정무역은 저개발국 생산자들의 삶을 개선하기 위한 중요한 시장 메커니즘으로 주목을 받게 된 것이다.

① 기존 관행 무역에서는 저개발국가의 농민, 노동자, 생산자들이 무역상품의 가격 결정 과정에 참여하지 못했다.

② 세계 노동자의 40%가 하루 2,000원 정도의 소득으로 살아가며, 세계 인구의 20%는 약 1,000원으로 하루를 살아간다.

③ 공정무역에서는 저개발국가의 생산자들과 지속가능한 파트너십을 통해 그들을 무역 거래 과정에서 소외시키지 않는다.

④ 공정무역은 1946년 시작되었고, 1960년대 조직된 여러 시민 단체들이 본격적으로 활동을 전개하였다.

⑤ 시민 단체들은 조합을 만들어 환경친화적인 농산물을 직접 생산하고, 이를 회사에 공정한 값으로 판매하였다.

07

예술가는 작품에 하나의 의미만을 부여한다. 그러므로 예술 작품을 감상하는 사람이 한 작품을 두고 둘 이상의 의미로 해석하는 것은 모순이다. 어떤 특정한 시공간과 상황에서 예술 작품이 창작된다는 점을 전제한다면 그 예술 작품의 해석은 창작의 과정과 맥락을 모두 종합할 때 가능해진다. 이럴 때 비로소 해석은 유의미해지는 것이다.

달리 말하면 작품에 대한 해석은 작품의 내재적 요소만으로는 파악하기 어렵고, 그 작품을 창작한 작가의 경험과 사상, 시대 상황 등 외재적 요소까지 종합하여 살펴보아야 완전해진다. 차이코프스키의 「백조의 호수」와 피카소의 「게르니카」를 예로 들면, 이 작품들을 둘러싸고 있는 창작 맥락을 종합적으로 살펴야 유일한 의미를 찾아낼 수 있는 것이다.

위에서 말한 것처럼, 예술 작품의 해석은 작품의 단일한 의미를 찾아내는 데 목적이 있지만 실제로 그 목적이 꼭 실현되는 것은 아니다. 그것은 이론적으로 가능할 뿐 실제로 그것이 실현되기는 불가능해 보인다. 그렇더라도 우리는 모든 예술 작품의 단일한 의미를 찾으려고 노력해야 한다. 예술 작품의 해석이란 그러한 이상을 추구하는 부단한 여정이기 때문이다.

① 예술 작품에는 작가가 처한 상황이 반영된다.
② 예술 작품의 해석 목적은 작품의 단일한 의미를 찾는 데 있다.
③ 단지 작품만을 가지고는 예술가가 부여한 의미를 찾기 어렵다.
④ 예술 작품의 단일한 의미를 찾는 것이 항상 가능한 것은 아니다.
⑤ 작품의 내·외재적 요소를 통해 해석하면 반드시 작품의 단일한 의미를 찾을 수 있다.

08 다음 글을 읽고 추론할 수 있는 내용으로 가장 적절한 것은?

> 조선이 임진왜란 중에도 필사적으로 보존하고자 한 서적이 바로 조선왕조실록이다. 실록은 원래 서울의 춘추관과 성주·충주·전주 4곳의 사고(史庫)에 보관되었으나, 임진왜란 이후 전주 사고의 실록만 온전한 상태였다. 전란이 끝난 후 단 1벌 남은 실록을 다시 여러 벌 등서하자는 주장이 제기되었다. 우여곡절 끝에 실록 인쇄가 끝난 시기는 1606년이었다. 재인쇄 작업의 결과 원본을 포함해 모두 5벌의 실록을 갖추게 되었다. 원본은 강화도 마니산에 봉안하고 나머지 4벌은 서울의 춘추관과 평안도 묘향산, 강원도의 태백산과 오대산에 봉안했다.
>
> 이 5벌 중에서 서울 춘추관의 것은 1624년 이괄의 난 때 불에 타 없어졌고, 묘향산의 것은 1633년 후금과의 관계가 악화되자 전라도 무주의 적상산에 사고를 새로 지어 옮겼다. 강화도 마니산의 것은 1636년 병자호란 때 청군에 의해 일부 훼손되었던 것을 현종 때 보수하여 숙종 때 강화도 정족산에 다시 봉안했다. 결국 내란과 외적 침입으로 인해 5곳 가운데 1곳의 실록은 소실되었고, 1곳의 실록은 장소를 옮겼으며, 1곳의 실록은 손상을 입었던 것이다.
>
> 정족산, 태백산, 적상산, 오대산 4곳의 실록은 그 후 안전하게 지켜졌다. 그러나 일본이 다시 여기에 손을 대었다. 1910년 조선 강점 이후 일제는 정족산과 태백산에 있던 실록을 조선총독부로 이관하고, 적상산의 실록은 구황궁 장서각으로 옮겼으며, 오대산의 실록은 일본 동경제국대학으로 반출했다. 일본으로 반출한 것은 1923년 관동 대지진 때 거의 소실되었다. 정족산과 태백산의 실록은 1930년에 경성제국대학으로 옮겨져 지금까지 서울대학교에 보존되어 있다. 한편 장서각의 실록은 6·25 전쟁 때 북한으로 옮겨져 현재 김일성종합대학에 소장되어 있다.

① 재인쇄하였던 실록은 모두 5벌이다.

② 태백산에 보관하였던 실록은 현재 일본에 있다.

③ 현재 한반도에 남아 있는 실록은 모두 4벌이다.

④ 적상산에 보관하였던 실록은 일부가 훼손되었다.

⑤ 현존하는 실록 중에서 가장 오래된 것은 서울대학교에 있다.

※ 다음 글의 밑줄 친 ⊙ ~ ⓜ의 수정 방안으로 적절하지 않은 것을 고르시오. [9~10]

09

최근 비만에 해당되는 인구가 증가하고 있다. 비만은 다른 질병들을 ⊙ 유발할 수 있어 주의를 필요로 ⓛ 하는 데, 특히 학생들의 비만이 증가하여 제일 큰 문제가 되고 있다. 학생들의 비만 원인으로 교내매점에서 판매되는 제품에 설탕이 많이 ⓒ 함유되어 있음이 거론되고 있다. 예를 들어 매점의 주요 판매 품목인 탄산음료, 빵 등은 다른 제품들에 비해 설탕 함유량이 높다. 학생들의 비만 문제를 해결하기 위한 방안으로 매점에서 판매되는 설탕 함유량이 높은 제품에 설탕세를 ⓔ 메겨서 학생들의 구매를 억제하자는 주장이 있다.

영국의 한 과학자는 생쥐에게 일정 기간 설탕을 주입한 후 변화를 관찰하여 설탕이 비만에 상당한 영향력을 미치고 있으며, 운동능력도 저하시킬 수 있다는 실험 결과를 발표하였다. 권장량 이상의 설탕은 비만의 주요한 요인이 될 수 있고, 이로 인해 다른 질병에 노출될 가능성도 ⓜ 높이는 것이다. 이렇게 비만을 일으키는 주요한 성분 중 하나인 설탕이 들어간 제품에 대해 그 함유량에 따라 부과하는 세금을 '설탕세'라고 한다. 즉, 설탕세는 설탕 함유량이 높은 제품의 가격을 올려 소비를 억제하기 위한 방법이라고 할 수 있다.

① ⊙ : 사동의 뜻을 가진 '유발시킬'로 수정한다.
② ⓛ : '-ㄴ데'는 연결 어미로 '하는데'와 같이 붙여쓴다.
③ ⓒ : 문맥상 같은 의미인 '포함되어'로 바꾸어 쓴다.
④ ⓔ : 잘못된 표기이므로 '매겨서'로 수정한다.
⑤ ⓜ : 피동의 뜻을 가진 '높아지는'으로 수정한다.

㉠ 일반적인 사전적 의미의 '취미'는 '전문적으로 하는 것이 아니라 즐기기 위하여 하는 일'이지만 좀 더 철학적 관점에서 본다면 취미(Geschmack)는 주관적인 인간의 감정적 영역으로, 미적 대상을 감상하고 비판하는 능력이다. 발타사르 그라시안(Baltasar Gracian)에 따르면 취미는 충동과 자유, 동물성과 정신의 중간적인 것으로 각종 일에 대해 거리를 취하고 구별하여 선택하는 능력으로 일종의 인식방식이다.

취미에 대한 정의와 관점은 다양하다. 취미를 감각 판단으로 바라볼 것인가에 대해 서로 맞서고 있는 감각주의 전통과 합리주의 전통의 논쟁이 있어 왔으며, 현대사회에서는 취미 연구를 심리학적, 사회적 두 가지 관점에서 본다. 심리학적인 관점에서 취미는 개인의 생애를 통해서 변화하며 동시에 개인, 시대, 민족, 지역 등에 따라 ㉡ 틀리다. 개인의 취미는 넓고 깊은 교양에 의한 것이며, 통속적으로는 여가나 오락을 뜻하는 것으로 쓰이기도 한다. ㉢ 하지만 이와 동시에 일정한 시대, 민족에 있어서는 공통된 취미가 '객관적 정신'으로 전체를 지배하기도 한다. ㉣ 따라서 취미는 그 누구도 '취미란 이런 것이다.'라고 정의내려서는 안 된다.

이 과정에서 우리는 '한 사회 내에서 일정 기간 동안 유사한 문화양식과 행동양식이 일정 수의 사람들에게 공유되는 사회적 동조 현상'인 유행과의 차이에 대해 의문을 가지게 된다. 유행은 취미와 아주 밀접하게 결부된 현상이다. ㉤ 그러나 유행은 경험적 일반성에 의존하는 공동체적 감각이고, 취미는 경험보다는 규범적 일반성에 의존하는 감각이다. 다시 말해 유행은 공동체 속에서 활동하고 또 그것에 종속되지만, 취미는 그것에 종속되지 않는다. 취미는 자신의 판단력에 의존한다는 점에서 유행과 구별된다.

① ㉠ : 문장이 너무 길어 호흡이 길어지므로 '…하는 일'이다. 하지만…'으로 수정한다.
② ㉡ : 의미상 '비교가 되는 대상이 서로 같지 아니하다.'라는 뜻의 '다르다'로 바꾼다.
③ ㉢ : 자연스러운 연결을 위해 '또한'으로 바꾼다.
④ ㉣ : 글의 전개상 불필요한 내용이므로 삭제한다.
⑤ ㉤ : 앞뒤 내용의 자연스러운 흐름을 위해 '그래서'로 바꾼다.

11 다음 글의 빈칸에 들어갈 내용으로 가장 적절한 것은?

탁월함은 어떻게 습득되는가, 그것을 가르칠 수 있는가? 이 물음에 대하여 아리스토텔레스는 지성의 탁월함은 가르칠 수 있지만, 성품의 탁월함은 비이성적인 것이어서 가르칠 수 없고, 훈련을 통해서 얻을 수 있다고 대답한다.

그는 좋은 성품을 얻는 것을 기술을 습득하는 것에 비유한다. 그에 따르면, 리라(Lyra)를 켬으로써 리라를 켜는 법을 배우며 말을 탐으로써 말을 타는 법을 배운다. 어떤 기술을 얻고자 할 때 처음에는 교사의 지시대로 행동한다. 그리고 반복 연습을 통하여 그 행동이 점점 더 하기 쉽게 되고 마침내 제2의 천성이 된다. 이와 마찬가지로 어린아이는 어떤 상황에서 어떻게 행동해야 진실되고 관대하며 예의를 차리게 되는지 일일이 배워야 한다. 훈련과 반복을 통하여 그런 행위들을 연마하다 보면 그것들을 점점 더 쉽게 하게 되고, 결국에는 스스로 판단할 수 있게 된다.

그는 올바른 훈련이란 강제가 아니고 그 자체가 즐거움이 되어야 한다고 지적한다. 또한 그렇게 훈련받은 사람은 일을 바르게 처리하는 것을 즐기게 되고, 일을 바르게 처리하고 싶어하게 되며, 올바른 일을 하는 것을 어려워하지 않게 된다. 이처럼 성품의 탁월함이란 사람들이 '하는 것'만이 아니라 사람들이 '하고 싶어 하는 것'과도 관련된다. 그리고 한두 번 관대한 행동을 한 것으로 충분하지 않으며, 늘 관대한 행동을 하고 그런 행동에 감정적으로 끌리는 성향을 갖고 있어야 비로소 관대함에 관하여 성품의 탁월함을 갖고 있다고 할 수 있다.

다음과 같은 예를 통해 아리스토텔레스의 견해를 생각해 보자. 갑돌이는 성품이 곧고 자신감이 충만하다. 그가 한 모임에 참석하였는데, 거기서 다수의 사람들이 옳지 않은 행동을 한다고 생각했을 때 그는 다수의 행동에 대하여 비판의 목소리를 낼 것이며 그렇게 하는 데에 별 어려움을 느끼지 않을 것이다. 한편, 수줍어하고 우유부단한 병식이도 한 모임에 참석하였는데, 그 역시 다수의 행동이 잘못되었다는 판단을 했다고 하자. 이런 경우에 병식이는 일어나서 다수의 행동이 잘못되었다고 말할 수 있겠지만 그렇게 하려면 엄청난 의지를 발휘해야 할 것이고 자신과 힘든 싸움도 해야 할 것이다. 그런데도 병식이가 그렇게 행동했다면 우리는 병식이가 용기있게 행동하였다고 칭찬할 것이다. 그러나 아리스토텔레스가 보기에 성품의 탁월함을 가진 사람은 갑돌이다. 왜냐하면 _____ 우리가 어떠한 사람을 존경할 것인가가 아니라, 우리 아이를 어떤 사람으로 키우고 싶은가라는 질문을 받는다면 우리는 아리스토텔레스의 견해에 가까워질 것이다. 왜냐하면 우리는 우리 아이들을 갑돌이와 같은 사람으로 키우고 싶어 할 것이기 때문이다.

① 그는 내적인 갈등이 없이 옳은 일을 하기 때문이다.
② 그는 옳은 일을 하는 천성을 타고났기 때문이다.
③ 그는 주체적 판단에 따라 옳은 일을 하기 때문이다.
④ 그는 자신이 옳다는 확신을 가지고 옳은 일을 하기 때문이다.
⑤ 그는 다른 사람들의 칭찬을 의식하지 않고 옳은 일을 하기 때문이다.

PART 3

12 다음 글에서 〈보기〉의 문장이 들어갈 위치로 가장 적절한 곳은?

(가) 휴대폰은 어린이들이 자신의 속마음을 고백하기도 하고, 그가 하는 말을 들어주기도 하며, 또 자신의 호주머니나 입 속에 다 쑤셔 넣기도 하는 곰돌이 인형과 유사하다. 다른 점이 있다면 곰돌이 인형은 휴대폰과는 달리 말하는 사람에게 주의 깊게 귀를 기울여 준다는 것이다.

(나) 휴대폰이 제기하는 핵심 문제는 바로 이러한 모순 가운데 있다. 곰돌이 인형과 달리 휴대폰을 통해 듣는 목소리는 우리가 듣기를 바라는 것과는 다른 대답을 자주 한다. 그것은 특히 우리가 대화 상대자와 다른 시간과 다른 장소 그리고 다른 정신상태에 처해있기 때문이다.

(다) 그리 오래 전 일도 아니지만, 우리가 시·공간적으로 떨어져 있는 상대와 대화를 나누고 싶을 때 할 수 있는 일이란 기껏해야 독백을 하거나 글쓰기에 호소하는 것밖에 없었다. 하지만 글을 써본 사람이라면 펜을 가지고 구어(口語)적 사고를 진행시킨다는 것이 얼마나 어려운 일인지 잘 안다.

(라) 반면 우리가 머릿속에 떠오르는 말들에 따라, 그때그때 우리가 취하는 어조와 몸짓들은 얼마나 다양한가! 휴대폰으로 말미암아 우리는 혼자 말하는 행복을 되찾게 되었다. 더 이상 독백의 기쁨을 만끽하기 위해서 혼자 숨어들 필요가 없는 것이다.

(마) 어린이에게 자신이 보호받고 있다는 느낌을 주기 위해 발명된 곰돌이 인형을 어린이는 가장 좋은 대화 상대자로 이용한다. 마찬가지로 통신수단으로 발명된 휴대폰은 고독 속에서 우리를 안도시키는 절대적 수단이 될 것이다.

> **보기**
>
> 곰돌이 인형에게 이야기하는 어린이가 곰돌이 인형이 자기 말을 듣고 있다고 믿는 이유는 곰돌이 인형이 결코 대답하는 법이 없기 때문이다. 만일 곰돌이 인형이 대답을 한다면 그것은 어린이가 자신의 마음속에서 듣는 말일 것이다.

① (가) 문단의 뒤   ② (나) 문단의 뒤
③ (다) 문단의 뒤   ④ (라) 문단의 뒤
⑤ (마) 문단의 뒤

13 다음 글의 주제로 가장 적절한 것은?

> 오늘날 사회계층 간 의료수혜의 불평등이 심화되어 의료 이용도의 소득계층별, 지역별, 성별, 직업별, 연령별 차이가 사회적 불만의 한 원인으로 대두되고, 보건의료서비스가 의·식·주에 이어 제4의 기본적 수요로 인식됨에 따라 의료보장제도의 필요성이 나날이 높아지고 있다.
>
> 의료보장제도란 국민의 건강권을 보호하기 위하여 요구되는 필요한 보건의료서비스를 국가나 사회가 제도적으로 제공하는 것을 말하며, 건강보험, 의료급여, 산재보험을 포괄한다. 이를 통해 상대적으로 과다한 재정의 부담을 경감시킬 수 있으며, 국민의 주인의식과 참여의식을 조장할 수 있다.
>
> 의료보장제도는 의료수혜의 불평등을 해소하기 위한 사회적·국가적 노력이며, 예측할 수 없는 질병의 발생 등에 대한 개인의 부담 능력의 한계를 극복하기 위한 제도이다. 또한 개인의 위험을 사회적·국가적 위험으로 인식하여 위험의 분산 및 상호부조 인식을 제고하기 위한 제도이기도 하다.
>
> 의료보장제도의 의료보험(National Health Insurance) 방식은 일명 비스마르크(Bismarck)형 의료제도라고 하는데, 개인의 기여를 기반으로 한 보험료를 주재원으로 하는 제도이다. 사회보험의 낭비를 줄이기 위하여 진찰 시에 본인 일부 부담금을 부과하는 것이 특징이라 할 수 있다. 반면, 국가보건서비스(National Health Service) 방식은 일명 조세 방식, 비버리지(Beveridge)형 의료제도라고 하며, 국민의 의료문제는 국가가 책임져야 한다는 관점에서 조세를 재원으로 모든 국민에게 국가가 직접 의료를 제공하는 의료보장방식이다.

① 의료보장제도의 장단점
② 의료보장제도의 개념과 유형
③ 의료보장제도의 종류
④ 의료급여제도의 필요성
⑤ 의료보장제도의 전망

피보나치 수열은 운명적으로 가장 아름답다는 황금비를 만들어낸다. 황금비는 피라미드, 파르테논 신전이나 다빈치, 미켈란젤로의 작품에서 시작해 오늘날에는 신용카드와 담뱃갑, 종이의 가로와 세로의 비율까지 광범위하게 쓰인다. 이러한 황금비는 태풍과 은하수의 형태, 초식동물의 뿔, 바다의 파도에도 있다. 배꼽을 기준으로 한 사람의 상체와 하체, 목을 기준으로 머리와 상체의 비율도 황금비이다. 이런 사례를 찾다 보면 우주가 피보나치 수열의 장난으로 만들어졌는지도 모른다는 생각까지 든다.

피보나치 수열은 12세기 말 이탈리아 천재 수학자 레오나르도 피보나치가 제안했다. 한 쌍의 토끼가 계속 새끼를 낳을 경우 몇 마리로 불어나는가를 숫자로 나타낸 것이 이 수열인 것이다. 이 수열은 앞서 나오는 두 개의 숫자의 합이다. 1, 1, 1+1=2, 1+2=3, 2+3=5, 3+5=8, 5+8=13, 8+13=21, 13+21=34, 21+34=55, 34+55=89, … 이처럼 계속 수열을 만들어가는 것이다.

우리 주변의 꽃잎을 세어보면 거의 모든 꽃잎이 3장, 5장, 8장, 13장, …으로 되어 있다. 백합과 붓꽃은 꽃잎이 3장, 채송화·패랭이·동백·야생장미는 5장, 모란·코스모스는 8장, 금불초와 금잔화는 13장이다. 과꽃과 치커리는 21장, 질경이와 데이지는 34장, 쑥부쟁이는 종류에 따라 55장과 89장이다. 신기하게도 모두 피보나치 숫자인 것이다.

피보나치 수열은 해바라기나 데이지 꽃 머리의 씨앗 배치에도 존재한다. 해바라기 씨앗이 촘촘히 박혀 있는 꽃 머리를 유심히 보면 최소의 공간에 최대의 씨앗을 배치하기 위한 '최적의 수학적 해법'으로 꽃이 피보나치 수열을 선택한다는 것을 알 수 있다. 씨앗은 꽃 머리에서 왼쪽과 오른쪽 두 개의 방향으로 엇갈리게 나선 모양으로 자리 잡는다. 데이지 꽃 머리에는 서로 다른 34개와 55개의 나선이 있고, 해바라기 꽃 머리에는 55개와 89개의 나선이 있다.

피보나치 수열은 식물의 잎차례에도 잘 나타나 있다. 잎차례는 줄기에서 잎이 나와 배열하는 방식으로 t/n로 표시한다. t번 회전하는 동안 잎이 n개 나오는 비율이 참나무·벚꽃·사과는 $\frac{2}{5}$ 이고, 포플러·장미·배·버드나무는 $\frac{3}{8}$, 갯버들과 아몬드는 $\frac{5}{13}$ 이다. 모두 피보나치 숫자로 전체 식물의 90%가 피보나치 수열의 잎차례를 따르고 있다. 이처럼 잎차례가 피보나치 수열을 따르는 것은 잎이 바로 위의 잎에 가리지 않고, 햇빛을 최대한 받을 수 있는 최적의 수학적 해법이기 때문이다.

예전에는 식물의 DNA가 피보나치 수열을 만들어낸다고 생각했다. 그러나 요즘에는 식물이 새로 자라면서 환경에 적응해 최적의 성장 방법을 찾아가는 과정에서 자연스럽게 피보나치 수열이 형성된다고 생각하는 학자들이 많아졌다. 최근 들어 생물뿐만 아니라 전하를 입힌 기름방울을 순서대로 떨어뜨려도 해바라기 씨앗처럼 퍼진다는 사실이 ⑤ 밝혀졌다. 이처럼 피보나치 수열과 이 수열이 만들어내는 황금비는 생물은 물론 자연과 우주 어디에나 숨어 있다.

14 다음 중 윗글의 내용으로 적절하지 않은 것은?

① 꽃잎과 식물의 잎에서 피보나치 수열을 찾을 수 있으며, 이 수열은 피라미드, 신용카드 등에 나타나는 황금비를 만들어낸다.

② 해바라기 꽃 머리를 보면 최소의 공간에 최대의 씨앗이 배치될 수 있도록 피보나치 수열을 선택했음을 알 수 있다.

③ 식물의 잎차례에도 피보나치 수열이 잘 나타나며, 모든 식물의 잎차례는 이 수열을 따르고 있다.

④ 식물의 잎차례는 햇빛을 최대한 받을 수 있도록 피보나치 수열을 따르고 있다.

⑤ 학자들은 식물이 환경에 적응하기 위해 최적의 성장 방법을 찾아가는 과정에서 이 수열이 형성된다고 생각한다.

15 다음 중 윗글의 제목으로 가장 적절한 것은?

① 일상 생활 속에서 광범위하게 사용되는 황금비

② 피보나치 수열의 정의와 형성 원리

③ 피보나치 수열에 대한 학자들의 기존 입장과 새롭게 밝혀진 원리

④ 식물에서 찾아볼 수 있는 피보나치 수열

⑤ 잎차례가 피보나치 수열을 따르는 이유

16 다음 중 밑줄 친 부분이 윗글의 ⊙과 다른 의미로 사용된 것은?

① 그동안 숨겨왔던 진실이 <u>밝혀졌다</u>.

② 철수는 돈과 지위를 <u>밝히기</u>로 유명하다.

③ 나의 결백함이 <u>밝혀질</u> 것으로 믿는다.

④ 오랜 연구의 결과로 옛 문헌의 가치가 <u>밝혀졌다</u>.

⑤ 경찰이 사고의 원인을 <u>밝히고</u> 있다.

※ 다음 글을 읽고 이어지는 질문에 답하시오. [17~19]

일본의 한 완구회사가 개발한 '바우링 걸'은 개 짖는 소리를 인간의 언어로 번역하는 기계이다. 이런 기계를 제작하려면 동물들이 어떻게 자신의 의사를 표현하는지를 알아야 하는데, 이에 대한 연구는 동물행동학에서 가장 중심이 되는 부분이다. 동물행동학 학자들은 동일한 상황에서 일관되게 반복되는 동물의 행동을 관찰한 경우, 일단 그것을 동물의 의사 표현으로 본다. 물론 그 구체적인 의미를 알아내는 것은 상황을 다양하게 변화시켜 반복 관찰하고 그 결과를 분석한 후에야 가능하다. 이것이 가능하려면 먼저 동물들이 어떻게 의사를 표현하는지를 알아야 한다. 그렇다면 동물들은 어떤 방법으로 의사를 표현할까?

먼저 시각적인 방법부터 살펴보자. 남미의 열대 정글에 서식하는 베짱이는 우리나라의 베짱이와는 달리 머리에 뿔도 나 있고 다리에 무척 날카롭고 큰 가시도 있다. 그리고 포식자가 가까이 가도 피하지 않는다. 오히려 가만히 서서 자신을 노리는 포식자에게 당당히 자기의 모습을 보여준다. 이 베짱이는 그런 모습을 취함으로써 자기를 건드리지 말라는 뜻을 전하는 것이다. 또 열대의 호수에 사는 민물고기 시칠리드는 정면에서 보면 마치 귀처럼 보이는 부분이 있는데, 기분 상태에 따라 이곳에 점이 나타났다 사라졌다 하면서 색깔이 변한다. 이 부분에 점이 생기면 지금 기분이 안 좋다는 의사를 드러내는 것이다.

이처럼 모습이나 색깔을 통해 의사를 표현하는 정적인 방법도 있지만 행동을 통해 자신의 의사를 표현하는 동적인 방법도 있다. 까치와 가까운 새인 유럽산 어치는 머리에 있는 깃털을 얼마나 세우느냐에 따라서 마음 상태가 다르다고 한다. 기분이 아주 좋지 않거나 공격을 하려고 할 때 머리털을 가장 높이 세운다고 한다. 소리를 이용하여 자신의 의사를 표현하는 동물들도 있다. 소리를 이용하는 대표적인 방법은 경보음을 이용하는 것이다. 북미산 얼룩다람쥐 무리에는 보초를 서는 개체들이 따로 있다. 이들은 독수리 같은 맹금류를 발견하면 날카로운 소리로 경보음을 내어 동료들의 안전을 책임진다. 그리고 갈고리 모양 나방 애벌레는 다른 애벌레가 자신의 구역에 침입하면 처음에는 노처럼 생긴 뒷다리로 나뭇잎을 긁어 진동음으로 경고메시지를 보낸다. 침입자가 더 가까이 접근하면 입으로 나뭇잎을 긁어 짧고 강한 소리를 계속 만들어낸다.

냄새를 통해 자신의 의사를 전달하는 방법도 있다. 어떤 동물은 먹이가 있는 장소를 알리거나 자신의 영역에 다른 무리가 들어오는 것을 막기 위한 수단으로 냄새를 이용하기도 한다. 둥근 꼬리 여우원숭이는 다른 놈이 자신의 영역에 들어오면 꼬리를 팔에 비빈 후 흔든다. 그러면 팔에 있는 기관에서 분비된 냄새를 풍기는 물질이 꼬리에 묻어 그 침입자에게 전달된다.

이처럼 동물들은 색깔이나 소리, 냄새 등을 통해 자신의 의사를 표현한다. 그러나 동물들이 한 가지 방법만으로 자신의 의사를 표현하는 것은 아니다. 상황에 따라 우선적으로 선택하는 것도 있지만 대부분의 경우에는 이것들을 혼용한다. 현재까지 알려진 동물의 의사 표현 방법은 양적이나 질적인 면에서 인간의 언어와 비교할 수 없을 정도로 단순하고 초라하지만 동물행동학의 연구 성과가 폭넓게 쌓이면 현재 개발된 '바우링 걸'보다 완벽한 번역기가 등장할 수도 있을 것이다.

Easy

17 다음 중 윗글에서 동물의 의사 표현 방법으로 언급되지 않은 것은?

① 행동을 이용하는 방법

② 냄새를 이용하는 방법

③ 소리를 이용하는 방법

④ 서식지를 이용하는 방법

⑤ 모습이나 색깔을 이용하는 방법

18 다음 중 윗글에 대한 반응으로 적절하지 않은 것은?

① 동물의 의사를 번역할 수 있는 기계를 언급하여 독자의 흥미를 유발하고 있다.

② 동물의 의사 표현을 어떻게 파악하는지에 대해서도 언급하여 도움이 된다.

③ 동물의 의사 표현 방법에 대한 다양한 사례를 제시하여 이해하기가 쉽다.

④ 동물행동학에 대한 깊이 있는 연구가 축적되기를 기대하며 글을 마무리하고 있다.

⑤ 동물의 의사 표현 수단이 갖는 장단점을 대비하며 서술하여 차이점을 파악하기 쉽다.

Hard

19 윗글을 참고할 때, 다음 〈보기〉의 질문에 대한 동물행동학 학자의 답변으로 가장 적절한 것은?

> **보기**
>
> 산길을 걷다가 특이하게 생긴 곤충을 보았습니다. 그런데 그것을 잡으려고 손을 뻗었더니 갑자기 날개를 활짝 펼쳤습니다. 행동으로 의사를 표현하는 동물들이 많다고 들었는데, 그 곤충의 행동도 의사 표현과 관계가 있는 건가요?

① 상대방에게 물러나라는 의사를 표현한 겁니다. 공격을 준비하고 있다는 신호인 셈이지요.

② 아직은 잘 모릅니다. 우선, 손을 뻗을 때마다 똑같은 행동을 되풀이하는지 확인해 보세요.

③ 의사 표현이 확실합니다. 하지만 그 행동이 무슨 뜻인지는 좀 더 연구해 봐야 알 수 있습니다.

④ 의사 표현은 아닐 겁니다. 확실한 건 그 곤충의 신체 구조를 분석해 본 후에야 알 수 있습니다.

⑤ 의사 표현일 리가 없습니다. 지금까지 알려진 곤충들 중에는 그런 방법으로 의사를 표현하는 것이 없거든요.

(가) 문화란 말은 그 의미가 매우 다양해서 정확하게 개념을 규정한다는 것이 거의 불가능하다. 즉, 우리가 이 개념을 정확하게 규정하려는 노력을 하면 할수록 우리는 더 큰 어려움에 봉착한다. 무엇보다도 한편에서는 인간의 정신적 활동에 의해 창조된 최고의 가치를 문화라고 정의하고 있는 데 반하여, 다른 한편에서는 자연에 대한 인간의 기술적·물질적 적응까지를 문화라는 개념에 포함시키고 있다. 즉, 후자는 문명이라는 개념으로 이해하는 부분까지도 문화라는 개념 속에 수용함으로써 문화와 문명을 구분하지 않는 것이다. 전자는 독일적인 문화개념의 전통에 따른 것이고, 후자는 영미 계통의 문화개념에 따른 문화에 대한 이해이다. 여기에서 우리는 문화라는 개념이 주관적으로 채색되기가 쉽다는 것을 인식하게 된다. 19세기 중엽까지만 해도 우리 조상들은 서양인들을 양이(洋夷)라고 해서 야만시했다. 마찬가지로 우리는 한 민족이 다른 민족의 문화적 업적을 열등시하며, 이것을 야만인의 우스꽝스러운 관습으로 무시해 버리는 것을 역사를 통해 잘 알고 있다.

(나) 문화란 말은 일반적으로 두 가지로 사용된다. 한편으로 우리는 '교양 있는' 사람을 문화인이라고 한다. 즉, 창조적 정신의 소산인 문학 작품, 예술 작품, 철학과 종교를 이해하고 사회의 관습을 품위 있게 지켜나가는 사람을 교양인 또는 문화인이라고 한다. 그런가 하면 다른 한편으로 문화라는 말은 한 국민의 '보다 훌륭한' 업적과 그 유산을 지칭한다. 특히 철학, 과학, 예술에 있어서의 업적이 높이 평가된다. 그러나 우리는 여기에서 이미 문화에 대한 우리의 관점이 달라질 수 있는 소지를 발견한다. 즉, 어떤 민족이 이룩한 업적을 훌륭한 것 또는 창조적인 것으로 평가할 때, 그 시점은 어느 때이며 기준은 무엇인가? 왜냐하면 우리는 오늘날 선진국들에 의해 문화적으로 열등하다고 평가받는 많은 나라들이 한때는 이들 선진국보다 월등한 문화 수준을 향유했다는 것을 역사적 사실을 통해 잘 알고 있기 때문이다. 그리고 ㉠ 비록 창조적인 업적이라 할지라도 만약 그것이 부정적인 내용을 가졌다면, 그래도 우리는 그것을 창조적인 의미에서의 문화라고 할 수 있을까? 조직적 재능은 문화적 재능보다 덜 창조적인가? 기지가 풍부한 정치가는 독창력이 없는 과학자보다 덜 창조적이란 말인가? 볼테르 같은 사람의 문화적 업적을 그의 저서가 끼친 실천적 영향으로부터 분리할 수 있단 말인가? 인간이 이룩한 상이한 업적 영역, 즉 철학, 음악, 시, 과학, 정치 이론, 조형 미술 등에 대해서 문화적 서열이 적용된다는 것인가?

20 다음 중 윗글의 내용으로 적절하지 않은 것은?

① 문화라는 말은 다양한 의미로 사용된다.

② 문화의 개념은 정확하게 규정하기 어렵다.

③ 문화에 대한 관점은 시대에 따라 다를 수 있다.

④ 문화는 일반적으로 창조적 정신의 소산으로 여겨진다.

⑤ 문화는 교양 있는 사람들만 이해하고 지켜나가는 것이다.

21 윗글의 (나) 문단을 통해 글쓴이가 묻고자 하는 것은?

① 전통 문화의 보존은 가능한가?

② 문화의 개념 정의는 가능한가?

③ 민족과 문화는 불가분의 관계에 있는가?

④ 물질문명도 문화에 포함시킬 수 있는가?

⑤ 문화의 우열(優劣)을 나누는 것이 가능한가?

22 윗글의 (나) 문단에서 밑줄 친 ㉠의 예로 들 수 있는 것은?

① 상업주의적 퇴폐문화의 횡행

② 체제 비판적 저항 세력의 대두

③ 환경 파괴적 유흥시설의 증가

④ 인명 살상용 원자폭탄의 개발

⑤ 현실 도피적 사이비종교의 등장

※ 다음 글을 읽고 이어지는 질문에 답하시오. [23~25]

고려와 조선은 국가적으로 금속화폐의 통용을 추진한 적이 있다. 화폐주조권을 장악하여 세금을 효과적으로 징수하고 효율적으로 저장하려는 것이 그 목적이었다. 그러나 물품화폐에 익숙한 농민들은 금속화폐를 불편하게 여겼으므로 금속화폐의 유통 범위는 한정되고 끝내는 삼베를 비롯한 물품화폐에 압도당하고 말았다. ㉠ 조선 태종 때와 세종 때에도 동전의 유통을 시도하였지만 실패하였다.

조선 전기 은화(銀貨)는 서울을 중심으로 유통되었는데, 주로 왕실과 관청, 지배층과 상인, 역관(譯官) 등이 이용한 '돈'이었다. 그러나 은화는 고액 화폐였다. 그 때문에 서민의 경제생활에서는 여전히 무명 옷감이 화폐의 기능을 담당하였다. 그러한 가운데서도 농업생산력의 발전과 인구의 증가, 17세기 이후 지방 시장의 성장은 금속화폐 통용을 위한 여건이 마련되었음을 뜻하였다. 17세기 전반 개성에서는 이미 모든 거래가 동전으로 이루어지고 있었다. 이러한 여건 아래에서 1678년(숙종 4년)부터 강력한 통용책이 추진되면서 금속화폐가 널리 보급될 수 있었다.

동전인 상평통보 1개는 1푼이었다. 10푼이 1전(錢), 10전이 1냥(兩), 10냥이 1관(貫)이다. 대원군이 집권할 때 주조된 당백전(當百錢)과 1883년 주조된 당오전(當五錢)은 1개가 각각 100푼과 5푼의 가치를 가지는 동전이었다. 동전주조가 늘면서 그 유통 범위가 경기, 충청지방으로부터 점차 확산되어 18세기 초에는 전국에 미칠 정도였다. 동전을 시전(市廛)에 무이자로 대출하고, 관리의 녹봉을 동전으로 지급하고, 일부 세금을 동전으로 거두어들이는 등의 국가 정책도 동전의 통용을 촉진하였다.

화폐경제의 성장은 상업적 동기를 촉진시키고 경제생활, 나아가 사회생활에 변화를 주었다. 이러한 가운데 일부 위정자들은 화폐경제로 인한 부작용을 우려했는데 특히 농촌 고리대금업(高利貸金業)의 성행을 가장 심각한 문제로 생각했다. 그래서 ㉡ 동전의 폐지를 주장하는 이도 있었다. 1724년 등극한 영조는 이 주장을 받아들여 동전주조를 정지하였다. 그런데 당시에 동전은 이미 일상생활로 퍼졌기 때문에 동전의 수요에 비해 공급이 부족한 현상이 일어나 동전주조의 정지는 화폐유통 질서와 상품경제에 타격을 가하였다. 돈이 매우 귀하여 농민과 상인의 교역에 불편을 가져다 준 것이다.

또한, 소수의 부유한 상인이 동전을 집중적으로 소유하여 고리대금업(高利貸金業) 활동을 강화함에 따라서 오히려 농민 몰락이 조장되었다. ㉢ 결국 영조 7년 이후 동전은 다시 주조되기 시작했다.

23 윗글을 참고할 때, 밑줄 친 ㉠과 같은 현상이 나타나게 된 이유로 적절하지 않은 것은?

① 화폐가 통용될 시장이 발달하지 않았다.
② 화폐가 주로 일부 계층 위주로 통용되었다.
③ 백성들이 화폐보다 물품화폐를 선호하였다.
④ 국가가 화폐수요량을 원활하게 공급하지 못했다.
⑤ 화폐가 필요할 만큼 농업생산력이 발전하지 못했다.

24 윗글의 밑줄 친 ㉡을 비판할 때 다음 중 가장 타당한 것은?

① 경제적 약자의 처지를 일방적으로 옹호하고 있다.
② 국가 정책으로 개인의 문제를 해결하려 하고 있다.
③ 경제활동의 효율성과 현실적 요구를 무시하고 있다.
④ 경제활동의 위축에 따른 생산력 감소를 간과하고 있다.
⑤ 경제활동 주체 간의 이해관계를 조정하지 못하고 있다.

25 윗글의 밑줄 친 ㉢을 통해 알 수 있는 화폐 정책의 궁극적 목적은?

① 대외무역을 장려하기 위해
② 국가의 재정을 확충하기 위해
③ 경제활동을 원활히 하기 위해
④ 경제적 빈부격차를 해소하기 위해
⑤ 고리대금업을 강력히 규제하기 위해

01 다음은 2024년 11월 기준 민간부문의 공사완료 후 미분양된 면적별 주택 현황이다. 〈보기〉 중이에 대한 설명으로 옳은 것을 모두 고르면?

〈미분양된 면적별 민간부문 주택 현황〉

(단위 : 가구)

구분	면적별 주택유형			계
	$60m^2$ 미만	$60 \sim 85m^2$	$85m^2$ 초과	
전국	3,453	11,316	1,869	16,638
서울	0	16	4	20
부산	83	179	133	395
대구	0	112	1	113
인천	5	164	340	509
광주	16	27	0	43
대전	148	125	0	273
울산	38	56	14	108
세종	0	0	0	0
경기	232	604	1,129	1,965
기타	2,931	10,033	248	13,212

보기

ㄱ. 면적이 넓은 유형의 주택일수록 공사완료 후 미분양된 민간부문 주택이 많은 지역은 두 곳뿐이다.

ㄴ. 부산의 공사완료 후 미분양된 민간부문 주택 중 면적이 $60 \sim 85m^2$에 해당하는 주택이 차지하는 비중은 면적이 $85m^2$를 초과하는 주택이 차지하는 비중보다 10%p 이상 높다.

ㄷ. 면적이 $60m^2$ 미만인 공사완료 후 미분양된 민간부문 주택 수 대비 면적이 $60 \sim 85m^2$에 해당하는 공사완료 후 미분양된 민간부문 주택 수의 비율은 광주가 울산보다 높다.

① ㄱ
② ㄱ, ㄴ
③ ㄱ, ㄷ
④ ㄴ, ㄷ
⑤ ㄱ, ㄴ, ㄷ

02 다음은 E그룹의 주요 경영지표이다. 이에 대한 설명으로 옳은 것은?

〈경영지표〉

(단위 : 억 원)

구분	공정자산총액	부채총액	자본총액	자본금	매출액	당기순이익
2019년	2,610	1,658	952	464	1,139	170
2020년	2,794	1,727	1,067	481	2,178	227
2021년	5,383	4,000	1,383	660	2,666	108
2022년	5,200	4,073	1,127	700	4,456	−266
2023년	5,242	3,378	1,864	592	3,764	117
2024년	5,542	3,634	1,908	417	4,427	65

① 자본총액은 꾸준히 증가하고 있다.

② 직전 해의 당기순이익과 비교했을 때, 당기순이익이 가장 많이 증가한 해는 2020년이다.

③ 공정자산총액과 부채총액의 차가 가장 큰 해는 2024년이다.

④ 각 지표 중 총액 규모가 가장 큰 것은 매출액이다.

⑤ 2019 ~ 2022년 사이에 자본총액 중 자본금이 차지하는 비중은 계속 증가하고 있다.

03 E악기점에는 2명의 조율사가 고객의 피아노를 직접 가져와 조율을 한다. E악기점에서는 피아노 조율로 월 4,000,000원 이상의 이익을 내고자 할 때, 피아노를 운반하러 갈 수 있는 최대 평균 편도 거리는?(단, 편도 거리는 소수점 둘째 자리에서 반올림한다)

〈E악기점의 지출 수입 단위표〉

(단위 : 원)

구분	항목	가격
지출	10km당 운반비	40,000
	회당 조율 인건비	200,000
수입	조율 서비스비	400,000

※ 운반비는 왕복 거리에 기준으로 지출함

※ 한 달을 30일 기준으로 계산함

※ 조율사 2명의 휴일은 없다고 가정함

※ 직원 1명의 하루 최대 작업량은 1대임

① 14.5km

② 15.6km

③ 16.7km

④ 17.8km

⑤ 19.5km

04 어항 안에 A금붕어와 B금붕어가 각각 1,675마리, 1,000마리가 있다. 다음과 같이 금붕어가 일정한 규칙에 따라 팔리고 있다면, 10일 차에 남아있는 금붕어는 각각 몇 마리인가?

〈남은 금붕어의 수〉

(단위 : 마리)

구분	1일 차	2일 차	3일 차	4일 차	5일 차
A금붕어	1,675	1,554	1,433	1,312	1,191
B금붕어	1,000	997	992	983	968

	A금붕어	B금붕어
①	560마리	733마리
②	586마리	733마리
③	621마리	758마리
④	700마리	758마리
⑤	782마리	783마리

05 새로운 원유의 정제비율을 조사하기 위해 상압 증류탑을 축소한 Pilot Plant에 새로운 원유를 투입해 사전분석실험을 시행했다. 다음과 같은 결과를 얻었다고 할 때, 아스팔트는 최초 투입한 원유의 양 대비 몇 %가 생산되는가?

〈사전분석실험 결과〉

생산제품	생산량
LPG	투입한 원유량의 5%
휘발유	LPG를 생산하고 남은 원유량의 20%
등유	휘발유를 생산하고 남은 원유량의 50%
경유	등유를 생산하고 남은 원유량의 10%
아스팔트	경유를 생산하고 남은 원유량의 4%

① 1.168%　　② 1.368%
③ 1.568%　　④ 1.768%
⑤ 1.968%

06 E문구점에서 필요한 물품을 사고 받은 영수증이 다음과 같을 때 볼펜 2자루와 형광펜 3세트의 값의 합과 공책 4세트의 값을 차례대로 나열한 것은?

〈E문구점 영수증〉

영수증		영수증	
작성년월일	금액	작성년월일	금액
247.07.28	9,600원	24.07.31	5,600원
품목	수량	품목	수량
볼펜	1자루	볼펜	1자루
A4 용지	1세트	A4 용지	1세트
공책	1세트	형광펜	1세트

영수증		영수증	
작성년월일	금액	작성년월일	금액
24.08.02	12,400원	24.08.28	6,800원
품목	수량	품목	수량
A4 용지	1세트	볼펜	1자루
공책	1세트	형광펜	2세트
형광펜	1세트		

	볼펜 2자루＋형광펜 3세트	공책 4세트
①	7,200원	14,400원
②	7,200원	28,800원
③	10,000원	14,400원
④	10,400원	14,400원
⑤	10,400원	28,800원

07 다음은 2024년 교통사고 유형별 현황에 대한 자료이다. 이에 대한 설명으로 옳지 않은 것은?

〈2024년 교통사고 현황〉

(단위 : 건, 명)

구분	사고건수	사망자	부상자
신호위반	88,000	2,200	118,800
중앙선침범	80,000	2,400	120,000
제한속도초과	6,400	544	8,832
앞지르기위반	3,200	640	3,648
횡단보도사고	1,200	480	1,500
보도침범	600	369	966
무면허사고	480	24	504
음주운전	2,800	840	3,360
어린이보호구역사고	840	210	966
합계	183,520	7,707	258,576

① 사고건수가 가장 많은 교통사고 유형이 사망자와 부상자도 가장 많다.
② 횡단보도사고의 사고건수 대비 사망자의 비율은 앞지르기위반의 2배이다.
③ 신호위반과 중앙선침범으로 인한 사고는 전체 사고의 절반보다 많다.
④ 음주운전사고로 인한 부상자 수는 사고건수의 1.2배이다.
⑤ 앞지르기위반사고로 인한 부상자 수는 사망자 수의 5배 이상이다.

08 다음은 제주특별자치도 외국인 관광객 입도 통계에 대한 자료이다. 이에 대한 〈보기〉의 설명 중 옳은 것을 모두 고르면?

〈제주특별자치도 외국인 관광객 입도 통계〉

(단위 : 명, %)

구분		2023년 4월	2024년 4월	전년 동월 대비 증가율
아시아	소계	74,829	79,163	5.8
	일본	4,119	5,984	45.3
	중국	28,988	44,257	52.7
	홍콩	6,066	4,146	−31.7
	대만	2,141	2,971	38.8
	싱가포르	6,786	1,401	−79.4
	말레이시아	10,113	6,023	−40.4
	인도네시아	3,439	2,439	−29.1
	베트남	2,925	3,683	25.9
	태국	3,135	5,140	64.0
	기타	7,117	3,119	−56.2
아시아 외	소계	21,268	7,519	−64.6
	미국	4,903	2,056	−58.1
	기타	16,365	5,463	−66.6
합계		96,097	86,682	−9.8

보기

ㄱ. 2023년 4월 베트남인 제주도 관광객이 같은 기간 대만인 제주도 관광객보다 30% 이상 많다.

ㄴ. 일본인 제주도 관광객은 2024년 4월 전월 대비 40% 이상 증가하였다.

ㄷ. 2024년 4월 미국인 제주도 관광객 수는 2023년 4월 홍콩인 제주도 관광객 수의 35% 미만이다.

ㄹ. 기타를 제외하고 2024년 4월에 제주도 관광객이 전년 동월 대비 25% 이상 감소한 아시아 국가는 모두 5개국이다.

① ㄱ, ㄴ

② ㄱ, ㄷ

③ ㄴ, ㄷ

④ ㄴ, ㄹ

④ ㄷ, ㄹ

09 다음은 E사의 연도별 재무자료이다. 이에 대한 설명으로 옳지 않은 것은?

〈E사 재무자료〉

(단위 : 억 원, %)

구분	자산	부채	자본	부채 비율
2015년	41,298	15,738	25,560	61.6
2016년	46,852	23,467	23,385	100.4
2017년	46,787	21,701	25,086	86.5
2018년	50,096	23,818	26,278	80.6
2019년	60,388	26,828	33,560	79.9
2020년	64,416	30,385	34,031	89.3
2021년	73,602	39,063	34,539	113.1
2022년	87,033	52,299	34,734	150.6
2023년	92,161	55,259	36,902	149.7
2024년	98,065	56,381	41,684	135.3

① 자본금은 2019년에 전년 대비 7,000억 원 이상 증가했으며, 이는 10년간 자본금 추이를 볼 때 두드러진 변화이다.

② 부채 비율이 전년 대비 가장 많이 증가한 해는 2016년이다.

③ 10년간 평균 부채 비율은 90% 미만이다.

④ 2024년의 자산과 자본은 10년 중 가장 많았지만, 그만큼 부채도 가장 많았다.

⑤ E사의 자산과 부채는 2017년부터 8년간 꾸준히 증가했다.

10 서울에 위치한 A회사는 거래처인 B, C회사에 소포를 보내려고 한다. 서울에 위치한 B회사에 보낼 소포는 개당 800g이고, 인천에 위치한 C회사에 보낼 소포는 개당 2.4kg이다. 두 회사로 보낸 소포의 총 중량이 16kg 이하이고, 택배요금의 합계가 6만 원이다. 소포 요금표가 다음과 같을 때, A회사는 800g 소포와 2.4kg 소포를 각각 몇 개씩 보냈는가?(단, 소포는 각 회사로 1개 이상 보낸다)

〈소포 요금표〉

(단위 : 원)

구분	~ 2kg	~ 4kg	~ 6kg	~ 8kg	~ 10kg
동일지역	4,000	5,000	6,500	8,000	9,500
타지역	5,000	6,000	7,500	9,000	10,500

	800g	2.4kg
①	12개	2개
②	12개	4개
③	9개	2개
④	9개	4개
⑤	6개	6개

Hard

11 출장을 가는 E사원은 오후 2시에 출발하는 KTX를 타기 위해 오후 12시 30분에 역에 도착하였다. E사원은 남은 시간을 이용하여 음식을 포장해 오려고 한다. 역에서 음식점까지의 거리는 아래와 같으며, 음식을 포장하는 데 15분이 걸린다고 한다. E사원이 시속 3km로 걸어서 갔다 올 때, 구입할 수 있는 음식의 종류는?

〈역에서 음식점까지의 거리〉

(단위 : km)

구분	G김밥	T빵집	N버거	M만두	B도시락
거리	2	1.9	1.8	1.95	1.7

① 도시락

② 도시락, 햄버거

③ 도시락, 햄버거, 빵

④ 도시락, 햄버거, 빵, 만두

⑤ 도시락, 햄버거, 빵, 만두, 김밥

※ 다음은 산업별 취업자 수에 대한 자료이다. 이어지는 질문에 답하시오. [12~13]

〈2016 ~ 2024년 산업별 취업자 수〉

(단위 : 천 명)

구분	총계	농·임·어업		광공업		사회간접자본 및 기타·서비스업				
		합계	농·임업	합계	제조업	합계	건설업	도소매·음식·숙박업	전기·운수·통신·금융업	사업·개인·공공 서비스 및 기타
2016년	21,156	2,243	2,162	4,311	4,294	14,602	1,583	5,966	2,074	4,979
2017년	21,572	2,148	2,065	4,285	4,267	15,139	1,585	5,874	2,140	5,540
2018년	22,169	2,069	1,999	4,259	4,241	15,841	1,746	5,998	2,157	5,940
2019년	22,139	1,950	1,877	4,222	4,205	15,967	1,816	5,852	2,160	6,139
2020년	22,558	1,825	1,749	4,306	4,290	16,427	1,820	5,862	2,187	6,558
2021년	22,855	1,815	1,747	4,251	4,234	16,789	1,814	5,806	2,246	6,923
2022년	23,151	1,785	1,721	4,185	4,167	17,181	1,835	5,762	2,333	7,251
2023년	23,432	1,726	1,670	4,137	4,119	17,569	1,850	5,726	7,600	2,393
2024년	23,577	1,686	–	3,985	3,963	17,906	1,812	5,675	2,786	7,633

12 다음 중 위 자료에 대한 설명으로 옳지 않은 것은?

① 2016년 도소매·음식·숙박업 분야에 종사하는 사람의 수는 총 취업자 수의 30% 미만이다.
② 2016 ~ 2024년 농·임·어업 분야의 취업자 수는 꾸준히 감소하고 있다.
③ 2024년 취업자 수가 2016년 대비 가장 많이 증가한 분야는 사업·개인·공공서비스 및 기타이다.
④ 2023년 취업자 수의 2016년 대비 증감률이 50% 이상인 분야는 2곳이다.
⑤ 2016 ~ 2024년 건설업 분야의 취업자 수는 꾸준히 증가하고 있다.

Easy
13 다음 〈보기〉 중 위 자료에 대한 설명으로 옳은 것을 모두 고르면?

보기
ㄱ. 2019년 어업 분야의 취업자 수는 73천 명이다.
ㄴ. 2023년 취업자 수가 가장 많은 분야는 전기·운수·통신·금융업이다.
ㄷ. 2024년 이후 농·임업 분야의 종사자는 계속 줄어들 것이지만, 어업 분야의 종사자는 현상을 유지하거나 늘어난다고 볼 수 있다.

① ㄱ
② ㄴ
③ ㄱ, ㄴ
④ ㄱ, ㄷ
⑤ ㄱ, ㄴ, ㄷ

※ 다음은 지역별 상수도 민원 건수에 대한 자료이다. 이어지는 질문에 답하시오. [14~15]

〈지역별 상수도 민원 건수〉

(단위 : 건)

구분	민원내용				
	낮은 수압	녹물	누수	냄새	유충
서울특별시	554	682	102	244	118
경기도	110	220	70	130	20
대구광역시	228	327	87	360	64
인천광역시	243	469	183	382	72
부산광역시	248	345	125	274	68
강원도	65	81	28	36	7
대전광역시	133	108	56	88	18
광주광역시	107	122	87	98	11
울산광역시	128	204	88	107	16
제주특별자치도	12	76	21	20	3
세종특별자치시	47	62	41	32	9

`Hard`

14 위 자료에 대한 〈보기〉의 설명 중 옳은 것을 모두 고르면?

보기

ㄱ. 경기도의 민원 건수 중 35%는 녹물에 대한 것이다.
ㄴ. 대구광역시의 냄새에 대한 민원 건수는 강원도의 10배이고, 제주특별자치도의 18배이다.
ㄷ. 세종특별자치시와 대전광역시의 민원내용별 민원 건수의 합계는 부산광역시보다 작다.
ㄹ. 수도권에서 가장 많은 민원은 녹물에 대한 것이고, 가장 적은 민원은 유충에 대한 것이다.

① ㄱ, ㄴ   ② ㄱ, ㄷ
③ ㄱ, ㄹ   ④ ㄴ, ㄷ
⑤ ㄴ, ㄹ

15 다음 중 위 자료를 보고 나타낼 수 없는 그래프는?

① 수도권과 수도권 외 지역 상수도 민원 건수 발생 현황
② 광역시의 녹물 민원 건수 발생 현황
③ 수도권 전체 민원 건수 중 녹물에 대한 민원 비율
④ 지역별 민원 건수 구성비
⑤ 지역별 유충 발생 건수 현황

※ 다음은 2024년 하반기 부동산시장 소비심리지수에 대한 자료이다. 이어지는 질문에 답하시오. [16~17]

〈부동산시장 소비심리지수〉

구분	2024년 7월	2024년 8월	2024년 9월	2024년 10월	2024년 11월	2024년 12월
서울특별시	128.8	130.5	127.4	128.7	113.8	102.8
인천광역시	123.7	127.6	126.4	126.6	115.1	105.6
경기도	124.1	127.2	124.9	126.9	115.3	103.8
부산광역시	126.5	129.0	131.4	135.9	125.5	111.5
대구광역시	90.3	97.8	106.5	106.8	99.9	96.2
광주광역시	115.4	116.1	114.3	113.0	109.3	107.0
대전광역시	115.8	119.4	120.0	126.8	118.5	113.0
울산광역시	101.2	106.0	111.7	108.8	105.3	95.5
강원도	135.3	134.1	128.3	131.4	124.4	115.5
충청북도	109.1	108.3	108.8	110.7	103.6	103.1
충청남도	105.3	110.2	112.6	109.6	102.1	98.0
전라북도	114.6	117.1	122.6	121.0	113.8	106.3
전라남도	121.7	123.4	120.7	124.3	120.2	116.6
경상북도	97.7	100.2	100.0	96.4	94.8	96.3
경상남도	103.3	108.3	115.7	114.9	110.0	101.5

※ 부동산시장 소비심리지수는 0 ~ 200의 값으로 표현되며, 지수가 100을 넘으면 전월에 비해 가격 상승 및 거래 증가 응답자가 많음을 의미함

16 다음 중 위 자료를 보고 판단한 내용으로 옳지 않은 것은?

① 2024년 7월 소비심리지수가 100 미만인 지역은 두 곳이다.

② 2024년 8월 소비심리지수가 두 번째로 높은 지역의 소비심리지수와 두 번째로 낮은 지역의 소비심리지수의 차는 30.3이다.

③ 2024년 11월 모든 지역의 소비심리지수가 전월보다 감소했다.

④ 2024년 9월에 비해 2024년 10월에 가격 상승 및 거래 증가 응답자가 적었던 지역은 경상북도 한 곳이다.

⑤ 서울특별시의 2024년 7월 대비 2024년 12월의 소비심리지수 감소율은 19% 미만이다.

17 경상북도의 전월 대비 2024년 10월의 소비심리지수 감소율과 대전광역시의 2024년 9월 대비 2024년 12월의 소비심리지수 감소율의 합은?(단, 소수점 둘째 자리에서 반올림한다)

① 9.0%   ② 9.2%

③ 9.4%   ④ 9.6%

⑤ 9.8%

※ 다음은 연도별 활동 의사 수에 대한 자료이다. 이어지는 질문에 답하시오. [18~19]

〈연도별 활동 의사 수〉

(단위 : 천 명)

구분	2003년	2008년	2013년	2019년	2020년	2021년	2022년	2023년	2024년
캐나다	2.1	2.1	2.1	2.1	2.1	2.1	2.1	2.1	2.2
덴마크	–	2.5	2.7	2.7	2.8	2.9	3.0	3.1	3.2
프랑스	3.1	3.3	3.3	3.3	3.4	3.4	3.4	3.4	3.4
독일	–	3.1	3.3	3.3	3.3	3.4	3.4	3.4	3.5
그리스	3.4	3.9	4.3	4.4	4.6	4.8	4.9	5.0	5.4
헝가리	2.8	3.0	3.1	3.2	3.2	3.3	3.3	2.8	3.0
이탈리아	–	3.9	4.1	4.3	4.4	4.1	4.2	3.8	3.7
일본	1.7	–	1.9	–	2.0	–	2.0	–	2.1
한국	0.8	1.1	1.3	1.4	1.5	1.6	1.6	1.6	1.7
멕시코	1.0	1.7	1.6	1.5	1.5	1.6	1.7	1.8	1.9
네덜란드	2.5	–	3.2	3.3	3.4	3.5	3.6	3.7	3.8
뉴질랜드	1.9	2.1	2.2	2.2	2.1	2.2	2.2	2.1	2.3
노르웨이	–	2.8	2.9	3.0	3.4	3.4	3.5	3.7	3.8
미국	–	2.2	2.3	2.4	2.3	2.4	2.4	2.4	2.4

Easy

18 다음 〈보기〉 중 위 자료를 보고 판단한 내용으로 옳지 않은 것을 모두 고르면?

보기

ㄱ. 2019년의 활동 의사 수는 그리스가 한국의 4배 이상이다.
ㄴ. 활동 의사 수는 앞으로 10년 이내에 한국이 프랑스를 넘어설 것이다.
ㄷ. 2024년 활동 의사 수가 가장 많은 나라의 활동 의사 수는 가장 적은 나라의 3배 이상이다.

① ㄱ
② ㄴ
③ ㄱ, ㄴ
④ ㄱ, ㄷ
⑤ ㄴ, ㄷ

19 다음 중 위 자료에 대한 설명으로 옳은 것은?

① 네덜란드의 2023년 활동 의사 수는 같은 해 활동 의사 수가 가장 많은 나라에 비해 1.7천 명 적다.
② 활동 의사 수를 의료서비스 지수로 볼 때, 가장 열악한 의료서비스 지수를 보인 나라는 멕시코이다.
③ 그리스의 활동 의사 수는 미국보다 매년 두 배 이상 높은 수치를 보인다.
④ 2022년 활동 의사 수가 가장 적은 나라는 한국이며, 가장 많은 나라는 그리스이다.
⑤ 한국의 활동 의사 수와 가장 비슷한 나라는 뉴질랜드이다.

※ 다음은 2014년과 2024년 30세 이상의 고혈압 분포에 대한 자료이다. 이어지는 질문에 답하시오.
   [20~22]

<30세 이상 고혈압 분포>

(단위 : %)

구분		남자	여자	전체
2014년	전체	31.1	27.0	29.0
	30 ~ 39세	18.6	6.2	12.3
	40 ~ 49세	30.5	19.6	25.1
	50 ~ 59세	42.2	37.2	39.6
	60 ~ 69세	44.0	50.6	47.6
	70세 이상	48.8	63.4	58.5
2024년	전체	26.8	24.4	25.6
	30 ~ 39세	13.3	1.6	7.6
	40 ~ 49세	20.8	12.6	16.8
	50 ~ 59세	36.8	30.9	33.9
	60 ~ 69세	42.3	49.1	45.9
	70세 이상	51.5	63.3	58.9

Easy

20 다음 중 위 자료에 대한 설명으로 옳지 않은 것은?

① 2014년과 2024년 70세 이상 남녀 모두 절반 이상이 고혈압 증세를 보이고 있다.

② 2014년과 2024년 모두 연령대가 증가할수록 고혈압 증세가 많아지고 있다.

③ 50대까지는 남자의 고혈압 증세가 많고, 60대가 넘어서면 여자의 고혈압 증세가 많아지는 것을 알 수 있다.

④ 전체적으로 볼 때, 70대 이전의 경우에는 2024년이 2014년에 비해 고혈압 환자의 비율이 적어졌다는 것을 알 수 있다.

⑤ 2014년과 2024년 모두 전체적으로 보면 고혈압 환자의 비율은 남자가 여자보다 높다고 할 수 있다.

21 2014년 기준 남자와 여자 고혈압 분포의 차가 가장 큰 연령대는?

① 30 ~ 39세   ② 40 ~ 49세

③ 50 ~ 59세   ④ 60 ~ 69세

⑤ 70세 이상

22 2014년과 2024년의 남자 40 ~ 49세 고혈압 분포와 여자 50 ~ 59세 고혈압 분포 값의 각각 평균의 합은?

① 58.8%   ② 59%

③ 59.3%   ④ 59.7%

⑤ 60%

※ 다음은 A ~ C사의 농기계(트랙터, 이앙기, 경운기)에 대한 직원들의 평가에 대한 자료이다. 이어지는 질문에 답하시오. [23~25]

〈트랙터 만족도〉 (단위 : 점)

구분	가격	성능	안전성	디자인	연비	사후관리
A사	5	4	5	4	2	4
B사	4	5	3	4	3	4
C사	4	4	4	4	3	5

〈이앙기 만족도〉 (단위 : 점)

구분	가격	성능	안전성	디자인	연비	사후관리
A사	4	3	5	4	3	4
B사	5	5	4	4	2	4
C사	4	5	4	5	4	5

〈경운기 만족도〉 (단위 : 점)

구분	가격	성능	안전성	디자인	연비	사후관리
A사	3	3	5	5	4	4
B사	4	4	3	4	4	4
C사	5	4	3	4	3	5

※ 모든 항목의 만족도는 5점(최상) ~ 1점(최하)으로 1점 단위로 평가함

23 세 가지 농기계의 평가를 모두 고려했을 때, 직원들이 가장 선호하는 회사와 만족도 점수는?(단, 만족도 비교는 해당 점수의 총합으로 한다)

① A사, 71점
② B사, 70점
③ B사, 73점
④ C사, 72점
⑤ C사, 75점

24 가격과 성능만을 고려하여 세 가지 농기계를 한 회사에서 구입하려고 할 때, 해당 회사와 만족도 점수는?(단, 만족도 비교는 해당 점수의 총합으로 한다)

① A사, 22점
② B사, 27점
③ C사, 26점
④ B사, 28점
⑤ C사, 25점

25 안전성과 연비만을 고려하여 세 가지 농기계를 한 회사에서 구입하려고 할 때, 해당 회사와 만족도의 점수는?(단, 만족도 비교는 해당 점수의 총합으로 한다)

① A사, 24점
② B사, 15점
③ A사, 21점
④ B사, 27점
⑤ C사, 26점

※ 제시된 선택지에서 자신과 가장 가깝다고 생각하는 것과 멀다고 생각하는 것을 각각 한 가지씩 고르시오.
[1~32]

01 인사팀에서 일하고 있는 A는 이번 신입사원 공개 채용에서 면접관으로 참여하게 되었다. 면접에 응시한 S지원자에 대해 채점을 하는 도중 A는 인사팀 상사인 P가 특정 지원자와 잘 아는 사이라며 부당하게 점수를 매기는 것을 목격했다. 그 결과 능력도 뛰어나고 업무에도 적합해 보이는 X지원자 대신, S가 근소한 차이로 최종 합격을 하게 되었다. 이런 상황에서 당신이 A라면 어떻게 할 것인가?

① 상사인 P를 찾아가 위 사실을 말하고 협박한다.

② P보다 상사인 T를 찾아가 P가 한 일들을 보고에 대해 말하고 적절한 조치를 취하도록 요구한다.

③ 상사인 P의 뜻이므로 모르는 척 넘어가도록 한다.

④ S지원자의 점수를 몰래 바꾸어 놓는다.

⑤ S지원자가 출근하더라도 끝까지 인정하지 않도록 한다.

02 B사원은 출근하던 중에 교통사고 뺑소니 현장을 목격했다. B사원은 유일한 목격자이지만, 출근 5분 전이고 증언을 하면 무조건 지각인 상황이다. 개인의 입장에서 B사원은 어떻게 행동해야 하는가?

① 지각하지 않는 것이 더 중요하기 때문에 모른 척 지나간다.

② 출근 5분 전이기 때문에, 119에 빨리 신고만 하고 바로 출근한다.

③ 우선은 현장을 정리한 뒤, 회사에 가서 어떠한 상황이었는지 설명한다.

④ 상사에게 전화하여 상황을 설명한 뒤, 현장을 정리하고 출근한다.

⑤ 자신이 유일한 목격자이므로 상황을 정리한 후에 상사에게 전화하여 지금 바로 출근할 것을 말한다.

03 A대리는 같은 부서의 B사원 때문에 스트레스를 받고 있다. 빠르게 처리해야 할 업무에 대해 B사원은 항상 꼼꼼하지만 너무 늦게까지 검토하고 A대리에게 늦게 보고하기 때문이다. A대리가 B사원의 업무방식에 불만을 표현하자 B사원은 자신의 소심한 성격 때문이라고 대답한다. 조직의 입장에서 A대리는 어떻게 행동해야 하는가?

① 업무규칙을 세워 B사원이 매 업무마다 보고하도록 한다.
② 꼼꼼하게 일처리를 하는 B사원에게 고마움을 느낀다.
③ B사원의 일처리 방식을 존중하도록 한다.
④ 일이 먼저인 만큼 자신이 직접 나서 B사원의 업무를 돕도록 한다.
⑤ 급한 업무는 자신이 떠맡고 B사원에게는 쉬운 업무를 주로 넘긴다.

04 D사에 근무하는 당신은 최근 매주 금요일 업무시간이 끝나고 한 번씩 진행해야 하는 바닥 청소 당번 문제를 두고 동료인 A사원과 갈등을 겪고 있다. 둘 중 한 명은 매주 바닥 청소를 해야 하는데, 금요일에 일찍 퇴근하기를 원하는 당신과 A사원 모두 청소 당번에서 빠지고 싶어 하기 때문이다. 이러한 상황에서 당신이 A사원에게 어떤 제안을 하겠는가?

① 우리 둘 다 청소 당번을 피할 수는 없으니, 그냥 공평하게 같이 하죠.
② 제가 그냥 A사원 몫까지 매주 청소를 맡아서 할게요.
③ 저와 A사원이 번갈아가면서 청소를 맡도록 하죠.
④ 우선 금요일 업무시간 전에 청소를 할 수 있는지 확인해 보도록 하죠.
⑤ 저는 절대 양보할 수 없으니, A사원이 그냥 맡아서 해주세요.

05 D사 관리팀에 근무하는 B팀장은 최근 부하직원 A씨 때문에 고민 중이다. B팀장이 보기에 A씨의 업무 방법은 업무 성과를 내기에 부적절해 보이지만, 자존감이 강하고 자기 결정권을 중시하는 A씨는 자기 자신이 스스로 잘하고 있다고 생각하며 B팀장의 조언이나 충고에 반발심을 표출하고 있기 때문이다. 이와 같은 상황에서 당신이 B팀장이라면 부하직원인 A씨에게 어떻게 하겠는가?

① 징계를 통해 자신의 조언을 듣도록 유도한다.
② 대화를 통해 스스로 자신의 잘못을 인식하도록 유도한다.
③ A씨에 대한 칭찬을 통해 업무 성과를 극대화시킨다.
④ A씨를 더 강하게 질책하여 업무 방법을 개선시키도록 한다.
⑤ 스스로 업무 방법을 고칠 때까지 믿어주고 기다려준다.

06 A사원은 새로운 사업 아이디어를 구상하여 B주임에게 제안하였다. 팀 회의 중 B주임은 해당 아이디어를 자신의 아이디어라며 발표하였고, C팀장은 B주임을 크게 칭찬하며 해당 사업을 추진하기로 결정하였다. 이런 상황에서 당신이 A사원이라면 어떻게 할 것인가?

① 해당 프로젝트에 관련된 업무는 일체 거부한다.
② 회의를 마친 후 아이디어 출처를 왜곡한 B주임에게 항의한다.
③ 회의 중 사실 자신의 아이디어라는 점을 공개적으로 드러낸다.
④ 아이디어의 출처에 대한 별도의 언급 없이 맡은 업무를 계속한다.
⑤ 회의를 마친 후 C팀장에게 사실 자신의 아이디어라는 점을 따로 언급한다.

07 E사는 단합 목적의 사내 체육대회를 추진하고자 한다. 체육대회의 구체적 내용 선정을 담당한 운영팀 A대리는 체육대회의 종목을 정해야 한다. 운영팀인 K팀장이 회식 자리에서 자신이 잘하는 테니스를 반드시 포함시키라고 지시했다. 이런 상황에서 당신이 A대리라면 어떻게 할 것인가?

① 다른 업체의 체육대회 관련 정보를 참고해 종목들을 결정한다.
② 지난 체육대회에서 시행하였던 종목을 확인하여 동일하게 실시한다.
③ 사내 모든 직원들을 대상으로 설문조사를 실시하여 종목을 결정한다.
④ 떠오르는 모든 종목들의 목록을 작성한 다음 그중 무작위로 선택한다.
⑤ K팀장이 이야기한 테니스를 포함시키고, 나머지 종목은 팀원들의 의견을 취합하여 결정한다.

08 해외사업팀 A주임과 B사원은 팀에서 추진 중인 프로젝트의 임원 회의용 자료를 작성하였다. 해외사업팀장인 C팀장은 A주임에게 최종적으로 수정할 사항을 알려준 후, 수정이 완료되면 즉시 비서실에 제출하라고 지시하였다. A주임은 C팀장이 지시한 수정 사항을 반영하여 비서실에 제출하였다. 그런데 제출 후에 해당 자료에 오타가 있는 것을 발견하였다. 이런 상황에서 당신이 A주임이라면 어떻게 할 것인가?

① 오타에 대해 C팀장에게 보고하도록 B사원에게 지시한다.
② 제출 자료에 오타가 있다는 사실을 C팀장에게 직접 보고한다.
③ C팀장에게는 보고하지 않고 파일을 수정하여 비서실에 제출한다.
④ 가만히 있다가 임원진이 오타를 지적하면 자료 작성에 참여한 B사원을 질책한다.
⑤ 이미 비서실로 넘어간 자료이므로 비서실에 알려 직접 수정하게 한다.

09 같은 팀에서 근무하고 있는 A사원과 B사원은 다른 부서와 진행하는 중요 프로젝트에 함께 참여하게 되었다. 프로젝트를 진행하는 과정에서 B사원이 정해진 일정을 제때 맞추지 못하자 일정에 차질을 겪게 된 다른 부서의 직원들은 B사원뿐만 아니라 A사원에게 불만을 제기했다. A사원은 결국 B사원에게 B사원으로 인해 프로젝트 진행에 많은 어려움이 발생하는 것 같다고 말했고, 다음 날 "제가 말씀을 듣고 생각해 봤는데요. 저는 제 업무 방식이 잘못된 건지 도저히 모르겠어요."라는 문자를 받게 되었다. 이런 상황에서 당신이 A사원이라면 어떻게 할 것인가?

① 다음 날 출근하여 B사원에게 개인적으로 충고한다.
② B사원의 문자를 무시하고, 앞으로 자신의 업무에만 집중한다.
③ B사원의 번호를 차단하고, 출근 후 업무용 메신저를 통해 이야기한다.
④ 늦은 시간에 업무와 관계없는 내용의 연락은 불편하다고 답변한다.
⑤ 바로 전화를 걸어 B사원 잘못된 업무 방식에 대해 자세하게 설명한다.

PART 3

10 해외사업팀 A대리는 1주일 전에 협력부서인 기획팀의 B주임에게 협력사업 관련 자료를 전달하였다. 이후 B주임은 A대리에게 자료에 대한 기획팀장의 의견서를 전달하였다. 그런데 A대리가 의견서를 받아 보니 A대리가 B주임에게 전달한 자료가 아니라 다른 자료에 대한 의견서였다. 의견서를 해외사업팀장에게 보고하려던 A대리는 필요한 조치에 대해 고민 중이다. 이런 상황에서 당신이 A대리라면 어떻게 할 것인가?

① B주임에게 전달된 자료에 대한 의견서를 줄 것을 부탁한다.
② 기획팀장에게 공유자료를 재송부하고 의견서를 요청한다.
③ 해외사업팀장에게 다른 내용에 대한 의견서를 전달받았음을 보고한다.
④ 협력부서인 만큼 유사한 유형의 문제가 발생하지 않도록 B주임을 질책한다.
⑤ 기획팀으로부터 전달받은 의견서이므로 해당 의견서를 해외사업팀장에게 보고한다.

11 E사 영업부에서 근무하고 있는 A대리는 자사의 주요 거래처인 V사와의 업무를 전담하고 있으며, 새로 입사한 B사원이 A대리를 보조하고 있다. E사는 최근에 출시된 신제품 거래와 관련하여 V사와 회의 일정을 잡았으며, V사가 생산물량의 절반 이상을 거래할 것으로 예상되는 중요한 상황이다. 하지만 회의 담당자인 A대리가 회의 전 주말에 운동을 하다가 다리가 부러져 응급수술을 하게 되었고 A대리로부터 이러한 연락을 받은 영업부장 C는 이번 거래에 대해 주요한 내용은 모르는 상황이다. 이번 거래에 대해 A대리에 버금갈 만큼 잘 아는 사람은 입사한 지 1개월밖에 안 된 B사원뿐이다. 이런 상황에서 당신은 어떻게 할 것인가?

① B사원에게 A대리를 대신하여 참석할 것을 요청한다.
② 중대한 사항이므로 A대리에게 회의 참석을 요청한다.
③ A대리에게 최대한 내용을 전달받고 영업부장 C가 직접 참석한다.
④ V사에 상황을 설명하고 회의 날짜를 변경하자고 말한다.
⑤ V사에 상황을 알리고 병원에서 회의를 하자고 부탁한다.

12 V대리에게는 직속 후배인 W사원이 있다. W사원은 명문대 출신으로 업무능력은 상당히 뛰어나다. 그러나 자신의 뛰어난 업무능력만을 믿고 상사의 주의를 제대로 듣지 않은 채 제멋대로 업무를 해석하여 처리하는 경우가 있어 문제를 일으킬 때가 종종 있다. 상사로서 V대리는 W사원에 대해 적절히 주의라고 경고하고 싶은 상황이다. 이런 상황에서 당신이 V대리라면 어떻게 할 것인가?

① G부장을 모셔와 W사원이 따끔하게 혼날 수 있도록 한다.
② 개인적인 자리를 빌어 W사원에게 주의하라고 엄격하게 경고한다.
③ W사원이 어디까지 막 나가나 지켜보도록 한다.
④ W사원에게 커피 심부름을 계속시켜서 소심하게 복수한다.
⑤ W사원에게 상사로서의 위엄을 강조하고 충성을 명령한다.

13 W사원은 팀에서 아이디어뱅크로 불릴 정도로 팀 업무와 직결된 수많은 아이디어를 제안하는 편이다. 그러나 상사인 B팀장은 C부장에게 팀 업무를 보고하는 과정에 있어 W사원을 포함한 다른 사원들이 낸 아이디어를 자신이 낸 아이디어처럼 보고하는 경향이 있다. 이런 일이 반복되자 B팀장을 제외한 팀 내의 사원들의 불만이 쌓인 상황이다. 이런 상황에서 당신이 W사원이라면 어떻게 하겠는가?

① 다른 사원들과 따로 자리를 만들어 B팀장의 욕을 한다.
② B팀장이 보는 앞에서 C부장에게 B팀장에 대해 이야기한다.
③ 다른 사원들과 이야기한 뒤에 B팀장에게 조심스레 이야기를 꺼내본다.
④ 회식 자리를 빌어 C부장에게 B팀장에 대해 속상한 점을 고백한다.
⑤ 다른 사원들과 욕만 하고 더 이상 B팀장에 대한 이야기를 꺼내지 않는다.

14 평소에 A대리는 남들의 부탁을 거절하지 못하는 편이다. 이 때문에 A대리는 종종 다른 사원들의 부탁에 따라 업무를 대신 처리해주거나 야근을 해주곤 했다. 그러나 이런 상황이 반복되자 A대리는 아내인 B씨와 말다툼을 하기에 이르렀다. 하지만 또 다른 동료 C대리가 A대리에게 자신 대신 업무를 처리해 달라고 부탁하고 있는 상황이다. 이런 상황에서 당신이 A대리라면 어떻게 할 것인가?

① 아내인 B에게 받은 스트레스를 C대리에게 푼다.
② C대리에게 더 이상은 대신 업무를 처리해 줄 수 없다고 딱 잘라 말한다.
③ C대리에게 오늘은 곤란하다고 양해를 구한다.
④ C대리에게 아내인 B와 전화통화를 하게 한다.
⑤ 아내인 B에게 전화를 걸어 C대리 탓을 한다.

15 회사에 대한 자부심이 상당한 M대리는 회사에 만족하며 회사 생활에 별다른 어려움 없이 승승장구하고 있다. 그러던 어느 날 M대리는 상사인 N부장과 식사를 함께하게 되었다. 상사인 N부장은 회사의 복지 혜택이나 보수에 대한 불만을 늘어놓기 시작했다. N부장은 얼마 후에 있을 인사이동에 대한 권한을 가지고 있는 상사이다. 이런 상황에서 당신이 M대리라면 어떻게 할 것인가?

① N부장이 인사이동 권한을 가지고 있기 때문에 무조건 동의한다.
② 회사를 모욕했으므로 N부장의 말을 정면으로 반박한다.
③ N부장의 기분이 상하지 않을 정도로만 말을 경청하되 지나치게 동의하진 않는다.
④ N부장보다 상사인 K이사를 몰래 찾아가 말한다.
⑤ 다시는 N부장과 사적인 자리를 갖지 않도록 한다.

PART 3

16 H사원은 평소에 동료들로부터 결벽증이라는 핀잔을 들을 정도로 깔끔한 편이다. 그런 H사원이 회사에서 겪는 어려움이 있다면 상사인 G팀장이 말을 할 때마다 지나치게 침이 튀긴다는 점이다. 팀 회의를 할 때마다 G팀장에게서 멀리 떨어져서 앉으면 되지만, 다른 사원들 역시 G팀장 옆에 앉길 꺼리기 때문에 팀 내 가장 막내인 H사원이 G팀장의 옆자리에 앉을 수밖에 없는 상황이다. 이런 상황에서 당신이 H사원이라면 어떻게 할 것인가?

① T대리에게 G팀장의 옆자리에 앉아 달라고 부탁한다.
② G팀장을 개인적으로 찾아가 조금만 주의해 달라고 요청한다.
③ 다른 사원들과 이야기한 뒤에 계속 참기로 한다.
④ 침이 튀기면 기분이 나쁘므로 회사에서 퇴사한다.
⑤ 팀 회의 장소에 있는 G팀장의 의자를 없애 버린다.

17 A사원은 임시 팀장인 G의 지휘 아래 중요한 프로젝트를 진행하는 중이다. 그러던 가운데 정식 팀장으로 W가 부임했다. 임시 팀장이었던 G는 실무에 능숙하므로 여전히 팀원의 일원으로 프로젝트 업무에 참여하고 있던 어느 날 A사원은 진행 중인 프로젝트에 돌발상황이 발생했음을 알아차렸다. 이런 상황에서 당신이 A사원이라면 어떻게 할 것인가?

① 실무에 밝은 G에게 먼저 보고한다.
② 정식 책임자인 W에게 먼저 보고한다.
③ 빨리 연락할 수 있는 쪽에 먼저 보고한다.
④ 스스로 알아서 해결한 뒤 보고하지 않는다.
⑤ 현장 실무자와 상의하여 상황을 어느 정도 수습한 후에 G와 W 모두에게 보고한다.

18 취업준비생인 A는 입사 희망 1순위 기업의 최종면접에 참석하라는 연락을 받았다. 그러나 최종면접 날짜가 하필이면 아버지께서 수술하시는 날이다. 최종면접과 수술 역시 오전부터 오후까지 긴 시간 진행될 예정이며, 둘 다 참석할 수는 없다. A는 혹시나 하는 마음에 인사 담당자에게 면접 일자나 혹은 시간이라도 바꿀 수 없는지 물었지만, 정해진 일정상 바꿀 수 없다는 대답을 들었다. 이런 상황에서 당신이 A라면 어떻게 할 것인가?

① 가족의 건강이 먼저이므로 아쉽지만 면접을 과감히 포기한다.
② 수술은 내가 없어도 잘 진행될 것이므로 부모님을 설득하여 면접에 참여한다.
③ 수술 일정을 하루라도 늦추거나 당길 수 있는지 수술 집도 의사에게 물어본다.
④ 부모님이 서운해 할 것이므로 부모님께 중요한 일이 있다고 핑계를 대고 면접에 간다.
⑤ 인사팀에 전화를 걸어 피치 못할 사정이 있음을 설명하고, 특별히 면접 시간을 변경해줄 것을 요구한다.

19 ○○대학교에 재학 중인 A는 기말고사를 치르기 위해 시험시간보다 조금 일찍 강의실에 도착했는데, 다른 학생들이 단체로 커닝페이퍼를 만드는 것을 보았다. 그들 가운데 안면이 있는 친구가 A에게 다가가 이 시험은 감독이 허술하기로 유명해서 커닝을 안 하는 사람이 손해라며 함께 커닝페이퍼를 만들자고 한다. 그리고 보니 들어오는 학생들마다 하나같이 커닝페이퍼를 준비해서 필통 밑이나 책상 아래에 숨기고 있다. 이런 상황에서 당신이 A라면 어떻게 할 것인가?

① 학교 커뮤니티 사이트에 단체 커닝 행위에 대한 글을 올려서 공론화한다.
② 커닝페이퍼를 준비하고 있는 학생들에게 부정행위를 하지 말라고 요구한다.
③ 지금이라도 담당 교수에게 알려 시험 전에 커닝페이퍼를 모두 적발하게 한다.
④ 대다수가 참여하든 그렇지 않든 커닝은 부정행위이므로 커닝페이퍼를 만들지 않고 공부해 온 실력대로 시험을 치른다.
⑤ 커닝을 하지 않으면 공부를 하지 않은 다른 학생들이 나보다 좋은 점수를 받을 것이고 그만큼 내가 손해를 입으므로 커닝페이퍼를 만들어서 시험을 치른다.

20 ○○대학교에 재학 중인 A는 어느 수업에서 팀별 과제를 수행하게 되었다. 과제를 수행하기 위해 팀원별로 역할을 분담했다. 그런데 역할 분배과정에서 팀장과 친한 몇몇 팀원들이 돋보이도록 역할이 편중되었다는 불만이 제기되었고, 급기야는 팀원들 사이에서 언쟁이 생겼다. 이런 상황에서 당신이 A라면 어떻게 할 것인가?

① 내게 주어진 역할만 감당하면 내 학점에는 타격이 없을 것 같으므로 할 일만 열심히 수행한다.
② 팀장에게 건의하여 불만을 제기하는 팀원들이 다른 부분을 주도할 수 있도록 하는 절충안을 제안한다.
③ 담당 교수님께 말씀드려서 팀 내에 불미스러운 일이 있었음을 이야기하고, 팀을 다시 짤 것을 건의한다.
④ 어떻게 나누더라도 어차피 편차는 생길 수밖에 없으므로, 주어진 역할에 충실하자고 불만을 제기하는 팀원들을 설득한다.
⑤ 공평하지 못한 역할 분배가 사실인 데다가, 이는 학점과도 직결되므로 불만을 제기하는 팀원들의 편을 들며 팀장에게 역할을 재분배할 것을 요구한다.

21 새로 부임한 A팀장의 절차를 지나치게 강조하는 업무 방식에 B사원과 팀원들은 불만이 많다. 이때까지 해왔던 기존의 업무 방식이 누가 보더라도 훨씬 더 효율적이라고 생각하기 때문이다. 이런 상황에서 당신이 B사원이라면 어떻게 할 것인가?

① 팀원들과 함께 A팀장의 업무 방식을 비난한다.

② 비효율적이라는 생각이 들지만, A팀장이 상급자이므로 방식을 존중하며 불만을 참는다.

③ 업무 수행에서 효율성이 가장 중요하기 때문에 A팀장의 방식을 무시하고 기존의 방식을 고수한다.

④ 기존 업무 방식의 효율성에 대해 정리한 후, A팀장에게 새로운 업무 방식과의 차이점을 강조해 설명한다.

⑤ 팀 회의와 같은 공식적인 자리에서 A팀장에게 자신뿐만 아니라 팀원들도 새로운 업무 방식에 불만을 느끼고 있음을 말한다.

22 L사원은 점심시간마다 자신과 점심을 먹으며 상사의 험담을 하는 E사원 때문에 많은 스트레스를 받고 있다. 입사 때부터 E사원과 항상 함께 점심을 먹고 있기 때문에 점심 식사도 거절하기 어려운 상황이다. 이런 상황에서 당신이 L사원이라면 어떻게 할 것인가?

① E사원이 험담을 하려고 하면 다른 이야기로 화제를 돌린다.

② 스트레스를 받지만 괜한 불화를 만들기 싫으므로 참는다.

③ E사원이 험담하는 당사자에게 찾아가 E사원이 험담했다고 밝힌다.

④ 회식 자리와 같은 공개적인 자리에서 E사원에게 험담하지 않을 것을 부탁한다.

⑤ E사원에게 계속해서 험담하면 같이 식사를 하지 않을 것이라고 딱 잘라 말한다.

23 B사원이 근무하는 회사는 근무 중에 자유 복장을 인정하고 있다. 하지만 같은 팀의 A사원은 눈살이 찌푸려질 정도로 노출이 심한 옷을 입고 출근할 때가 많다. 함께 회의를 할 때는 물론이고 대화를 할 때도 시선을 어디에 두어야 할지 불편을 느끼는 경우가 다반사인 상황이다. 이런 상황에서 당신이 B사원이라면 어떻게 할 것인가?

① 어떤 옷을 입든 개인의 자유이기 때문에 신경 쓰지 않는다.

② 상사인 C팀장에게 상황에 관해 설명하고 조치를 요구한다.

③ A사원을 개인적으로 찾아가 과한 노출의 옷은 자제해 달라고 부탁한다.

④ A사원에게 노출이 심하지 않은 옷을 선물하여 스스로 직접 깨달을 수 있도록 한다.

⑤ 공개적인 자리에서 회사에서 과한 노출의 옷을 입는 것에 대한 비판적인 여론을 형성한다.

24 최근 입사한 P사원은 회사 생활에 대해 고민이 있다. 업무를 잘 수행하고 있는지를 포함한 회사 생활 전반적인 부분에 대해 아무런 언급이 없는 K팀장의 행동에 마치 자신이 방치된 느낌을 받을 때가 많기 때문이다. 이런 상황에서 당신이 P사원이라면 어떻게 할 것인가?

① K팀장이 따로 상담을 요청할 때까지 기다린다.

② K팀장에게 직접 찾아가 상담과 조언을 구한다.

③ 같이 입사한 다른 사원의 팀의 상황은 어떤지 살펴본다.

④ K팀장의 상사에게 자신의 상황에 대해 설명한 후 상담을 요청한다.

⑤ 아무런 언급이 없는 것은 잘하고 있다는 의미라고 생각하고 크게 신경 쓰지 않는다.

25 A대리는 중요한 계약 때문에 미팅이 있는데 B팀장은 개인적으로 볼일이 있다며 미팅에 참석하지 않았다. B팀장에게 전화를 걸어 미팅 진행에 대해 말하니 알아서 하라고 한다. 이런 상황에서 당신이 A대리라면 어떻게 할 것인가?

① 팀장을 책임감이 없는 사람이라고 생각한다.

② 팀장이 자신을 많이 신뢰하고 있다고 생각한다.

③ 다른 직원들에게 팀장의 행동을 말해야겠다고 생각한다.

④ 미팅을 잘 끝내서 자신의 능력을 보여줘야겠다고 생각한다.

⑤ 알아서 하라고 하니 그동안 자신이 하고 싶었던 대로 해야겠다고 생각한다.

26 A사원은 금요일에 예정된 팀 회식에 참석한다고 했다. 하지만 막상 회식 날인 금요일이 되니 이번 주 내내한 야근으로 피로가 몰려와 회식을 다시 생각해 보게 되었다. 주말인 내일도 부모님 가게 일을 도와드려야 한다는 사실이 생각나자 A사원은 팀장에게 이번 회식에 참석하지 못할 것 같다고 말하려 한다. 그런데 팀장님은 이번 회식에 참여하지 않는 사원들 때문에 화가 많이 나 보인다. 이런 상황에서 당신이 A사원이라면 어떻게 할 것인가?

① 팀장에게 보고하지 않고 회식에 빠진다.

② 팀장에게 자신의 상황을 솔직하게 말한다.

③ 아픈 척을 하며 회식에 못갈 것 같다고 말한다.

④ 회식 날짜를 다음으로 미루자고 팀장에게 건의한다.

⑤ 팀장이 화가 많이 나 보이니 피곤해도 회식에 참석한다.

27 A사원은 부서에서 오랫동안 준비해 왔던 프로젝트의 발표를 맡게 되었다. A사원은 누구보다 열심히 발표를 준비했으나 발표를 앞둔 바로 전날에 컴퓨터 고장으로 인해 준비한 프레젠테이션 파일이 삭제되었다. 다른 자료를 활용하여 발표를 할 수 있겠지만 준비했던 프레젠테이션 파일을 사용하는 것에 비해 많이 엉성할 것 같은 상황이다. 이런 상황에서 당신이 A사원이라면 어떻게 할 것인가?

① 발표 전에 컴퓨터 탓을 하며 양해를 구한다.
② 발표 날짜를 연기한 뒤에 다시 발표 준비를 시작한다.
③ 시간이 없으니 남아 있는 다른 자료로 발표를 진행한다.
④ 밤을 새워서라도 프레젠테이션 파일을 다시 만들어서 발표한다.
⑤ 그동안 발표를 자주 해본 선배에게 도움을 요청하여 대신 발표하게 한다.

28 A대리와 입사 동기로서 다른 부서에서 근무하던 B대리가 A대리가 근무하는 영업부로 이동했다. A대리의 하급자와 B대리가 함께 업무를 하는 중에 B대리가 업무를 덜 부담하려고 한다는 사실을 A대리가 알게 되었다. 이런 상황에서 당신이 A대리라면 어떻게 할 것인가?

① 후임에게 참아야 한다고 말한다.
② B대리와 후임을 모두 불러 이야기한다.
③ 영업부장에게 사실을 있는 그대로 보고한다.
④ 후임에게 B대리 모르게 업무를 가져오면 도와주겠다고 말한다.
⑤ 당사자끼리 해결하도록 권유한다.

29 A부서는 오랫동안 준비해 온 중요한 발표를 앞두고 있다. 그러나 발표일이 며칠 남지 않은 상황에서 발표를 맡은 B대리가 개인 사정으로 퇴사하고 싶다며 사직서를 제출했다. 그동안 A부서는 각자의 역할을 나누어 발표를 준비했기 때문에 발표 담당자인 B대리 외에는 완벽한 발표를 진행하기 어려운 상황이다. 이런 상황에서 당신이 A부서의 부서장인 C과장이라면 어떻게 할 것인가?

① 완벽하지는 않더라도 발표 담당자였던 B대리를 대신해 자신이 발표를 진행한다.
② 시간이 촉박하더라도 B대리가 아닌 다른 부서원에게 발표를 준비하라고 지시한다.
③ B대리의 사직서를 반려한 다음 준비해온 발표를 마치고 나서 퇴사하라고 설득한다.
④ 상사에게 당분간 발표가 불가능함을 알리고 다른 날로 연기할 수 있는지 확인한다.
⑤ 부서장에게 기한 내에는 완벽한 발표 준비가 불가능하며, 이는 전적으로 B대리의 개인 사정 때문임을 알린다.

30 A부장은 팀 운영에 있어 어려움을 겪고 있다. A부장은 평소에 부서의 성과를 높이고 맡은 업무를 효율적으로 진행하기 위해서 부서 회의를 강조하고 있다. 그러나 팀원들은 부서 회의에 그다지 집중하지 않는다. 이런 상황에서 당신이 A부장이라면 어떻게 할 것인가?

① 부서원 전원과 상담하고 현상의 원인이 무엇인지 철저히 파악한다.
② 인사고과에 반영함으로써 근무태도가 태만한 직원들에게 불이익을 준다.
③ 자신의 의견을 전적으로 회의 결과에 반영함으로써 회의 시간을 단축한다.
④ 부서 회의를 시작하기에 앞서 팀 전체에게 회의에 집중할 것을 엄중하게 경고한다.
⑤ 부서원들에게 집중력 계발 방법을 알려주는 책을 선물함으로써 자신의 의도를 간접적으로 전달한다.

31 A사원은 최근 들어 평소보다 많은 양의 업무를 힘들게 수행하고 있다. 평소 절대로 요령을 부리거나 얕은꾀를 쓰지 않는 A사원은 자주 야근을 하며 상급자 B과장에게 제출할 보고서를 작성했는데, B과장은 A사원이 제출한 보고서가 형편없다며 혹평을 했다. 이런 상황에서 당신이 A사원이라면 어떻게 할 것인가?

① 속상한 마음을 달래줄 동료와 만난다.
② 자신의 부족한 실력을 원망하며 술을 마시러 간다.
③ B과장에게 보고서를 다시 작성해 제출하겠다고 말한다.
④ 구체적으로 무엇이 문제인지 B과장에게 물어보고 시정하도록 노력한다.
⑤ 좋은 평가를 받고 있는 동료나 선배의 보고서와 자신의 보고서를 비교해 보고 시정한다.

32 A과장은 어느 날 B부장에게 좋지 않은 말을 들었다. 이유는 최근에 A과장이 속한 팀으로 발령받은 C사원 때문이다. C사원이 새로운 부서에 아직 적응하지 못한 것인지 또는 업무처리에 필요한 능력이 부족한 것인지는 단정할 수 없지만, C사원의 미흡한 일 처리로 인해서 부서 업무가 혼선을 겪고 있고, 이 때문에 상급자인 B부장에게 쓴소리까지 들은 상황이다. 이런 상황에서 당신이 A과장이라면 어떻게 할 것인가?

① C사원에게 상황을 간략하게 알리고 개선할 방안을 제시해준다.
② C사원에게 상황을 그대로 알리고 시정 조치를 하라고 지시한다.
③ 일 처리에 능숙한 D대리를 불러 C사원을 도와주라고 지시한다.
④ 부서 내에 상황을 그대로 알리고 C사원이 스스로 개선할 마음이 들도록 한다.
⑤ C사원에게 부서 이동 등의 문책성 인사 조치 가능성을 언급하며 경각심을 갖게 한다.

PART 3

01　**언어비평검사 Ⅰ (언어추리)**

01　다음 제시된 오류의 예시로 가장 적절한 것은?

> 앞뒤의 주장이나 전제와 결론 사이에 모순이 발생함으로써 일관된 논점을 갖지 못하는 오류

① 부모는 자식에게 항상 진실만을 말한다. 부모는 자식에게 옳은 말만 하기 때문이다.

② 수출이 감소했다는 것은 GDP가 감소했다는 것을 의미한다. 그러므로 수출이 감소하지 않는다면, GDP도 감소하지 않을 것이다.

③ 지나친 음주는 간 건강을 위협하는 주요 요인이 된다. 결국 간암의 발병률이 증가하는 이유는 직장인들이 지나치게 술을 많이 마셨기 때문이다.

④ 아인슈타인은 과학자이거나 철학자이다. 그런데 아인슈타인은 과학자이므로 철학자가 아니다.

⑤ 모든 국민은 인간으로서의 행복을 추구할 수 있다. 그러나 범죄자는 행복한 삶을 살 수 없도록 강력하게 처벌해야 한다.

02　다음 〈보기〉 중 동일한 유형의 논리적 오류를 범하고 있는 것끼리 묶인 것은?

> **보기**
>
> ㄱ. 모든 사람이 자신의 생각을 자유롭게 표현할 수 있도록 허용해야 한다. 그렇지 않으면 표현의 자유가 침해되기 때문이다.
> ㄴ. 실업률이 현재보다 두 배로 높았던 당시의 국회의원이 현재의 국회의원에게 경제발전의 방향에 대해 묻는 것은 옳지 않다.
> ㄷ. 5년 전 안락사에 찬성하는 논문을 발표한 박사님이 이번 의료 사고에 대해서는 강경한 입장을 취하다니. 도저히 이해할 수 없군요.
> ㄹ. 이번 프로젝트는 잘 된 것 같아. 결과가 나쁘지 않으니까.

① ㄱ, ㄴ　　　　　　　　　　　② ㄱ, ㄹ
③ ㄴ, ㄷ　　　　　　　　　　　④ ㄴ, ㄹ
⑤ ㄷ, ㄹ

03 다음 제시된 오류와 관련이 있는 것은?

> 자기의 행위, 판단이 나쁜 것이 아니라는 것을 증명하려 하지 않고, 상대방도 그러한 것이 있음을 들어 자기의 과오가 없다고 주장하는 오류

① 이 영화는 좋은 영화임에 틀림없다. 왜냐하면 우리 반 친구들 절반 이상이 이 영화를 봤기 때문이다.

② 내 남자친구는 우리 부모님과 할머니는 만나봤지만 아직 우리 가족들은 만나지 못했다.

③ 내가 학교에 귀걸이를 하고 오긴 했지만 우리 선생님도 귀걸이를 했으니까 괜찮다.

④ 나를 반장으로 뽑아서 우리 반을 행복한 반으로 만들어보자!

⑤ 약속시간에 늦은 걸 보니 그는 정말 게으른 사람이구나.

04 다음 제시된 오류와 유사한 종류의 오류는?

> 영국의 일상 언어 분석철학자인 라일(G. Ryle)이 처음 사용한 말로서, 논리적으로 서로 다른(같은) 범주에 속하는 것을 같은(다른) 범주의 것으로 혼동하는 데서 생기는 오류

① 오늘은 학교에서 미술과 체육 수행평가를 치렀다. 도대체 예체능 수행평가는 언제 치르지?

② 아빠는 내가 귀가시간이 늦다고 꾸중하셨지만, 회식하고 오는 날에는 아빠가 더 늦으신다.

③ 전화로 목소리를 들으니 미영이는 목소리가 참 예쁘던데, 얼굴도 예쁠 것이 분명해.

④ 내가 어제 밖에서 놀았다는 것을 증명할 수 있는 사람이 아무도 없으므로 나는 집에서 공부를 한 것이 분명하다.

⑤ 친구와의 의리는 언제나 중요하다. 이번 시험에서 철수가 부정행위를 했을 때도 선생님께 이르지 않았다.

※ 다음 추리 중 유사한 유형의 오류로 묶인 것을 고르시오. [5~6]

05

> ㄱ. 저수지에서 떠온 물 한 컵을 실험해 보았는데, 그것은 마셔도 안전한 물로 판정되었다. 당국은 그 저수지의 물 전부를 마셔도 안전하다는 결론을 내렸다.
>
> ㄴ. 나는 이전에 빨간 옷을 입고서 수학 시험을 보았는데 만점을 받았다. 나는 내일 수학 시험에서 만점을 받기 위하여 빨간 옷을 입을 것이다.
>
> ㄷ. 철수는 우등상을 받았으므로 열심히 공부했음에 틀림이 없다. 따라서 영희에게 우등상을 주면 열심히 공부할 것이다.
>
> ㄹ. 아기들이 홍역을 앓을 때마다 그들의 몸에 붉은 반점이 나타난다. 또한 아기들의 체온이 높이 올라간다. 고열 때문에 붉은 반점이 나타나는 것이 분명하다.
>
> ㅁ. 부지런한 농부들은 모두 많은 소를 갖고 있다. 이제 이 마을의 게으른 농부들에게 소를 많이 주어 부지런한 농부가 되게 하자.

① ㄱ, ㄴ   ② ㄱ, ㄹ
③ ㄴ, ㄷ   ④ ㄷ, ㅁ
⑤ ㄹ, ㅁ

06

> ㄱ. 우리 요구를 받아들이지 않으면 정말 큰일이 발생할 것입니다. 그럴 경우 그 사태에 대한 책임은 당신에게 있습니다.
>
> ㄴ. 이 과목에서 F학점을 받으면 전 졸업을 할 수가 없습니다. 그러면 제 어머니께서 얼마나 낙담하시겠습니까? 그러니 교수님, 제발 F만은 면하게 해주십시오.
>
> ㄷ. 배운 사람은 그렇게 상스러운 말을 쓰지 않는다. 왜냐하면 천한 말을 사용하는 사람은 제대로 교육받았다고 할 수 없기 때문이다.
>
> ㄹ. 경제학자 케인스의 말에 따르면, 어린이들에게 선택의 자유를 무조건 허용해야 한다는 당신의 주장은 잘못된 것이다.
>
> ㅁ. 클린턴의 주장은 믿을 수 없어. 그는 사생활이 복잡했던 사람이야.
>
> ㅂ. 신은 존재한다. 성경에 그렇게 쓰여 있으니까. 성경의 내용이 참임을 어떻게 아냐고? 신의 말씀이기 때문이다.

① ㄱ, ㄴ   ② ㄴ, ㄷ
③ ㄷ, ㄹ   ④ ㄷ, ㅂ
⑤ ㅁ, ㅂ

07 다음 제시된 명제가 참일 때, 빈칸에 들어갈 명제로 가장 적절한 것은?

> • 공부를 하지 않으면 시험을 못 본다.
> • _____
> • 공부를 하지 않으면 성적이 나쁘게 나온다.

① 공부를 한다면 시험을 잘 본다.
② 시험을 잘 본다면 공부를 한 것이다.
③ 성적이 좋다면 공부를 한 것이다.
④ 시험을 잘 본다면 성적이 좋은 것이다.
⑤ 성적이 좋다면 시험을 잘 본 것이다.

08 다음 글의 내용이 참일 때, 반드시 참인 것을 〈보기〉에서 모두 고르면?

> 네 명의 신입사원을 대상으로 민원, 홍보, 인사, 기획 업무에 대한 선호를 조사하였다. 조사 결과 민원 업무를 선호하는 신입사원은 모두 홍보 업무를 선호하였지만, 그 역은 성립하지 않았다. 모든 업무 중 인사 업무만을 선호하는 신입사원은 있었지만, 민원 업무와 인사 업무를 모두 선호하는 신입사원은 없었다. 그리고 넷 중 세 개 이상의 업무를 선호하는 신입사원도 없었다. 신입사원 갑이 선호하는 업무에는 기획 업무가 포함되어 있었으며, 신입사원 을이 선호하는 업무에는 민원 업무가 포함되어 있었다.

> **보기**
>
> ㄱ. 어떤 업무는 갑도 을도 선호하지 않는다.
> ㄴ. 적어도 두 명 이상의 신입사원이 홍보 업무를 선호한다.
> ㄷ. 조사 대상이 된 업무 중에, 어떤 신입사원도 선호하지 않는 업무는 없다.

① ㄱ   ② ㄷ
③ ㄱ, ㄴ   ④ ㄴ, ㄷ
⑤ ㄱ, ㄴ, ㄷ

※ 다음 제시된 명제가 모두 참일 때, 반드시 참인 것을 고르시오. [9~10]

Easy

09

> • 강아지를 좋아하는 사람은 자연을 좋아한다.
> • 편의점을 좋아하는 사람은 자연을 좋아하지 않는다.

① 편의점을 좋아하지 않는 사람은 강아지를 좋아한다.
② 자연을 좋아하는 사람은 강아지를 좋아한다.
③ 강아지를 좋아하는 사람은 편의점을 좋아한다.
④ 편의점을 좋아하는 사람은 강아지를 좋아하지 않는다.
⑤ 강아지를 좋아하지 않는 사람은 자연을 좋아하지 않는다.

10

> • 달리기를 잘하는 모든 사람은 영어를 잘한다.
> • 영어를 잘하는 모든 사람은 부자이다.
> • 나는 달리기를 잘한다.

① 나는 부자이다.
② 부자는 반드시 영어를 잘한다.
③ 부자는 반드시 달리기를 잘한다.
④ 나는 달리기를 잘하지만 영어는 못한다.
⑤ 영어를 잘하는 사람은 반드시 달리기를 잘한다.

11 다음 제시된 내용을 바탕으로 내린 A, B의 결론에 대한 판단으로 항상 옳은 것은?

> • 재중이는 국어보다 사회를 싫어한다.
> • 재중이는 사회보다 수학을 싫어한다.
> • 재중이는 사회보다 영어를 싫어한다.

> A : 재중이는 국어보다 영어를 싫어한다.
> B : 재중이는 국어를 가장 좋아한다.

① A만 옳다.
② B만 옳다.
③ A, B 모두 옳다.
④ A, B 모두 틀리다.
⑤ A, B 모두 옳은지 틀린지 판단할 수 없다.

12 E사의 기획부에는 4명의 사원 A ~ D와 3명의 대리 E ~ G가 소속되어 있으며, 이들 중 4명이 해외 진출사업을 진행하기 위해 베트남으로 출장을 갈 예정이다. 다음 〈조건〉에 따를 때, 항상 참인 것은?

> **조건**
>
> • 사원 중 적어도 한 사람은 출장을 간다.
> • 대리 중 적어도 한 사람은 출장을 가지 않는다.
> • A사원과 B사원 중 적어도 한 사람이 출장을 가면, D사원은 출장을 간다.
> • C사원이 출장을 가면, E대리와 F대리는 출장을 가지 않는다.
> • D사원이 출장을 가면, G대리도 출장을 간다.
> • G대리가 출장을 가면, E대리도 출장을 간다.

① A사원은 출장을 간다.
② B사원은 출장을 간다.
③ C사원은 출장을 가지 않는다.
④ D사원은 출장을 가지 않는다.
⑤ G대리는 출장을 가지 않는다.

13 다음 제시된 명제가 모두 참일 때, 숨은 그림 찾기에서 많이 찾은 사람을 순서대로 바르게 나열한 것은?

> • 숨은 그림 찾기에서 민수가 철수보다 더 많이 찾았다.
> • 숨은 그림 찾기에서 철수가 영희보다 더 적게 찾았다.
> • 숨은 그림 찾기에서 민수가 영희보다 더 적게 찾았다.

① 영희 – 철수 – 민수
② 철수 – 영희 – 민수
③ 영희 – 민수 – 철수
④ 민수 – 철수 – 영희
⑤ 민수 – 영희 – 철수

14 주방에 요리사 철수와 설거지 담당인 병태가 있다. 요리에 사용되는 접시는 하나의 탑처럼 순서대로 쌓여있다. 철수는 이 접시 탑의 맨 위에 있는 접시부터 하나씩 사용하고, 병태는 설거지한 접시를 탑의 맨 위에 하나씩 쌓는다. 다음 〈조건〉의 작업을 차례대로 수행하였을 때, 철수가 (라) 작업을 완료한 이후 접시 탑의 맨 위에 있는 접시는?

> **조건**
> • (가) 작업 : 병태가 시간 순서대로 접시 A, B, C, D접시를 접시 탑에 쌓는다.
> • (나) 작업 : 철수가 접시 한 개를 사용한다.
> • (다) 작업 : 병태가 시간 순서대로 접시 E, F를 접시 탑에 쌓는다.
> • (라) 작업 : 철수가 접시 세 개를 순차적으로 사용한다.

① A접시   ② B접시
③ C접시   ④ D접시
⑤ E접시

※ 다음 제시된 명제를 읽고 각 문제가 항상 참이면 ①, 거짓이면 ②, 알 수 없으면 ③을 고르시오. [15~17]

> • A ~ E 다섯 명은 지역 주민 행사에 참여하여 부채, 수건, 손거울 세 가지 종류의 기념품 중 하나의 기념품을 선택하여 받았다.
> • A는 B와 같은 기념품을 받았다.
> • 부채는 C 이외에 아무도 받지 않았다.
> • D는 E와 서로 다른 기념품을 받았다.
> • E는 수건을 기념품으로 받았다.

15 A는 수건을 기념품으로 받았다.

① 참   ② 거짓   ③ 알 수 없음

16 D는 손거울을 기념품으로 받았다.

① 참   ② 거짓   ③ 알 수 없음

17 A ~ E 다섯 명이 가장 많이 선택한 기념품은 수건이다.

① 참   ② 거짓   ③ 알 수 없음

※ 다음 글을 읽고 각 문제가 항상 참이면 ①, 거짓이면 ②, 알 수 없으면 ③을 고르시오. [18~20]

위대한 예술 작품을 감상하는 데 있어서 제일 큰 장애물은 개인적인 습관과 편견을 버리려고 하지 않는 태도이다. 친숙하게 알고 있는 주제를 생소한 방법으로 표현한 그림을 접했을 때 그것에 대해 정확히 해석할 수 없다는 이유로 매도하는 것이 상당히 흔한 태도이다. 작품에 표현된 이야기를 많이 알면 알수록 그 이야기는 언제나 그랬듯이 예전과 비슷하게 표현되어야 한다는 확신에 집착하게 되는 것도 일반적인 반응이다. 특히 성경에서는 이러한 경향이 두드러진다. 성경의 어느 부분에서도 하느님을 인간의 형상으로 가시화하지 않았고 예수의 얼굴이나 모양새 등을 최초로 그려낸 사람들이 바로 과거의 화가라는 사실들을 알고 있으면서도 많은 사람들이 신에 관해서는 전통적인 형태를 벗어나면 신성모독이라고 하며 발끈한다. 이는 지양해야 할 태도이다.

18 예술은 자신이 기존에 가지고 있던 편견을 배제하고 열린 마음으로 감상해야 한다.

① 참 　　　② 거짓 　　　③ 알 수 없음

19 신에 관한 전통적인 형상이 아닌 다른 형상을 그려내는 화가들은 이단이다.

① 참 　　　② 거짓 　　　③ 알 수 없음

Easy

20 작품과 관련된 이야기나 배경 사상을 아는 것보다는 작품을 그 자체로서 즐기려고 노력하는 태도가 중요하다.

① 참 　　　② 거짓 　　　③ 알 수 없음

01 다음은 '인터넷 미디어 교육의 활성화 방안'에 대한 글을 위해 쓴 개요이다. 개요의 수정·보완 및 자료 제시 방안으로 적절하지 않은 것은?

Ⅰ. 서론
　　– 사이버범죄의 급격한 증가 ……………………………………… ㉠
　　– 유해 정보의 범람

Ⅱ. 본론
　1. 인터넷 미디어 교육의 필요성
　　– 사이버범죄의 예방과 대처
　　– 올바른 사용 자세 배양 ……………………………… ㉡
　　– 사이버 시민의식의 고양
　2. 인터넷 미디어 교육의 장애 요소
　　– 교육의 중요성에 대한 인식 부족 ………………… ㉢
　　– 컴퓨터 이용 기술에 치우친 교육
　　– 교육프로그램의 부재
　3. 인터넷 미디어 교육의 활성화 방안
　　– 불건전 정보의 올바른 이해 ……………………… ㉣
　　– 사이버 윤리 및 예절 교육의 강화
　　– ＿＿＿＿＿＿＿＿＿＿＿＿＿ …………………………… ㉤

Ⅲ. 결론
　　– 인터넷 미디어 교육의 중요성 강조

---

① ㉠ : 사이버범죄의 실태를 통계수치로 제시한다.
② ㉡ : 인터넷에 자신의 정보를 노출하여 큰 피해를 입은 사례를 근거로 제시한다.
③ ㉢ : 일반인들과 정부 당국으로 항목을 구분하여 지적한다.
④ ㉣ : 'Ⅱ-2'를 고려하여 '사이버 폭력에 대한 규제 강화'로 수정한다.
⑤ ㉤ : 글의 완결성을 고려하여 '다양한 교육프로그램의 개발'이라는 내용을 추가한다.

02 다음은 천연기념물 소나무의 훼손을 방지하고자 지방자치단체에 제출할 건의서를 쓰기 위해 작성한 개요이다. 개요를 수정·보완할 내용으로 적절하지 않은 것은?

Ⅰ. 서론 : 천연기념물 소나무에 대해 높아지는 관심 ·········· ㉠
Ⅱ. 천연기념물 소나무 훼손의 원인
    1. 자연적 측면
        가. 진딧물 등의 병해충
        나. 낙뢰, 폭설 등의 자연재해
        다. 무분별한 개발로 인한 생태 환경 악화 ··············· ㉡
    2. 인위적 측면
        가. 천연기념물 소나무에 대한 관리 업무 분산
        나. 문화유산 안내인의 부재 ······················· ㉢
Ⅲ. 천연기념물 소나무 보존 대책
    1. 자연적 측면
        가. 진딧물 등 병해충 퇴치를 위한 방제 작업
        나. 자연재해로 인한 피해 최소화를 위한 시설물 설치
    2. 인위적 측면 ································· ㉣
        가. 천연기념물 소나무 관리 업무 일원화
        나. 무분별한 개발 방지를 위한 보호 구역 확대
Ⅳ. 결론 : _____ ·········· ㉤

---

① ㉠ : 글의 주제를 고려하여 '천연기념물 소나무의 훼손 실태'로 고친다.
② ㉡ : 상위항목과의 연관성을 고려하여 'Ⅱ - 2'의 하위 항목으로 옮긴다.
③ ㉢ : 글의 주제를 고려하여 삭제한다.
④ ㉣ : 상위항목을 고려하여 '소나무 주변 관광 사업 개발'을 하위 항목으로 추가한다.
⑤ ㉤ : 글을 쓰는 목적을 고려하여 '천연기념물 소나무 보존을 위한 지방자치단체의 관심과 노력 촉구'의 결론을 작성한다.

※ 다음 글의 빈칸에 들어갈 내용으로 가장 적절한 것을 고르시오. [3~4]

03

어느 시대든 사람들은 원인이 무엇인지 알고 있다고 믿었다. 사람들은 그런 앎을 어디서 얻는가? 원인을 안다고 믿는 사람들의 믿음은 어디서 생기는 것일까?

새로운 것, 체험되지 않은 것, 낯선 것은 원인이 될 수 없다. 알려지지 않은 것에서는 위험, 불안정, 걱정, 공포감이 뒤따르기 때문이다. 우리 마음의 불안한 상태를 없애고자 한다면, 우리는 알려지지 않은 것을 알려진 것으로 환원해야 한다. 이러한 환원은 우리 마음을 편하게 해주고 안심시키며 만족을 느끼게 한다. 이 때문에 우리는 이미 알려진 것, 체험된 것, 기억에 각인된 것을 원인으로 설정하게 된다. '왜?'라는 물음의 답으로 나온 것은 그것이 진짜 원인이기 때문에 우리에게 떠오른 것이 아니다. 그것이 우리에게 떠오른 것은 그것이 우리를 안정시켜주고 성가신 것을 없애주며 무겁고 불편한 마음을 가볍게 해주기 때문이다. 따라서 원인을 찾으려는 우리의 본능은 위험, 불안정, 걱정, 공포감 등에 의해 촉발되고 자극받는다.

우리는 '설명이 없는 것보다 설명이 있는 것이 언제나 더 낫다.'고 믿는다. 우리는 특별한 유형의 원인만을 써서 설명을 만들어 낸다. _____ 그래서 특정 유형의 설명만이 점점 더 우세해지고, 그러한 설명들이 하나의 체계로 모아져 결국 그런 설명이 우리의 사고방식을 지배하게 된다. 기업인은 즉시 이윤을 생각하고, 기독교인은 즉시 원죄를 생각하며 소녀는 즉시 사랑을 생각한다.

① 이것은 우리의 호기심과 모험심을 자극한다.

② 이것은 인과관계에 대한 우리의 지식을 확장시킨다.

③ 이것은 우리가 왜 불안한 심리 상태에 있는지를 설명해 준다.

④ 이것은 낯설고 체험하지 않았다는 느낌을 가장 빠르고 가장 쉽게 제거해 버린다.

⑤ 이것은 새롭고 낯선 것에서 원인을 발견하려는 우리의 본래 태도를 점차 약화시키고 오히려 그 반대의 태도를 우리의 습관으로 굳어지게 한다.

04

기분관리 이론은 사람들의 기분과 선택 행동의 관계에 대해 설명하기 위한 이론이다. 이 이론의 핵심은 사람들이 현재의 기분을 최적 상태로 유지하려고 한다는 것이다. 따라서 기분관리 이론은 흥분 수준이 최적 상태보다 높을 때는 사람들이 이를 낮출 수 있는 수단을 선택한다고 예측한다. 반면에 흥분 수준이 낮을 때는 이를 회복시킬 수 있는 수단을 선택한다고 예측한다. 예를 들어, 음악 선택의 상황에서 전자의 경우에는 차분한 음악을 선택하고 후자의 경우에는 흥겨운 음악을 선택한다는 것이다. 기분조정 이론은 기분관리 이론이 현재 시점에만 초점을 맞추고 있다는 점을 지적하고 이를 보완하고자 한다. 기분조정 이론을 음악 선택의 상황에 적용하면, ＿＿＿＿＿＿＿＿＿＿＿＿고 예측할 수 있다.

연구자 A는 음악 선택 상황을 통해 기분조정 이론을 검증하기 위한 실험을 했다. 그는 실험 참가자들을 두 집단으로 나누고 집단1에게는 한 시간 후 재미있는 놀이를 하게 된다고 말했고, 집단2에게는 한 시간 후 심각한 과제를 하게 된다고 말했다. 집단1은 최적 상태 수준에서 즐거워했고, 집단2는 최적 상태 수준을 벗어날 정도로 기분이 가라앉았다. 이때 연구자 A는 참가자들에게 기다리는 동안 음악을 선택하게 했다. 그랬더니 집단1은 다소 즐거운 음악을 선택한 반면, 집단2는 과도하게 흥겨운 음악을 선택했다. 그런데 30분이 지나고 각 집단이 기대하는 일을 하게 될 시간이 다가오자 두 집단 사이에는 뚜렷한 차이가 나타났다. 집단1의 선택에는 큰 변화가 없었으나, 집단2는 기분을 가라앉히는 차분한 음악을 선택하는 쪽으로 변하는 경향을 보인 것이다. 이러한 선택의 변화는 기분조정 이론을 뒷받침하는 것으로 간주되었다.

① 사람들은 현재의 기분을 지속하는 데 도움이 되는 음악을 선택한다
② 사람들은 다음에 올 상황을 고려해 흥분을 유발할 수 있는 음악을 선택한다
③ 사람들은 다음에 올 상황에 맞추어 현재의 기분을 조정하는 음악을 선택한다
④ 사람들은 현재의 기분과는 상관없이 자신이 평소 선호하는 음악을 선택한다
⑤ 사람들은 현재의 기분이 즐거운 경우에는 그것을 조정하기 위해 그와 반대되는 기분을 자아내는 음악을 선택한다

05 다음 글에 대한 〈보기〉의 설명 중 적절한 것을 모두 고르면?

> 과거에는 일반 시민들이 사회문제에 관한 정보를 얻을 수 있는 수단이 거의 없었다. 따라서 일반 시민들은 신문과 같은 전통적 언론을 통해 정보를 얻었고 전통적 언론은 주요 사회문제에 대한 여론을 형성하는 데 강한 영향을 끼쳤다. 지금도 신문에서 물가 상승 문제를 반복해서 보도하면 일반 시민들은 이를 중요하다고 생각하고, 그와 관련된 여론도 활성화된다.
>
> 이처럼 전통적 언론이 여론을 형성하는 것을 '의제설정기능'이라고 한다. 하지만 막강한 정보원으로 인터넷이 등장한 이후 전통적 언론의 영향력은 약화되고 있다. 그리고 인터넷을 통한 상호작용매체인 소셜 네트워킹 서비스(이하 SNS)가 등장한 이후에는 그러한 경향이 더욱 강화되고 있다. 일반 시민들이 SNS를 통해 문제를 제기하고, 많은 사람들이 그 문제에 대해 중요하다고 생각하면 역으로 전통적 언론에서 뒤늦게 그 문제에 대해 보도하는 현상이 생기게 된 것이다. 이러한 현상을 일반 시민이 의제설정을 주도한다는 점에서 '역의제설정 현상'이라고 한다.

보기

ㄱ. 현대의 전통적 언론은 의제설정기능을 전혀 수행하지 못하고 있다.
ㄴ. SNS는 일반 시민이 의제설정을 주도하는 것을 가능하게 했다.
ㄷ. 현대 언론은 과거 언론에 비해 의제설정기능의 역할이 강하다.
ㄹ. SNS로 인해 의제설정 현상이 강해지고 있다.

① ㄴ
② ㄷ
③ ㄱ, ㄴ
④ ㄱ, ㄹ
⑤ ㄷ, ㄹ

06 다음 글의 내용으로 가장 적절한 것은?

미국의 사회이론가이자 정치학자인 로버트 액설로드의 저서 『협력의 진화』에서 언급된 팃포탯(Tit for Tat) 전략은 '죄수의 딜레마'를 해결할 가장 유력한 전략으로 더욱 잘 알려져 있는 듯하다.

죄수의 딜레마는 게임이론에서 가장 유명한 사례 중 하나로, 두 명의 실험자가 참여하는 비제로섬 게임(Non Zero-sum Game)의 일종이다. 두 명의 실험자는 각각 다른 방에 들어가 심문을 받는데, 둘 중 하나가 배신하여 죄를 자백한다면 자백한 사람은 즉시 석방되는 대신 나머지 한 사람이 10년을 복역하게 된다. 다만 두 사람 모두가 배신하여 죄를 자백할 경우는 5년을 복역하며, 두 사람 모두 죄를 자백하지 않는다면 각각 6개월을 복역하게 된다.

죄수의 딜레마에서 실험자들은 개인에게 있어 이익이 최대화된다는 가정 아래 움직이기 때문에 결과적으로는 모든 참가자가 배신을 선택하는 결과가 된다. 즉, 자신의 최대 이익을 노리려던 선택이 오히려 둘 모두에게 배신하지 않는 선택보다 나쁜 결과를 불러오는 것이다.

팃포탯 전략은 1979년 액설로드가 죄수의 딜레마를 해결하기 위해 개최한 1·2차 리그 대회에서 우승한 프로그램의 짧고 간단한 핵심 전략이다. 캐나다 토론토 대학의 심리학자인 아나톨 라포트 교수가 만든 팃포탯은 상대가 배신한다면 나도 배신을, 상대가 의리를 지킨다면 의리로 대응한다는 내용을 담고 있다. 이 단순한 전략을 통해 팃포탯은 총 200회의 거래에서 유수의 컴퓨터 프로그램을 제치고 우승을 차지할 수 있었다.

대회가 끝난 후 액설로드는 참가한 모든 프로그램들의 전략을 '친절한 전략'과 '비열한 전략'으로 나누었는데, 친절한 전략으로 분류된 팃포탯을 포함해 대체적으로 친절한 전략을 사용한 프로그램들이 좋은 성적을 냈다는 사실을 확인할 수 있었다. 그리고 그중에서도 팃포탯이 두 차례 모두 우승할 수 있었던 것은 비열한 전략을 사용하는 프로그램에게는 마찬가지로 비열한 전략으로 대응했기 때문임을 알게 되었다.

① 액설로드가 만든 팃포탯은 죄수의 딜레마에서 우승할 수 있는 가장 유력한 전략이다.
② 죄수의 딜레마에서 자신의 이득이 최대로 나타나는 경우는 죄를 자백하지 않는 것이다.
③ 액설로드는 리그대회를 통해 팃포탯과 같은 대체로 비열한 전략을 사용하는 프로그램이 좋은 성적을 냈다는 사실을 알아냈다.
④ 대회에서 우승한 팃포탯 전략은 비열한 전략을 친절한 전략보다 많이 사용했다.
⑤ 팃포탯 전략이 우승한 것은 비열한 전략에 마찬가지로 비열하게 대응했기 때문이다.

※ 다음 글의 서술상 특징으로 가장 적절한 것을 고르시오. [7~8]

07

'셧다운제'에 대한 논란이 뜨겁다. 셧다운제는 0시부터 오전 6시 사이에 만 16세 미만 청소년의 온라인 게임 접속을 차단하는 제도로서, 온라인 게임 중독을 예방하기 위해 도입되었다. 셧다운제에 찬성하는 사람들은 게임에 빠진 청소년들의 사회성이 결여되며, 건강 악화를 야기한다고 주장한다. 그러나 셧다운제에 반발하는 목소리도 적지 않다. 여가를 즐기는 청소년의 정당한 권리를 박탈하는 것은 옳지 않다는 의견이다. 한편 게임시장이 위축될 것에 대한 우려의 목소리도 있다. 성장 가능성이 큰 우리나라 게임산업의 경쟁력이 퇴보할 수 있다고 주장하고 있다.

① 구체적 수치를 언급함으로써 게임산업의 중요성을 강조한다.
② 현상의 문제점을 분석하고 해결책을 제시한다.
③ 사안에 대한 다른 나라의 평가를 인용하여 한쪽의 주장을 뒷받침한다.
④ 논란이 되고 있는 사안을 바라보는 서로 다른 관점을 제시한다.
⑤ 구체적인 사례를 통해 관련 주제를 설명한다.

PART 3

08

지방은 여러 질병의 원인으로서 인체에 해로운 것으로 인식되었다. 하지만 문제가 되는 것은 지방 자체가 아니라 전이지방이다. 전이지방은 특수한 물리·화학적 처리에 따라 생성되는 것으로서, 몸에 해로운 포화지방의 비율이 자연 상태의 기름보다 높다. 전이지방을 섭취하면 심혈관계 질환이나 유방암 등이 발병할 수 있다. 이러한 전이지방이 지방을 대표하는 것으로 여겨지면서 지방이 여러 질병의 원인으로 지목됐던 것이다.
중요한 것은 지방이라고 모두 같은 지방이 아니라는 사실을 일깨우는 것이다. 불포화지방의 섭취는 오히려 각종 질병의 위험을 감소시키며, 체내지방세포는 장수에 도움을 주기도 한다. 지방이 각종 건강상의 문제를 야기하는 것은 지방 그 자체의 속성 때문이라기보다는 지방을 섭취하는 인간의 자기관리가 허술했기 때문이다.

① 새로운 용어를 소개하고 그 유래를 밝히고 있다.
② 대상에 대한 다양한 견해들의 장단점을 분석하고 있다.
③ 서로 대립하는 견해를 비교하고 이를 절충하여 통합하고 있다.
④ 현재의 상황을 객관적으로 분석함으로써 미래를 전망하고 있다.
⑤ 대상에 대한 사회적 통념의 문제점을 지적하고 올바른 이해를 유도하고 있다.

※ 다음 제시된 문장을 논리적 순서대로 바르게 나열한 것을 고르시오. [9~10]

09

(가) 점차 우리의 생활에서 집단이 차지하는 비중이 커지고, 사회가 조직화되어 가는 현대사회에서는 개인의 윤리 못지않게 집단의 윤리, 즉 사회윤리의 중요성도 커지고 있다.

(나) 따라서 우리는 현대사회의 특성에 맞는 사회윤리의 정립을 통해 올바른 사회를 지향하는 노력을 계속해야 할 것이다.

(다) 그러나 이러한 사회윤리가 단순히 개개인의 도덕성이나 윤리의식의 강화에 의해서만 이루어지는 것은 아니다.

(라) 물론 그것은 인격을 지니고 있는 개인과는 달리 전체의 이익을 합리적으로 추구하는 사회의 본질적 특성에서 연유하는 것이기도 하다.

(마) 그것은 개개인이 도덕적이라는 것과 그들로 이루어진 사회가 도덕적이라는 것은 별개의 문제이기 때문이다.

① (가) – (나) – (다) – (라) – (마)
② (가) – (나) – (라) – (다) – (마)
③ (가) – (나) – (마) – (라) – (다)
④ (가) – (다) – (나) – (라) – (마)
⑤ (가) – (다) – (마) – (라) – (나)

10

(가) 인간이 타고난 그대로의 자연스러운 본능이 성품이며, 인간이 후천적인 노력을 통하여 만들어 놓은 것이 인위이다.

(나) 따라서 인간의 성품은 악하나, 인위로 인해 선하게 된다.

(다) 즉, 배고프면 먹고 싶고 피곤하면 쉬고 싶은 것이 성품이라면, 배고파도 어른에게 양보하고 피곤해도 어른을 대신해 일하는 것은 인위이다.

(라) 그러므로 자연스러운 본능을 따르게 되면 반드시 다투고 빼앗는 결과를 초래하게 되지만 스승의 교화를 받아 예의 법도를 따르게 되면 질서가 유지된다.

① (가) – (나) – (라) – (다)
② (가) – (다) – (나) – (라)
③ (가) – (다) – (라) – (나)
④ (나) – (라) – (다) – (가)
⑤ (다) – (나) – (가) – (라)

260 · 이랜드그룹 ESAT

11 다음 글에서 〈보기〉의 문장이 들어갈 위치로 가장 적절한 곳은?

문화가 발전하려면 저작자의 권리보호와 저작물의 공정이용이 균형을 이루어야 한다. 저작물의 공정이용이란 저작권자의 권리를 일부 제한하여 저작권자의 허락이 없어도 저작물을 자유롭게 이용하는 것을 말한다. 비영리적인 사적 복제를 허용하는 것이 그 예이다. (가) 우리나라의 저작권법에서는 오래전부터 공정이용으로 볼 수 있는 저작권 제한 규정을 두었다.

그런데 디지털 환경에서 저작물의 공정이용은 여러 장애에 부딪혔다. 디지털 환경에서는 저작물을 원본과 동일하게 복제할 수 있고 용이하게 개작할 수 있다. (나) 그 결과 디지털화된 저작물의 이용 행위가 공정이용의 범주에 드는 것인지 가늠하기가 더 어려워졌고 그에 따른 처벌위험도 커졌다. (다)

이러한 문제를 해소하기 위한 시도의 하나로 포괄적으로 적용할 수 있는 '저작물의 공정한 이용' 규정이 저작권법에 별도로 신설되었다. 그리하여 저작권자의 동의가 없어도 저작물을 공정하게 이용할 수 있는 영역이 확장되었다. 그러나 공정이용 여부에 대한 시비가 자율적으로 해소되지 않으면 예나 지금이나 법적인 절차를 밟아 갈등을 해소해야 한다. (라) 저작물 이용의 영리성과 비영리성, 목적과 종류, 비중, 시장 가치 등이 법적인 판단의 기준이 된다.

저작물 이용자들이 처벌에 대한 불안감을 여전히 느낀다는 점에서 저작물의 자유 이용 허락 제도와 같은 '저작물의 공유' 캠페인이 주목을 받고 있다. 이 캠페인은 저작권자들이 자신의 저작물에 일정한 이용 허락 조건을 표시해서 이용자들에게 무료로 개방하는 것을 말한다. 누구의 저작물이든 개별적인 저작권을 인정하지 않고 모두가 공동으로 소유하자고 주장하는 사람들과 달리, 이 캠페인을 펼치는 사람들은 기본적으로 자신과 타인의 저작권을 존중한다. 캠페인 참여자들은 저작권자와 이용자들의 자발적인 참여를 통해 자유롭게 활용할 수 있는 저작물의 양과 범위를 확대하려고 노력한다. (마) 그러나 캠페인에 참여한 저작물을 이용할 때 허용된 범위를 벗어난 경우 법적 책임을 질 수 있다.

보기

ㄱ. 따라서 저작물이 개작되더라도 그것이 원래 창작물인지 이차적 저작물인지 알기 어렵다.

ㄴ. 이들은 저작물의 공유가 확산되면 디지털 저작물의 이용이 활성화되고 그 결과 인터넷이 더욱 창의적이고 풍성한 정보교류의 장(場)이 될 것이라고 본다.

	ㄱ	ㄴ			ㄱ	ㄴ
①	(가)	(나)		②	(가)	(마)
③	(나)	(다)		④	(나)	(라)
⑤	(나)	(마)				

12 다음 글의 제목으로 가장 적절한 것은?

제4차 산업혁명은 인공지능이 기존의 자동화시스템과 연결되어 효율이 극대화되는 산업 환경의 변화를 의미한다. 이는 세계경제포럼에서 언급되어 유행처럼 번지는 용어가 되었다. 학자에 따라 바라보는 견해는 다르지만 대체로 기계학습과 인공지능의 발달이 그 수단으로 꼽힌다. 2010년대 중반부터 드러나기 시작한 제4차 산업혁명은 현재진행형이며, 그 여파는 사회 곳곳에서 드러나고 있다. 현재도 사람을 기계와 인공지능이 대체하고 있으며, 현재 일자리의 $80 \sim 99\%$까지 대체될 것이라고 보는 견해도 있다.

만약 우리가 현재의 경제구조를 유지한 채로 이와 같은 극단적인 노동수요 감소를 맞게 된다면, 전후 미국의 대공황 등과는 차원이 다른 끔찍한 대공황이 발생할 것이다. 계속해서 일자리가 줄어들수록 중·하위 계층은 사회에서 밀려날 수밖에 없는 반면, 자본주의 사회의 특성상 많은 비용을 수반하는 과학기술의 연구는 자본에 종속될 수밖에 없기 때문이다. 물론 지금도 이러한 현상이 없는 것은 아니지만, 아직까지는 단순노동이 필요하기 때문에 노동력을 제공하는 중·하위층들도 불합리한 부분들에 파업과 같은 실력 행사를 할 수 있었다. 그러나 앞으로 자동화가 더욱 진행되어 노동의 필요성이 사라진다면 그들을 배려해야 할 당위성은 법과 제도가 아닌 도덕이나 인권과 같은 윤리적인 영역에만 남게 되는 것이다.

반면에 이를 긍정적으로 생각한다면 이처럼 일자리가 없어졌을 때 극소수에 해당하는 경우를 제외한 나머지 사람들은 노동에서 완전히 해방되어, 인공지능이 제공하는 무제한적인 자원을 마음껏 향유할 수도 있을 것이다. 하지만 이러한 미래는 지금의 자본주의보다는 사회주의 경제 체제에 가깝다. 이 때문에 많은 경제학자와 미래학자들은 제4차 산업혁명 이후의 미래를 장밋빛으로 바꿔나가기 위해 기본소득제 도입 등의 시도와 같은 고민들을 이어가고 있다.

① 제4차 산업혁명의 의의
② 제4차 산업혁명의 빛과 그늘
③ 제4차 산업혁명의 위험성
④ 제4차 산업혁명에 대한 준비
⑤ 제4차 산업혁명의 시작

13 다음 글을 읽은 독자의 반응으로 적절하지 않은 것은?

지름 $10\mu m$ 이하인 미세먼지는 각종 호흡기질환을 유발할 수 있기 때문에, 예방 차원에서 대기 중 미세먼지의 농도를 알 필요가 있다. 이를 위해 미세먼지 측정기가 개발되었는데, 이 기기들은 대부분 베타선 흡수법을 사용하고 있다. 베타선 흡수법을 이용한 미세먼지 측정기는 입자의 성분에 상관없이 설정된 시간에 맞추어 미세먼지의 농도를 자동적으로 측정한다. 이 기기는 크게 분립장치, 여과지, 베타선 광원 및 감지기, 연산장치 등으로 구성된다.

미세먼지의 농도를 측정하기 위해서는 우선 분석에 쓰일 재료인 시료의 채취가 필요하다. 시료인 공기는 흡인 펌프에 의해 시료 흡입부로 들어오는데, 이때 일정한 양의 공기가 일정한 시간 동안 유입되도록 설정된다. 분립장치는 시료 흡입부를 통해 유입된 공기 속 입자 물질을 내부 노즐을 통해 가속한 후, 충돌판에 충돌시켜 $10\mu m$보다 큰 입자만 포집하고 그보다 작은 것들은 통과할 수 있도록 한다.

결국 지름 $10\mu m$보다 큰 먼지는 충돌판에 그대로 남고, 이보다 크기가 작은 미세먼지만 아래로 떨어져 여과지에 쌓인다. 여과지는 긴 테이프의 형태로 되어 있으며, 일정 시간 미세먼지를 포집한다. 여과지에 포집된 미세먼지는 베타선 광원과 베타선 감지기에 의해 그 질량이 측정된 후 자동 이송 구동장치에 의해 밖으로 배출된다.

방사선인 베타선을 광원으로 사용하는 이유는 베타선이 어떤 물질을 통과할 때, 그 물질의 질량이 커질수록 베타선의 세기가 감쇠하는 성질이 있기 때문이다. 또한 종이는 빠르게 투과하나 얇은 금속판이나 플라스틱은 투과할 수 없어 안전성이 뛰어나기 때문이다. 베타선 광원에서 조사(照射)된 베타선은 여과지 위에 포집된 미세먼지를 통과하여 베타선 감지기에 도달하게 된다. 이때 감지된 베타선의 세기는 미세먼지가 없는 여과지를 통과한 베타선의 세기보다 작을 수밖에 없다. 왜냐하면 베타선이 여과지 위에 포집된 미세먼지를 통과할 때, 그 일부가 미세먼지 입자에 의해 흡수되거나 소멸되기 때문이다. 따라서 미세먼지가 없는 여과지를 통과한 베타선의 세기와 미세먼지가 있는 여과지를 통과한 베타선의 세기에는 차이가 발생한다.

베타선 감지기는 이 두 가지 베타선의 세기를 데이터 신호로 바꾸어 연산장치에 보낸다. 연산장치는 이러한 데이터 신호를 수치로 환산한 후 미세먼지가 흡수한 베타선의 양을 고려하여 여과지에 포집된 미세먼지의 질량을 구한다. 이렇게 얻은 미세먼지의 질량은 유량 측정부를 통해 측정한, 시료 포집 시 흡입된 공기량을 감안하여 ppb단위를 갖는 대기 중의 미세먼지 농도로 나타나게 된다.

---

① 미세먼지 측정기는 미세먼지 농도 측정 시 미세먼지의 성분에 영향을 받는다.

② 베타선 감지기는 베타선 세기를 데이터 신호로 바꾸어 주는 장치이다.

③ 대기 중 미세먼지의 농도 측정은 시료의 채취부터 시작한다.

④ 베타선은 플라스틱으로 만들어진 물체를 투과하지 못한다.

⑤ 미세먼지 측정기에는 베타선 흡수법이 널리 사용된다.

14 다음 글의 주장에 대한 반박으로 가장 적절한 것은?

> 현재 우리나라는 드론의 개인 정보 수집과 활용에 대해 '사전 규제' 방식을 적용하고 있다. 이는 개인 정보 수집과 활용을 원칙적으로 금지하면서 예외적인 경우에만 허용하는 방식으로 정보 주체의 동의 없이 개인 정보를 수집·활용하기 어려운 것이다. 이와 관련하여 개인 정보를 대부분의 경우 개인 동의 없이 활용하는 것을 허용하고, 예외적인 경우에 제한적으로 금지하는 '사후 규제' 방식을 도입해야 한다는 의견이 대두하고 있다. 그러나 나는 사전 규제 방식의 유지에 찬성한다.
> 드론은 고성능 카메라나 통신 장비 등이 장착되어 있는 경우가 많아 사전 동의 없이 개인의 초상, 성명, 주민등록 번호 등의 정보뿐만 아니라 개인의 위치 정보까지 저장할 수 있다. 또한 드론에서 수집한 정보를 검색하거나 전송하는 중에 사생활이 노출될 가능성이 높다. 더욱이 드론의 소형화, 경량화 기술이 발달하고 있어 사생활 침해의 우려가 커지고 있다. 드론은 인명 구조, 시설물 점검 등의 공공 분야뿐만 아니라 제조업, 물류 서비스 등의 민간 분야까지 활용 범위가 확대되고 있는데, 동시에 개인 정보를 수집하는 일이 많아지면서 사생활 침해 사례도 증가하고 있다.
> 헌법에서는 주거의 자유, 사생활의 비밀과 자유 등을 명시하여 개인의 사생활이 보호받도록 하고 있고, 개인 정보를 자신이 통제할 수 있는 정보의 자기 결정권을 부여하고 있다. 이와 같은 기본권이 안정적으로 보호될 때 드론 기술과 산업의 발전으로 얻게 되는 사회적 이익은 더욱 커질 것이다.

① 드론을 이용하여 개인 정보를 자유롭게 수집하게 되면 사생활 침해는 더욱 심해지고, 개인 정보의 복제, 유포, 훼손, 가공 등 의도적으로 악용하는 사례까지 증가할 것이다.

② 사전 규제를 통해 개인 정보의 수집과 활용에 제약이 생기면 개인의 기본권이 보장되어 오히려 드론을 다양한 분야에 활용할 수 있고, 드론 기술과 산업은 더욱더 빠르게 발전할 수 있다.

③ 산업적 이익을 우선시하면 개인 정보 보호에 관한 개인의 기본권을 등한시하는 결과를 초래할 수 있다.

④ 개인 정보의 복제, 유포, 위조 등으로 정보 주체에게 중대한 손실을 입힐 경우 손해액을 배상하도록 하여 엄격하게 책임을 묻는다면 사전 규제 없이도 개인 정보를 효과적으로 보호할 수 있다.

⑤ 사전 규제 방식을 유지하면서도 개인 정보 수집과 활용에 동의를 얻는 절차를 간소화하고 편의성을 높이면 정보의 활용이 용이해져 드론 기술과 산업의 발전을 도모할 수 있다.

15 다음 글을 읽고 추론할 수 있는 내용으로 적절하지 않은 것은?

> 1977년 개관한 퐁피두센터의 정식명칭은 국립 조르주 퐁피두 예술문화 센터로, 공공정보기관(BPI), 공업창작센터(CCI), 음악·음향의 탐구와 조정연구소(IRCAM), 파리 국립 근현대 미술관(MNAM) 등이 있는 종합 문화예술 공간이다. 퐁피두라는 이름은 이 센터의 창설에 힘을 기울인 조르주 퐁피두 대통령의 이름을 딴 것이다.
>
> 1969년 당시 대통령이었던 퐁피두는 파리의 중심지에 미술관이면서 동시에 조형예술과 음악, 영화, 서적 그리고 모든 창조적 활동의 중심이 될 수 있는 문화 복합센터를 지어 프랑스 미술을 더욱 발전시키고자 했다. 요즘 미술관들은 미술관의 이러한 복합적인 기능과 역할을 인식하고 변화를 시도하는 곳이 많다. 미술관이 더 이상 전시만 보는 곳이 아니라 식사도 하고 영화도 보고 강연도 들을 수 있는 곳으로 대중과의 거리 좁히기를 시도하고 있는 것도 그리 특별한 일은 아니다. 그러나 이미 40년 전에 21세기 미술관의 기능과 역할이 어떠해야 하는지를 미리 내다볼 줄 아는 혜안을 가지고 설립된 퐁피두 미술관은 프랑스가 왜 문화강국이라 불리는지를 알 수 있게 해준다.

① 퐁피두 미술관의 모습은 기존 미술관의 모습과 다를 것이다.
② 퐁피두 미술관을 찾는 사람들의 목적은 다양할 것이다.
③ 퐁피두 미술관은 전통적인 예술작품들을 선호할 것이다.
④ 퐁피두 미술관은 파격적인 예술작품들을 배척하지 않을 것이다.
⑤ 퐁피두 미술관은 현대 미술관의 선구자라는 자긍심을 가지고 있을 것이다.

현대 물리학의 확장 과정을 고려해 볼 때 우리는 현대 물리학의 발전 과정을 산업이나 공학, 다른 자연과학, 나아가서는 현대 문화 전반에 걸친 영역에서의 발전 과정과 분리해서 생각할 수 없다. 현대 물리학은 베이컨 · 갈릴레이 · 케플러의 업적, 그리고 17 ~ 18세기에 걸쳐 이루어진 자연과학의 실제적인 응용 과정에서부터 형성된 과학 발전의 맥락을 타고 탄생된 결과이다. 또한 산업 과학의 진보, 새로운 산업계 장치의 발명과 증진은 자연에 대한 첨예한 지식을 촉구하는 결과를 낳았다. 그리고 자연에 대한 이해력의 성숙과 자연 법칙에 대한 수학적 표현의 정교함은 산업과학의 급격한 진전을 이루게 하였다.

자연과학과 산업과학의 성공적인 결합은 인간 생활의 폭을 넓히게 되는 결과를 낳았다. 교통과 통신망의 발전으로 인해 기술 문화의 확장 과정이 더욱 촉진되었고, 의심할 바 없이 지구상의 생활 조건은 근본에서부터 변화를 가져왔다. 우리들이 그 변화를 긍정적으로 보든 부정적으로 보든, 또한 그 변화가 진정으로 인류의 행복에 기여하는 것인지 저해하는 것인지는 모르지만, 어쨌든 우리는 그 변화가 인간의 통제 능력 밖으로 자꾸 치닫고 있음을 인정할 수밖에 없는 상황에 놓여있다.

특히 핵무기와 같은 새로운 무기의 발명은 이 세계의 정치적 판도를 근본적으로 바꾸어 놓았다. 핵무기를 갖지 않은 모든 국가는 어떤 방식으로든지, 핵무기 소유에 의존하고 있으므로 독립국가라는 의미조차도 다시 생각해 보아야 할 것이다. 또한 핵무기를 수단으로 해서 전쟁을 일으키려는 것은 실제로 자멸의 길을 스스로 택하는 격이 된다. 그 역으로 이런 위험 때문에 전쟁은 결코 일어나지 않는다는 낙관론도 많이 있지만, 이 입장은 자칫 잘못하면 그 낙관론 자체에만 빠질 우려가 있다.

핵무기의 발명은 과학자에게 새로운 방향으로의 문제 전환을 가져다주었다. 과학의 정치적 영향력은 제2차 세계 대전 이전보다 비약적으로 증대되어 왔다. 이로 인해 과학자, 특히 원자 물리학자들은 이중의 책임감을 떠안게 되었다. 첫 번째로 그들은 그가 속한 사회에 대하여 과학의 중요성을 인식시켜야 하는 책임감을 갖고 있다. 어떤 경우에, 그들은 대학 연구실의 굴레에서 벗어나야만 하는 일도 생긴다. 두 번째 그의 부담은 과학에 의해서 생긴 결과에 대한 책임감이다. 과학자들은 정치적인 문제에 나서기를 꺼려한다. 그리고 위정자들은 자신의 무지 때문에 과학의 소산물을 잘못 이용할 수가 있다. 그러므로 과학자는 항상 과학의 소산물이 잘못 이용될 때에 생기는 예기치 못한 위험 상황을 위정자들에게 자세히 알려줄 의무가 있다. 또한 과학자는 사회 참여를 자주 요청받고 있다. 특히, 세계 평화를 위한 결의안에의 참여 등이 그것이다. 동시에 과학자는 자신의 분야에 있어서 국제적인 공동 작업의 조성을 위하여 최선을 다해야만 한다. 오늘날 많은 국가의 과학자들이 모여 핵물리학에 대한 탐구를 하고 있는 것은 아주 중요한 일로 평가된다.

16 다음 중 윗글의 핵심 내용을 가장 잘 파악한 반응은?

① "현대 물리학의 발전에 공헌한 베이컨, 갈릴레이 그리고 케플러의 지대한 업적은 아무리 높게 평가해도 지나치지 않아."

② "과학의 진보에 의해 인간 생활의 폭이 넓혀졌다고 했으니, 나도 과학 연구에 매진하여 인류 문명 발전에 이바지하고 싶어."

③ "핵무기를 소유하고 있어야만 진정한 독립 국가로 대접받을 수 있다고 생각하니, 우리나라도 하루 빨리 핵무기를 개발해야 할 것 같아."

④ "과학이 가치중립적이라고들 하지만 잘못 쓰일 때는 예기치 못한 재앙을 가져올 수도 있으므로 과학자의 역할이 그 어느 때보다 중요한 것 같아."

⑤ "현대 사회의 위기는 과학의 소산물을 잘못 이용하는 위정자들에 의해 초래된 것인데, 그 책임을 과학자들에게 전가하는 것은 주객이 전도된 것 같아."

17 윗글의 내용으로 볼 때, 과학자의 역할로 보기 어려운 것은?

① 그가 속한 사회에 대해 과학의 중요성을 인식시켜야 한다.
② 과학에 의해 생긴 결과에 대해 책임을 져야 한다.
③ 위정자들의 잘못된 정치관을 바로잡아 줄 수가 있어야 한다.
④ 세계 평화를 위한 과학자의 책무를 외면해서는 안 된다.
⑤ 과학의 분야에서 국제적인 공동 작업의 조성을 위해 최선을 다해야 한다.

※ 다음 글을 읽고 이어지는 질문에 답하시오. [18~19]

세계적으로 저명한 미국의 신경과학자들은 '의식에 대한 케임브리지 선언'을 통해 동물에게도 의식이 있다고 선언했다. 이들은 포유류와 조류 그리고 문어를 포함한 다른 많은 생물도 인간처럼 의식을 생성하는 신경학적 기질을 갖고 있다고 주장하였다. 즉, 동물도 인간과 같이 의식이 있는 만큼 합당한 대우를 받아야 한다는 이야기이다. 그러나 이들과 달리 아직도 동물에게 의식이 있다는 데 회의적인 과학자가 많다.

인간의 동물관은 고대부터 두 가지로 나뉘어 왔다. 그리스의 철학자 피타고라스는 윤회설에 입각하여 동물에게 경의를 표해야 한다는 것을 주장했으나, 아리스토텔레스는 '동물에게는 이성이 없으므로 동물은 인간의 이익을 위해서만 존재한다.'라고 주장했다. 이러한 동물관의 대립은 근세에도 이어졌다. 17세기 철학자 데카르트는 '동물은 정신을 갖고 있지 않으며, 고통을 느끼지 못하므로 심한 취급을 해도 좋다.'라고 주장한 반면, 18세기 계몽철학자 루소는 '인간불평등 기원론'을 통해 인간과 동물은 동등한 자연의 일부라는 주장을 처음으로 제기했다.

그러나 인간은 오랫동안 동물의 본성이나 동물답게 살 권리를 무시한 채로 소와 돼지, 닭 등을 사육해 왔다. 오로지 더 많은 고기와 달걀을 얻기 위해 '공장식 축산' 방식을 도입한 것이다. 공장식 축산이란 가축 사육 과정이 공장에서 규격화된 제품을 생산하는 것과 같은 방식으로 이루어지는 것을 말하며, 이러한 환경에서는 소와 돼지, 닭 등이 몸조차 자유롭게 움직일 수 없는 좁은 공간에 갇혀 자라게 된다. 가축은 스트레스를 받아 면역력이 ㉠ 떨어지게 되고, 이는 결국 항생제 대량 투입으로 이어질 수밖에 없다. 우리는 그렇게 생산된 고기와 달걀을 맛있다고 먹고 있는 것이다.

이와 같은 공장식 축산의 문제를 인식하고, 이를 개선하려는 동물복지 운동은 1960년대 영국을 중심으로 유럽에서 처음 시작되었다. 인간이 가축의 고기 등을 먹더라도 최소한의 배려를 함으로써 항생제 사용을 줄이고, 고품질의 고기와 달걀을 생산하자는 것이다. 한국도 올해부터 먼저 산란계를 시작으로 '동물복지축산 농장인증제'를 시행하고 있다. 배고픔・영양 불량・갈증으로부터의 자유, 두려움・고통으로부터의 자유 등의 5대 자유를 보장하는 농장만이 동물복지축산농장인증을 받을 수 있다.

동물복지는 가축뿐만이 아니라 인간의 건강을 위한 것이기도 하다. 따라서 정부와 소비자 모두 동물복지에 좀 더 많은 관심을 가져야 한다.

18 다음 중 인간의 동물관과 관련하여 성격이 다른 하나는?

① 데카르트

② 피타고라스

③ 인간불평등 기원론

④ 동물복지축산농장인증제

⑤ 의식에 관한 케임브리지 선언

19 다음 중 밑줄 친 ㉠과 같은 의미로 사용된 것은?

① 생산비와 운송비 등을 제외하면 농민들 손에 떨어지는 돈이 거의 없다.

② 주하병은 더위로 인해 기력이 없어지며 입맛이 떨어지는 여름의 대표 질환이다.

③ 아침을 자주 먹지 않으면 학교에서 시험 성적이 떨어질 수 있다는 연구 결과가 나왔다.

④ 추운 날씨 탓에 한 달째 감기가 떨어지지 않고 있다.

⑤ 만성질환자의 경우 먹던 약이 떨어져 약 복용을 중단하면 증상이 더욱 악화될 수 있다.

※ 다음 글을 읽고 이어지는 질문에 답하시오. [20~22]

언택트란 접촉을 뜻하는 '콘택트(Contact)'에 부정을 뜻하는 '언(Un)'을 붙여 만든 신조어로서, 고객과 대면하지 않고 서비스나 상품을 판매하는 기술이 생활 속에서 확산되는 현상을 가리킨다. 쉽게 말해 키오스크(Kiosk), 드론, VR(가상현실) 쇼핑, 챗봇 등으로 대표되는 첨단기술을 통해 사람 간의 대면 없이 상품이나 서비스를 주고받을 수 있게 된 것을 두고 '언택트'라고 하는 것이다. 최근 많은 기업과 기관에서 언택트를 핵심으로 한, 이른바 언택트 마케팅을 펼치고 있는데, 그 영역이 대면 접촉이 불가피했던 유통업계까지 확장되면서 사람들의 관심을 모으고 있다.

어느새 우리 일상에 자리한 ㉠ 언택트 마케팅의 대표적인 예로 들 수 있는 것이 앞서 언급한 키오스크 무인 주문 시스템이다. 특히 패스트푸드 업계에서 키오스크가 대폭 확산 중인데, A업체는 2014년 처음 키오스크를 도입한 후 꾸준히 늘려가고 있고, B업체도 올해까지 전체 매장의 50% 이상인 250개 곳에 키오스크를 확대할 예정이다. 이러한 흐름은 패스트푸드점에만 국한되는 것이 아니며, 더 진화한 형태로 다양한 업계에서 나타나고 있다. 최근 커피전문점에서는 스마트폰 앱을 통해 주문과 결제를 완료한 후 매장에서 제품을 수령하기만 하면 되는 시스템을 구축해 나가고 있고, 마트나 백화점은 무인시스템 도입을 가속화하는 것에서 한 발 더 나아가 일찌감치 '쇼핑 도우미 로봇' 경쟁을 펼치고 있다.

이처럼 언택트 마케팅의 봇물이 터지는 이유는 무엇일까? 소비자들이 더 간편하고 편리한 것을 추구하는 데 따른 결과이기도 하지만, 판매 직원의 과도한 관심에 불편을 느끼는 소비자들이 늘고 있는 것도 한 요인으로 볼 수 있다. 특히 젊은 층에서 대면 접촉에 부담을 느끼는 경향이 두드러지는데, 이를 반영하듯 '관계'와 '권태기'를 합성한 신조어인 '관태기', 그리고 모바일기기에 길들여진 젊은 층이 메신저나 문자는 익숙한 반면 전화 통화를 두려워한다는 뜻의 '콜포비아'란 신조어가 화제가 되기도 했다. 언택트 마케팅의 확산을 주도한 또 다른 요인으로는 인공지능(AI)과 빅데이터, 사물인터넷(IoT) 등 이른바 '4차 산업혁명'을 상징하는 기술의 진화를 꼽을 수 있다. 하지만 우리는 기술의 진화보다 소비자들이 언택트 기술에 익숙해지고, 나아가 편안하게 느끼기 시작했다는 것에 더 주목할 필요가 있다. 언택트 마케팅을 이해하고 전망하는 데 있어 결코 간과해선 안 될 것이 언택트 기술을 더 이상 낯설게 여기지 않는 인식이라는 이야기다.

언택트 기술의 보편화는 구매의 편의성을 높이고 소비자가 원하는 '조용한 소비'를 가능하게 한다는 점에서 긍정적으로도 볼 수 있으나, 일자리 감소와 같은 노동시장의 변화와 디지털 환경에 익숙하지 않은 고령층을 소외시키는 '언택트 디바이드(Untact Divide)'를 낳을 수 있다는 경고도 무시할 수 없다. 이와 관련해서 한 소비트렌드 분석센터는 '비대면 접촉도 궁극적으로는 인간이 중심이 되어야 한다.'며 굳이 인력이 필요하지 않은 곳은 기술로 대체하고, 보다 대면 접촉이 필요한 곳에는 인력을 재배치하는 기술과 방법이 병행되어야 하며, 그에 따라 그동안 무료로 인식됐던 인적 서비스가 프리미엄화되면서 차별화의 핵심 요소로 등장하게 될 것이라는 전망을 내놓고 있다.

20 다음 중 윗글의 내용으로 적절하지 않은 것은?

① 언택트 기술은 소비자가 원하는 '조용한 소비'를 가능하게 한다.

② 키오스크 무인주문 시스템은 다양한 업계에서 더 진화한 형태로 나타나고 있다.

③ 소비자들은 언택트 기술을 더 이상 낯설게 여기지 않는다.

④ 될 수 있는 한 인력을 언택트 기술로 대체하여 인력 낭비를 줄여야 한다.

⑤ 언택트 마케팅은 대면 접촉이 불가피했던 유통업계로까지 확장되고 있다.

21 다음 중 밑줄 친 ㉠의 확산 원인으로 적절하지 않은 것은?

① 더욱더 간편하고 편리한 것을 추구하는 소비자

② 판매 직원의 과도한 관심에 불편을 느끼는 소비자의 증가

③ 인공지능, 사물인터넷 등 기술의 진화

④ 대면 접촉에 부담을 느끼는 젊은 층의 경향

⑤ 디지털 환경에 익숙하지 않은 고령층의 증가

22 다음 중 밑줄 친 ㉠의 사례로 적절하지 않은 것은?

① 화장품 매장의 '혼자 볼게요.' 쇼핑바구니

② 매장 내 상품의 정보를 알려주는 바코드 인식기

③ 무인 편의점의 지문을 통한 결제 시스템

④ 24시간 상담원과 통화연결이 가능한 고객 상담 센터

⑤ 피부 상태를 체크하고 적합한 제품을 추천해주는 인공지능 어플

현대사회에서 스타는 대중문화의 성격을 규정짓는 가장 중요한 열쇠이다. 스타를 생산, 관리, 활용, 거래, 소비하는 전체적인 순환 메커니즘이 바로 스타 시스템이다. 이것이 자본주의 대중문화의 가장 핵심적인 작동 원리로 자리 잡게 되면서 사람들은 스타가 되기를 열망하고, 또 스타 만들기에 진력하게 되었다.

스크린과 TV 화면에 보이는 스타는 화려하고 강하고 영웅적이며, 누구보다 매력적인 인간형으로 비춰진다. 사람들은 스타에 열광하는 순간 스타와 자신을 무의식적으로 동일시하며 그 환상적 이미지에 빠진다. 스타를 자신들이 스스로 결여되어 있다고 느끼는 부분을 대리 충족시켜 주는 대상으로 생각하기 때문이다. 그런 과정이 가장 전형적으로 드러나는 장르가 영화이다.

영화는 어떤 환상도 쉽게 먹혀들어갈 수 있는 조건에서 상영되며 기술적으로 완벽한 이미지를 구현하여 압도적인 이미지로 관객을 끌어들인다. 컴컴한 극장 안에서 관객은 부동자세로 숨죽인 채 영화에 집중하게 되며 자연스럽게 영화가 제공하는 이미지에 매료된다. 그리고 그 순간 무의식적으로 자신을 영화 속의 주인공과 동일시하게 된다. 관객은 매력적인 대상과 자신을 동일시하면서 자신의 진짜 모습을 잊고 이상적인 인간형을 간접 체험하게 되는 것이다.

스크린과 TV 화면에 비친 대중이 선망하는 스타의 모습은 현실적인 이미지가 아니라 허구적인 이미지에 불과하다. 사람들은 스타 역시 어쩔 수 없는 약점과 한계를 안고 사는 한 인간일 수밖에 없다는 사실을 아주 쉽게 망각해 버리곤 한다. 이렇게 스타에 대한 열광의 성립은 대중과 스타의 관계가 기본적으로 익명적일 수밖에 없다는 데서 가능해진다. 자본주의의 특징 가운데 하나는 필요 이상의 물건을 생산하고 그것을 팔기 위해 갖은 방법으로 소비자들의 욕망을 부추긴다는 것이다. 스타는 그 과정에서 소비자들의 구매 욕구를 불러일으키는 가장 중요한 연결고리 역할을 함과 동시에 그들도 상품처럼 취급되어 소비되는 경향이 있다. 스타 시스템은 대중문화의 안과 밖에서 스타의 화려하고 소비적인 생활 패턴의 소개를 통해 사람들의 욕망을 자극하게 된다. 또한 스타들을 상품의 생산과 판매를 위한 도구로 이용하며, 끊임없이 오락과 소비의 영역을 확장하고 거기서 이윤을 발생시킨다. 이 모든 것이 가능한 것은 많은 대중이 스타를 닮고자 하는 욕구를 가지고 있어 스타의 패션과 스타일, 소비패턴을 모방하기 때문이다.

스타 시스템을 건전한 대중문화의 작동 원리로 발전시키기 위해서는 우선 대중문화 산업에 종사하고 싶어 하는 사람들을 위한 활동 공간과 유통 구조를 확보하여 실험적이고 독창적인 활동을 다양하게 벌일 수 있는 토양을 마련해 주어야 한다. 나아가 이러한 예술 인력을 스타시스템과 연결하는 중간 메커니즘도 육성해야 할 것이다.

23 다음 중 윗글의 논지 전개상 특징으로 가장 적절한 것은?

① 상반된 이론을 제시한 후 절충적 견해를 이끌어내고 있다.

② 현상에 대한 문제점을 언급한 후 해결 방안을 제시하고 있다.

③ 권위 있는 학자의 견해를 들어 주장의 정당성을 입증하고 있다.

④ 대상을 하위 항목으로 구분하여 논의의 범주를 명확히 하고 있다.

⑤ 현상의 변천 과정을 고찰하고 향후의 발전 방향을 제시하고 있다.

24 윗글을 참고하여 〈보기〉를 이해한 내용으로 적절하지 않은 것은?

> **보기**
>
> 인간은 자기에게 욕망을 가르쳐주는 모델을 통해 자신의 욕망을 키워간다. 이런 모델을 ⓐ 욕망의 매개자라고 부른다. 욕망의 매개자가 존재한다는 사실은 욕망이 '대상 – 주체'의 이원적 구조가 아니라 '주체 – 모델 – 대상'의 삼원적 구조를 갖고 있음을 보여준다. ⓑ 욕망의 주체와 모델은 ⓒ 욕망 대상을 두고 경쟁하는 욕망의 경쟁자이다. 이런 경쟁은 종종 욕망 대상의 가치를 실제보다 높게 평가하게 된다. 이렇게 과대평가된 욕망 대상을 소유한 모델은 주체에게는 ⓓ 우상적 존재가 된다.

① ⓐ는 ⓑ가 무의식적으로 자신과 동일시하는 인물이다.

② ⓑ는 스타를 보고 열광하는 사람들을 말한다.

③ ⓒ는 ⓑ가 지향하는 이상적인 대상이다.

④ ⓒ는 ⓐ와 ⓑ가 동시에 질투를 느끼는 인물이다.

⑤ ⓓ는 ⓑ의 진짜 모습을 잊게 하는 환상적인 인물이다.

Hard

25 다음 중 윗글에 대한 비판적 이해로 가장 적절한 것은?

① 대중과 스타의 관계가 익명적 관계임을 근거로 대중과 스타의 관계를 무의미한 것으로 치부하고 있다.

② 스타 시스템이 대중문화를 대변하고 있다는 데 치중하여 스타 시스템의 부정적인 측면을 간과하고 있다.

③ 스타 시스템과 스타가 소비 대중에게 가져다 줄 전망만을 주로 다룸으로써 대책 없는 낙관주의에 빠져 있다.

④ 스타를 스타 시스템에 의해 조종되는 수동적인 존재로만 보고, 그들도 주체성을 지니고 행동한다는 사실을 간과하고 있다.

⑤ 대중이 스타를 무비판적으로 추종하는 면을 지적하여 그런 욕망으로부터 벗어나기 위한 방법을 제시하기에 급급하고 있다.

01 다음은 자동차 생산 · 내수 · 수출 현황에 대한 자료이다. 이에 대한 설명으로 옳지 않은 것은?

〈자동차 생산 · 내수 · 수출 현황〉

(단위 : 대, %)

구분		2020년	2021년	2022년	2023년	2024년
생산	차량 대수	4,086,308	3,826,682	3,512,926	4,271,741	4,657,094
	증감률	(6.4)	(▽6.4)	(▽8.2)	(21.6)	(9.0)
내수	차량 대수	1,219,335	1,154,483	1,394,000	1,465,426	1,474,637
	증감률	(4.7)	(▽5.3)	(20.7)	(5.1)	(0.6)
수출	차량 대수	2,847,138	2,683,965	2,148,862	2,772,107	3,151,708
	증감률	(7.5)	(▽5.7)	(▽19.9)	(29.0)	(13.7)

① 2020년에는 전년 대비 생산, 내수, 수출이 모두 증가했다.
② 내수가 가장 큰 폭으로 증가한 해에는 생산과 수출이 모두 감소했다.
③ 수출이 증가했던 해는 생산과 내수 모두 증가했다.
④ 내수는 증가했지만 생산과 수출이 모두 감소한 해도 있다.
⑤ 생산이 증가했지만 내수나 수출이 감소한 해가 있다.

02 다음은 연도별 생활 폐기물 처리 현황에 대한 자료이다. 이에 대한 설명으로 옳지 않은 것은?(단, 비율은 소수점 둘째 자리에서 반올림한다)

〈생활 폐기물 처리 현황〉

(단위 : 톤)

구분	2020년	2021년	2022년	2023년	2024년
매립	9,471	8,797	8,391	7,613	7,813
소각	10,309	10,609	11,604	12,331	12,648
재활용	31,126	29,753	28,939	29,784	30,454
합계	50,906	49,159	48,934	49,728	50,915

① 매년 생활 폐기물 처리량 중 재활용 비율이 가장 높다.
② 전년 대비 소각 증가율은 2022년이 2023년의 2배 이상이다.
③ 2020 ~ 2024년 소각량 대비 매립량은 60% 이상이다.
④ 생활 폐기물 처리방법 중 매립은 2020년부터 2023년까지 계속 감소하고 있다.
⑤ 생활 폐기물 처리 현황에서 2024년 재활용 비율은 2020년 소각량 비율의 3배보다 작다.

03 다음은 4개 고등학교의 대학진학 희망자의 학과별 비율과 그중 희망대로 진학한 학생의 비율을 나타낸 자료이다. 〈보기〉 중 이에 대해 바르게 추론한 사람을 모두 고르면?

〈A ~ D고 진학 통계〉

구분		국문학과	경제학과	법학과	기타	진학 희망자 수
A고	진학 희망자 비율	60%	10%	20%	10%	700명
	실제 진학 비율	20%	10%	30%	40%	
B고	진학 희망자 비율	50%	20%	40%	20%	500명
	실제 진학 비율	10%	30%	30%	30%	
C고	진학 희망자 비율	20%	50%	40%	60%	300명
	실제 진학 비율	35%	40%	15%	10%	
D고	진학 희망자 비율	5%	25%	80%	30%	400명
	실제 진학 비율	30%	25%	20%	25%	

보기

영이 : B고와 D고 중에서 경제학과에 합격한 학생은 D고가 많다.
재인 : A고에서 법학과에 합격한 학생은 40명보다 많고, C고에서 국문학과에 합격한 학생은 20명 보다 적다.
준아 : 국문학과에 진학한 학생들이 많은 순서대로 나열하면 A – B – C – D의 순서가 된다.

① 영이
② 재인
③ 준아
④ 영이, 재인
⑤ 재인, 준아

04 다음은 2023년과 2024년의 9월 국제공항 운항 통계이다. 국가별로 2024년 운항편의 2023년 대비 증감률을 구할 때, 올바르지 않은 것은?(단, 증감률은 소수점 둘째 자리에서 반올림한다)

〈9월 국제공항 운항 통계〉

(단위 : 편, %)

구분	운항		증감률
	2023년	2024년	
일본	5,826	5,706	①
중국	6,853	7,322	②
미국	2,567	2,632	③
프랑스	193	225	④
인도네시아	309	289	⑤

① −2.1
② 6.8
③ 2.5
④ 16.6
⑤ −6.8

05 서울에서 사는 L씨는 휴일에 가족들과 경기도 맛집에 가기 위해 오후 3시에 집 앞으로 중형 콜택시를 불렀다. 집에서 맛집까지 거리는 12.56km이며, 집에서 맛집으로 출발하여 4.64km 이동하면 경기도에 진입한다. 맛집에 도착할 때까지 신호로 인해 택시가 멈췄던 시간은 8분이며, 택시의 속력은 이동 시 항상 60km/h 이상이었다. 다음 자료를 참고할 때, L씨가 지불하게 될 택시요금은 얼마인가?(단, 콜택시의 예약비용은 없으며, 신호로 인한 멈춘 시간은 모두 경기도 진입 후이다)

〈서울 택시요금 계산표〉

구분			신고요금
중형택시	주간	기본요금	2km까지 3,800원
		거리요금	100원당 132m
		시간요금	100원당 30초
	심야	기본요금	2km까지 4,600원
		거리요금	120원당 132m
		시간요금	120원당 30초
	공통사항		– 시간·거리 부분 동시병산(15.33km/h 미만 시) – 시계외 할증 20% – 심야(00:00 ~ 04:00)할증 20% – 심야·시계외 중복할증 40%

※ '시간요금'은 속력이 15.33km/h 미만이거나 멈춰 있을 때 적용됨
※ 서울에서 다른 지역으로 진입 후 시계외 할증(심야 거리 및 시간요금)이 적용됨

① 13,800원   ② 14,000원
③ 14,220원   ④ 14,500원
⑤ 14,920원

06 다음은 E그룹의 청렴도 평가 현황에 대한 자료이다. 내부청렴도가 가장 높은 해와 낮은 해를 바르게 짝지은 것은?

<E그룹 청렴도 평가 현황>

(단위 : 점)

구분	2021년	2022년	2023년	2024년
종합청렴도	6.23	6.21	6.16	6.8
외부청렴도	8.0	8.0	8.0	8.1
내부청렴도				
고객평가	6.9	7.1	7.2	7.3
금품제공률	0.7	0.7	0.7	0.5
향응제공률	0.7	0.8	0.8	0.4
편의제공률	0.2	0.2	0.2	0.2

※ 종합청렴도, 외부청렴도, 내부청렴도, 정책고객평가는 10점 만점으로, 10점에 가까울수록 청렴도가 높음
※ (종합청렴도)=[(외부청렴도)×0.6+(내부청렴도)×0.3+(고객평가)×0.1]−(감점요인)
※ 금품제공률, 향응제공률, 편의제공률은 감점요인임

	가장 높은 해	가장 낮은 해
①	2021년	2023년
②	2021년	2024년
③	2022년	2023년
④	2022년	2024년
⑤	2023년	2024년

07 다음은 마트별 포장방법에 대한 자료이다. 이에 대한 〈보기〉의 설명 중 옳은 것을 모두 고르면?

〈마트별 포장방법〉

(단위 : %)

구분	대형마트 (2,000명 대상)	중형마트 (800명 대상)	개인마트 (300명 대상)	편의점 (200명 대상)
비닐봉투	7	18	21	78
종량제봉투	28	37	43	13
종이봉투	5	2	1	0
에코백	16	7	6	0
개인 장바구니	44	36	29	9

※ 마트별 전체 조사자 수는 상이함

보기
ㄱ. 대형마트의 종이봉투 사용자 수는 중형마트의 6배 이상이다.
ㄴ. 대형마트의 종량제봉투 사용자 수는 전체 종량제봉투 사용자 수의 절반 이하이다.
ㄷ. 비닐봉투 사용률이 가장 높은 곳과 비닐봉투 사용자 수가 가장 많은 곳은 동일하다.
ㄹ. 편의점을 제외한 마트의 규모가 커질수록 개인 장바구니의 사용률은 증가한다.

① ㄱ, ㄹ
② ㄱ, ㄴ, ㄷ
③ ㄱ, ㄷ, ㄹ
④ ㄴ, ㄷ, ㄹ
⑤ ㄱ, ㄴ, ㄷ, ㄹ

08 E기업에서는 올해 고객만족도 조사를 통해 갑, 을, 병지점 중 최고의 지점을 뽑으려고 한다. 인터넷 설문 응답자 5,500명 중 '잘 모르겠다.'를 제외한 응답자의 비율이 67%일 때, 갑지점을 택한 응답 자는 몇 명인가?(단, 인원은 소수점 첫째 자리에서 반올림한다)

〈고객만족도 조사 현황〉

구분	갑지점	을지점	병지점	합계
응답률		23%	45%	100%

※ 응답률은 '잘 모르겠다.'를 제외한 응답자 간의 비율임

① 1,119명
② 1,139명
③ 1,159명
④ 1,179명
⑤ 1,199명

09 다음은 카페 방문자를 대상으로 조사한 카페에서의 개인컵 사용률에 대한 자료이다. 이에 대한 설명으로 옳은 것은?

<카페 방문자의 개인컵 사용률>

구분		조사대상자 수(명)	개인컵 사용률(%)
성별	남성	11,000	10
	여성	9,000	22
연령대별	20대 미만	4,200	17
	20대	5,800	29
	30대	6,400	26
	40대	3,600	24
지역별	수도권	11,500	37
	수도권 외	8,500	23

※ 항목별 조사대상자 수는 20,000명으로 동일하며, 조사대상자는 각기 상이함

① 조사대상자 중 개인컵 사용자 수는 남성이 여성의 1.8배이다.

② 조사대상자 중 20대와 30대는 65% 이상이다.

③ 개인컵 사용률이 가장 높은 연령대는 조사대상자 중 개인컵 사용자 수도 가장 많다.

④ 40대 조사대상자에서 개인컵 사용자 중 288명이 남성이라면, 여성의 수는 남성의 2.5배이다.

⑤ 수도권 지역의 개인컵 사용률은 수도권 외 지역보다 16%p 더 높다.

10 다음은 6대 광역시의 평균 학자금 대출 신청 건수 및 평균 대출금액에 대한 자료이다. 이에 대한 설명으로 옳지 않은 것은?

<6대 광역시의 평균 학자금 대출 신청 건수 및 금액>

구분	2023년		2024년	
	대출 신청 건수(건)	평균 대출금액(만 원)	대출 신청 건수(건)	평균 대출금액(만 원)
대구광역시	1,921	558	2,320	688
인천광역시	2,760	640	3,588	775
부산광역시	2,195	572	2,468	644
대전광역시	1,148	235	1,543	376
광주광역시	1,632	284	1,927	317
울산광역시	1,224	303	1,482	338

① 학자금 대출 신청 건수가 가장 많은 광역시는 2023년과 2024년이 동일하다.

② 2024년 총 학자금 대출금액은 대구광역시가 부산광역시보다 많다.

③ 대전광역시의 2024년 학자금 평균 대출금액은 전년 대비 1.6배 증가하였다.

④ 2024년 총 학자금 대출 신청 건수는 2023년 대비 20.5% 증가하였다.

⑤ 2023년 전체 학자금 대출 신청 건수 중 광주광역시가 차지하는 비율은 15%이다.

11 다음은 1인 가구의 비중 및 1인 생활 지속기간에 대한 자료이다. 이에 대한 〈보기〉의 설명 중 옳은 것을 모두 고르면?

〈결혼할 의향이 없는 1인 가구의 비중〉

(단위 : %)

구분	2022년		2023년	
	남성	여성	남성	여성
20대	8.2	4.2	15.1	15.5
30대	6.3	13.9	18.8	19.4
40대	18.6	29.5	22.1	35.5
50대	24.3	45.1	20.8	44.9

〈1인 생활 지속기간〉

• 향후 10년 이상 1인 생활 지속 예상

(단위 : %)

• 2년 이내 1인 생활 종료 예상

(단위 : %)

보기

ㄱ. 20대 남성은 30대 남성보다 결혼할 의향이 없는 1인 가구의 비중이 더 높다.
ㄴ. 30대 이상에서 결혼할 의향이 없는 1인 가구의 비중은 남성보다 여성이 더 높다.
ㄷ. 2023년에는 40대 남성이 남성 중 제일 높은 1인 가구 비중을 차지한다.
ㄹ. 2년 이내 1인 생활을 종료를 예상하는 1인 가구의 비중은 2022년부터 꾸준히 증가하였다.

① ㄱ   ② ㄹ
③ ㄱ, ㄴ   ④ ㄴ, ㄷ
⑤ ㄷ, ㄹ

※ 다음은 A ~ D시의 인구, 도로연장 및 인구 1,000명당 자동차 대수를 나타낸 것이다. 이어지는 질문에 답하시오. [12~14]

구분	인구(만 명)	도로연장(km)	1,000명당 자동차 대수(대)
A시	108	198	204
B시	75	148	130
C시	53	318	408
D시	40	103	350

12 자동차 대수가 많은 순서대로 나열한 것은?

① A - C - D - B
② A - C - B - D
③ C - D - B - A
④ C - D - A - B
⑤ D - C - A - B

13 한 가구당 구성원 수를 평균 3명이라고 하면, 가구당 평균 1대 이상의 자동차를 보유하는 시는?

① A, B
② A, C
③ B, C
④ C, D
⑤ D, A

14 C시의 도로 1km당 자동차 대수로 알맞은 것은?

① 560대
② 620대
③ 680대
④ 740대
⑤ 800대

※ 다음은 연령별 운동 횟수와 평균 운동시간 설문조사 결과에 대한 자료이다. 이어지는 질문에 답하시오.
[15~16]

〈연령별 일주일간 운동 횟수〉

(단위 : 명)

구분	2019년			2020년			2021년		
	1회	2회	3회 이상	1회	2회	3회 이상	1회	2회	3회 이상
10대	21	16	9	20	14	11	24	14	16
20대	14	12	11	12	15	11	14	19	17
30대	17	10	19	17	10	20	14	14	30
40대	13	15	22	12	15	25	16	10	23
50대	10	5	5	10	3	7	15	3	10
60대	12	17	10	12	12	10	16	15	8
70대 이상	6	5	12	7	5	12	9	7	8

구분	2022년			2023년			2024년		
	1회	2회	3회 이상	1회	2회	3회 이상	1회	2회	3회 이상
10대	16	14	16	14	13	10	14	15	8
20대	16	15	15	17	10	22	18	12	20
30대	10	11	22	6	9	29	5	7	30
40대	16	10	23	12	16	23	12	16	23
50대	20	3	11	15	3	10	15	4	10
60대	14	13	12	14	13	12	14	13	12
70대 이상	6	7	10	5	8	9	6	6	9

〈1회 운동 시 평균 운동시간〉

(단위 : 명)

구분	30분 미만	30분 이상 1시간 미만	1시간 이상 2시간 미만	2시간 이상	합계
2019년	78	85	65	33	261
2020년	76	92	54	38	260
2021년	75	82	103	42	302
2022년	67	96	95	22	280
2023년	59	88	89	34	270
2024년	52	81	92	44	269

15 다음 중 위 자료에 대한 설명으로 옳지 않은 것은?(단, 비율은 소수점 첫째 자리에서 반올림한다)

① 주 1회 운동하는 회원은 2021년에 전년 대비 20% 증가했다.

② 각 연도의 연령대 중 주 2회 운동하는 회원이 두 번째로 많은 부분은 2019년의 60대이다.

③ 2022년에 전년 대비 1회 운동시간이 30분 이상 1시간 미만인 회원은 20% 이하로 증가했다.

④ 2024년에 주 2회 운동하는 70세 이상 회원들은 2019년보다 35% 이상 증가했다.

⑤ 주 2회 이상 운동하는 회원들이 전년 대비 가장 많이 증가한 연도는 2021년이다.

16 다음 〈조건〉에 따를 때, 2025년에 주 2회 운동하는 여자 회원의 수는?(단, 인원과 비율은 소수점 첫째 자리에서 버림한다)

> **조건**
> • 2025년에 조사한 회원은 9천 명이고, 성비는 1:1이다.
> • 2019 ~ 2025년 동안 주 2회 운동하는 회원의 비중과 2025년에 주 2회 운동하는 회원의 비중은 같다.

① 1,210명 ② 1,215명
③ 1,284명 ④ 1,312명
⑤ 1,340명

※ 다음은 2022년과 2024년에 사물인터넷 사업을 수행하고 있는 기업들의 애로사항 및 정부 지원 요청사항에 대한 자료이다. 이어지는 질문에 답하시오. [17~18]

〈사물인터넷 사업 시 애로사항〉

(단위 : %)

구분	2022년	2024년
불확실한 시장성	19.4	10.9
사업 추진 자금의 부족	10.1	22.4
정부의 정책적 지원 미비	17.3	23.0
비즈니스 모델 부재	12.8	12.3
표준화 미비	19.2	12.0
보유 기술력 / 인력 부족	6.1	8.7
가격 부담	5.5	5.6
사물인터넷 인식 부족	4.2	5.1
기타	2.6	0.0
무응답	2.8	0.0
합계	100.0	100.0

〈사물인터넷 사업 시 정부 지원 요청사항〉

(단위 : %)

구분	2022년	2024년
확산 사업 확대	14.2	11.9
R&D 사업 확대	22.9	21.5
개발 및 도입자금 지원	36.4	26.5
도입 시 세제 / 법제도 지원	9.5	15.5
국내외 기술 표준화 지원	7.6	6.7
시험인증지원 확대	–	1.7
기술 인력 양성 지원 확대	7.1	10.5
해외 진출 지원	1.9	1.7
성공사례 등의 정보제공	–	0.7
중소·중견 기업 위주의 지원	–	3.2
기타	–	0.1
무응답	0.4	0.0
합계	100.0	100.0

17 다음 중 위 자료에 대한 설명으로 옳은 것은?

① 2022년과 2024년 애로사항 중 가장 많은 비중을 차지하는 항목은 동일하다.

② 2022년 대비 2024년 '사물인터넷 인식 부족'을 애로사항으로 응답한 기업 비율은 '사업 추진 자금의 부족'을 애로사항으로 응답한 기업 비율보다 더 많이 증가했다.

③ 2022년에 비해 2024년에 그 구성비가 증가한 항목의 수는 '무응답'을 제외한 전체 항목 수의 40% 이상이다.

④ '표준화 미비'를 애로사항으로 지적한 기업의 수는 2022년 대비 2024년에 감소하였다.

⑤ 2024년에 '불확실한 시장성'을 애로사항으로 응답한 기업의 수는 '비즈니스 모델 부재'를 애로사항으로 응답한 기업 수의 80% 미만이다.

18 다음 〈보기〉 중 위 자료에 대해 옳지 않은 설명을 한 사람을 모두 고르면?

> **보기**
>
> 진영 : 2022년에 '가격 부담'을 애로사항이라고 응답한 기업의 비율은 2024년에 '개발 및 도입자금 지원'을 정부 지원 요청사항으로 응답한 기업비율의 45% 이상이야.
>
> 준엽 : 2022년에 '기타'를 애로사항으로 응답한 기업의 수는 2024년에 '사업 추진 자금의 부족'을 애로사항으로 응답한 기업 수의 10배 이상이야.
>
> 지원 : 2024년에 정부 지원 요청사항에 대해 '도입 시 세제 / 법제도 지원'이라고 응답한 기업의 수는 '기술 인력 양성 지원 확대'라고 응답한 기업의 수보다 30% 이상 더 많아.

① 진영　　　　　　　　　　② 준엽

③ 진영, 준엽　　　　　　　④ 진영, 지원

⑤ 준엽, 지원

※ 다음은 근로자의 훈련 인원에 대한 자료이다. 이어지는 질문에 답하시오. [19~21]

〈근로자의 고용형태에 따른 훈련 인원〉

(단위 : 명)

구분		훈련 인원		
		합계	남성	여성
사업주지원방식		512,723	335,316	177,407
A유형	소계	480,671	308,748	171,923
	정규직	470,124	304,376	165,748
	비정규직	10,547	4,372	6,175
B유형	소계	32,052	26,568	5,484
	정규직	32,052	26,568	5,484
개인지원방식		56,273	20,766	35,497
C유형	소계	37,768	15,938	21,830
	정규직	35,075	15,205	19,870
	비정규직	2,693	733	1,960
D유형	소계	18,505	4,838	13,667
	비정규직	18,505	4,838	13,667

〈개인지원방식의 훈련방법별 훈련 인원〉

(단위 : 명)

구분			훈련 인원		
			합계	남성	여성
개인지원방식			56,273	20,776	35,497
C유형	집체훈련	일반과정	29,138	12,487	16,651
		외국어과정	8,216	3,234	4,982
	원격훈련	인터넷과정	414	217	197
D유형	집체훈련	일반과정	16,118	4,308	11,810
		외국어과정	1,754	334	1,420
	원격훈련	인터넷과정	633	196	437

19 위 자료에 대한 〈보기〉의 설명 중 옳은 것을 모두 고르면?

> **보기**
>
> ㄱ. B유형의 정규직 인원은 C유형의 정규직 인원보다 3,000명 이상 적다.
> ㄴ. 집체훈련 인원의 비중은 D유형이 C유형보다 높다.
> ㄷ. A, C, D유형에서 여성의 비정규직 인원이 남성의 비정규직 인원보다 많다.
> ㄹ. C, D유형의 모든 훈련과정에서 여성의 수가 남성의 수보다 많다.

① ㄱ, ㄴ   ② ㄱ, ㄷ

③ ㄴ, ㄹ   ④ ㄱ, ㄴ, ㄷ

⑤ ㄱ, ㄷ, ㄹ

20 A유형으로 훈련을 받는 정규직 근로자 중 남성의 비율과 B유형으로 훈련을 받는 정규직 근로자 중 남성의 비율의 차이는?(단, 소수점 둘째 자리에서 반올림한다)

① 10.3%p   ② 18.2%p

③ 30.5%p   ④ 39.2%p

⑤ 40.5%p

21 다음 중 위 자료에 대한 설명으로 옳지 않은 것은?

① A유형의 훈련 인원 중 비정규직 여성의 비중이 비정규직 남성의 비중보다 높다.

② C유형의 비정규직 인원 중 남성의 비중이 A유형의 비정규직 인원 중 남성의 비중보다 높다.

③ C유형의 훈련 인원 중 외국어과정이 차지하는 비중이 D유형의 훈련 인원 중 외국어과정이 차지하는 비중보다 높다.

④ 개인지원방식에서 원격훈련이 차지하는 비중은 10% 미만이다.

⑤ D유형에서 집체훈련과 원격훈련 모두 여성의 비중이 높다.

※ 다음은 연령별 어린이집 이용 영유아 현황에 대한 자료이다. 이어지는 질문에 답하시오. [22~23]

<연령별 어린이집 이용 영유아 현황>

(단위 : 명)

구분		국·공립 어린이집	법인 어린이집	민간 어린이집	가정 어린이집	부모협동 어린이집	직장 어린이집	합계
2021년	0~2세	36,530	35,502	229,414	193,412	463	6,517	501,838
	3~4세	56,342	50,497	293,086	13,587	705	7,875	422,092
	5세 이상	30,533	27,895	146,965	3,388	323	2,417	211,521
2022년	0~2세	42,331	38,648	262,728	222,332	540	7,815	574,394
	3~4세	59,947	49,969	290,620	12,091	755	8,518	421,900
	5세 이상	27,378	23,721	122,415	2,420	360	2,461	178,755
2023년	0~2세	47,081	42,445	317,489	269,243	639	9,359	686,256
	3~4세	61,609	48,543	292,599	10,603	881	9,571	423,806
	5세 이상	28,914	23,066	112,929	1,590	378	2,971	169,848
2024년	0~2세	49,892	41,685	337,573	298,470	817	10,895	739,332
	3~4세	64,696	49,527	319,903	8,869	1,046	10,992	455,033
	5세 이상	28,447	21,476	99,847	1,071	423	3,100	154,364

22 다음 중 위 자료를 이해한 내용으로 옳지 않은 것은?

① 매년 0~2세와 3~4세 국·공립 어린이집 영유아 수는 계속 증가하고 있다.
② 부모협동 어린이집과 직장 어린이집의 나이별 영유아 수의 전년 대비 증감 추이는 동일하다.
③ 전년 대비 가정 어린이집의 0~2세 영유아 수는 2024년에 가장 크게 증가했다.
④ 법인 어린이집의 5세 이상 영유아 수는 매년 감소하고 있다.
⑤ 매년 3~4세 영유아 수가 가장 많은 곳을 순서대로 나열하면 상위 3곳의 순서가 같다.

23 2021년과 2024년 어린이집 전체 영유아 수의 차이는?

① 146,829명
② 169,386명
③ 195,298명
④ 213,278명
⑤ 237,536명

※ 다음은 2019 ~ 2024년의 5개 프로 스포츠 종목의 연간 경기장 수용규모 및 관중수용률에 대한 자료이다. 이어지는 질문에 답하시오. [24~25]

〈5개 프로 스포츠 종목 연간 경기장 수용규모 및 관중수용률〉

(단위 : 천 명, %)

구분		2019년	2020년	2021년	2022년	2023년	2024년
야구	수용규모	20,429	20,429	20,429	20,429	19,675	19,450
	관중수용률	30.6	41.7	53.3	56.6	58.0	65.7
축구	수용규모	40,255	40,574	40,574	37,865	36,952	33,320
	관중수용률	21.9	26.7	28.7	29.0	29.4	34.9
농구	수용규모	5,899	6,347	6,354	6,354	6,354	6,653
	관중수용률	65.0	62.8	66.2	65.2	60.9	59.5
핸드볼	수용규모	3,230	2,756	2,756	2,756	2,066	2,732
	관중수용률	26.9	23.5	48.2	43.8	34.1	52.9
배구	수용규모	5,129	5,129	5,089	4,843	4,409	4,598
	관중수용률	16.3	27.3	24.6	30.4	33.4	38.6

24 다음 중 위 자료를 보고 판단한 내용으로 옳은 것은?

① 농구의 관중수용률은 매년 감소한다.

② 관중수용률은 농구가 야구보다 매년 높다.

③ 관중수용률이 매년 증가한 종목은 3개이다.

④ 2022년 관중 수는 배구가 핸드볼보다 많다.

⑤ 2020 ~ 2024년의 전년 대비 경기장 수용규모의 증감 추이는 농구와 핸드볼이 동일하다.

25 2024년 야구 관중 수와 축구 관중 수를 비교할 때, 어느 종목이 몇 명 더 많은가?(단, 관중수용률은 소수점 첫째 자리에서 반올림한다)

① 야구, 614천 명
② 축구, 293천 명
③ 야구, 887천 명
④ 축구, 573천 명
⑤ 야구, 1,175천 명

※ 상황판단검사는 정답을 따로 제공하지 않는 영역이니 참고하기 바랍니다.

※ 제시된 선택지에서 자신과 가장 가깝다고 생각하는 것과 멀다고 생각하는 것을 각각 한 가지씩 고르시오.
  [1~32]

01 A사원의 팀장인 T는 매우 열정적인 사람으로 하나의 업무가 끝나기도 전에 새로운 업무를 또다시 벌이곤 한다. T팀장의 지시에 따라 팀원들은 모두 일사불란하게 움직이며 성과를 높이고 있다. 그러나 자발적인 야근을 일삼으며 업무를 수행하는 팀원들과 달리 T팀장은 항상 퇴근 시간이 되면 바로 퇴근을 해버린다. 이런 상황에서 당신이 A사원이라면 어떻게 할 것인가?

① 상사의 퇴근 시간에 대해서 절대 언급하지 않는 것이 좋다.

② 다른 사원들과 T팀장에 대해 이야기하면서 스트레스를 풀도록 한다.

③ T팀장에게 더는 새로운 업무를 벌이지 말라고 단단히 주의를 준다.

④ T팀장을 따라 정시에 퇴근하도록 한다.

⑤ T팀장에게 개인적으로 정중하게 말을 꺼내본다.

02 C사원은 어느 시골에 위치한 A/S센터에서 근무 중이다. 그러던 어느 날 어떤 노인이 A/S센터에 찾아왔다. 노인은 무상 수리 기간이 지난 제품을 가지고 와서 막무가내로 무상으로 수리를 해달라며 언성을 높이고 있는 상황이다. 당신이 C사원이라면 어떻게할 것인가?

① 시골은 일하기 피곤하다고 생각하고 전근을 신청한다.

② 무상 수리 기간이 지나서 절대로 무상으로 수리해 드릴 수 없다고 말한다.

③ 본인의 사비로 수리해 드리고 좋은 일 했다고 생각한다.

④ 억지를 부리는 노인이 안타깝지만, 방해가 되므로 경찰을 부른다.

⑤ 상사에게 어떻게 해야 할지 물어본다.

03 S기업의 O이사는 어느 날 사업을 하고 있는 절친한 고등학교 동창으로부터 S기업 협력업체 입찰에 참여했다는 소식을 들었다. 동창은 S기업이 요구하는 요건에 자신의 회사가 한두 가지 다소 못 미치는 것을 알고 있으며, O이사에게 도움을 줄 것을 요청하였다. O이사는 협력업체 입찰평가표를 관리하는 직원에게 말 한마디만 하면 자신이 친구가 운영하는 기업의 점수를 올려놓을 수도 있다는 것을 알고 있다. 개인의 입장에서 O이사는 어떻게 행동해야 하는가?

① 상사에게 어떻게 해야 할지 물어본다.
② 회사 규정은 규정이므로 동창의 부탁을 정중히 거절한다.
③ 지금 나더러 비리를 저지르라는 거냐고 동창에게 화를 낸 후 절교한다.
④ 일단 그렇게 하겠다고 거짓말을 한 뒤, 나중에 더 윗선의 의견에 의해 다른 회사가 낙찰되었다고 둘러댄다.
⑤ 동창의 회사가 조건에 크게 못 미치는 것은 아니므로 직원에게 지시하여 동창의 회사 점수를 올린다.

PART 3

04 A대리는 업무를 처리하고 중요한 거래도 성사시킬 겸 지방으로 출장을 왔다. A대리의 출장 기간은 오늘이 마지막이며, 바이어와의 중요한 거래를 남겨두고 있는 상황이다. 그러나 기존에 만나기로 약속했던 바이어가 갑작스럽게 일이 생겨서 만나지 못할 것 같다며 약속을 다음으로 연기하려고 한다. 조직의 입장에서 A대리는 어떻게 행동해야 하는가?

① 일단 회사에 복귀한 후 업무를 진행시킬 다른 방법을 찾는다.
② 바이어를 찾아가서라도 무조건 오늘 거래를 성사시키도록 한다.
③ 상사에게 상황의 불합리성을 설명하고 이 바이어와 거래하지 않도록 한다.
④ 어쩔 수 없으니 기다렸다가 바이어를 만나서 일을 처리한다.
⑤ 내 잘못이 아니니 상사에게 보고 후 회사에 복귀한다.

05 A팀은 오늘 오랫동안 준비해 온 중요한 발표를 앞두고 있다. 그러나 발표 담당 사원인 B가 피치 못할 상황이 생겨 결근한 상황이다. 그동안 A팀은 각자의 역할을 나눠서 발표를 준비해왔기 때문에 발표 담당 B사원 외에는 완벽한 발표를 진행하기 어려운 상황이다. 만약 당신이 발표해야 하는 A팀의 팀장이라면 어떻게 할 것인가?

① 상사에게 오늘 발표가 불가능하며 이는 전적으로 발표 담당 사원의 탓임을 알린다.
② 완벽하진 않더라도 발표 담당 B사원 대신 본인이 발표를 진행한다.
③ 완벽하진 않더라도 발표 담당 B사원 대신 다른 팀원에게 발표를 진행하도록 지시한다.
④ 완벽하진 않더라도 발표 담당 B사원을 대신할 팀 내 자원자를 모집한다.
⑤ 상사에게 오늘 발표가 불가능함을 알리고 다른 날로 연기할 수 있는지 확인한다.

06 D대리는 전날 회식의 과음으로 인해 늦잠을 잤다. 8시까지 출근인데 눈을 떠 시계를 보니 이미 9시 30분이었다. 깜짝 놀라 일어나기는 했지만 어떻게 해야 할지 막막하다. 이런 상황에서 당신이 D대리라면 어떻게 할 것인가?

① 전날 회식이었기 때문에 자신의 사정을 이해해 줄 것으로 생각하고 천천히 출근한다.
② 지각보다는 아파서 결근하는 것이 낫다고 생각하여 상사에게 전화해 몸이 좋지 않아 결근한다고 말한다.
③ 늦게 출근하면 분명 혼날 것이기 때문에 그냥 결근한다.
④ 상사에게 바로 전화하여 상황을 설명하고 서둘러서 출근한다.
⑤ 같은 팀 팀원에게 자신의 상황을 설명하고 상사에게 대신 전해달라고 한다. 그런 뒤 마음 놓고 느긋하게 출근 준비를 한다.

07 D사원은 최근 업무를 수행하는 데 있어 스트레스를 받고 있다. E팀장이 업무를 제대로 설명해 주지 않은 채 업무를 지시하기 때문이다. 이런 상황에서 당신이 D사원이라면 어떻게 할 것인가?

① E팀장에게 자신이 어려움을 겪고 있는 부분을 솔직하게 이야기한다.
② 업무를 배분받을 때마다 의견을 반영해달라고 적극적으로 요구한다.
③ 같은 팀의 사원에게 자신의 불만을 이야기하고 어려움을 상담한다.
④ 업무를 배분받을 때 우선은 알겠다고 한 뒤, 팀 공유 폴더의 기준을 따라 업무를 수행한다.
⑤ 자신이 알고 있는 지식을 총동원하여 우선 일을 해보고, 막히는 부분이 생기면 도움을 요청한다.

08 최근 A대리가 속한 B팀은 원활한 업무 수행을 위해 사내 메신저를 설치했다. 그러나 A대리는 E사원이 메신저를 개인적인 용도로 사용하는 것을 발견했다. 몇 번 주의를 주었지만, E사원은 행동을 쉽게 고치지 않는 상황이다. 이런 상황에서 당신이 A대리라면 어떻게 할 것인가?

① E사원을 개인적으로 불러 마지막으로 한 번 더 주의를 준다.
② 팀원들이 다 같이 있는 공개적인 자리에서 E사원을 혼낸다.
③ 팀 회의를 할 때 개인적인 용도로 메신저를 사용하는 것에 대한 옳고 그름을 회의 안건으로 상정한다.
④ 계속 신경 쓰면 본인만 화가 나기 때문에 E사원의 행동에 대해 신경을 쓰지 않는다.
⑤ 어차피 말을 하더라도 듣지 않으리라 판단하고 자신의 말을 듣지 않았으니 다른 방법으로 E사원을 당황하게 한다.

09 D대리는 평소 깔끔하기로 회사에서 유명하다. 하지만 자신의 물품이나 책상 정리는 누구보다 깔끔하게 하면서, 공동구역을 엉망으로 사용하는 모습에 E대리는 화가 났다. 이런 상황에서 당신이 E대리라면 어떻게 할 것인가?

① D대리가 자리를 비운 사이 D대리의 자리를 어질러 놓는다.

② D대리에게 개인 구역처럼 공동구역도 깔끔하게 사용하라고 딱 잘라 말한다.

③ D대리가 스스로 청소를 할 때까지 노골적으로 눈치를 준다.

④ 공개적인 자리에서 D대리에게 공동구역 청소를 제대로 할 것을 요구한다.

⑤ D대리의 행동에 화가 나더라도 참고 그냥 자신이 청소한다.

10 평소에 B사원은 남들보다 업무를 빨리 끝내는 편이다. 하지만 은근슬쩍 야근을 압박하는 팀 분위기 때문에 B사원은 매번 정시에 퇴근하는 것이 눈치가 보인다. 하지만 B사원으로선 주어진 업무가 다 끝났는데 눈치를 보며 회사에 남아 있는 것이 시간을 낭비하는 느낌이다. 이런 상황에서 당신이 B사원이라면 어떻게 할 것인가?

① 상사에게 현재 상황의 비효율성을 이야기하며 불만을 호소한다.

② 회사 익명 게시판에 야근을 강요하는 분위기에 대한 불만의 글을 올린다.

③ 인사과에 찾아가서 상황을 설명한 후 부서 이동을 요구한다.

④ 사원인 자신이 할 수 있는 일이 없으니 비효율적이지만 참고 야근을 한다.

⑤ 어차피 야근해야 하니 업무를 느긋하게 수행한다.

11 G팀장은 평소 직장 동료들에게 인사하는 것을 중요하게 생각한다. 그러나 H사원은 인사를 잘 하지 않을 뿐만 아니라, 본인의 기분에 따라 상대를 대하는 태도가 달라진다. G팀장은 서로 간의 인사는 직장생활에서의 기본 예절이라고 생각하기 때문에, H사원의 행동이 잘못됐다고 생각한다. 이런 상황에서 당신이 G팀장이라면 어떻게 할 것인가?

① H사원을 개인적으로 불러 인사의 중요성에 대해 이야기한다.

② H사원 행동의 잘못된 점에 대해 다른 동료들과 함께 비판한다.

③ 공개적인 자리에서 H사원을 겨냥한 말을 은근슬쩍 한다.

④ H사원의 행동이 잘못됐다고 생각하지만, 본인이 직접 깨달을 때까지 티를 내지 않는다.

⑤ H사원을 제외한 다른 사람들에게만 인사를 하여, H사원이 인사를 하는 것에 대한 기분을 직접 느끼게 한다.

12 C사원은 최근 상사인 H팀장 때문에 스트레스를 받고 있다. H팀장이 업무시간에 개인 심부름을 시키기 때문이다. 이런 상황에서 당신이 C사원이라면 어떻게 할 것인가?

① 같은 팀의 D사원에게 이러한 상황을 토로한다.

② H팀장에게 업무시간에 개인 심부름은 옳지 않다고 딱 잘라 말한다.

③ 스트레스는 받지만 H팀장이 상사이기 때문에 그냥 참는다.

④ H팀장의 상사인 J과장에게 이러한 상황을 말하고, 조언을 듣는다.

⑤ 다시는 H팀장이 개인 심부름을 시키지 못하도록 계속 실수한다.

13 A대리는 최근 들어 회사 생활에 회의감을 느끼고 있다. 업무도 예전만큼 재미가 없고, 동료들과의 관계도 서먹하다. 이러던 중에 평소 가고 싶던 회사의 경력직 공고가 났다. 마침 현 회사에 불만이 많았던 A대리는 이직을 준비하려고 한다. 이런 상황에서 당신이 A대리라면 어떻게 할 것인가?

① 다른 회사의 이직 준비가 끝남과 동시에 현재 회사에 사직서를 제출한다.

② 자신이 곧 퇴사할 것을 같은 팀 사원에게만 넌지시 언급한다.

③ 적어도 한 달 전에 퇴사 의사를 밝힌 후, 이직을 준비한다.

④ 이직이 확실하게 정해진 것이 아니므로, 상황이 정해질 때까지는 아무에게도 알리지 않는다.

⑤ 우선 사직서를 제출한 후 시간을 가지고 여유롭게 새로운 회사에 들어가기 위한 준비를 한다.

14 B대리는 나이는 어리지만 직급이 높은 A팀장과의 호칭 문제로 많은 스트레스를 받고 있다. 이런 상황에서 당신이 B대리라면 어떻게 할 것인가?

① A팀장에게 개인적으로 찾아가 회사는 공적인 장소인 만큼 예의를 갖출 것을 요구한다.

② 직급이 높다 하더라도 자신보다 나이가 어리기 때문에 똑같이 반말한다.

③ 상사인 C부장을 찾아가 현재 상황을 설명하고, 조언을 구한다.

④ 자신과 똑같은 불만을 느낀 팀원을 찾아 같이 A팀장을 비난한다.

⑤ A팀장의 행동이 못마땅하지만, 똑같이 대응하지 않고 본인은 예의를 갖춘다.

15 I팀장은 휴가를 가기 전 H사원에게 자신이 자리를 비우는 일주일 동안 해야 할 일을 전달했다. H사원은 다 할 수 있겠다고 말은 했지만, 막상 보니 주어진 시간에 비해 일의 양이 많아 일주일 동안 해야 할 할당량을 끝내지 못했다. 이런 상황에서 당신이 H사원이라면 어떻게 할 것인가?

① I팀장이 업무 진행 상황을 묻기 전까지는 모른 척하고 계속 일을 한다.
② 일단은 업무가 완전히 진행되지 않았더라도, 중간 상황까지 I팀장에게 보고한다.
③ I팀장에게 일주일 동안 왜 일을 다 하지 못했는지에 대한 변명을 한다.
④ I팀장이 물어보기 전 남은 업무를 옆 팀원에게 부탁하여 빨리 마무리 짓는다.
⑤ I팀장에게 상황을 설명한 후, 업무의 마감 일자를 미뤄 달라고 요구한다.

16 W사원은 부지런한 편이라 항상 출근 시간보다 10분 전에 출근을 한다. W사원이 속한 부서의 상관인 R팀장은 종종 출근 시간보다 늦곤 한다. 이를 잘 아는 동료 V사원은 출근 시간이 가까워질 때마다 R팀장의 출근 여부를 W사원에게 물어보고 상사인 R팀장이 출근하기 전에 지각한다. R팀장은 이를 전혀 알아차리지 못하고 있다. 이런 상황에서 당신이 W사원이라면 어떻게 할 것인가?

① 개인적으로 그러지 말라고 V사원에게 주의를 준다.
② 나중에 술자리에서 R팀장에게 V사원에 대해 말을 한다.
③ 공개적인 자리에서 V사원의 행동을 지적한다.
④ R팀장의 상사인 U부장에게 사실대로 이야기해서 시정하게 한다.
⑤ V사원에게 R팀장의 출근 여부를 알려주지 않는다.

17 입사한 지 얼마 되지 않은 J사원은 최근 회사 생활에 어려움을 겪고 있다. H팀장의 과도한 친절이 부담스럽기 때문이다. 처음에는 친해지기 위함이라 생각했는데 최근 들어 친해지려는 것 이상으로 자신의 사생활에 너무 많은 관심을 가지는 것 같은 느낌이다. 이런 상황에서 당신이 J사원이라면 어떻게 할 것인가?

① 같은 팀의 K사원에게 자신의 고민을 상담하고 함께 해결 방안을 찾아본다.
② H팀장에게 자신의 감정과 상황에 대한 생각을 공손하게 이야기한다.
③ 괜히 이야기를 꺼냈다가 회사 생활이 어려울 수 있다는 걱정에 싫더라도 그냥 참는다.
④ H팀장보다 높은 상사를 찾아가 상황을 설명하고, 불편함을 호소한다.
⑤ 공개적인 자리에서 H팀장에게 자신의 사생활에 관심을 두지 말아 달라고 딱 잘라 말한다.

18 새로운 프로젝트를 위해 팀에 들어가게 된 A사원은 V팀장으로부터 업무를 받았다. 그러나 모두에게 나눠진 업무량이 공평하지 않고, 몇몇 사람에게만 지나치게 편중되어 있다는 것을 알게 되었다. 이런 상황에서 당신이 A사원이라면 어떻게 할 것인가?

① 자신이 불공정하다고 느끼는 점을 인사팀에 고발한다.
② V팀장에게 찾아가 업무가 많다는 것을 말하고 도움을 요청한다.
③ 인사고과에 불리할 수도 있으므로 어떻게든 일을 끝마친다.
④ 처음부터 너무 많은 양을 준 V팀장의 잘못이므로 할 수 있는 만큼만 하고 퇴근한다.
⑤ 일이 적은 사람과 업무를 나눠서 처리한다.

19 C사원은 최근 인사이동에 따라 A부서로 옮겨오게 되었다. 그런데 인수인계를 하는 과정에서 몇 가지 업무를 제대로 전달받지 못했다. 하지만 상사는 C사원이 당연히 모든 업무를 다 알고 있으리라 생각하고 기한을 정해준 후 업무를 지시하고 있다. C사원은 상사가 지시한 업무를 하겠다고 대답은 했지만, 막상 업무를 하려니 어떻게 해야 할지 당황스러운 상황이다. 이런 상황에서 당신이 C사원이라면 어떻게 할 것인가?

① 팀 공유폴더의 지난 업무 파일들을 참고하여 업무를 수행한다.
② 상사에게 현재 상황을 솔직하게 이야기하고 모르는 부분에 대해 다시 설명을 듣는다.
③ 옆에 앉은 다른 팀원에게 자신의 업무를 대신 해달라고 부탁한다.
④ 자신이 할 수 있는 데까지 방법을 찾다가 그래도 안 되겠으면 다시 설명을 듣는다.
⑤ 어차피 신입은 실수가 잦아도 상관없다 생각하고, 자신이 아는 지식을 총동원하여 일을 수행한다.

20 A사원은 서울에서 태어나 평생을 서울에서 살아온 서울 토박이다. 그러던 어느 날 A사원은 갑작스럽게 서울에서 멀리 떨어진 지방으로 발령이 났다. A사원이 새롭게 발령을 받은 곳은 아무런 연고도 없는 시골이다. 게다가 지방으로 발령을 받은 이상 언제 서울로 올라올 수 있을지 모르는 상황이다. 이런 상황에서 당신이 A사원이라면 어떻게 할 것인가?

① 서울에서 근무할 수 있는 다른 회사를 알아봐야겠다고 생각한다.
② 회사의 지시이니 그냥 따라야겠다고 생각한다.
③ 왜 나한테 지방 발령이 났을까를 생각한다.
④ 나의 능력을 보여줄 때라고 생각한다.
⑤ 일단 회사의 지시를 따른 후 다시 서울로 올 기회를 찾아야겠다고 생각한다.

21 G사원은 최근 들어 회사 생활에 불편함을 느끼고 있다. 상사인 H대리가 업무 수행에 있어 불필요한 신체 접촉을 시도한다거나, 업무시간 외에도 사적으로 연락이 오기 때문이다. 게다가 H대리는 자신이 상사라는 점을 들어 개인적인 만남을 강요할 때도 있다. 그러나 G사원은 애인도 있는 데다가 상사인 H대리와 불편한 관계가 되고 싶지 않은 상황이다. 이런 상황에서 당신이 G사원이라면 어떻게 할 것인가?

① 애인에게 모두 이야기한 뒤 H대리를 몰래 신고하도록 한다.
② F부장을 찾아가 사실대로 이야기하고 H대리에게 공개적인 사과를 받아낸다.
③ H대리를 개인적으로 만나서 단단히 주의를 주고 지켜본다.
④ 회사 생활에 불편함을 느끼고 있기 때문에 퇴사한다.
⑤ H대리를 인사과에 신고하고 퇴사한다.

22 A대리는 집안에 급한 일이 생겨서 월차를 쓰려고 한다. 그러나 A대리의 부서에 처리해야 할 업무가 쌓여있는 상황이라 월차를 쓰기에는 눈치가 보인다. 게다가 A대리의 상사인 B과장은 최근에 A대리가 월차를 쓰지 못하도록 은근슬쩍 압박을 주는 상황이다. 이런 상황에서 당신이 A대리라면 어떻게 할 것인가?

① 월차는 당연한 나의 권리이니 신경 쓰지 않고 쓴다.
② 팀장에게 사정을 말하고 양해를 구한다.
③ 월차를 쓰고 전날까지 야근해서라도 일을 다 끝낸다.
④ 가족들에게 사정을 말하고 월차를 포기한다.
⑤ 눈치를 주는 팀장이 야속하다고 직접 얘기한다.

23 A사원은 업무능력이 뛰어나 퇴근 시간 전이면 자기 일을 다 끝내곤 한다. 그러나 A사원은 자기 일을 끝냈음에도 불구하고 제때에 퇴근하지 못한다. 일을 마친 A사원에게 동료들과 선배들이 항상 여러 가지 도움을 요청하기 때문이다. 이런 상황에서 당신이 A사원이라면 어떻게 할 것인가?

① 자신의 불만을 표정과 행동으로 단호하게 드러낸다.
② 자신의 감정을 공손하게 이야기한다.
③ 자기 일을 천천히 진행하여 퇴근 시간 바로 전에 마무리하고 퇴근한다.
④ 직급이 높은 선배에게 이 사실을 말한다.
⑤ 도움 요청은 받아들이되 일 처리를 대충한다.

24 A대리는 업무를 수행하는 과정에서 본의 아니게 해당 지역의 주민들과 갈등을 빚게 되었다. 개인적으로 A대리는 해당 지역 주민들의 고충을 이해하는 바이지만, 그렇다고 해서 수행하는 업무를 중단하고 개인적으로 나설 도리도 없다. 업무 수행 과정에서 발생한 갈등에 대해 공과 사를 구별하고, 어떻게 적절히 대응할 수 있을지 모르는 상황에서 당신이 A대리라면 어떻게 할 것인가?

① 해당 지역 주민들에게 상황을 설명한 뒤에 회사 측과 교섭 자리를 마련한다.

② 같은 부서의 선배에게 상황을 말하고, 조언을 구한다.

③ 승진하기 위해서는 업무수행능력이 가장 중요하므로 최대한 계획한 대로 밀어붙인다.

④ 지역 주민에게는 최소한의 대처만 한 뒤에 회사에는 보고하지 않는다.

⑤ 능력 밖의 일이므로 담당자 교체를 요청한다.

25 S대리는 최근 들어 회사 생활의 어려움을 느끼고 있다. S대리가 속한 팀의 팀장인 R이 몇몇 팀원들을 지나치게 편애하기 때문이다. 이에 따라 팀별로 회의를 진행할 때마다 S대리가 아무리 좋은 아이디어를 내더라도 R팀장은 듣는 둥 마는 둥 하지만 R팀장이 아끼는 O대리가 내는 아이디어라면 R팀장은 칭찬부터 하고 본다. R팀장의 편애로 인해 팀 분위기 또한 좋지 않은 상황이다. 이런 상황에서 당신이 S대리라면 어떻게 할 것인가?

① R팀장의 부당함을 인사과에 신고하도록 한다.

② O대리보다 더 좋은 아이디어를 내서 R팀장의 인정을 받으려고 노력한다.

③ 팀 회의 자리에서 R팀장의 태도를 시정할 것을 요구한다.

④ O대리에게 R팀장의 태도 시정을 건의해달라고 요청한다.

⑤ 개인적인 자리에서 R팀장에게 태도 시정을 요구한다.

26 H사원은 최근에 다른 F부서로 이동하게 되었다. 그러나 새로운 F부서는 이전 부서와 달리 업무 분위기가 지나치게 경직되어 있다. 가령 F부서에서 회의를 진행할 때면 U부장의 입김이 너무 세서 사원들은 아이디어를 내기조차 어려운 상황이며 대리들도 사원과 다를 바 없이 U부장의 비위를 맞추기에만 혈안이 되어 있다. 이런 상황에서 당신이 H사원라면 어떻게 할 것인가?

① 다른 대리들처럼 U부장의 비위를 맞추기 위해 노력한다.

② F부서의 경직된 분위기에 주눅 들지 않고 자신의 의견과 아이디어를 제시한다.

③ U부장과 친한, 기존 부서의 E부장을 찾아가 조심스레 경직된 분위기를 쇄신해달라고 요청한다.

④ F부서의 다른 사원들과 합세하여 U부장을 찾아가 부서의 전체적인 분위기에 대해 토론한다.

⑤ U부장을 개인적으로 찾아가 자신의 심정을 솔직하게 말한다.

27 V대리에게는 직속 후배인 W사원이 있다. W사원의 업무능력은 상당히 뛰어나지만, 자신의 뛰어난 업무 능력만을 믿고 상사의 주의를 제대로 듣지 않은 채 제멋대로 업무를 해석하여 처리하는 경우가 있어 문제를 일으킬 때가 종종 있다. 상사로서 V대리는 W사원에 대해 적절히 주의하라고 경고하고 싶은 상황이다. 이런 상황에서 당신이 V대리라면 어떻게 할 것인가?

① G부장을 모셔와 W사원이 따끔하게 혼날 수 있도록 한다.

② 개인적인 자리를 빌어 W사원에게 주의하라고 따끔하게 경고한다.

③ 공개적인 자리에서 W사원에게 주의를 준다.

④ W사원에게 중요도가 낮은 잔무를 계속시켜서 소심하게 복수한다.

⑤ W사원에게 반드시 상관의 지시를 따라서 업무를 수행하라고 이야기한다.

28 S는 최근에 새로운 부서 R의 팀장으로 이동하였다. 그러나 R부서의 사원들은 새롭게 부임한 팀장인 S보다 부서 실무에 능통한 T대리에 의존하는 상황이다. 게다가 S는 우연한 기회에 R부서의 직원들이 자신이 내린 지시보다 T대리가 내린 지시를 참고하여 업무를 수행하고 있음을 알게 되었다. 이런 상황에서 당신이 S라면 어떻게 할 것인가?

① 개인적으로 T대리에게 주의하라고 경고한 뒤에, T대리의 도움을 받아 팀장의 역할을 다한다.

② T대리보다 더욱 실무에 능숙해질 수 있게 노력한다.

③ 회의 시간에 R부서 내 사원들을 대상으로 훈계한다.

④ 자신만 없으면 잘 돌아가는 부서이므로 다른 부서로 옮기도록 한다.

⑤ T대리를 따로 불러서 경고한 뒤 원래의 부서로 되돌아간다.

29 A사원은 거래처 Y직원과의 저녁 약속을 앞둔 상황이다. 그러나 R부장이 계속해서 A사원을 포함한 같은 부서의 모든 사원에게 추가 업무 지시를 내리고 있어 거래처 Y직원과의 약속 이전에 맡은 업무를 다 끝낼 수 있을지 불확실한 상황이다. 이런 상황에서 당신이 A사원이라면 어떻게 할 것인가?

① 거래처 Y직원에게 전화를 걸어 약속을 일단 미루도록 한다.

② 퇴근 시간이 되면 R부장에게 거래처 약속을 들어 퇴근해 버린다.

③ 동료에게 자신의 업무를 대신 처리해달라고 부탁하고 다음에 동료의 업무를 도와주기로 한다.

④ 거래처 Y직원과의 약속에 조금 늦더라도 맡은 업무는 모두 끝내도록 한다.

⑤ R부장에게 사정을 솔직하게 말하고 거래처와의 약속을 지킬 수 있게 해달라고 정중히 요구한다.

30 K팀장의 팀은 유난히 회의가 많은 편이다. 게다가 지나치게 길어지는 회의로 인해 어떤 날은 맡은 업무를 끝내기 곤란할 정도이다. 그러나 매일같이 회의가 길어지는 이유는 다름 아닌 농담과 잡담 때문이다. K팀장이 생각하기에는 평소에 사원들끼리 주고받는 농담과 잡담들만 줄인다면 업무에 방해받지 않을 정도로 회의 시간을 줄일 수 있을 것 같다. 이런 상황에서 당신이 K팀장이라면 어떻게 할 것인가?

① 온라인 메신저를 통해 회의를 대신할 것을 제안한다.

② 매일 회의를 진행하지 말고 특정 요일에만 회의를 진행하자고 제안한다.

③ 사무실의 책상 배치를 변경하여 항상 이야기하면서 업무를 처리하도록 한다.

④ 상벌점제를 도입하여 회의 시간에 농담하는 경우 벌점을 매기도록 한다.

⑤ 회의록을 작성하여 불필요한 이야기들을 줄이자고 제안한다.

31 어느 날 A사원은 업무상의 실수를 저질렀다. 이를 발견한 B팀장이 다른 사원이 모두 지켜보는 가운데서 A사원을 큰 소리로 꾸짖기 시작했다. 그러나 B팀장은 업무상의 실수에 대해서만 꾸짖는 것이 아니라 이와 전혀 상관이 없는 A사원의 사생활까지 들추어 가며 비난을 하는 상황이다. 이런 상황에서 당신이 A사원이라면 어떻게 할 것인가?

① 내가 잘못한 것이니 어쩔 수 없다고 생각한다.
② 그 자리에서 팀장에게 논리적으로 반박할 말을 생각한다.
③ 회사 게시판에 익명으로 글을 올려 부당함을 호소한다.
④ 일단은 참고 다음에 서운했던 마음을 풀어야겠다고 생각한다.
⑤ B팀장보다 높은 부서장에게 상황을 보고한다.

PART 3

32 A대리는 집안에 급한 일이 생겨서 연차를 쓰려고 한다. 그러나 A대리의 부서에 처리해야 할 업무가 쌓여있는 상황이라 연차를 쓰기에는 눈치가 보인다. 게다가 A대리의 상사인 B과장은 최근에 A대리가 연차를 쓰지 못하도록 은근슬쩍 압박을 하는 상황이다. 이런 상황에서 당신이 A대리라면 어떻게 할 것인가?

① 연차는 당연한 나의 권리이니 신경 쓰지 않고 쓴다.
② B과장에게 사정을 말하고 양해를 구한다.
③ 연차를 쓰고 전날까지 야근해서라도 일을 다 끝낸다.
④ 가족들에게 사정을 말하고 연차를 포기한다.
⑤ 눈치를 주는 B과장에게 너무하다고 직접 이야기한다.

01   언어비평검사 Ⅰ (언어추리)

01   다음 중 같은 유형의 논리적 오류를 범하는 것을 모두 고르면?

> ㉠ 내가 사회의 큰 인물이 되기엔 키가 너무 작아.
> ㉡ 나는 예술가보다 음악가가 되고 싶어.
> ㉢ 이 병에는 무엇이든지 녹이는 약이 담겨 있습니다.
> ㉣ 그는 동남아시아에서 오지 않았어. 베트남에서 왔다던 걸?

① ㉠, ㉡   ② ㉠, ㉣
③ ㉡, ㉢   ④ ㉡, ㉣
⑤ ㉢, ㉣

02   다음 중 논리적 오류의 성격이 다른 것은?

① 철수, 넌 내 의견에 찬성할 거지? 넌 나의 죽마고우잖아.

② 당신은 지금 신의 존재를 입증하지 못하고 있지 않소. 그러니 신은 존재한다고 말할 수 없는 것 아니요.

③ 이의원은 국립대학교 특별법 제정을 강력하게 주장하고 있다. 그러나 그의 주장에는 문제가 있다. 그 역시 국립대학교 출신이기 때문이다.

④ 당신은 내가 게으르다고 비난하는데, 그것은 잘못된 거야. 당신 자신을 돌아봐. 아침에 일어나면 이부자리 하나 정리도 안하면서 어떻게 내가 게으르다고 말할 수 있지.

⑤ 김선생은 유명 학원의 수학강사이다. 그러나 그의 강의를 믿을 수 없다. 그가 얼마나 욕을 잘하고 남을 잘 속이는지는 알 만한 사람은 다 안다.

※ 다음 중 논리적 오류가 아닌 것을 고르시오. [3~4]

03

① 눈이 오면 등산을 갈 수 없다. 눈이 오지 않는다. 그러므로 등산을 갈 수 있다.

② 향기로운 꽃에는 나비가 날아든다. 장미는 향기로운 꽃이다. 그러므로 장미에는 나비가 날아든다.

③ 성미는 통근 버스를 놓치면 지각을 한다. 성미는 지각을 했다. 그러므로 성미는 통근 버스를 놓쳤다.

④ 모든 사람은 죄인이다. 죄인은 감옥에 들어가야 한다. 그러므로 모든 사람은 감옥에 들어가야 한다.

⑤ 컴퓨터 게임을 많이 하면 눈이 나빠진다. 철수는 컴퓨터 게임을 많이 하지 않는다. 그러므로 철수는 눈이 나빠지지 않는다.

04

① 눈이 큰 A와 B는 겁이 많다. 그러므로 눈이 큰 모든 사람은 겁이 많다.

② 개는 잡식 동물이다. 삽살개는 개다. 그러므로 삽살개는 잡식 동물이다.

③ 이 화장품은 유명 연예인들이 애용하는 제품이다. 그러므로 이 화장품은 품질이 좋다.

④ 회사원들이 회사를 사직하고 있다. 저 사람은 회사원이다. 그러므로 저 사람은 회사를 사직하고 있다.

⑤ 세계에서 이 카메라가 가장 가볍고 성능이 좋다. 그러므로 이 카메라의 각 부품 역시 세계에서 가장 가볍고 성능이 좋을 것임이 틀림없다.

05 다음 제시된 문장이 범하고 있는 오류는?

이 소설은 문학적 가치가 매우 높다. 왜냐하면 고등학교 물리 선생님이 추천했기 때문이다.

① 부적합한 권위에 호소하는 오류

② 사적 관계에 호소하는 오류

③ 잘못된 유추의 오류

④ 흑백논리의 오류

⑤ 후건 긍정의 오류

※ 다음 주어진 명제가 모두 참일 때, 빈칸에 들어갈 명제로 가장 적절한 것을 고르시오. [6~7]

06

- 병원에 가지 않았다면 사고가 나지 않은 것이다.
- _____
- 그러므로 무단 횡단을 하면 병원에 간다.

① 사고가 나지 않으면 무단 횡단을 하지 않은 것이다.
② 병원에 가지 않았다면 무단 횡단을 하지 않은 것이다.
③ 병원에 가면 사고가 나지 않은 것이다.
④ 병원에 가면 무단 횡단을 한 것이다.
⑤ 사고가 나면 무단 횡단을 하지 않은 것이다.

07

- 보상을 받는다면 노력했다는 것이다.
- _____
- 호야는 보상을 받지 못했다.

① 호야는 노력하지 않았다.
② 보상을 받았다는 것은 곧 노력했다는 의미다.
③ 호야는 보상을 받았다.
④ 호야는 노력하고 있다.
⑤ 보상을 받았다는 것이 곧 노력했다는 의미는 아니다.

Easy

08 어느 호텔 라운지에 둔 화분이 투숙자 중 1명에 의해 깨진 사건이 발생했다. 이 호텔에는 갑 ~ 무 5명의 투숙자가 있었으며, 각 투숙자는 아래와 같이 진술하였다. 5명의 투숙자 중 4명은 진실을 말하고 1명이 거짓말을 하고 있다면, 거짓말을 하고 있는 사람은?

- 갑 : '을'은 화분을 깨뜨리지 않았다.
- 을 : 화분을 깨뜨린 사람은 '정'이다.
- 병 : 내가 화분을 깨뜨렸다.
- 정 : '을'의 말은 거짓말이다.
- 무 : 나는 화분을 깨뜨리지 않았다.

① 갑   ② 을
③ 병   ④ 정
⑤ 무

※ 다음 주어진 명제가 모두 참일 때, 반드시 참인 것을 고르시오. [9~11]

Easy
09

> • 커피를 좋아하는 사람은 홍차를 좋아한다.
> • 우유를 좋아하는 사람은 홍차를 좋아하지 않는다.
> • 우유를 좋아하지 않는 사람은 콜라를 좋아한다.

① 커피를 좋아하는 사람은 콜라를 좋아하지 않는다.
② 우유를 좋아하는 사람은 콜라를 좋아한다.
③ 커피를 좋아하는 사람은 콜라를 좋아한다.
④ 우유를 좋아하지 않는 사람은 홍차를 좋아한다.
⑤ 콜라를 좋아하는 사람은 커피를 좋아하지 않는다.

10

> • 진달래를 좋아하는 사람은 감성적이다.
> • 백합을 좋아하는 사람은 보라색을 좋아하지 않는다.
> • 감성적인 사람은 보라색을 좋아한다.

① 감성적인 사람은 백합을 좋아한다.
② 백합을 좋아하는 사람은 감성적이다.
③ 진달래를 좋아하는 사람은 보라색을 좋아한다.
④ 보라색을 좋아하는 사람은 감성적이다.
⑤ 백합을 좋아하는 사람은 진달래를 좋아한다.

Hard
11

> • 등산을 하는 사람은 심폐지구력이 좋다.
> • 심폐지구력이 좋은 어떤 사람은 마라톤 대회에 출전한다.
> • 자전거를 타는 사람은 심폐지구력이 좋다.
> • 자전거를 타는 어떤 사람은 등산을 한다.

① 등산을 하는 어떤 사람은 마라톤 대회에 출전한다.
② 자전거를 타는 어떤 사람은 마라톤 대회에 출전한다.
③ 마라톤 대회에 출전하는 사람은 등산을 하지 않는다.
④ 심폐지구력이 좋은 어떤 사람은 등산을 하고 자전거도 탄다.
⑤ 심폐지구력이 좋은 사람 중 등산을 하고 자전거를 타고, 마라톤 대회에 출전하는 사람은 없다.

※ 다음 제시된 조건을 바탕으로 내린 A, B의 결론에 대한 판단으로 옳은 것을 고르시오. [12~14]

12

- a ~ e 5명은 원탁에 둘러 앉아 있다.
- a는 b의 옆에 앉지 않는다.
- e는 d의 오른쪽에 앉는다.
- c는 b의 왼쪽에 앉는다.

A : a는 c와 e의 사이에 앉는다.
B : d는 b의 오른쪽에 앉는다.

① A만 옳다.
② B만 옳다.
③ A, B 모두 옳다.
④ A, B 모두 틀리다.
⑤ A, B 모두 옳은지 틀린지 판단할 수 없다.

13

- 각각 다른 심폐기능 등급을 받은 가 ~ 마 5명 중 등급이 가장 낮은 2명에게 건강관리 안내문을 발송한다.
- 마보다 심폐기능이 좋은 환자는 2명 이상이다.
- 마는 다보다 한 등급 높다.
- 나는 라보다 한 등급 높다.
- 가보다 심폐기능이 나쁜 환자는 2명이다.

A : 다에게 건강관리 안내문을 발송한다.
B : 라에게 건강관리 안내문을 발송한다.

① A만 옳다.
② B만 옳다.
③ A, B 모두 옳다.
④ A, B 모두 틀리다.
⑤ A, B 모두 옳은지 틀린지 판단할 수 없다.

14

- 현수, 인환, 종훈, 윤재가 물감을 각각 1 ~ 2개씩 가져와 무지개 그림을 그리기로 했다.
- 현수는 빨간색, 노란색, 파란색, 남색 물감을 가져올 수 없다.
- 인환이는 주황색 물감을 가져올 수 있다.
- 종훈이는 빨간색, 초록색, 보라색 물감을 가져올 수 없다.
- 윤재는 노란색 물감을 가져올 수 없다.
- 가져온 물감의 색은 서로 중복되지 않는다.

A : 현수는 초록색과 보라색 물감을 가져올 것이다.
B : 인환이가 물감을 1개만 가져온다면, 종훈이는 노란색 물감을 가져와야 한다.

① A만 옳다.
② B만 옳다.
③ A, B 모두 옳다.
④ A, B 모두 틀리다.
⑤ A, B 모두 옳은지 틀린지 판단할 수 없다.

15 다음은 김사원이 A ~ G와 체결한 7개 계약의 순서에 대한 정보이다. 이를 참고할 때, 5번째로 체결한 계약은?

- B와의 계약은 F와의 계약에 선행한다.
- G와의 계약은 D와의 계약보다 먼저 이루어졌는데, E, F와의 계약보다는 나중에 이루어졌다.
- B와의 계약은 가장 먼저 맺어진 계약이 아니다.
- D와의 계약은 A와의 계약보다 먼저 이루어졌다.
- C와의 계약은 G와의 계약보다 나중에 이루어졌다.
- A와 D의 계약 시간은 인접하지 않는다.

① A ② B
③ C ④ D
⑤ G

16 A ~ E 5명은 팀을 이루어 총싸움을 하는 온라인 게임에 한 팀으로 참전하였다. 이때, 개인은 늑대 인간과 드라큘라 중 하나의 캐릭터를 선택할 수 있다. 다음 〈조건〉을 참고할 때 항상 옳은 것은?

조건

- A, B, C는 상대팀을 향해 총을 쏘고 있다.
- D, E는 상대팀에게 총을 맞은 상태로 관전만 가능하다.
- 늑대 인간은 2명만이 살아남아 총을 쏘고 있다.
- A는 늑대 인간 캐릭터를 선택하였다.
- D와 E의 캐릭터는 서로 같지 않다.

① 3명은 늑대 인간 캐릭터를, 2명은 드라큘라 캐릭터를 선택했다.
② B는 드라큘라 캐릭터를 선택했다.
③ C는 늑대 인간 캐릭터를 선택했다.
④ 드라큘라의 수가 늑대 인간의 수보다 많다.
⑤ D는 드라큘라, E는 늑대 인간 캐릭터를 각각 선택했다.

17 다음 주어진 명제가 모두 참일 때, 반드시 참인 것을 〈보기〉에서 모두 고르면?

E사에서는 채용 후보자들을 대상으로 A ~ D 네 종류의 자격증 소지 여부를 조사했으며, 그 결과는 다음과 같다.
- A와 D를 둘 다 가진 후보자가 있다.
- B와 D를 둘 다 가진 후보자는 없다.
- A나 B를 가진 후보자는 모두 C는 가지고 있지 않다.
- A를 가진 후보자는 모두 B를 가지고 있지 않다는 것은 사실이 아니다.

보기

ㄱ. 네 종류 중 세 종류의 자격증을 가지고 있는 후보는 없다.
ㄴ. 어떤 후보는 B를 가지고 있지 않고, 또 다른 후보는 D를 가지고 있지 않다.
ㄷ. D를 가지고 있지 않은 후보자는 누구나 C를 가지고 있지 않다면, 네 종류 중 한 종류의 자격증만 가지고 있는 후보자가 있다.

① ㄱ
② ㄷ
③ ㄱ, ㄴ
④ ㄴ, ㄷ
⑤ ㄱ, ㄴ, ㄷ

※ 다음 글을 읽고 각 문제가 항상 참이면 ①, 거짓이면 ②, 알 수 없으면 ③을 고르시오. [18~20]

현대인은 대인 관계에 있어서 가면을 쓰고 살아간다. 물론 그것이 현대 사회를 살아가기 위한 인간의 기본적인 조건인지도 모른다. 사회학자들은 사람이 다른 사람과 교제를 할 때, 상대방에 대한 자신의 인상을 관리하려는 속성이 있다는 점에 동의한다. 즉, 사람들은 대체로 남 앞에 나설 때에는 가면을 쓰고 연기를 하는 배우와 같이 행동한다는 것이다.

왜 그런 상황이 발생하는 것일까? 그것은 주로 대중문화의 속성에 기인한다. 사실 20세기의 대중문화는 과거와 다른 새로운 인간형을 탄생시키는 배경이 되었다고 말할 수 있다. 특히, 광고는 '내가 다른 사람의 눈에 어떻게 보일 것인가?'하는 점을 끊임없이 반복하고 강조함으로써 그 광고를 보는 사람들에게 조바심이나 공포감을 불러일으키기까지 한다.

그중에서도 외모와 관련된 제품의 광고는 개인의 삶의 의미가 '자신이 남에게 어떤 존재로 보이느냐?'라는 것을 지속적으로 주입한다. 역사학자들도 '연기하는 자아'의 개념이 대중문화의 부상과 함께 더욱 의미 있는 것이 되었다고 말한다. 그들은 적어도 20세기 초부터 '성공'은 무엇을 잘하고 열심히 하는 것이 아니라 '인상 관리'를 어떻게 하느냐에 달려 있다고 한다. 이렇게 자신의 일관성을 잃고 상황에 따라 적응하게 되는 현대인들은 대중매체가 퍼뜨리는 유행에 민감하게 반응하는 과정에서 자신의 취향을 형성해 가고 있다.

18 사람들의 인상은 타인에 의해서 관리된다.

① 참   ② 거짓   ③ 알 수 없음

19 20세기 대중문화는 새로운 인간형을 탄생시키는 배경이 되었다.

① 참   ② 거짓   ③ 알 수 없음

20 사람들은 대중문화의 부상과 함께 성공하고 있다.

① 참   ② 거짓   ③ 알 수 없음

01 다음 글의 제목으로 가장 적절한 것은?

사전적 정의에 의하면 재즈는 20세기 초반 미국 뉴올리언스의 흑인 문화 속에서 발아한 후 미국을 대표하는 음악 스타일이자 문화가 된 음악 장르이다. 서아프리카의 흑인 민속음악이 18세기 후반과 19세기 초반의 대중적이고 가벼운 유럽의 클래식 음악과 만나서 탄생한 것이 재즈다. 그러나 이 정도의 정의로 재즈의 전모를 밝히기에는 역부족이다. 이미 재즈가 미국을 넘어 전 세계에서 즐겨 연주되고 있으며 그 기법 역시 트레이드 마크였던 스윙(Swing)에서 많이 벗어났기 때문이다.

한편 재즈 역사가들은 재즈를 음악을 넘어선 하나의 이상이라고 이야기한다. 그 이상이란 삶 속에서 우러나온 경험과 감정을 담고자 하는 인간의 열정적인 마음이다. 여기에서 영감을 얻은 재즈 작곡가나 연주자는 즉자적으로 곡을 작곡하고 연주해 왔으며, 그러한 그들의 의지가 바로 다사다난한 인생을 관통하여 재즈에 담겨 있다. 초기의 재즈가 미국 흑인들의 한과 고통을 담아낸 흔적이자 역사 그 자체인 점이 이를 증명한다.

억압된 자유를 되찾으려는 그들의 저항 의식은 아름답게 정제된 기존의 클래식 음악의 틀 안에서는 온전하게 표출될 수 없었다. 불규칙적으로 전개되는 과감한 불협화음, 줄곧 어긋나는 듯한 리듬, 정제되지 않은 멜로디, 이들의 총합으로 유발되는 긴장감과 카타르시스……. 당시 재즈 사운드는 충격 그 자체였다. 그렇지만 현 시점에서 이러한 기법과 형식을 담은 장르는 넘쳐날 정도로 많아졌고, 클래식 역시 아방가르드(Avantgarde)라는 새로운 영역을 개척한 지 오래이다. 그러므로 앞에서 언급한 스타일과 이를 가능하게 했던 이상은 더 이상 재즈만의 전유물이라 할 수 없다.

켄 번스(Ken Burns)의 영화 「재즈(Jazz)」에서 윈튼 마살리스(Wynton Marsalis)는 "재즈의 진정한 힘은 사람들이 모여서 즉흥적인 예술을 만들고 자신들의 예술적 주장을 타협해 나가는 것에서 나온다. 이러한 과정 자체가 곧 재즈라는 예술 행위이다."라고 말한다. 그렇다면 우리의 일상은 곧 재즈 연주와 견줄 수 있다. 출생과 동시에 우리는 다른 사람들과 관계를 맺으며 살아간다. 물론 자신과 타인은 호불호나 삶의 가치관이 제각각일 수밖에 없다. 따라서 자신과 타인의 차이가 옳고 그름의 차원이 아닌 '다름'이라는 것을 알아가는 것, 그리고 그러한 차이를 인정하고 그 속에서 서로 이해하고 배려하려는 노력이 필요하다. 이렇듯 자신과 다른 사람과 함께 '공통의 행복'이라는 것을 만들어 간다면 우리 역시 바로 '재즈'라는 위대한 예술을 구현하고 있는 것이다.

① 재즈의 기원과 본질
② 재즈와 클래식의 차이
③ 재즈의 장르적 우월성
④ 재즈와 인생의 유사성과 차이점
⑤ 재즈를 감상하는 이유

02 다음 글의 주장에 대한 반박으로 가장 적절한 것은?

> 스피노자의 윤리학을 이해하기 위해서는 코나투스(Conatus)라는 개념이 필요하다. 스피노자에 따르면 실존하는 모든 사물은 자신의 존재를 유지하기 위해 노력하는데, 이것이 바로 그 사물의 본질인 코나투스라는 것이다. 정신과 신체를 서로 다른 것이 아니라 하나로 보았던 그는 정신과 신체에 관계되는 코나투스를 충동이라 부르고, 다른 사물들과 같이 인간도 자신을 보존하고자 하는 충동을 갖고 있다고 보았다. 특히 인간은 자신의 충동을 의식할 수 있다는 점에서 동물과 차이가 있다며 인간의 충동을 욕망이라고 하였다. 즉, 인간에게 코나투스란 삶을 지속하고자 하는 욕망을 의미한다.
>
> 스피노자는 선악의 개념도 코나투스와 연결 짓는다. 그는 사물이 다른 사물과 어떤 관계를 맺느냐에 따라 선이 되기도 하고 악이 되기도 한다고 말한다. 코나투스의 관점에서 보면 선이란 자신의 신체적 활동 능력을 증가시키는 것이며, 악은 자신의 신체적 활동 능력을 감소시키는 것이다. 이를 정서의 차원에서 설명하면 선은 자신에게 기쁨을 주는 모든 것이며, 악은 자신에게 슬픔을 주는 모든 것이다. 한마디로 인간의 선악에 대한 판단은 자신의 감정에 따라 결정된다는 것을 의미한다.
>
> 이러한 생각을 토대로 스피노자는 코나투스인 욕망을 긍정하고 욕망에 따라 행동하라고 이야기한다. 슬픔은 거부하고 기쁨을 지향하라는 것, 그것이 곧 선의 추구라는 것이다. 그리고 코나투스는 타자와의 관계에 영향을 받으므로 인간에게는 타자와 함께 자신의 기쁨을 증가시킬 수 있는 공동체가 필요하다고 말한다. 그 안에서 자신과 타자 모두의 코나투스를 증가시킬 수 있는 기쁨의 관계를 형성하라는 것이 스피노자의 윤리학이 우리에게 하는 당부이다.

① 자신의 힘을 능동적으로 발휘하여 욕망을 성취할 수 있을 때 비로소 진정한 자유의 기쁨을 누릴 수 있다.

② 인간의 모든 행동은 욕망에 의해 생겨나며, 욕망이 없다면 무기력한 존재가 될 수밖에 없다.

③ 인간을 포함한 모든 동물은 삶에 대한 본능적 의지인 코나투스를 가지고 있다.

④ 욕망은 채우고 채워도 완전히 충족될 수 없으므로 욕망의 결핍이 주는 고통으로부터 벗어나기 위해 욕망을 절제해야 한다.

⑤ 타자와의 관계 속에서 촉발되는 감정에 휘둘릴 수 있으므로 자신의 욕망에 대한 주체적 태도를 지녀야 한다.

검무는 칼을 들고 춘다고 해서 '칼춤'이라고 부르기도 하며, '황창랑무(黃倡郎舞)'라고도 한다. 검무의 역사적 기록은 『동경잡기(東京雜記)』의 「풍속조(風俗條)」에 나타난다. 신라의 소년 황창랑은 나라를 위하여 백제 왕궁에 들어가 왕 앞에서 칼춤을 추다 왕을 죽이고 자신도 잡혀서 죽는다. 신라사람들이 이러한 그의 충절을 추모하여 그의 모습을 본뜬 가면을 만들어 쓰고 그가 추던 춤을 따라춘 것에서 검무가 시작되었다고 한다. 이처럼 민간에서 시작된 검무는 고려 시대를 거쳐 조선 시대로 이어지며 궁중으로까지 전해진다. 이때 가면이 사라지는 형식적 변화가 함께 일어난다.

조선 시대 민간의 검무는 기생을 중심으로 전승되었으며 재인과 광대들의 판놀이로까지 이어졌다. 조선 후기에는 각 지방까지 전파되었는데, 진주검무와 통영검무가 그 대표적인 예이다. 한편 궁중의 검무는 주로 궁중의 연회 때에 추는 춤으로 전해졌으며 후기에 정착된 순조 때의 형식이 중요무형문화재로 지정되어 현재까지 보존되고 있다.

궁중에서 추어지던 검무의 구성은 다음과 같다. 전립을 쓰고 전복을 입은 4명의 무희가 쌍을 이루어 바닥에 놓여진 단검(短劍)을 어르는 동작부터 시작한다. 그 후 칼을 주우면서 춤이 이어지고, 화려한 춤사위로 검을 빠르게 돌리는 연풍대(筵風擡)로 마무리한다.

검무의 절정인 연풍대는 조선 시대 풍속화가 신윤복의 「쌍검대무(雙劍對舞)」에서 잘 드러난다. 그림 속의 두 무용수를 통해 춤의 회전 동작을 예상할 수 있다. 즉, 이 장면에는 오른쪽에 선 무희의 자세에서 시작해 왼쪽 무희의 자세로 회전하는 동작이 나타나 있다. 이렇게 무희들이 쌍을 이루어 좌우로 이동하면서 원을 그리며 팽이처럼 빙빙 도는 동작을 연풍대라 한다. 이 명칭은 대자리를 걷어 내는 바람처럼 날렵하게 움직이는 모습에서 비롯한 것이다.

오늘날의 검무는 검술의 정밀한 무예 동작보다 부드러운 곡선을 그리는 춤 형태로만 남아 있다. 칼을 쓰는 살벌함은 사라졌지만, 민첩하면서도 유연한 동작으로 그 아름다움을 표출하고 있는 것이다. 검무는 신라 시대부터 면면히 이어지는 고유한 문화이자 예술미가 살아 있는 몇 안 되는 소중한 우리의 전통 유산이다.

① 신라 황창랑의 의기와 춤 – 검무의 유래와 발생을 중심으로
② 역사 속에 흐르는 검빛·춤빛 – 검무의 변천 과정과 구성을 중심으로
③ 무예 동작과 아름다움의 조화 – 연풍대의 의미를 중심으로
④ 무희의 칼끝에서 펼쳐지는 바람 – 검무의 예술적 가치를 중심으로
⑤ 검과 춤의 혼합, 우리의 문화 유산 – 쌍검대무의 감상을 중심으로

04 다음 글을 읽고 추론할 수 있는 내용으로 적절하지 않은 것은?

기존의 형사 사법은 응보형론과 재사회화론을 기저에 두고 있다. 응보형론은 범죄를 상쇄할 해악의 부과를 형벌의 본질로 보는 이론으로 형벌 자체가 목적이다. 그런데 지속적인 범죄의 증가 현상은 응보형론이 이미 발생한 범죄와 범죄인의 처벌에 치중하고 예방은 미약하다는 문제를 보여준다. 재사회화론은 형벌의 목적을 범죄인의 정상적인 구성원으로서의 사회 복귀에 두는 이론이다. 이것은 형벌과 교육으로 범죄인의 반사회적 성격을 교화하여 장래의 범법 행위를 방지하는 것에 주안점을 두지만 이도 증가하는 재범률로 인해 비판받고 있다. 또한 응보형론이나 재사회화론에 입각한 형사 사법은 법적 분쟁에서 국가가 피해자를 대신하면서 국가와 범죄 행위자 간의 관계에 집중하기 때문에 피해자나 지역사회에 대한 관심이 적다는 문제점이 제기되었다.

회복적 사법은 기본적으로 범죄에 대해 다른 관점으로 접근한다. 기존의 관점은 범죄를 국가에 대한 거역이고 위법 행위로 보지만 회복적 사법은 범죄를 개인 또는 인간관계를 파괴하는 행위로 본다. 지금까지의 형사 사법은 주로 범인, 침해당한 법, 처벌 등에 관심을 두고 피해자는 무시한 채 가해자와 국가 간의 경쟁적 관계에서 대리인에 의한 법정 공방을 통해 문제를 해결해 왔다. 그러나 회복적 사법은 피해자와 피해의 회복 등에 초점을 두고 있다. 기본적 대응 방법은 피해자와 가해자, 이 둘을 조정하는 조정자를 포함한 공동체 구성원까지 자율적으로 참여하는 가운데 이루어지는 대화와 합의이다. 가해자가 피해자의 상황을 직접 듣고 죄책감이 들면 그의 감정이나 태도에 변화가 생기고, 이런 변화로 피해자도 상처를 치유받고 변화할 수 있다고 보는 것이다. 이러한 회복적 사법은 사과와 피해 배상, 용서와 화해 등을 통한 회복을 목표로 하며 더불어 범죄로 피해 입은 공동체를 회복의 대상이자 문제 해결의 주체로 본다.

회복적 사법이 기존의 관점을 완전히 대체할 수 있는 것은 아니다. 이는 현재 우리나라의 경우 형사 사법을 보완하는 차원 정도로 적용되고 있다. 그럼에도 회복적 사법은 가해자에게는 용서받을 수 있는 기회를, 피해자에게는 회복의 가능성을 부여할 수 있다는 점에서 의미가 있다.

① 응보형론은 형벌 자체를 통해 범죄를 상쇄하고자 한다.
② 기존의 관점과 달리 회복적 사법은 피해자를 우선시한다.
③ 응보형론과 재사회화론 모두 범죄를 국가에 대한 거역으로 취급한다.
④ 회복적 사법은 재사회화론을 완전히 대체할 수 있는 방안으로 사용되고 있다.
⑤ 응보형론과 재사회화론 모두 실질적인 범죄율 감소에 기여하지 못한다는 비판을 받는다.

05 다음 글의 내용으로 적절하지 않은 것은?

역사란 무엇인가 하는 대단히 어려운 물음에 아주 쉽게 답한다면, 그것은 인간 사회의 지난날에 일어난 사실(事實) 자체를 가리키기도 하고, 또 그 사실에 대해 적어 놓은 기록을 가리키기도 한다고 말할 수 있다. 그러나 지난날의 인간 사회에서 일어난 사실이 모두 역사가 되는 것은 아니다. 쉬운 예를 들면, 김총각과 박처녀가 결혼한 사실은 역사가 될 수 없고, 한글이 만들어진 사실, 임진왜란이 일어난 사실 등은 역사가 된다.

이렇게 보면 사소한 일, 일상적으로 반복되는 일은 역사가 될 수 없고, 거대한 사실, 한 번만 일어나는 사실만이 역사가 될 것 같지만, 반드시 그런 것도 아니다. 고려 시대의 경우를 예로 들면, 주기적으로 일어나는 자연 현상인 일식과 월식은 모두 역사로 기록되었지만, 우리는 지금 세계 최고(最古)의 금속 활자를 누가 몇 년에 처음으로 만들었는지 모르고 있다. 일식과 월식은 자연 현상이면서도 하늘이 인간 세계의 부조리를 경고하는 것이라 생각했기 때문에 역사가 되었지만, 목판(木版)이나 목활자 인쇄술이 금속 활자로 넘어가는 중요성이 인식되지 않았기 때문에 금속 활자는 역사가 될 수 없었다. 이렇게 보면, 또 역사라는 것은 지난날의 인간 사회에서 일어난 사실 중에서 누군가에 의해 중요한 일이라고 인정되어 뽑힌 것이라 할 수 있다. 이 경우, 그것을 뽑은 사람은 기록을 담당한 사람, 곧 역사가라 할 수 있으며, 뽑힌 사실이란 곧 역사책을 비롯한 각종 기록에 남은 사실들이다. 다시 말하면, 역사란 결국 기록에 남은 것이며, 기록에 남지 않은 것은 역사가 아니라 할 수 있다. 일식과 월식은 과학이 발달한 오늘날에는 역사로서 기록에 남지 않게 되었다. 금속 활자의 발견은 그 중요성을 안 훗날 사람들의 노력에 의해 최초로 발명한 사람과 정확한 연대(年代)는 모른 채 고려 말기의 중요한 역사로 추가 기록되었다. '지난날의 인간 사회에서 일어난 수많은 사실 중에서 누군가가 기록해 둘만한 중요한 일이라고 인정하여 기록한 것이 역사이다'라고 생각해 보면, 여기에 좀 더 깊이 생각해 보아야 할 몇 가지 문제가 있다.

첫째는 '기록해 둘 만한 중요한 사실이란 무엇을 말하는 것인가?' 하는 문제이고, 둘째는 '과거에 일어난 일들 중에서 기록해 둘 만한 중요한 사실을 가려내는 사람의 생각과 처지'의 문제이다. 먼저, '무엇이 기록해 둘 만한 중요한 문제인가? 기록해 둘 만하다는 기준(基準)이 무엇인가?' 하고 생각해 보면, 아주 쉽게 말해서 후세(後世) 사람들에게 어떤 참고가 될 만한 일이라고 말할 수 있겠다. 다시 말하면, 오늘날의 역사책에 남아 있는 사실들은 모두 우리가 살아나가는 데 참고가 될 만한 일들이라 할 수 있다. 다음으로, 참고가 될 만한 일과 그렇지 않은 일을 가려내는 일은 사람에 따라 다를 수 있으며, 또 시대에 따라 다를 수 있다. 고려 시대나 조선 시대 사람들에게는 일식과 월식이 정치를 잘못한 왕이나 관리들에 대한 하늘의 노여움이라 생각되었기 때문에 역사에 기록되었지만, 오늘날에는 그렇지 않다는 것을 알게 되었기 때문에 역사에는 기록되지 않는다.

① 인간 사회에서 일어난 모든 사실이 역사가 될 수 없다.
② 역사라는 것은 역사가의 관점에 의하여 선택된 사실이다.
③ 역사의 가치는 시대나 사회의 흐름과 무관한 절대적인 것이다.
④ 역사는 기록에 남은 것이며, 기록된 것은 가치가 있는 것이어야 한다.
⑤ 희소가치가 있는 것이나 거대한 사실이 반드시 역사가 되는 것은 아니다.

06 다음 글의 내용으로 가장 적절한 것은?

상업 광고는 기업은 물론이고 소비자에게도 요긴하다. 기업은 마케팅 활동의 주요한 수단으로 광고를 적극적으로 이용하여 기업과 상품의 인지도를 높이려 한다. 소비자는 소비 생활에 필요한 상품의 성능, 가격, 판매 조건 등의 정보를 광고에서 얻으려 한다. 광고를 통해 기업과 소비자가 모두 이익을 얻는다면 이를 규제할 필요는 없을 것이다. 그러나 광고에서 기업과 소비자의 이익이 상충하는 경우도 있고 광고가 사회 전체에 폐해를 낳는 경우도 있어, 다양한 규제 방식이 모색되었다.

이때 문제가 된 것은 과연 광고로 인한 피해를 책임질 당사자로서 누구를 상정할 것인가였다. 초기에는 '소비자 책임 부담 원칙'에 따라 광고 정보를 활용한 소비자의 구매 행위에 대해 소비자가 책임을 져야 한다고 보았다. 여기에는 광고 정보가 정직한 것인지와는 상관없이 소비자는 이성적으로 이를 판단하여 구매할 수 있어야 한다는 전제가 있었다. 그래서 기업은 광고에 의존하여 물건을 구매한 소비자가 입은 피해에 대하여 책임을 지지 않았고, 광고의 기만성에 대한 입증 책임도 소비자에게 있었다.

책임 주체로 기업을 상정하여 '기업 책임 부담 원칙'이 부상하게 된 배경은 복합적이다. 시장의 독과점 상황이 광범위해지면서 소비자의 자유로운 선택이 어려워졌고, 상품에 응용된 과학 기술이 복잡해지고 첨단화되면서 상품 정보에 대한 소비자의 정확한 이해도 기대하기 어려워졌다. 또한 다른 상품 광고와의 차별화를 위해 통념에 어긋나는 표현이나 장면도 자주 활용되었다. 그리하여 경제적, 사회·문화적 측면에서 광고로부터 소비자를 보호해야 한다는 당위를 바탕으로 기업이 광고에 대해 책임을 져야 한다는 공감대가 확산되었다.

오늘날 행해지고 있는 여러 광고 규제는 이런 공감대에서 나온 것인데, 이는 크게 보아 법적 규제와 자율 규제로 나눌 수 있다. 구체적인 법 조항을 통해 광고를 규제하는 법적 규제는 광고 또한 사회적 활동의 일환이라는 점에 근거한다. 특히 자본주의 사회에서는 기업이 시장 점유율을 높여 다른 기업과의 경쟁에서 승리하기 위하여 사실에 반하는 광고나 소비자를 현혹하는 광고를 할 가능성이 높다. 법적 규제는 허위 광고나 기만 광고 등을 불공정 경쟁의 수단으로 간주하여 정부 기관이 규제를 가하는 것이다.

자율 규제는 법적 규제에 대한 기업의 대응책으로 등장했다. 법적 규제가 광고의 역기능에 따른 피해를 막기 위한 강제적 조치라면, 자율 규제는 광고의 순기능을 극대화하기 위한 자율적 조치이다. 광고에 대한 기업의 책임감에서 비롯된 자율 규제는 법적 규제를 보완하는 효과가 있다.

① 광고 주체의 자율 규제가 잘 작동될수록 광고에 대한 법적 규제의 역할도 커진다.
② 기업의 이익과 소비자의 이익이 상충하는 정도가 클수록 법적 규제와 자율 규제의 필요성이 약화된다.
③ 시장 독과점 상황이 심각해지면서 기업 책임 부담 원칙이 약화되고 소비자 책임부담 원칙이 부각되었다.
④ 첨단 기술을 강조한 상품의 광고일수록 소비자가 광고 내용을 정확히 이해하지 못한 채 상품을 구매할 가능성이 커진다.
⑤ 광고의 기만성을 입증할 책임을 소비자에게 돌리는 경우, 그 이유는 소비자에게 이성적 판단 능력이 있다는 전제를 받아들이지 않기 때문이다.

07 다음 제시된 문단을 논리적 순서대로 바르게 나열한 것은?

> (가) 국어의 단어들은 어근과 어근이 결합해 만들어지기도 하고 어근과 파생 접사가 결합해 만들어지기도 한다. 어근과 파생 접사가 결합한 단어는 파생 접사가 어근의 앞에 결합한 것도 있고, 파생 접사가 어근의 뒤에 결합한 것도 있다. 어근이 용언 어간이나 체언일 때, 그 뒤에 결합한 파생 접사는 어미나 조사와 혼동될 수도 있다.
>
> (나) 이러한 일반적인 단어 형성과 달리, 용언 어간에 어미가 결합한 형태나, 체언에 조사가 결합한 형태가 시간이 지나면서 새로운 단어가 된 경우도 있다. 먼저 용언의 활용형이 역사적으로 굳어져 새로운 단어가 된 경우가 있다. 부사 '하지만'은 '하다'의 어간에 어미 '−지만'이 결합했던 것이었는데, 시간이 지나면서 굳어져 새로운 단어가 되었다.
>
> (다) 다음으로 체언에 조사가 결합한 형태가 역사적으로 굳어져 새로운 단어가 된 것도 있다. 명사 '아기'에 호격 조사 '아'가 결합했던 형태인 '아가'가 시간이 지나면서 새로운 단어가 되었다.
>
> (라) 그러나 파생 접사는 주로 새로운 단어를 만든다는 점에서 차이가 있다. 이에 비해 어미는 용언 어간과 결합해 용언이 문장 성분이 될 수 있도록 해 주고, 조사는 체언과 결합해 체언이 문장 성분임을 나타내 줄 뿐 새로운 단어를 만들지는 않는다. 이 점에서 어미와 조사는 파생 접사와 분명하게 구별된다.

① (가) – (나) – (다) – (라)　　　　② (가) – (나) – (라) – (다)
③ (가) – (라) – (나) – (다)　　　　④ (나) – (다) – (라) – (가)
⑤ (나) – (라) – (다) – (가)

08 다음 제시된 글을 읽고 이어질 문단을 논리적 순서대로 바르게 나열한 것은?

> 선택적 함묵증(Selective Mutism)은 정상적인 언어발달 과정을 거쳐서 어떤 상황에서는 말을 하면서도 말을 해야 하는 특정한 사회적 상황에서는 말을 지속적으로 하지 않거나 다른 사람의 말에 언어적으로 반응하지 않는 것을 말하며, 이렇게 말을 하지 않는 증상이 1개월 이상 지속되고 교육적, 사회적 의사소통을 저해하는 요소로 작용할 때 선택적 함묵증으로 진단할 수 있으며, 이는 불안장애로 분류되고 있다.

> (가) 이러한 불안을 잠재우기 위해서는 발생 원인에 따라서 적절한 심리치료 방법을 선택해 치료과정을 관찰하면서 복합적인 치료 방법을 혼용하여야 한다.
>
> (나) 아동은 굳이 말을 사용하지 않고서도 자신의 생각을 자연스럽게 표현하는 긍정적인 경험을 갖게 되어 이는 부정적 정서로 인한 긴장과 위축을 이완시킬 수 있다.
>
> (다) 그중 하나인 미술치료는 아동의 저항을 줄이고, 언어의 한계성을 벗어나며 육체적 활동을 통해 창조성을 생활화하고, 미술표현이 사고와 감정을 객관화한다고 볼 수 있다.
>
> (라) 불안장애의 한 유형인 선택적 함묵증은 불안이 표면화되어 행동으로 나타나는 경우라고 볼 수 있으며 대체로 심한 부끄러움, 사회적 상황에 대한 두려움, 사회적 위축, 강박적 특성, 거절증, 반항 등의 행동으로 표출된다.

① (가) – (다) – (라) – (나)　　② (가) – (라) – (나) – (다)
③ (가) – (라) – (다) – (나)　　④ (라) – (가) – (나) – (다)
⑤ (라) – (가) – (다) – (나)

다음 글에서 〈보기〉의 문장이 들어갈 위치로 가장 적절한 곳은?

1895년에 발견된 X선은 진단 의학의 혁명을 일으켰다. 이후 X선 사진 기술은 단면 촬영을 통해 입체 영상 구성이 가능한 CT(컴퓨터 단층 촬영 장치)로 진화하면서 해부를 하지 않고 인체 내부를 정확하게 진단하는 기술로 발전하였다. (가)

X선 사진은 X선을 인체에 조사하고, 투과된 X선을 필름에 감광시켜 얻어낸 것이다. 조사된 X선의 일부는 조직에서 흡수·산란되고 나머지는 조직을 투과하여 반대편으로 나오게 된다. X선이 투과되는 정도를 나타내는 투과율은 공기가 가장 높으며 지방, 물, 뼈의 순서로 낮아진다. 또한 투과된 X선의 세기는 통과한 조직의 투과율이 낮을수록, 두께가 두꺼울수록 약해진다. 이런 X선의 세기에 따라 X선 필름의 감광 정도가 달라져 조직의 흑백 영상을 얻을 수 있다. (나) 이러한 X선 사진의 한계를 극복한 것이 CT이다.

CT는 인체에 투과된 X선의 분포를 통해 인체의 횡단면을 영상으로 재구성한다. CT 촬영기 한쪽 편에는 X선 발생기가 있고 반대편에는 여러 개의 X선 검출기가 배치되어 있다. (다) CT 촬영기 중심에 사람이 누운 침대가 들어가면 X선 발생기에서 나온 X선이 인체를 투과한 후 맞은편 X선 검출기에서 검출된다.

X선 검출기로 인체를 투과한 X선의 세기를 검출하는데, 이때 공기를 통과하며 감쇄된 양을 빼고, 인체 조직만을 통과하면서 감쇄된 X선의 총량을 구해야 한다. 이것은 공기만을 통과한 X선 세기와 조직을 투과한 X선 세기의 차이를 계산하면 얻을 수 있고, 이를 환산값이라고 한다. 즉, 환산값은 특정 방향에서 X선이 인체 조직을 통과하면서 산란되거나 흡수되어 감쇄된 총량을 의미한다. 이 값을 여러 방향에서 구하기 위해 CT 촬영기를 회전시킨다. (라) 그러면 동일 단면에 대한 각 방향에서의 환산값을 구할 수 있고, 이를 활용하여 컴퓨터가 단면 영상을 재구성한다.

CT에서 영상을 재구성하는 데에는 역투사(Back Projection) 방법이 이용된다. 역투사는 어떤 방향에서 X선이 진행했던 경로를 거슬러 진행하면서 경로상에 환산값을 고르게 분배하는 방법이다. (마) CT 촬영기를 회전시키며 얻은 여러 방향의 환산값을 경로별로 역투사하여 더해 나가는데, 이처럼 여러 방향의 환산값들이 더해진 결과가 역투사 결괏값이다. 역투사를 하게 되면 뼈와 같이 감쇄를 많이 시키는 조직에서는 여러 방향의 값들이 더해지게 되고, 그 결과 다른 조직에서보다 더 큰 결괏값이 나오게 된다.

보기

그렇지만 X선 사진에서는 투과율이 비슷한 조직들 간의 구별이 어려워서 X선 사진은 다른 조직과의 투과율 차이가 큰 뼈나 이상 조직의 검사에 주로 사용된다.

① (가)　　　　　　　　　　② (나)

③ (다)　　　　　　　　　　④ (라)

⑤ (마)

10 다음 글의 빈칸에 들어갈 내용으로 가장 적절한 것은?

상품을 만들어 파는 사람이 그 수고의 대가를 받고 이익을 누리는 것은 당연하다. 하지만 그 이익이 다른 사람의 고통을 무시하고 얻어진 경우에는 정당하지 않을 수 있다. 제3세계에 사는 많은 환자가 신약 가격을 개발국인 선진국의 수준으로 유지하는 거대 제약회사의 정책 때문에 고통 속에서 죽어가고 있다. 그 약값을 감당할 수 있는 우리 영국인이 보기에도 이는 이익이란 명분 아래 발생하는 끔찍한 사례다. 비난의 목소리가 높아지자 제약회사의 대규모 투자자 중 일부는 자신들의 행동이 윤리적인지 고민하기 시작했다. 사람들이 약값 때문에 약을 구할 수 없다는 것은 분명히 잘못된 일이다. 하지만 그렇다고 해서 국가가 제약회사들에 손해를 감수하라는 요구를 할 수는 없다는 데 사태의 복잡성이 있다.

신약을 개발하는 일에는 막대한 비용과 시간이 들며, 그 안전성 검사가 법으로 정해져 있어서 추가적인 비용이 발생한다. 이를 상쇄하기 위해 제약회사들은 시장에서 최대한 이익을 뽑아내려 한다. 얼마나 많은 환자가 신약을 통해 고통에서 벗어나는가에 대한 관심을 이들에게 기대하긴 어렵다. 그러나 만약 제약회사들이 존재하지 않는다면 신약 개발도 없을 것이다. 상업적 고려와 인간의 건강 사이에 존재하는 긴장을 어떻게 해소해야 할까?

제3세계의 환자를 치료하는 일은 응급사항이지만 제약회사들이 자선하리라고 기대하는 것은 비현실적이다. 그렇다면 그 대안은 명백하다. _____ _____ 물론 여기에도 문제는 있다. 이 대안이 왜 실현되기 어려운 걸까? 그 이유가 무엇인지는 우리가 자신의 주머니에 손을 넣어 거기에 필요한 돈을 꺼내는 순간 분명해질 것이다.

① 제3세계에 제공되는 신약 가격을 선진국과 같도록 해야 한다.

② 제3세계 국민에게 필요한 신약을 선진국 국민이 구매하여 전달해야 한다.

③ 선진국들은 자국의 제약회사가 제3세계에 신약을 저렴하게 공급하도록 강제해야 한다.

④ 거대 제약회사들이 제3세계 국민들을 위한 신약 개발에 주력하도록 선진국 국민이 압력을 행사해야 한다.

⑤ 각국 정부는 거대 제약회사의 신약 가격 결정에 자율권을 주어 개발 비용을 보상받을 수 있게 해야 한다.

11 다음은 '우리말 사용'에 대한 글을 쓰기 위해 작성한 개요이다. 개요의 수정·보완 및 자료 제시 방안으로 적절하지 않은 것은?

---

1. 서론 : _____ ·························· ㉠
2. 우리말의 오용 원인
   (1) 개인적 측면 ································· ㉡
      – 우리말에 대한 사랑과 긍지 부족
   (2) 사회적 측면
      가. 우리말의 소중함에 대한 교육 부족
      나. 바른 우리말 교육 자료의 부족
      다. 대중매체가 미치는 부정적 영향에 대한 인식 부족 ···· ㉢
3. 우리말을 가꾸는 방법
   (1) 개인적 차원
      가. 우리말에 대한 이해와 적극적인 관심
      나. 외국어의 무분별한 사용 지양
   (2) 사회적 차원
      가. 우리말 사용 ······························· ㉣
      나. 우리말 연구 기관에 대한 정책적 지원
      다. 대중매체에 사용되는 우리말의 순화
4. 결론 : _____ ·················· ㉤

---

① ㉠ : 우리말을 잘못 사용하고 있는 사례들을 제시하여 우리말 오용 실태를 나타낸다.

② ㉡ : '3 – (1) – 나'를 고려하여 '외국어의 무분별한 사용'을 하위항목으로 추가한다.

③ ㉢ : 영화의 한 장면을 모방하여 범죄를 저지른 비행 청소년들의 사례를 활용한다.

④ ㉣ : 내용을 구체화하기 위해 '바른 우리말 사용 교육 프로그램 개발'로 수정한다.

⑤ ㉤ : 개요의 흐름을 고려하여 결론을 '우리말을 사랑하고 가꾸기 위한 개인적·사회적 노력 제고'로 작성한다.

12 다음은 동사무소에 근무하는 C씨가 '지역 축제의 문제점과 발전 방안'에 대해 작성할 보고서의 개요이다. 개요의 수정·보완 방법으로 적절하지 않은 것은?

주제 : 지역 축제의 문제점과 발전 방안
Ⅰ. 지역 축제의 실태
　　가. 지역 축제에 대한 관광객의 외면
　　나. 지역 축제에 대한 지역 주민의 무관심
Ⅱ. 지역 축제의 문제점
　　가. 지역마다 유사한 내용의 축제
　　나. 관광객을 위한 편의 시설 낙후
　　다. 행사 전문 인력의 부족
　　라. 인근 지자체 협조 유도
　　마. 지역 축제 시기 집중
Ⅲ. 지역 축제 발전을 위한 방안
　　가. 지역적 특성을 보여줄 수 있는 프로그램 개발
　　나. 관광객을 위한 편의 시설 개선
　　다. 원활한 진행을 위한 자원봉사자 모집
　　라. 지자체 간 협의를 통한 축제 시기의 분산
Ⅳ. 결론 : 지역 축제가 가진 한계 극복

---

① 'Ⅰ-가.'와 'Ⅰ-나.'를 '지역 축제에 대한 사람들의 무관심'으로 통합하고 '유명무실하거나 금방 폐지됨'을 추가한다.

② 'Ⅱ-가. 지역마다 유사한 내용의 축제'는 '관광객 유치를 위한 홍보 과열'로 수정한다.

③ 'Ⅱ-라. 인근 지자체 협조 유도'는 상위항목에 해당하지 않으므로 삭제한다.

④ 'Ⅲ-다. 원활한 진행을 위한 자원봉사자 모집'은 'Ⅱ-다.'와 연계하여 '지역 축제에 필요한 전문 인력 양성'으로 수정한다.

⑤ 'Ⅳ. 결론 : 지역 축제가 가진 한계 극복'은 주제와 부합하도록 '내실 있는 지역 축제로의 변모 노력 촉구'로 수정한다.

※ 다음 글을 읽고 이어지는 질문에 답하시오. [13~14]

(가) 대부분의 실험 참가자들은 청소년기에 부모에게서 많은 칭찬과 보상을 받으며 원만한 관계를 맺음으로써 성인기에 코르티솔 수치가 높아진 것으로 나타났다. 코르티솔 수치가 높다는 것은 주의에 집중하고 민첩하며 재빠른 상황 판단과 대처를 할 수 있다는 의미로, 이는 원만한 인간관계로 이어져 개인의 삶에 좋은 영향을 미친다고 볼 수 있다. 인간관계에서 벌어지는 미묘한 문제를 잘 알아채고 세부적인 사항들에 좀 더 주목할 수 있기 때문이다.

(나) 부모와 긍정적인 관계를 형성한 청소년은 성인이 되고 나서도 원만한 인간관계 등을 통해 개인의 삶에 긍정적인 영향을 주는 것으로 나타났다. 미국 아이오와 대학교 연구팀은 미국 시애틀 거주자를 대상으로 이에 대한 연구를 진행했다. 우선 실험 참가자들이 청소년일 때 부모와의 관계를 확인하고, 이후 부모와의 긍정적인 관계가 성인이 된 후 어떠한 영향을 미쳤는지 살폈다.

(다) 그런데 일부 실험 참가자는 다른 양상이 나타났다. 청소년기에 시작된 부모의 칭찬과 보상이 코르티솔 수치에 별다른 영향을 미치지 않은 것이다. 이는 어릴 때부터 범죄, 가정 문제 등에 노출되는 일이 많았던 경우로 이 경우 이미 스스로를 보호하고 경계하면서 자랐기 때문일 것으로 분석된다. 즉, 부모와의 관계가 자녀의 삶에 영향을 미치지만, 외부 환경이 끼치는 영향 역시 무시할 수 없다는 의미로 해석될 수 있는 것이다.

(라) 5년이 지난 뒤 19 ~ 22세 사이의 성인이 된 실험 참가자들에게서 타액 샘플을 채취한 다음 코르티솔 수치를 살폈다. 코르티솔은 스트레스에 반응하여 분비되는 호르몬으로, 자연스럽게 인간관계를 형성하면서 나타나는 호르몬으로도 볼 수 있다. 성별, 수입 상태, 수면 습관 등 다양한 변인을 통제한 상태에서 분석해본 결과, 부모와 청소년의 관계는 코르티솔 수치와 연관성을 보였다.

Easy

13 윗글의 (가) ~ (라) 문단을 논리적 순서대로 바르게 나열한 것은?

① (가) – (나) – (라) – (다)

② (가) – (다) – (라) – (나)

③ (나) – (가) – (다) – (라)

④ (나) – (라) – (가) – (다)

⑤ (나) – (라) – (다) – (가)

14 다음 중 윗글의 제목으로 가장 적절한 것은?

① 대인관계 형성, 인종별로 다르게 나타나

② 코르티솔로 나타나는 부모와 자식의 관계

③ 부모와의 좋은 관계, 개인의 삶에 영향 미쳐

④ 외부환경으로 나타나는 자녀의 스트레스

⑤ 격려와 적절한 보상의 효과성 검증

(가) 1772년 프랑스 기행작가인 피에르 장 그로슬리가 쓴 『런던여행』이라는 책에 샌드위치 백작의 관련 일화가 나온다. 이 책에는 샌드위치 백작이 도박을 하다가 빵 사이에 소금에 절인 고기를 끼워 먹는 것을 보고 옆에 있던 사람이 '샌드위치와 같은 음식을 달라.'고 주문한 것에서 샌드위치라는 이름이 생겼다고 적혀있다. 하지만 샌드위치 백작의 일대기를 쓴 전기 작가 로저는 이와 다른 주장을 한다. 샌드위치 백작이 각료였을 때 업무에 바빠서 제대로 된 식사를 못 하고 책상에서 빵 사이에 고기를 끼워 먹었다는 데서 샌드위치 이름이 유래되었다는 것이다.

(나) 샌드위치는 사람의 이름이 아니고, 영국 남동부 도버 해협에 있는 중세풍 도시로 지금도 많은 사람이 찾는 유명 관광지이다. 도시명이 음식 이름으로 널리 알려진 이유는 18세기 사람으로, 이 도시의 영주였던 샌드위치 백작 4세, 존 몬태규 경 때문이다. 샌드위치 백작은 세계사에 큰 발자취를 남긴 인물로 세계 곳곳에서 그의 흔적을 찾을 수 있다.

(다) 샌드위치는 빵과 빵 사이에 햄과 치즈, 달걀 프라이와 채소 등을 끼워 먹는 것이 전부인 음식으로 도박꾼이 노름하다 만든 음식이라는 소문까지 생겼을 정도로 간단한 음식이다. 그러나 사실 샌드위치의 유래에는 복잡한 진실이 담겨 있으며, 샌드위치가 사람 이름이라고 생각하는 경우가 많지만 그렇지 않다.

(라) 샌드위치의 기원에 대해서는 이야기가 엇갈리는데, 그 이유는 _____
일부에서는 샌드위치 백작을 유능한 정치인이며 군인이었다고 말하지만 또 다른 한편에서는 무능하고 부패했던 도박꾼에 지나지 않았다고 평가한다.

15 윗글의 (가) ~ (라) 문단을 논리적 순서대로 바르게 나열한 것은?

① (가) – (다) – (나) – (라)
② (나) – (가) – (라) – (다)
③ (다) – (나) – (가) – (라)
④ (다) – (나) – (라) – (가)
⑤ (라) – (가) – (나) – (다)

16 윗글의 빈칸에 들어갈 내용으로 가장 적절한 것은?

① 샌드위치와 관련된 다양한 일화가 전해지고 있기 때문이다.
② 음식 이름의 주인공 직업과 관계가 있다.
③ 많은 대중들이 즐겨 먹었던 음식이기 때문이다.
④ 음식 이름의 주인공이 유명한 사람이기 때문이다.
⑤ 음식 이름의 주인공에 대한 상반된 평가와 관계가 있다.

색채는 상징성과 이미지를 지니는 동시에 인간과 심리적 교감을 나눈다. 과거 노란색은 중국 황제를 상징했고, 보라색은 로마 황제의 색이었다. 또한, 붉은색은 공산주의의 상징이었다. 백의민족이라 불린 우리 민족은 태양의 광명인 흰색을 숭상했던 것으로 보인다. 이처럼 각 색채는 희망·열정·사랑·생명·죽음 등 다양한 상징을 갖고 있다. 여기에 각 색깔이 주는 독특한 자극은 인간의 감성과 심리에 큰 영향을 미치고 있으며, 이는 색채심리학이라는 학문의 등장으로 이어졌다.

색채심리학이란 색채와 관련된 인간의 행동(반응)을 연구하는 심리학을 말한다. 색채심리학에서는 색각(色覺)의 문제로부터, 색채가 가지는 인상·조화감 등에 이르는 여러 문제를 다룬다. 그뿐만 아니라, 생리학·예술·디자인·건축 등과도 관계를 가진다. 특히, 색채가 어떠하며, 우리 눈에 그것이 어떻게 보이고, 어떤 느낌을 주는지는 색채심리학이 다루는 연구대상 중 가장 주요한 부분이다.

우리는 보통 몇 가지의 색을 동시에 보게 된다. 이럴 경우 몇 가지의 색이 상호작용을 하므로 한 가지의 색을 볼 때와는 다른 현상이 일어난다. 그 대표적인 것이 대비(對比) 현상이다. 색채의 대비는 2개 이상의 색을 동시에 보거나, 계속해서 볼 때 일어나는 현상이다. 전자를 '동시대비', 후자를 '계속대비'라 한다. 이때 제시되는 색은 서로 영향을 미치며, 각기 지니고 있는 색의 특성을 더욱더 강조하는 경향이 생긴다.

이러한 색의 대비현상을 살펴보면, 색에는 색상·명도(색의 밝기 정도)·채도(색의 선명도)의 3가지 속성이 있으며, 이에 따라, 색상대비·명도대비·채도대비의 3가지 대비를 볼 수 있다. 색상대비는 색상이 다른 두 색을 동시에 이웃하여 놓았을 때 두 색이 서로의 영향으로 색상 차가 나는 현상이다. 다음으로 명도대비는 명도가 다른 두 색을 이웃하거나 배색하였을 때, 밝은색은 더욱 밝게, 어두운색은 더욱 어둡게 보이는 현상으로 볼 수 있다. 그리고 채도대비는 채도가 다른 두 색을 인접시켰을 때 서로의 영향을 받아 채도가 높은 색은 더욱 높아 보이고 채도가 낮은 색은 더욱 낮아 보이는 현상을 말한다.

오늘날 색의 대비 현상은 일상생활에서 많이 활용되고 있다. 색채를 활용하여 먼 거리에서 더 잘 보이게 하거나 뚜렷하게 보이도록 해야 할 때가 있는데, 그럴 경우에는 배경과 그 앞에 놓이는 그림의 속성 차를 크게 해야 한다. 일반적으로 배경색과 그림색의 속성이 다르면 다를수록 그림은 명확하게 인지되고, 멀리서도 잘 보인다. 색의 대비 중 이와 같은 현상에 가장 영향을 미치는 것은 명도대비이며 그다음이 색상대비, 채도대비의 순이다. 특히, 멀리서도 잘 보여야 하는 표지류 등은 대비량이 큰 색을 사용한다.

색이 우리 눈에 보이는 현상으로는 이 밖에도 잔상색·순응색 등이 있다. 흰 종이 위에 빨간 종이를 놓고 잠깐 동안 주시한 다음 빨간 종이를 없애면, 흰 종이 위에 빨간 청록색이 보인다. 이것이 이른바 보색잔상으로서 비교적 밝은 면에서 잔상을 관찰했을 때 나타나는 현상이다. 그러나 암흑 속이나 백광색의 자극을 받을 때는 매우 복잡한 양상을 띤다. 또, 조명광이나 물체색(物體色)을 오랫동안 계속 쳐다보고 있으면, 그 색에 순응되어 색의 지각이 약해진다. 그래서 조명에 의해 물체색이 바뀌어도 자신이 알고 있는 고유의 색으로 보이게 되는데 이러한 현상을 '색순응'이라고 한다.

17 윗글을 읽고 이해한 내용으로 적절하지 않은 것은?

① 색채의 대비 중 2개 이상의 색을 계속 보는 경우를 계속대비라고 한다.

② 색을 계속 응시하면 색의 보이는 상태가 변화됨을 알 수 있다.

③ 색채심리학은 색채가 우리에게 어떤 느낌을 주는지도 연구한다.

④ 배경과 그림의 속성 차를 작게 할수록 뚜렷하게 보이는 효과가 있다.

⑤ 멀리서도 잘 보여야 하는 경우는 대비량이 큰 색을 사용한다.

Hard

18 윗글을 읽고 추론할 수 있는 내용으로 가장 적절한 것은?

① 어두운 밝기의 회색이 검은색 바탕 위에 놓일 경우 밝아 보이는데 이는 채도대비로 볼 수 있다.

② 연두색 배경 위에 놓인 노란색은 좀 더 붉은 색을 띠게 되는데 이는 색상대비로 볼 수 있다.

③ 파란색 선글라스를 통해 푸르게 보이던 것이 곧 익숙해져서 본래의 색으로 느끼는 것은 보색잔상으로 볼 수 있다.

④ 색의 물체를 응시한 후 흰 벽으로 눈을 옮기면 전자의 색에 칠하여진 동형의 상을 볼 수 있는데 이는 색순응으로 볼 수 있다.

⑤ 무채색 위에 둔 유채색이 훨씬 선명하게 보이는 현상은 명도대비로 볼 수 있다.

P2P 대출(Peer-to-Peer Lending)이란 기업이나 개인이 금융기관을 거치지 않고 온라인 플랫폼을 통해 대출계약을 체결하도록 하는 형태의 금융서비스를 의미하며, 다수의 투자자와 다수의 차입자를 연결한다는 측면에서 대출형 크라우드펀딩으로 불리기도 한다. P2P 대출업체는 차입자의 대출수요 정보를 집중하고 불특정 다수의 투자자를 모집하는 방식으로 온라인에서 대출중개 서비스를 제공하고 있다. 과거에는 고객이나 대출을 해주는 쪽이나 상호 간에 정보가 불확실한 경우가 많아 일부 고리대금업자나 사채업자와 같은 금융기관과는 다른 악성 형태를 보였으나, 인터넷 네트워크가 발달함에 따라 새로운 가치 창출을 위해 이러한 위험성을 상쇄할 수 있는 시스템이 개발된 것이다. 또한 저금리시대에 사는 현재에 있어 정부 통제하에 있는 일률적인 금리구조에서 벗어나 고수익을 달성할 수 있다는 프로세스로 인하여 투자자들에게 인기를 끌고 있다고 볼 수 있다.

이러한 P2P 대출은 국내뿐 아니라 전 세계에서 각광을 받고 있다. 국내의 경우 우수한 인터넷 네트워크 환경이 있기는 하지만 상대적으로 대출에 대한 부정적 인식이 강해 성장세에 있는 나라에 비해 빠른 성장은 보이지 못하고 있다. 하지만 사업 환경이 좋아 언제든지 폭발적 성장을 기대해 볼 수도 있는 상황이다. 세계적으로 P2P 대출의 형태는 다양한 모습으로 발생하고 있으나 대출중개 구조를 크게 직접중개형과 간접중개형으로 구분하여 보고 있다.

먼저 직접중개형은 차입자와 대부자가 대출계약의 당사자가 되는 것으로, P2P 대출 중개업체는 차입자의 대출정보에 대해 심사를 실행하며 차입자의 대출상환 및 대부자의 대출관리, 추심 등을 지원하는 형태인데 영국의 Zopa, 미국의 SoFi, 중국의 P2P 대출 중개업체 대부분이 채택하고 있는 대출중개 구조이다. 이와는 다르게 간접중개형(원리금수취권매매형)은 연계금융회사가 대출을 실행하면 P2P 대출 중개업체가 대출자산을 매입하고 이를 기초자산으로 한 증권을 발행해 청약한 투자자에게 매도하는 방식으로 이루어져 있다. 우리에게 많이 알려진 Lending Club 등 미국의 대표적인 P2P 대출 중개업체가 채택한 대출중개구조이다. 우리나라의 경우는 간접중개형 대출구조를 취하나, 연계금융회사가 대출자산을 매도하지 않고 보유하고, 대부업자가 연계금융회사인 경우가 대부분이며, 자본시장과 금융투자업에 관한 법률에서 정의하는 증권으로 인정하고 있지 않다는 점 등이 다르다.

P2P 대출은 정보기술 발전과 금융혁신을 기반으로 성장하였는데, P2P 대출에 대한 심도있는 이해를 위해 성장 배경이 된 특징을 살펴볼 필요가 있다. 먼저 효율성 측면을 살펴보면 P2P 대출업체는 온라인을 기반으로 차입자와 투자자의 자금융통 거래를 중개함에 따라 무점포 운영으로 관리 비용을 절감하고, 금융기관의 건전성 규제 등이 적용되지 않아 절감된 비용이 투자자와 차입자에게 이익으로 제공되는 시스템으로 운영되고 있다.

우리나라의 경우 2016년 기준 대출이 평균 이자율 12.4%(범위는 4.4 ~ 19.9%)의 조건으로 중금리 수준에서 실행되고, 투자자의 평균 투자 수익률은 10%인 것으로 나타나고 있어 투자자 및 차입자 모두에게 긍정적 효과를 주는 것을 알 수 있다. 반면에 자금 대출 시장을 점유하고 있는 은행은 인적·물적 설비로 인한 고정적인 관리 비용이 들고 이를 금리에 전가하게 되며, 강한 건전성 규제 등으로 인하여 보수적인 대출심사가 이루어지는 측면이 있어 P2P 대출에 중금리 대출 시장을 점차 빼앗길 수 있는 요인도 충분하다고 볼 수도 있다.

두 번째로 기술혁신의 측면을 들 수 있다. P2P 대출은 핀테크 산업으로 불리는 만큼 은행권과 달리 금융정보뿐만 아니라 비금융정보를 활용하는 신용평가기술을 기반으로 대출 중개 과정을 자동화하며, 규모의 경제를 플랫폼을 통하여 실현하는 기술혁신을 기반으로 운영된다. 신용정보의 수집, 신용평가와 같은 기능 및 대출금 상환 등의 서비스를 중개기관이 제공함으로써 신용리스크에 대한 통제를 기존 금융기관과 유사한 수준으로 실행할 수 있고, 또한 새롭고 효율적인 신용평가 및 관리시스템 개발이 P2P 대출을 가능하게 하고 있다.

세 번째로 위험 분산 측면도 살펴볼 수 있다. 온라인 중개 특성으로 인하여 다수가 참여하여 위험이 분산되고, 다양한 자금조달 통로가 만들어질 수 있는 것이다. P2P라는 용어에서 알 수 있듯이 온라인으로 다수의 개인들인 자금 수요자와 공급자를 연결할 수 있다는 특성으로 인하여 신용위험이 여러 자금공급자에게 분산될 수 있도록 설계되어 위험성은 현저히 줄어든다. 은행의 경우 신용위험을 은행이 갖는 반면에, P2P 대출에서는 개개인이 신용위험을 부담하기 때문에 위험 분산 효과가 발생하고 금리를 낮출 여지가 발생되는 것이다. 또한 투자자 측면에서 기존에는 참여가 제한되었던 대출 시장에 접근, 즉 대출상품에 투자할 수 있게 된 것으로 볼 수 있고, 개인이 온라인으로 쉽게 분산투자하면서 고위험 대출도 가능해지고 새로운 시장이 발생되어 전체적 시장이 확장되는 효과를 누릴 수 있다.

19 윗글의 서술전개 방식으로 적절하지 않은 것은?

① 대상을 하위항목으로 구분하여 설명하고 있다.
② 다른 대상과의 비교를 통해 대상이 지닌 특징을 설명하고 있다.
③ 대상에 대한 여러 가지 견해를 제시하여 비교, 평가하고 있다.
④ 대상에 대한 정의를 통해 독자의 이해를 돕고 있다.
⑤ 우리나라의 입장을 예시로 들어 설명하고 있다.

Hard

20 윗글을 읽고 이해한 내용으로 가장 적절한 것은?

① P2P 대출업체는 금융기관의 건전성 규제가 적용되는 장점이 있다.
② P2P 대출은 온라인 중개 특성으로 다수가 참여하여 위험성이 높아질 수 있다.
③ 우리나라의 경우 대출에 대해 긍정적인 시선으로 P2P 대출이 빠르게 성장하고 있다.
④ 간접중개형 P2P 대출은 차입자와 대부자가 대출계약의 당사자가 된다.
⑤ P2P 대출은 개인의 분산투자로 인해 고위험 대출도 가능해진다.

21 윗글을 참고하여 P2P 대출에 대한 홍보문구를 만들고자 할 때 적절하지 않은 것은?

① 신용리스크 걱정 마세요! P2P 대출의 신용리스크 통제는 기존 금융기관과 유사한 수준입니다.
② 분산 효과로 신용위험이 적은 P2P 대출!
③ P2P 대출은 정부의 금리구조에 영향을 받아 보다 안정적입니다!
④ P2P 대출은 절감된 관리 비용을 투자자와 차입자에게 제공합니다!
⑤ 저금리 시대에 고수익 달성을 위한 방법, P2P 대출!

※ 다음 글을 읽고 이어지는 질문에 답하시오. [22~23]

펀드(Fund)를 우리말로 바꾸면 '모금한 기금'을 뜻하지만 경제 용어로는 '경제적 이익을 보기 위해 불특정 다수인으로부터 모금하여 운영하는 투자 기금'을 가리키는 말로 사용한다. 펀드는 주로 주식이나 채권에 많이 투자를 하는데, 개인이 주식이나 채권에 투자하기 위해서는 어떤 회사의 채권을 사야 하는지, 언제 사야 하는지, 언제 팔아야 하는지, 어떻게 계약을 하고 세금을 얼마나 내야 하는지, 알아야 할 게 너무 많아 복잡하다. 이러한 여러 가지 일을 투자 전문 기관이 대행하고 일정 비율의 수수료를 받게 되는데, 이처럼 펀드에 가입한다는 것은 투자 전문 기관에게 대행 수수료를 주고 투자 활동에 참여하여 이익을 보는 일을 말한다.

펀드는 크게 보아 주식 투자 펀드와 채권 투자 펀드로 나눌 수 있다. 주식 투자 펀드를 살펴보면 회사가 회사를 잘 꾸려서 영업 이익을 많이 만들면 주식 가격이 오른다. 그래서 그 회사의 주식을 가진 사람은 회사의 이익을 나누어 받는다. 이처럼 주식 투자 펀드는 주식을 사서 번 이익에서 투자 기관의 수수료를 뺀 금액이 '펀드 가입자의 이익'이 되며 이 이익은 투자한 자금에 비례하여 분배받는다. 그리고 투자자는 분배받는 금액에 따라 세금을 낸다. 채권 투자 펀드는 회사, 지방자치단체, 국가가 자금을 조달하기 위해 이자를 지불할 것을 약속하면서 발행하는 채권을 사서 이익을 보는 것이다. 채권을 사서 번 이익에서 투자 기관의 수수료를 뺀 금액이 수익이 된다. 이외에도 투자 대상에 따라 국내 펀드, 해외 펀드, 신흥국가 대상 펀드, 선진국 펀드, 중국 펀드, 원자재 펀드 등 펀드의 종류는 아주 다양하다.

채권 투자 펀드는 회사나 지방자치단체 그리고 국가가 망하지 않는 이상 정해진 이자를 받을 수 있어 비교적 안정적이다. 그런데 주식 투자 펀드는 일반 주식 가격의 변동에 따라 수익을 많이 볼 수도 있지만 손해를 보는 경우도 흔하다. 예를 들어 어떤 펀드는 10년 후 누적 수익률이 원금의 10배나 되지만 어떤 펀드는 수익률이 나빠져 1년 만에 원금의 절반이 되어버리는 일도 발생한다. 이렇게 수익률 차이가 심하게 나는 것은 주식이 경기 변동의 영향을 많이 받기 때문이다.

이로 인해 펀드와 관련하여 은행을 비롯한 투자 전문 기관에 가서 상담을 하면 상품에 대한 안내만 할 뿐, 가입 여부는 고객이 스스로 판단하도록 하고 있다. 합리적으로 안내를 한다고 해도 소비자의 투자 목적, 시장 상황, 투자 성향에 따라 맞는 펀드가 다르기 때문이다. 그러니까 펀드에 가입하기 전에는 펀드의 종류를 잘 알아보고 결정해야 한다. 또, 펀드에 가입을 해도 살 때와 팔 때를 잘 구분해야 한다. 이것이 가장 어려운 일이다. 그래서 주식이나 펀드는 사회 경험을 쌓고 경제 지식을 많이 알고 난 후에 하는 것이 좋다는 얘기를 많이 한다.

22 윗글에서 대답을 확인할 수 있는 질문으로 적절하지 않은 것은?

① 펀드에 가입하면 돈을 벌 수 있는가?

② 펀드 가입 절차는 어떻게 되는가?

③ 펀드 가입 시 유의할 점은 무엇인가?

④ 펀드에는 어떤 종류가 있는가?

⑤ 펀드란 무엇인가?

23 윗글을 이해한 내용으로 가장 적절한 것은?

① 주식 투자 펀드는 경기 변동의 영향을 많이 받게 된다.

② 주식 투자 펀드는 정해진 이자를 받을 수 있어 안정적이다.

③ 채권 투자 펀드는 투자 기관의 수수료를 더한 금액이 수익이 된다.

④ 채권 투자 펀드는 주식 가격이 오를수록 펀드 이익을 많이 분배받게 된다.

⑤ 주식 투자 펀드는 채권 투자 펀드와 달리 투자 기관의 수수료가 없다.

지난 2002년 프랑스의 보케 교수는 물수제비 횟수는 돌의 속도가 빠를수록 증가하며, 최소 한 번 이상 튀게 하려면 시속 1km는 돼야 한다는 실험 결과를 발표하면서 수평으로 걸어준 회전이 또한 중요한 변수라고 지적했다. 즉, 팽이가 쓰러지지 않고 균형을 잡는 것처럼 돌에 회전을 걸어주면 돌이 수평을 유지하여 평평한 쪽이 수면과 부딪칠 수 있다. 그러면 돌은 물의 표면장력을 효율적으로 이용해 위로 튕겨 나간다는 것이다.

물수제비 현상에서는 또 다른 물리적 원리를 생각할 수 있다. 단면(斷面)이 원형인 물체를 공기 중에 회전시켜 던지면 물체 표면 주변의 공기가 물체에 끌려 물체와 동일한 방향으로 회전하게 된다. 또한 물체 외부의 공기는 물체의 진행 방향과는 반대 방향으로 흐르게 된다. 이때 베르누이의 원리에 따르면, 물체 표면의 회전하는 공기가 물체 진행 방향과 반대 방향으로 흐르는 쪽은 공기의 속도가 빨라져 압력이 작아지지만, 물체 진행 방향과 동일한 방향으로 흐르는 쪽의 공기는 속도가 느려 압력이 커지게 되고, 결국 회전하는 물체는 압력이 낮은 쪽으로 휘어 날아가게 된다. 이를 '마그누스 효과'라고 하는데, 돌을 회전시켜 던지면 바로 이런 마그누스 효과로 인해 물수제비가 더 잘 일어날 수 있는 것이다. 또한 보케 교수는 공기의 저항을 줄이기 위해 돌에 구멍을 내는 것도 물수제비 발생에 도움이 될 것이라고 말했다.

최근 프랑스 물리학자 클라네 박사와 보케 교수가 밝혀낸 바에 따르면 물수제비의 핵심은 돌이 수면을 치는 각도에 있었다. 이들은 알루미늄 원반을 자동 발사하는 장치를 만들고 1백 분의 1초 이하의 순간도 잡아내는 고속 비디오카메라로 원반이 수면에 부딪치는 순간을 촬영했다. 그 결과 알루미늄 원반이 물에 빠지지 않고 최대한 많이 수면을 튕겨 가게 하려면 원반과 수면의 각도를 20°에 맞춰야 한다는 사실을 알아냈다. 클라네 박사의 실험에서 20°보다 낮은 각도로 던져진 돌은 일단 수면에서 튕겨 가기는 하지만 그 다음엔 수면에 맞붙어 밀려가면서 운동에너지를 모두 잃어버리고 물에 빠져 버렸다. 돌이 수면과 부딪치는 각도가 45°보다 크게 되면 곧바로 물에 빠져 들어가 버렸다.

물수제비를 실제로 활용한 예도 있다. 2차 대전이 한창이던 1943년, 영국군은 독일 루르 지방의 수력 발전용 댐을 폭파해 군수 산업에 치명타를 가했다. 고공 폭격으로는 댐을 정확하게 맞추기 어렵고, 저공으로 날아가 폭격을 하자니 폭격기마저 폭발할 위험이 있었다. 그래서 영국 공군은 4t 무게의 맥주통 모양 폭탄을 제작하여 18m의 높이로 저공비행을 하다가 댐 약 800m 앞에서 폭탄을 분당 500회 정도의 역회전을 시켜 투하시켰다. 포탄은 수면을 몇 번 튕겨 나간 다음 의도한 대로 정확히 댐 바로 밑에서 폭발했다.

이러한 물수제비 원리가 응용된 것이 성층권 비행기 연구다. 즉, 이륙 후 약 40km 상공의 성층권까지 비행기가 올라가서 엔진을 끈 후 아래로 떨어지다가 밀도가 높은 대기층을 만나면 물수제비처럼 튕겨 오르게 된다. 이때 엔진을 다시 점화해 성층권까지 올라갔다가 또 다시 아래로 떨어지면서 대기층을 튕겨 가는 방식을 되풀이한다. 과학자들은 비행기가 이런 식으로 18번의 물수제비를 뜨면 시카고에서 로마까지 72분에 갈 수 있을 것으로 기대하고 있다. 과학자들은 ㉠ 우리 주변에서 흔히 보는 물수제비를 바탕으로 초고속 비행기까지 생각해냈다. 그 통찰력이 참으로 놀랍다.

24 윗글의 내용으로 가장 적절한 것은?

① 돌이 무거울수록 물수제비 현상은 더 잘 일어난다.

② 돌의 표면이 거칠수록 물의 표면장력은 더 커진다.

③ 돌을 회전시켜 던지면 공기 저항을 최소화할 수 있다.

④ 돌에 작용하는 중력이 크면 클수록 물수제비 현상이 잘 일어난다.

⑤ 수면에 부딪친 돌의 운동에너지가 유지되어야 물수제비가 일어난다.

Hard

25 다음 중 밑줄 친 ㉠과 유사한 사례로 볼 수 없는 것은?

① 프리즘을 통해 빛이 분리되는 것을 알고 무지개 색을 규명해냈다.

② 새가 날아갈 때 날개에 양력이 생김을 알고 비행기를 발명하게 되었다.

③ 푸른곰팡이에 세균을 죽이는 성분이 있음을 알고 페니실린을 만들어냈다.

④ 물이 넘치는 것을 통해 부력이 존재함을 알고 거대한 유조선을 바다에 띄웠다.

⑤ 수증기가 올라가는 현상을 통해 공기가 데워지면 상승한다는 것을 알고 열기구를 만들었다.

01 다음은 J시, K시의 연도별 회계 예산액 현황 자료이다. 이에 대한 설명으로 옳지 않은 것은?

<J시, K시의 연도별 회계 예산액 현황>

(단위 : 백만 원)

구분	J시			K시		
	합계	일반회계	특별회계	합계	일반회계	특별회계
2020년	1,951,003	1,523,038	427,965	1,249,666	984,446	265,220
2021년	2,174,723	1,688,922	485,801	1,375,349	1,094,510	280,839
2022년	2,259,412	1,772,835	486,577	1,398,565	1,134,229	264,336
2023년	2,355,574	1,874,484	481,090	1,410,393	1,085,386	325,007
2024년	2,486,125	2,187,790	298,335	1,510,951	1,222,957	287,994

① J시의 전체 회계 예산액이 증가한 시기에는 K시의 전체 회계 예산액도 증가했다.
② J시의 일반회계 예산액은 항상 K시의 일반회계 예산액보다 1.5배 이상 더 많다.
③ 2022년 K시 특별회계 예산액의 J시 특별회계 예산액 대비 비중은 50% 이상이다.
④ 2023년 K시 전체 회계 예산액에서 특별회계 예산액의 비중은 25% 이상이다.
⑤ J시와 K시의 일반회계의 연도별 증감 추이는 다르다.

Easy

02 다음은 E국가의 기업 집중도 현황을 나타낸 자료이다. 이에 대한 설명으로 옳지 않은 것은?

<기업 집중도 현황>

구분	2022년	2023년	2024년	
				전년 대비
상위 10대 기업	25.0%	26.9%	25.6%	▽ 1.3%p
상위 50대 기업	42.2%	44.7%	44.7%	–
상위 100대 기업	48.7%	51.2%	51.0%	▽ 0.2%p
상위 200대 기업	54.5%	56.9%	56.7%	▽ 0.2%p

① 2024년의 상위 10대 기업의 점유율은 전년도에 비해 낮아졌다.
② 2022년 상위 101 ~ 200대 기업이 차지하고 있는 비율은 5% 미만이다.
③ 전년 대비 2024년에는 상위 50대 기업을 제외하고 모두 점유율이 감소했다.
④ 전년 대비 2024년의 상위 100대 기업이 차지하고 있는 점유율은 약간 하락했다.
⑤ 2023 ~ 2024년까지 상위 10대 기업의 점유율과 상위 200대 기업의 점유율의 증감 추이는 같다.

03 다음은 E신도시 쓰레기 처리 관련 통계 자료이다. 이에 대한 설명으로 옳지 않은 것은?

〈E신도시 쓰레기 처리 관련 통계〉

구분	2021년	2022년	2023년	2024년
1kg 쓰레기 종량제 봉투 가격	100원	200원	300원	400원
쓰레기 1kg당 처리비용	400원	400원	400원	400원
A신도시 쓰레기 발생량	5,013톤	4,521톤	4,209톤	4,007톤
A신도시 쓰레기 관련 적자 예산	15억 원	9억 원	4억 원	0원

① 쓰레기 종량제 봉투 가격이 100원이었던 2021년에 비해 400원이 된 2024년에는 쓰레기 발생량이 약 20%나 감소하였고 쓰레기 관련 적자 예산은 0원이 되었다.

② 쓰레기 1kg당 처리비용이 인상될수록 E신도시의 쓰레기 발생량과 쓰레기 관련 적자가 급격히 감소하는 것을 볼 수 있다.

③ 연간 쓰레기 발생량 감소 곡선보다 쓰레기 종량제 봉투 가격의 인상 곡선이 더 가파르다.

④ 봉투 가격이 인상됨으로써 주민들은 비용에 부담을 느끼고 쓰레기 배출량을 줄였다.

⑤ 쓰레기 종량제 봉투 가격상승과 E신도시의 쓰레기 발생량은 반비례한다.

04 다음은 산업 및 가계별 대기배출량과 기체별 지구온난화 유발 확률에 대한 자료이다. 어느 부문의 대기배출량을 줄여야 지구온난화 예방에 가장 효과적인가?

〈산업 및 가계별 대기배출량〉

(단위 : 천 톤 CO_2eq)

구분		이산화탄소	아산화질소	메탄	수소불화탄소
산업부문	소계	45,950	3,723	17,164	0.03
	농업, 임업 및 어업	10,400	810	12,000	0
	석유, 화학 및 관련제품	6,350	600	4,800	0.03
	전기, 가스, 증기 및 수도 사업	25,700	2,300	340	0
	건설업	3,500	13	24	0
가계부문		5,400	100	390	0

〈기체별 지구온난화 유발 확률〉

(단위 : %)

구분	이산화탄소	아산화질소	메탄	수소불화탄소
유발 확률	30	20	40	10

① 농업, 임업 및 어업   ② 석유, 화학 및 관련제품
③ 전기, 가스, 증기 및 수도 사업   ④ 건설업
⑤ 가계부문

05 다음은 2024년 8월과 9월 월간 인구 동향에 대한 자료이다. 이에 대한 설명으로 옳은 것은?

〈2024년 8월 및 9월 월간 인구 동향〉

구분	8월				9월			
	출생아 수 (명)	사망자 수 (명)	혼인 건수 (건)	이혼 건수 (건)	출생아 수 (명)	사망자 수 (명)	혼인 건수 (건)	이혼 건수 (건)
합계	22,472	25,286	14,757	8,321	23,567	24,361	15,050	9,385
서울특별시	3,934	3,695	3,238	1,265	4,134	3,718	3,272	1,458
부산광역시	1,221	1,904	808	493	1,383	1,851	872	528
대구광역시	910	1,209	594	373	962	1,139	554	370
인천광역시	1,338	1,314	837	523	1,323	1,230	780	659
광주광역시	601	666	405	202	637	605	388	256
대전광역시	632	651	454	190	641	608	530	278
울산광역시	546	426	322	217	556	422	330	228
세종특별자치시	276	93	125	48	253	115	146	52
경기도	6,472	5,191	4,099	2,347	6,766	5,004	4,196	2,513
강원도	597	1,023	369	251	679	969	406	294
충청북도	727	900	477	264	714	898	489	293
충청남도	997	1,394	605	396	1,009	1,260	592	448
전라북도	693	1,217	379	300	703	1,200	436	331
전라남도	829	1,409	432	284	821	1,414	411	355
경상북도	1,021	1,929	585	468	1,125	1,766	617	495
경상남도	1,349	1,943	808	567	1,526	1,835	815	690
제주특별자치도	329	322	220	133	335	327	216	137

① 전국 사망자 수 대비 출생아 수의 비율은 8월 대비 9월에 감소하였다.

② 충청남도의 사망자 수가 10월에 전월 대비 20% 감소한다면 10월 사망자 수는 1,000명 이하일 것이다.

③ 세종특별자치시의 9월 혼인 건수는 전월 대비 15% 이상 증가하였다.

④ 8월 혼인 건수가 가장 많은 지역은 9월 이혼 건수가 두 번째로 많다.

⑤ 출생아 수가 많은 순으로 지역들의 순위를 매기면 8월과 9월의 지역별 순위는 동일하다.

06 다음은 1980년 이후 주요 작물의 재배면적의 비중에 대한 자료이다. 1980년에 비해 2020년 전체 경지이용면적이 25% 증가했다고 했을 때, 1980년에 비해 2020년 과실류의 재배면적은 얼마나 증가했는가?

〈주요 작물의 재배면적 변화〉

(단위 : %)

구분	식량작물			채소류			과실류		
	전체	미곡	맥류	전체	배추	양파	전체	사과	감귤
1980	82.9	44.6	30.9	7.8	27.5	1.6	1.8	35.0	10.0
1985	80.2	48.3	30.2	7.8	15.6	1.7	2.4	41.9	12.2
1990	71.7	62.2	18.2	13.0	12.7	2.0	3.6	46.5	12.1
1995	68.7	69.5	14.4	13.0	11.2	2.4	4.2	34.9	14.7
2000	69.3	74.5	9.6	11.5	13.9	2.5	5.5	36.8	14.3
2005	61.3	78.5	6.7	14.7	9.9	3.1	7.8	28.7	13.8
2010	62.7	81.3	5.2	14.1	11.9	4.1	8.1	16.8	15.6
2015	64.1	79.4	4.9	12.5	11.4	5.2	7.2	17.4	14.2
2016	63.3	80.9	4.9	12.6	13.0	5.6	7.9	18.4	13.8
2017	62.6	81.7	4.8	12.0	11.2	6.4	8.0	18.8	13.6
2018	62.3	81.7	4.9	12.2	12.4	6.8	8.1	19.5	13.6
2019	60.1	82.0	4.8	11.5	11.8	7.1	8.1	19.7	13.4
2020	60.1	82.0	3.6	11.3	10.2	9.0	8.6	19.1	13.0

※ 식량작물, 채소류, 과실류 항목의 수치는 전체 경지이용면적 대비 각 작물의 재배면적 비중을 의미함
※ 미곡, 맥류 등 세부품목의 수치는 식량작물, 채소류, 과실류의 재배면적 대비 각 품목의 재배면적 비중을 의미함

① 약 440%

② 약 460%

③ 약 480%

④ 약 500%

⑤ 약 520%

07 다음은 세계 음악시장의 규모에 대한 자료이다. 〈조건〉에 근거할 때, 2025년의 음악시장 규모는? (단, 소수점 둘째 자리에서 반올림한다)

〈세계 음악시장 규모〉

(단위 : 백만 달러)

구분		2020년	2021년	2022년	2023년	2024년
공연음악	후원	5,930	6,008	6,097	6,197	6,305
	티켓 판매	20,240	20,688	21,165	21,703	22,324
	소계	26,170	26,696	27,262	27,900	28,629
음반	디지털	8,719	9,432	10,180	10,905	11,544
	다운로드	5,743	5,986	6,258	6,520	6,755
	스트리밍	1,530	2,148	2,692	3,174	3,557
	모바일	1,447	1,298	1,230	1,212	1,233
	오프라인 음반	12,716	11,287	10,171	9,270	8,551
	소계	30,155	30,151	30,531	31,081	31,640
합계		56,325	56,847	57,793	58,981	60,269

조건

• 2025년 후원금은 2024년보다 1억 1천 8백만 달러, 티켓 판매는 2024년보다 7억 4천만 달러가 증가할 것으로 예상된다.
• 스트리밍 시장의 경우 빠르게 성장하는 추세로 2025년 스트리밍 시장 규모는 2020년 스트리밍 시장 규모의 2.5배가 될 것으로 예상된다.
• 오프라인 음반 시장은 점점 감소하는 추세로 2025년 오프라인 음반 시장의 규모는 2024년 대비 6%의 감소율을 보일 것으로 예상된다.

	공연음악	스트리밍	오프라인 음반
①	29,487백만 달러	3,711백만 달러	8,037.9백만 달러
②	29,487백만 달러	3,825백만 달러	8,037.9백만 달러
③	29,685백만 달러	3,825백만 달러	7,998.4백만 달러
④	29,685백만 달러	4,371백만 달러	7,998.4백만 달러
⑤	29,685백만 달러	3,825백만 달러	8,037.9백만 달러

08 E씨는 향후 자동차 구매자금을 마련하고자 한다. 이를 위해 자산관리담당자와 상담을 한 결과, 다음 자료의 3가지 금융상품에 2천만 원을 투자하기로 하였다. 6개월이 지난 후 E씨가 받을 수 있는 금액은?

<표>

〈포트폴리오 상품내역〉

(단위 : %)

구분	종류	기대 수익률(연)	투자비중
A상품	주식	10	40
B상품	채권	4	30
C상품	예금	2	30

※ 상품거래에서 발생하는 수수료 등 기타비용은 없다고 가정함

※ (투자수익)=(투자원금)+(투자원금)×(수익률)×$\left(\dfrac{\text{투자월 수}}{12}\right)$

① 2,012만 원   ② 2,028만 원
③ 2,058만 원   ④ 2,078만 원
⑤ 2,125만 원

Hard

09 다음은 단계별 농·축·수산물 안전성 조사결과에 대한 자료이다. 이에 대한 설명으로 옳지 않은 것은?

〈단계별 농·축·수산물 안전성 조사결과〉

(단위 : 건)

구분	농산물		축산물		수산물	
	조사 건수	부적합건수	조사 건수	부적합건수	조사 건수	부적합건수
생산단계	91,211	1,209	418,647	1,803	12,922	235
유통단계	55,094	516	22,927	106	8,988	49
합계	146,305	1,725	441,574	1,909	21,910	284

※ [부적합건수 비율(%)]=$\dfrac{\text{(부적합건수)}}{\text{(조사건수)}}\times100$

① 생산단계에서의 수산물 부적합건수 비율은 농산물 부적합건수 비율보다 높다.
② 농·축·수산물의 부적합건수의 평균은 1천 3백 건 이상이다.
③ 농·축·수산물별 부적합건수 비율이 가장 높은 것은 농산물이다.
④ 유통단계의 부적합건수 중 농산물 건수는 수산물 건수의 10배 이상이다.
⑤ 부적합건수가 가장 많은 건수의 비율과 부적합건수가 가장 적은 건수의 비율의 차이는 0.12%p이다.

다음은 2024년 권역별 광고경기 체감도를 점수화한 자료이다. 광고경기 체감도가 80 ~ 99점이라 답한 수도권 업체 수는 체감도가 120점 이상이라 답한 경상권 업체 수의 몇 배인가?(단, 소수점 첫째 자리에서 반올림한다)

〈권역별 광고경기 체감도〉

(단위 : %)

구분	사업체 수(개)	60점 미만	60 ~ 79점	80 ~ 99점	100 ~ 119점	120점 이상	평균(점)
전체	7,229	8.4	13.4	32.8	38.6	6.8	90.1
수도권	5,128	9.8	14.3	30.5	39.4	6.0	88.3
강원권	102	0	4.3	47.2	44.2	4.3	94.1
충청권	431	7.8	13.7	29.8	38.5	10.2	101.2
전라권	486	1.2	1.6	54.9	41.1	1.2	96.0
경상권	1,082	5.9	15.2	34.0	33.1	11.8	91.2

① 9배
② 10배
③ 11배
④ 12배
⑤ 13배

E사는 상반기 신입사원 공개채용을 시행했다. 1차 서류전형과 인적성, 면접전형이 모두 끝나고 최종 면접자들의 점수를 확인하여 합격 점수 산출법에 따라 합격자를 선정하려고 한다. 총점이 80점 이상인 지원자가 합격할 때, 다음 중 합격자로만 짝지어진 것은?

〈최종 면접 점수〉

(단위 : 점)

구분	A지원자	B지원자	C지원자	D지원자	E지원자
언어능력	75	65	60	68	90
수리능력	52	70	55	45	80
상황판단능력	44	55	50	50	49

〈합격 점수 산출법〉

• (언어능력)×0.6
• (수리능력)×0.3
• (상황판단능력)×0.4
• (총점)=80점 이상

※ 과락 점수(미만) : 언어능력 60점, 수리능력 50점, 상황판단능력 45점

① A지원자, C지원자
② A지원자, D지원자
③ B지원자, E지원자
④ C지원자, E지원자
⑤ D지원자, E지원자

12 국내의 유통업체 E사는 몽골 시장으로 진출하기 위해 현지에 진출해 있는 기업들이 경험한 진입 장벽에 대하여 다음과 같이 조사하였다. 이에 대한 설명으로 옳은 것은?

E사는 몽골 시장의 진입 장벽에 해당하는 주요 요인 4가지를 선정하였고, 현지 진출 기업들은 경험을 바탕으로 요인별로 0 ~ 10점 사이의 점수를 부여하였다.

〈업종별 몽골 시장으로의 진입 장벽〉

(단위 : 점)

구분	몽골 기업의 시장 점유율	초기 진입 비용	현지의 엄격한 규제	문화적 이질감
유통업	7	5	9	2
제조업	5	3	8	4
서비스업	4	2	6	8
식·음료업	6	7	5	6

※ 점수가 높을수록 해당 요인이 강력한 진입 장벽으로 작용함

① 유통업의 경우, 타 업종에 비해 높은 초기 진입 비용이 강력한 진입 장벽으로 작용한다.
② E사의 경우, 현지의 엄격한 규제가 몽골 시장의 진입을 방해하는 요소로 작용할 가능성이 크다.
③ 제조업의 경우, 타 업종에 비해 높은 몽골 기업의 시장 점유율이 강력한 진입 장벽으로 작용한다.
④ 문화적 이질감이 가장 강력한 진입 장벽으로 작용하는 업종은 식·음료업이다.
⑤ 서비스업의 경우, 타 업종에 비해 시장으로의 초기 진입 비용이 가장 많이 든다.

※ 다음은 신재생에너지 공급량 현황에 대한 자료이다. 이어지는 질문에 답하시오. [13~14]

〈신재생에너지 공급량 현황〉

(단위 : 천TOE)

구분	2016년	2017년	2018년	2019년	2020년	2021년	2022년	2023년	2024년
총 공급량	5,608.8	5,858.4	6,086.2	6,856.2	7,582.7	8,850.7	9,879.3	11,537.3	13,286.0
태양열	29.4	28.0	30.7	29.3	27.4	26.3	27.8	28.5	28.0
태양광	15.3	61.1	121.7	166.2	197.2	237.5	344.5	547.4	849.0
바이오	370.2	426.8	580.4	754.6	963.4	1,334.7	1,558.5	2,822.0	2,766.0
폐기물	4,319.3	4,568.6	4,558.1	4,862.3	5,121.5	5,998.5	6,502.4	6,904.7	8,436.0
수력	780.9	660.1	606.6	792.3	965.4	814.9	892.2	581.2	454.0
풍력	80.8	93.7	147.4	175.6	185.5	192.7	242.4	241.8	283.0
지열	11.1	15.7	22.1	33.4	47.8	65.3	87.0	108.5	135.0
수소·연료전지	1.8	4.4	19.2	42.3	63.3	82.5	122.4	199.4	230.0
해양	–	–	–	0.2	11.2	98.3	102.1	103.8	105.0

13 다음 중 위 자료에 대한 설명으로 옳지 않은 것은?

① 2019년 수력을 통한 신재생에너지 공급량은 같은 해 바이오와 태양열을 통한 공급량의 합보다 크다.

② 폐기물을 통한 신재생에너지 공급량은 매해 증가하였다.

③ 2019년부터 수소·연료전지를 통한 공급량은 지열을 통한 공급량을 추월하였다.

④ 2019년부터 꾸준히 공급량이 증가한 신재생에너지는 5가지이다.

⑤ 2016년에 비해 2024년에 공급량이 감소한 신재생에너지는 2가지이다.

14 다음 중 전년 대비 2018 ~ 2022년 신재생에너지 총 공급량의 증가율이 가장 큰 해는 언제인가? (단, 증가율은 소수점 둘째 자리에서 반올림한다)

① 2018년　　　　　　　② 2019년

③ 2020년　　　　　　　④ 2021년

⑤ 2022년

※ 다음은 E시 가구의 형광등을 LED 전구로 교체할 경우 기대효과에 대한 자료이다. 이어지는 질문에 답하시오. [15~16]

<table>
<tr><th colspan="7">〈LED 전구로 교체할 때의 기대효과〉</th></tr>
<tr><th>E시의 가구 수
(세대)</th><th>적용 비율
(%)</th><th>가구당 교체
개수(개)</th><th>필요한 LED
전구 수(천 개)</th><th>교체 비용
(백만 원)</th><th>연간 절감
전력량(만 kWh)</th><th>연간 절감 전기
요금(백만 원)</th></tr>
<tr><td rowspan="9">600,000</td><td rowspan="3">30</td><td>3</td><td>540</td><td>16,200</td><td>3,942</td><td>3,942</td></tr>
<tr><td>4</td><td>720</td><td>21,600</td><td>5,256</td><td>5,256</td></tr>
<tr><td>5</td><td>900</td><td>27,000</td><td>6,570</td><td>6,570</td></tr>
<tr><td rowspan="3">50</td><td>3</td><td>900</td><td>27,000</td><td>6,570</td><td>6,570</td></tr>
<tr><td>4</td><td>1,200</td><td>36,000</td><td>8,760</td><td>8,760</td></tr>
<tr><td>5</td><td>1,500</td><td>45,000</td><td>10,950</td><td>10,950</td></tr>
<tr><td rowspan="3">80</td><td>3</td><td>1,440</td><td>43,200</td><td>10,512</td><td>10,512</td></tr>
<tr><td>4</td><td>1,920</td><td>56,600</td><td>14,016</td><td>14,016</td></tr>
<tr><td>5</td><td>2,400</td><td>72,000</td><td>17,520</td><td>17,520</td></tr>
</table>

※ (1kWh당 전기요금)=(연간 절감 전기요금)÷(연간 절감 전력량)

15 위 자료에 대한 〈보기〉의 설명 중 옳은 것을 모두 고르면?

> 보기
>
> ㄱ. E시 가구의 50%가 형광등 3개를 LED 전구로 교체한다면 교체비용은 270억 원이 소요된다.
> ㄴ. E시 가구의 30%가 형광등 5개를 LED 전구로 교체한다면 연간 절감 전기요금은 50% 가구의 형광등 3개를 LED 전구로 교체한 것과 동일하다.
> ㄷ. E시에 적용된 전기요금은 1kWh당 100원이다.
> ㄹ. E시의 모든 가구가 형광등 5개를 LED 전구로 교체하려면 LED 전구 240만 개가 필요하다.

① ㄱ, ㄴ
② ㄴ, ㄷ
③ ㄷ, ㄹ
④ ㄱ, ㄹ
⑤ ㄱ, ㄴ, ㄷ

16 E시 가구의 80%가 형광등 5개를 LED 전구로 교체할 때와 50%가 형광등 5개를 LED 전구로 교체할 때의 3년 후 절감액의 차는?

① 18,910백만 원
② 19,420백만 원
③ 19,710백만 원
④ 19,850백만 원
⑤ 20,140백만 원

※ 다음은 공공체육시설 현황 및 1인당 체육시설 면적에 대한 자료이다. 이어지는 질문에 답하시오.
[17~19]

〈공공체육시설 현황 및 1인당 체육시설 면적〉

(단위 : 개소, m²)

구분		2021년	2022년	2023년	2024년
공공체육시설의 수	축구장	467	558	618	649
	체육관	529	581	639	681
	간이운동장	9,531	10,669	11,458	12,194
	테니스장	428	487	549	565
	기타	1,387	1,673	1,783	2,038
1인당 체육시설 면적		2.54	2.88	3.12	3.29

`Easy`

17 2023년에 전년 대비 시설이 가장 적게 늘어난 곳과 가장 많이 늘어난 곳의 시설 수의 합은?

① 10,197개소
② 11,197개소
③ 12,097개소
④ 11,097개소
⑤ 12,197개소

18 2021년 전체 공공체육시설 중 체육관이 차지하고 있는 비율은?(단, 소수점 둘째 자리에서 반올림한다)

① 4.4%
② 4.3%
③ 4.2%
④ 4.1%
⑤ 4.0%

19 다음 중 위 자료에 대한 설명으로 옳지 않은 것은?

① 테니스장은 2023년에 전년 대비 약 12.7% 증가했다.
② 2022년 간이운동장의 수는 같은 해 축구장 수의 약 19배이다.
③ 2024년 1인당 체육시설 면적은 2021년에 비해 약 1.3배 증가했다.
④ 2022년 축구장 수는 전년 대비 91개소 증가했다.
⑤ 2024년 공공체육시설의 수는 총 15,127개소이다.

※ 다음은 어린이보호구역 지정 현황에 대한 자료이다. 이어지는 질문에 답하시오. [20~22]

〈어린이보호구역 지정 현황〉

(단위 : 개소)

구분	2019년	2020년	2021년	2022년	2023년	2024년
초등학교	5,365	5,526	5,654	5,850	5,917	5,946
유치원	2,369	2,602	2,781	5,476	6,766	6,735
특수학교	76	93	107	126	131	131
보육시설	619	778	1,042	1,755	2,107	2,313
학원	5	7	8	10	11	11

※ 단, 한 번 지정된 어린이보호구역은 해제되지 않음

20 2022년과 2024년의 전체 어린이보호구역 수의 차는?

① 1,748개소
② 1,819개소
③ 1,828개소
④ 1,839개소
⑤ 1,919개소

21 2021년에 전년 대비 증가율이 가장 높은 시설은?

① 초등학교
② 유치원
③ 특수학교
④ 보육시설
⑤ 학원

22 다음 중 위 자료에 대한 설명으로 옳지 않은 것은?

① 2019년 어린이보호구역의 합계는 8,434개소이다.
② 2024년 어린이보호구역은 2019년보다 총 6,507개소 증가했다.
③ 2023년과 2024년 사이에는 추가적으로 지정된 특수학교 관련 어린이보호구역이 없었다.
④ 초등학교 어린이보호구역은 계속해서 증가하고 있다.
⑤ 학원 어린이보호구역은 2024년에 전년 대비 증가율이 0%이다.

※ 다음은 이랜드 계열사 간 차입 현황에 대한 자료이다. 이어지는 질문에 답하시오(단, 소수점 첫째 자리에서 반올림한다). [23~25]

〈이랜드 계열사 간 차입 현황〉

| 차입회사 | 대여회사 | 차입금(억 원) | | 증감률(%) |
		2022년	2023년	
이랜드파크	이랜드월드	0	4,500	–
	이랜드리테일	530	8,030	㉮
	이랜드건설	0	5,000	–
이랜드크루즈	이랜드파크	㉯	3,798	㉰
투어몰	이랜드파크	23	0	–
돔아트홀	이랜드파크	0	1,200	–
농업회사법인 맛누리	이랜드리테일	581	581	0
올리브스튜디오	이랜드월드	180	0	–
엘칸토	이랜드리테일	2,000	0	–
합계		6,194	23,109	273

23 다음 중 ㉯와 ㉰에 들어갈 수치를 바르게 나열한 것은?

	㉯	㉰			㉯	㉰
①	2,160	32		②	2,880	28
③	2,880	32		④	3,260	28
⑤	3,260	32				

24 다음 중 위 자료에 대한 설명으로 옳은 것은?

① ㉮에 들어갈 값은 141.5이다.
② 이랜드리테일의 2022 ~ 2023년간 총 대여금액은 9,722억 원이다.
③ 이랜드건설은 2022 ~ 2023년간 이랜드파크가 차입한 총금액의 30%를 대여했다.
④ 농업회사법인 맛누리의 2022 ~ 2023년간 차입금은 0원이다.
⑤ 이랜드파크가 2022 ~ 2023년간 차입한 금액은 대여한 금액보다 많다.

25 다음 중 위 자료에 대한 설명으로 옳지 않은 것은?

① 2023년 이랜드파크의 차입금 총액은 17,530억 원이다.
② 이랜드크루즈의 2022년 대비 2023년 차입금의 증감률은 약 40% 이상이다.
③ 2023년의 차입금은 2022년 대비 3.5배 이상이다.
④ 2023년 이랜드파크의 차입금은 전체의 50% 이상이다.
⑤ 2023년 이랜드리테일을 제외하고 차입금을 가장 많이 대여해 준 계열사는 이랜드건설이다.

※ 상황판단검사는 정답을 따로 제공하지 않는 영역이니 참고하기 바랍니다.

※ 제시된 선택지에서 자신과 가장 가깝다고 생각하는 것과 멀다고 생각하는 것을 각각 한 가지씩 고르시오.
[1~32]

01 A의 옆자리에서 근무하는 동료 B가 업무 시간에 자꾸 잡담을 한다. 당신이 A라면 어떻게 하겠는가?

① 그러지 말라고 즉시 경고한다.

② 모른 척한다.

③ 나중에 조용히 그러지 말라고 말한다.

④ 상급자에게 말을 하여 시정하게 한다.

⑤ 다른 동료직원에게 대신 말해줄 것을 부탁한다.

02 A사원은 이번에 처음으로 맡게 된 중요한 업무 수행에 앞서 선배인 B대리에게 업무에 대한 자세한 설명을 들었다. 그러나 분명히 집중하고 들었음에도 불구하고, 처음 맡게 된 업무라 어렵고 낯설어서 그런지 B대리에게 들은 설명 중 일부를 잊어버리고 말았다. 현재 A사원은 어디서부터 어떻게 일을 시작해야 할지 고민하고 있다. 조직의 입장에서 당신이 A사원이라면 어떻게 행동하겠는가?

① B대리에게 자신이 업무 관련 내용을 일부 잊어버렸음을 솔직히 밝힌다.

② 회사 내 가이드라인을 참조하여 업무를 수행한다.

③ 동료 사원에게 상황을 설명하고 도움을 요청한다.

④ 자신이 기억하는 범위 내에서 업무를 수행한다.

⑤ 자신의 기억력을 탓하며 좌절한다.

03 A사원은 최근 들어 평소보다 많은 양의 업무를 힘들게 수행했다. 평소 잔머리를 굴리는 타입도 아닌 A사원은 자주 야근을 해가며 상사에게 제출할 보고서를 작성했는데, 상사는 자신이 제출한 보고서가 형편없다며 혹평을 했다. 조직의 입장에서 당신이 A사원이라면 어떻게 행동하겠는가?

① 자신의 부족한 실력을 원망하며 좌절한다.

② 무엇이 문제인지 구체적으로 물어보고 시정한다.

③ 기업 용어 및 약어에 취약한 것은 아닌지 검토해 본다.

④ 좋은 평가를 받는 동료 및 선배의 보고서와 자신의 보고서를 비교해 보고 시정한다.

⑤ 속상한 마음을 달래줄 동료와 만난다.

04 A사원은 같은 회사의 동료인 B사원과 우연히 사적인 자리를 갖게 되었다. A사원과 B사원은 자연스럽게 회사 생활에 관해 이야기를 나누기 시작했다. 그러던 중 A사원이 갑자기 한 상사에 대해 좋지 않은 말들을 털어놓았다. 당신이 B사원이라면 이 상황에서 어떻게 하겠는가?

① A사원에게 좋지 않은 소문은 자제할 것을 요구한다.

② A사원의 속상한 마음에 공감해 준다.

③ 이러한 상황을 해당 상사에게 알린다.

④ A사원의 이야기를 들어주되 공감의 표현은 일절 하지 않는다.

⑤ A사원과 이야기하는 자리를 되도록 피한다.

05 얼마 전 입사한 A사원은 거래처와 중대한 거래를 앞두고 있다. A사원의 상급자인 H대리는 거래를 성사시키기 위해 거래처에 리베이트를 시도하라는 지시를 내렸다. 그러나 A사원이 다니고 있는 회사는 회사 방침상 리베이트 관행을 금지하고 있다. 당신이 업무상 부당한 지시를 받은 A사원이라면 어떻게 할 것인가?

① 그냥 지시대로 따른다.

② 개인적으로 불합리성을 설명하고 시정을 건의한다.

③ 모든 동료와 단합하여 반대한다.

④ 지시 사항을 무시해 버린다.

⑤ 상사에게 사실대로 말하고 부당함을 알린다.

06 A사원은 팀원이 모두 5명인 K팀에 소속되어 있다. 그러나 최근 회사의 구조조정으로 본인과 팀장 이외의 3명이 퇴사했고, 이들은 모두 경쟁사인 P사로 옮겨 원래 했던 일과 비슷한 일을 하고 있다. 예전 팀원들과 P사 스카우터가 A사원에게 함께 일할 것을 제안했다. 이런 상황에서 당신이 A사원 이라면 어떻게 할 것인가?

① 친분 여부와 관계없이 현재 회사에 대한 만족도를 따져본다.
② 친분 여부와 관계없이 P회사의 근무 환경을 고려하여 결정한다.
③ 함께 일했던 동료들이 있으므로 고민하지 않고 이직한다.
④ K팀의 팀장에게 스카우트를 제안받은 사실을 알린다.
⑤ 두 회사에 모두 긍정적인 의사를 표명하고 좀 더 좋은 조건을 부르는 곳을 선택한다.

07 A사원은 두 달 전 입사한 신입사원 B가 최근 자주 정신이 다른 곳에 팔려 있다는 느낌을 받고 있다. 이런 상황에서 당신이 A사원이라면 어떻게 할 것인가?

① 회사 내에서 불러 원인을 물어본다.
② 퇴근 후 따로 만나 이야기를 들어본다.
③ 다시 정상으로 돌아올 것이기 때문에 신경 쓰지 않는다.
④ B사원과 친한 동기에게 이유를 알고 있는지 물어본다.
⑤ 업무시간에 정신 차리라고 쓴소리를 한다.

08 연말 회식자리에서 평소 업무상으로 A사원과 부딪히는 경우가 많아 관계가 껄끄러웠던 상관 B가 A에게 계속 술을 권하고 있다. 이런 상황에서 당신이 술을 잘 마시지 못하는 A사원이라면 어떻게 할 것인가?

① 원래 술을 못 마신다고 말하며 술을 거절한다.
② 권하는 술을 조금씩 마셔 관계 회복을 위해 노력한다.
③ 술 대신 음료수를 마시겠다고 말하며 대화를 해본다.
④ 다른 곳으로 은근슬쩍 자리를 옮긴다.
⑤ 권하는 술을 받아 두고, 다른 음료를 마신다.

09 A사원은 자기계발을 위해 퇴근 후 대학원을 다니고 있다. 기말고사를 치르게 되는 오늘, 팀장이 예정에 없던 사유로 팀 전체 야근을 지시한다. 이런 상황에서 당신이 A사원이라면 이 상황에서 어떻게 할 것인가?

① 팀장에게 양해를 구하고 대학원을 간다.

② 본인에게 할당된 업무량을 확인하고 먼저 기말고사를 본 뒤 복귀하여 할당된 업무량을 채운다.

③ 기말고사를 포기한다.

④ 친한 팀원에게 본인의 역할까지 담당해 줄 것을 부탁한다.

⑤ 야근은 본인이 결정하는 것이므로 신경 쓰지 않고 퇴근한다.

10 A사원이 근무하는 부서의 장이 본인에게 건의하고 싶은 내용을 적어 무기명으로 제출할 수 있는 건의함을 만들어 운영하겠다고 밝혔다. 이런 상황에서 당신이 A사원이라면 어떻게 할 것인가?

① 익명성이 확실하게 담보될 수 없다고 판단하여 건의함을 이용하지 않는다.

② 평소 부서장에게 말하고 싶었던 불만을 적어 제출한다.

③ 본인의 업무에 대한 아이디어를 적어 제출한다.

④ 상사의 의도를 정확하게 알기 전까지는 건의함을 이용하지 않는다.

⑤ 건의함으로 할 수 있는 말은 직접 할 수 있는 말이어야 하므로 바로 이야기한다.

11 A사원은 입사동기인 B사원에 비해 직속상관에게 신임을 덜 받고 있다고 느낀다. 특히 최근 B사원에 비해 중요하지 않은 업무들만 자신에게 주어진다고 느끼고 있는데, 이런 상황에서 당신이 A사원이라면 어떻게 할 것인가?

① 회사 내에서 미팅을 요구한 뒤 본인의 부족한 점을 물어본다.

② 회식자리에서 술의 힘을 빌려 지나가는 식으로 상관에게 섭섭함을 토로한다.

③ 직속상관에게 능력을 인정받을 수 있도록 열심히 해본 뒤에 그래도 상관의 태도가 달라지지 않으면 전출 요청을 한다.

④ 친한 상관에게 자신의 섭섭함을 대신 전달해달라고 부탁한다.

⑤ 상사가 평가한 내 능력치이므로 받아들인다.

12 A사원은 승진을 앞두고 동기 사원인 B사원이 점점 자신을 서먹하게 대하는 것 같다고 느끼는 중이다. 이런 상황에서 당신이 A사원이라면 어떻게 할 것인가?

① B사원과 편한 관계를 회복할 수 있도록 따로 술자리를 제안한다.

② B사원의 행동에 일일이 반응하지 않는다.

③ 경쟁구조이기 때문에 어쩔 수 없다고 판단하고 B사원을 이해한다.

④ 승진 심사 기간 이후 B사원에게 서운했던 점을 얘기한다.

⑤ B사원의 마음은 어쩔 수 없으므로 만나지 않는다.

13 A대리는 매년 K국가로 해외출장 시 같은 호텔을 이용한다. 어느 날 묵고 있던 호텔에서 우수고객이라며 고가의 레저 이용권을 별다른 제안 없이 제공하려 한다. 이런 상황에서 당신이 A대리라면 어떻게 할 것인가?

① 회사 경비로 묵는 숙소이므로 회사에 알리고 이용권을 넘겨준다.

② 개인적으로 받는 것이기 때문에 다른 절차 없이 본인이 사용한다.

③ 즉시 거절하고 앞으로도 제공하지 말 것을 통보한다.

④ 부서장 또는 담당부서와 통화한 후 지침을 따른다.

⑤ 고가의 레저 이용권이 아닌 회사에 도움이 될 수 있는 다른 혜택을 요구한다.

14 부서원들끼리 점심식사를 마치고 A사원의 카드로 우선 한꺼번에 계산을 하게 되었다. 다른 부서원들은 정확히 A사원에게 점심값을 전달했는데 평소 껄끄러웠던 선임 B대리가 실제 금액보다 적은 금액을 A사원에게 주었다. 이런 상황에서 당신이 A사원이라면 어떻게 할 것인가?

① 크게 개의치 않는다.

② 즉시 그 자리에서 B대리에게 금액이 틀리다고 말한다.

③ B대리가 계산할 때 B가 덜 낸 만큼 본인도 덜 낸다.

④ 이번엔 그냥 넘어가고 다시는 나서서 계산하지 않는다.

⑤ 다음에 다시 본인이 점심식사 가격을 계산하게 될 때 가벼운 농담조로 B대리에게 이 사실을 말한다.

15 S부서에는 M팀과 K팀이 있다. 두 팀의 직원은 2년간 근무한 후 번갈아가며 M팀과 K팀을 순환하고 있다. A대리가 K팀에 온 지 1년 6개월이 되어갈 시점에 사적인 이유로 M팀의 팀장과 K팀의 팀장 사이에 심각한 불화가 생겨 팀원들은 눈치를 보며 생활하는 중이다. 이런 상황에서 당신이 A대리라면 어떻게 할 것인가?

① 현재 K팀 소속인 만큼 K팀 팀장의 의견에 맞장구쳐 준다.
② 곧 M팀으로 옮기기 때문에 M팀 팀장의 의견에 맞장구쳐 준다.
③ 사적인 일로 벌어진 상황이니만큼 신경 쓰지 않는다.
④ 팀원들과 대화 시 상대 팀장의 험담은 절대 하지 않는다.
⑤ 이러한 상황에 피해보고 싶지 않으므로 다른 부서로 이동을 신청한다.

16 경력직으로 이직한 A대리는 저녁 시간 이후 업무의 능률이 훨씬 높다. 그러나 이전 직장과는 달리 이직한 K회사에서는 탄력근무제를 실시하지 않고 있다. 이런 상황에서 당신이 A대리라면 어떻게 할 것인가?

① 이직한 회사의 근무시스템에 적응해 보고, 적응이 어렵다면 이직한다.
② 부서장에게 탄력근무제 실시를 허락해달라고 요청한다.
③ 회사에 건의할 수 있는 제도를 이용하여 공개적으로 탄력근무제 도입 추진을 요청한다.
④ 출근 시간은 그대로 지키고 본인 업무 능률이 높은 저녁 이후 시간에 추가 근무를 한다.
⑤ 이직한 회사의 업무시간은 사전에 알고 있었던 것이므로 감수한다.

17 계약직인 A사원은 얼마 전 회사로부터 정규직 전환이 되지 않는다는 통보를 받아 퇴사를 앞두고 있다. 그런데 업무를 인수받을 후임이 불성실하고 능력도 부족해 보인다. 이런 상황에서 당신이 A사원이라면 어떻게 할 것인가?

① 업무 인계도 업무의 일부인 만큼 인수자에 상관없이 성실한 자세로 임한다.
② 인수자가 가진 열정과 능력만큼 업무 인수에 신경을 쓴다.
③ 부서장에게 인수자의 상태를 알리고 대책을 요구한다.
④ 업무 인수자의 태도에 대해 따끔하게 훈계한다.
⑤ 나중에라도 인수자가 볼 수 있는 인수인계 자료를 제작한다.

18 A사원은 회사를 열심히 다니고 있다. 그러던 어느 날, 노조가 없던 회사에 노조가 생기게 되었다. A사원은 평소에 노조에 관심이 있거나 가입할 생각을 해본 적이 있는 것도 아니다. 그런데 회사에서는 암묵적으로 사원들에게 노조에 가입하지 않겠다는 서명을 강요하는 분위기이다. 이런 상황에서 당신이 A사원이라면 어떻게 할 것인가?

① 동료 사원들과 이야기를 나눈 뒤 노조 가입 여부를 스스로 결정한다.
② 회사의 불합리한 행동에 대해 신고한다.
③ 일단 서약을 하고, 노조에 가입할지 말지 고민해 본다.
④ 더는 발전이 없는 회사라고 생각하고 이직을 고려한다.
⑤ 회사의 분위기를 따라 서명한 뒤 노조에 가입하지 않는다.

19 E사는 최근 사내 복지의 일환으로 어린이 놀이방을 운영하고 있다. 그러나 최근 어린이 놀이방 운영에 대해 일부 사원들이 불만을 표출하고 있는 상황이다. 이에 총무팀의 A팀장은 B사원에게 해당 상황에 대해 조사하여 일주일 뒤에 보고하라는 지시를 내렸다. 이런 상황에서 당신이 B사원이라면 효율적인 조사를 위해 어떻게 할 것인가?

① 불만을 표출하는 사원을 직접 만나 의견을 듣는다.
② 설문지를 제작하여 놀이방에 대한 의견을 듣는다.
③ 각 부서의 부서장에게 사안을 알리고 부탁한다.
④ 사내 게시판을 이용하여 놀이방에 대한 사원들의 의견을 듣는다.
⑤ 사내 놀이방을 이용하고 있는 직원들을 대상으로 조사한다.

20 신규 프로젝트를 기획 중인 A과장은 아이디어의 부족으로 어려움을 겪고 있었지만, 다른 부서인 B대리의 아이디어로 성공적으로 프로젝트를 마칠 수 있었다. 그러나 회사에서는 담당자인 A과장에게만 성과급을 지급하였다. 이런 상황에서 당신이 A과장이라면 어떻게 할 것인가?

① 작은 선물을 통해 고마움을 전달한다.
② 아이디어의 주인인 B대리에게 성과급을 모두 전달한다.
③ 프로젝트 담당자가 받는 것이므로 가만히 있는다.
④ 자신의 성과급을 B대리에게 반절 나누어 준다.
⑤ 인사관리팀에 이야기하여 B대리도 받을 수 있도록 한다.

21 E회사에 재직중인 A주임은 우연하게 거래처인 B회사에서 비공개 정보를 습득하였다. 이 정보는 E사의 경쟁력 확보를 위해 중요하지만 이것을 공유했을 때 윤리적·법적 문제가 발생할 수 있다. 이런 상황에서 당신이 A주임이라면 어떻게 할 것인가?

① 회사의 윤리 정책과 법적 절차를 따른다.

② 윤리적·법적 문제가 있을 수 있으므로 모른 체한다.

③ 자사의 이익이 가장 중요하므로 즉시 관련 부서에 공유한다.

④ B회사에 알려 보안 강화를 촉구한다.

⑤ 나중에 필요할 경우가 생길 수 있으므로 개인적으로 보관한다.

22 2년 차 사원인 A는 자신의 능력에 비해 직무능력이 떨어지는 부서 상관들에게 불만이 쌓여가고 있다. 그러던 중 회식 자리에서 부서 상관 B가 A사원에게 회사에 대한 불만을 솔직하게 말해보라고 했다. 이런 상황에서 당신이 A사원이라면 어떻게 할 것인가?

① 상관 B가 물어온 만큼 솔직하게 직무능력에 대해 얘기해 본다.

② 회식 자리인 만큼 가벼운 농담으로 응수한다.

③ 술자리에서 할 얘기가 아닌 것 같다고 하며 얼버무린다.

④ 불만보다 만족하고 있는 점을 말하면서 화제를 돌린다.

⑤ 만취한 척하면서 불만을 모두 이야기한다.

23 평소 생선회를 즐기지 않는 A사원은 부서 회식 장소가 주로 횟집으로 정해져 회식에 참석하는 것이 즐겁지 않다. 이런 상황에서 당신이 A사원이라면 어떻게 할 것인가?

① 생선회를 싫어한다고 부서원들에게 공개적으로 말한다.

② 부서 회식인 만큼 싫어하는 음식이지만 내색하지 않는다.

③ 횟집에서 회가 아닌 다른 메뉴를 추가적으로 주문한다.

④ 꼭 필요한 회식이 아니라고 판단되면 회식 장소가 횟집일 때 회식에 불참한다.

⑤ 은근슬쩍 다른 메뉴를 추천해서 관심을 유도한다.

24 A사원의 직속상관 B는 최근 업무상 실수를 저질렀다. 상관 B는 이 사실을 알고 있는 A사원에게 자신의 실수를 본인의 실수처럼 덮어쓰면 추후 승진 심사 때 보답을 하겠다고 제안했다. 이런 상황에서 당신이 A사원이라면 어떻게 할 것인가?

① 즉시 거절한다.
② 가장 친한 동료와 상의한다.
③ B의 제안을 문서화하여 보관한다.
④ B의 제안을 못 이기는 척 수용한다.
⑤ B사원보다 직급이 높은 직원을 찾아가 이러한 상황을 설명한다.

25 직속상관 C는 A사원과 B사원 중 유독 B사원에게 쉬운 일을 맡기고 A사원에게는 어려운 일을 맡긴다. 이런 상황에서 당신이 A사원이라면 어떻게 할 것인가?

① 부서 회의 시간에 공개적으로 C에게 공정한 업무 분담을 요구한다.
② 본인의 능력이 더 나아서 그런 것이라 생각한다.
③ 회식 자리에서 가볍게 왜 사원 B와 차별하느냐고 따진다.
④ C의 상관인 D에게 상담을 요청한다.
⑤ 어차피 주어진 일이므로 즐거운 마음으로 일한다.

26 A사원과 입사 동기인 B사원은 평소 생각하는 바를 직설적이고 노골적으로 말해 상대를 불쾌하게 할 때가 있다. 다수가 모여 식사하는 자리에서 옆자리에 앉게 된 입사 후배인 C사원이 B사원이 한 말에 상처를 받은 사실을 조용히 A사원에게 털어놓았다. 이런 상황에서 당신이 A사원이라면 어떻게 할 것인가?

① C사원의 기분이 풀릴 수 있도록 맞장구를 쳐준다.
② B사원을 따로 불러 나무란다.
③ 사회생활을 하다보면 있을 수 있는 일이라며 C사원에게 신경쓰지 말라고 한다.
④ B사원과 단둘이 있을 때 이 상황에 대해 얘기하며 C사원에게 사과를 권유한다.
⑤ C사원과 B사원이 화해할 수 있는 자리를 마련한다.

27 A대리는 B과장이 오늘까지 마치라고 지시한 업무를 하고 있었는데, B과장이 없는 사이에 C부장이 찾아와 다른 일을 신속히 해달라고 지시했다. 이런 상황에서 당신이 A대리라면 어떻게 할 것인가?

① 업무의 경중을 따져 중요한 순서대로 처리한다.

② 먼저 지시받은 업무를 끝내고 C부장이 시킨 일을 한다.

③ 더 높은 직급인 C부장이 지시한 일을 먼저 끝낸다.

④ 즉시 C부장에게 B과장 지시에 대해 알린다.

⑤ 맡은 일 중 한 가지를 동료 직원과 나눈다.

28 부부싸움으로 배우자와 사이가 좋지 않은 A사원은 오늘 갑자기 팀 친목 도모를 위한 1박 2일 등산 계획이 잡힌 사실을 알게 되었다. 이런 상황에서 당신이 A사원이라면 어떻게 할 것인가?

① 업무의 연장이라 생각하며 등산에 참여한다.

② 상관에게 가정사를 얘기하며 등산에 빠지겠다고 말한다.

③ 배우자에게 등산 사실을 알리고 등산에 참여한다.

④ 가정사 이야기는 하지 않고 등산에 불참하겠다고 팀원들에게 알린다.

⑤ 말하면 또 다투게 되므로 장소에 도착해서 배우자에게 연락한다.

29 A사원과 B사원은 함께 회사의 중요한 TF팀에서 일정 기간 일하게 되었다. A사원과 B사원은 비슷한 업무 분량을 각각 담당하고 있는데, A사원이 볼 때 B사원으로 인해 업무 진행 속도가 떨어지는 것 같다. 이런 상황에서 당신이 A사원이라면 어떻게 할 것인가?

① 회사 차원의 중요한 업무인 만큼 B사원 업무까지 맡아서 진행한다.

② TF팀장에게 본인이 느낀 바를 솔직하게 말한다.

③ 업무 분담을 한 만큼 본인 업무에만 집중한다.

④ 다른 동료들에게 사원 B의 업무태도에 관하여 험담하며 스트레스를 푼다.

⑤ 나의 업무 진행 속도를 B에 맞게 늦춘다.

30 동물 털 알레르기가 있는 A사원의 옆자리에 반려묘를 기르는 신입사원 B가 새로 배치되었다. 이런 상황에서 당신이 A사원이라면 어떻게 할 것인가?

① 부서장에게 부서 자리 전면 재배치를 요구한다.

② 친한 동료에게 B사원과 자리를 바꾸는 것을 부탁한다.

③ B사원에게 본인의 알레르기에 대해 얘기하고 다른 자리를 알아보라고 한다.

④ 알레르기는 본인 탓이라 생각하고 참고 견딘다.

⑤ 알레르기가 있는 자신의 탓이므로 부서장에게 양해를 구하고 자리를 옮긴다.

PART 3

31 상반기 공채로 입사한 A사원은 B부서에 배치 받았다. 현재 B부서는 작년 하반기부터 진행해 온 프로젝트로 매우 바빠서 A사원은 아직 주 업무가 확정되지 않은 상태로 출근만 하고 있는 상황이다. 이런 상황에서 당신이 A사원이라면 어떻게 할 것인가?

① 부서장에게 본인이 할 업무에 대해 지시해 줄 것을 요구한다.

② 눈치껏 다른 부서원들의 업무를 도와주며 업무 지시를 기다린다.

③ 본인을 찾아 업무를 시킬 때까지 그냥 대기한다.

④ 자신이 할 일을 파악해 보고 먼저 시작한다.

⑤ 업무를 줄 때까지 개인적인 일을 하면서 기다린다.

32 A사원은 부서장의 지시로 지방 장거리 출장을 다녀와야 한다. 그런데 친한 동료사원 B가 본인 고향이라 오랜만에 고향을 내려가고 싶다며 출장을 본인이 대신 가면 안 되겠냐고 부탁한다. 이런 상황에서 당신이 A사원이라면 어떻게 할 것인가?

① B사원에게 공사 구분을 확실히 하라고 충고한다.

② 부서장에게 B사원의 의견임을 밝히고 출장 변경을 요청한다.

③ 부서장에게 사원 B와 함께 가서 출장자 변경을 요청한다.

④ B사원에게 자신의 권한 밖이라며 거절한다.

⑤ 부탁은 들어주지만 자신의 일이므로 출장 상황을 전달해 줄 것을 요구한다.

모든 전사 중 가장 강한 전사는 이 두 가지, 시간과 인내다.

– 레프 톨스토이 –

PART 4

인성검사

4 | 인성검사

개인이 업무를 수행하면서 능률적인 성과물을 만들기 위해서는 개인의 능력과 경험 그리고 회사에서의 교육 및 훈련 등이 필요하지만, 개인의 성격이나 성향 역시 중요하다. 여러 직무분석 연구에서 나온 결과들에 따르면 직무에서의 성공과 관련된 특성들 중 최고 70% 이상이 능력보다는 성격과 관련이 있다고 한다. 따라서 이랜드그룹에서는 인재유형검사를 통해 지원자의 역량을 평가하고 있다.

01 인성검사 개요

이랜드그룹의 인재상과 적합한 인재인지 평가하는 테스트로, 지원자의 개인 성향이나 인성에 관한 질문으로 구성되어 있다. 이랜드그룹은 인성검사를 1교시 인재기초 검사와 5교시 인재유형검사로 나누어 실시하고 있다.

1. 인재기초검사

(1) 문항 수 : 176문항

(2) 시간 : 40분

(3) 유형

① **인재기초검사 A** : 각 질문 내용에 대해 본인에 해당하는 응답의 '그렇게 생각한다', '그렇게 생각하지 않는다'를 고르는 문제가 출제된다. 정치나 운에 관한 내용이 나오기도 한다.

② **인재기초검사 B** : 민감성, 외향성, 지적개방성, 친화성, 성실성에 관한 질문에 대해 자신의 성격에 맞게 '예', '아니요'를 고르는 문제가 출제된다.

③ **인재기초검사 C** : 각 문항에 대해 자신의 성격에 맞게 ① ~ ④ 중 자신에게 해당하는 것을 고르는 문제가 출제된다.

2. 인재유형검사

① 문항 수 : 462문항

② 시간 : 60분

③ 유형 : 각 문항에 대해 자신의 성격에 맞게 ① ~ ⑥ 중 자신에게 해당하는 것을 고르는 문제가 출제된다.

인재유형검사는 특별한 수검요령이 없다. 다시 말하면 모범답안이 없고, 정답이 없다는 이야기이다. 국어문제처럼 말의 뜻을 풀이하는 것도 아니다. 군이 수검요령을 말하자면, 진실하고 솔직한 내 생각이 최고의 답변이라고 할 수 있을 것이다.

인재유형검사에서 가장 중요한 것은 첫째, 솔직한 답변이다. 지금까지 경험을 통해서 축적한 자신의 생각과 행동을 거짓 없이 솔직하게 기재하는 것이다. 예를 들어, '나는 타인의 물건을 훔치고 싶은 충동을 느껴본 적이 있다.'란 질문에 지원자들은 많은 생각을 하게 된다. 생각해 보라. 유년기에 또는 성인이 되어서도 타인의 물건을 훔치는 일을 저지른 적은 없더라도, 훔치고 싶은 충동은 누구나 조금이라도 느껴보았을 것이다. 그런데 이 질문에 고민을 하는 사람이 간혹 있다. 이 질문에 '예'라고 대답하면 담당 검사관들이 나를 사회적으로 문제가 있는 사람으로 여기지는 않을까 하는 생각에 '아니요'라는 답을 기재하게 된다. 이런 솔직하지 않은 답변이 답변의 신뢰와 솔직함을 나타내는 타당성 척도에 좋지 않은 점수를 주게 된다.

둘째, 일관성 있는 답변이다. 인재유형검사의 수많은 질문 문항 중에는 비슷한 뜻의 질문이 여러 개 숨어 있는 경우가 많이 있다. 그 질문들은 지원자의 솔직한 답변과 심리적인 상태를 알아보기 위해 내포되어 있는 문항들이다. 예컨대 '나는 유년시절 타인의 물건을 훔친 적이 있다.'라는 질문에 '예'라고 대답했는데, '나는 유년시절 타인의 물건을 훔쳐보고 싶은 충동을 느껴본 적이 있다.'라는 질문에는 '아니요'라는 답을 기재한다면 어떻겠는가. 일관성 없이 '대충 기재하자.'라는 식의 심리적 무성의한 답변이 되거나, 정신적으로 문제가 있는 사람으로 보일 수 있다.

인재유형검사는 많은 문항을 풀어야 하므로 지원자들은 지루함과 따분함, 반복되는 비슷한 질문에 대한 인내력 상실 등을 경험할 수 있다. 인내를 가지고 솔직한 내 생각을 대답하는 것이 무엇보다 중요한 요령이다.

(1) 충분한 휴식으로 불안을 없애고 정서적인 안정을 취한다. 심신이 안정되어야 자신의 마음을 표현할 수 있다.

(2) 생각나는 대로 솔직하게 응답한다. 자신을 너무 과대포장하지도, 너무 비하하지도 마라. 답변을 꾸며서 하면 앞뒤가 맞지 않게끔 구성돼 있어 불리한 평가를 받게 되므로 솔직하게 답하도록 한다.

(3) 검사 문항에 대해 지나치게 생각해서는 안 된다. 지나치게 몰두하면 엉뚱한 답변이 나올 수 있으므로 불필요한 생각은 삼간다.

(4) 문항 수가 많기에 자칫 건너뛰거나 다 풀지 못하는 경우가 있는데, 가능한 모든 문항에 답해야 한다. 응답하지 않은 문항이 많을 경우 평가자가 정확한 평가를 내리지 못해 불리한 평가를 내릴 수 있기 때문이다.

※ 인재기초검사는 정답이 따로 없는 유형의 검사이므로 결과지를 제공하지 않습니다.

1. 인재기초검사 A

※ 다음 문항을 읽고 그렇게 생각하면 ①, 그렇게 생각하지 않으면 ②를 고르시오. [1~30]

번호	문항	응답	
01	특이한 일을 하는 것이 좋고 착상도 독창적이다.	①	②
02	활자가 많은 기사나 도서를 집중해서 읽는 편이다.	①	②
03	감각이 민감하고 감성도 날카로운 편이다.	①	②
04	미적 감각을 활용해 좋은 소설을 쓸 수 있을 것 같다.	①	②
05	기행문 등을 창작하는 것을 좋아한다.	①	②
06	나의 먼 미래에 대해 상상할 때가 자주 있다.	①	②
07	연기학이나 예술학을 전공하고 싶다는 꿈을 꾼 적이 있다.	①	②
08	제품구입 시에 성능보다는 디자인을 중시한다.	①	②
09	학창 시절에는 체육시간을 좋아했다.	①	②
10	공간 디자인이나 소품 등에 흥미를 느낀다.	①	②
11	예술작품 전시회에 큰 흥미를 느낀다.	①	②
12	예술작품을 판매하는 새로운 방법을 궁리하곤 한다.	①	②
13	시계태엽 등 기계의 작동 원리를 궁금해 한 적이 많다.	①	②
14	창의적으로 혁신적인 신상품을 만드는 일에 흥미를 느낀다.	①	②
15	능숙하지 않은 일도 마다하지 않고 끝까지 하는 편이다.	①	②
16	새로운 환경으로 옮겨가는 것을 싫어한다.	①	②
17	옷을 고르는 취향이 여간해서 변하지 않는다.	①	②
18	슬픈 내용의 소설을 읽으면 눈물이 잘 나는 편이다.	①	②
19	1년 후에는 현재보다 변화된 다른 삶을 살고 싶다.	①	②
20	항상 새로운 흥미를 추구하며 개성적이고 싶다.	①	②
21	타인의 설득을 수용해 나의 생각을 바꿀 때가 많다.	①	②
22	나의 성향은 보수보다는 진보에 가깝다고 생각한다.	①	②
23	낯선 음식에 도전하기보다는 좋아하는 음식만 먹는 편이다.	①	②
24	예술 작품에 대한 새로운 해석에 더 큰 관심이 간다.	①	②
25	조직의 분위기 쇄신에 빨리 적응하지 못하는 편이다.	①	②
26	새로운 사고방식과 참신한 생각에 민감하게 반응한다.	①	②
27	겉으로 드러내기보다는 마음속으로만 생각하는 편이다.	①	②
28	새로운 제도의 도입에 방해되는 것은 얼마든지 폐지할 수 있다.	①	②
29	현재의 시류에 맞지 않는 전통적 제도는 시급히 폐지해야 한다고 생각한다.	①	②
30	지금까지 감정적이 된 적은 거의 없다.	①	②

2. 인재기초검사 B

※ 다음 문항을 읽고 '예' 또는 '아니요'에 ○표 하시오. [1~30]

번호	문항	응답		척도의 유형
01	장래의 일을 생각하면 불안해질 때가 종종 있다.	예	아니요	민감성
02	홀로 지내는 일에 능숙한 편이다.	예	아니요	외향성
03	연극배우나 탤런트가 되고 싶다는 꿈을 꾼 적이 있다.	예	아니요	지적개방성
04	타인과 싸움을 한 적이 별로 없다.	예	아니요	친화성
05	항공기 시간표에 늦지 않고 도착할 자신이 있다.	예	아니요	성실성
06	소외감을 느낄 때가 있다.	예	아니요	민감성
07	자신을 둘러싼 주위의 여건에 흡족하고 즐거울 때가 많다.	예	아니요	외향성
08	제품구입 시에 색상, 디자인처럼 미적 요소를 중시한다.	예	아니요	지적개방성
09	다른 사람의 충고를 기분 좋게 듣는 편이다.	예	아니요	친화성
10	언행이 조심스러운 편이다.	예	아니요	성실성
11	어떠한 경우에도 희망이 있다는 낙관론자이다.	예	아니요	민감성
12	고객을 끌어모으기 위해 호객행위도 잘할 자신이 있다.	예	아니요	외향성
13	학창 시절에는 미술과 음악 시간을 좋아했다.	예	아니요	지적개방성
14	다른 사람에게 의존적일 때가 많다.	예	아니요	친화성
15	남에게 설명할 때 이해하기 쉽게 핵심을 간추려 말한다.	예	아니요	성실성
16	병이 아닌지 걱정이 들 때가 많다.	예	아니요	민감성
17	소수의 사적인 모임에서 총무를 맡기를 좋아하는 편이다.	예	아니요	외향성
18	예쁜 인테리어 소품이나 장신구 등에 흥미를 느낀다.	예	아니요	지적개방성
19	다른 사람이 내가 하는 일에 참견하는 게 몹시 싫다.	예	아니요	친화성
20	어떤 일에 얽매여 융통성을 잃을 때가 종종 있다.	예	아니요	성실성
21	자의식과잉이라는 생각이 들 때가 있다.	예	아니요	민감성
22	자연 속에서 혼자 명상하는 것을 좋아한다.	예	아니요	외향성
23	발명품 전시회에 큰 흥미를 느낀다.	예	아니요	지적개방성
24	'모난 돌이 정 맞는다.'는 핀잔을 들을 때가 종종 있다.	예	아니요	친화성
25	연습하면 복잡한 기계조작도 잘할 자신이 있다.	예	아니요	성실성
26	희망이 보이지 않을 때도 낙담한 적이 별로 없다.	예	아니요	민감성
27	모임에서 가능한 한 많은 사람들과 인사를 나누는 편이다.	예	아니요	외향성
28	전통공예품을 판매하는 새로운 방법을 궁리하곤 한다.	예	아니요	지적개방성
29	단순한 게임이라도 이기지 못하면 의욕을 잃는 편이다.	예	아니요	친화성
30	잘못이나 실수를 하지 않으려고 매우 신중한 편이다.	예	아니요	성실성

3. 인재기초검사 C

※ 각 문항을 읽고 ① ~ ④ 중 자신에게 맞는 것을 선택하시오(① 전혀 그렇지 않다, ② 그렇지 않다, ③ 그렇다, ④ 매우 그렇다). [1~10]

01

문항	①	②	③	④
A. 컨디션에 따라 기분이 잘 변한다.	☐	☐	☐	☐
B. 당혹감을 잘 느끼지 못하는 편이다.	☐	☐	☐	☐
C. 정서적인 반응이 적고 무신경한 편이다.	☐	☐	☐	☐
D. 자신에게 우울증, 불안장애가 있는지 의심하곤 한다.	☐	☐	☐	☐

02

문항	①	②	③	④
A. 자기주장이 강한 편이다.	☐	☐	☐	☐
B. 인간관계에 거리를 두는 편이다.	☐	☐	☐	☐
C. 어떠한 일이 있어도 출세하고 싶다.	☐	☐	☐	☐
D. 별로 유쾌하지 않으며 내향적이지만 자신이 불행하다고 느끼지 않는다.	☐	☐	☐	☐

03

문항	①	②	③	④
A. 감수성이 풍부하다는 평가를 받곤 한다.	☐	☐	☐	☐
B. 신기한 것보다는 익숙한 것에 눈길이 간다.	☐	☐	☐	☐
C. 감정을 중시하지 않아 정서가 무딘 편이다.	☐	☐	☐	☐
D. 권위와 전통은 윤리처럼 반드시 지켜야 하는 것이다.	☐	☐	☐	☐

04

문항	①	②	③	④
A. 다른 사람의 일에 관심이 거의 없다.	☐	☐	☐	☐
B. 성격이 사근사근하고 솔직한 편이다.	☐	☐	☐	☐
C. 너무 자만하지 말라는 핀잔을 받곤 한다.	☐	☐	☐	☐
D. 다소 떳떳하지 않아도 치부(致富)하는 것이 먼저라고 생각한다.	☐	☐	☐	☐

05

문항	①	②	③	④
A. 노력의 여하보다 결과가 중요하다.	☐	☐	☐	☐
B. 사물을 신중하게 생각하는 편이다.	☐	☐	☐	☐
C. 자신의 준비성과 능력이 부족함을 느낀다.	☐	☐	☐	☐
D. 과제를 반드시 완수해야 한다는 강박을 느끼곤 한다.	☐	☐	☐	☐

06

문항	①	②	③	④
A. 살다 보면 힘든 일이 너무 많다.	☐	☐	☐	☐
B. 언짢은 감정을 금방 삭이는 편이다.	☐	☐	☐	☐
C. 고민이 생겨도 심각하게 생각하지 않는다.	☐	☐	☐	☐
D. 어떤 경우에도 상황을 절망적으로 보지 않는다.	☐	☐	☐	☐

07

문항	①	②	③	④
A. 몸으로 부딪쳐 도전하는 편이다.	☐	☐	☐	☐
B. 어수선한 번화가에서 열정을 느끼곤 한다.	☐	☐	☐	☐
C. 나서기보다는 남의 리드를 따르는 편이다.	☐	☐	☐	☐
D. 권투처럼 격렬한 것보다는 바둑처럼 정적인 스포츠를 선호한다.	☐	☐	☐	☐

08

문항	①	②	③	④
A. 미지의 세계를 동경하는 편이다.	☐	☐	☐	☐
B. 예술 작품에 별로 흥미를 느끼지 못한다.	☐	☐	☐	☐
C. 검증을 거치지 않은 것은 받아들일 수 없다.	☐	☐	☐	☐
D. 미완성작은 자유롭게 상상할 여지가 많아서 가치가 있다고 생각한다.	☐	☐	☐	☐

09

문항	①	②	③	④
A. 우월감을 자랑하곤 한다.	☐	☐	☐	☐
B. 타인에게 간섭받는 것을 싫어한다.	☐	☐	☐	☐
C. 남으로부터 배려심이 깊다는 말을 듣는다.	☐	☐	☐	☐
D. 협상에서는 역지사지(易地思之)가 가장 중요하다.	☐	☐	☐	☐

10

문항	①	②	③	④
A. 맡겨진 일은 기필코 끝을 맺는다.	☐	☐	☐	☐
B. 빨리 처리해야 할 일도 미루곤 한다.	☐	☐	☐	☐
C. 자신이 준비된 인재라고 생각할 때가 많다.	☐	☐	☐	☐
D. 기존의 계획을 엄수하는 것보다는 임기응변에 강하다고 생각한다.	☐	☐	☐	☐

PART 4

※ 인재유형검사는 정답이 따로 없는 유형의 검사이므로 결과지를 제공하지 않습니다.

※ 다음 문항을 읽고 ① ~ ⑥ 중 자신에게 해당하는 것을 고르시오(① 전혀 그렇지 않다, ② 그렇지 않다, ③ 약간 그렇지 않다, ④ 약간 그렇다, ⑤ 그렇다, ⑥ 매우 그렇다). [1~140]

번호	문항	응답
01	타박을 받아도 위축되거나 기가 죽지 않는다.	① ② ③ ④ ⑤ ⑥
02	몸이 피곤할 때도 명랑하게 행동한다.	① ② ③ ④ ⑤ ⑥
03	익숙지 않은 집단, 장소로 옮겨가는 것이 꺼려진다.	① ② ③ ④ ⑤ ⑥
04	타인의 지적을 순수하게 받아들일 수 있다.	① ② ③ ④ ⑤ ⑥
05	매일의 목표가 있는 생활을 하고 있다.	① ② ③ ④ ⑤ ⑥
06	실패했던 기억을 되새기면서 고민하는 편이다.	① ② ③ ④ ⑤ ⑥
07	언제나 생기가 있고 열정적이다.	① ② ③ ④ ⑤ ⑥
08	상품을 선택하는 취향이 오랫동안 바뀌지 않는다.	① ② ③ ④ ⑤ ⑥
09	자신을 과시하다가 으스댄다는 핀잔을 듣곤 한다.	① ② ③ ④ ⑤ ⑥
10	동료가 될 사람을 1명만 택한다면 자기 유능감이 높은 사람을 뽑겠다.	① ② ③ ④ ⑤ ⑥
11	열등감으로 자주 고민한다.	① ② ③ ④ ⑤ ⑥
12	많은 사람들을 만나는 것을 좋아한다.	① ② ③ ④ ⑤ ⑥
13	새로운 것에 대한 호기심이 잘 생기지 않는다.	① ② ③ ④ ⑤ ⑥
14	사람들을 쉽게 믿고 그들을 이해하려 노력한다.	① ② ③ ④ ⑤ ⑥
15	무엇이든 꾸준히 하면 스스로 해낼 수 있다고 믿는다.	① ② ③ ④ ⑤ ⑥
16	남에게 무시당하면 화가 치밀어 주체할 수 없다.	① ② ③ ④ ⑤ ⑥
17	과묵하고 소극적이라는 평가를 받곤 한다.	① ② ③ ④ ⑤ ⑥
18	상상보다는 사실 지향성에 무게를 두는 편이다.	① ② ③ ④ ⑤ ⑥
19	남의 의견을 호의적으로 받아들이고 협조적이다.	① ② ③ ④ ⑤ ⑥
20	별로 반성하지 않으며, 게으름을 부리곤 한다.	① ② ③ ④ ⑤ ⑥
21	꼭 필요한 것인지 따져보며 충동구매를 하지 않는다.	① ② ③ ④ ⑤ ⑥
22	일부 특정한 사람들하고만 교제를 하는 편이다.	① ② ③ ④ ⑤ ⑥
23	일반적이고 확실한 것이 아니라면 거절하는 편이다.	① ② ③ ④ ⑤ ⑥
24	남에게 자신의 진심을 표현하기를 주저하는 편이다.	① ② ③ ④ ⑤ ⑥
25	임무를 달성하기 위해 목표를 분명하게 세운다.	① ② ③ ④ ⑤ ⑥
26	사고 싶은 것이 있으면 따지지 않고 바로 사곤 한다.	① ② ③ ④ ⑤ ⑥
27	낯선 사람에게도 친근하게 먼저 말을 건네는 편이다.	① ② ③ ④ ⑤ ⑥
28	다양성을 존중해 새로운 의견을 수용하는 편이다.	① ② ③ ④ ⑤ ⑥
29	남의 말을 들을 때 진위를 의심하곤 한다.	① ② ③ ④ ⑤ ⑥
30	시험 전에도 노는 계획을 세우곤 한다.	① ② ③ ④ ⑤ ⑥
31	주변 상황에 따라 기분이 수시로 변하곤 한다.	① ② ③ ④ ⑤ ⑥

32	몸담고 있는 동호회 수가 여러 개이다.	① ② ③ ④ ⑤ ⑥
33	익숙한 것만을 선호하다가 변화에 적응하지 못할 때가 많다.	① ② ③ ④ ⑤ ⑥
34	나를 비판하는 사람의 진짜 의도를 의심해 공격적으로 응수한다.	① ② ③ ④ ⑤ ⑥
35	도중에 실패해도 소임을 다하기 위해 끝까지 추진한다.	① ② ③ ④ ⑤ ⑥
36	고민이 있어도 지나치게 걱정하지 않는다.	① ② ③ ④ ⑤ ⑥
37	많은 사람들 앞에서 말하는 것이 서툴다.	① ② ③ ④ ⑤ ⑥
38	지적 흥미에 관심이 많고, 새로운 지식에 포용적이다.	① ② ③ ④ ⑤ ⑥
39	사람들을 믿지 못해 불편할 때가 많다.	① ② ③ ④ ⑤ ⑥
40	자신의 책임을 잊고 경솔하게 행동하곤 한다.	① ② ③ ④ ⑤ ⑥
41	기분 나쁜 일은 금세 잊는 편이다.	① ② ③ ④ ⑤ ⑥
42	다과회, 친목회 등의 소모임에서 자주 책임을 맡는다.	① ② ③ ④ ⑤ ⑥
43	부모님의 권위를 존중해 그분들의 말씀에 거의 순종한다.	① ② ③ ④ ⑤ ⑥
44	나의 이익을 지키려면 반드시 타인보다 우위를 점해야 한다고 생각한다.	① ② ③ ④ ⑤ ⑥
45	자신의 언행이 가볍다고 자주 지적받곤 한다.	① ② ③ ④ ⑤ ⑥
46	슬럼프에 빠지면 좀처럼 헤어나지 못한다.	① ② ③ ④ ⑤ ⑥
47	자신이 기력이 넘치며 사교적이라고 생각한다.	① ② ③ ④ ⑤ ⑥
48	익숙한 일·놀이에 진부함을 잘 느끼고, 새로운 놀이·활동에 흥미를 크게 느낀다.	① ② ③ ④ ⑤ ⑥
49	친구들을 신뢰해 그들의 말을 잘 듣는 편이다.	① ② ③ ④ ⑤ ⑥
50	인생의 목표와 방향이 뚜렷하며 부지런하다는 평가를 받곤 한다.	① ② ③ ④ ⑤ ⑥
51	감정을 잘 조절해 여간해서 흥분하지 않는 편이다.	① ② ③ ④ ⑤ ⑥
52	느긋하고 서두르지 않으며 여유로운 편이다.	① ② ③ ④ ⑤ ⑥
53	새로운 유행이 시작되면 다른 사람보다 먼저 시도해 보는 편이다.	① ② ③ ④ ⑤ ⑥
54	친구와 다투면 먼저 손을 내밀어 화해하지 못해 친구를 잃곤 한다.	① ② ③ ④ ⑤ ⑥
55	자신이 유능하다고 믿기 때문에 자신감이 넘친다.	① ② ③ ④ ⑤ ⑥
56	걱정거리가 머릿속에서 쉽사리 잊히지 않는 편이다.	① ② ③ ④ ⑤ ⑥
57	혼자 있을 때가 편안하다.	① ② ③ ④ ⑤ ⑥
58	비유적·상징적인 것보다는 사실적·현실적 표현을 선호한다.	① ② ③ ④ ⑤ ⑥
59	모르는 사람은 믿을 수 없으므로 경계하는 편이다.	① ② ③ ④ ⑤ ⑥
60	책임감, 신중성 등 자신에 대한 주위의 평판이 좋다고 생각한다.	① ② ③ ④ ⑤ ⑥
61	슬픈 일만 머릿속에 오래 남는다.	① ② ③ ④ ⑤ ⑥
62	꾸물대는 것이 싫어 늘 서두르는 편이다.	① ② ③ ④ ⑤ ⑥
63	예술가가 된 나의 모습을 상상하곤 한다.	① ② ③ ④ ⑤ ⑥
64	칭찬도 나쁘게 받아들이는 편이다.	① ② ③ ④ ⑤ ⑥
65	경솔한 언행으로 분란을 일으킬 때가 종종 있다.	① ② ③ ④ ⑤ ⑥
66	삶이 버겁게 느껴져 침울해지곤 한다.	① ② ③ ④ ⑤ ⑥
67	윗사람, 아랫사람 가리지 않고 쉽게 친해져 어울린다.	① ② ③ ④ ⑤ ⑥
68	상상 속에서 이야기를 잘 만들어내는 편이다.	① ② ③ ④ ⑤ ⑥
69	손해를 입지 않으려고 약삭빠르게 행동하는 편이다.	① ② ③ ④ ⑤ ⑥

70	기왕 일을 한다면 꼼꼼하게 하는 편이다.	① ② ③ ④ ⑤ ⑥
71	비난을 받으면 몹시 신경이 쓰이고 자신감을 잃는다.	① ② ③ ④ ⑤ ⑥
72	주위 사람에게 인사하는 것이 귀찮다.	① ② ③ ④ ⑤ ⑥
73	창의력과 상상력이 풍부하다는 이야기를 자주 듣는다.	① ② ③ ④ ⑤ ⑥
74	자기중심적인 관점에서 남을 비판하곤 한다.	① ② ③ ④ ⑤ ⑥
75	지나치게 깔끔하고 싶은 강박증이 있다.	① ② ③ ④ ⑤ ⑥
76	세밀한 계획을 세워도 과도한 불안을 느낄 때가 많다.	① ② ③ ④ ⑤ ⑥
77	거의 항상 바쁘게 살아가는 편이다.	① ② ③ ④ ⑤ ⑥
78	타인이 예상하지 못한 엉뚱한 행동, 생각을 할 때가 자주 있다.	① ② ③ ④ ⑤ ⑥
79	의견이 어긋날 때는 먼저 한발 양보하는 편이다.	① ② ③ ④ ⑤ ⑥
80	어떤 일을 시도하다가 잘 안되면 금방 포기한다.	① ② ③ ④ ⑤ ⑥
81	긴박한 상황에 맞닥뜨리면 자신감을 잃을 때가 많다.	① ② ③ ④ ⑤ ⑥
82	처음 만난 사람과 이야기하는 것이 피곤하다.	① ② ③ ④ ⑤ ⑥
83	이것저것 새로운 것에 관심이 많고 새로운 것을 배우고 싶다.	① ② ③ ④ ⑤ ⑥
84	싫은 사람과도 충분히 협력할 수 있다고 생각한다.	① ② ③ ④ ⑤ ⑥
85	꾸준하고 참을성이 있다는 말을 자주 듣는다.	① ② ③ ④ ⑤ ⑥
86	신호 대기 중에도 조바심이 난다.	① ② ③ ④ ⑤ ⑥
87	남들보다 우월한 지위에서 영향력을 행사하고 싶다.	① ② ③ ④ ⑤ ⑥
88	'왜?'라는 질문을 자주 한다.	① ② ③ ④ ⑤ ⑥
89	좋아하지 않는 사람이라도 친절하고 공손하게 대한다.	① ② ③ ④ ⑤ ⑥
90	세부적인 내용을 일목요연하게 정리해 공부한다.	① ② ③ ④ ⑤ ⑥
91	상대가 통화 중이면 다급해져 연속해서 전화를 건다.	① ② ③ ④ ⑤ ⑥
92	쾌활하고 자신감이 강하며 남과의 교제에 적극적이다.	① ② ③ ④ ⑤ ⑥
93	궁금한 점이 있으면 꼬치꼬치 따져서 반드시 궁금증을 풀고 싶다.	① ② ③ ④ ⑤ ⑥
94	사람들은 누구나 곤경을 회피하려고 거짓말을 한다.	① ② ③ ④ ⑤ ⑥
95	물건을 분실하거나 어디에 두었는지 기억 못할 때가 많다.	① ② ③ ④ ⑤ ⑥
96	충동적인 행동을 하지 않는 편이다.	① ② ③ ④ ⑤ ⑥
97	상대방이 말을 걸어오기를 기다리는 편이다.	① ② ③ ④ ⑤ ⑥
98	새로운 생각들을 수용해 자신의 관점을 쉽게 수정하는 편이다.	① ② ③ ④ ⑤ ⑥
99	기분을 솔직하게 드러내는 편이어서 남들이 나의 기분을 금방 알아채곤 한다.	① ② ③ ④ ⑤ ⑥
100	의지와 끈기가 강한 편이다.	① ② ③ ④ ⑤ ⑥
101	어떤 상황에서든 만족할 수 있다.	① ② ③ ④ ⑤ ⑥
102	모르는 사람에게 말을 걸기보다는 혼자 있는 게 좋다.	① ② ③ ④ ⑤ ⑥
103	어떤 일이든 새로운 방향에서 이해할 수 있다고 생각한다.	① ② ③ ④ ⑤ ⑥
104	부모님이나 친구들에게 진심을 잘 고백하는 편이다.	① ② ③ ④ ⑤ ⑥
105	참을성이 있지만 융통성이 부족하다는 말을 듣곤 한다.	① ② ③ ④ ⑤ ⑥
106	깜짝 놀라면 몹시 당황하는 편이다.	① ② ③ ④ ⑤ ⑥
107	아는 사람이 많아져 대인관계를 넓히는 것을 선호한다.	① ② ③ ④ ⑤ ⑥

108	자신의 감수성. 지적 흥미에 충실하며 내면세계에 관심이 많다.	① ② ③ ④ ⑤ ⑥
109	사람들은 이득이 된다면 옳지 않은 방법이라도 쓸 것이다.	① ② ③ ④ ⑤ ⑥
110	세밀하게 설정된 계획표를 성실하게 실천하려 노력하는 편이다.	① ② ③ ④ ⑤ ⑥
111	난처한 헛소문에 휘말려도 개의치 않는다.	① ② ③ ④ ⑤ ⑥
112	매사에 진지하려고 노력한다.	① ② ③ ④ ⑤ ⑥
113	급진적인 변화를 선호한다.	① ② ③ ④ ⑤ ⑥
114	주변 사람들의 감정과 욕구를 잘 이해하는 편이다.	① ② ③ ④ ⑤ ⑥
115	대체로 먼저 할 일을 해놓고 나서 노는 편이다.	① ② ③ ④ ⑤ ⑥
116	긴급사태에도 당황하지 않고 행동할 수 있다.	① ② ③ ④ ⑤ ⑥
117	일할 때 자신의 생각대로 하지 못할 때가 많다.	① ② ③ ④ ⑤ ⑥
118	새로운 변화를 싫어한다.	① ② ③ ④ ⑤ ⑥
119	다른 사람의 감정에 민감하다.	① ② ③ ④ ⑤ ⑥
120	시험을 보기 전에 먼저 꼼꼼하게 공부 계획표를 짠다.	① ② ③ ④ ⑤ ⑥
121	삶에는 고통을 주는 것들이 너무 많다고 생각한다.	① ② ③ ④ ⑤ ⑥
122	내성적 성격 때문에 윗사람과의 대화가 꺼려진다.	① ② ③ ④ ⑤ ⑥
123	새로운 물건에서 신선한 아름다움을 느낄 때가 많다.	① ② ③ ④ ⑤ ⑥
124	사람들이 정직하게 행동하는 것은 타인의 비난이 두렵기 때문이다.	① ② ③ ④ ⑤ ⑥
125	계획에 따라 규칙적인 생활을 하는 편이다.	① ② ③ ④ ⑤ ⑥
126	걱정거리가 있으면 잠을 잘 수가 없다.	① ② ③ ④ ⑤ ⑥
127	자기주장만 지나치게 내세워 소란을 일으키곤 한다.	① ② ③ ④ ⑤ ⑥
128	예술 작품에서 큰 감동을 받곤 한다.	① ② ③ ④ ⑤ ⑥
129	싹싹하고 협조적이라는 평가를 받곤 한다.	① ② ③ ④ ⑤ ⑥
130	소지품을 잘 챙기지 않아 잃어버리곤 한다.	① ② ③ ④ ⑤ ⑥
131	즐거운 일보다는 괴로운 일이 더 많다.	① ② ③ ④ ⑤ ⑥
132	누가 나에게 말을 걸기 전에는 내가 먼저 말을 걸지 않는다.	① ② ③ ④ ⑤ ⑥
133	기본에 얽매이는 정공법보다는 창의적인 변칙을 선택하곤 한다.	① ② ③ ④ ⑤ ⑥
134	쉽게 양보를 하는 편이다.	① ② ③ ④ ⑤ ⑥
135	신발이나 옷이 떨어져도 무관심해 단정하지 못할 때가 종종 있다.	① ② ③ ④ ⑤ ⑥
136	사소한 일에도 긴장해 위축되곤 한다.	① ② ③ ④ ⑤ ⑥
137	타인과 어울리는 것보다는 혼자 지내는 것이 즐겁다.	① ② ③ ④ ⑤ ⑥
138	직업을 선택할 때 창조력과 심미안이 필요한 것을 선호한다.	① ② ③ ④ ⑤ ⑥
139	자기 것을 이웃에게 잘 나누어주는 편이다.	① ② ③ ④ ⑤ ⑥
140	몇 번이고 생각하고 검토한다.	① ② ③ ④ ⑤ ⑥

많이 보고 많이 겪고 많이 공부하는 것은 배움의 세 기둥이다.

– 벤자민 디즈라엘리 –

PART 5

합격의 공식 시대에듀 www.sdedu.co.kr

면접

01 | 면접 유형 및 실전 대책

01 　면접 주요사항

면접의 사전적 정의는 면접관이 지원자를 직접 만나보고 인품(人品)이나 언행(言行) 따위를 시험하는 일로, 흔히 필기시험 후에 최종적으로 심사하는 방법이다.

최근 주요 기업의 인사담당자들을 대상으로 채용 시 면접이 차지하는 비중을 설문조사했을 때, 50 ~ 80% 이상이라고 답한 사람이 전체 응답자의 80%를 넘었다. 이와 대조적으로 지원자들을 대상으로 취업 시험에서 면접을 준비하는 기간을 물었을 때, 대부분의 응답자가 2 ~ 3일 정도라고 대답했다.

지원자가 일정 수준의 스펙을 갖추기 위해 자격증 시험과 토익을 치르고 이력서와 자기소개서까지 쓰다 보면 면접까지 챙길 여유가 없는 것이 사실이다. 그리고 서류전형과 인적성검사를 통과해야만 면접을 볼 수 있기 때문에 자연스럽게 면접은 취업 시험 과정에서 그 비중이 작아질 수밖에 없다. 하지만 아이러니하게도 실제 채용 과정에서 면접이 차지하는 비중은 절대적이라고 해도 과언이 아니다.

기업들은 채용 과정에서 토론 면접, 인성 면접, 프레젠테이션 면접, 역량 면접 등의 다양한 면접을 실시한다. 1차 커트라인이라고 할 수 있는 서류전형을 통과한 지원자들의 스펙이나 능력은 서로 엇비슷하다고 판단되기 때문에 서류상 보이는 자격증이나 토익 성적보다는 지원자의 인성을 파악하기 위해 면접을 더욱 강화하는 것이다. 일부 기업은 의도적으로 압박 면접을 실시하기도 한다. 지원자가 당황할 수 있는 질문을 던져서 그것에 대한 지원자의 반응을 살펴보는 것이다.

면접은 다르게 생각한다면 '나는 누구인가'에 대한 물음에 해답을 줄 수 있는 가장 현실적이고 미래적인 경험이 될 수 있다. 취업난 속에서 자격증을 취득하고 토익 성적을 올리기 위해 앞만 보고 달려온 지원자들은 자신에 대해서 고민하고 탐구할 수 있는 시간을 평소 쉽게 가질 수 없었을 것이다. 자신을 잘 알고 있어야 자신에 대해서 자신감 있게 말할 수 있다. 대체로 사람들은 자신에게 관대한 편이기 때문에 자신에 대해서 어떤 기대와 환상을 가지고 있는 경우가 많다. 하지만 면접은 제삼자에 의해 개인의 능력을 객관적으로 평가받는 시험이다. 어떤 지원자들은 다른 사람에게 자신을 표현하는 것을 어려워한다. 평소에 잘 사용하지 않는 용어를 내뱉으면서 거창하게 자신을 포장하는 지원자도 많다. 면접에서 가장 기본은 자기 자신을 면접관에게 알기 쉽게 표현하는 것이다.

이러한 표현을 바탕으로 자신이 앞으로 하고자 하는 것과 그에 대한 이유를 설명해야 한다. 최근에는 자신감을 향상시키거나 말하는 능력을 높이는 학원도 많기 때문에 얼마든지 자신의 단점을 극복할 수 있다.

1. 자기소개의 기술

자기소개를 시키는 이유는 면접자가 지원자의 자기소개서를 압축해서 듣고, 지원자의 첫인상을 평가할 시간을 가질 수 있기 때문이다. 면접을 위한 워밍업이라고 할 수 있으며 첫인상을 결정하는 과정이므로 매우 중요한 순간이다.

(1) 정해진 시간에 자기소개를 마쳐야 한다.

쉬워 보이지만 의외로 지원자들이 정해진 시간을 넘기거나 혹은 빨리 끝내서 면접관에게 지적을 받는 경우가 많다. 본인이 면접을 받는 마지막 지원자가 아닌 이상, 정해진 시간을 지키지 않는 것은 수많은 지원자를 상대하기에 바쁜 면접관과 대기시간에 지친 다른 지원자들에게 불쾌감을 줄 수 있다.

또한 회사에서 시간관념은 절대적인 것이므로 반드시 자기소개 시간을 지켜야 한다. 말하기는 1분에 200자 원고지 2장 분량의 글을 읽는 만큼의 속도가 가장 적당하다. 이를 A4 용지에 10point 글자 크기로 작성하면 반 장 분량이 된다.

(2) 간단하지만 신선한 문구로 자기소개를 시작하자.

요즈음 많은 지원자가 이 방법을 사용하고 있기 때문에 웬만한 소재의 문구가 아니면 면접관의 관심을 받을 수 없다. 이러한 문구는 시대적으로 유행하는 광고 카피를 패러디하는 경우와 격언 등을 인용하는 경우, 그리고 지원한 회사의 CI나 경영이념, 인재상 등을 사용하는 경우 등이 있다. 지원자는 이러한 여러 문구 중에 자신의 첫인상을 북돋아 줄 수 있는 것을 선택해서 말해야 한다. 자신의 이름을 문구 속에 적절하게 넣어서 말한다면 좀 더 효과적인 자기소개가 될 것이다.

(3) 무엇을 먼저 말할 것인지 고민하자.

면접관이 많이 던지는 질문 중 하나가 지원동기이다. 그래서 성장기를 바로 건너뛰고, 지원한 회사에 들어오기 위해 대학에서 어떻게 준비했는지를 설명하는 자기소개가 대세이다.

(4) 면접관의 호기심을 자극해 관심을 불러일으킬 수 있게 말하라.

면접관에게 질문을 많이 받는 지원자의 합격률이 반드시 높은 것은 아니지만, 질문을 전혀 안 받는 것보다는 좋은 평가를 기대할 수 있다.

지원한 분야와 관련된 수상 경력이나 프로젝트 등을 말하는 것도 좋다. 이는 지원자의 업무 능력과 직접 연결되는 것이므로 효과적인 자기 홍보가 될 수 있다. 일부 지원자들은 자신만의 특별한 경험을 이야기하는데, 이때는 그 경험이 보편적으로 사람들의 공감대를 얻을 수 있는 것인지 다시 생각해 봐야 한다.

(5) 마지막 고개를 넘기가 가장 힘들다.

첫 단추도 중요하지만, 마지막 단추도 중요하다. 하지만 왠지 격식을 따지는 인사말은 지나가는 인사말 같고, 다르게 하자니 예의에 어긋나는 것 같은 기분이 든다. 이때는 처음에 했던 자신만의 문구를 다시 한 번 말하는 것도 좋은 방법이다. 자연스러운 끝맺음이 될 수 있도록 적절한 연습이 필요하다.

2. 1분 자기소개 시 주의사항

(1) 자기소개서와 자기소개가 똑같다면 감점일까?

아무리 자기소개서를 외워서 말한다 해도 자기소개가 자기소개서와 완전히 똑같을 수는 없다. 자기소개서의 분량이 더 많고 회사마다 요구하는 필수 항목들이 있기 때문에 굳이 고민할 필요는 없다. 오히려 자기소개서의 내용을 잘 정리한 자기소개가 더 좋은 결과를 만들 수 있다. 하지만 자기소개서와 상반된 내용을 말하는 것은 적절하지 않다. 지원자의 신뢰성이 떨어진다는 것은 곧 불합격을 의미하기 때문이다.

(2) 말하는 자세를 바르게 익혀라.

지원자가 자기소개를 하는 동안 면접관은 지원자의 동작 하나하나를 관찰한다. 그렇기 때문에 바른 자세가 중요하다는 것은 우리가 익히 알고 있다. 하지만 문제는 무의식적으로 나오는 습관 때문에 자세가 흐트러져 나쁜 인상을 줄 수 있다는 것이다. 이러한 습관을 고칠 수 있는 가장 좋은 방법은 캠코더 등으로 자신의 모습을 담는 것이다. 거울을 사용할 경우에는 시선이 자꾸 자기 눈과 마주치기 때문에 집중하기 힘들다. 하지만 촬영된 동영상은 제삼자의 입장에서 자신을 볼 수 있기 때문에 많은 도움이 된다.

(3) 정확한 발음과 억양으로 자신 있게 말하라.

지원자의 모양새가 아무리 뛰어나도, 목소리가 작고 발음이 부정확하면 큰 감점을 받는다. 이러한 모습은 지원자의 좋은 점에까지 악영향을 끼칠 수 있다. 직장을 흔히 사회생활의 시작이라고 말하는 시대적 정서에서 사람들과 의사소통을 하는 데 문제가 있다고 판단되는 지원자는 부적절한 인재로 평가될 수밖에 없다.

3. 대화법

전문가들이 말하는 대화법의 핵심은 '상대방을 배려하면서 이야기하라.'는 것이다. 대화는 나와 다른 사람의 소통이다. 내용에 대한 공감이나 이해가 없다면 대화는 더 진전되지 않는다.

베스트셀러 『카네기 인간관계론』의 작가인 철학자 카네기가 말하는 최상의 대화법은 자신의 경험을 토대로 이야기하는 것이다. 즉, 살아오면서 직접 겪은 경험이 상대방의 관심을 끌 수 있는 가장 좋은 이야깃거리인 것이다. 특히 어떤 일을 이루기 위해 노력하는 과정에서 겪은 실패나 희망에 대해 진솔하게 얘기한다면 상대방은 어느새 당신의 편에 서서 그 이야기에 동조할 것이다.

독일의 사업가이자 동기부여 트레이너인 위르겐 힐러의 연설법 중 가장 유명한 것은 '시즐(Sizzle)'을 잡는 것이다. 시즐이란 새우튀김이나 돈가스가 기름에서 지글지글 튀겨질 때 나는 소리이다. 즉, 자신의 말을 듣고 시즐처럼 반응하는 상대방의 감정에 적절하게 대응하라는 것이다.

말을 시작한 지 10 ~ 15초 안에 상대방의 '시즐'을 알아차려야 한다. 자신의 이야기에 대한 상대방의 첫 반응에 따라 말하기 전략도 달라져야 한다. 첫 이야기의 반응이 미지근하다면 가능한 한 그 이야기를 빨리 마무리하고 새로운 이야깃거리를 생각해 내야 한다. 길지 않은 면접 시간 내에 몇 번 오지 않는 대답의 기회를 살리기 위해서 보다 전략적이고 냉철해야 하는 것이다.

4. 차림새

(1) 구두

면접에 어떤 옷을 입어야 할지를 며칠 동안 고민하면서 정작 구두는 면접 보는 날 현관을 나서면서 즉흥적으로 신고 가는 지원자들이 많다. 구두를 보면 그 사람의 됨됨이를 알 수 있다고 한다. 면접관 역시 이러한 것을 놓치지 않기 때문에 지원자는 자신의 구두에 더욱 신경을 써야 한다. 스타일의 마무리는 발끝에서 이루어지는 것이다. 아무리 멋진 옷을 입고 있어도 구두가 어울리지 않는다면 전체 스타일이 흐트러지기 때문이다.

정장용 구두는 디자인이 깔끔하고, 에나멜 가공 처리를 하여 광택이 도는 페이턴트 가죽 소재 제품이 무난하다. 검정계열 구두는 회색과 감색 정장에, 브라운 계열의 구두는 베이지나 갈색 정장에 어울린다. 참고로 구두는 오전에 사는 것보다 발이 충분히 부은 상태인 저녁에 사는 것이 좋다. 마지막으로 당연한 일이지만 반드시 면접을 보는 전날 구두 뒤축이 닳지는 않았는지 확인하고 구두에 광을 내 둔다.

(2) 양말

양말은 정장과 구두의 색상을 비교해서 골라야 한다. 특히 검정이나 감색의 진한 색상의 바지에 흰 양말을 신는 것은 시대에 뒤처지는 일이다. 일반적으로 양말의 색깔은 바지의 색깔과 같아야 한다. 또한 양말의 길이도 신경 써야 한다. 의자에 바르게 앉거나 다리를 꼬아서 앉을 때 다리털이 보여서는 안 된다. 반드시 긴 정장 양말을 신어야 한다.

(3) 정장

지원자는 평소에 정장을 입을 기회가 많지 않기 때문에 면접을 볼 때 본인 스스로도 옷을 어색하게 느끼는 경우가 많다. 옷을 불편하게 느끼기 때문에 자세마저 불안정한 지원자도 볼 수 있다. 그러므로 면접 전에 정장을 입고 생활해 보는 것도 나쁘지는 않다.

일반적으로 면접을 볼 때는 상대방에게 신뢰감을 줄 수 있는 남색 계열의 옷이나 어떤 계절이든 무난하고 깔끔해 보이는 회색 계열의 정장을 많이 입는다. 정장은 유행에 따라서 재킷의 디자인이나 버튼의 개수가 바뀌기 때문에 너무 오래된 옷을 입어서 다른 사람의 옷을 빌려 입고 나온 듯한 인상을 주어서는 안 된다.

(4) 헤어스타일과 메이크업

헤어스타일에 자신이 없다면 미용실에 다녀오는 것도 좋은 방법이다. 지나치게 화려한 메이크업이 아니라면 보다 준비된 지원자처럼 보일 수 있다.

5. 첫인상

취업을 위해 성형수술을 받는 사람들에 대한 이야기는 더 이상 뉴스거리가 되지 않는다. 그만큼 많은 사람이 좁은 취업문을 뚫기 위해 이미지 향상에 신경을 쓰고 있다. 이는 면접관에게 좋은 첫인상을 주기 위한 것으로, 지원서에 올리는 증명사진을 이미지 프로그램을 통해 수정하는 이른바 '사이버 성형'이 유행하는 것과 같은 맥락이다. 실제로 외모가 채용 과정에서 영향을 끼치는가에 대한 설문조사에서도 60% 이상의 인사담당자들이 그렇다고 답변했다.

하지만 외모와 첫인상을 절대적인 관계로 이해하는 것은 잘못된 판단이다. 외모가 첫인상에서 많은 부분을 차지하지만, 외모 외에 다른 결점이 발견된다면 그로 인해 장점들이 가려질 수도 있다. 이러한 현상은 아래에서 다시 논하겠다.

첫인상은 말 그대로 한 번밖에 기회가 주어지지 않으며 몇 초 안에 결정된다. 첫인상을 결정짓는 요소 중 시각적인 요소가 80% 이상을 차지한다. 첫눈에 들어오는 생김새나 복장, 표정 등에 의해서 결정되는 것이다. 면접을 시작할 때 자기소개를 시키는 것도 지원자별로 첫인상을 평가하기 위해서이다. 첫인상이 중요한 이유는 만약 첫인상이 부정적으로 인지될 경우, 지원자의 다른 좋은 면까지 거부당하기 때문이다. 이러한 현상을 심리학에서는 초두효과(Primacy Effect)라고 한다. 그래서 한 번 형성된 첫인상은 여간해서 바꾸기 힘들다. 이는 첫인상이 나중에 들어오는 정보까지 영향을 주기 때문이다. 첫인상의 정보가 나중에 들어오는 정보처리의 지침이 되는 것을 심리학에서는 맥락효과(Context Effect)라고 한다. 따라서 평소에 첫인상을 좋게 만들기 위한 노력을 꾸준히 해야만 하는 것이다.

좋은 첫인상이 반드시 외모에만 집중되는 것은 아니다. 오히려 깔끔한 옷차림과 부드러운 표정 그리고 말과 행동 등에 의해 전반적인 이미지가 만들어진다. 누구나 이러한 것 중에 한두 가지 단점을 가지고 있다. 요즘은 이미지 컨설팅을 통해서 자신의 단점들을 보완하는 지원자도 있다. 특히 표정이 밝지 않은 지원자는 평소 웃는 연습을 의식적으로 하여 면접을 받는 동안 계속해서 여유 있는 표정을 짓는 것이 중요하다. 성공한 사람들은 인상이 좋다는 것을 명심하자.

02 면접의 유형 및 실전 대책

1. 면접의 유형

과거 천편일률적인 일대일 면접과 달리 면접에는 다양한 유형이 도입되어 현재는 "면접은 이렇게 보는 것이다."라고 말할 수 있는 정해진 유형이 없어졌다. 따라서 면접별로 어느 정도 유형을 파악하면 사전에 대비가 가능하다. 면접의 기본인 단독 면접부터, 다대일 면접, 집단 면접의 유형과 그 대책에 대해 알아보자.

(1) 단독 면접

단독 면접이란 응시자와 면접관이 1대1로 마주하는 형식을 말한다. 면접 위원 한 사람과 응시자 한 사람이 마주 앉아 자유로운 화제를 가지고 질의응답을 되풀이하는 방식이다. 이 방식은 면접의 가장 기본적인 방법으로 소요시간은 10 ~ 20분 정도가 일반적이다.

① 장점

필기시험 등으로 판단할 수 없는 성품이나 능력을 알아내는 데 가장 적합하다고 평가받아 온 면접방식으로 응시자 한 사람 한 사람에 대해 여러 면에서 비교적 폭넓게 파악할 수 있다. 응시자의 입장에서는 한 사람의 면접관만을 대하는 것이므로 상대방에게 집중할 수 있으며, 긴장감도 다른 면접방식에 비해서는 적은 편이다.

② 단점

면접관의 주관이 강하게 작용해 객관성을 저해할 소지가 있으며, 면접 평가표를 활용한다 하더라도 일면적인 평가에 그칠 가능성을 배제할 수 없다. 또한 시간이 많이 소요되는 것도 단점이다.

단독 면접에 대비하기 위해서는 평소 1대1로 논리 정연하게 대화를 나눌 수 있는 능력을 기르는 것이 중요하다. 그리고 면접장에서는 면접관을 선배나 선생님 혹은 아버지를 대하는 기분으로 면접에 임하는 것이 부담도 훨씬 적고 실력을 발휘할 수 있는 방법이 될 것이다.

(2) 다대일 면접

다대일 면접은 일반적으로 가장 많이 사용되는 면접방법으로 보통 2 ~ 5명의 면접관이 1명의 응시자에게 질문하는 형태의 면접방법이다. 면접관이 여러 명이므로 다각도에서 질문을 하여 응시자에 대한 정보를 많이 알아낼 수 있다는 점 때문에 선호하는 면접방법이다.

하지만 응시자의 입장에서는 질문도 면접관에 따라 각양각색이고 동료 응시자가 없으므로 숨 돌릴 틈도 없게 느껴진다. 또한 관찰하는 눈도 많아서 조그만 실수라도 지나치는 법이 없기 때문에 정신적 압박과 긴장감이 높은 면접방법이다. 따라서 응시자는 긴장을 풀고 한 시험관이 묻더라도 면접관 전원을 향해 대답한다는 느낌으로 또박또박 대답하는 자세가 필요하다.

① 장점

면접관이 집중적인 질문과 다양한 관찰을 통해 응시자가 과연 조직에 필요한 인물인가를 완벽히 검증할 수 있다.

② 단점

면접 시간이 보통 10 ~ 30분 정도로 좀 긴 편이고 응시자에게 지나친 긴장감을 조성하는 면접방법이다.

질문을 들을 때 시선은 면접 위원을 향하고 다른 데로 돌리지 말아야 하며, 대답할 때에도 고개를 숙이거나 입속에서 우물거리는 소극적인 태도는 피하도록 한다. 면접 위원과 대등하다는 마음가짐으로 편안한 태도를 유지하면 대답도 자연스러운 상태에서 좀 더 충실히 할 수 있고, 이에 따라 면접 위원이 받는 인상도 달라진다.

(3) 집단 면접

집단 면접은 다수의 면접관이 여러 명의 응시자를 한꺼번에 평가하는 방식으로 짧은 시간에 능률적으로 면접을 진행할 수 있다. 각 응시자에 대한 질문 내용, 질문 횟수, 시간 배분이 똑같지는 않으며, 모두에게 같은 질문이 주어지기도 하고, 각각 다른 질문을 받기도 한다.

또한 어떤 응시자가 한 대답에 대한 의견을 묻는 등 그때그때의 분위기나 면접관의 의향에 따라 변수가 많다. 집단 면접은 응시자의 입장에서는 개별 면접에 비해 긴장감은 다소 덜한 반면에 다른 응시자들과의 비교가 확실하게 나타나므로 응시자는 몸가짐이나 표현력·논리성 등이 결여되지 않도록 자신의 생각이나 의견을 솔직하게 발표하여 집단 속에 묻히거나 밀려나지 않도록 주의해야 한다.

① 장점

집단 면접의 장점은 면접관이 응시자 한 사람에 대한 관찰 시간이 상대적으로 길고, 비교 평가가 가능하기 때문에 결과적으로 평가의 객관성과 신뢰성을 높일 수 있다는 점이며, 응시자는 동료들과 함께 면접을 받기 때문에 긴장감이 다소 덜하다는 것을 들 수 있다. 또한 동료가 답변하는 것을 들으며, 자신의 답변 방식이나 자세를 조정할 수 있다는 것도 큰 이점이다.

② 단점

응답하는 순서에 따라 응시자마다 유리하고 불리한 점이 있고, 면접 위원의 입장에서는 각각의 개인 적인 문제를 깊게 다루기가 곤란하다는 것이 단점이다.

> **집단 면접 준비 Point**
>
> 너무 자기과시를 하지 않는 것이 좋다. 대답은 자신이 말하고 싶은 내용을 간단명료하게 말해야 한다. 내용이 없는 발언을 한다거나 대답을 질질 끄는 태도는 좋지 않다. 또 말하는 중에 내용이 주제에서 벗어나거나 자기 중심적으로만 말하는 것도 피해야 한다. 집단 면접에 대비하기 위해서는 평소에 설득력을 지닌 자신의 논리 력을 계발하는 데 힘써야 하며, 다른 사람 앞에서 자신의 의견을 조리 있게 개진할 수 있는 발표력을 갖추는 데에도 많은 노력을 기울여야 한다.
> • 실력에는 큰 차이가 없다는 것을 기억하라.
> • 동료 응시자들과 서로 협조하라.
> • 답변하지 않을 때의 자세가 중요하다.
> • 개성 표현은 좋지만 튀는 것은 위험하다.

(4) 집단 토론식 면접

집단 토론식 면접은 집단 면접과 형태는 유사하지만 질의응답이 아니라 응시자들끼리의 토론이 중심이 되는 면접방법으로 최근 들어 급증세를 보이고 있다. 이는 공통의 주제에 대해 다양한 견해들이 개진되고 결론을 도출하는 과정, 즉 토론을 통해 응시자의 다양한 면에 대한 평가가 가능하다는 집단 토론식 면접의 장점이 널리 확산된 데 따른 것으로 보인다. 사실 집단 토론식 면접을 활용하면 주제와 관련된 지식 정도와 이해력, 판단력, 설득력, 협동성은 물론 리더십, 조직 적응력, 적극성과 대인관계 능력 등을 쉽게 파악할 수 있다.

토론식 면접에서는 자신의 의견을 명확히 제시하면서도 상대방의 의견을 경청하는 토론의 기본자세가 필수적이며, 지나친 경쟁심이나 자기 과시욕은 접어두는 것이 좋다. 또한 집단 토론의 목적이 결론을 도출해 나가는 과정에 있다는 것을 감안하여 무리하게 자신의 주장을 관철시키기보다 오히려 토론의 질을 높이는 데 기여하는 것이 좋은 인상을 줄 수 있다는 점을 알아야 한다. 취업 희망자들은 토론식 면접이 급속도로 확산되는 추세임을 감안해 특히 철저한 준비를 해야 한다. 평소에 신문의 사설이나 매스컴 등의 토론 프로그램을 주의 깊게 보면서 논리 전개방식을 비롯한 토론 과정을 익히도록 하고, 친구들과 함께 간단한 주제를 놓고 토론을 진행해 볼 필요가 있다. 또한 사회·시사문제에 대해 자기 나름대로의 관점을 정립해두는 것도 꼭 필요하다.

(5) PT 면접

PT 면접, 즉 프레젠테이션 면접은 최근 들어 집단 토론 면접과 더불어 그 활용도가 점차 커지고 있다. PT 면접은 기업마다 특성이 다르고 인재상이 다른 만큼 인성 면접만으로는 알 수 없는 지원자의 문제해결 능력, 전문성, 창의성, 기본 실무능력, 논리성 등을 관찰하는 데 중점을 두는 면접으로, 지원자 간의 변별력이 높아 대부분의 기업에서 적용하고 있으며, 확산되는 추세이다.

면접 시간은 기업별로 차이가 있지만 전문지식, 시사성 관련 주제를 제시한 다음, 보통 20 ~ 50분 정도 준비하여 5분가량 발표할 시간을 준다. 면접관과 지원자의 단순한 질의응답식이 아닌, 주제에 대해 일정 시간 동안 지원자의 발언과 발표하는 모습 등을 관찰하게 된다. 정확한 답이나 지식보다는 논리적 사고와 의사표현력이 더 중시되기 때문에 자신의 생각을 어떻게 설명하느냐가 매우 중요하다.

PT 면접에서 같은 주제라도 직무별로 평가 요소가 달리 나타난다. 예를 들어, 영업직은 설득력과 의사소통 능력에 중점을 둘 수 있겠고, 관리직은 신뢰성과 창의성 등을 더 중요하게 평가한다.

PT 면접 준비 Point

- 면접관의 관심과 주의를 집중시키고, 발표 태도에 유의한다.
- 모의 면접이나 거울 면접으로 미리 점검한다.
- PT 내용은 세 가지 정도로 정리해서 말한다.
- PT 내용에는 자신의 생각이 담겨 있어야 한다.
- PT 중간에 자문자답 방식을 활용한다.
- 평소 지원하는 업계의 동향이나 직무에 대한 전문 지식을 쌓아둔다.
- 부적절한 용어 사용이나 무리한 주장 등은 하지 않는다.

---

(6) 합숙 면접

합숙 면접은 대체로 1박 2일이나 2박 3일 동안 해당 기업의 연수원이나 수련원 등에서 이루어지는 면접으로, 평가 항목으로는 PT 면접, 토론 면접, 인성 면접 등을 기본으로 새벽등산, 레크리에이션, 게임 등 다양한 형태로 진행된다. 경쟁자들과 함께 생활하고 협동해야 하는 만큼 스트레스도 많이 받는 경우가 허다하다.

모든 지원자를 하루 동안 평가하게 되므로 지원자 1명을 평가하는 데 걸리는 시간은 짧게는 5분에서 길게는 1시간 이상 정도인데, 이 시간으로는 지원자를 제대로 평가하기에는 한계가 있다. 합숙 면접은 24시간 이상을 지원자와 면접관이 함께 생활하면서 다양한 프로그램을 통해 지원자의 역량을 폭넓게 평가할 수 있기 때문에 기업에서는 합숙 면접을 선호한다. 대체로 은행, 증권 등 금융권에서 합숙 면접을 통해 지원자의 의도되고 꾸며진 모습 외에 창의력, 의사소통 능력, 협동심, 책임감, 리더십 등 다양한 모습을 평가하였지만, 최근에는 기업에서도 많이 실시되고 있다.

합숙 면접에서 좋은 점수를 얻기 위해서는 무엇보다 팀워크를 중시하는 모습을 보여야 한다. 합숙 면접은 일반 면접과는 달리 개인보다는 그룹별로 과제가 주어지고 해결해야 하므로 조원 또는 동료와 얼마나 잘 어울리느냐가 중요한 평가기준이 된다. 장시간에 걸쳐 평가하기 때문에 힘든 부분도 있지만, 지원자들이 지쳐 있거나 당황하고 있는 사이에도 면접관들은 지원자들의 조직 적응력, 적극성, 사회성, 친화력 등을 꼼꼼하게 체크하기 때문에 잠시도 긴장을 늦춰서는 안 된다.

2. 면접의 실전 대책

(1) 면접 대비사항

① 지원 회사에 대한 사전지식을 충분히 준비한다.

필기시험에서 합격 또는 서류전형에서의 합격통지가 온 후 면접시험 날짜가 정해지는 것이 보통이다. 이때 수험자는 면접시험을 대비해 사전에 자기가 지원한 계열사 또는 부서에 대해 폭넓은 지식을 준비할 필요가 있다.

- 회사의 연혁
- 회장 또는 사장의 이름, 출신학교, 관심사
- 회장 또는 사장이 요구하는 신입사원의 인재상
- 회사의 사훈, 사시, 경영이념, 창업정신
- 회사의 대표적 상품, 특색
- 업종별 계열회사의 수
- 해외지사의 수와 그 위치
- 신 개발품에 대한 기획 여부
- 자기가 생각하는 회사의 장·단점
- 회사의 잠재적 능력개발에 대한 제언

② 충분한 수면을 취한다.

충분한 수면으로 안정감을 유지하고 첫 출발의 상쾌한 마음가짐을 갖는다.

③ 얼굴을 생기 있게 한다.

첫인상은 면접에 있어서 가장 결정적인 당락 요인이다. 면접관에게 좋은 인상을 줄 수 있도록 화장하는 것도 필요하다. 면접관들이 가장 좋아하는 인상은 얼굴에 생기가 있고 눈동자가 살아 있는 사람, 즉 기가 살아 있는 사람이다.

④ 아침에 인터넷 뉴스를 읽고 간다.

그날의 뉴스가 질문 대상에 오를 수가 있다. 특히 경제면, 정치면, 문화면 등을 유의해서 볼 필요가 있다.

출발 전 확인할 사항

이력서, 자기소개서, 성적증명서, 졸업(예정)증명서, 지갑, 신분증(주민등록증), 손수건, 휴지, 연필, 볼펜, 메모지, 예비 스타킹 등을 준비하자.

(2) 면접 시 옷차림

면접에서 옷차림은 간결하고 단정한 느낌을 주는 것이 가장 중요하다. 색상과 디자인 면에서 지나치게 화려한 색상이나 노출이 심한 디자인은 자칫 면접관의 눈살을 찌푸리게 할 수 있다. 단정한 차림을 유지하면서 자신만의 독특한 멋을 연출하는 것, 지원하는 회사의 분위기를 파악했다는 센스를 보여주는 것 또한 코디네이션의 포인트이다.

복장 점검

- 구두는 잘 닦여 있는가?
- 옷은 깨끗이 다려져 있으며 스커트 길이는 적당한가?
- 손톱은 길지 않고 깨끗한가?
- 머리는 흐트러짐 없이 단정한가?

(3) 면접 요령

① 첫인상을 중요시한다.

상대에게 인상을 좋게 주지 않으면 어떠한 얘기를 해도 이쪽의 기분이 충분히 전달되지 않을 수 있다. 예를 들어, '저 친구는 표정이 없고 무엇을 생각하고 있는지 전혀 알 길이 없다.'처럼 생각되면 최악의 상태이다. 우선 청결한 복장, 바른 자세로 침착하게 들어가야 한다. 건강하고 신선한 이미지를 주어야 하기 때문이다.

② 좋은 표정을 짓는다.

얘기를 할 때의 표정은 중요한 사항의 하나다. 거울 앞에서 웃는 연습을 해본다. 웃는 얼굴은 상대를 편안하게 하고, 특히 면접 등 긴박한 분위기에서는 천금의 값이 있다 할 것이다. 그렇다고 하여 항상 웃고만 있어서는 안 된다. 자기의 할 얘기를 진정으로 전하고 싶을 때는 진지한 얼굴로 상대의 눈을 바라보며 얘기한다. 면접을 볼 때 눈을 감고 있으면 마이너스 이미지를 주게 된다.

③ 결론부터 이야기한다.

자기의 의사나 생각을 상대에게 정확하게 전달하기 위해서 먼저 무엇을 말하고자 하는가를 명확히 결정해 두어야 한다. 대답을 할 경우에는 결론을 먼저 이야기하고 나서 그에 따른 설명과 이유를 덧붙이면 논지(論旨)가 명확해지고 이야기가 깔끔하게 정리된다.

한 가지 사실을 이야기하거나 설명하는 데는 3분이면 충분하다. 복잡한 이야기라도 어느 정도의 길이로 요약해서 이야기하면 상대도 이해하기 쉽고 자기도 정리할 수 있다. 긴 이야기는 오히려 상대를 불쾌하게 할 수가 있다.

④ 질문의 요지를 파악한다.

면접 때의 이야기는 간결성만으로는 부족하다. 상대의 질문이나 이야기에 대해 적절하고 필요한 대답을 하지 않으면 대화는 끊어지고 자기의 생각도 제대로 표현하지 못하여 면접자로 하여금 수험생의 인품이나 사고방식 등을 명확히 파악할 수 없게 한다. 무엇을 묻고 있는지, 무슨 이야기를 하고 있는지 그 요점을 정확히 알아내야 한다.

면접에서 고득점을 받을 수 있는 성공요령

1. 자기 자신을 겸허하게 판단하라.
2. 지원한 회사에 대해 100% 이해하라.
3. 실전과 같은 연습으로 감각을 익히라.
4. 단답형 답변보다는 구체적으로 이야기를 풀어나가라.
5. 거짓말을 하지 말라.
6. 면접하는 동안 대화의 흐름을 유지하라.
7. 친밀감과 신뢰를 구축하라.
8. 상대방의 말을 성실하게 들으라.
9. 근로조건에 대한 이야기를 풀어나갈 준비를 하라.
10. 끝까지 긴장을 풀지 말라.

02 | 이랜드그룹 실제 면접

이랜드그룹은 일반적으로 면접 전형을 3단계로 진행하고 있다. 1차 면접은 사전에 작성한 질문지를 바탕으로 진행되는 실무 면접으로 볼 수 있으며, 2차 면접은 1차 면접 합격자들을 대상으로 현장 면접 즉, 인턴 기간 동안 다양한 평가를 진행하게 된다. 마지막으로 3차 면접의 경우는 2차 면접에 합격한 사람을 대상으로 진행되는 심층 면접이다.

다만, 최근 사회적 흐름에 부응하는 다양한 인재를 뽑기 위한 여러 가지 방법과 유형이 진행되는 만큼, 계열사 및 직무별로 면접 유형이 달라질 수 있으므로 본인이 지원한 계열사 및 직무별 면접 전형을 공고를 통해 반드시 확인해야 한다.

1. 이랜드그룹 면접 기출

(1) 1차 면접

실무진이 진행하는 면접으로 간단한 설문지를 작성한 뒤 실무 면접이 진행되며, 일부 계열사의 경우 면접 전 직무별 과제를 미리 전달한 후, 해당 과제에 대한 PT 면접이 진행된다.

• 실무 면접(多 VS 多) : 실무 능력 및 개인 역량 중심으로 진행, 페르미 추정 문항 제시

(2) 2차 면접

1차 면접 합격자들을 대상으로 약 한 달간 현장 면접(인턴) 진행. 중간중간 다양한 평가 시험 진행(EBG 프로젝트)

(3) 3차 면접(多 VS 多)

경영진과 실무진으로 구성되며, 2차 면접에 합격한 사람을 대상으로 심층 면접 진행

(4) 면접 기출문제

① 1차 면접

[설문지 문항]
• 존경하는 인물
• 희망 연봉
• 성격의 장단점
• 강점 검사에 나온 5가지 결과를 제외하고 중시하는 가치관 5가지
• 살면서 가장 영향을 많이 준 인물
• 최근 가장 인상 깊었던 신문기사
• 자신을 잘 표현하는 단어 5가지

[실무 면접]

- 1분 동안 자기소개를 해보시오.
- 자사 매장의 개선점과 개선 방안이 무엇이라고 생각하는가?
- 성공한 경험이 많다면 책임을 맡아서 실패했던 경험은 무엇인가?
- 이랜드 비전에 대한 자신의 강점은 무엇인가?
- 인큐베이팅 사업에 대해 아는 것을 말해보시오.
- 지원한 이유가 무엇인가?
- 자신이 가진 좋은 습관은 무엇인가?
- 오늘 의상을 선택한 이유는?
- 찬·반이 갈리는 시사 문제에 대한 견해와 이유를 말해보시오.
- 본인이 지원한 분야의 1, 2지망이 무엇이었는가?
- 본인에게 있어 평생직장이란 무슨 의미인가?
- 합격한다면 구체적으로 무슨 일을 하고 싶은가?
- 만약 떨어진다면 어떤 일을 할 것인가?
- 강점혁명 경과 검사 중 배움에 대한 열정이 큰데, 무엇을 배우고 싶고 어떻게 활용할 것인가?
- 팀 활동을 하면서 갈등을 해결했던 경험은?
- '발렌시아가'라는 브랜드에 대해 어떻게 생각하는가?
- 희망 연봉을 주지 않으면 입사할 생각이 없는가?
- 어떤 일을 할 때 주도적인 성격인가?
- 이랜드를 제외하고 가고 싶은 회사가 어디인가?
- 자사 브랜드를 방문했던 경험에 대해 말해보시오.
- 본인의 희망 연봉을 무한이라고 한 이유는?
- 이랜드에서 본인이 일을 잘했다고 가정할 때, 이랜드에 바라는 것은 무엇인가?
- 주말 근무를 해야 할지도 모른다. 상관없는가?
- 청년 취업이 정부, 기업, 청년 중 누구에게 있는가?
- 자신이 선택한 브랜드의 장점과 단점을 말해보시오.
- 자신이 생각하는 SPA 브랜드란 무엇인가?
- 최근 스파오의 컬래버레이션 상품 중에 가장 인상 깊었던 제품은?
- 본인이라면 어떤 캐릭터와 컬래버를 진행할 것인가?
- 직무나 경험이 패션과 맞지 않는데, 왜 패션산업에 지원했는가?
- 점장이 하는 일이 무엇이라고 생각하는가?
- 이랜드의 브랜드 중 주도적으로 맡고 싶은 브랜드 두 가지를 말하고, 그중 한 가지를 선택한 후 그 이유를 말해보시오.

[페르미 추정 문제]

- 이랜드 한강 크루즈의 1년 탑승객 수는 몇 명인가?
- 강남 스파오의 한 달 매출액을 구해보시오.
- 신촌 애슐리의 월 매출을 계산해 보시오.

② 최종 면접

[기출 질문]
- 1분 동안 자기소개를 해보시오.
- 최근 가장 인상 깊었던 브랜드는 어디인가?
- 지원한 이유가 무엇인가?
- 자신이 가진 좋은 습관은 무엇인가?
- 부모님이 지적하는 본인의 문제점 두 가지를 말해보시오.
- 존경하는 인물에 대해 말해보시오.
- 본인의 가치관과 회사의 가치관이 다를 경우 어떻게 하겠는가?
- 이랜드 외에 지원한 회사는 어디인가?

교육은 우리 자신의 무지를 점차 발견해 가는 과정이다.

- 윌 듀란트 -

우리가 해야 할 일은 끊임없이 호기심을 갖고
새로운 생각을 시험해 보고 새로운 인상을 받는 것이다.

– 월터 페이터 –

현재 나의 실력을 객관적으로 파악해 보자!

모바일 OMR
답안채점 / 성적분석 서비스

도서에 수록된 모의고사에 대한 객관적인 결과(정답률, 순위)를 종합적으로 분석하여 제공합니다.

OMR 입력

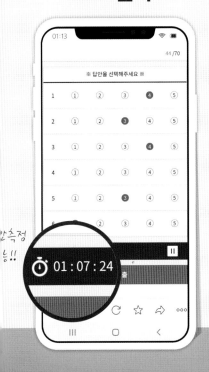

성적분석

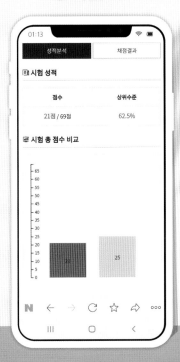

채점결과

※OMR 답안채점 / 성적분석 서비스는 등록 후 30일간 사용 가능합니다.

도서 내 모의고사 우측 상단에 위치한 QR코드 찍기 → 로그인 하기 → '시작하기' 클릭 → '응시하기' 클릭 → 나의 답안을 모바일 OMR 카드에 입력 → '성적분석 & 채점결과' 클릭 → 현재 내 실력 확인하기

시대에듀
대기업 인적성검사 시리즈

신뢰와 책임의 마음으로 수험생 여러분에게 다가갑니다.

대기업 인적성 "기본서" 시리즈

대기업 취업 기초부터 합격까지! 취업의 문을 여는
Master Key!

※도서의 이미지 및 구성은 변동될 수 있습니다.

2025
최신판

유형분석 및 모의고사로
최종합격까지
한 권으로
마무리!

ESAT
이랜드그룹
인적성검사

정답 및 해설

최신기출유형+모의고사 5회
+무료이랜드특강

편저 | SDC(Sidae Data Center)

SDC
SDC는 시대에듀 데이터 센터의 약자로
약 30만 개의 NCS·적성 문제 데이터풀
바탕으로 최신 출제경향을 반영하여
문제를 출제합니다.

시대에듀

PART 1

8개년 기출복원문제

01 | 2024년 기출복원문제

01 언어비평검사 I (언어추리)

01	02	03	04	05	06	07	08	09	10
④	⑤	②	④	④	②	③	①	④	①

01
정답 ④

미국문화에 관심이 없으면 영어학원에 다니지 않는다. 미국문화에 관심이 있는 동시에 미국에 가본 적이 없는 학생들이 존재하므로 미국문화에 관심이 있고 미국에 가본 적이 있는 학생들도 있다. 따라서 미국에 가본 적이 있는 학생들 중 일부는 영어학원에 다니므로 ④는 타당하지 않다.

오답분석
① 어떤 수학자도 외국어를 잘하지 못하므로 수학자 중에는 외국어를 잘하는 사람이 없다. 따라서 수학자인 동시에 물리학자인 사람은 없다.
② 제시된 명제를 정리해 보면 다음과 같다.
  • 모든 철학자 → 신을 믿는다.
  • 신을 믿는 모든 사람 → 유물론자가 아닌 사람
  • 진화론자 → 유물론자
  세 가지 명제와 각각의 대우 명제를 활용하면, 모든 철학자 → 신을 믿는 모든 사람 → 유물론자가 아닌 사람 → 진화론자가 아닌 사람이다. 따라서 '어떤 철학자는 진화론자가 아니다.'라는 명제는 타당하다.
③ 에릭은 고양이와 강아지를 모두 좋아하지는 않지만, 고양이와 강아지 중 하나는 좋아한다. 따라서 이 문장은 타당하다.
⑤ 견우는 지산 밸리록 페스티벌 오프닝에 DJ로 참가하거나 직녀를 만나는 것 중 두 가지를 선택해야 한다. 따라서 견우가 지산 밸리록 페스티벌 오프닝에 DJ로 참가하면 직녀를 만날 수 없고 직녀를 만나면 지산 밸리록 페스티벌 오프닝에 DJ로 참가할 수 없으므로, 타당하다.

02
정답 ⑤

제시문에서 '여성 세 명'의 특성을 우리나라 모든 여성에게 적용한 성급한 일반화의 오류를 범하고 있다. 이와 동일한 오류를 범하고 있는 것은 '한 젊은이'의 특성을 '모든 젊은이'에게 적용하고 있는 ⑤이다.

오답분석
① 흑백 논리의 오류
② 애매어의 오류
③ 군중에 호소하는 오류
④ 정황에 호소하는 오류

03
정답 ②

②는 심리적 오류인 부적합한 권위에 호소하는 오류에 해당한다.

오답분석
①·③·④·⑤ 우연(원칙 혼동)의 오류

04
정답 ④

돼지꿈을 꾼 다음 날 복권을 사는 사람들은 모두가 미신을 따르는 사람들이고, 미신을 따르는 사람 중 과학자는 없다. 따라서 '돼지꿈을 꾼 다음 날 복권을 사는 사람이라면 과학자가 아니다.'가 빈칸에 들어갈 명제로 가장 적절하다.

05
정답 ④

제시된 두 개의 명제에 따라 을>병>갑 순으로 수학점수가 높다. 따라서 '갑의 점수가 가장 낮다.'가 빈칸에 들어갈 명제로 가장 적절하다.

06
정답 ②

'모든 무신론자가 운명론을 거부하는 것은 아니다.'를 바꿔서 표현하면 '무신론자 중에는 운명론을 믿는 사람이 있다.'이므로 빈칸에 들어갈 명제는 ②가 가장 적절하다.

07
정답 ③

주어진 명제가 모두 참이면 명제의 대우도 모두 참이 된다. 따라서 명제와 대우 명제를 정리하면 다음과 같다.
• 마케팅 팀 ○ → 기획 역량 ○ / 기획 역량 × → 마케팅 팀 ×
• 마케팅 팀 × → 영업 역량 × / 영업 역량 ○ → 마케팅 팀 ○

- 기획 역량 × → 소통 역량 × / 소통 역량 ○ → 기획 역량 ○
- 영업 역량 ○ → 마케팅 팀 ○ → 기획 역량 ○
- 기획 역량 × → 마케팅 팀 × → 영업 역량 ×
- 영업 역량을 가진 사원은 마케팅 팀이고, 마케팅 팀인 사원은 기획 역량이 있다. 따라서 '영업 역량을 가진 사원은 기획 역량이 있다.'는 반드시 참이다.

오답분석
① 마케팅 팀 사원의 영업 역량 유무는 주어진 명제만으로는 알 수 없다.
② 소통 역량이 있는 사원이 마케팅 팀인지의 여부는 주어진 명제만으로는 알 수 없다.
④ 기획 역량이 있는 사원이 소통 역량을 가지고 있는지의 여부는 주어진 명제만으로는 알 수 없다.
⑤ 영업 역량이 없으면 소통 역량이 없는지의 여부는 주어진 명제만으로는 알 수 없다.

08
정답 ①

주어진 명제는 연쇄 삼단논법이다. 어떤 ♣ → 산을 좋아함 → 여행 → 자유
따라서 '어떤 ♣는 자유이다.'는 반드시 참이다.

09
정답 ④

주어진 명제들을 통해서 적극적인 사람은 활동량이 많으며 활동량이 많을수록 잘 다치고 면역력이 강화된다는 것을 알 수 있다. 활동량이 많지 않은 사람은 적극적이지 않은 사람이며, 적극적이지 않은 사람은 영양제를 챙겨먹는다는 것을 알 수 있다. 따라서 영양제를 챙겨먹으면 면역력이 강화되는지는 알 수 없다.

오답분석
① 첫 번째 명제, 두 번째 명제 대우를 통해 추론할 수 있다.
② 첫 번째 명제, 세 번째 명제를 통해 추론할 수 있다.
③ 두 번째 명제, 첫 번째 명제 대우, 네 번째 명제를 통해 추론할 수 있다.
⑤ 첫 번째 명제 대우, 두 번째 명제를 통해 추론할 수 있다.

10
정답 ①

전자기술이 발전하여 휴대나 가독성 등의 문제를 해결하고 조그만 칩 하나에 수백 권 분량의 정보가 기록될 것이라고 서술하고 있다. 따라서 일반화할 수 있는 결론으로 '컴퓨터는 종이책을 대신할 것이다.'가 타당하다.

02 언어비평검사 Ⅱ (독해)

01	02	03	04	05	06	07	08	09	10
④	④	①	②	⑤	④	③	⑤	③	④

01
정답 ④

제시문은 효율적 제품 생산을 위한 한 방법인 제품별 배치 방법의 장단점에 대한 내용의 글이다. 따라서 (다) 효율적 제품 생산을 위해 필요한 생산 설비의 효율적 배치 – (라) 효율적 배치의 한 방법인 제품별 배치 방식 – (가) 제품별 배치 방식의 장점 – (나) 제품별 배치 방식의 단점 순으로 나열하는 것이 적절하다.

02
정답 ④

두 번째 문단에서 마이크로비드는 '면역체계 교란, 중추신경계 손상 등의 원인이 되는 잔류성유기오염물질을 흡착한다.'고 설명하고 있으므로 ④는 적절하지 않다.

03
정답 ①

㉠은 바로 앞 문장의 내용을 환기하므로 '즉'이 적절하며, ㉡의 경우 앞뒤 문장이 서로 반대되므로 역접 관계인 '그러나'가 적절하다. ㉢에서는 바로 뒤 문장의 마지막에 있는 '~때문이다'라는 표현을 통해 '왜냐하면'이 적절하며, ㉣에는 부정하는 말 앞에서 '다만', '오직'의 뜻으로 쓰이는 말인 '비단'이 들어가는 것이 적절하다. 따라서 연결어를 순서대로 나열한 것은 ①이다.

04
정답 ②

문맥상 ㉡에는 '하늘과 땅 사이의 빈 곳'을 의미하는 '공중(空中)'이 아닌 '사회의 대부분의 사람들'을 의미하는 '공중(公衆)'이 적절하다. 따라서 단어의 쓰임이 적절하지 않은 것은 ②이다.

오답분석
㉠ 인화성(引火性) : 불이 잘 붙는 성질
㉢ 휴대(携帶) : 손에 들거나 몸에 지니고 다님
㉣ 적재(積載) : 물건이나 짐을 선박, 차량 따위의 운송 수단에 실음
㉤ 호송(護送) : 목적지까지 보호하여 운반함

05

정답 ⑤

제시문은 사회복지와 자유와의 관계 규명을 통해 사회복지 정책의 바람직한 방향을 제시하고 있으며 사회복지 정책은 소극적 자유보다는 적극적 자유를 증가시키는 방향으로 시행해야 한다는 것이 글쓴이의 생각이다. 따라서 글의 중심 화제로 '사회복지 정책이 나아가야 할 방향'이 가장 적절하다.

06

정답 ④

제시문은 (가)에서 논점을 밝히고, (나)에서 글쓴이의 의견과 상반되는 논리(사회복지 정책이 자유를 침해한다는 것)를 소개한 다음, (다) ~ (라)에서 이에 대한 반론을 펼치고 (마)에서 마무리하는 구조로 이루어져 있다. 따라서 (나)와 (다)의 전개 구조를 잘 설명한 것은 ④이다.

07

정답 ③

㉠은 소수가 누리는 소극적 자유의 제한이 다수가 누리는 적극적 자유를 증가시킴을 뜻한다. 따라서 ③은 승용차를 가진 소수의 소극적 자유를 위해 주민들 다수의 통행권이라는 적극적 자유를 제한하는 사례이므로 ㉠을 뒷받침하는 사례로는 적절하지 않다.

08

정답 ⑤

제시문은 공리주의 중에서도 존 스튜어트 밀이 주장한 질적 공리주의에 대한 설명과 함께 현대사회에서 적용하는 바를 서술하고 있다. 따라서 '질적 공리주의와 현대사회의 행복'이 글의 제목으로 가장 적절하다.

오답분석
① 경제 성장 및 GDP의 경우 양적 공리주의와 관련된 지표로 볼 수 있다. 그러나 글의 시사점은 질적 공리주의에 입각한 행복이므로 글의 제목으로 적절하지 않으며, 중심 내용이라 보기도 어렵다.
②·④ 글의 내용과 관련 없는 제목이다.
③ 제시문에서 벤담의 양적 공리주의와 밀의 질적 공리주의의 차이에 대해 서술하고 있지만, 글의 중심 내용은 질적 공리주의와 현대사회에서의 적용 가능성이므로 제목으로 적절하지 않다.

09

정답 ③

㉠의 앞의 내용은 21세기에 들어서면서 행복을 최고의 가치로 여기는 질적 공리주의가 부활하고 있다고 하였으므로, 질적 공리주의에 관련된 기준이 ㉠에 들어가야 한다. 따라서 경제적 성장과 물질적 풍요를 나타내는 지표인 국내총생산, 경제적 성장, 1인당 소득, 소비와 지출은 적절하지 않으며 행복지수가 ㉠에 들어갈 가장 적절한 단어이다.

10

정답 ④

긍정심리학자 에드 디너는 80% 정도의 만족이 가장 건강하고 바람직하다고 주장하였으며, 지나친 만족이 오히려 성취 욕구를 저하시킬 수 있다고 하였으므로 ④는 적절하지 않은 설명이다.

03 수리비평검사

01	02	03	04	05	06	07	08		
④	②	②	⑤	③	②	⑤	④		

01

정답 ④

2023년 첫 일자리가 현 직장인 임금 근로자 수는 전체 임금 근로자 수의 $\frac{1,523}{4,012} \times 100 = 38\%$이므로 35% 초과이다.

오답분석
① 2022 ~ 2024년의 비임금 근로자 수를 계산하면 다음과 같다.
 • 2022년 : 4,032−3,909=123명
 • 2023년 : 4,101−4,012=89명
 • 2024년 : 4,140−4,055=85명
 따라서 비임금 근로자 수는 매년 감소하였다.
② 2022 ~ 2024년의 졸업·중퇴 후 취업 유경험자 수의 평균은 $\frac{4,032+4,101+4,140}{3} = \frac{12,273}{3} = 4,091$명이다.
③ 2022년 첫 일자리를 그만둔 임금 근로자 수는 첫 일자리가 현 직장인 근로자 수의 $\frac{2,375}{1,534} = 1.5$배이다.
⑤ 2024년 첫 일자리를 그만둔 경우 평균 근속기간은 첫 일자리가 현 직장인 경우 평균 근속기간의 $\frac{14}{25} \times 100 = 56\%$이다.

02

정답 ②

2024년 김치 수출액이 세 번째로 많은 국가는 홍콩이다. 홍콩의 2023년 대비 2024년 수출액의 증감률은 $\frac{4,285-4,543}{4,543} \times 100 = -5.68\%$이다.

03

정답 ②

2021년 출생아 수는 같은 해 사망자 수의 $\dfrac{438,420}{275,895} ≒ 1.59$배로, 1.7배 미만이므로 옳지 않은 설명이다.

[오답분석]

① 출생아 수가 가장 많았던 해는 2021이므로 옳은 설명이다.

③ 2020년 출생아 수는 2023년 출생아 수보다 $\dfrac{435,435 - 357,771}{357,771} \times 100 ≒ 21.7\%$ 더 많으므로 옳은 설명이다.

④ 제시된 자료를 보면 사망자 수가 매년 전년 대비 증가하고 있음을 알 수 있다.

⑤ 사망자 수가 가장 많은 2023년의 사망자 수는 285,534명이고, 가장 적은 2019년의 사망자 수는 266,257명이다. 두 연도의 사망자 수 차이는 $285,534 - 266,257 = 19,277$명으로 15,000명 이상이다.

04

정답 ⑤

총전입자 수는 서울이 가장 높지만, 총전입률은 인천이 가장 높으므로 옳지 않은 설명이다.

[오답분석]

① 광주의 총전입자 수는 17,962명으로 가장 적다.

② 부산의 총전입자 수는 광주의 총전입자 수의 $\dfrac{42,243}{17,962} ≒ 2.35$배이다.

③ 서울의 총전입자 수는 전국의 $\dfrac{132,012}{650,197} \times 100 ≒ 20.3\%$이므로 옳은 설명이다.

④ 대구의 총전입률이 1.14%로 가장 낮다.

05

정답 ③

2019년의 40대와 50대 장애인 취업자 수를 구하면 다음과 같다.

- 50대 장애인 취업자 수 : $(9,706 - 2,128 - 1,510 - 1,073) \div 3 = 1,665$명
- 40대 장애인 취업자 수 : (50대 장애인 취업자 수)$\times 2 = 3,330$명

06

정답 ②

2024년 20대 장애인 취업자는 전년 대비 $\dfrac{1,918 - 1,946}{1,946} \times 100 ≒ -1.4\%$로 3% 미만 감소하였다.

[오답분석]

①·③ 제시된 자료를 통해 쉽게 알 수 있다.

④ 2023년은 142명, 2024년은 177명이므로 2023년에 비해 2024년이 크다.

⑤ • 2019년 $\dfrac{1,510}{9,706} \times 100 ≒ 15.56\%$

• 2020년 $\dfrac{1,612}{9,826} \times 100 ≒ 16.40\%$

따라서 2019년에 비해 2020년이 더 크다.

07

정답 ⑤

연도별 단태아 산모 수를 구하면 다음과 같다.

- 2019년 : $882 \times 0.62 ≒ 546$명
- 2020년 : $898 \times 0.68 ≒ 610$명
- 2021년 : $1,020 \times 0.71 ≒ 724$명
- 2022년 : $1,108 \times 0.64 ≒ 709$명
- 2023년 : $1,174 \times 0.65 ≒ 763$명

따라서 단태아 산모 수가 가장 많은 연도는 2023년이다.

08

정답 ④

단태아는 1명, 다태아는 2·3명이므로 이를 고려하여 계산하면 다음과 같다.

$(1,020 \times 0.71) \times 1 + (1,020 \times 0.17 \times 2 + 1,020 \times 0.12 \times 3)$
$≒ 724 + (173 \times 2) + (122 \times 3) ≒ 1,436$

따라서 2021년에 출생한 태아 수는 총 1,436명이다.

01 언어비평검사 I (언어추리)

01	02	03	04	05	06	07	08	09	10
④	④	④	④	④	③	③	②	③	①

01   정답 ④

거짓 딜레마의 오류는 어떠한 문제 상황에서 제3의 선택지가 존재함에도 불구하고 이를 묵살하여 단 두 가지의 선택지가 있는 것처럼 상대에게 양자택일을 강요하는 것으로 제시된 글에서 나타나는 오류이다. 단, 참 또는 거짓과 같은 명제의 진릿값이 존재하거나 양자택일이 명확한 논제라면 거짓 딜레마라고 볼 수 없다.

오답분석
① 성급한 일반화의 오류 : 몇 개의 사례나 경험으로 전체 또는 전체의 속성을 단정 짓고 판단하는 데서 발생하는 오류
② 피장파장의 오류 : 인신공격 오류의 일종으로 주장을 제시한 자의 비일관성이나 도덕성의 문제를 이유로 제시된 주장을 잘못이라고 판단하는 오류
③ 순환 논증의 오류 : 추론자가 논증할 명제를 논증의 근거로 하는 오류
⑤ 미끄러운 비탈길의 오류 : 인지 부조화로 인하여 사소한 것을 허용했을 때, 연쇄적으로 오류가 확대 재생산되는 연쇄반응 효과의 오류

02   정답 ④

제시된 대화에서 환자는 상대방의 잘못을 들추어 서로 낫고 못함이 없다고 주장하여 자신의 잘못을 정당화하는 피장파장의 오류를 범하고 있으며 이와 동일한 오류를 보이는 사례는 ④이다.

오답분석
① 사적 관계에 호소하는 오류
② 성급한 일반화의 오류
③ 부적절한 권위에 호소하는 오류
⑤ 무지에 호소하는 오류

03   정답 ④

증인이 범하고 있는 오류는 공포에 호소하는 오류에 해당한다. 따라서 공포에 호소하는 오류는 감정에 호소하는 오류에 속하므로 ④가 적절하다.

04   정답 ④

음악을 좋아하는 사람은 미술을 잘하고, 미술을 잘하는 사람은 노래를 잘한다. 즉, 음악을 좋아하는 사람은 노래를 잘한다. 이때, 나는 음악을 좋아하므로 노래를 잘한다. 따라서 빈칸에 들어갈 명제는 '나는 노래를 잘한다.'가 적절하다.

05   정답 ④

8조각으로 나누어져 있는 피자 3판을 6명이 같은 양만큼 나누어 먹으려면 한 사람당 $8 \times 3 \div 6 = 4$조각씩 먹어야 한다. A, B, E는 같은 양을 먹었으므로 A, B, E가 1조각, 2조각, 3조각, 4조각을 먹었을 때로 나누어 정리하면 다음과 같다.
• A, B, E가 1조각을 먹었을 때
  A, B, E를 제외한 나머지는 모두 먹은 양이 달랐으므로 D, F, C는 각각 4, 3, 2조각을 먹었을 것이다. 하지만 6조각이 남았다고 했으므로 $24 - 6 = 18$조각을 먹었어야 하는데 총 $1 + 1 + 1 + 4 + 3 + 2 = 12$조각이므로 옳지 않다.
• A, B, E가 2조각을 먹었을 때
  $2 + 2 + 2 + 4 + 3 + 1 = 14$조각이므로 옳지 않다.
• A, B, E가 3조각을 먹었을 때
  $3 + 3 + 3 + 4 + 2 + 1 = 16$조각이므로 옳지 않다.
• A, B, E가 4조각을 먹었을 때
  $4 + 4 + 4 + 3 + 2 + 1 = 18$조각이므로 A, B, E는 4조각씩 먹었음을 알 수 있다.
F는 D보다 적게 먹었으며, C보다는 많이 먹었다고 하였으므로 C가 1조각, F가 2조각, D가 3조각을 먹었다. 따라서 2조각을 더 먹어야 하는 사람은 현재 2조각만 먹은 F이다.

06

세 번째 조건에 따라 D는 6명 중 두 번째로 키가 크므로 1팀에 배치되는 것을 알 수 있다. 또한 두 번째 조건에 따라 B는 2팀에 배치되므로 한 팀에 배치되어야 하는 E와 F는 아무도 배치되지 않은 3팀에 배치되는 것을 알 수 있다. 마지막으로 네 번째 조건에 따라 B보다 키가 큰 A는 2팀에 배치되므로 결국 A ~ F 6명은 다음과 같이 배치된다.

1팀	2팀	3팀
C>D	A>B	E, F

따라서 키가 가장 큰 사람은 C이다.

07

정답 ③

명제가 참이면 대우 명제도 참이다. 즉, '을이 좋아하는 과자는 갑이 싫어하는 과자이다.'가 참이면 '갑이 좋아하는 과자는 을이 싫어하는 과자이다.'도 참이다. 따라서 갑은 비스킷을 좋아하고, 을은 비스킷을 싫어하므로 '을은 비스킷을 싫어한다.'는 반드시 참이다.

08

정답 ②

주어진 조건에 따라 A ~ E 5명의 시험 결과를 정리하면 다음과 같다.

구분	맞힌 문제의 수	틀린 문제의 수
A	19개	1개
B	10개	10개
C	20개	0개
D	9개 이하	11개 이상
E	16개 이상 19개 이하	1개 이상 4개 이하

따라서 B는 D보다 많은 문제의 답을 맞혔지만, E보다는 적게 답을 맞혔으므로 바르게 추론한 것은 ②이다.

09

정답 ③

제시된 조건을 따라 가영이가 좋아하는 순서를 정리하면 '독서<운동<TV<컴퓨터 게임', '독서<피아노'이다. 따라서 컴퓨터 게임과 피아노 치는 것 중 무엇을 더 좋아하는지는 비교할 수 없다.

10

정답 ①

조건을 추가하여 가영이가 좋아하는 순서를 정리하면 '독서<피아노<운동<TV<컴퓨터 게임' 순서이기 때문에 참이다.

---

02   언어비평검사 Ⅱ (독해)

01	02	03	04	05	06	07	08	09	10
④	⑤	②	③	②	③	①	③	⑤	④

01

정답 ④

제시문은 중세 유럽에서 유래된 로열티제도가 산업혁명부터 현재까지 지식 재산권에 대한 보호와 가치 확보를 위해 발전되었음을 설명하고 있다. 따라서 글의 제목으로 가장 적절한 것은 '로열티제도의 유래와 발전'이다.

02

정답 ⑤

제시문을 통해서는 알 수 없는 내용이므로 ⑤는 적절하지 않다.

오답분석

① 마지막 문단에서 우리나라의 3D프린팅 건축사업은 아직 제도적 한계와 기술적 한계가 있음을 알 수 있다.
② 두 번째 문단에서 전통 건축 기술에 비해 3D프린터 건축 기술은 건축폐기물 및 CO_2 배출량 감소 등 환경오염이 적음을 알 수 있다.
③ 네 번째 문단에서 코로나19 사태로 인한 인력 수급난을 해소할 수 있음을 알 수 있다.
④ 첫 번째 문단에서 미국 텍사스 지역에서 3D프린터 건축 기술을 이용한 주택이 완공되었음을 알 수 있다.

03

정답 ②

두 번째 문단에서 보면 농업경제의 역사에서 정원이 갖는 의미는 시대와 지역에 따라 매우 달랐으나, 여성들의 입장은 지역적인 편차가 없었으므로 ②는 적절하지 않다.

04

정답 ③

보기의 문장에서는 사행산업 역시 매출의 일부를 세금으로 추가 징수하는 경우가 있지만, 게임산업은 사행산업이 아닌 문화콘텐츠산업이라고 주장한다. 따라서 글의 흐름상 보기의 문장은 게임산업이 이미 세금을 납부하고 있다는 내용 뒤에 오는 것이 자연스럽다. (다)의 앞 문장에서는 게임업체가 이미 매출에 상응하는 세금을 납부하고 있음을 이야기하므로 (다)에 보기의 문장이 들어가는 것이 가장 적절하다.

05
정답 ②

제시된 글에서 '노인 무임승차'에 대해 언급하였으므로 이어질 문단은 '노인 무임승차'의 도입 배경을 서술하는 (나) 문단과 이러한 '노인 무임승차'의 문제점이 무엇인지 지적하는 (라) 문단이 이어지는 것이 적절하다. (가) 문단과 (다) 문단을 살펴보면, (가) 문단은 (라) 문단에서 지적한 문제점을 해결하기 위한 해결책을 언급했고, (다) 문단에서는 (가) 문단에서 말한 해결책이 현실적으로 어렵다고 토론했다. 따라서 (나) – (라) – (가) – (다) 순으로 나열하는 것이 적절하다.

06
정답 ③

먼저 정신과 물질의 관계에 대한 이원론과 동일론을 언급하며 동일론의 문제점을 이야기하는 (다) 문단이 제일 처음에 오는 것이 적절하다. 다음으로는 그러한 동일론의 문제점을 해결할 수 있는 기능론에 대해 설명하는 (나) 문단이, 그 뒤를 이어 기능론을 비판하는 이원론의 입장에서 감각질과 관련한 사고실험에 대해 설명하는 (라) 문단이 오는 것이 적절하다. 마지막으로는 그러한 사고실험에서 감각질이 뒤집혀도 겉으로 드러난 행동과 말이 똑같은 이유를 설명하는 (가) 문단의 순으로 나열하는 것이 적절하다.

07
정답 ①

제시문은 인간의 질병 구조가 변화하고 있고 우리나라는 고령화 시대를 맞이함에 따라 만성질환이 증가하였으며 이에 따라 간호사가 많이 필요해진 상황에 대해 말하고 있다. 하지만 제도는 간호사를 많이 채용하지 않고 있으며 뒤처진 제도에 대한 아쉬움을 설명하고 있다. 따라서 (나) 변화한 인간의 질병구조 – (가) 고령화 시대를 맞아 증가한 만성질환 – (다) 간호사가 필요한 현실과는 맞지 않는 고용 상황 – (라) 간호사의 필요성과 뒤처진 의료제도에 대한 안타까움 순으로 나열하는 것이 적절하다.

08
정답 ③

세 번째 문단에서 '전자감시는 파놉티콘의 감시 능력을 전 사회로 확장했다.'고 말하고 있으므로 정보 파놉티콘은 발전된 감시체계라고 할 수 있다. 따라서 종국에는 감시체계 자체를 소멸시킬 것이라는 추론은 적절하지 않다.

09
정답 ⑤

제시문의 화제는 '과학적 용어'이다. 필자는 '모래언덕'의 높이, '바람'의 세기, '저온'의 온도를 사례로 들어 과학자들은 모호한 것은 싫어하지만 '대화를 통해 그 상황에 적절한 합의를 도출'하는 것으로 문제화하지 않는다고 한다. 따라서 제시문은 과학적 용어가 엄밀하고 보편적인 정의에 의해 객관성이 보장된다는 ⑤의 주장에 대한 비판적 논거로 가장 적절하다.

10
정답 ④

'Ⅱ – 2'에서는 고등학교에서 운영되는 진로 교육의 문제점을, 'Ⅱ – 3'에서는 고등학교 진로 교육을 개선하기 위한 방안을 문제점에 대한 해결 방향으로 제시하고 있다. 따라서 빈칸은 글의 논리적 흐름에 따라 'Ⅱ – 2 – 가'와 연결하여, 고등학교 교사 측면에서의 개선 방안을 제시하는 내용의 ④가 들어가는 것이 가장 적절하다.

03   수리비평검사

01	02	03	04	05	06	07	08	
②	②	③	⑤	④	②	⑤	③	

01
정답 ②

시도별 정신건강예산의 증가폭을 구하면 다음과 같다.
- 서울 : 58,981,416 − 53,647,039 = 5,334,377천 원
- 부산 : 24,205,167 − 21,308,849 = 2,896,318천 원
- 대구 : 12,256,595 − 10,602,255 = 1,654,340천 원
- 인천 : 17,599,138 − 12,662,483 = 4,936,655천 원
- 광주 : 13,479,092 − 12,369,203 = 1,109,889천 원
- 대전 : 14,142,584 − 12,740,140 = 1,402,444천 원
- 울산 : 6,497,177 − 5,321,968 = 1,175,209천 원
- 세종 : 1,515,042 − 1,237,124 = 277,918천 원
- 제주 : 5,600,120 − 4,062,551 = 1,537,569천 원

따라서 증가폭이 가장 큰 지역은 서울 – 인천 – 부산 – 대구 – 제주 – 대전 – 울산 – 광주 – 세종 순서이다.
실제 시험에서는 모든 지역을 계산할 필요 없이, 선택지에서 첫 번째로 제시된 서울은 제외한 두 번째인 세종, 인천, 대구의 증가폭을 어림수로 비교한 뒤, 세 번째인 부산과 대전을 어림수로 비교하여 빠르게 답을 구한다.

02
정답 ②

직급별 사원수를 알 수 없으므로 전 사원의 주 평균 야근 빈도는 구할 수 없으므로 ②는 옳지 않다.

오답분석
① 제시된 자료를 통해 알 수 있다.
③ 0.2시간은 60분×0.2=12분이다. 따라서 4.2시간은 4시간 12분이다.
④ 대리급 사원은 주 평균 1.8일 야근을 하고 주 평균 6.3시간을 야간 근무하므로, 야근 1회 시 6.3÷1.8=3.5시간 근무로 가장 긴 시간 동안 일한다.
⑤ 0.8시간은 48분이므로 조건에 따라 1시간으로 야근 수당을 계산한다. 따라서 과장급 사원의 주 평균 야근 시간은 5시간이므로 5×10,000원=50,000원을 받는다.

03
정답 ③

(사교육에 참여한 학생의 시간당 사교육비)

$=\dfrac{(\text{참여 학생 1인당 월 평균 사교육비})}{(\text{한 달간 사교육 참여 시간})}$

$=\dfrac{(\text{참여 학생 1인당 월 평균 사교육비})}{[\text{사교육 참여 시간(주당평균)}]\times 4}$

$=\dfrac{61.1}{4.8\times 4}\fallingdotseq 3.2$

따라서 일반 고등학교 학생의 시간당 사교육비는 약 32,000원이다.

04
정답 ⑤

제시된 조건을 분석하면 다음과 같다.

• 첫 번째 조건에 의해 ㉠ ~ ㉣ 국가 중 연도별로 8위를 두 번한 나라는 ㉠과 ㉣이므로 둘 중 한 곳이 한국, 나머지 한 곳이 캐나다임을 알 수 있다.

• 두 번째 조건에 의해 2020년 대비 2022년의 이산화탄소 배출량 증가율은 ㉡과 ㉢이 각각 $\dfrac{556-535}{535}\times 100\fallingdotseq 3.93\%$

와 $\dfrac{507-471}{471}\times 100\fallingdotseq 7.64\%$이므로 ㉢은 사우디가 되며, 따라서 ㉡은 이란이 된다.

• 세 번째 조건에 의해 이란의 수치는 고정값으로 놓고 2015년을 기점으로 ㉠이 ㉣보다 배출량이 커지고 있으므로 ㉠이 한국, ㉣이 캐나다임을 알 수 있다.

따라서 ㉠ ~ ㉣은 순서대로 한국, 이란, 사우디, 캐나다이다.

05
정답 ④

2022년 15세 미만 인구를 x명, 65세 이상 인구를 y명, 15 ~ 64세 인구를 a명이라 하면, 15세 미만 인구 대비 65세 이상 인구 비율은 $\dfrac{y}{x}\times 100$이므로 2022년의 유소년부양비와 노년부양비에 대한 식은 다음과 같다.

• 2022년 유소년부양비

: $\dfrac{x}{a}\times 100=19.5 \rightarrow a=\dfrac{x}{19.5}\times 100\cdots$ ㉠

• 2022년 노년부양비

: $\dfrac{y}{a}\times 100=17.3 \rightarrow a=\dfrac{y}{17.3}\times 100\cdots$ ㉡

㉠과 ㉡을 연립하면, $\dfrac{x}{19.5}=\dfrac{y}{17.3}$

$\therefore \dfrac{y}{x}=\dfrac{17.3}{19.5}$

따라서 15세 미만 인구 대비 65세 이상 인구의 비율은 $\dfrac{17.3}{19.5}\times 100\fallingdotseq 88.7\%$이다.

06
정답 ②

2021년 3/4분기에도 자금 이체 서비스 이용 실적은 감소하기 때문에 ②는 옳지 않은 설명이다.

오답분석

① 조회 서비스 이용 실적은 817천 건 → 849천 건 → 886천 건 → 1,081천 건 → 1,106천 건으로 매 분기 계속 증가하였다.

③ 2021년 2/4분기 조회 서비스 이용 실적은 849천 건이고, 전 분기의 이용 실적은 817천 건이므로 849−817=32천 건, 즉 3만 2천 건 증가하였다.

④ 2021년 4/4분기의 조회 서비스 이용 실적은 자금 이체 서비스 이용 실적의 $1,081\div 14\fallingdotseq 77$, 약 77배이다.

⑤ 모바일 뱅킹 서비스 이용 실적의 전 분기 대비 증가율이 가장 높은 분기는 21.8%인 2021년 4/4분기이다.

07
정답 ⑤

이온음료는 7월에서 8월로 넘어가면서 판매량이 줄어드는 모습을 보이고 있으므로 ⑤는 옳지 않은 설명이다.

오답분석

① 맥주의 판매량은 매월 커피 판매량의 2배 이상임을 알 수 있다.

② 3 ~ 5월 판매 현황과 6 ~ 8월 판매 현황을 비교해 볼 때, 모든 캔 음료는 봄보다 여름에 더 잘 팔린다.

③ 3 ~ 5월 판매 현황을 보면, 이온음료가 탄산음료보다 더 잘 팔리는 것을 알 수 있다.

④ 맥주가 매월 다른 캔 음료보다 많은 판매량을 보이고 있음을 볼 때, 가장 많은 판매 비중을 보임을 알 수 있다.

08
정답 ③

ㄴ. • 15세 이상 외국인 중 실업자의 비율

: $\dfrac{15.6+18.8}{695.7+529.6}\times 100\fallingdotseq 2.80\%$

• 15세 이상 귀화허가자 중 실업자의 비율

: $\dfrac{1.8}{52.7}\times 100\fallingdotseq 3.41\%$

따라서 15세 이상 외국인 중 실업자의 비율이 더 낮다.

ㄷ. 외국인 취업자 수는 560.5+273.7=834.2천 명이므로, 834.2÷33.8≒24.68배이다.

오답분석

ㄱ. $\dfrac{695.7+529.6+52.7}{43,735}\times 100\fallingdotseq 2.92\%$이므로, 국내 인구 중 이민자의 비율은 4% 이하이다.

ㄹ. 국내인 여성의 경제활동 참가율이 제시되어 있지 않으므로 알 수 없다.

03 | 2022년 기출복원문제

01   언어비평검사 I (언어추리)

01	02	03	04	05	06			
①	④	⑤	③	④	④			

01
정답 ①

제시문에서 단순히 두 선수의 연봉 차이를 성과 차이에 대한 근거로 삼아 고액의 연봉이 선수들의 동기를 약화하기 때문에 선수들의 연봉을 낮춰야 한다고 주장한다. 따라서 특정 사례만을 근거로 전체를 일반화하는 성급한 일반화의 오류에 해당한다.

02
정답 ④

제시문에서 A대표는 본인 아들의 건강 상태를 이유로 자신의 공판기일을 연기해 줄 것을 요청하였으므로 타당한 논거를 제시하지 않고 상대방의 동정에 호소하는 오류를 범하고 있다. 이와 동일한 오류를 보이는 것은 사람들의 동정에 호소하여 기부 행사의 참여를 끌어내고자 하는 ④이다.

오답분석
① 논점 일탈의 오류
② 흑백 사고의 오류
③ 인신공격의 오류
⑤ 무지의 오류

03
정답 ⑤

창조적인 기업은 융통성이 있고, 융통성이 있는 기업 중의 일부는 오래 간다. 즉, 창조적인 기업이 오래 갈지 아닐지 알 수 없으므로 반드시 참인 명제는 ⑤이다.

04
정답 ③

'사람'을 p, '빵도 먹고 밥도 먹음'을 q, '생각을 함'을 r, '인공지능'을 s, 'T'를 t라 하면, 순서대로 $p \to q$, $\sim p \to \sim r$, $s \to r$, $t \to s$이다. 두 번째 명제의 대우와 첫 번째·세 번째·네 번째 명제를 연결하면 $t \to s \to r \to p \to q$이므로, $t \to q$가 성립한다. 따라서 'T는 빵도 먹고 밥도 먹는다.'는 반드시 참이다.

오답분석
① $t \to p$의 역이므로 참인지 거짓인지 알 수 없다.
② $s \to r$의 역이므로 참인지 거짓인지 알 수 없다.
④ $\sim q \to \sim r$이 참이므로 $\sim q \to r$은 거짓이다.
⑤ $s \to q$의 이이므로 참인지 거짓인지 알 수 없다.

05
정답 ④

p='도보로 걸음', q='자가용 이용', r='자전거 이용', s='버스 이용'이라고 하면 $p \to \sim q$, $r \to q$, $\sim r \to s$이며, 두 번째 명제의 대우인 $\sim q \to \sim r$이 성립함에 따라 $p \to \sim q \to \sim r \to s$가 성립한다. 따라서 '도보로 걷는 사람은 버스를 탄다.'는 반드시 참이다.

06
정답 ④

D가 산악회 회원인 경우와 아닌 경우로 나누어보면 다음과 같다.

• D가 산악회 회원인 경우
네 번째 조건에 따라 D가 산악회 회원이면 B와 C도 산악회 회원이 되며, A는 두 번째 조건의 대우에 따라 산악회 회원이 될 수 없다. 따라서 B, C, D가 산악회 회원이다.

• D가 산악회 회원이 아닌 경우
세 번째 조건에 따라 D가 산악회 회원이 아니면 B가 산악회 회원이 아니거나 C가 산악회 회원이어야 한다. 그러나 첫 번째 조건의 대우에 따라 C는 산악회 회원이 될 수 없으므로 B가 산악회 회원이 아님을 알 수 있다. 따라서 B, C, D 모두 산악회 회원이 아니다. 이때 최소 1명 이상은 산악회 회원이어야 하므로 A는 산악회 회원이다.

따라서 항상 참인 것은 ④이다.

02 언어비평검사 Ⅱ (독해)

01	02	03	04	05	06	07			
②	④	③	⑤	①	③	⑤			

01

정답 ②

제시문은 사회의 변화 속도를 따라가지 못하는 언어의 변화 속도에 대해 문제를 제기하며 구체적 예시와 함께 이를 시정할 것을 촉구하고 있다. 따라서 (나) 사회의 변화 속도를 따라가지 못하고 있는 언어의 실정 – (라) 성별을 구분하는 문법적 요소가 없는 우리말 – (가) 성별을 구분하여 사용하는 단어들의 예시 – (다) 언어의 남녀 차별에 대한 시정노력 촉구 순으로 나열하는 것이 적절하다.

02

정답 ④

제시문은 여름에도 감기에 걸리는 이유와 예방 및 치료 방법에 대해 설명하고 있다. 따라서 (마) 의외로 여름에도 감기에 걸림 – (가) 찬 음식과 과도한 냉방기 사용으로 체온이 떨어져 면역력이 약해짐 – (라) 감기 예방을 위해 찬 음식은 적당히 먹고 충분한 휴식을 취하고, 귀가 후 손발을 씻어야 함 – (나) 감기에 걸렸다면 수분을 충분히 섭취해야 함 – (다) 열이나 기침이 날 때에는 따뜻한 물을 여러 번 나눠 먹는 것이 좋음 순으로 나열하는 것이 적절하다.

03

정답 ③

학기 전체 편성 운영 절차를 제시하고, 시기별 세부 운영 절차도 제시해야 하므로 ③은 적절하지 않다.

오답분석

① 이전 교육과정의 문제점을 지적하고, 학생의 과목 선택권이 필요한 이유에 대해서 서론에 제시할 수 있다.
② 학생의 과목 선택권이 강조되고 있으므로, 필수 이수 과목을 최소 수준으로 설정하면 학생의 과목 선택권이 늘어나기 때문에 개정 교육과정의 주요 사항 적절한 내용이다.
④ 실제 교육과정을 운영하기 위한 교육과정 편성 예시를 제시할 수 있다.
⑤ 본론의 내용으로 교육과정 편성과 교육과정 운영의 실제가 포함되었고, 운영 시 유의사항을 추가할 수 있다.

04

정답 ⑤

슈퍼문일 때는 지구와 달의 거리가 35만 7,000km 정도로 가까워지며, 이때 지구에서 보름달을 바라보는 시각도는 0.56도로 커지므로 0.49의 시각도보다 크다는 판단은 적절하다.

오답분석

① 달이 지구에 가까워지면 달의 중력이 더 강하게 작용하여, 달을 향한 쪽의 해수면이 평상시보다 더 높아진다. 즉, 지구와 달의 거리에 따라 해수면의 높이가 달라지므로 서로 관계가 있다.
② 케플러의 행성운동 제1법칙에 따라 태양계의 모든 행성은 태양을 중심으로 타원 궤도로 돈다. 따라서 지구도 태양을 타원 궤도로 돌기 때문에 지구에서 태양까지의 거리는 항상 일정하지 않을 것이다.
③ 달의 중력 때문에 높아진 해수면이 지구의 자전을 방해하게 되고, 이 때문에 지구의 자전 속도가 느려져 100만 년에 17초 정도씩 길어진다고 하였으므로 지구의 자전 속도는 점점 느려지고 있다.
④ 달이 지구에 가까워지면 평소 달이 지구를 당기는 힘보다 더 강하게 지구를 당긴다. 따라서 이와 반대로 달이 지구에서 멀어지면 지구를 당기는 달의 힘은 약해질 것이다.

05

정답 ①

네 번째 문단에 따르면 2000년대 초 연준의 금리 인하는 국공채에 투자했던 퇴직자들의 소득을 감소시켰고, 노년층에서 정부로, 정부에서 금융업으로 부의 대규모 이동이 이루어져 불평등을 심화시켰다. 따라서 금융업으로부터 정부로 부가 이동하였다는 ①은 적절하지 않다.

오답분석

② 마지막 문단에 따르면 2000년대 초 연준이 고용 증대를 기대하고 시행한 저금리 정책은 노동을 자본으로 대체하는 투자를 증대시킴으로써 오히려 실업률이 떨어지지 않는 구조를 만들었다.
③ 세 번째 문단에 따르면 2000년대 초는 대부분의 부문에서 설비 가동률이 낮은 상황이었기 때문에 당시의 저금리 정책이 오히려 주택시장의 거품을 초래하였다.
④ 2000년대 초 연준의 저금리 정책으로 주택 가격이 상승하여 주택 시장의 거품을 초래하였고, 주식 가격 역시 상승하였지만 이에 대한 이득은 대체로 부유층에 집중되었다.
⑤ 두 번째 문단에 따르면 부동산 거품 대응 정책에서는 주택 담보 대출에 대한 규제가 금리 인상보다 더 효과적인 정책이다.

06

정답 ③

제시문은 산업사회의 특징인 도구화된 지성에 대해 설명하고 그로 인해 나타나는 산업사회의 문제점을 설명하고 있다.

07

정답 ⑤

산업사회는 인간의 삶을 거의 완전히 지배하고 인격을 사로잡는다. 즉, 산업사회에서 인간은 삶의 주체가 되지 못하고 소외되어 있다. 따라서 광고 등을 통한 과소비의 유혹에서 벗어나 자신이 삶의 주체가 되도록 생활양식을 변화시켜야 한다.

---

03 수리비평검사

01	02	03	04						
④	④	④	③						

01

정답 ④

업체별 타일의 가격을 구하여 표로 정리하면 다음과 같다.

구분	필요한 타일 개수(개)	가격(원)
A타일	(8m÷20cm)×(10m ÷20cm)=2,000	2,000×1,000+50,000 =2,050,000
B타일	(8m÷25cm)×(10m ÷25cm)=1,280	1,280×1,500+30,000 =1,950,000
C타일	(8m÷25cm)×(10m ÷20cm)=1,600	1,600×1,250+75,000 =2,075,000

따라서 가장 저렴한 타일은 B타일이고, 총 가격은 1,950,000원이다.

02

정답 ④

ㄴ. A방송사의 연간 방송시간 중 보도시간 비율은 $\frac{2,343}{(2,343+3,707+1,274)} \times 100 = 32.0\%$이고, D방송사의 교양시간 비율은 $\frac{2,498}{(1,586+2,498+3,310)} \times 100 = 33.8\%$로 D방송사의 교양시간 비율이 더 높다.

ㄹ. 전체 방송시간은 6,304(전체 보도시간)+12,181(전체 교양시간)+10,815(전체 오락시간)=29,300시간이고, 이중 오락시간의 비율은 $\frac{10,815}{29,300} \times 100 = 36.9\%$로 40% 이하이다.

오답분석

ㄱ. 전체 보도시간은 2,343+791+1,584+1,586=6,304시간이고, 교양시간은 3,707+3,456+2,520+2,498=12,181시간이며, 오락시간은 1,274+2,988+3,243+3,310=10,815시간이다.
따라서 방송시간은 교양, 오락, 보도 순으로 많다.

ㄷ. 방송사별 연간 방송시간 중 보도시간 비율은 다음과 같다.

• A방송사 : $\frac{2,343}{(2,343+3,707+1,274)} \times 100 = 32.0\%$

• B방송사 : $\frac{791}{(791+3,456+2,988)} \times 100 = 10.9\%$

• C방송사 : $\frac{1,584}{(1,584+2,520+3,243)} \times 100 = 21.6\%$

• D방송사 : $\frac{1,586}{(1,586+2,498+3,310)} \times 100 = 21.4\%$

따라서 A방송사의 비율이 가장 높다.

03

정답 ④

2020년과 2018년 30대의 전년 대비 데이트폭력 경험 횟수 증가율을 구하면 다음과 같다.

• 2018년 : $\frac{11.88-8.8}{8.8} \times 100 = 35\%$

• 2020년 : $\frac{17.75-14.2}{14.2} \times 100 = 25\%$

따라서 30대의 2020년 전년 대비 데이트폭력 경험 횟수 증가율은 2018년보다 작으므로 ④는 옳지 않은 설명이다.

오답분석

① 2019년 이후 연도별 20대와 30대의 평균 데이트폭력 경험 횟수와 전 연령대 평균 데이트폭력 경험 횟수를 구하면 다음과 같다.

구분	2019년	2020년	2021년
전체	5.7+15.1 +14.2+9.2 +3.5 =47.7회	7.9+19.2 +17.75 +12.8+3.3 =60.95회	10.4+21.2 +18.4+18 +2.9 =70.9회
전체의 절반	23.85회	30.475회	35.45회
20·30대	15.1+14.2 =29.3회	19.2+17.75 =36.95회	21.2+18.4 =39.6회

따라서 20대와 30대의 평균 데이트폭력 경험 횟수의 합은 전 연령대 평균 데이트폭력 경험 횟수의 절반 이상임을 알 수 있다.

② 10대의 평균 데이트폭력 경험 횟수는 3.2회, 3.9회, 5.7회, 7.9회, 10.4회로 매년 증가하고 있고, 50대의 평균 데이트폭력 경험 횟수는 4.1회, 3.8회, 3.5회, 3.3회, 2.9회로 매년 감소하고 있다.

③ 2021년 40대의 평균 데이트폭력 경험 횟수는 18회로, 2017년 데이트폭력 경험 횟수인 2.5회의 $\frac{18}{2.5}=7.2$배에 해당한다.

⑤ 2017~2021년까지 연도별 평균 데이트폭력 경험 횟수가 가장 높은 연령대는 20대로 동일하다.

04

ㄴ. 연령대별 아메리카노와 카페라테의 선호율의 차이를 구
하면 다음과 같다.

(단위 : %)

구분	20대	30대	40대	50대
아메리카노 선호율	42	47	35	31
카페라테 선호율	8	18	28	42
차이	34	29	7	11

따라서 아메리카노와 카페라테의 선호율 차이가 가장 적
은 연령대는 40대임을 알 수 있다.

ㄷ. 20대와 30대의 선호율 하위 3개 메뉴를 정리하면 다음과
같다.
 • 20대 : 핫초코(6%), 에이드(3%), 아이스티(2%)
 • 30대 : 아이스티(3%), 핫초코(2%), 에이드(1%)
따라서 20대와 30대의 선호율 하위 3개 메뉴는 동일함을
알 수 있다.

[오답분석]

ㄱ. 연령대별 아메리카노 선호율은 20대 42%, 30대 47%,
40대 35%, 50대 31%로 30대의 선호율은 20대보다 높
음을 알 수 있다.

ㄹ. 40대와 50대의 선호율 상위 2개 메뉴가 전체 선호율에서
차지하는 비율을 구하면 다음과 같다.
 • 40대 : 아메리카노(35%), 카페라테(28%) → 63%
 • 50대 : 카페라테(42%), 아메리카노(31%) → 73%
따라서 50대의 선호율 상위 2개 메뉴가 전체 선호율에서
차지하는 비율은 70% 이상이지만, 40대에서는 63%로
70% 미만이다.

CHAPTER 03 2022년 기출복원문제 • 13

04 | 2021년 기출복원문제

01 언어비평검사 I (언어추리)

01	02	03	04	05	06				
④	①	③	②	③	①				

01
정답 ④

첫 번째 명제의 대우와 두 번째 명제를 정리하면 '모든 학생
→ 국어 수업 → 수학 수업'이 되어 '모든 학생은 국어 수업과
수학 수업을 듣는다.'가 성립한다. 세 번째 명제에서 수학 수업
을 듣는 '어떤' 학생들이 영어 수업을 듣는다고 했으므로, '어떤
학생들은 국어, 수학, 영어 수업을 듣는다.'는 반드시 참이다.

02
정답 ①

예시문과 ①은 결합의 오류를 범하고 있다. 결합의 오류는 어
떤 집합의 모든 원소가 어떤 성질을 가지고 있으므로, 그 집합
자체도 그 성질을 가지고 있다고 추론할 때 발생한다.

03
정답 ③

중대장이 범하는 오류의 유형은 자료적 오류 중 하나로, 단순
히 상관관계만 갖고 있는데 이것을 인과관계로 생각하여 생기
는 인과의 오류이다. 따라서 중대장이 범하는 오류와 유사한
것은 ③이다.

오답분석
① 대중에 호소하는 오류 : 많은 사람들이 지지하는 점에서
  그 주장이 옳음을 주장하는 오류
②・④ 성급한 일반화의 오류 : 특수한 사례를 근거로 일반적
  인 법칙을 이끌어내는 오류
⑤ 인신공격의 오류 : 어떤 주장에 대한 비판의 근거로, 그
  주장을 하는 사람의 인품・성격 등을 비난함으로써 그 주
  장이 거짓임을 내세우는 오류

04
정답 ②

제시된 내용을 기호로 정리하면 다음과 같다.
• ~A → B
• A → ~C
• B → ~D
• ~D → E

E가 행사에 참여하지 않는 경우, 네 번째 조건의 대우인 ~E
→ D에 따라 D가 행사에 참여한다. D가 행사에 참여하면 세
번째 조건의 대우인 D → ~B에 따라 B는 행사에 참여하지
않는다. 또한 B가 행사에 참여하지 않으면 첫 번째 조건의 대
우에 따라 A가 행사에 참여하고, A가 행사에 참여하면 두 번
째 조건에 따라 C는 행사에 참여하지 않는다.
따라서 E가 행사에 참여하지 않을 경우 행사에 참여 가능한
사람은 A와 D 2명이다.

05
정답 ③

다음의 논리 순서를 따라 주어진 조건을 정리하면 다음과 같다.
• 첫 번째 조건 : 대우(B 또는 C가 위촉되지 않으면, A도 위
  촉되지 않는다)에 의해 A는 위촉되지 않는다.
• 두 번째 조건 : A가 위촉되지 않으므로 D가 위촉된다.
• 다섯 번째 조건 : D가 위촉되므로 F도 위촉된다.
• 세 번째, 네 번째 조건 : D가 위촉되었으므로 C와 E는 동시
  에 위촉될 수 없다.
따라서 위촉되는 사람은 C 또는 E 중 1명과 D, F로 모두 3명
이다.

06
정답 ①

다음의 논리 순서를 따라 주어진 조건을 정리하면 다음과 같다.
• 다섯 번째 조건 : 1층에 경영지원실이 위치한다.
• 첫 번째 조건 : 1층에 경영지원실이 위치하므로 4층에 기
  획조정실이 위치한다.
• 두 번째 조건 : 2층에 보험급여실이 위치한다.
• 세 번째, 네 번째 : 3층에 급여관리실, 5층에 빅데이터운영
  실이 위치한다.
따라서 1층부터 순서대로 '경영지원실 - 보험급여실 - 급여
관리실 - 기획조정실 - 빅데이터운영실'이 위치하므로 5층에
있는 부서는 빅데이터운영실이다.

01	02	03	04	05	06	07			
③	③	①	⑤	③	④	④			

01
정답 ③

제시문은 인권 보호와 사생활 침해에 대한 글이다. 따라서 (다) 인권에 대한 화제 도입 및 인권 보호의 범위 – (나) 사생활 침해와 인권 보호 – (가) 사생활 침해와 인권 보호에 대한 예시 – (라) 결론 순으로 나열하는 것이 적절하다.

02
정답 ③

빈칸 앞 문단에서는 사회적 문제가 되고 있는 딥페이크의 악용 사례에 관해 이야기하고 있으나, 빈칸 뒤의 문단에서는 딥페이크 기술을 유용하게 사용하고 있는 이스라엘 기업의 사례를 이야기하고 있다. 따라서 빈칸에는 어떤 일에 대하여 앞에서 말한 측면과 다른 측면을 말할 때 사용하는 접속어인 '한편'이 들어가야 한다.

03
정답 ①

제시문의 마지막 문단에 따르면 레드 와인의 탄닌 성분이 위벽에 부담을 줄 수 있으므로 스파클링 와인이나 화이트 와인을 먼저 마신 후 레드 와인을 마시는 것이 좋다. 따라서 레드 와인의 효능으로 '위벽 보호'는 적절하지 않다.

오답분석
② 마지막 문단에 따르면 레드 와인은 위액의 분비를 촉진하여 식욕을 촉진시킨다.
③ 세 번째 문단에 따르면 레드 와인에 함유된 항산화 성분이 노화 방지에 도움을 준다.
④ 네 번째 문단에 따르면 레드 와인에 함유된 레버라트롤 성분을 통해 기억력이 향상될 수 있다.
⑤ 다섯 번째 문단에 따르면 레드 와인에 함유된 퀘르세틴과 갈산이 체내의 면역력을 높인다.

04
정답 ⑤

세 번째 문단에 따르면 맹사성은 여름이면 소나무 그늘 아래에 앉아 피리를 불고, 겨울이면 방 안 부들자리에 앉아 피리를 불었다는 것을 알 수 있다. 따라서 글의 내용으로 ⑤가 가장 적절하다.

오답분석
① 맹사성은 고려시대 말 과거에 급제하여 조선이 세워진 후 조선 전기의 문화 발전에 큰 공을 세웠다.

② 맹사성의 행색을 야유한 고을 수령이 스스로 도망을 가다 관인을 인침연에 빠뜨렸다.
③ 『필원잡기』의 저자는 서거정으로, 맹사성의 평소 생활 모습이 담겨있다.
④ 사사로운 손님은 받지 않았으나, 꼭 만나야 할 손님이 오면 잠시 문을 열어 맞이하였다.

05
정답 ③

• 사사(私私)롭다 : 공적이 아닌 개인적인 범위나 관계의 성질이 있다.
• 사소(些少)하다 : 보잘것없이 작거나 적다.

06
정답 ④

박쥐가 많은 바이러스를 보유하고 있는 것은 밀도 높은 군집 생활을 하기 때문이고, 많은 바이러스를 보유하여 그에 대항하는 면역도 갖추었기 때문에 긴 수명을 가질 수 있으므로 ④가 가장 적절하다.

오답분석
① 박쥐의 수명은 대다수의 포유동물보다 길다는 것은 맞지만, 평균적인 포유류 수명보다는 짧은지는 알 수 없다.
② 박쥐는 뛰어난 비행 능력으로 긴 거리를 비행해 다닐 수 있다.
③ 박쥐는 현재는 강력한 바이러스 대항 능력을 갖추었다.
⑤ 박쥐의 면역력을 연구하여 치료제를 개발할 수 있다.

07
정답 ④

제시문에서 물이 기체, 액체, 고체로 변화하는 과정을 통해 지구 내 '물의 순환' 현상을 설명하고 있다. 따라서 글의 전개 방식으로 ④가 가장 적절하다.

03 수리비평검사

01	02	03	04						
⑤	④	①	②						

01

정답 ⑤

제1차 시험 대비 제2차 시험 합격률의 증가율은 다음과 같다.

$$= \frac{\left(\frac{17,325}{75,000} \times 100\right) - \left(\frac{32,550}{155,000} \times 100\right)}{\left(\frac{32,550}{155,000} \times 100\right)} \times 100$$

$$= \frac{23.1 - 21}{21} \times 100$$

$$= \frac{2.1}{21} \times 100$$

$$= 10$$

따라서 제1차 시험 대비 제2차 시험 합격률은 10% 증가했다.

02

정답 ④

ㄴ. 무료급식소 봉사자 중 40 ~ 50대는 274+381=655명으로 전체 1,115명의 절반 이상이다.

ㄹ. 노숙자쉼터 봉사자는 800명으로 이 중 30대는 118명이므로 노숙자쉼터 봉사자 중 30대가 차지하는 비율은 $\frac{118}{800} \times 100 = 14.75\%$로 15% 미만이다.

오답분석

ㄱ. 전체 보육원 봉사자는 총 2,000명으로 이 중 30대 이하 봉사자는 148+197+405=750명이다. 따라서 전체 보육원 봉사자 중 30대 이하가 차지하는 비율은 $\frac{750}{2,000} \times 100 = 37.5\%$이다.

ㄷ. 전체 봉사자 중 50대의 비율은 $\frac{1,600}{5,000} \times 100 = 32\%$이고, 20대의 비율은 $\frac{650}{5,000} \times 100 = 13\%$이다. 따라서 전체 봉사자 중 50대의 비율은 20대의 약 $\frac{32}{13} = 2.5$배이다.

03

정답 ①

2016 ~ 2020년까지 투자액이 전년 대비 증가한 해의 증가율은 다음과 같다.

- 2016년 : $\frac{125 - 110}{110} \times 100 = 13.6\%$
- 2018년 : $\frac{250 - 70}{70} \times 100 = 257\%$
- 2019년 : $\frac{390 - 250}{250} \times 100 = 56\%$

따라서 2018년에 전년 대비 증가율이 가장 높으므로 ①은 옳지 않은 설명이다.

오답분석

② 투자 건수 전년 대비 증가율은 2020년에 $\frac{63 - 60}{60} \times 100$ =5%로 가장 낮다.

③ 2015년과 2018년 투자 건수의 합(8+25=33건)은 2020년 투자 건수(63건)보다 작다.

④ㆍ⑤ 제시된 자료에서 확인할 수 있다.

04

정답 ②

ㄱ. 감염된 인력 중 의사의 수는 간호인력 수의 $\frac{25}{190} \times 100$ =13.2%로 15% 미만이다.

ㄷ. 지역사회감염으로 감염된 간호인력의 수의 30%는 76×0.3=22.8명인데, 간호인력 중 감염경로불명 등으로 감염된 인원은 21명으로 이보다 낮다.

오답분석

ㄴ. 일반 진료로 감염된 인원들 중에서 간호인력이 차지하는 비율은 $\frac{57}{66} \times 100 = 86.4\%$로, 원내 집단발생으로 감염된 인원들 중 간호인력의 비율인 $\frac{23}{32} \times 100 = 71.9\%$보다 높다.

ㄹ. 전체 감염 의료인력 중 기타 인원이 차지하는 비중은 $\frac{26}{241} \times 100 = 10.8\%$로, 지역사회감염 등에 따라 감염된 인원 중 기타 인원이 차지하는 비중인 $\frac{18}{101} \times 100 = 17.8\%$보다 낮다.

01 언어비평검사 I (언어추리)

01	02	03	04	05	06				
③	③	⑤	②	④	③				

01
정답 ③

'성급한 일반화의 오류'란 제한된 증거를 기반으로 성급하게 어떤 결론을 도출하는 오류를 말한다. 따라서 철수가 저지른 오류는 성급한 일반화의 오류이다.

오답분석

① 흑백 사고의 오류 : 세상의 모든 일을 흑 또는 백이라는 이분법적 사고로 바라보는 오류
② 논점 일탈의 오류 : 실제로는 연관성이 없는 전제를 근거로 하여 어떤 결론을 도출하는 오류
④ 전건 부정의 오류 : '만일 p이면 q이다.'에서 전건(前件)을 부정하여 후건(後件)을 부정한 것을 결론으로 도출하는 오류
⑤ 정황에 호소하는 오류 : 어떤 사람이 처한 처지나 직업, 직책 등을 근거로 주장을 전개하는 오류

02
정답 ③

제시문은 '무지에 호소하는 오류'에 대해 설명하고 있으므로 이와 관련 있는 것은 ③이 적절하다.

오답분석

① 결합·분해의 오류 : 부분의 속성을 전체도 가진다거나, 전체의 속성을 부분도 가진다고 추론하는 오류
② 흑백 논리의 오류 : 어떤 집합의 원소가 단 두 개밖에 없다고 여기고 추론하는 오류
④ 애매어의 오류 : 둘 이상의 의미를 가진 말을 애매하게 사용함으로써 생기는 오류
⑤ 논점 일탈의 오류 : 논점과 관계없는 것을 제시하여 무관한 결론에 이르게 되는 오류

03
정답 ⑤

교수는 기본적인 항목에 대해서는 학생이 말한 공부 방법으로 확실히 습득할 수 있다고 가정하고 있지만, 기본적인 항목이 일반적으로 기억하기 쉽다고는 말하고 있지 않다. 따라서 ⑤는 논리의 모순을 지적한 기술로는 타당하지 않다.

04
정답 ②

첫 번째와 두 번째 명제를 통해 '어떤 안경은 유리로 되어 있다.'는 결론을 도출할 수 있다. 따라서 '유리로 되어 있는 어떤 것 중 안경이 있다.'를 추론할 수 있다.

05
정답 ④

'낡은 것을 버리다.'를 A, '새로운 것을 채우다.'를 B, '더 많은 세계를 경험하다.'를 C라고 하면, 첫 번째 명제는 A → B이며, 마지막 명제는 ~B → ~C이다. 이때, 첫 번째 명제의 대우는 ~B → ~A이므로 마지막 명제가 참이 되기 위해서는 ~A → ~C이 필요하다. 따라서 빈칸에 들어갈 명제는 ~A → ~C의 ④이다.

06
정답 ③

태경이와 승규 사이의 거리는 3km이고, 형욱이와 승규 사이의 거리는 2km이다. 현수와 태경이 사이의 거리가 2km이므로, 정훈이는 형욱이보다 3km 뒤까지 위치할 수 있다. 정훈이는 태경이보다 뒤에 있다고 했으므로, 정훈이와 승규의 거리는 최소 0km, 최대 5km이다. 승규와 정훈이의 거리가 2km 이내인 경우는 정훈이가 승규 앞으로 2km, 뒤로 2km 사이에 위치하는 것으로 정훈이가 위치할 수 있는 태경 뒤 8km 미만 중 4km로 그 확률은 50% 초과이다. 반면 그렇지 않을 확률은 8km 미만 중 4km를 제외한 거리에 위치하는 것으로 50% 미만이다.
따라서 정훈이와 승규의 거리가 2km 이내일 확률이 더 높으므로 보기에 대한 판단으로 ③이 가장 적절하다.

본론 'Ⅱ - 2 - 가'의 '비용에 대한 부담으로 저렴한 수입 농산물 구매'는 학교급식에서 수입 농산물을 재료로 많이 사용하는 이유와 관련되는 항목이다. 따라서 ③과 같이 ⓒ을 본론 'Ⅱ - 1'의 '수입 농산물 사용의 문제점'의 하위 항목으로 옮기는 것은 적절하지 않다.

---

02   언어비평검사 Ⅱ (독해)

01	02	03	04				
③	④	③	③				

01

정답 ③

'에너지 하베스팅은 열, 빛, 운동, 바람, 진동, 전자기 등 주변에서 버려지는 에너지를 모아 전기를 얻는 기술을 의미한다.'는 내용을 통해서 버려진 에너지를 전기라는 에너지로 다시만든다는 것을 알 수 있으므로 ③이 가장 적절하다.

오답분석

① 첫 번째 문단에서 무체물인 에너지도 재활용이 가능하다고 했으므로 적절하지 않다.
② 태양광을 이용하는 광 에너지 하베스팅, 폐열을 이용하는 열에너지 하베스팅이라고 구분하여 언급한 것을 통해 다른 에너지원에 속한다는 것을 알 수 있다.
④ '에너지 하베스팅은 열, 빛, 운동, 바람, 진동, 전자기 등 주변에서 버려지는 에너지를 모아 전기를 얻는 기술을 의미한다.'는 내용에서 다른 에너지에 대한 언급은 없이 '전기를 얻는 기술'이라고 언급했으므로 적절하지 않다.
⑤ '사람이 많이 다니는 인도 위에 버튼식 패드를 설치하여 사람이 밟을 때마다 전기가 생산되도록 하는 것이다.'라고 했으므로 사람의 체온을 이용한 신체 에너지 하베스팅 기술이라기보다는 진동이나 압력을 가해 이용하는 진동 에너지 하베스팅이다.

02

정답 ④

첫 번째 문장에서 경기적 실업이란 노동에 대한 수요가 감소하여 고용량이 줄어들어 발생하는 실업이라고 하였으므로, 기업이 생산량을 줄임으로써 노동에 대한 수요가 감소한다는 내용이 빈칸에 들어가는 것이 가장 적절하다.

03

정답 ③

제시문은 최근 식도암 발병률이 늘고 있는데, E병원의 조사 결과를 근거로 식도암을 조기 발견하여 치료하면 치료 성공률을 높일 수 있다고 말하고 있다. 따라서 (라) 최근 서구화된 식습관으로 식도암이 증가 – (가) 식도암도 조기에 발견하면 치료 성공률을 높일 수 있음 – (마) E병원이 조사한 결과 초기에 치료할 경우 생존율이 높게 나옴 – (나) 식도암은 조기에 발견할수록 치료 효과가 높았지만 실제로 초기에 치료받는 환자의 수는 적음 – (다) 식도암을 조기에 발견하기 위해서 50대 이상 남성은 정기적으로 검사를 받을 것을 강조함 순으로 나열하는 것이 가장 적절하다.

---

03   수리비평검사

01	02	03					
③	③	③					

01

정답 ③

• (ㄱ) : 두 번째 정보에 따라 2011 ~ 2019년까지 연도별 합계출산율 순위 중 2011년도가 두 번째로 높은 연도이므로 가장 많은 2012년 합계출산율인 1,297명보다 낮고, 세 번째로 많은 2015년도의 1,239명보다 높아야 된다. 따라서 선택지에서 1,244명과 1,251명이 범위에 포함된다.
• (ㄴ) : 세 번째 정보로부터 2013년부터 2015년까지의 출생성비가 동일함을 알 수 있다. 따라서 (ㄴ)에 들어갈 수는 105.3명이다.
• (ㄷ) : 첫 번째 정보에서 2016 ~ 2019년 동안 전년 대비 출생아 수는 감소하는 추세이며, (ㄷ)에 해당하는 2019년 전년 대비 감소한 출생아 수가 가장 적다고 하였다. 연도별 전년 대비 출생아 수 감소 인원은 다음과 같다.

연도	2016년	2017년	2018년
전년 대비 출생아 수 감소 인원	438,420 −406,243 =32,177명	406,243 −357,771 =48,472명	357,771 −326,822 =30,949명

2016 ~ 2018년 중 2018년도가 전년 대비 감소 인원이 가장 적으므로 이보다 적게 차이가 나는 수를 찾으면 선택지 중 302,676명이 된다.
• 2019년 전년 대비 출생아 수 감소 인원 : 326,822− 302,676=24,146명＜30,949명
따라서 (ㄱ), (ㄴ), (ㄷ)에 들어갈 수가 바르게 나열된 선택지는 ③이다.

02

ㄱ. 초등학생에서 중학생, 고등학생으로 올라갈수록 스마트폰(7.2% → 5.5% → 3.1%)과 PC(42.5% → 37.8% → 30.2%)의 이용률은 감소하고, 태블릿PC(15.9% → 19.9% → 28.5%)와 노트북(34.4% → 36.8% → 38.2%)의 이용률은 증가하고 있다.

ㄷ. 태블릿PC와 노트북의 남학생·여학생 이용률의 차이는 다음과 같다.
   • 태블릿PC : 28.1−11.7=16.4%p
   • 노트북 : 39.1−30.9=8.2%p
   따라서 태블릿PC는 노트북의 16.4÷8.2=2배이다.

오답분석

ㄴ. 초·중·고등학생의 노트북과 PC의 이용률 차이는 다음과 같다.
   • 초등학생 : 42.5−34.4=8.1%p
   • 중학생 : 37.8−36.8=1%p
   • 고등학생 : 38.2−30.2=8%p
   따라서 이용률의 차이는 중학생이 가장 작다.

03

상용 차량 종류별 비율 중 2.5톤 트럭의 비율은 15%이므로, 2020년 2.5톤 트럭의 생산 대수가 270대라면 상용 차량은 $\frac{270}{0.15}$, 즉 1,800대이다.

전체 차량 생산 비율 중 상용 차량은 33%, 자가용은 67%이므로 자가용의 대수를 x대라고 했을 때 식은 다음과 같다.

1,800 : x=33 : 67

∴ x ≒ 3,655

따라서 자가용 대수는 약 3,655대이다.

오답분석

ㄱ. 전체 차량 생산 비율 중 상용 차량은 33%이며, 그중 1톤 이하 트럭은 32%이므로 0.33×0.32=0.1056=10.56%이다.

ㄴ. 상용 차량 종류별 비율을 보면 개별로는 기타 특장차의 비율이 47%로 가장 높지만, 1톤, 2.5톤, 5톤 트럭 비율의 합인 53%보다는 적다.

06 │ 2019년 기출복원문제

01 　 언어비평검사 Ⅰ (언어추리)

01	02	03	04	05					
③	①	④	④	⑤					

01　　　　　　　　　　정답 ③

제시된 조건을 정리하면 다음과 같다.

구분	1교시	2교시	3교시	4교시
경우 1	사회	국어	영어	수학
경우 2	사회	수학	영어	국어
경우 3	수학	사회	영어	국어

따라서 A와 B의 결론은 모두 옳다.

02　　　　　　　　　　정답 ①

A : 아침에 토스트를 먹는 사람은 피곤하고, 피곤하면 회사에 지각한다. 따라서 그 대우인 '회사에 지각하지 않은 사람은 아침에 토스트를 먹지 않았다.'는 참이다.

B : 아침에 시리얼을 먹는 사람은 두뇌 회전이 빠르고, 두뇌 회전이 빠르면 일 처리가 빠르다. 그러나 그 역인 '일 처리가 빠른 사람은 아침에 시리얼을 먹은 것이다.'는 참인지 거짓인지 알 수 없다.

03　　　　　　　　　　정답 ④

어미 양이 검은 양이면 새끼 양도 검은 양이고, 검은 양은 더위를 많이 탄다. 따라서 '어미 양이 검은 양이면 새끼 양은 더위를 많이 탄다.'가 빈칸에 들어갈 명제로 적절하다.

04　　　　　　　　　　정답 ④

갑과 병은 둘 다 참을 말하거나 거짓을 말하고, 을과 무의 진술은 서로 모순이므로 둘 중 1명 이상은 무조건 거짓말을 하고 있다. 만약 갑과 병이 거짓을 말하고 있다면 을과 무의 모순된 진술로 인해 거짓말을 하는 사람이 최소 세 명이 되므로 조건에 맞지 않는다.

따라서 갑과 병은 모두 진실을 말하고 있으며, 정의 진술은 갑의 진술과 모순이므로 거짓을 말하고 있다. 거짓을 말하고 있는

나머지 한 명은 을 또는 무인데, 을이 거짓을 말하는 경우 무의 진술에 의해 갑·을·무는 함께 무의 집에 있었던 것이 되므로 정이 범인이고, 무가 거짓말을 하는 경우에도 갑·을·무는 함께 출장을 가 있었던 것이 되므로 역시 정이 범인이 된다.

05　　　　　　　　　　정답 ⑤

제시문은 성급한 일반화의 오류로 제한된 정보, 부적합한 증거, 대표성을 결여한 사례를 근거로 일반화하는 오류이다. 따라서 동일한 오류를 범한 사례는 ⑤이다.

[오답분석]

① 인신공격의 오류 : 논거의 부당성보다 발화자의 인품이나 성격을 비난함으로써 그 주장이 잘못이라고 하는 데서 발생하는 오류

② 순환논증의 오류 : 논증의 결론 자체를 전제의 일부로 받아들이는 오류

③ 무지로부터의 오류 : 증명할 수 없거나 알 수 없음을 들어 거짓이라고 추론하는 오류

④ 대중에 호소하는 오류 : 군중 심리를 자극하여 논지를 받아들이게 하는 오류

02 　 언어비평검사 Ⅱ (독해)

01	02	03	04	05	06	07			
④	③	②	③	①	②	③			

01　　　　　　　　　　정답 ④

㉠의 앞에서는 평화로운 시대에는 시인의 존재가 문화의 비싼 장식으로 여겨질 수 있다고 하였으나, ㉠의 뒤에서는 조국이 비운에 빠졌거나 통일을 잃었을 때, 시인이 민족의 예언가 또는 선구자가 될 수 있다고 하였으므로 역접의 의미인 '그러나'가 적절하다. 그리고 ㉡의 앞에서는 과거에 탄압받던 폴란드 사람들이 시인을 예언자로 여겼던 사례를 제시하고 있으며, ㉡의 뒤에서는 또 다른 사례로 불행한 시절 이탈리아와 벨기에 사람들이 시인을 조국 그 자체로 여겼던 점을 제시하고 있다. 따라서 '거기에다 더'의 의미를 지닌 '또한'이 적절하다.

02

제시문은 빈곤 지역의 문제 해결을 위해 도입된 적정기술에 대해 설명하는 글이다. 따라서 (나) 적정기술에 대한 정의 – (가) 현지에 보급된 적정기술의 성과에 대한 논란 – (라) 적정기술 성과 논란의 원인 – (다) 빈곤 지역의 문제 해결을 위한 방안의 순으로 나열하는 것이 적절하다.

03

정답 ②

제시문의 중심 내용은 칸트가 생각하는 도덕적 행동에 대한 것이며, 그는 도덕적 행동을 '남이 나에게 해주길 바라는 것을 실천하는 것'이라 말했다.

04

정답 ③

사람은 한쪽 눈으로 얻을 수 있는 단안단서만으로도 이전의 경험으로부터 추론에 의하여 세계를 3차원으로 인식할 수 있다. 즉, 사고로 한쪽 눈의 시력을 잃어도 남은 한쪽 눈에 맺히는 2차원의 상들은 다양한 실마리를 통해 입체 지각이 가능하기 때문에 ③은 적절하지 않다.

05

정답 ①

제시문은 비-REM수면의 수면 진행 과정을 측정되는 뇌파에 따라 4단계로 나누어 설명하고 있으므로 전개 방식으로 ①이 가장 적절하다.

06

정답 ②

분당 2~5번 정도 나타나는 뇌파는 수면방추이며, 수면방추는 세타파 중간마다 마치 실이 감겨져 있는 것처럼 촘촘한 파동의 모습을 보인다. 세타파 사이사이에 아래위로 삐죽하게 솟아오르는 모습을 보이는 뇌파는 K-복합체로, K-복합체의 주기는 제시문에 나타나 있지 않다.

07

정답 ③

수면 단계에서 측정되는 뇌파들을 고려할 때 보기의 사람이 잠에서 깨는 것을 방지해 주는 역할을 하여 깊은 수면을 유도하는 '이것'은 (다) 앞에서 설명하는 'K-복합체'임을 알 수 있다. 즉, K-복합체는 수면 중 갑작스러운 소음이 날 때 활성화되어 잠자는 사람이 소음으로 인해 깨는 것을 방지해 준다. 따라서 보기가 들어갈 위치는 (다)가 가장 적절하다.

03 수리비평검사

01	02	03	04	05	06	07		
④	①	④	③	④	⑤	③		

01

정답 ④

스스로 탐색하여 독서프로그램 정보를 획득한 남성의 수는 $137 \times 0.22 = 30$명이며, 관공서, 도서관 등의 안내에 따라 독서프로그램 정보를 획득한 여성의 수는 $181 \times 0.205 = 37$명이다.

따라서 관공서, 도서관 등의 안내에 따라 독서프로그램 정보를 획득한 여성의 수 대비 스스로 탐색하여 독서프로그램 정보를 획득한 남성의 수의 비율은 $\frac{30}{37} \times 100 = 81.1\%$이다.

02

정답 ①

2010년 대비 2017년 건강보험 수입의 증가율과 지출의 증가율을 구하면 다음과 같다.

- 수입의 증가율 : $\frac{58 - 33.6}{33.6} \times 100 = 72.6\%$

- 지출의 증가율 : $\frac{57.3 - 34.9}{34.9} \times 100 = 64.2\%$

따라서 차이는 $72.6 - 64.2 = 8.4\%$p로 15%p 이하이다.

오답분석

② 건강보험 수지율이 전년 대비 감소한 2011년, 2012년 2013년, 2014년 모두 정부지원 수입이 전년 대비 증가했다.

③ 2015년 보험료 수입 등이 건강보험 수입에서 차지하는 비율은 $\frac{45.3}{52.4} \times 100 = 86.5\%$이다.

④ 건강보험 수입과 지출은 매년 전년 대비 증가하고 있으므로 전년 대비 증감 추이는 2012~2015년까지 동일하다.

⑤ 건강보험 지출 중 보험급여비가 차지하는 비중을 구하면 2011년에 $\frac{36.2}{37.4} \times 100 = 96.8\%$, 2012년에 $\frac{37.6}{38.8} \times 100 = 96.9\%$, 2013년에 $\frac{40.3}{41.6} \times 100 = 96.9\%$으로 매년 90%를 초과했다.

03

정답 ④

ㄴ. 미국 크루즈 방한객 수 대비 미국의 한국발 크루즈 탑승객 수의 비율은 $\frac{14,376}{15,462} \times 100 ≒ 93.0\%$로 85% 이상이다.

ㄹ. 영국의 한국발 크루즈 탑승객의 수는 일본의 한국발 크루즈 탑승객의 수의 $\frac{7,976}{54,273} \times 100 ≒ 14.7\%$이므로 적절한 설명이다.

[오답분석]

ㄱ. 전체 크루즈 방한객의 수의 순위는 중국, 필리핀, 일본 순서지만, 한국발 크루즈 승객 수의 국가별 순위는 중국, 일본, 미국 순서이다.

ㄷ. 필리핀의 한국발 크루즈 탑승객의 수는 기타로 분류되어 있으므로 최대로 많아야 7,976명인 영국보다 1명이 적은 7,975명이다. 따라서 필리핀의 크루즈 방한객 수는 필리핀의 한국발 크루즈 탑승객 수의 최소 $\frac{60,861}{7,975} ≒ 7.63$배이다. 즉, 필리핀의 한국발 크루즈 탑승객의 수가 7,975명보다 작을수록 그 배수는 더 높아질 것이므로, 최소 7.63배 이상임을 알 수 있다.

04

정답 ③

2014년 대비 2017년 사업자 수가 감소한 업종은 호프전문점, 간이주점, 구내식당 세 곳이고, 감소율은 다음과 같다.

• 호프전문점 : $\frac{41,796 - 37,543}{41,796} \times 100 ≒ 10.2\%$

• 간이주점 : $\frac{19,849 - 16,733}{19,849} \times 100 ≒ 15.7\%$

• 구내식당 : $\frac{35,011 - 26,202}{35,011} \times 100 ≒ 25.2\%$

따라서 2014년 대비 2017년 사업자 수의 감소율이 두 번째로 큰 업종은 간이주점으로, 감소율은 15.7%이다.

05

정답 ④

2014년 대비 2016년 일식전문점 사업자 수 증감률은 $\frac{14,675 - 12,997}{12,997} \times 100 ≒ 12.9\%$이므로 ④는 옳지 않은 설명이다.

[오답분석]

① 기타음식점의 2017년 사업자 수는 24,509명, 2016년 사업자 수는 24,818명이므로 24,818 - 24,509 = 309명 감소했다.

② 2015년의 전체 음식업종 사업자 수에서 분식점 사업자 수가 차지하는 비중은 $\frac{52,725}{659,123} \times 100 ≒ 8.0\%$, 패스트푸드점 사업자 수가 차지하는 비중은 $\frac{31,174}{659,123} \times 100 ≒ 4.7\%$이므로, 둘의 차이는 8.0 - 4.7 = 3.3%p이다.

③ 제시된 자료를 통해 사업자 수가 해마다 감소하는 업종은 간이주점, 구내식당 두 곳임을 알 수 있다.

⑤ 전체 음식업종 사업자 수는 해마다 증가하는 반면 구내식당 사업자 수는 감소하기 때문에 비중이 점점 줄어드는 것을 알 수 있다. 이를 직접 계산하여 나타내면 다음과 같다.

• 2014년 : $\frac{35,011}{632,026} \times 100 ≒ 5.54\%$

• 2015년 : $\frac{31,929}{659,123} \times 100 ≒ 4.84\%$

• 2016년 : $\frac{29,213}{675,969} \times 100 ≒ 4.32\%$

• 2017년 : $\frac{26,202}{687,704} \times 100 ≒ 3.81\%$

06

정답 ⑤

ㄴ. 수사단서 중 현행범 유형의 건수가 가장 많은 범죄는 60,042건인 강력범죄(폭력)이다.

ㄷ. 형법범죄의 수사단서 합계는 958,865건으로, 특별법범죄의 수사단서 합계인 866,011건보다 더 많다.

ㄹ. 특별법범죄의 경우, 수사단서 중 미신고 유형의 건수가 35만 건을 넘는다. 따라서 옳지 않은 설명이다.

[오답분석]

ㄱ. 표를 보면 풍속범죄의 경우 수사단서 중 현행범(2,308건)과 신고(4,380건)보다도 미신고 유형(5,473건)이 많음을 알 수 있다.

07

정답 ③

형법범죄 중 수사단서로 '신고'의 건수가 가장 많은 범죄는 470,114건인 재산범죄이며, 가장 적은 범죄는 공무원범죄로 1,560건이다. 따라서 신고 건수의 차이는 470,114 - 1,560 = 468,554건이다.

01 언어비평검사 I (언어추리)

01	02	03	04						
④	③	①	②						

01

정답 ④

'채소를 좋아한다.'를 A, '해산물을 싫어한다.'를 B, '디저트를 싫어한다.'를 C라고 하면 전제는 A → B이고, 결론은 ~C → ~A이므로 이의 대우 명제는 A → C이다.
따라서 중간에는 B → C가 나와야 하므로 이의 대우 명제인 ④가 빈칸에 들어갈 명제로 적절하다.

02

정답 ③

제시된 조건을 비싼 순서로 나열하면 구두>운동화>슬리퍼>부츠 순서이다.
따라서 A와 B 모두 옳은 내용이다.

03

정답 ①

을의 진술이 진실이면 무의 진술도 진실이고, 을의 진술이 거짓이면 무의 진술도 거짓이다.
• 을과 무가 모두 진실을 말하는 경우
  무는 범인이고, 나머지 3명은 모두 거짓을 말해야 한다. 정의 진술이 거짓이므로 정은 범인인데, 병이 무와 정이 범인이라고 했으므로 병은 진실을 말하는 것이 되어 2명만 진실을 말한다는 조건에 위배된다. 따라서 을과 무는 거짓을 말한다.
• 을과 무가 모두 거짓을 말하는 경우
  무는 범인이 아니고, 갑·병·정 중 1명만 거짓을 말하고 나머지 2명은 진실을 말한다. 만약 갑이 거짓을 말한다면 을과 병이 모두 범인이거나 모두 범인이 아니어야 한다. 그런데 갑의 말이 거짓이고 을과 병이 모두 범인이라면 병의 말 역시 거짓이 되어 조건에 위배된다. 따라서 갑의 말은 진실이고, 병이 지목한 범인 중에 을이나 병이 없으므로 병의 진술은 거짓, 정의 진술은 진실이다.
따라서 범인은 갑과 을 또는 갑과 병이다.

04

정답 ②

제시문은 부당한 대비의 오류를 설명한 내용이다. 여배우의 외모와 나의 외모를 주관적으로 비교하고 있는 ②가 동일한 오류를 범하고 있다.

오답분석
① 사적 관계에 호소하는 오류
③·④ 성급한 일반화의 오류
⑤ 흑백사고의 오류

02 언어비평검사 II (독해)

01	02	03	04	05	06				
④	②	④	③	④	①				

01

정답 ④

• ㉠ : ㉠의 앞에서는 일반적인 사람들이 위기상황에서 공황발작을 느끼는 것은 정상적인 생리 반응이라고 하였으나, ㉠의 뒤에서는 공황장애에서의 공황발작은 아무런 이유 없이 아무 때나 예기치 못하게 발생한다고 하였으므로 ㉠에는 역접의 의미가 있는 '그러나'가 적절하다.
• ㉡ : ㉡의 앞에서는 특별한 위기 상황이 아니어도 공황발작이 발생할 수 있고, ㉡ 뒤에서는 이렇게 공황발작이 나타나면 행동의 변화가 생기게 된다고 하였으므로 ㉡에는 앞 내용의 양상을 받아 뒤의 문장을 이끄는 말인 '이와 같이'가 적절하다.

02

정답 ②

제시문은 아리스토텔레스의 목적론에 대한 논쟁에 대해 설명하는 글이다. 따라서 (가) 근대에 등장한 아리스토텔레스의 목적론에 대한 비판 − (나) 근대 사상가들의 구체적인 비판 − (라) 근대 사상가들의 비판에 대한 반박 − (다) 근대 사상가들의 비판에 대한 현대 학자들의 비판 순으로 나열하는 것이 적절하다.

03

정답 ④

'꼭 필요한 부위에만 접착제와 대나무 못을 사용하여 목재가 수축·팽창하더라도 뒤틀림과 휘어짐이 최소화될 수 있도록 하였다.'라는 문장을 볼 때, 접착제와 대나무 못을 사용하면 수축과 팽창이 발생하지 않는다는 말은 적절하지 않다.

04

정답 ③

제시문의 내용을 살펴보면 민속음악이 가지는 특징에 대해 설명하고 있음을 알 수 있다.

05

정답 ④

민속음악에서는 곱고 예쁘게 다듬어내는 음이 아니라 힘있고 역동적으로 표출되는 음이 아름답다고 여긴다. 판소리 명창이 고함치듯 질러대는 높은 소리에 청중들은 기다렸다는 듯이 '얼씨구'라는 추임새로 호응한다.

06

정답 ①

민속음악이 지닌 가장 큰 특징이 지역에 따라 음악적 표현요소가 다른 것이라고 했으므로 이에 대한 공연을 찾아가 관람하는 것이 가장 적절하다.

[오답분석]
② 민속음악과 서양음악, 궁중음악의 차이를 비교하고 있으므로 적절하지 않다.
③ 민속음악은 악보에 얽매이지 않고 즉흥성이 많이 반영되는 음악이기 때문에 적절하지 않다.
④ 민속음악의 특징을 이야기하고 있으므로 적절하지 않다.
⑤ 현대의 대중음악과 전통음악을 비교하는 글이 아니므로 적절하지 않다.

03 　수리비평검사

01	02	03	04	05				
②	③	③	①	④				

01

정답 ②

2009년 강북의 주택전세가격을 100이라고 한다면 그래프는 전년 대비 증감률을 나타내므로 2010년에는 약 5% 증가해 $100 \times 1.05 = 105$이고, 2011년에는 전년 대비 약 10% 증가해 $105 \times 1.1 = 115.5$라고 할 수 있다.
따라서 2011년 강북의 주택전세가격은 2009년 대비 약 $\frac{115.5 - 100}{100} \times 100 = 15.5\%$로 20% 이상 증가했다고 볼 수 있다.

[오답분석]
① 전국 주택전세가격의 증감률은 2008 ~ 2017년까지 모두 양의 부호(+) 값을 가지고 있으므로 매년 증가하고 있다고 볼 수 있다.
③ 그래프를 보면 2014년 이후 서울의 주택전세가격 증가율이 전국 평균 증가율보다 높은 것을 알 수 있다.
④ 강남 지역의 주택전세가격 증가율이 가장 높은 시기는 2011년임을 알 수 있다.
⑤ 전년 대비 주택전세가격이 감소했다는 것은 전년 대비 증감률이 음의 부호(−) 값을 가지고 있다는 것이다. 그래프에서 증감률이 음의 부호(−) 값을 가지고 있는 지역은 2008년 강남뿐이다.

02

정답 ③

사이다의 용량 1mL에 대한 가격을 계산하면 다음과 같다.
- A사 : $\frac{25,000}{340 \times 25} ≒ 2.94$원/mL
- B사 : $\frac{25,200}{345 \times 24} ≒ 3.04$원/mL
- C사 : $\frac{25,400}{350 \times 25} ≒ 2.90$원/mL
- D사 : $\frac{25,600}{355 \times 24} ≒ 3.00$원/mL
- E사 : $\frac{25,800}{360 \times 24} ≒ 2.99$원/mL

따라서 1mL당 가격이 가장 저렴한 사이다는 C사이다.

03

전체 지역의 면적당 논벼 생산량을 구하면 다음과 같다.

- 서울·인천·경기 : $\dfrac{468,506}{91,557} ≒ 5.12$톤/ha

- 강원 : $\dfrac{166,396}{30,714} ≒ 5.42$톤/ha

- 충북 : $\dfrac{201,670}{37,111} ≒ 5.43$톤/ha

- 세종·대전·충남 : $\dfrac{803,806}{142,722} ≒ 5.63$톤/ha

- 전북 : $\dfrac{687,367}{121,016} ≒ 5.68$톤/ha

- 광주·전남 : $\dfrac{871,005}{170,930} ≒ 5.10$톤/ha

- 대구·경북 : $\dfrac{591,981}{105,894} ≒ 5.59$톤/ha

- 부산·울산·경남 : $\dfrac{403,845}{77,918} ≒ 5.18$톤/ha

- 제주 : $\dfrac{41}{10} = 4.1$톤/ha

따라서 면적당 논벼 생산량이 가장 많은 지역은 전북 지역이므로 ③은 옳지 않은 설명이다.

오답분석

① 광주·전남 지역의 논벼 면적과 밭벼 면적은 각각 가장 넓고, 논벼와 밭벼 생산량도 각각 가장 많다.

② 제주 지역의 백미 생산량 중 밭벼 생산량이 차지하는 비율을 구하면 $\dfrac{317}{41+317} \times 100 ≒ 88.5\%$이다.

④ 전국 밭벼 생산량 면적 중 광주·전남 지역의 밭벼 생산 면적이 차지하는 비율은

$\dfrac{705}{2+3+11+10+705+3+11+117} \times 100 ≒ 81.79\%$

이므로 80% 이상이다.

⑤ ③의 해설을 참고할 때, 모든 지역에서 면적당 5톤 이상 생산하는 것을 알 수 있다.

04

ㄱ. 면적 비율이 큰 순서로 순위를 매길 때, 공장용지면적 비율의 순위는 소기업, 대기업, 중기업 순서로 2017년부터 2018년 상반기에 모두 동일하다.

ㄴ. 2017년 하반기 제조시설면적은 소기업이 전체의 53.3%으로 26.3%인 중기업의 2배인 52.6% 이상이므로 옳은 설명이다.

오답분석

ㄷ. 제시된 자료는 실제 면적이 아닌 면적 비율을 나타내고 있으므로 2018년 상반기에 소기업들이 보유한 제조시설 면적과 부대시설면적은 비교할 수 없다.

ㄹ. 대기업이 차지하는 공장용지면적 비율은 계속 감소했지만, 소기업의 부대시설면적 비율은 2017년 하반기에 증가한 후 2018년 상반기에 감소했다.

05

제시된 자료는 등록 현황 비율만 나타내는 것으로, 등록완료된 실제 공장의 수는 비교할 수 없다.

오답분석

① 2016년 상반기부터 2017년 하반기까지 부분등록된 중기업의 비율은 2016년 하반기에 증가, 2017년 상반기에 감소, 2017년 하반기에 증가했다. 반면, 휴업 중인 중기업의 비율은 지속적으로 감소했다.

② 부분등록된 공장 중 대기업과 중기업의 비율의 격차는 2017년 상반기에 8.8−3.4=5.4%p로, 8.7−3.5=5.2%p인 2016년 상반기 대비 증가하였다.

③ 휴업 중인 공장 중 소기업의 비율은 2016년 상반기부터 계속 증가하였으므로 옳은 설명이다.

⑤ 2018년 상반기에 부분등록된 기업 중 대기업의 비율은 2.8%로, 중기업 비율의 30%인 8.6×0.3=2.58%보다 크다.

08 | 2017년 기출복원문제

01 언어비평검사 I (언어추리)

01	02	03	04	05	06				
⑤	③	③	⑤	①	①				

01 정답 ⑤

제시된 오류는 결론에서 주장하고자 하는 것을 전제로 제시하는 '순환 논증의 오류'에 해당한다. 이와 동일한 오류를 범하고 있는 것은 ⑤이다.

[오답분석]
① 사적 관계에 호소하는 오류
② 성급한 일반화의 오류
③ 의도 확대의 오류
④ 합성의 오류

02 정답 ③

제시된 내용은 '원천 봉쇄의 오류'이며 원천 봉쇄의 오류는 '우물에 독약 치는 오류'라고도 불린다. 이와 동일한 오류를 범하고 있는 것은 ③이다.

[오답분석]
① 인신공격의 오류
② 군중에 호소하는 오류
④ 논점 일탈의 오류
⑤ 복합 질문의 오류

03 정답 ③

제시문은 '결과 배제의 오류'에 대한 설명이다. 결과 배제의 오류는 '절이 싫으면 중이 떠나라.'와 비슷한 맥락의 오류라 할 수 있다.

[오답분석]
① 범주의 오류 : 서로 다른 범주에 속하는 것을 같은 범주의 것으로 혼동한 데서 생기는 오류
② 군중에 호소하는 오류 : 많은 사람이 그렇게 행동하거나 생각한다고 내세워 군중심리를 자극하는 오류

④ 원천 봉쇄의 오류(우물에 독약 치는 오류) : 자신의 주장에 반론의 가능성이 있는 요소를 비난하여 반론 자체를 원천적으로 봉쇄하는 오류
⑤ 의도 확대의 오류 : 의도하지 않은 결과에 대해 원래부터 어떤 의도가 있었다고 확대 해석하는 오류

04 정답 ⑤

• A : 연차를 쓸 수 있다.
• B : 제주도 여행을 한다.
• C : 회를 좋아한다.
• D : 배낚시를 한다.
• E : 다른 계획이 있다.
제시된 명제들을 간단히 나타내면, A → B, C → D, E → ~D, ~E → A이다. 이를 연립하면 D → ~E → A → B가 되므로 D → B가 성립한다.
따라서 그 대우 명제인 '제주도 여행을 하지 않으면 배낚시를 하지 않는다.'는 추론이 적절하다.

05 정답 ①

• A : 테니스를 한다.
• B : 마라톤을 한다.
• C : 축구를 한다.
• D : 등산을 한다.
제시문 A를 간단히 나타내면 A → B, B → ~C, C → D이다. 이를 연립하면 C → ~A와 C → D가 성립한다.
따라서 제시문 B는 참이다.

06 정답 ①

• A : 피로가 쌓이다.
• B : 휴식을 취한다.
• C : 마음이 안정된다.
• D : 모든 연락을 끊는다.
제시문 A를 간단히 나타내면, A → B, ~C → ~B, ~A → ~D이다. 이를 연립하면 D → A → B → C가 되므로 D → C가 성립한다.
따라서 제시문 B는 참이다.

02 언어비평검사 Ⅱ (독해)

01	02	03	04	05	06	07			
③	④	⑤	③	③	④	②			

01
정답 ③

두 번째 문단에서 부조화를 감소시키는 행동은 비합리적인 면이 있는데, 그러한 행동들이 자신들의 문제에 대해 실제적인 해결책을 찾지 못하도록 할 수 있다고 하였으므로 ③이 가장 적절하다.

[오답분석]
① 인지부조화는 불편함을 유발하기 때문에 사람들은 이것을 감소시키려고 한다.
② 제시문에는 부조화를 감소시키는 행동의 합리적인 면이 나타나 있지 않다.
④ 부조화를 감소시키는 행동으로 사람들은 자신의 긍정적인 측면의 이미지를 유지하게 되는데, 이를 통해 부정적인 이미지를 감소시키는지는 알 수 없다.
⑤ 제시문에서 부조화를 감소시키려는 자기방어적인 행동은 부정적인 결과를 초래한다고 하였다.

02
정답 ④

㉠ 앞의 내용에 따르면 인지부조화 이론에서 '사람들은 현명한 사람을 자기 편, 우매한 사람을 다른 편이라 생각할 때 마음이 편안해질 것이다.'라고 하였다. 따라서 자신의 의견과 동일한 주장을 하는 글은 논리적인 글로 기억하고, 자신의 의견과 반대되는 주장을 하는 글은 형편없는 글로 기억할 것이라 예측할 수 있다.

03
정답 ⑤

제시문을 통해 여러 신문들이 '우리의 행동양식은 유전자가 환경과 상호작용함으로써 결정된다.'는 내용의 기사를 실었음을 알 수 있으나, 그렇다고 하여 이것이 정설로 받아들여지는지는 알 수 없으므로 ⑤는 적절하지 않다.

[오답분석]
① 두 번째 문장을 통해 처음에 인간의 유전자 수를 10만 개로 추정했음을 알 수 있다.
② 세 번째 문장을 통해 크레이그 벤터 박사의 주장을 인용하여 쓴 기사임을 알 수 있다.
③ 제시문에서는 인간의 행동양식이 유전자와 환경의 상호작용으로 결정된다고 보았다.
④ 인간의 행동을 결정하는 것에 대해 '본성 대 양육이라는 해묵은 논쟁'이라 한 것으로 보아, 이와 관련한 논쟁은 이전부터 있었던 것임을 짐작할 수 있다.

04
정답 ③

㉠의 앞 문장에서는 지방 분해 과정에서 나타나는 체내 세포들의 글리코겐 양 감소에 대해 말하고 있고, 뒤의 문장에서는 이러한 현상이 간세포에서 두드러지게 나타난다고 하면서 앞의 내용을 강조하고 있으므로 빈칸에는 '특히'가 들어가야 한다. 또한 ㉡의 뒤에 이어지는 문장에서는 ㉡의 앞 문장에서 나타나는 현상이 어떤 증상으로 나타나는지 설명하므로 빈칸에는 '이로 인해'가 들어가야 하고, ㉢의 앞에 서술된 내용이 그 뒤에 이어지는 주장의 근거가 되므로 ㉢에는 '따라서'가 들어가는 것이 적절하다.

05
정답 ③

• ㉠ : ㉠의 앞, 뒤 문장을 살펴보면 뒤에 오는 문장이 앞 문장과 동일한 내용을 좀 더 자세하게 부연 설명하고 있으므로 '다시 말하면'이라는 부연의 의미를 가진 '즉'이 ㉠에 와야 한다.
• ㉡ : ㉡의 앞, 뒤 문장은 그 내용이 상반되므로 접속 부사 '그러나' 또는 '하지만'으로 연결되어야 한다. 마지막으로 ㉢ 앞의 문장이 뒤에 오는 문장의 근거가 되므로 접속 부사 '따라서'로 연결해 주는 것이 자연스럽다.

06
정답 ④

빈칸 뒤에 나오는 내용을 살펴보면, 양안시에 대해 설명하면서 양안시차를 통해 물체와의 거리를 파악한다고 하였으므로 빈칸에 거리와 관련된 내용이 나왔음을 짐작해 볼 수 있다. 따라서 빈칸에 들어갈 내용으로 ④가 가장 적절하다.

07
정답 ②

[오답분석]
ㄱ. 생각이 말보다 범위가 더 넓고 큰 것은 사실이나 그렇다고 해서 더 위대한 것은 아니다.
ㄷ. 네 번째 문단에 '생각이 형님이요, 말이 동생이라고 할지라도 생각은 동생의 신세를 지지 않을 수가 없게 되어 있다.'라고 언급되어 있다.
ㄹ. '생각'이 '큰 그릇'이고, '말'이 '작은 그릇'이다.

01	02	03	04	05	06				
④	②	③	③	③	④				

01

정답 ④

2017년 9월 온라인쇼핑 거래액 모두 전년 동월보다 같거나 높으므로 ④는 옳지 않은 설명이다.

오답분석

① 2017년 9월 온라인쇼핑 거래액은 7조 원으로 전년 동월 대비 $\frac{70,000-50,000}{50,000} \times 100 = 40\%$ 증가했다.

② 2017년 9월 온라인쇼핑 거래액 중 모바일쇼핑 거래액은 4조 2,000억 원으로 전년 동월 대비 $\frac{42,000-30,000}{30,000} \times 100 = 40\%$ 증가했다.

③ 2017년 9월 모바일 거래액 비중은 전체 온라인쇼핑 거래액의 $\frac{42,000}{70,000} \times 100 = 60\%$를 차지한다.

⑤ 2017년 9월 온라인쇼핑 중 모바일 거래액의 비중이 가장 작은 상품군은 $\frac{10}{50} \times 100 = 20\%$로 소프트웨어이다.

02

정답 ②

2015년 주암댐은 2014년에 비해서 BOD가 증가하였으므로 ②는 옳지 않은 설명이다.

오답분석

① 대청댐은 주어진 자료에서 항상 BOD 1.0mg/L 이하였다.

③ BOD 수치가 가장 컸던 때는 2.4mg/L로 2012년 낙동강이었다.

④ 가장 적게 오염이 되었다는 것은 BOD 수치가 가장 적다는 것이다. 따라서 BOD 수치가 다른 곳보다 항상 적거나 같았던 영산강이 가장 오염이 적다고 볼 수 있다.

⑤ 낙동강은 2011년과 2016년에 '좋음' 등급이었고, 나머지는 '약간 좋음' 등급이었다.

03

정답 ③

시행기업 수의 증가율과 참여 직원 수의 증가율은 각각 다음과 같다.

• 시행기업 수 증가율 : $\frac{7,686-2,802}{2,802} \times 100 = 174.3\%$

• 참여 직원 수 증가율 : $\frac{21,530-5,517}{5,517} \times 100 = 290.2\%$

따라서 2013년 대비 2015년 시행기업 수의 증가율이 참여 직원 수의 증가율보다 낮다.

오답분석

① $\frac{21,530}{5,517} = 3.9$배

② • 2012년 : $\frac{3,197}{2,079} = 1.5$명

• 2013년 : $\frac{5,517}{2,802} = 2.0$명

• 2014년 : $\frac{10,869}{5,764} = 1.9$명

• 2015년 : $\frac{21,530}{7,686} = 2.8$명

따라서 시행기업당 참여 직원 수가 가장 많은 해는 2015년이므로 ③은 옳은 설명이다.

④ $\frac{21,530-3,197}{3} = 6,111$명

⑤ 참여 직원 수 그래프의 기울기와 시행기업 수 그래프의 길이를 보면 알 수 있다. 참여 직원 수는 2015년에 가장 많이 증가했고, 시행기업 수는 2014년에 가장 많이 증가했다.

04

정답 ③

남자가 소설을 대여한 횟수는 690회이고, 여자가 소설을 대여한 횟수는 1,060회이므로 소설을 대여한 남자의 수는 소설을 대여한 여자의 수의 $\frac{690}{1,060} \times 100 = 65\%$이므로 ③은 옳지 않은 설명이다.

오답분석

① 소설 전체 대여 횟수는 1,750회, 비소설 전체 대여 횟수는 1,620회이므로 옳다.

② 40세 미만 전체 대여 횟수는 1,950회, 40세 이상 전체 대여 횟수는 1,420회이므로 옳다.

④ 40세 미만의 전체 대여 횟수는 1,950회이고, 그중 비소설 대여는 900회이므로 $\frac{900}{1,950} \times 100 = 46.1\%$이므로 옳다.

⑤ 40세 이상의 전체 대여 횟수는 1,420회이고, 그중 소설 대여는 700회이므로 $\frac{700}{1,420} \times 100 = 49.3\%$이므로 옳다.

05

정답 ③

자재회사별 필요한 자재 가격을 구하면 다음과 같다.

- K자재회사 : $2,000 \times 20 + 1,200 \times 70 + 1,500 \times 100 + 2,700 \times 5 = 287,500$원
- L자재회사 : $2,200 \times 20 + 1,200 \times 70 + 1,500 \times 100 + 2,500 \times 5 = 290,500$원
- H자재회사 : $2,000 \times 20 + 1,000 \times 70 + 1,600 \times 100 + 2,600 \times 5 = 283,000$원
- D자재회사 : $2,200 \times 20 + 1,100 \times 70 + 1,500 \times 100 + 2,500 \times 5 = 283,500$원
- A자재회사 : $2,200 \times 20 + 1,100 \times 70 + 1,600 \times 100 + 2,700 \times 5 = 294,500$원

따라서 H자재회사에서 주문하는 것이 가장 저렴하다.

06

정답 ④

증가한 주문량의 자재 가격만 구하여 기존 가격과 합하면 다음과 같다.

- K자재회사 : $287,500 + 2,700 \times 7 = 287,500 + 18,900 = 306,400$원
- L자재회사 : $290,500 + 2,500 \times 7 = 290,500 + 17,500 = 308,000$원
- H자재회사 : $283,000 + 2,600 \times 7 = 283,000 + 18,200 = 301,200$원
- D자재회사 : $283,500 + 2,500 \times 7 = 283,500 + 17,500 = 301,100$원
- A자재회사 : $294,500 + 2,700 \times 7 = 294,500 + 18,900 = 313,400$원

따라서 D자재회사에서 주문하는 것이 가장 저렴하다.

인생이란 결코 공평하지 않다. 이 사실에 익숙해져라.

– 빌 게이츠 –

PART **2**

대표기출유형

01 | 언어비평검사 I (언어추리)

대표기출유형 01 | 기출응용문제

01

정답 ②

(가)는 논점 일탈의 오류, (나)는 의도 확대의 오류, (다)는 흑백논리의 오류, (라)는 복합 질문의 오류에 해당한다. ②는 수긍하고 싶지 않은 것을 전제로 하고 질문하는 오류를 범하고 있으므로 (라)와의 연결은 적절하다.

오답분석

① · ⑤ 논점과 관계없는 결론으로 이끄는 오류인 (가)에 해당한다.
③ 흑백논리의 오류인 (다)에 속한다.
④ 의도를 확대한 (나)에 해당한다.

02

정답 ①

제시문은 우연(원칙 혼동)의 오류에 대해 설명하고 있으므로 이와 가장 관련이 있는 것은 ①이다.

오답분석

② 의도 확대의 오류 : 의도하지 않은 결과를 의도가 있다고 판단하여 생기는 오류
③ 부적합한 권위에 호소하는 오류 : 논지와 직접적인 관련이 없는 권위자의 견해를 근거로 신뢰하게 하는 오류
④ 애매어의 오류 : 두 가지 이상의 의미를 가진 말을 애매하게 사용함으로써 생기는 오류
⑤ 흑백논리의 오류 : 어떤 집합의 원소가 단 두 개밖에 없다고 여기고 추론하는 오류

03

정답 ②

제시문은 전건 부정의 오류이다. 따라서 이에 대한 설명으로 ②가 가장 적절하다.

오답분석

① 자가당착의 오류이다.
③ 후건 긍정의 오류이다.
④ 순환논증의 오류이다.
⑤ 거짓 딜레마의 오류이다.

04

정답 ③

③은 심리적 오류인 인신공격의 오류이다. 인신공격의 오류는 어떤 사람의 사적인 결함을 트집 잡아 비판하는 오류로, 자료적인 오류와 구별된다.

오답분석

① · ② · ④ · ⑤ 자료적 오류인 성급한 일반화의 오류(특수한 사례들을 성급하게 일반화시킴으로써 발생하는 오류)이다.

01

'환율이 오른다.'를 A, 'X주식을 매도하는 사람'을 B, 'Y주식을 매수하는 사람'을 C라고 하면, 첫 번째 명제와 두 번째 명제를 다음과 같은 벤 다이어그램으로 나타낼 수 있다.

1) 첫 번째 명제

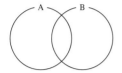

2) 두 번째 명제

이를 정리하면 다음과 같은 벤 다이어그램이 성립한다.

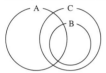

따라서 '환율이 오르면 어떤 사람은 Y주식을 매수한다.'가 옳다.

02

'지구 온난화 해소'를 A, '탄소 배출을 줄인다.'를 B, '기후 위기가 발생한다.'를 C라고 하면, 첫 번째 명제는 A → B이고, 두 번째 명제는 ~A → C이다. 두 번째 명제의 대우는 ~C → A이므로 ~C → A → B가 성립한다.

따라서 ~C → B인 '기후 위기가 발생하지 않으려면 탄소 배출을 줄여야 한다.'가 옳다.

03

'무거운 물건을 들 수 있다.'를 A, '근력이 좋다.'를 B, '근육을 키운다.'를 C라고 하면, 첫 번째 명제는 A → B이고, 결론은 ~C → ~A이다. 결론의 대우가 A → C이므로 A → B → C가 성립하기 위해서 필요한 두 번째 명제는 B → C이다.

따라서 '근력이 좋으려면 근육을 키워야 한다.'가 옳다.

01

'L카페에 간다.'를 p, '타르트를 주문한다.'를 q, '빙수를 주문한다.'를 r, '아메리카노를 주문한다.'를 s라고 하면, $p → q → {\sim}r$, $p → q → s$의 관계가 성립한다. 따라서 'L카페를 가면 아메리카노를 주문한다.'는 참인 명제이므로 이의 대우 명제인 '아메리카노를 주문하지 않으면 L카페를 가지 않았다는 것이다.'는 반드시 참이다.

02

정답 ④

마지막 명제에 따르면 적어도 한 사람은 반대를 한다고 하였으므로 한 명씩 반대한다고 가정하고 접근한다.

• A가 반대한다고 가정하는 경우

두 번째 조건에 의해 C는 찬성하고 E는 반대한다. 다섯 번째 조건에 의해 E가 반대하면 B도 반대한다. 이것은 세 번째 조건에서 B가 반대하면 A가 찬성하는 것과 모순되므로 A는 찬성한다.

• B가 반대한다고 가정하는 경우

세 번째 조건에 의해 A는 찬성하고 D는 반대한다. 네 번째 조건에 의해 D가 반대하면 C도 반대한다. 이것은 두 번째 조건과 모순되므로 B는 찬성한다.

두 경우에서의 결론과 다섯 번째 조건의 대우(B가 찬성하면 E도 찬성한다)를 함께 고려하면 E도 찬성함을 알 수 있다. 또한 두 번째 조건의 대우(E가 찬성하거나 C가 반대하면, A와 D는 모두 찬성한다)에 의해 D도 찬성한다. 그러므로 C를 제외한 A, B, D, E 모두 찬성한다.

따라서 'C는 반대하고 D는 찬성한다.'가 반드시 참이다.

03

정답 ①

조건을 모두 기호로 표기하면 다음과 같다.

• B → ~E
• ~B and ~E → D
• A → B or D
• C → ~D
• C → A

C가 워크숍에 참석하는 경우 D는 참석하지 않으며, A는 참석한다. A가 워크숍에 참석하면 B 또는 D 중 한 명이 함께 참석하므로 B가 A와 함께 참석한다. 또한 B가 워크숍에 참석하면 E는 참석하지 않으므로 결국 워크숍에 참석하는 직원은 A, B, C이다.

대표기출유형 04 기출응용문제

01

정답 ④

D는 102동 또는 104동에 살며 A와 B가 서로 인접한 동에 살고 있으므로, E는 101동 또는 105동에 산다.

이를 통해 다음과 같이 101동부터 105동까지 사는 네 가지 경우를 추론할 수 있다.

(A, B, C, D, E), (B, A, C, D, E), (E, D, C, A, B), (E, D, C, B, A)

따라서 'A가 102동에 산다면 E는 105동에 산다.'는 항상 참이다.

02

정답 ①

주어진 조건에 따르면 김씨는 남매끼리 서로 인접하여 앉을 수 없으며, 박씨와도 인접하여 앉을 수 없으므로 김씨 여성은 왼쪽에서 첫 번째 자리에만 앉을 수 있다. 또한 박씨 남성 역시 김씨와 인접하여 앉을 수 없으므로 왼쪽에서 네 번째 자리에만 앉을 수 있다. 나머지 자리는 최씨 남매가 모두 앉을 수 있으므로 6명이 앉을 수 있는 경우는 다음과 같다.

ⅰ) 경우 1

김씨 여성	최씨 여성	박씨 여성	박씨 남성	최씨 남성	김씨 남성

ⅱ) 경우 2

김씨 여성	최씨 남성	박씨 여성	박씨 남성	최씨 여성	김씨 남성

따라서 경우 1과 경우 2 모두 최씨 남매는 왼쪽에서 첫 번째 자리에 앉을 수 없다.

03

정답 ③

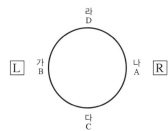

- 첫 번째 조건 · 다섯 번째 조건 : 다 직원의 위치는 시계 6시 방향이고, 9시 방향과 12시 방향은 각각 B인턴과 D인턴을 맡은 직원이 앉게 된다.
- 두 번째 조건 : A인턴을 맡은 직원은 3시 방향에 앉고, 세 번째 조건에 의하여 라 직원은 12시 방향에 앉아 있으므로 D인턴을 맡은 직원은 라 직원이다.
- 네 번째 조건 : 나 직원은 3시 방향에, 가 직원은 9시 방향에 앉아 있게 되므로 A인턴을 맡은 직원은 나 직원, B인턴을 맡은 직원은 가 직원이다. 즉, 남은 C인턴은 다 직원이 맡는다.

04

정답 ③

먼저 마지막 조건에 따라 D는 7호실에 배정되었으므로, B와 D의 방 사이에 3개의 방이 있다는 네 번째 조건에 따라 B의 방은 3호실임을 알 수 있다. 이때, C와 D의 방이 나란히 붙어 있다는 세 번째 조건에 따라 C는 6호실 또는 8호실에 배정될 수 있다.

ⅰ) C가 6호실에 배정된 경우

두 번째 조건에 따라 B와 C의 방 사이의 거리는 D와 E의 방 사이의 거리와 같으므로 E는 4호실 또는 10호실에 배정될 수 있다. 그러나 E가 10호실에 배정된 경우 A와 B의 방 사이에는 모두 빈방만 있거나 C와 D 두 명의 방이 있게 되므로 첫 번째 조건과 모순된다. 따라서 E는 4호실에 배정되며, A ~ E가 배정받은 방은 다음과 같다.

1	2	3	4	5	6	7	8	9	10
		B	E	A	C	D			

ⅱ) C가 8호실에 배정된 경우

두 번째 조건에 따라 B와 C의 방 사이의 거리는 D와 E의 방 사이의 거리와 같으므로 E는 2호실에 배정된다. 또한 첫 번째 조건에 따라 A와 B의 방 사이의 방에는 반드시 1명이 배정되어야 하므로 A는 1호실에 배정된다.

1	2	3	4	5	6	7	8	9	10
A	E	B				D	C		

따라서 항상 참인 것은 '9호실은 빈방이다.'의 ③이다.

01

A나 C가 농구를 한다면 진실만 말해야 하는데, 모두 다른 사람이 농구를 한다고 말하고 있으므로 거짓을 말한 것이 되어 모순이 된다. 따라서 농구를 하는 사람은 B 또는 D이다.
- B가 농구를 하는 경우 : C는 야구, D는 배구를 하고 남은 A가 축구를 한다. A가 한 말은 모두 거짓이고, C와 D는 진실과 거짓을 한 개씩 말하므로 모든 조건이 충족된다.
- D가 농구를 하는 경우 : B은 야구, A는 축구, C는 배구를 한다. 이 경우 A가 진실과 거짓을 함께 말하고, B와 C는 거짓만 말한 것이 되므로 모순이 된다. 따라서 D는 농구를 하지 않는다.
따라서 A는 축구, B는 농구, C는 야구, D는 배구를 한다.

02

A의 진술 중 'D가 두 번째이다.'가 참이라고 가정하면 D, E의 진술 중 'E가 네 번째이다.'가 거짓이다. 따라서 A가 가장 많이 나오고, D가 두 번째이다. 그러면 B의 진술이 모두 거짓이므로 모순이다. 그러므로 A의 진술 중 '내가 세 번째이다.'가 참이다. A가 세 번째이므로, C의 진술 중 'B가 제일 적게 나왔다.'가 참이고, E의 진술 중 '내가 네 번째이다.'가 참이므로 D의 진술 중 'E가 네 번째이다.'가 참이다. 또한 B의 진술 중 'C가 두 번째로 많이 나왔다.'가 참이다.
따라서 요금이 많이 나온 순으로 나열하면 'D - C - A - E - B'이므로 가장 많이 나온 사람은 D이다.

03

단 1명이 거짓말을 하고 있으므로 C와 D 중 1명은 반드시 거짓을 말하고 있다. 즉, C의 말이 거짓일 경우 D의 말은 참이 되며 D의 말이 참일 경우 C의 말은 거짓이 된다.
- D의 말이 거짓일 경우 : C와 B의 말이 참이 되어 A와 D가 모두 1등이 되므로 모순이다.
- C의 말이 거짓일 경우 : A는 1등 당첨자가 되지 않으며, 나머지 진술에 따라 D가 1등 당첨자가 된다.
따라서 C가 거짓말을 하고 있으며, 1등 당첨자는 D이다.

04

홍보팀은 1 : 0으로 승리하였으므로 골을 넣은 사람은 1명임을 알 수 있다.
- A의 진술이 참인 경우 : 골을 넣은 사람이 C와 D 2명이 되므로 성립하지 않는다.
- B의 진술이 참인 경우 : B, C, D 3명의 진술이 참이 되므로 성립하지 않는다.
- C의 진술이 참인 경우 : 골을 넣은 사람은 D이다.
- D의 진술이 참인 경우 : A와 D 또는 C와 D 2명의 진술이 참이 되므로 성립하지 않는다.
따라서 C의 진술이 참이며, 골을 넣은 사람은 D이다.

05

- A의 말이 진실인 경우 : A와 동일하게 A가 사원이라고 말한 C도 진실이 된다. 진실을 말한 사람이 2명이 되므로, A와 C는 모두 거짓이다.
- E의 말이 진실인 경우 : B가 사원이므로 A의 'D는 사원보다 직급이 높아.'도 진실이 되어 역시 진실을 말한 사람이 2명이 되므로, E는 거짓이다. 따라서 B와 D 중 1명이 진실이다.
- B의 말이 진실인 경우 : E는 차장이고, B는 차장보다 낮은 3개 직급 중 하나이다. C가 거짓이므로 A가 과장이고, E가 거짓이기 때문에 B는 사원이 아니다. 그러므로 B는 대리가 되고, A가 거짓이므로 D는 사원이다. 이때 남은 부장 자리가 C여야 하는데 E가 거짓이므로 C는 부장이 될 수 없어 모순이 된다. 따라서 B는 거짓이고, D가 진실이 된다.
- D의 말이 진실인 경우 : E는 부장이고, C가 거짓이므로 A는 과장이며, A가 거짓이므로 D는 사원이다. 또한 B가 거짓이므로 B는 차장보다 낮은 직급이 아니기 때문에 차장이 되며, C는 대리가 된다.
따라서 진실을 말한 사람은 D이다.

06

작품상을 p, 감독상을 q, 각본상을 r, 편집상을 s라고 하면 심사위원의 진술은 다음과 같이 도식화할 수 있다.

- A : $\sim s \rightarrow \sim q$ and $\sim s \rightarrow r$
- B : $p \rightarrow q$
- C : $\sim q \rightarrow \sim s$
- D : $\sim s$ and $\sim r$

이때, D의 진술에 따라 편집상과 각본상을 모두 받지 못한다면, 편집상을 받지 못한다면 대신 각본상을 받을 것이라는 A의 진술이 성립하지 않으므로 A와 D의 진술 중 하나는 반드시 거짓임을 알 수 있다.

ⅰ) D의 진술이 참인 경우 : 편집상과 각본상을 모두 받지 못하며, 최대 개수를 구하기 위해 작품상을 받는다고 가정하면 B의 진술에 따라 감독상도 받을 수 있다. 따라서 최대 2개의 상을 수상할 수 있다.

ⅱ) D의 진술이 거짓인 경우 : 편집상과 각본상을 모두 받으며, 최대 개수를 구하기 위해 작품상을 받는다고 가정하면 감독상도 받을 수 있으므로 최대 4개의 상을 수상할 수 있다.

따라서 해당 작품이 수상할 수 있는 상의 최대 개수는 4개이다.

대표기출유형 01 | 기출응용문제

01
정답 ④

첫 번째 문단에서 대중들이 욕망하는 현실 감정이 직접적으로 누드에 반영된다고 하였고, 마지막 문단에서 민중의 현실 속으로 파고들지 못하는 누드화는 위화감을 불러일으킨다고 하였다. 그러므로 남녀 간의 애정이나 성적 욕망에 대해 경직되어 있었던 조선 사회에서 신윤복의 그림이 큰 호응을 얻을 수 있었던 이유는 '보편적인 감정의 진실'을 잘 드러내었기 때문이라고 할 수 있다. 따라서 빈칸에 들어갈 내용으로 ④가 가장 적절하다.

02
정답 ③

제시문은 오브제의 정의와 변화 과정에 대한 글이다. 마지막 문단의 빈칸 앞에서는 예술가의 선택에 의해 기성품 그 본연의 모습으로 예술작품이 되는 오브제를, 빈칸 이후에는 나아가 진정성과 상징성이 제거된 팝아트에서의 오브제 기법에 대하여 서술하고 있다. 따라서 빈칸에는 예술가의 선택에 의해 기성품 본연의 모습으로 오브제가 되는 ③의 사례가 오는 것이 가장 적절하다.

03
정답 ②

빈칸 뒤에서 민화는 필력보다 소재와 그것에 담긴 뜻이 더 중요한 그림이었다고 설명하고 있으므로 민화는 작품의 기법보다 작품의 의미를 중시했음을 알 수 있다. 따라서 빈칸에 들어갈 내용으로 ②가 가장 적절하다.

04
정답 ③

단순히 젊은 세대의 문화만을 존중하거나 또는 기존 세대의 문화만을 따르는 것이 아닌 두 문화가 어우러질 수 있도록 기업 차원에서 분위기를 만드는 것이 문제의 본질적인 해결법으로 가장 적절하다. 따라서 빈칸에 들어갈 내용으로 ③이 가장 적절하다.

오답분석
① 기업의 전반적인 생산성 향상을 이룰 수 없으므로 기업 차원의 방법으로 적절하지 않다.
② 젊은 세대의 특성을 받아들이기만 하면, 전반적인 생산성 향상과 같은 기업의 이득은 배제하게 되는 문제점이 발생한다.
④ 급여 받은 만큼만 일하게 되는 악순환이 반복될 것이므로 글에서 언급된 문제를 해결하는 기업 차원의 방법으로는 적절하지 않다.
⑤ 젊은 세대의 채용을 기피하는 분위기가 생길 수 있으므로 적절하지 않다.

01

정답 ③

'하지만 산수화 속의 인간은 산수에 부속된 것일 뿐이다. 산수화에서의 초점은 산수에 있지, 산수 속에 묻힌 인간에 있지 않다.'라는 문장을 통해 확인할 수 있다.

오답분석

① 조선 시대 회화의 주류가 인간의 외부에 존재하는 대상을 그리는 것이 대부분이었다면, 조선 후기에 등장한 풍속화는 인간의 모습을 화폭 전면에 채우는 그림으로 인간을 중심으로 하고, 현세적이고 일상적인 생활을 소재로 한다.
② 풍속화에 등장하는 인물의 주류는 이미 양반이 아닌 농민과 어민, 그리고 별감, 포교, 나장, 기생, 뚜쟁이 할미까지 도시의 온갖 인간들이 등장한다.
④ 조선 시대 회화의 주류는 산수화였다.
⑤ 여성이 회화의 주요대상으로 등장하는 것은 조선 후기의 풍속화에 와서야 가능하게 되었다.

02

정답 ⑤

오답분석

②는 두 번째 문장, ③은 제시문의 흐름, ①과 ④는 마지막 문장에서 각각 확인할 수 있다.

03

정답 ④

제시문의 두 번째 문단에 따르면 CCTV는 열차 종류에 따라 네트워크 방식과 개별 독립 방식으로 설치된다고 하였다. 따라서 개별 독립 방식으로 설치된 일부 열차에서는 각 객실의 상황을 실시간으로 파악하지 못할 수 있으므로 ④는 적절하지 않다.

오답분석

① 첫 번째 문단에서 모든 열차의 모든 객실에 CCTV를 설치하겠다는 내용으로 보아, 현재 모든 열차의 모든 객실에 CCTV가 설치되지 않았음을 유추할 수 있다.
② 첫 번째 문단에 따르면 모든 열차 승무원에게 바디캠을 지급하겠다고 하였다. 이에 따라 승객이 승무원을 폭행하는 등의 범죄 발생 시 해당 상황을 녹화한 바디캠 영상이 있어 수사의 증거자료로 사용할 수 있게 되었다.
③ 두 번째 문단에 따르면 CCTV는 사각지대 없이 설치되며 일부는 휴대 물품 보관대 주변에도 설치된다고 하였다. 따라서 인적 피해와 물적 피해 모두 파악할 수 있게 되었다.
⑤ 마지막 문단에 따르면 CCTV 품평회와 시험을 통해 제품의 형태와 색상, 재질, 진동과 충격 등에 대한 적합성을 고려한다고 하였다.

01

정답 ④

제시문은 유교 사상의 입장에서 자연과 인간의 관계에 대해 설명한 다음, 완전한 존재인 자연을 인간이 본받아야 할 것임을 언급하고 있다. 따라서 유교에서 말하는 자연과 인간의 관계에서 볼 때 인간은 자연의 일부이므로 자연과 인간은 대립이 아니라 공존해야 한다는 요지를 표제와 부제에 담아야 한다. ④는 부제가 본문의 내용을 어느 정도 담고 있으나 표제가 중심 내용을 드러내지 못하고 있으므로 적절하지 않다.

02

구비문학에서는 단일한 작품, 원본이라는 개념이 성립하기 어렵다. 또한 선창자의 재간과 그때그때의 분위기에 따라 새롭게 변형하거나 창작되는 일이 흔하다. 다시 말해 정해진 틀이 있다기보다는 상황이나 분위기에 따라 바뀌는 것이 가능하다. 유동성이란, 형편이나 때에 따라 변화될 수 있음을 뜻하는 말이다. 따라서 글의 제목으로 '구비문학의 유동성'이 가장 적절하다.

03

정답 ⑤

제시문의 내용은 크게 두 부분으로 나눌 수 있다. 처음부터 두 번째 문단까지는 맥주의 주원료에 대해서, 그 이후부터 글의 마지막 문단까지는 맥주의 제조공정 중 발효에 대해 설명하며 이에 따른 맥주의 종류에 대해 설명하고 있다. 따라서 글의 제목으로 ⑤가 가장 적절하다.

04

정답 ④

제시문은 서양의 자연관은 인간이 자연보다 우월한 자연지배관이며, 동양의 자연관은 인간과 자연을 동일 선상에 놓거나 조화를 중요시한다고 설명한다. 따라서 글의 중심 내용으로 '서양의 자연관과 동양의 자연관의 차이'가 가장 적절하다.

대표기출유형 04 | 기출응용문제

01

정답 ②

수직 계열화에서 사용자 중심으로 산업 패러다임이 변화되고 있음을 제시하는 (나) 문단이 가장 먼저 오는 것이 적절하며, 그다음으로 가스 경보기를 예로 들어 수평적 연결에 대해 설명하는 (다) 문단이 와야 한다. 그 뒤를 이어 이러한 수평적 연결이 사물인터넷 서비스로 새롭게 성장한다는 (가) 문단이, 마지막으로는 다양해지는 사물인터넷 서비스에 대해 설명하는 (라) 문단이 오는 것이 적절하다.

02

정답 ②

제시문은 코젤렉의 '개념사'에 대한 정의와 특징에 대한 글이다. 따라서 (라) 개념에 대한 논란과 논쟁 속에서 등장한 코젤렉의 개념사 – (가) 코젤렉의 개념사와 개념에 대한 분석 – (나) 개념에 대한 추가적인 분석 – (마) 개념사에 대한 추가적인 분석 – (다) 개념사의 목적과 코젤렉의 주장 순으로 나열하는 것이 가장 적절하다.

03

정답 ②

제시된 문단은 신탁 원리의 탄생 배경인 12세기 영국의 상황에 대해 이야기하고 있다. 따라서 이어지는 문단은 (가) 신탁제도의 형성과 위탁자, 수익자, 수탁자의 관계 등장 – (다) 불안정한 지위의 수익자 – (나) 적극적인 권리행사가 허용되지 않는 연금제도에 기반한 신탁 원리 – (라) 연금 운용 권리를 현저히 약화시키는 신탁 원리와 그 대신 부여된 수탁자 책임의 문제점 순으로 나열하는 것이 가장 적절하다.

40 · 이랜드그룹 ESAT

01

'Ⅱ - 2'에서는 나트륨 과다 섭취의 원인을 개인적 측면과 사회적 측면에서 나누어 제시하고 있으므로 ⓒ에는 사회적 측면에서의 원인이 들어가야 한다. ③의 '국과 찌개류를 즐겨 먹는 식습관'은 사회적 측면보다는 개인적 측면에 가까우므로 ⓒ에 들어갈 내용으로 적절하지 않다. 또한 'Ⅱ - 3 - 2)'에서 제시하는 정부의 급식소를 확대해야 한다는 개선 방안에 대한 원인으로도 보기 어렵다.

02

ⓜ은 결론 부분이므로 '소비자 권익 증진'이라는 문제에 대한 해결책을 포괄적으로 드러내야 한다. 그러나 ⓜ의 '소비자 의식 함양'은 '3'의 (2)에서 다룰 수 있는 대책에 불과하다. 따라서 앞에서 논의된 대책을 모두 포괄할 수 있도록 ⑤와 같이 수정하는 것이 가장 적절하다.

[오답분석]

① ㉠에서 '(1) 실태'는 소비자 권익 침해의 실태를 말한다. 그러나 '소비자 상품 선호도의 변화'는 '소비자 권익 침해 실태'와 관련이 없다.

② ㉡은 '2 - (1) 실태 - ㉮'의 원인에 해당하며 실태와 원인을 관련지어 설명하는 것이 바람직하므로 ㉡을 생략하는 것은 적절하지 않다.

③ ㉢은 '(2) - ㉮'를 해소하기 위한 대책으로 적절하며, '사업자 간 경쟁의 규제'는 '소비자 권익 증진'이라는 주제를 오히려 저해한다.

④ '3 - (3)'은 '2 - (2) - ㉯'라는 원인을 해결할 수 있는 대책으로 적절하며, ㉣을 '소비자 피해 실태조사를 위한 기구 설치'로 바꾸면 하위항목인 ㉮와 ㉯를 포괄하지 못하게 된다.

03

ⓒ은 상위항목의 내용이 하위항목의 내용을 포괄하지 못한 사례이다. 이를 바르게 수정하려면 '중간 - 1'과 '중간 - 2'를 포괄해야 하는데, 『삼국유사』의 목차는 『삼국유사』의 내용과 『삼국유사』의 의의를 포괄하지 못할 뿐만 아니라 관련이 없는 내용이다. 따라서 '중간 - 1'과 '중간 - 2'를 모두 포괄하기 위해서는 '『삼국유사』의 내용과 의의'로 수정하는 것이 가장 적절하다.

03 | 수리비평검사

대표기출유형 01 | 기출응용문제

01

정답 ④

ㄱ. 초등학생의 경우 남자의 스마트폰 중독비율이 33.35%로 29.58%인 여자보다 높지만, 중고생의 경우 남자의 스마트폰 중독비율이 32.71%로 32.72%인 여자보다 0.01%p 낮다.

ㄷ. 대도시에 사는 초등학생 수를 a명, 중고생 수를 b명, 전체 인원은 $(a+b)$명이라고 할 때 대도시에 사는 학생 중 스마트폰 중독 인원은 다음과 같다.

$0.308 \times a + 0.324 \times b = 0.3195 \times (a+b)$

$\rightarrow 0.0115 \times a = 0.0045 \times b$

$\therefore b \fallingdotseq 2.6a$

따라서 대도시에 사는 중고생 수 b가 초등학생 수 a보다 2.6배 많다.

ㄹ. 초등학생의 경우 기초수급 가구의 경우 스마트폰 중독비율이 30.35%로, 31.56%인 일반 가구의 경우보다 스마트폰 중독 비율이 낮다. 중고생의 경우에도 기초수급 가구의 경우 스마트폰 중독비율이 31.05%로, 32.81%인 일반 가구보다 스마트폰 중독 비율이 낮다.

오답분석

ㄴ. 한부모·조손 가족의 스마트폰 중독 비율은 초등학생의 경우가 28.83%로, 중고생의 70%인 $31.79 \times 0.7 \fallingdotseq 22.3\%$ 이상이다.

02

정답 ②

ㄱ. $\dfrac{10,023 + 200 \times 4}{4} = \dfrac{10,823}{4} = 2,705.75$만 개

ㄷ. • 평균 주화공급량 : $\dfrac{10,023}{4} = 2,505.75$만 개

• 주화공급량 증가량 : $3,469 \times 0.1 + 2,140 \times 0.2 + 2,589 \times 0.2 + 1,825 \times 0.1 = 1,475.2$만 개

• 증가한 평균 주화공급량 : $\dfrac{10,023 + 1,475.2}{4} = 2,874.55$만 개

$2,505.75 \times 1.15 > 2,874.55$이므로, 증가율은 15% 이하이다.

오답분석

ㄴ. • 10원 주화의 공급기관당 공급량 : $\dfrac{3,469}{1,519} \fallingdotseq 2.3$만 개

• 500원 주화의 공급기관당 공급량 : $\dfrac{1,825}{953} \fallingdotseq 1.9$만 개

ㄹ. 총 주화공급액이 변하면 주화종류별 공급량 비율은 당연히 변화한다.

03

정답 ③

존속성 기술을 개발하는 업체의 총수는 24개, 와해성 기술을 개발하는 업체의 총수는 23개로 ③은 옳은 설명이다.

오답분석

① 와해성 기술을 개발하는 전체 기업은 23개이고 이 중 벤처기업은 12개, 대기업은 11개이다. 따라서 벤처기업이 $\frac{12}{23} \times 100 =$ 52.2%, 대기업이 $\frac{11}{23} \times 100 \fallingdotseq 47.8\%$로, 벤처기업이 대기업보다 높다.

② 17 : 10으로 시장 견인 전략을 취하는 비율이 월등히 높다.

④ 10 : 10의 동일한 비율이므로 옳지 않은 설명이다.

⑤ 기술 추동 전략을 취하는 기업 중 존속성 기술은 12개, 와해성 기술은 8개로 옳지 않은 설명이다.

04

정답 ⑤

2024년에는 연령대가 올라갈수록 회식 참여율도 증가하고 있다. 그러나 2004년에는 40대까지는 연령대가 올라갈수록 회식 참여율이 감소했으나, 50대에서는 40대보다 회식 참여율이 증가하는 것을 알 수 있다. 따라서 ⑤는 옳지 않은 설명이다.

오답분석

① 20대의 2024년 회식 참여율은 32%이고, 2014년의 회식 참여율은 68%이다. 따라서 20대의 2024년 회식 참여율은 2014년 대비 68 − 32 = 36%p 감소하였다.

② 직급별 2004년과 2014년의 회식 참여율 차이를 구하면 다음과 같다.
- 사원 : 91 − 75 = 16%p
- 대리 : 88 − 64 = 24%p
- 과장 : 74 − 55 = 19%p
- 부장 : 76 − 54 = 22%p

따라서 2004년과 2014년의 회식 참여율 차이가 가장 큰 직급은 대리이다.

③ 2024년 남성과 여성의 회식 참여율 차이는 44 − 34 = 10%p이고, 2004년은 88 − 72 = 16%p이다. 따라서 2024년 남성과 여성의 회식 참여율 차이는 2004년보다 $\frac{16-10}{16} \times 100 = 37.5\%$ 감소하였음을 알 수 있다.

④ 조사연도에서 수도권 지역과 수도권 외 지역의 회식 참여율 차이를 구하면 다음과 같다.
- 2004년 : 91 − 84 = 7%p
- 2014년 : 63 − 58 = 5%p
- 2024년 : 44 − 41 = 3%p

따라서 수도권 지역과 수도권 외 지역의 회식 참여율의 차이는 계속하여 감소함을 알 수 있다.

01

6월 11일 전체 라면 재고량을 x개라고 하면, A, B업체의 6월 11일 라면 재고량은 각각 $0.1x$개, $0.09x$개이므로 6월 15일 A, B업체의 재고량을 구하면 다음과 같다.

- A업체 : $0.1x+300+200-150-100=0.1x+250$
- B업체 : $0.09x+250-200-150-50=0.09x-150$

6월 15일에는 A업체의 재고량이 B업체보다 500개가 더 많으므로 다음 식이 성립한다.

$0.1x+250=0.09x-150+500$

$\therefore x=10,000$

따라서 6월 11일 전체 라면 재고량은 10,000개이다.

02

A지점의 재료구입비용을 구하면 다음과 같다.

- 올리브 통조림 주문량 : $15\div3=5$캔
  → 올리브 통조림 구입비용 : $5,200\times5=26,000$원
- 메추리알 주문량 : $7\div1=7$봉지
  → 메추리알 구입비용 : $4,400\times7=30,800$원
- 방울토마토 주문량 : $25\div5=5$박스
  → 방울토마토 구입비용 : $21,800\times5=109,000$원
- 옥수수 통조림 주문량 : $18\div3=6$캔
  → 옥수수 통조림 구입비용 : $6,300\times6=37,800$원
- 베이비 채소 주문량 : $4\div0.5=8$박스
  → 베이비 채소 구입비용 : $8,000\times8=64,000$원

따라서 A지점의 재료구입비용의 총합은 $26,000+30,800+109,000+37,800+64,000=267,600$원이다.

03

- (A) : $\dfrac{147,152,697}{838,268,939}\times100\fallingdotseq17.6\%$
- (B) : $\dfrac{80,374,802}{838,268,939}\times100\fallingdotseq9.6\%$
- (C) : $137,441,060,000\div90,539\fallingdotseq152$만 원

04

대구광역시의 2023년 인구는 982천 명이고, 2024년의 인구는 994천 명이다.

따라서 2024년의 전년 대비 인구 증가율은 $\dfrac{994-982}{982}\times100\fallingdotseq1.2\%$이다.

PART **3**

합격의 공식 시대에듀 www.sdedu.co.kr

최종점검 모의고사

제 **1** 회 최종점검 모의고사

01 언어비평검사 I (언어추리)

01	02	03	04	05	06	07	08	09	10
⑤	④	②	⑤	②	③	⑤	②	②	④
11	12	13	14	15	16	17	18	19	20
②	①	⑤	②	①	①	③	①	②	②

01
정답 ⑤

(가)는 성급한 일반화의 오류, (나)는 무지에의 호소, (다)는 잘못된 인과 관계의 오류, (라)는 군중에의 호소이다.
⑤는 지호를 사귄 것과 성적이 떨어진 두 사건의 선후 관계를 충분한 근거 없이 인과 관계로 추리한 오류이므로 (다)와의 연결은 옳다.

오답분석
① 군중심리를 자극하는 오류이므로 (라)에 해당한다.
② 증명할 수 없는 것을 거짓이라고 추론하는 (나)에 해당한다.
③ 반 아이들이 모두 그렇다며 제한된 정보로 일반화를 시키는 (가)에 해당한다.
④ 군중심리를 자극하는 (라)에 해당한다.

02
정답 ④

특정한 사례를 성급하게 일반화함으로써 발생하는 '성급한 일반화의 오류'에 해당한다.

오답분석
①·②·③·⑤ 전제와 결론 간에 인과 관계가 없음에도 불구하고 있는 것처럼 착각하는 '잘못된 인과 관계의 오류'이다.

03
정답 ②

• ㉠, ㉢, ㉥, ㉧에 의해, 언어영역 순위는 '형준 – 연재 – 소정(또는 소정 – 연재) – 영호' 순서로 높다.
• ㉠, ㉡, ㉢, ㉥, ㉨에 의해, 수리영역 순위는 '소정 – 형준 – 연재 – 영호' 순서로 높다.
• ㉢, ㉣, ㉥, ㉦에 의해, 외국어영역 순위는 '영호 – 연재(또는 연재 – 영호) – 형준 – 소정' 순서로 높다.

오답분석
① 언어영역 2위는 연재 또는 소정이다.
③ 영호는 외국어영역에서는 1위 또는 2위이다.
④ 연재의 언어영역 순위는 2위 또는 3위이므로 여기에 1을 더한 순위가 형준이의 외국어영역 순위인 3위와 항상 같다고 할 수 없다.
⑤ 외국어영역에서 소정이는 영호보다 순위가 낮다.

04
정답 ⑤

제시된 사고 과정은 제한된 정보를 성급하게 일반화함으로써 발생하는 '성급한 일반화의 오류'에 해당한다.

오답분석
① 의도 확대의 오류 : 말한 사람이나 필자의 의도를 과장·확대함으로써 논증을 고의적으로 왜곡하는 경우에 생기는 오류
② 논점 일탈의 오류 : 논점과 관계없는 것을 제시하여 무관한 결론에 이르게 되는 오류
③ 결합의 오류 : 부분의 속성을 전체가 가진다고 추론하는 오류
④ 흑백논리의 오류 : 어떤 집합의 원소가 단 두 개밖에 없다고 여기고, 그것이 아니면 저것일 수밖에 없다고 단정 짓는 데서 오는 오류

05
정답 ②

제시된 대화에서 나타난 오류는 피장파장의 오류로 자신의 주장이나 행동이 비록 잘못되기는 했지만 다른 사람도 같은 잘못을 저질렀기 때문에 괜찮다며 자신의 행동이 정당하다고 주장하는 오류이다.

오답분석
① 성급한 일반화의 오류 : 제한된 증거를 기반으로 성급하게 어떤 결론을 도출하는 오류
③ 군중에 호소하는 오류 : 군중 심리를 자극하여 논지를 받아들이게 하는 오류
④ 인신공격의 오류 : 주장하는 사람의 인품·직업·과거 정황을 트집 잡아 비판하는 오류
⑤ 흑백사고의 오류 : 세상의 모든 일을 흑 또는 백이라는 이분법적 사고로 바라보는 오류

06
정답 ③

제시문은 사적관계에 호소하는 오류에 대한 설명이다. 따라서 이와 가장 관련 있는 것은 ③이다.

[오답분석]
① 의도 확대의 오류 : 의도하지 않은 결과에 대해 원래부터 어떤 의도가 있었다고 확대해석하는 오류
② 아첨에 호소하는 오류 : 아첨에 의해 논지를 받아들이게 하는 오류
④ 공포에 호소하는 오류 : 상대방을 윽박지르거나 증오심을 표현하여 자신의 주장을 받아들이게 하는 오류
⑤ 정황에 호소하는 오류 : 어떤 사람이 처한 정황을 비난하거나 논리의 근거로 내세움으로써 자신의 주장이 타당하다고 믿게 하려는 오류

07
정답 ⑤

한 사람의 말이 거짓이므로 서로 상반된 주장을 하고 있는 박과장과 이부장을 비교해 본다.
ⅰ) 박과장이 거짓일 경우 : 김대리와 이부장이 참이므로 이부장은 가장 왼쪽에, 김대리는 가장 오른쪽에 위치하게 된다. 이 경우 김대리가 자신의 옆에 있다는 박과장의 주장이 참이 되므로 모순이 된다.
ⅱ) 이부장이 거짓일 경우 : 김대리와 박과장이 참이므로 이부장은 가장 왼쪽에 위치하고, 이부장이 거짓이므로 김대리는 가운데, 박과장은 가장 오른쪽에 위치하게 된다. 이 경우 이부장의 옆에 주차하지 않았으며 김대리 옆에 주차했다는 박과장의 주장과도 일치한다.
따라서 주차장에 주차된 순서는 '이부장 – 김대리 – 박과장' 순이다.

08
정답 ②

여섯 번째 조건에 의해 E는 1층에서 살고, C가 살 수 있는 층에 따른 A ∼ D의 위치는 다음과 같다.
• C가 1층에 살 때
첫 번째 조건에 의해 C와 E가 같은 층에 살 수 있으며, 다섯 번째 조건에 의해 D는 2층에 산다. 세 번째, 네 번째 조건에 의해 A는 4층에 살고, B는 3층 또는 5층에 산다. 이때, 빈 층은 홀수 번째 층이므로 두 번째 조건을 만족한다.
• C가 2층에 살 때
다섯 번째 조건에 의해 D는 3층에 살고, 세 번째, 네 번째 조건에 의해 A는 4층에 산다. B는 두 번째 조건에 의해 5층에 살 수 없고, 첫 번째 조건에 의해 B는 1층 또는 3층에 산다.
따라서 B가 5층에 산다면 C는 1층에서 E와 함께 살 수 있으므로 참이 아니다.

[오답분석]
① A가 2층에 산다면 B는 E와 1층에 같이 살 수 있다.
③ C가 2층에 산다면 B와 E는 1층에 같이 살 수 있다.
④ D가 4층에 산다면 B와 C는 3층에 같이 살 수 있다.

⑤ E가 1층에 혼자 산다면 C가 2층에 살 때, 3층에 B와 D가 같이 살 수 있다.

09
정답 ②

제시된 명제만으로는 진실 여부를 판별할 수 없다.

[오답분석]
① 첫 번째와 두 번째 명제에 의해 참이다.
③ 두 번째 명제로부터 참이라는 것을 알 수 있다.
④ 두 번째와 세 번째 명제를 통해 참이라는 것을 알 수 있다.
⑤ 모든 사람이 자신을 비방하지 않는 사람에게 호의적이라고 했을 때, 세 번째 명제에 의해 참이다.

10
정답 ④

제시된 조건에 따라 확정적으로 알 수 있는 정보는 다음과 같다.
• 지영 : 보라색 공책, 다른 색 공책
• 미주 : 보라색 공책
• 수진 : 보라색 공책, 빨간색 공책
지영이는 보라색 공책 외에도 다른 색의 공책을 갖고 있으므로 지영이의 모든 공책이 책상 위에 있는 것은 아니다.

[오답분석]
① 미주가 가진 공책의 색상이 보라색인 것만 알 수 있을 뿐, 몇 권을 가지고 있는지는 알 수 없으므로 미주가 가진 모든 공책이 책상 위에 있다고 할 수 없다.
② 수진이는 보라색 공책 외에도 빨간색 공책을 가지고 있으며 책상 위에는 보라색 공책만 있으므로 수진이가 가진 모든 공책이 책상 위에 있다고 할 수 없다.
③ 지영이가 빨간색 공책을 갖고 있는지 확정할 수 없다.
⑤ 수진이가 보라색 공책과 빨간색 공책을 가지고 있다는 것은 추론할 수 있지만, 그 외에도 다른 색의 공책을 가지고 있을 수 있으므로 보라색 공책과 빨간색 공책만 가지고 있다고 할 수 없다.

11
정답 ②

가격이 비싼 순으로 나열하면 돼지>오리>소>닭, 염소 순이다. 닭과 염소의 가격 비교는 알 수 없다. 닭보다 비싼 고기 종류는 세 가지 또는 네 가지이며, 닭이 염소보다 비싸거나, 가격이 같거나, 싼 경우 세 가지의 경우의 수가 존재하므로 항상 옳은 것은 ②이다.

12

정답 ①

제시된 조건을 다음과 같은 두 가지의 경우로 정리하면 다음과 같다.

구분	체육복		교복	
	남학생	여학생	남학생	여학생
경우 1	3명	6명	4명	7명
경우 2	6명	3명	4명	7명

• A : 두 가지 경우 모두 교복을 입은 여학생은 7명이다.
• B : 두 가지 경우 모두 체육복을 입은 여학생보다 교복을 입은 여학생이 더 많다.

13

정답 ⑤

'눈을 자주 깜빡임'을 A, '눈이 건조해짐'을 B, '스마트폰을 이용할 때'를 C라 하면, 첫 번째 명제와 두 번째 명제는 각각 ~A → B, C → ~A이므로 C → ~A → B가 성립한다. 따라서 빈칸에 들어갈 명제는 C → B인 '스마트폰을 이용할 때는 눈이 건조해진다.'가 적절하다.

14

정답 ②

제시된 조건을 바탕으로 가능한 경우를 표로 정리하면 다음과 같다.

구분	1	2	3	4	5	6
경우 1	D	B	C	E	A	F
경우 2	D	B	C	F	A	E
경우 3	D	B	F	C	A	E
경우 4	D	F	B	C	A	E
경우 5	F	D	B	C	E	A

따라서 어떤 경우에도 B는 C보다 빨리 뛰어내린다.

15

정답 ①

'가야금을 연주할 수 있는 사람'을 p, '거문고를 연주할 수 있는 사람'을 q, '해금을 연주할 수 있는 사람'을 r, '아쟁을 연주할 수 있는 사람'을 s, '장구를 연주할 수 있는 사람'을 t라고 할 때, 세 번째 조건에 따르면 ~q → ~s이다. 따라서 이의 대우 명제인 '아쟁을 연주할 수 있는 사람은 거문고를 연주할 수 있다.'는 참이다.

16

정답 ①

두 번째 조건과 세 번째 조건에 따르면 r → s → q가 성립하고, p → q가 참이므로 가야금이나 해금을 연주할 수 있는 사람은 거문고를 연주할 수 있음을 알 수 있다.

17

정답 ③

첫 번째 조건 p → q와 네 번째 조건 ~p → ~t의 대우인 t → p에 따라 t → p → q가 성립하므로 장구를 연주할 수 있는 사람은 가야금과 거문고를 연주할 수 있음을 알 수 있다. 그러나 가야금과 거문고를 연주할 수 있다고 해서 그 사람이 장구를 연주할 수 있는지는 알 수 없다.

18

정답 ①

아인슈타인이 주장한 광량자설은 빛이 파동이면서 동시에 입자인 이중적인 본질을 가지고 있다는 것이었으므로 참이다.

19

정답 ②

뉴턴의 가설은 그의 권위에 의해 오랫동안 정설로 여겨졌지만, 토머스 영의 겹실틈 실험에 의해 빛의 파동설이 증명되었다.

20

정답 ②

일자 형태의 띠가 두 개 나타나면 빛은 입자임이 맞으나, 겹실틈 실험 결과 보강 간섭이 일어난 곳은 밝아지고 상쇄 간섭이 일어난 곳은 어두워지는 간섭무늬가 연속적으로 나타났다.

02 언어비평검사 II (독해)

01	02	03	04	05	06	07	08	09	10
③	④	③	③	⑤	⑤	⑤	⑤	①	⑤
11	12	13	14	15	16	17	18	19	20
①	①	②	③	④	②	④	⑤	②	⑤
21	22	23	24	25					
⑤	④	④	③	③					

01
정답 ③

제시문의 서론에서 지방은 건강에 반드시 필요한 것이라고 서술하고 있으며, 결론에서는 현대인들의 지방이 풍부한 음식을 찾는 경향이 부작용으로 이어졌다고 한다. 따라서 본론은 (나) 비만과 다이어트의 문제는 찰스 다윈의 진화론과 관련 있음 - (라) 자연선택에서 생존한 종들이 번식하여 자손을 남기게 됨 - (다) 인류의 역사에서 인간이 끼니 걱정을 하지 않고 살게 된 것은 수십 년의 일임 - (가) 생존에 필수적인 능력은 에너지를 몸에 축적하는 능력이었음 순으로 나열하는 것이 가장 적절하다.

02
정답 ④

제시문은 건축 재료에 대한 기술적 탐구로 등장하게 된 프리스트레스트 콘크리트에 대해 설명하는 글이다. 따라서 (마) 프리스트레스트 콘크리트의 등장 - (아) 프리스트레스트 콘크리트 첫 번째 제작 과정 - (가) 프리스트레스트 콘크리트 두 번째 제작 과정 - (나) 프리스트레스트 콘크리트가 사용된 킴벨 미술관 - (다) 프리스트레스트 콘크리트로 구현한 기둥 간격 - (사) 프리스트레스트 콘크리트 구조로 얻는 효과 - (바) 건축 미학의 원동력이 되는 새로운 건축 재료 - (라) 건축 재료와 건축 미학의 유기적 관계 순으로 나열하는 것이 가장 적절하다.

03
정답 ③

제시문은 신채호의 소아와 대아 구별에 대해 설명하는 글이다. 따라서 (가) 소아와 대아의 차이점으로 자성, 상속성, 보편성을 제시 - (라) 상속성과 보편성의 의미를 설명 - (나) 항성과 변성의 조화를 통한 상속성·보편성 실현방법을 설명 - (다) 항성과 변성이 조화를 이루지 못할 경우 나타나는 결과 순으로 나열하는 것이 가장 적절하다.

04
정답 ③

제시문은 역사드라마에 대해 설명하는 글이다. 따라서 (가) 역사드라마는 현대를 살아가는 시청자에 의해 능동적으로 해석됨 - (라) 역사드라마가 가지고 있는 속성 - (나) 현대를 지향하는 역사드라마 - (다) 역사드라마를 통한 현대와 과거 등장인물의 소통 순으로 나열하는 것이 가장 적절하다.

05
정답 ⑤

제시문의 첫 번째 문장을 통해 알 수 있다.

오답분석
① 빌렌도르프 지역에서 발견되었다.
② 출산, 다산의 상징이라는 의견이 지배적이다.
③ 모델에 대해서는 밝혀진 것이 없다.
④ 팔은 눈에 띄지 않을 만큼 작다.

06
정답 ⑤

시민 단체들은 농부와 노동자들이 스스로 조합을 만들어 환경친화적으로 농산물을 생산하도록 교육하고 이에 필요한 자금을 지원하는 역할을 했을 뿐, 이들이 농산물을 직접 생산하고 판매한 것은 아니다.

07
정답 ⑤

제시문의 마지막 문단에서 예술 작품을 통한 해석으로 작품의 단일한 의미를 찾아내는 것이 꼭 실현되는 것은 아니라는 것을 알 수 있으므로 ⑤는 적절하지 않다.

08
정답 ⑤

현존하는 가장 오래된 실록은 전주에 전주 사고에 보관되어 있던 것으로, 강화도 마니산에 봉안되었다가 1936년 병자호란에 의해 훼손된 것을 현종 때 보수하여 숙종 때 강화도 정족산에 다시 봉안했다가 현재 서울대학교에서 보관하고 있다. 따라서 추론할 수 있는 내용으로 ⑤가 가장 적절하다.

오답분석
① 원본을 포함해 모두 5벌의 실록을 갖추게 되었으므로 재인쇄하였던 실록은 모두 4벌이다.
② 강원도 태백산에 보관하였던 실록은 서울대학교에 있다.
③ 현재 한반도에 남아 있는 실록은 강원도 태백산, 강화도 정족산, 장서각의 것으로 모두 3벌이다.
④ 적상산에 보관하였던 실록은 구황국 장서각으로 옮겨졌으며, 이는 6·25 전쟁 때 북한으로 옮겨져 현재 김일성종합대학에서 소장하고 있다.

09

정답 ①

'유발하다'는 '어떤 것이 다른 일을 일어나게 하다.'의 의미를 지닌 단어로, 이미 사동의 의미를 지니고 있다. 따라서 사동 접미사 '−시키다'와 결합하지 않고 ㉠과 같이 사용할 수 있으므로 ①은 적절하지 않다.

10

정답 ⑤

㉤의 앞뒤 내용을 살펴보면 유행은 취미와 아주 밀접하게 결부된 현상이지만, 서로 다른 특징을 가진다고 하였다. 따라서 역접 기능의 접속어 '그러나'가 오는 것이 적절하다.

11

정답 ①

'갑돌'의 성품이 탁월하다고 볼 수 있는 것은 그의 성품이 곧고 자신감이 충만하며, 다수의 옳지 않은 행동에 대하여 비판의 목소리를 낼 것이며 그렇게 하는 데에 별 어려움을 느끼지 않을 것이기 때문이다. 또한, 세 번째 문단에 따르면 탁월한 성품은 올바른 훈련을 통해 올바른 일을 바르고 즐겁게 그리고 어려워하지 않으며 처리할 수 있는 능력을 뜻한다. 따라서 아리스토텔레스의 입장에서는 '엄청난 의지를 발휘'하고 자신과의 '힘든 싸움'을 해야 했던 '병식'보다는 잘못된 일에 '별 어려움' 없이 '비판의 목소리'를 내는 '갑돌'의 성품을 탁월하다고 여길 것이므로 빈칸에 들어갈 내용으로 ①이 가장 적절하다.

12

정답 ①

(가) 문단의 마지막 문장에서 곰돌이 인형이 말하는 사람에게 주의를 기울여준다고 했으므로 그다음 내용으로 그 이유를 설명하는 보기가 오는 것이 가장 적절하다.

13

정답 ②

제시문의 첫 번째 문단에서는 높아지는 의료보장제도의 필요성에 대해 언급하고 있으며, 두 번째 문단과 세 번째 문단에서는 의료보장제도의 개념에 대하여 이야기하고 있다. 마지막 문단에서는 이러한 의료보장제도의 유형으로 의료보험 방식과 국가보건서비스 방식에 대해 설명하고 있다. 따라서 주제로 가장 적절한 것은 '의료보장제도의 개념과 유형'이다.

14

정답 ③

다섯 번째 문단에 따르면 모든 식물이 아닌 전체 식물의 90%가 피보나치 수열의 잎차례를 따르고 있다.

15

정답 ④

제시문은 피보나치 수열과 식물에서 나타나는 피보나치 수열을 설명하고 있으므로 제목으로 ④가 가장 적절하다.

[오답분석]
①은 첫 번째 문단, ②는 두 번째 문단, ③은 여섯 번째 문단, ⑤는 다섯 번째 문단에 대한 내용으로 제시문 전체에 대한 제목으로는 적절하지 않다.

16

정답 ②

제시문의 ㉠은 '진리, 가치, 옳고 그름 따위가 판단되어 드러나 알려지다.'의 의미로 사용되었다. 반면 ②는 '드러나게 좋아하다.'의 의미로 사용되었다.

17

정답 ④

제시문에서 동물의 의사 표현 방법으로 제시한 것은 색깔이나 모습, 행동을 통한 시각적 방법과 소리를 이용하는 방법, 냄새를 이용하는 방법이다. 서식지와 관련된 내용은 제시되어 있지 않다.

18

정답 ⑤

제시문은 동물의 네 가지 의사 표현 수단을 구체적 사례를 들어가며 제시하고 있다. 그러나 이러한 의사 표현 방법의 장단점을 대조하며 서술하고 있지는 않으므로 ⑤는 적절하지 않다.

19

정답 ②

동물의 의사 표현을 알아보는 방법은 동일한 상황에서 일관되게 반복되는 행동을 하는지를 관찰하는 것이며, 이에 해당되는 경우 일단 의사 표현으로 간주한다. 이후 상황을 다양하게 변화시켜 반복 관찰하고 그 결과를 분석하여 의미를 알아낼 수 있다. 따라서 이에 근거하여 보기의 질문에 대한 동물학자의 답변으로 가장 적절한 것은 ②이다. 일회적인 행위를 통해 그것이 어떤 의미를 표현한 것인지는 아직 알 수 없으며, 반복적으로 나타나는 행동인지를 확인한 뒤에야 의사 표현인지 아닌지를 알 수 있다.

20

정답 ⑤

교양 있는 사람을 문화인이라고 부르는 예를 들었지만, 문화 자체가 교양 있는 사람들만 이해하고 지켜나가는 것으로 규정하지는 않으므로 ⑤는 적절하지 않다.

21

(나) 문단의 뒷부분에서 글쓴이는 문화의 상이한 업적에 대해 문화적 서열을 적용할 수 있는가를 묻고 있다. 이는 곧 '문화의 우열을 나누는 것이 가능한가?'에 대한 물음이다.

22
정답 ④

원자 폭탄은 과학의 진보로 인한 창조적 업적으로 볼 수 있으나, 인명 살상이라는 부정적인 면을 가졌으므로 인명 살상용 원자 폭탄의 개발은 ㉠의 사례로 가장 적절하다.

23
정답 ④

화폐 통용을 위해서는 화폐가 유통될 수 있는 시장이 성장해야 하고, 농업생산력이 발전해야 한다. 그러나 서민들은 물품화폐를 더 선호하였고 일부 계층에서만 화폐가 유통되었다. 즉, 광범위한 동전 유통이 실패한 것이다. 화폐의 수요량은 화폐가 유통된 이후의 조선 후기에 문제가 되었다. 따라서 ④는 적절하지 않다.

24
정답 ③

㉡에서 동전의 폐지를 주장하는 이유는 동전으로 인한 문제점 때문이었다. 그러나 폐지된 이후의 경제는 또 다른 문제점을 낳았다. 따라서 경제의 효율성이라는 측면에서 문제점을 가지고 있으며, 현실적인 요구를 간과한 주장으로 볼 수 있다.

25
정답 ③

영조가 동전을 주조하기로 결정한 것은 동전의 주조를 금지하였을 때 화폐유통 질서와 상품경제에 큰 타격을 입었기 때문이며, 고리대금의 폐해 또한 심각했기 때문이다. 따라서 경제 활동을 원활히 하기 위해 다시 동전을 주조했음을 알 수 있다.

03 수리비평검사

01	02	03	04	05	06	07	08	09	10
⑤	③	③	②	②	⑤	①	②	③	①
11	12	13	14	15	16	17	18	19	20
②	⑤	③	④	⑤	⑤	③	③	④	①
21	22	23	24	25					
⑤	④	⑤	②	①					

01
정답 ⑤

ㄱ. 면적이 넓은 유형의 주택일수록 공사완료 후 미분양된 민간부문 주택이 많은 지역은 인천, 경기 두 곳이다. 따라서 옳은 설명이다.

ㄴ. 부산의 공사완료 후 미분양된 민간부문 주택 중 면적이 $60 \sim 85m^2$에 해당하는 주택이 차지하는 비중은 $\frac{179}{395} \times 100 ≒ 45.3\%$로, 면적이 $85m^2$를 초과하는 주택이 차지하는 비중인 $\frac{133}{395} \times 100 ≒ 33.7\%$보다 10%p 이상 높으므로 옳은 설명이다.

> TIP 두 주택의 차이 $179-133=46$가구가 부산 전체 395가구의 10%인 39.5가구보다 크므로 10%p 이상 차이남을 알 수 있다.

ㄷ. 면적이 $60m^2$ 미만인 공사완료 후 미분양된 민간부문 주택 수 대비 면적이 $60 \sim 85m^2$에 해당하는 공사완료 후 미분양된 민간부문 주택 수의 비율은 광주는 $\frac{27}{16} \times 100 ≒ 168.8\%$이고, 울산은 $\frac{56}{38} \times 100 ≒ 147.4\%$이다. 따라서 광주가 더 높으므로 옳은 설명이다.

02
정답 ③

2019년부터 공정자산총액과 부채총액의 차를 순서대로 나열하면 952억 원, 1,067억 원, 1,383억 원, 1,127억 원, 1,864억 원, 1,908억 원이므로 2024년이 가장 크다.

> 오답분석
> ① 2022년에는 자본총액이 전년 대비 감소했다.
> ② 직전 해에 비해 당기순이익이 가장 많이 증가한 해는 2023년이다.
> ④ 총액 규모가 가장 큰 것은 공정자산총액이다.
> ⑤ 2019 ~ 2022년의 자본총액 중 자본금의 비율을 구하면 다음과 같다.
>   • 2019년 : $\frac{464}{952} \times 100 ≒ 48.7\%$

PART 3

- 2020년 : $\dfrac{481}{1,067} \times 100 \fallingdotseq 45.1\%$

- 2021년 : $\dfrac{660}{1,383} \times 100 \fallingdotseq 47.7\%$

- 2022년 : $\dfrac{700}{1,127} \times 100 \fallingdotseq 62.1\%$

따라서 2020년에는 자본금의 비중이 감소했다.

03 　　　정답 ③

E악기점에서는 2명의 조율사가 하루에 1대씩 1회 작업이 가능하므로 한 달에 작업하는 횟수는 $2 \times 30 = 60$회이다.

- 한 달간 지출 비용
  - 운반비 : 평균 편도 거리를 $x$km라고 하자. 10km당 운반비는 40,000원이므로 1km당 운반비는 4,000원이다. 따라서 한 달에 지출하는 운반비는 $4,000 \times 2x \times 60 = 480,000x$원이다.
  - 인건비 : 회당 조율 인건비가 200,000원이므로 한 달에 드는 인건비는 $200,000 \times 2 \times 30 = 12,000,000$원이다.
- 한 달간 수입 비용
  - 회당 조율 서비스 비용이 400,000원이므로 한 달간 조율 비용은 $400,000 \times 2 \times 30 = 24,000,000$원이다.
- 한 달에 4,000,000원 이상의 이익을 내려면 다음 식을 만족해야 한다.

$4,000,000 \leq 24,000,000 - (480,000x + 12,000,000)$

$\rightarrow 480,000x \leq 24,000,000 - 12,000,000 - 4,000,000$

$\therefore x \leq \dfrac{8,000,000}{480,000} = \dfrac{50}{3} \fallingdotseq 16.7$

따라서 월 4,000,000원 이상의 이익을 내기 위해 갈 수 있는 최대 평균 편도 거리는 16.7km이다.

04 　　　정답 ②

A금붕어, B금붕어가 팔리는 일을 n일이라고 하고, 남은 금붕어의 수를 각각 a_n 마리, b_n 마리라고 하자.

A금붕어는 하루에 121마리씩 감소하고 있으므로 $a_n = 1,675 - 121(n-1) = 1,796 - 121n$이다.

$1,796 - 121 \times 10 = 1,796 - 1,210 = 586$

그러므로 10일 차에 남은 A금붕어는 586마리이다.

B금붕어는 매일 3, 5, 9, 15, …마리씩 감소하고 있고, 계차의 차는 2, 4, 6, …이다.

1,000	997	992	983	968	945	912	867	808	733
	-3	-5	-9	-15	-23	-33	-45	-59	-75
		-2	-4	-6	-8	-10	-12	-14	-16

그러므로 10일 차에 남은 B금붕어는 733마리이다.

따라서 10일 차에 A금붕어는 586마리, B금붕어는 733마리가 남아있다.

05 　　　정답 ②

최초 투입한 원유의 양을 aL라 하자.

- LPG 생산 후 남은 원유의 양 : $(1 - 0.05a) = 0.95a$L
- 휘발유 생산 후 남은 원유의 양 : $0.95a(1 - 0.2) = 0.76a$L
- 등유 생산 후 남은 원유의 양 : $0.76a(1 - 0.5) = 0.38a$L
- 경유 생산 후 남은 원유의 양 : $0.38a(1 - 0.1) = 0.342a$L

따라서 아스팔트의 생산량은 $0.342a \times 0.04 = 0.01368a$L이고, 아스팔트는 최초 투입한 원유량의 $0.01368 \times 100 = 1.368\%$가 생산된다.

06 　　　정답 ⑤

볼펜 1자루, A4 용지 1세트, 공책 1세트, 형광펜 1세트의 단가를 각각 a, b, c, d원이라고 할 때, 4개 영수증의 금액을 식으로 나타내면 다음과 같다.

$a + b + c = 9,600$ … ㉠

$a + b + d = 5,600$ … ㉡

$b + c + d = 12,400$ … ㉢

$a + 2d = 6,800$ … ㉣

㉣과 ㉠을 연립하면 $b + c - 2d = 2,800$ … ㉤

㉤과 ㉢을 연립하면 $3d = 9,600 \rightarrow d = 3,200$

이를 ㉣에 대입하면 $a = 400$, $b = 2,000$, $c = 7,200$

따라서 볼펜 2자루와 형광펜 3세트의 금액의 합은 $2 \times 400 + 3 \times 3,200 = 10,400$원이고, 공책 4세트의 금액은 $4 \times 7,200 = 28,800$원이다.

07 　　　정답 ①

사고건수가 가장 많은 교통사고 유형은 '신호위반(88,000건)'이지만, 사망자와 부상자가 가장 많은 교통사고 유형은 '중앙선침범(2,400명, 120,000명)'이므로 ①은 옳지 않다.

오답분석

② 횡단보도사고 및 앞지르기위반의 사고건수 대비 사망자 비율은 다음과 같다.

- 횡단보도사고 : $\dfrac{480}{1,200} \times 100 = 40\%$

- 앞지르기위반 : $\dfrac{640}{3,200} \times 100 = 20\%$

따라서 횡단보도사고가 앞지르기위반의 2배이다.

③ 신호위반과 중앙선침범으로 인한 사고는 $88,000 + 80,000 = 168,000$건으로 전체 사고의 절반인 $183,520 \div 2 = 91,760$건보다 많다.

④ 음주운전사고로 인한 부상자 수(3,360명)는 사고건수(2,800건)의 $3,360 \div 2,800 = 1.2$배이다.

⑤ 앞지르기위반사고로 인한 부상자 수는 3,648명으로, 이는 사망자 수인 640명의 $3,648 \div 640 = 5.7$배로 5배 이상이다.

08

ㄱ. $2,141 \times 1.3 ≒ 2,783 < 2,925$이므로 옳다.

ㄷ. 2024년 4월 미국인 제주도 관광객 수는 2,056명으로 2023년 4월 홍콩인 제주도 관광객 수의 35%인 $6,066 \times 0.35 ≒ 2,123$명보다 적다.

오답분석

ㄴ. 제시된 자료는 2024년 4월의 전년 동월 대비 증감률에 대한 것이므로, 제시된 자료만으로는 2024년 3월과 4월을 비교할 수 없다.

ㄹ. 기타를 제외한 2024년 4월 제주도 관광객이 전년 동월 대비 25% 이상 감소한 아시아 국가는 홍콩, 싱가포르, 말레이시아, 인도네시아 4개국이다.

09

정답 ③

2015 ~ 2024년 평균 부채 비율은 $(61.6+100.4+86.5+80.6+79.9+89.3+113.1+150.6+149.7+135.3) \div 10 = 104.7$로 10년간의 평균 부채 비율은 90% 이상이다. 따라서 ③은 옳지 않은 설명이다.

오답분석

① 2018년 대비 2019년 자본금 증가폭은 $33,560-26,278 = 7,282$억 원으로, 2016 ~ 2024년 중 전년 대비 자본금의 변화가 가장 컸다.

② 전년 대비 부채 비율이 증가한 해는 2016년, 2020년, 2021년, 2022년이므로 연도별 부채비율 증가폭을 계산하면 다음과 같다.

• 2016년 : $100.4-61.6 = 38.8$%p
• 2020년 : $89.3-79.9 = 9.4$%p
• 2021년 : $113.1-89.3 = 23.8$%p
• 2022년 : $150.6-113.1 = 37.5$%p

따라서 부채 비율이 전년 대비 가장 많이 증가한 해는 2016년이다.

④ 2024년의 자산과 자본은 10년 중 가장 많았지만, 그만큼 부채도 가장 많은 것을 자료를 통해 확인할 수 있다.

⑤ 제시된 자료를 통해 확인할 수 있다.

10

정답 ①

800g 소포의 개수를 x개, 2.4kg 소포의 개수를 y개라 하면
$800 \times x + 2,400 \times y \leq 16,000 \rightarrow x+3y \leq 20 \cdots \bigcirc$
B회사는 동일지역, C회사는 타지역이므로
$4,000 \times x + 6,000 \times y = 60,000$
$\rightarrow 2x+3y = 30$
$\rightarrow 3y = 30-2x \cdots \bigcirc$
$\bigcirc$을 $\bigcirc$에 대입하면
$x+30-2x \leq 20 \rightarrow x \geq 10 \cdots \bigcirc$
$\bigcirc$, $\bigcirc$을 동시에 만족하는 x, y값은 $x=12$, $y=2$이다.
따라서 800g 소포는 12개, 2.4kg 소포는 2개이다.

11

정답 ②

음식점까지의 거리를 $x$km라 하면 역에서 음식점까지 왕복하는 데 걸리는 시간과 음식을 포장하는 데 걸리는 시간이 1시간 30분 이내여야 하므로 다음과 같은 부등식이 성립한다.

$$\frac{x}{3} + \frac{15}{60} + \frac{x}{3} \leq \frac{3}{2}$$

양변에 60을 곱하면 다음과 같다.

$20x+15+20x \leq 90$
$\rightarrow 40x \leq 75$
$\therefore x \leq \frac{75}{40} = 1.875$

즉, 역과 음식점 사이 거리는 1.875km 이내여야 하므로 갈 수 있는 음식점은 'N버거'와 'B도시락'이다.

따라서 E사원이 구입할 수 있는 음식은 햄버거와 도시락이다.

12

정답 ⑤

건설업 분야의 취업자 수는 2021년과 2024년에 각각 전년 대비 감소했다.

오답분석

① 2016년 도소매・음식・숙박업 분야에 종사하는 사람의 수는 총 취업자 수의 $\frac{5,966}{21,156} \times 100 ≒ 28.2$%이므로 30% 미만이다.

② 2016 ~ 2024년 농・임・어업 분야의 취업자 수는 꾸준히 감소하는 것을 확인할 수 있다.

③ 2024년 사업・개인・공공서비스 및 기타 분야의 취업자 수는 2016년 대비 $7,633-4,979 = 2,654$천 명으로 가장 많이 증가했다.

④ 2023년 전기・운수・통신・금융업 분야 취업자 수는 2016년 대비 $\frac{7,600-2,074}{2,074} \times 100 ≒ 266$% 증가했고, 사업・개인・공공서비스 및 기타 분야 취업자 수는 $\frac{4,979-2,393}{4,979} \times 100 ≒ 52$% 감소했다.

13

정답 ③

ㄱ. 2019년 어업 분야의 취업자 수는 농・임・어업 분야의 취업자 수 합계에서 농・임업 분야 취업자 수를 제외한 수이다. 따라서 $1,950-1,877 = 73$천 명이다.

ㄴ. 2023년에는 전기・운수・통신・금융업 분야 취업자 수가 7,600천 명으로 가장 많다.

오답분석

ㄷ. 농・임업 분야 종사자와 어업 분야 종사자 수는 계속 감소하기 때문에 어업 분야 종사자 수가 현상을 유지하거나 늘어난다고 보기 어렵다.

14

ㄴ. 대구광역시의 냄새에 대한 민원 건수는 360건으로 강원
도의 $\frac{360}{36}=10$배, 제주특별자치도의 $\frac{360}{20}=18$배에 해
당한다.

ㄷ. 세종특별자치시와 대전광역시의 민원내용별 민원 건수의
합계와 부산광역시의 수치를 표로 정리하면 다음과 같다.

(단위 : 건)

구분	낮은 수압	녹물	누수	냄새	유충
대전광역시	133	108	56	88	18
세종특별자치시	47	62	41	32	9
대전+세종	180	170	97	120	27
부산광역시	248	345	125	274	68

따라서 세종특별자치시와 대전광역시의 민원내용별 민
원 건수의 합계는 부산광역시보다 작음을 알 수 있다.

오답분석

ㄱ. 경기도의 민원은 총 $(110+220+70+130+20)=550$
건으로, 이 중 녹물에 대한 민원 비율은 $\frac{220}{550}\times100=$
40%이다.

ㄹ. 수도권인 서울특별시, 경기도, 인천광역시에서 가장 많은
민원 건수가 발생한 것은 녹물에 대한 것이다. 그러나 가
장 적은 민원 건수가 발생한 것은 경기도와 인천광역시는
유충에 대한 것이고, 서울특별시는 누수에 대한 것이다.

15

자료상 유충에 대한 민원 건수는 알 수 있지만, 실제로 유충
이 발생한 건수에 대해서는 알 수 없다.

16

• 2024년 7월 서울특별시의 소비심리지수 : 128.8
• 2024년 12월 서울특별시의 소비심리지수 : 102.8
• 2024년 7월 대비 2024년 12월의 소비심리지수 감소율
  : $\frac{128.8-102.8}{128.8}\times100 \fallingdotseq 20.19\%$

따라서 서울특별시의 2024년 7월 대비 12월 소비심리지수
감소율은 19% 이상이다.

17

• 경상북도의 2024년 9월 소비심리지수 : 100.0
• 경상북도의 2024년 10월 소비심리지수 : 96.4
→ 소비심리지수 감소율 : $\frac{100-96.4}{100}\times100=3.6\%$
• 대전광역시의 2024년 9월 소비심리지수 : 120.0
• 대전광역시의 2024년 12월 소비심리지수 : 113.0
→ 소비심리지수 감소율 : $\frac{120.0-113.0}{120.0}\times100 \fallingdotseq 5.8\%$

따라서 감소율의 합은 $3.6+5.8=9.4\%$이다.

18

ㄱ. 그리스는 4.4천 명, 한국은 1.4천 명이다. $1.4\times4=5.6>$
4.4이므로 4배가 넘지 않는다.

ㄴ. 제시된 자료만으로 10년 이내에 한국이 프랑스의 수치를
넘어선다는 것을 알 수 없다.

오답분석

ㄷ. 그리스가 5.4천 명으로 가장 많고, 한국이 1.7천 명으로
가장 적다. $1.7\times3=5.1<5.4$이므로 3배 이상이다.

19

한국이 1.6천 명으로 가장 적고, 그리스가 4.9천 명으로 가장
많다. 따라서 ④는 옳은 설명이다.

오답분석

① 네덜란드는 3.7천 명이고, 그리스가 5.0천 명으로 가장
많다. 따라서 그리스에 비해 1.3천 명 적다.
② 한국이 매년 수치가 가장 적다는 사실을 볼 때, 한국의 의
료 서비스 지수가 멕시코보다 더 열악하다고 할 수 있다.
③ 2008 ~ 2019년에는 두 배가 안 되는 수치를 보이고 있다.
⑤ 한국의 활동 의사 수와 가장 비슷한 나라는 멕시코이다.

20

2014년 고혈압 증세가 있는 70세 이상의 남자는 48.8%로 절
반인 50%가 되지 않으므로 ①은 옳지 않은 설명이다.

21

연령대별 2014년 남자와 여자의 고혈압 분포의 차를 구하면
다음과 같다.
• 30 ~ 39세 : $18.6-6.2=12.4\%$p
• 40 ~ 49세 : $30.5-19.6=10.9\%$p
• 50 ~ 59세 : $42.2-37.2=5\%$p
• 60 ~ 69세 : $44.0-50.6=-6.6\%$p
• 70세 이상 : $48.8-63.4=-14.6\%$p

따라서 70세 이상의 연령대가 가장 큰 차이를 보이고 있음을 알 수 있다.

22

남자 $40 \sim 49$세와 여자 $50 \sim 59$세의 평균을 구하면 다음과 같다.

- 남자 $40 \sim 49$세 평균 : $\dfrac{30.5+20.8}{2}=25.65\%$

- 여자 $50 \sim 59$세 평균 : $\dfrac{37.2+30.9}{2}=34.05\%$

따라서 각각 평균의 합은 $25.65+34.05=59.7\%$이다.

23

A사 71점, B사 70점, C사 75점으로 직원들의 만족도는 75점인 C사가 가장 높다.

24

A사 22점, B사 27점, C사 26점으로 가격과 성능의 만족도 합은 27점인 B사가 가장 높다.

25

A사 24점, B사 19점, C사 21점으로 안전성과 연비의 합은 24점인 A사가 가장 높다.

01 언어비평검사 I (언어추리)

01	02	03	04	05	06	07	08	09	10
⑤	③	③	①	④	④	⑤	④	④	①
11	12	13	14	15	16	17	18	19	20
①	③	③	②	③	①	③	①	②	①

01
정답 ⑤

제시문은 자가당착의 오류에 대한 설명이다. 따라서 이에 대한 예시로 ⑤가 가장 적절하다.

오답분석
① 순환 논증의 오류 : 결론에서 주장하고자 하는 바를 전제로 제시하는 오류
② 전건 부정의 오류 : 전건을 부정하여, 후건을 부정한 것을 결론으로 도출하는 데서 발생하는 오류
③ 후건 긍정의 오류 : 후건을 긍정하여 전건을 긍정한 것을 결론으로 도출하는 데서 발생하는 오류
④ 선언지 긍정의 오류 : 대전제의 어느 한 명제를 긍정하는 것이 필연적으로 다른 명제의 부정을 도출한다고 여기는 오류

02
정답 ③

ㄴ·ㄷ. 주장하는 사람의 인품, 직업, 과거 정황의 비난받을 만한 점을 트집 잡아 비판하는 인신공격의 오류에 해당한다.

오답분석
ㄱ. 순환 논증의 오류 : 결론에서 주장하고자 하는 것을 전제로 제시하는 오류
ㄹ. 흑백논리의 오류 : 어떤 집합의 원소가 단 두 개밖에 없다고 여기고, 이것이 아니면 저것일 수밖에 없다고 단정 짓는 데서 오는 오류

03
정답 ③

제시문은 역공격(피장파장)의 오류에 대해 설명하고 있다. 따라서 이와 관련이 있는 오류는 ③이다.

오답분석
① 군중에 호소하는 오류 : 군중 심리를 자극하여 논지를 받아들이게 하는 오류
② 범주의 오류 : 서로 다른 범주에 속하는 것을 같은 범주의 것으로 혼동하는 데서 생기는 오류
④ 복합질문의 오류 : 수긍할 수 없거나 수긍하고 싶지 않은 것을 전제하고 질문함으로써 수긍하게 만드는 오류
⑤ 성급한 일반화의 오류 : 제한된 정보, 부적합한 증거, 대표성을 결여한 사례를 근거로 일반화하는 오류

04
정답 ①

제시문에서 설명하는 오류는 범주의 오류이므로 이와 유사한 종류의 오류는 ①이다.

오답분석
② 역공격(피장파장)의 오류
③ 성급한 일반화의 오류
④ 무지에 호소하는 오류
⑤ 우연(원칙 혼동)의 오류

05
정답 ④

ㄷ·ㅁ. 인과 혼동의 오류로서 어떤 사실의 원인을 결과로 여기거나 결과를 원인으로 파악하는 오류이다. 열심히 공부해서 우등상을 받은 것인데, 그것을 통해 우등상을 주면 열심히 공부할 것이라고 판단하는 것은 결과를 원인으로 잘못 설정한 것이다. 마찬가지로 농부의 부지런함 때문에 많은 소를 소유하게 된 것인데, 소를 많이 획득한 결과를 농부를 부지런하게 만든 원인으로 잘못 설정하고 있다.

오답분석
ㄱ. 결합의 오류
ㄴ. 원인 오판의 오류이다. 빨간 옷을 입은 것이 수학 만점의 원인이 아닌데 그렇게 잘못 판단하고 있다. 보통 단순한 선후 관계를 인과 관계로 잘못 판단하는 경우가 이에 해당한다.
ㄹ. 대등한 관계에 있는 것들을 인과 관계로 묶는 오류

06
정답 ④

ㄷ・ㅂ. 순환논증의 오류

오답분석

ㄱ. 공포에 호소하는 오류
ㄴ. 동정에 호소하는 오류
ㄹ. 부적합한 권위에 호소하는 오류
ㅁ. 인신공격의 오류

07
정답 ⑤

삼단논법이 성립하기 위해서는 빈칸에 '시험을 못 봤다면 성적이 나쁘게 나온다.'라는 명제가 필요하다. 따라서 빈칸에는 이 명제의 대우 명제인 ⑤가 들어가는 것이 적절하다.

08
정답 ④

먼저 갑은 기획 업무를 선호하는데, 만약 민원 업무를 선호한다면 홍보 업무도 선호하게 되어 최소 세 개 이상의 업무를 선호하게 된다. 따라서 갑은 기획 업무만을 선호해야 한다. 다음으로 을은 민원 업무를 선호하므로 홍보 업무도 같이 선호함을 알 수 있는데, 세 개 이상의 업무를 선호하는 사원이 없다고 하였으므로 을은 민원 업무와 홍보 업무만을 선호해야 한다.

또한 인사 업무만을 선호하는 사원이 있다고 하였으며(편의상 병), 홍보 업무를 선호하는 사원 모두가 민원 업무를 선호하는 것은 아니라고 하였으므로 이를 통해 홍보 업무를 선호하지만 민원 업무는 선호하지 않는 사원이 존재함을 알 수 있다(편의상 정). 이제 이를 표로 정리하면 다음과 같다

구분	민원	홍보	인사	기획
갑	×	×		○
을	○	○	×	×
병	×	×	○	×
정	×	○		

ㄴ. 을과 정을 통해 최소 2명은 홍보 업무를 선호함을 알 수 있다.
ㄷ. 위 표에서 알 수 있듯이 모든 업무에 최소 1명 이상의 신입사원이 할당되어 있음을 알 수 있다.

오답분석

ㄱ. 민원, 홍보, 기획 업무는 갑과 을이 한 명씩은 선호하고 있으며, 인사 업무에 대한 갑의 선호 여부는 알 수 없으므로 반드시 참이라고 할 수 없다.

09
정답 ④

제시된 명제를 정리하면 강아지를 좋아하는 사람은 자연을 좋아하고, 자연을 좋아하는 사람은 편의점을 좋아하지 않는다.

따라서 '편의점을 좋아하는 사람은 강아지를 좋아하지 않는다.'가 반드시 참이다.

10
정답 ①

'달리기를 잘함'을 a, '영어를 잘함'을 b, '부자임'을 c라고 할 때, 제시된 명제를 정리하면 $a \to b \to c$가 성립한다. 따라서 달리기를 잘하는 '나'는 a이므로 부자이다.

11
정답 ①

제시된 명제를 정리하면, 재중이가 싫어하는 과목의 정도는 국어<사회<수학, 사회<영어 순이다. 따라서 국어보다 영어를 싫어하는 것은 참이지만, 국어를 싫어하는 정도가 가장 낮은 것일 뿐, 가장 좋아하는지는 알 수 없으므로 항상 옳은 것은 ①이다.

12
정답 ③

먼저 세 번째 ~ 여섯 번째 조건을 기호화하면 다음과 같다.
• A or B → D, A and B → D
• C → ~E and ~F
• D → G
• G → E

세 번째 조건의 대우 ~D → ~A and ~B에 따라 D사원이 출장을 가지 않으면 A사원과 B사원 모두 출장을 가지 않는 것을 알 수 있다. 결국 D사원이 출장을 가지 않으면 C사원과 E, F, G대리가 모두 출장을 가야 한다. 그러나 이는 대리 중 적어도 한 사람은 출장을 가지 않는다는 두 번째 조건과 모순되므로 성립하지 않는다. 그러므로 D사원은 반드시 출장을 가야 한다.

D사원이 출장을 가면 다섯 번째, 여섯 번째 조건을 통해 D → G → E가 성립하므로 G대리와 E대리도 출장을 가는 것을 알 수 있다. 이때, 네 번째 조건의 대우에 따라 E대리와 F대리 중 적어도 한 사람이 출장을 가면 C사원은 출장을 갈 수 없으며, 두 번째 조건에 따라 E, F, G대리는 모두 함께 출장을 갈 수 없다. 결국 D사원, G대리, E대리와 함께 출장을 갈 수 있는 사람은 A사원 또는 B사원이다.

따라서 항상 참인 것은 'C사원은 출장을 가지 않는다.'이다.

13
정답 ③

제시된 명제를 정리하면 민수가 철수보다, 영희가 철수보다, 영희가 민수보다 숨은 그림을 더 많이 찾았다. 따라서 '영희 – 민수 – 철수' 순서로 숨은 그림을 더 많이 찾았다.

14

정답 ②

(가) 작업을 수행하면 A − B − C − D 순서로 접시 탑이 쌓인다.

(나) 작업을 수행하면 철수는 D접시를 사용한다.

(다) 작업을 수행하면 A − B − C − E − F 순서로 접시 탑이 쌓인다.

(라) 작업을 수행하면 철수는 C, E, F접시를 사용한다.

따라서 (라) 작업이 완료된 후 B접시가 탑의 맨 위에 있게 된다.

15

정답 ③

부채는 C만 받았으므로 A가 받은 기념품에서 제외된다. 또한 수건을 받은 E는 D와 서로 다른 기념품을 받았으므로, A와 B가 수건과 손거울 중 어떤 것을 기념품으로 받았는지는 알 수 없다.

16

정답 ①

부채는 C만 받았으므로 D가 받은 기념품에서 제외된다. 또한, D와 E는 서로 다른 기념품을 받았으므로 E가 받은 수건 역시 제외된다. 따라서 D는 손거울을 기념품으로 받았음을 알 수 있다.

17

정답 ③

A와 B는 같은 기념품을 받았다고 하지만, 가장 많이 선택한 기념품이 수건인지 손거울인지 알 수 없다.

18

정답 ①

제시문은 예술 작품을 감상할 때 나타나는 장애물이 개인적인 습관과 편견이라고 말하고 있다. 그러므로 예술 작품을 잘 감상하려면 개인적인 습관과 편견에 구애받지 않는 열린 마음이 필요하다는 점을 추론할 수 있으므로 참이다.

19

정답 ②

성경의 어느 부분에도 신의 형상에 대한 설명이 없음에도 불구하고 신에 대한 전통적인 형상이 있다면, 그것은 전통적인 형상조차도 절대적인 것이 아니라 인간이 만들어낸 상대적인 것에 불과하다는 뜻이다. 그러므로 다른 형상을 그려냈다는 이유로 이단이라고 부를 수는 없으므로 거짓이다.

20

정답 ①

'작품에 표현된 이야기를 많이 알면 알수록 그 이야기는 언제나 그랬듯이 예전과 비슷하게 표현되어야 한다는 확신에 집착하게 되는 것도 일반적인 반응이다.'라는 설명에서 알 수 있듯, 작품에 대한 지식은 오히려 작품을 바라보는 사람에게 편견을 심어준다. 따라서 작품을 그 자체로서 즐기려고 노력하는 태도가 중요하다는 것은 참이다.

01	02	03	04	05	06	07	08	09	10
④	④	④	③	①	⑤	④	⑤	⑤	③
11	12	13	14	15	16	17	18	19	20
⑤	②	①	④	③	④	③	①	③	④
21	22	23	24	25					
⑤	④	②	④	④					

01
정답 ④

'Ⅱ-2'의 항목을 보면 '미디어 교육의 중요성에 대한 인식 부족'을 미디어 교육의 장애 요소라고 하였으므로 미디어 교육의 활성화 방안으로 미디어 교육의 중요성에 대한 인식을 고취하는 내용을 제시해야 한다. 그러나 ⓔ에서 '사이버 폭력에 대한 규제 강화'라는 항목을 제시하는 것은 'Ⅱ-2'의 항목을 고려한 것으로 볼 수 없으므로 ④는 적절하지 않다.

02
정답 ④

'Ⅲ-2-나'에 따르면 천연기념물 소나무 보존 대책으로 무분별한 개발 방지를 위한 보호 구역 확대를 제시하고 있다. ④의 '소나무 주변 관광 사업 개발'은 이러한 내용과 어긋날 뿐만 아니라 소나무를 보존하는 방안으로 보기 어렵다.

03
정답 ④

알려지지 않은 것에서는 불안정, 걱정, 공포감이 뒤따라 나오기 때문에 우리 마음의 불안한 상태를 없애고자 한다면, 알려지지 않은 것을 알려진 것으로 바꿔야 한다. 이러한 환원은 우리의 마음을 편하게 해주고 만족하게 한다. 이 때문에 우리는 이미 알려진 것, 체험한 것, 기억에 각인된 것을 원인으로 설정하게 되고, 낯설고 체험하지 않았다는 느낌을 빠르게 제거해 버려, 특정 유형의 설명만이 남아 우리의 사고방식을 지배하게 만든다. 따라서 빈칸에는 '낯설고 체험하지 않았다는 느낌을 제거해 버린다.'는 내용의 ④가 가장 적절하다.

04
정답 ③

기분조정 이론은 현재 시점에만 초점을 맞추고 있는 기분관리 이론을 보완한 이론으로, 기분조정 이론을 검증하기 위한 실험에서 피실험자들은 한 시간 후의 상황을 생각하며 미리 다른 음악을 선택하였다. 즉, 기분조정 이론은 사람들이 현재 시점뿐만 아니라 다음에 올 상황을 고려하여 현재의 기분을 조정한다는 것이다. 따라서 빈칸에 들어갈 내용으로 ③이 가장 적절하다.

①·④·⑤ 현재의 기분에 초점을 맞추고 있는 진술이므로 적절하지 않다.
② 기분조정 이론에 따르면 사람들은 다음에 올 상황을 고려하여 흥분을 유발하는 음악 또는 흥분을 가라앉히는 음악을 선택하여 기분을 조정한다. 따라서 흥분을 유발할 수 있는 음악을 선택한다는 진술은 적절하지 않다.

05
정답 ①

제시문의 두 번째 문단에서 알 수 있듯이, 일반 시민들이 SNS를 통해 문제를 제기하면서 전통적 언론에서 뒤늦게 그 문제에 대해 보도하는 현상이 생기게 되었다. 즉, 의제설정을 주도하는 것이 일반 시민들의 SNS임을 알 수 있다.

ㄱ·ㄷ. 현대의 전통적 언론도 의제설정기능을 수행할 수는 있지만, 과거 언론에 비해 의제설정기능의 역할이 약화되었다.
ㄹ. SNS로 인해 역의제설정 현상이 강해지고 있다.

06
정답 ⑤

액셀로드는 팃포탯 전략이 두 차례 모두 우승할 수 있었던 이유가 비열한 전략에는 비열한 전략으로 대응했기 때문임을 알게 되었다고 마지막 문단에서 언급하고 있으므로 ⑤가 가장 적절하다.

① 네 번째 문단에 의하면, 팃포탯을 만든 것은 심리학자인 아나톨 라포트 교수이다.
② 두 번째 문단에 의하면 죄수의 딜레마에서 자신의 이득이 최대로 나타나는 경우는 내가 죄를 자백하고 상대방이 죄를 자백하지 않는 것이다.
③·④ 마지막 문단에서 액셀로드는 팃포탯을 친절한 전략으로 분류했음을 확인할 수 있다.

07
정답 ④

제시문은 셧다운제에 대한 찬성 의견과 반대 의견을 제시하여 셧다운제 논란의 쟁점을 소개하였으므로 ④가 가장 적절하다.

08
정답 ⑤

제시문은 지방에 대해 일반적 사회적 통념과 다르게 알려진 내용을 지적하고, 건강에 유익한 지방도 있음을 설명하고 있으므로 ⑤가 가장 적절하다.

PART 3

09

제시문은 사회윤리의 중요성과 특징, 향후 발전 방법에 대하여 설명하고 있다. 글의 구조를 파악해 보면, (가)는 대전제, (다)는 소전제, (나)는 결론의 구조를 취하고 있으며, (마)는 (다)에 대한 보충 설명, (라)는 (마)에 대한 보충 설명을 하고 있다. 따라서 (가) 현대 사회에서 대두되는 사회윤리의 중요성 – (다) 개인의 윤리와 다른 사회윤리의 특징 – (마) 개인 윤리와 사회윤리의 차이점 – (라) 개인과 사회의 차이와 특성 – (나) 현대사회의 특성에 맞는 사회윤리의 정의 순으로 나열하는 것이 가장 적절하다.

10

제시문은 성품과 인위를 정의하고 이것에 대한 구체적인 예를 통해 인간의 원래 성품과 선하게 되는 원리를 설명하는 글이다. 따라서 (가) 성품과 인위의 정의 – (다) 성품과 인위의 예 – (라) 성품과 인위의 결과 – (나) 이를 통해 알 수 있는 인간의 성질 순으로 나열하는 것이 가장 적절하다.

11

ㄱ. 두 번째 문단의 내용처럼 '디지털 환경에서는 저작물을 원본과 동일하게 복제할 수 있고 용이하게 개작'할 수 있기 때문에 ㄱ과 같은 문제가 생겼다. 또한 이에 대한 결과로 (나) 바로 뒤의 내용처럼 '디지털화된 저작물의 이용행위가 공정이용의 범주에 드는 것인지 가늠하기가 더 어려워졌고 그에 따른 처벌 위험'도 커진 것이다. 따라서 ㄱ의 위치는 (나)가 가장 적절하다.

ㄴ. ㄴ에서 말하는 '이들'은 '저작물의 공유' 캠페인을 소개하는 마지막 문단에서 언급한 캠페인 참여자들을 가리킨다. 따라서 ㄴ의 위치는 (마)가 가장 적절하다.

12

제시문은 제4차 산업혁명으로 인한 노동수요 감소로 인해 나타날 수 있는 문제점으로 대공황에 대한 위험을 설명하면서도, 긍정적인 시각으로 노동수요 감소를 통해 인간적인 삶 향유가 이루어질 수 있다고 말한다. 따라서 제4차 산업혁명의 밝은 미래와 어두운 미래를 나타내는 ②가 제목으로 가장 적절하다.

13

미세먼지 측정기는 대기 중 미세먼지의 농도 측정 시 농도만 측정하는 것이지, 그 성분과는 아무런 관련이 없으므로 ①은 적절하지 않다.

14

제시문에서는 드론이 개인의 정보 수집과 활용에 대한 사전 동의 없이도 개인 정보를 저장할 수 있어 사생활 침해 위험이 높으므로 '사전 규제' 방식을 적용해야 한다고 주장한다. 따라서 이러한 주장에 대한 반박으로는 개인 정보의 복제, 유포, 위조에 대해 엄격한 책임을 묻는다면 사전 규제 없이도 개인 정보를 보호할 수 있다는 ④가 가장 적절하다.

15

퐁피두 미술관은 모든 창조적 활동을 위한 공간이라는 제시문의 설명에 비추어 봤을 때, 퐁피두가 전통적인 예술작품을 선호할 것이라는 내용은 유추할 수 없다. 따라서 추론할 수 있는 내용으로 ③은 적절하지 않다.

오답분석

① 퐁피두 미술관은 기존의 전시만을 위해 설립된 공간이 아닌, 복합적인 기능과 역할을 인식하고 변화를 시도하는 공간으로 설립된 점에서 전시 목적만을 위해 설립된 기존의 미술관의 모습과 다를 것임을 추론할 수 있다.

② 퐁피두 미술관은 미술뿐만 아니라, 조형, 음악, 영화, 서적 다양한 목적을 위한 공간이므로 퐁피두를 찾는 사람들의 목적은 다양할 것임을 추론할 수 있다.

④ 퐁피두 미술관의 특징이 모든 창조적 활동의 중심이 되는 공간이라는 점에서 퐁피두는 파격적인 예술작품들을 충분히 수용할 수 있을 것이라고 유추할 수 있다.

⑤ 퐁피두 미술관은 현대 미술관의 기능과 역할을 40년 전에 미리 예견하고 설립되었기 때문에 퐁피두 미술관은 현대 미술관의 선구자라는 자긍심을 가지고 있음을 유추할 수 있다.

16

제시문의 전체적인 맥락으로 볼 때, 핵심 내용은 과학자의 역할 및 그 중요성이다. 따라서 ④가 가장 적절하다.

17

마지막 문단에서 과학자는 과학의 소산물이 잘못 이용될 때에 생기는 예기치 못한 위험 상황을 위정자들에게 자세히 알려 줄 의무가 있음을 언급하고 있으나, 위정자들의 정치관을 바로 잡아야 한다는 내용은 없다.

18

17세기 철학자인 데카르트는 '동물은 정신을 갖고 있지 않으며, 고통을 느끼지 못하므로 심한 취급을 해도 좋다.'라고 주장하였다.

② 피타고라스는 윤회설에 입각하여 동물에게 경의를 표해야
　 함을 주장하였다.
③ 루소는 '인간불평등 기원론'을 통해 인간과 동물은 동등한
　 자연의 일부임을 주장하였다.
④ 동물복지축산농장인증제는 공장식 축산 방식의 문제를 개
　 선하기 위한 동물복지 운동의 일환으로 등장하였다.
⑤ 미국의 신경과학자들은 '의식에 관한 케임브리지 선언'을
　 통해 동물에게도 의식이 있다고 선언했다.

19　　　　　　　　　　　　정답　③

㉠의 '떨어지다'는 '값, 기온, 수준, 형세 따위가 낮아지거나
내려가다.'의 의미로 사용되었으므로 이와 같은 의미로 사용
된 것은 ③이다.

① 이익이 남다.
② 입맛이 없어지다.
④ 병이나 습관 따위가 없어지다.
⑤ 뒤를 대지 못하여 남아있는 것이 없게 되다.

20　　　　　　　　　　　　정답　④

언택트 기술이 낳을 수 있는 문제에 대응하기 위해서는 인간
중심의 비대면 접촉이 이루어져야 한다. 인력이 불필요한 곳
은 기술로 대체해야 하지만, 보다 대면 접촉이 필요한 곳에
인력을 재배치해야 한다는 것이다. 따라서 될 수 있는 한 인력
을 언택트 기술로 대체해야 한다는 내용은 적절하지 않다.

21　　　　　　　　　　　　정답　⑤

언택트 마케팅에 사용되는 기술의 보편화는 디지털 환경에 익
숙하지 않은 고령층을 소외시키는 '언택트 디바이드'와 같은
문제를 낳을 수 있다. 따라서 디지털이 익숙하지 않은 고령층
의 증가는 언택트 마케팅의 확산 원인으로 적절하지 않다.

22　　　　　　　　　　　　정답　④

언택트 마케팅은 전화 통화나 대면 접촉에 부담을 느끼는 사
람들이 증가함에 따라 확산되고 있는 것이다. 따라서 24시간
상담원과의 통화연결은 언택트 마케팅의 사례로 보기 어렵
다. 오히려 채팅앱이나 메신저를 통한 24시간 상담 등이 언택
트 마케팅의 사례로 적절하다.

①·②·③·⑤ 언택트 마케팅의 대표적인 사례이다.

23　　　　　　　　　　　　정답　②

제시문은 스타 시스템에 대한 문제점을 지적한 다음, 글쓴이
나름대로의 해결 방안을 모색하고 있으므로 ②가 가장 적절
하다.

24　　　　　　　　　　　　정답　④

욕망의 주체인 ⓑ만 ⓒ를 이상적 존재로 두고 닮고자 한다.
따라서 ④는 적절하지 않다.

25　　　　　　　　　　　　정답　④

제시문에서 스타는 스타 시스템에 의해서 소비자들의 욕망을
부추기고 상품처럼 취급되어 소비되는 존재로서, 자신의 의
지에 의해서 행위하는 것이 아니라 단지 스타 시스템에 의해
조종되고 있을 뿐이라 보고 있으므로 이에 대한 비판적 이해
로 ④가 가장 적절하다.

01	02	03	04	05	06	07	08	09	10
⑤	②	③	⑤	⑤	④	③	④	③	④
11	12	13	14	15	16	17	18	19	20
④	①	④	③	④	②	③	③	②	②
21	22	23	24	25					
②	③	④	④	⑤					

01　　　　　　　　　정답 ⑤

생산이 증가한 해에는 수출과 내수 모두 증가했다.

오답분석

① 표에서 ▽는 감소수치를 나타내고 있으므로 옳은 판단이다.
② 내수가 가장 큰 폭으로 증가한 해는 2022년으로 생산과 수출 모두 감소했다.
③ 수출이 증가한 해는 2020년, 2023년, 2024년으로 내수와 생산 모두 증가했다.
④ 2022년이 이에 해당한다.

02　　　　　　　　　정답 ②

전년 대비 소각 증가율을 구하면 다음과 같다.

• 2022년 : $\dfrac{11,604-10,609}{10,609}\times100 ≒ 9.4\%$

• 2023년 : $\dfrac{12,331-11,604}{11,604}\times100 ≒ 6.3\%$

전년 대비 2022년도 소각 증가율은 2023년 소각 증가율의 2배인 약 12.6%보다 작으므로 옳지 않다.

오답분석

① 매년 재활용량은 전체 생활 폐기물 처리량 중 50% 이상을 차지한다.
③ 5년간 소각량 대비 매립량 비율은 다음과 같다.

• 2020년 : $\dfrac{9,471}{10,309}\times100 ≒ 91.9\%$

• 2021년 : $\dfrac{8,797}{10,609}\times100 ≒ 82.9\%$

• 2022년 : $\dfrac{8,391}{11,604}\times100 ≒ 72.3\%$

• 2023년 : $\dfrac{7,613}{12,331}\times100 ≒ 61.7\%$

• 2024년 : $\dfrac{7,813}{12,648}\times100 ≒ 61.8\%$

따라서 매년 소각량 대비 매립량 비율은 60% 이상임을 알 수 있다.
④ 2020년부터 2023년까지 매립량은 감소하고 있다.
⑤ 2024년 재활용된 폐기물량 비율은 $\dfrac{30,454}{50,915}\times100 ≒$

59.8%로 2020년 소각량 비율 $\dfrac{10,309}{50,906}\times100 ≒ 20.3\%$ 의 3배인 60.9%보다 작으므로 옳다.

03　　　　　　　　　정답 ③

국문학과 합격자 수를 학교별로 구하면 다음과 같다.
• A고 : 700×0.6×0.2=84명
• B고 : 500×0.5×0.1=25명
• C고 : 300×0.2×0.35=21명
• D고 : 400×0.05×0.3=6명
따라서 'A−B−C−D' 순으로 합격자 수가 많다.

오답분석

• 영이 : B고의 경제학과 합격자 수는 500×0.2×0.3=30명, D고의 경제학과 합격자 수는 400×0.25×0.25=25명으로 B고의 합격자 수가 더 많다.
• 재인 : A고의 법학과 합격자는 700×0.2×0.3=42명으로 40명보다 많고, C고의 국문학과 합격자는 300×0.2×0.35=21명으로 20명보다 많다.

04　　　　　　　　　정답 ⑤

$\dfrac{289-309}{309}\times100 ≒ -6.5\%$

오답분석

① $\dfrac{5,706-5,826}{5,826}\times100 ≒ -2.1\%$
② $\dfrac{7,322-6,853}{6,853}\times100 ≒ 6.8\%$
③ $\dfrac{2,632-2,567}{2,567}\times100 ≒ 2.5\%$
④ $\dfrac{225-193}{193}\times100 ≒ 16.6\%$

05　　　　　　　　　정답 ⑤

L씨는 휴일 오후 3시에 택시를 타고 서울에서 경기도 맛집으로 이동 중이다. 택시요금 계산표에 따라 경기도 진입 전까지 기본요금으로 2km까지 3,800원이며, 4.64−2=2.64km는 주간 거리요금으로 계산하면 $\dfrac{2,640}{132}\times100=2,000$원이 나온다. 경기도에 진입 후 맛집에 도착까지 거리는 12.56−4.64=7.92km로 시계외 할증이 적용되어 심야 거리요금으로 계산하면 $\dfrac{7,920}{132}\times120=7,200$원이고, 경기도 진입 후 8분의 시간요금은 $\dfrac{8\times60}{30}\times120=1,920$원이다. 따라서 L씨가 가족과 맛집에 도착하여 지불하는 택시요금은 3,800+2,000+7,200+1,920=14,920원이다.

06

정답 ④

제시된 종합청렴도 계산 공식을 바탕으로 내부청렴도에 대한 공식을 만들면 다음과 같다.

(내부청렴도)=[(종합청렴도)-(외부청렴도)×0.6-(고객평가) ×0.1+(감점요인)]×$\frac{10}{3}$

이에 따라 연도별 내부청렴도를 구하면 다음과 같다.

• 2021년 : {6.23-8.0×0.6-6.9×0.1+(0.7+0.7+0.2)}

$\times\frac{10}{3}=2.34\times\frac{10}{3}=7.8$점

• 2022년 : {6.21-8.0×0.6-7.1×0.1+(0.7+0.8+0.2)}

$\times\frac{10}{3}=2.4\times\frac{10}{3}=8.0$점

• 2023년 : {6.16-8.0×0.6-7.2×0.1+(0.7+0.8+0.2)}

$\times\frac{10}{3}=2.34\times\frac{10}{3}=7.8$점

• 2024년 : {6.8-8.1×0.6-7.3×0.1+(0.5+0.4+0.2)}

$\times\frac{10}{3}=2.31\times\frac{10}{3}=7.7$점

따라서 내부청렴도가 가장 높은 해는 2022년, 가장 낮은 해는 2024년임을 알 수 있다.

07

정답 ③

ㄱ. 대형마트의 종이봉투 사용자 수는 2,000×0.05=100명으로, 중형마트의 종이봉투 사용자 수인 800×0.02=16명의 $\frac{100}{16}=6.25$배이다.

ㄷ. 마트별 비닐봉투 사용자 수를 구하면 다음과 같다.
• 대형마트 : 2,000×0.07=140명
• 중형마트 : 800×0.18=144명
• 개인마트 : 300×0.21=63명
• 편의점 : 200×0.78=156명
따라서 비닐봉투 사용률이 가장 높은 곳은 78%로 편의점이며, 비닐봉투 사용자 수가 가장 많은 곳도 156명으로 편의점이다.

ㄹ. 마트별 개인 장바구니의 사용률은 대형마트가 44%, 중형마트가 36%, 개인마트가 29%이다. 따라서 마트의 규모가 커질수록 개인 장바구니 사용률이 커짐을 알 수 있다.

오답분석

ㄴ. 마트별 종량제봉투 사용자 수를 구하면 다음과 같다.
• 대형마트 : 2,000×0.28=560명
• 중형마트 : 800×0.37=296명
• 개인마트 : 300×0.43=129명
• 편의점 : 200×0.13=26명
• 전체 종량제봉투 사용자 수 : 560+296+129+26=1,011명
따라서 대형마트의 종량제봉투 사용자 수인 560명은 전체 종량제봉투 사용자 수인 1,011명의 절반 이상이다.

08

정답 ④

갑지점 설문 응답률은 100-(23+45)=32%이다.

인터넷 설문 응답자 중 '잘 모르겠다.'를 제외한 응답자는 5,500×0.67=3,685명이다.

따라서 갑지점을 택한 응답자는 3,685×0.32≒1,179명이다.

09

정답 ③

연령대별 조사대상자 중 개인컵 사용자 수를 구하면 다음과 같다.
• 20대 미만 : 4,200×0.17=714명
• 20대 : 5,800×0.29=1,682명
• 30대 : 6,400×0.26=1,664명
• 40대 : 3,600×0.24=864명
따라서 조사대상자 중 개인컵 사용자 수가 가장 많은 연령대는 20대이고, 개인컵 사용률이 가장 높은 연령대도 20대이다.

오답분석

① 성별 개인컵 사용자 수를 구하면 다음과 같다.
• 남성 : 11,000×0.1=1,100명
• 여성 : 9,000×0.22=1,980명
따라서 조사대상자 중 개인컵 사용자 수는 여성이 남성의 $\frac{1,980}{1,100}=1.8$배에 해당한다.

② 조사대상자 중 20・30대는 각각 5,800명, 6,400명으로 총 12,200명이다. 이는 전체 조사대상자인 20,000명의 $\frac{12,200}{20,000}\times100=61$%이다.

④ 40대 조사대상자에서 개인컵 사용자 수는 3,600×0.24 =864명으로 이 중 288명이 남성이라면, 여성은 864-288=576명이다. 따라서 여성의 수는 남성의 $\frac{576}{288}=2$배에 해당한다.

⑤ 수도권 지역의 개인컵 사용률은 37%이고, 수도권 외 지역은 23%이므로 전자는 후자보다 14%p 더 높다.

10

정답 ④

2023년과 2024년의 총 학자금 대출 신청 건수를 구하면 다음과 같다.
• 2023년 : 1,921+2,760+2,195+1,148+1,632+1,224 =10,880건
• 2024년 : 2,320+3,588+2,468+1,543+1,927+1,482 =13,328건
따라서 2024년 총 학자금 대출 신청건수는 2023년 대비 $\frac{13,328-10,880}{10,880}\times100=22.5$% 증가하였으므로 ④는 옳지 않은 설명이다.

① 학자금 대출 신청 건수가 가장 많은 지역은 2023년에는 2,760건으로 인천광역시이고, 2024년에도 3,588건으로 인천광역시이다.
② 2024년 총 학자금 대출금액은 (대출 신청 건수)×(평균 대출금액)으로 구할 수 있으므로 대구광역시와 부산광역시의 총 학자금 대출금액을 구하면 다음과 같다.
- 대구광역시 : 2,320×688=1,596,160만 원
- 부산광역시 : 2,468×644=1,589,392만 원

따라서 2024년 총 학자금 대출금액은 대구광역시가 부산광역시보다 많다.
③ 대전광역시의 2024년 학자금 평균 대출금액은 376만 원으로, 전년인 235만 원 대비 $\frac{376}{235}$=1.6배 증가하였다.
⑤ 2023년 전체 학자금 대출 신청 건수는 10,880건으로, 그중 광주광역시가 차지하는 비율은 $\frac{1,632}{10,880}$×100=15%이다.

11   정답 ④

ㄴ. 2022년, 2023년 모두 30대 이상의 여성이 남성보다 비중이 높다.
ㄷ. 2023년 40대 남성의 비중은 22.1%로, 다른 연령대보다 비중이 높다.

ㄱ. 2022년에는 20대 남성이 30대 남성보다 1인 가구 비중이 더 높았지만, 2023년에는 20대 남성이 30대 남성보다 1인 가구의 비중이 더 낮았다.
ㄹ. 2년 이내 1인 생활을 종료를 예상하는 1인 가구의 비중은 2022년에는 증가하였으나, 2023년에는 감소하였다.

12   정답 ①

A시는 C시보다 인구가 두 배 이상이지만 천 명당 자동차 대수는 딱 절반이므로 자동차 대수는 A시가 더 많다. 마찬가지로 D시는 B시보다 인구가 절반 정도이지만 천 명당 자동차 대수는 두 배 이상이므로 자동차 대수는 D시가 더 많다. 또한 C시는 D시보다 인구와 천 명당 자동차 대수가 많으므로 자동차 대수는 C시가 더 많다.
따라서 자동차 대수가 많은 순서대로 나열하면 'A - C - D - B'이다.

13   정답 ④

- A시의 1인당 자동차 대수 : 204÷1,000=0.204 → 0.204×3=0.612대
- B시의 1인당 자동차 대수 : 130÷1,000=0.13 → 0.13×3=0.39대

- C시의 1인당 자동차 대수 : 408÷1,000=0.408 → 0.408×3=1.224대
- D시의 1인당 자동차 대수 : 350÷1,000=0.35 → 0.35×3=1.05대

따라서 가구당 평균 1대 이상의 자동차를 보유한 시는 C와 D이다.

14   정답 ③

C시의 자동차 대수 : (530,000×408)÷1,000=530×408=216,240대
∴ C시의 도로 1km당 자동차 대수=(530×408)÷318=680대

15   정답 ④

2024년에 주 2회 운동하는 70세 이상 사람들은 6명이며, 2019년에는 5명이므로 $\frac{6-5}{5}$×100=20% 증가했다. 따라서 35% 미만 증가했으므로 ④는 옳지 않은 설명이다.

운동 횟수별 총인원을 표로 나타내면 다음과 같다.

(단위 : 명)

구분	2019년			2020년			2021년		
	1회	2회	3회 이상	1회	2회	3회 이상	1회	2회	3회 이상
총 인원	93	80	88	90	74	96	108	82	112

구분	2022년			2023년			2024년		
	1회	2회	3회 이상	1회	2회	3회 이상	1회	2회	3회 이상
총 인원	98	73	109	83	72	115	84	73	112

① 2021년 주 1회 운동하는 회원은 전년 대비 $\frac{108-90}{90}$×100=20% 증가했다.
② 각 연도의 연령대 중 주 2회 운동하는 회원이 가장 많은 부분은 19명인 2021년의 20대이고, 그다음으로 많은 부분은 2019년의 60대이다.
③ 2022년에 전년 대비 1회 운동시간이 30분 이상 1시간 미만인 사람은 $\frac{96-82}{82}$×100≒17%로 20% 이하로 증가했다.
⑤ 주 2회 이상 운동하는 회원의 수가 전년 대비 가장 많이 증가한 연도는 2021년으로, 전년보다 (82+112)−(74+96)=24명이 증가하여 가장 많은 인원이 증가하였다.

16

15번 해설에서 2019 ~ 2024년까지 주 2회 운동한 인원은 $80+74+82+73+72+73=454$명이며, 2019 ~ 2024년 동안 조사한 회원들은 $261+260+302+280+270+269=1,642$명이다.

따라서 주 2회 운동하는 회원들의 비중은 $\frac{454}{1,642}\times100\fallingdotseq27\%$로 2025년에 조사한 회원이 9천 명이고, 성비가 1:1이라고 할 때, 주 2회 운동하는 여자 회원은 $9,000\times0.27\times\frac{1}{2}=1,215$명임을 알 수 있다.

17
정답 ③

'무응답'을 제외한 9개의 항목 중 2022년에 비해 2024년에 그 구성비가 증가한 항목은 '사업 추진 자금의 부족', '정부의 정책적 지원 미비', '보유 기술력 / 인력 부족', '가격 부담', '사물인터넷 인식 부족' 5개이다. 이는 $\frac{5}{9}\times100\fallingdotseq55.6\%$이므로 ③은 옳은 설명이다.

오답분석

① 2022년에는 '불확실한 시장성', 2024년에는 '정부의 정책적 지원 미비'가 가장 많은 비중을 차지하므로 옳지 않은 설명이다.
② 2022년 대비 2024년에 '사물인터넷 인식 부족'을 애로사항으로 응답한 기업 비율은 $5.1-4.2=0.9\%\text{p}$ 증가했고, '사업 추진 자금의 부족'을 애로사항으로 응답한 기업 비율은 $22.4-10.1=12.3\%\text{p}$ 증가했다. 따라서 '사물인터넷 인식 부족'을 애로사항으로 응답한 기업 비율이 더 적게 증가했다.
④ 제시된 자료는 비율 자료일 뿐, 해당 항목이 애로사항이라고 응답한 기업의 수는 파악할 수 없다.
⑤ 2024년에 '불확실한 시장성'을 애로사항으로 응답한 기업의 수는 알 수 없지만, 동일한 연도이므로 비율을 이용해 두 항목 간 비교가 가능하다. '불확실한 시장성'을 애로사항으로 응답한 기업의 비율은 10.9%로, '비즈니스 모델 부재'를 애로사항으로 응답한 기업 비율의 80%인 $12.3\times0.8=9.84\%$ 이상이므로 옳지 않은 설명이다.

18
정답 ③

• 진영 : 2022년에 '가격 부담'을 애로사항이라고 응답한 기업의 비율은 5.5%로, 2024년에 '개발 및 도입자금 지원'을 정부 지원 요청사항으로 응답한 기업의 비율의 45%인 $26.5\times0.45\fallingdotseq11.9\%$ 미만이다.
• 준엽 : 제시된 자료는 비율 자료이므로 2022년과 2024년에 조사에 참여한 기업의 수를 알 수 없다. 따라서 비교가 불가능하다.

오답분석

• 지원 : 동일한 연도 내이므로 기업의 수는 알 수 없어도 비율을 이용해 비교가 가능하다. 2024년에 정부 지원 요청사항에 대해 '도입 시 세제 / 법제도 지원'이라고 응답한 기업의 비율은 15.5%로, '기술 인력 양성 지원 확대'라고 응답한 기업 수의 30% 더 많은 $10.5\times1.3=13.65\%$ 이상이므로 옳은 설명이다.

19
정답 ②

ㄱ. $35,075-32,052=3,023$명
ㄷ. A, C, D유형에서 비정규직 인원은 여성이 더 많다.

오답분석

ㄴ. C유형의 집체훈련 인원은 $37,354$명으로 C유형 전체 인원에서 차지하는 비중은 약 98.9%이고, D유형의 집체훈련 인원은 $17,872$명으로 D유형 전체 인원에서 차지하는 비중은 약 96.6%이다. 따라서 집체훈련 인원의 비중은 D유형이 C유형보다 낮다.
ㄹ. C유형 인터넷과정의 남성 수는 217명으로 197명인 여성보다 더 많다.

20
정답 ②

A유형으로 훈련을 받는 정규직 근로자 중 남성의 비율은 약 64.7%, B유형으로 훈련을 받는 정규직 근로자 중 남성의 비율은 약 82.9%이므로, 그 차이는 $82.9-64.7=18.2\%\text{p}$이다.

21
정답 ②

C유형의 비정규직 인원 중 남성의 비중은 $\frac{733}{2,693}\times100\fallingdotseq27.2\%$, A유형의 비정규직 인원 중 남성의 비중은 $\frac{4,372}{10,547}\times100\fallingdotseq41.5\%$이므로 ②는 옳지 않은 설명이다.

오답분석

① 여성이 남성보다 비정규직 수가 많으므로 옳은 설명이다.
③ C유형이 D유형보다 총 인원수에서 두 배 정도 많은데 외국어과정은 4배 이상 많기 때문에 옳은 설명이다.
④ 개인지원방식에서 원격훈련 인원이 차지하는 비중은 $\frac{414+633}{56,273}\times100\fallingdotseq1.9\%$이다.
⑤ D유형의 집체훈련과 원격훈련 모두 여성의 수가 많으므로 옳은 설명이다.

22

정답 ③

2024년에는 전년 대비 29,227명이 증가했으나, 2023년에는 전년 대비 46,911명이 증가했으므로 ③은 옳지 않다.

오답분석

① · ④ 표를 통해 쉽게 확인할 수 있다.
② 모든 나이에서 영유아 수가 두 어린이집 모두 증가하고 있다.
⑤ 매년 민간 어린이집 - 국·공립 어린이집 - 법인 어린이집 순으로 많다.

23

정답 ④

2021년과 2024년 어린이집 전체 영유아의 수를 구하면 다음과 같다.
• 2021년 : 501,838＋422,092＋211,521＝1,135,451명
• 2024년 : 739,332＋455,033＋154,364＝1,348,729명
따라서 2021년과 2024년 어린이집 전체 영유아 수의 차는 1,348,729－1,135,451＝213,278명이다.

24

정답 ④

대략적으로 보아도 4,800의 30%와 2,700의 44% 중 4,800의 30%가 더 많은 수치라는 것을 알 수 있다. 계산을 했을 때 2022년 배구의 관중 수는 4,843×0.304≒1,472.3천 명, 핸드볼의 관중 수는 2,756×0.438≒1,207.1천 명이므로 ④는 옳은 설명이다.

오답분석

① 2021년에는 전년 대비 관중수용률이 증가했다.
② 2024년에는 야구의 관중수용률이 높다.
③ 관중수용률이 매년 증가한 종목은 야구와 축구뿐이다.
⑤ 농구는 '증가 - 증가 - 동일 - 동일 - 증가'의 추이를 보이고, 핸드볼은 '감소 - 동일 - 동일 - 감소 - 증가'의 추이를 보이고 있으므로 동일하지 않다.

25

정답 ⑤

관중수용률을 소수점 첫째 자리에서 반올림하면 야구 경기장 관중수용률은 66%, 축구 경기장 관중수용률은 35%이다.
2024년 야구 관중 수는 19,450×0.66＝12,837천 명, 축구 관중 수는 33,320×0.35＝11,662천 명이다.
따라서 야구 관중 수가 12,837－11,662＝1,175천 명 많다.

01   언어비평검사 I (언어추리)

01	02	03	04	05	06	07	08	09	10
④	②	②	②	①	①	①	②	③	③
11	12	13	14	15	16	17	18	19	20
④	③	①	②	④	①	③	③	①	③

01   정답 ④

ⓒ · ㉢은 서로 다른 범주에 속하는 것을 같은 범주의 것으로 혼동하는 데에서 생기는 범주의 오류에 해당한다.

오답분석

㉠ 애매어의 오류 : 두 가지 이상의 의미를 가진 말을 동일한 의미의 말인 것처럼 애매하게 사용함으로써 생기는 오류

ⓒ 자가당착의 오류 : 앞뒤의 주장이나 전제와 결론 사이에 모순이 발생함으로써 일관된 논점을 갖지 못하는 오류

02   정답 ②

②는 무지에 호소하는 오류로 자료적 오류이다.

오답분석

①은 사적 관계에 호소하는 오류, ③ · ⑤는 인신공격의 오류, ④는 피장파장의 오류로 심리적 오류에 해당한다.

03   정답 ②

정언 삼단논법 $p \rightarrow q$, $q \rightarrow r$, $p \rightarrow r$에 해당된다.

오답분석

① · ⑤ $p \rightarrow q$라는 명제가 참일 때, p를 부정함으로써 q도 일어나지 않았다고 단정하는 전건 부정의 오류에 해당된다.

③ $p \rightarrow q$라는 명제가 참일 때, q를 긍정함으로써 p도 일어났다고 단정하는 후건 긍정의 오류에 해당된다.

④ '죄인'을 '(주로 기독교에서 정의하는) 원죄를 가진 모든 사람'과 '법규를 위반하는 행위를 한 사람'으로 모두 해석할 수 있기 때문에 생기는 애매어의 오류이다.

04   정답 ②

오답분석

①은 일반화의 오류, ③은 부적절한 권위에 호소하는 오류, ④는 우연의 오류, ⑤는 분할(분해)의 오류에 해당한다.

05   정답 ①

부적합한 권위에 호소하는 오류는 직접적인 관련이 없는 권위자의 견해를 근거로 들거나 논리적인 타당성과는 무관하게 권위자의 견해라는 것을 내세워 자기 주장의 타당함을 입증하려는 오류로, 제시된 문장이 범하는 오류이다.

오답분석

② 사적 관계에 호소하는 오류 : 개인적인 친분 관계를 내세워 자신의 논지를 받아들이게 하려는 오류

③ 잘못된 유추의 오류 : 유사성이 없는 측면까지 유사성이 있는 것처럼 비유를 부당하게 적용하는 오류

④ 흑백논리의 오류 : 어떤 집합의 원소가 단 두 개밖에 없다고 여기고, 이것이 아니면 저것일 수밖에 없다고 단정 짓는 데에서 오는 오류

⑤ 후건 긍정의 오류 : 후건을 긍정하면서 전건을 긍정하는 오류

06   정답 ①

'병원에 가지 않음 → 사고가 나지 않음', '무단 횡단을 함 → 병원에 감'에서 주어진 명제가 성립하려면 '무단 횡단을 하면 사고가 난다.'라는 명제가 필요하다. 따라서 빈칸에 들어갈 명제로는 이 명제의 대우인 ①이 가장 적절하다.

07   정답 ①

삼단논법이 성립하기 위해서는 '호야는 노력하지 않았다.'라는 명제가 필요하다.

08

정답 ②

'을'과 '정'이 서로 상반된 이야기를 하고 있으므로 둘 중 1명이 거짓말을 하고 있다. 만일 '을'이 참이고 '정'이 거짓이라면 화분을 깨뜨린 사람은 '병', '정'이 되는데, 화분을 깨뜨린 사람은 1명이어야 하므로 모순이다. 따라서 거짓말을 한 사람은 '을'이다.

09

정답 ③

'커피를 좋아함'을 p, '홍차를 좋아함'을 q, '우유를 좋아함'을 r, '콜라를 좋아함'을 s라고 하면 $p \to q \to \sim r \to s$가 성립한다. 따라서 $p \to s$이므로 커피를 좋아하는 사람은 콜라를 좋아한다.

10

정답 ③

주어진 명제를 정리하면 '진달래를 좋아함 → 감성적임 → 보라색을 좋아함 → 백합을 좋아하지 않음'이다.
따라서 진달래를 좋아하는 사람은 보라색을 좋아한다.

11

정답 ④

'등산을 하는 사람'을 A, '심폐지구력이 좋은 사람'을 B, '마라톤 대회에 출전하는 사람'을 C, '자전거를 타는 사람'을 D라고 하면, 첫 번째 명제와 세 번째 명제, 네 번째 명제는 다음과 같은 벤 다이어그램으로 나타낼 수 있다.
1) 첫 번째 명제

2) 세 번째 명제

3) 네 번째 명제

이를 정리하면 다음과 같은 벤 다이어그램이 성립한다.

따라서 반드시 참인 명제는 '심폐지구력이 좋은 어떤 사람은 등산을 하고 자전거도 탄다.'의 ④이다.

오답분석
두 번째 명제를 벤 다이어그램으로 나타내면 다음과 같으며, C와 A・D가 공통되는 부분이 있는지 여부에 따라 반례를 찾아 답을 지워나가야 한다.

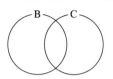

① C와 A가 공통되는 부분이 없는 다음과 같은 경우 성립하지 않는다.

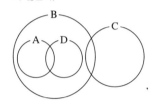

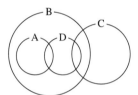

② C와 D가 공통되는 부분이 없는 다음과 같은 경우 성립하지 않는다.

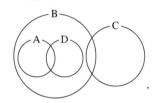

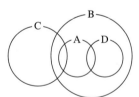

③ 다음과 같은 경우 성립하지 않는다.

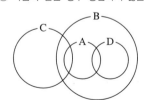

⑤ 다음과 같은 경우 성립하지 않는다.

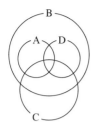

12
정답 ③

제시된 조건을 그림으로 정리하면 다음과 같다.

따라서 A, B 모두 옳다.

13
정답 ①

가장 높은 등급을 1등급, 가장 낮은 등급을 5등급이라고 하면 다섯 번째 조건에 의해 가는 3등급을 받는다. 또한 두 번째 조건에 의해 마는 4등급 또는 5등급이다. 이때 세 번째 조건에 의해 마가 4등급, 다가 5등급을 받는다.
따라서 심폐기능 등급이 가장 낮은 다에게 건강관리 안내문을 발송한다고 말한 A만 옳다

14
정답 ②

제시된 조건을 표로 정리하면 다음과 같다.

구분	빨간색	주황색	노란색	초록색	파란색	남색	보라색
현수	×	×	×			×	×
인환		○					
종훈	×	×		×			×
윤재			×	×			

- A : 현수가 가져올 수 있는 물감은 초록색과 보라색 물감이 맞지만, 현수가 2개 중 1개만 가져오고 윤재와 인환이가 나머지 1개를 가져올 수도 있으므로 옳은지 틀린지 판단할 수 없다.
- B : 인환이가 주황색 물감 1개만 가져온다면 노란색 물감을 가져올 수 있는 사람은 종훈이뿐이므로 옳은 판단이다.

15
정답 ④

제시된 정보를 정리하면 E – B – F – G – D – C – A의 순으로 계약이 체결됐다.

따라서 5번째로 체결한 계약은 D이다.

16
정답 ①

A ~ E 5명 중 살아남은 A, B, C에서 2명은 늑대 인간이며, 남은 1명은 드라큘라이다. 또한 D, E의 캐릭터는 서로 같지 않으므로 D와 E는 각각 늑대 인간 또는 드라큘라를 선택했다. 따라서 이 팀의 3명은 늑대 인간 캐릭터를, 2명은 드라큘라 캐릭터를 선택했다.

오답분석
② B는 드라큘라일 수도 늑대 인간일 수도 있다.
③ C는 늑대 인간일 수도 드라큘라일 수도 있다.
④ 늑대 인간의 수가 드라큘라의 수보다 많다.
⑤ D와 E는 서로 다른 캐릭터를 선택했을 뿐 어떤 캐릭터를 선택했는지는 알 수 없다.

17
정답 ③

ㄱ. 만약 세 종류의 자격증을 가진 후보자가 존재한다면 그 후보자는 A와 D를 모두 가지고 있어야 한다. 그런데 두 번째 명제에 의해 이 후보자는 B를 가지고 있지 않으므로 만약 이 후보자가 세 종류의 자격증을 가지기 위해서는 C도 가지고 있어야 한다. 그런데 세 번째 명제에 의해 이는 참이 될 수 없으므로 세 종류의 자격증을 가진 후보자는 존재할 수 없다.
ㄴ. 확정된 명제가 없으므로 가능한 경우를 따져보면 다음과 같다(후보자 갑은 ㄱ을 통해 확정할 수 있음).

구분	A	B	C	D
후보자 갑	○	×	×	○
후보자 을	○	○	×	×

네 번째 명제를 통해서 A와 B를 모두 가지고 있는 후보자가 존재한다는 것을 확인할 수 있으며, 두 번째 명제를 통해서 이 후보자가 D를 가지고 있지 않음을, 세 번째 명제를 통해서 C를 가지고 있지 않음을 알 수 있다. 이에 따르면 갑은 B를 가지고 있지 않으며, 을은 D를 가지고 있지 않다.

오답분석
ㄷ. 명제를 정리하면 ~D → ~C로 나타낼 수 있으며, 이의 대우는 C → D이다. 따라서 C를 가지고 있다면 D 역시 가지고 있어야 하므로 C만 가지고 있는 후보자는 존재하지 않는다. 그런데 이는 어디까지나 조건에 불과하므로 여전히 알 수 있는 것은 ㄴ의 갑과 을이 존재한다는 것뿐이다.

18

정답 ③

사람이 다른 사람과 교제를 할 때, 상대방에 대한 자신의 인상을 관리하려는 속성이 있다는 것이지 타인에 의해 자신의 인상이 관리된다는 내용은 제시문에 나와 있지 않으므로 알 수 없다.

19

정답 ①

광고 혹은 내가 다른 사람의 눈에 어떻게 보일 것인가 하는 점에서 20세기 대중문화는 새로운 인간형을 탄생시켰다.

20

정답 ③

해당 내용은 제시문에 나와 있지 않으므로 알 수 없다.

02   언어비평검사 II (독해)

01	02	03	04	05	06	07	08	09	10
①	④	②	④	③	④	③	⑤	②	②
11	12	13	14	15	16	17	18	19	20
③	②	④	③	③	⑤	④	②	③	⑤
21	22	23	24	25					
③	②	①	⑤	①					

01

정답 ①

제시문은 재즈가 어떻게 생겨났고 재즈가 어떠한 것들을 표현해내는 음악인지에 대해 설명하고 있다. 따라서 제목으로 ①이 가장 적절하다.

02

정답 ④

스피노자는 삶을 지속하고자 하는 인간의 욕망을 코나투스라 정의하며, 코나투스인 욕망을 긍정하고 욕망에 따라 행동해야 한다고 주장하였다. 따라서 스피노자의 주장에 대한 반박으로는 인간의 욕망을 부정적으로 바라보며, 이러한 욕망을 절제해야 한다는 내용의 ④가 가장 적절하다.

[오답분석]

③ 스피노자는 모든 동물들이 코나투스를 가지고 있으나, 인간은 자신의 충동을 의식할 수 있다는 점에서 차이가 있다고 주장하므로 스피노자와 동일한 입장임을 알 수 있다.

03

정답 ②

제시문은 검무의 정의와 기원, 검무의 변천 과정과 구성, 검무의 문화적 가치를 설명하는 글이다. 따라서 표제와 부제로 ②가 가장 적절하다.

04

정답 ④

마지막 문단에 따르면 회복적 사법이 기존의 관점을 완전히 대체할 수 있는 것은 아니며, 우리나라는 현재 형사 사법을 보완하는 차원 정도로 적용하고 있다.

[오답분석]

① 응보형론은 범죄를 상쇄할 해악의 부과를 형벌의 본질로 보는 이론으로 형벌 자체가 목적이다.
② 기존의 관점이 가해자의 행동 교정에 초점을 맞췄다면 회복적 사법은 피해자와 피해자의 회복 등에 초점을 두고 있다.
③ 기존의 관점인 응보형론과 재사회화론 모두 범죄를 국가에 대한 거역이고 위법 행위로 본다.

⑤ 응보형론은 지속적인 범죄 증가 현상을, 재사회화론은 재범률을 줄이지 못한다는 비판을 받는다.

05 정답 ③

제시문에 따르면 역사의 가치는 변하는 것이며, 시대나 사회의 흐름에 따라 달라지는 상대적인 것이다.

06 정답 ④

세 번째 문단에서 '상품에 응용된 과학 기술이 복잡해지고 첨단화되면서 상품 정보에 대한 소비자의 정확한 이해도 기대하기 어려워졌다.'는 내용과 일치한다.

07 정답 ③

제시문은 단어 형성법에 대한 설명으로, (가) 단어 형성 과정에서의 파생접사와 어미·조사와의 혼동 – (라) 파생접사와 어미·조사의 차이점 – (나) 단어 형성법 중 용언 어간과 어미의 결합 – (다) 체언과 조사와의 결합을 통한 단어 형성 순으로 나열하는 것이 적절하다.

08 정답 ⑤

제시된 문단은 선택적 함묵증을 불안장애로 분류하고 있다. 따라서 불안장애에 대한 구체적인 설명 및 행동을 설명하는 (라) 문단이 이어지는 것이 적절하다. 다음에는 불안장애인 선택적 함묵증을 치료하기 위한 방안인 (가) 문단이 적절하고, (가) 문단에서의 제시한 치료방법의 구체적 방안 중 하나인 '미술 치료'를 언급한 (다) 문단이 이어지는 것이 적절하다. 마지막으로 (다) 문단에서 언급한 '미술 치료'가 선택적 함묵증의 증상을 보이는 아동에게 어떠한 영향을 미치는지 언급한 (나) 문단 순으로 나열하는 것이 가장 적절하다.

09 정답 ②

보기에서는 투과율이 비슷한 조직들 간의 구별이 어렵기 때문에 다른 조직과의 투과율 차이가 큰 경우로 한정된다는 X선의 활용 범위의 한계를 제시한다. 두 번째 문단의 마지막 문장에서는 이러한 한계를 극복한 것이 CT라고 말한다. 따라서 보기는 (나)에 들어가는 것이 가장 적절하다.

10 정답 ②

빈칸 뒤의 마지막 문장에서 '자신의 주머니'와 이에 따른 대안의 한계를 지적하고 있으므로 빈칸에는 정부나 기업 차원이 아닌 개인 차원의 대안이 들어가야 한다. 따라서 ②가 가장 적절하다.

11 정답 ③

ⓒ은 '2. 우리말의 오용 원인' 중 '(2) 사회적 측면'의 하위항목이므로 대중매체에서 잘못 사용되고 있는 우리말의 사례를 활용해야 한다. 하지만 ③은 우리말이 잘못 사용되고 있는 사례로 보기 어려우므로 활용 방안으로 적절하지 않다.

12 정답 ②

지역 축제들 각각의 특색이 없는 것은 사람들이 축제를 찾지 않는 충분한 이유가 되며, 이에 대해 그 지역만의 특성을 보여줄 수 있는 프로그램을 개발한다는 방안은 적절하다.

13 정답 ④

부모와 긍정적인 관계를 형성하고 자란 성인이 개인의 삶에 긍정적인 영향을 주었음을 소개한 (나) 문단이 첫 번째 문단으로 적절하다. 그리고 (나) 문단에서 소개하는 연구팀의 실험을 설명하는 (라) 문단이 두 번째 문단으로 와야 한다. (라) 문단의 실험 참가자들에 대한 실험 결과를 설명하는 (가) 문단이 세 번째 문단으로, 다음으로 (가) 문단과 상반된 내용을 설명하는 (다) 문단이 마지막 문단으로 적절하다.

14 정답 ③

제시문은 청소년기에 부모와의 긍정적인 관계가 성인기의 원만한 인간관계로 이어져 개인의 삶에 영향을 미침을 설명하고 있다. 따라서 ③이 제목으로 가장 적절하다.

15 정답 ③

샌드위치를 소개하는 (다) 문단이 가장 먼저 오는 것이 적절하며, 그다음으로 샌드위치 이름의 유래를 소개하는 (나) 문단이 적절하다. 그 뒤를 이어 샌드위치 백작에 대한 평가가 엇갈림을 설명하는 (가) 문단이, 마지막으로는 이러한 엇갈린 평가를 구체적으로 설명하는 (라) 문단이 적절하다. 따라서 (다) – (나) – (가) – (라) 순으로 나열되어야 한다.

16 정답 ⑤

빈칸 뒤 문장에서 음식 이름의 주인공인 샌드위치 백작은 일부에서는 유능한 정치인·군인이었던 인물로 평가되는 반면, 다른 한편에서는 무능한 도박꾼으로 평가되고 있는 것을 볼 때 ⑤가 빈칸에 들어갈 내용으로 가장 적절하다.

PART 3

17
정답 ④

다섯 번째 문단에 따르면 색채를 활용하여 먼 거리에서 더 잘 보이게 하거나 뚜렷하게 보이도록 해야 할 때, 배경과 그 앞에 놓이는 그림의 속성 차를 크게 해야 한다.

[오답분석]
① 색채의 대비는 2개 이상의 색을 동시에 보거나, 계속해서 볼 때 일어나는 현상이다. 전자를 '동시대비', 후자를 '계속대비'라 한다.
② 어떤 색을 계속 응시하면, 시간의 경과에 따라 그 색의 보이는 상태가 변화한다.
③ 색채가 어떠하며, 우리 눈에 그것이 어떻게 보이고, 어떤 느낌을 주는지는 색채심리학이 다루는 연구대상 중 가장 주요한 부분이다.
⑤ 멀리서도 잘 보여야 하는 표지류 등은 대비량이 큰 색을 사용한다.

18
정답 ②

연두색과 노란색과 같은 두 색이 서로의 영향으로 색상 차가 나는 것으로 색상대비로 볼 수 있다.

[오답분석]
① 명도대비에 해당한다.
③ 색순응에 해당한다.
④ 보색잔상에 해당한다.
⑤ 채도대비에 해당한다.

19
정답 ③

제시문에서는 P2P 대출에 대한 여러 가지 견해는 확인할 수 없다.

[오답분석]
① P2P 대출중개 구조를 직접중개형과 간접중개형으로 구분하여 설명하고 있다.
② P2P 대출의 위험 분산 측면에서 P2P 대출의 특징을 은행의 경우와 비교하여 설명하고 있다.
④ 첫 번째 문단에서 P2P 대출에 대해 정의내리고 있다.
⑤ 우리나라의 P2P 대출중개 구조와 대출 특징을 예시로 들어 설명하고 있다.

20
정답 ⑤

P2P 대출은 개인이 온라인으로 쉽게 분산투자하면서 고위험 대출도 가능해지고 새로운 시장이 발생되어 전체적 시장이 확장되는 효과를 누릴 수 있다.

[오답분석]
① P2P 대출업체는 금융기관의 건전성 규제가 적용되지 않아 비용이 절감된다.
② 온라인 중개 특성으로 다수가 참여하여 위험이 분산되므로 위험성은 현저히 줄어든다.
③ 우리나라는 상대적으로 대출에 대한 부정적 인식이 강해 성장세에 있는 나라에 비해 빠른 성장은 보이지 못한다.
④ 직접중개형 P2P 대출에 대한 설명이다.

21
정답 ③

P2P 대출은 정부 통제하에 있는 일률적인 금리구조에서 벗어나므로 ③은 적절하지 않다.

[오답분석]
① P2P 대출은 신용정보의 수집, 신용평가와 같은 기능 및 대출금 상환 등의 서비스를 중개기관이 제공함으로써 신용리스크에 대한 통제를 기존 금융기관과 유사한 수준으로 실행할 수 있다.
② 신용위험이 여러 자금공급자에게 분산될 수 있도록 설계되어 위험성은 현저히 줄어든다.
④ 금융기관의 건전성 규제 등이 적용되지 않아 절감된 비용이 투자자와 차입자에게 이익으로 제공되는 시스템으로 운영되고 있다.
⑤ 저금리 시대에 사는 현재에 있어 정부 통제하에 있는 일률적인 금리구조에서 벗어나 고수익을 달성할 수 있다는 프로세스로 인하여 투자자들에게 인기를 끌고 있다.

22
정답 ②

제시문에서 펀드 가입 절차에 대한 내용은 찾아볼 수 없다.

[오답분석]
① 세 번째 문단에서 확인할 수 있다.
③ 마지막 문단에서 확인할 수 있다.
④ 두 번째 문단에서 확인할 수 있다.
⑤ 첫 번째 문단에서 확인할 수 있다.

23
정답 ①

주식 투자 펀드의 수익률 차이가 심하게 나는 것은 주식이 경기 변동의 영향을 많이 받기 때문이다.

[오답분석]
② 채권 투자 펀드에 대한 설명이다.
③ 채권을 사서 번 이익에서 투자 기관의 수수료를 뺀 금액이 수익이 된다.
④ 주식 투자 펀드에 대한 설명이다.
⑤ 주식 투자 펀드와 채권 투자 펀드 모두 투자 기관의 수수료가 존재한다.

24

제시문에 의하면 물수제비 발생에는 던진 돌의 세기와 적절한 각도 그리고 회전이 중요한 변수가 됨을 알 수 있다. 물론 물의 표면장력과 공기의 저항도 변수가 될 수 있다. 따라서 세 번째 문단의 내용으로 미루어 볼 때, 돌이 수면에 부딪친 후 운동에너지가 계속 유지되면 물수제비가 잘 일어난다는 것을 알 수 있다.

오답분석
① 돌의 무게가 물수제비 횟수와 비례한다고 볼 수 없다.
② 돌의 표면과 물의 표면장력과의 관계를 유추할 수 있는 근거가 없다.
③ 회전이 공기 저항과 관련은 있을 수 있지만 최소화한다는 진술은 적절하지 않다. 왜냐하면 회전의 방향에 따라 공기 저항이 커질 수도 있기 때문이다.
④ 첫 번째 문단에서 물수제비의 횟수는 돌의 속도가 빠를수록 증가한다고 했으므로 중력과 물수제비 횟수가 비례한다고 볼 수는 없다.

25

정답 ①

자연 현상이 아닌 프리즘이라는 발명품을 통해 빛을 분리하고 그것을 이용하여 무지개의 빛깔을 규명해냈다는 것은 발명품을 활용한 정도로 볼 수 있다. 반면에 ⊙은 물수제비라는 생활 주변의 자연 현상에서 그 원리를 찾아내 발명으로 연결시킨 경우를 말한다. 따라서 ①은 ⊙의 사례로 볼 수 없다.

03 | 수리비평검사

01	02	03	04	05	06	07	08	09	10
④	②	②	③	③	④	②	③	③	④
11	12	13	14	15	16	17	18	19	20
③	②	②	④	⑤	③	③	②	⑤	⑤
21	22	23	24	25					
④	②	③	⑤	②					

01

정답 ④

2023년 K시 전체 회계 예산액에서 특별회계 예산액의 비중은 $\frac{325,007}{1,410,393} \times 100 \fallingdotseq 23.0\%$이므로 25% 미만이다.

오답분석
① 두 도시의 전체 회계 예산액은 매년 증가하고 있으므로 J시의 전체 회계 예산액이 증가한 시기에는 K시의 전체 회계 예산액도 증가했다.
② 2020 ~ 2024년 K시 일반회계 예산액의 1.5배는 다음과 같다.
   • 2020년 : 984,446×1.5=1,476,669백만 원
   • 2021년 : 1,094,510×1.5=1,641,765백만 원
   • 2022년 : 1,134,229×1.5=1,701,343.5백만 원
   • 2023년 : 1,085,386×1.5=1,628,079백만 원
   • 2024년 : 1,222,957×1.5=1,834,435.5백만 원
   따라서 J시의 일반회계 예산액은 항상 K시의 일반회계 예산액보다 1.5배 이상 더 많다.
③ 2022년 K시 특별회계 예산액의 J시 특별회계 예산액 대비 비중은 $\frac{264,336}{486,577} \times 100 \fallingdotseq 54.3\%$이므로 옳은 설명이다.
⑤ J시 일반회계의 연도별 증감 추이는 계속 증가하고 있고, K시 일반회계의 연도별 증감 추이는 '증가 – 증가 – 감소 – 증가'이므로 J시와 K시의 일반회계의 연도별 증감 추이는 다르다.

02

정답 ②

100대 기업까지 48.7%이고, 200대 기업까지 54.5%이다. 따라서 101 ~ 200대 기업이 차지하고 있는 비율은 54.5−48.7 =5.8%이므로 ②는 옳지 않은 설명이다.

오답분석
① · ③ 표를 통해 쉽게 확인할 수 있다.
④ 표를 통해 0.2%p 감소했음을 알 수 있다.
⑤ 점유율이 상승과 하락의 경향을 보이므로 올바른 판단이다.

03

정답 ②

쓰레기 1kg당 처리비용은 400원으로 동결상태이다. 오히려 쓰레기 종량제 봉투 가격이 인상될수록 E신도시의 쓰레기 발생량과 쓰레기 관련 적자 예산이 급격히 감소하는 것을 볼 수 있으므로 ②는 옳지 않은 설명이다.

04

정답 ③

산업 및 가계별로 대기배출량을 구하면 다음과 같다.

• 농업, 임업 및 어업

$$\left(10,400 \times \frac{30}{100}\right) + \left(810 \times \frac{20}{100}\right) + \left(12,000 \times \frac{40}{100}\right)$$
$$+ \left(0 \times \frac{10}{100}\right) = 8,082천 톤 CO_2eq$$

• 석유, 화학 및 관련제품

$$\left(6,350 \times \frac{30}{100}\right) + \left(600 \times \frac{20}{100}\right) + \left(4,800 \times \frac{40}{100}\right)$$
$$+ \left(0.03 \times \frac{10}{100}\right) = 3,945.003천 톤 CO_2eq$$

• 전기, 가스, 증기 및 수도 사업

$$\left(25,700 \times \frac{30}{100}\right) + \left(2,300 \times \frac{20}{100}\right) + \left(340 \times \frac{40}{100}\right)$$
$$+ \left(0 \times \frac{10}{100}\right) = 8,306천 톤 CO_2eq$$

• 건설업

$$\left(3,500 \times \frac{30}{100}\right) + \left(13 \times \frac{20}{100}\right) + \left(24 \times \frac{40}{100}\right) + \left(0 \times \frac{10}{100}\right)$$
$$= 1,062.2천 톤 CO_2eq$$

• 가계부문

$$\left(5,400 \times \frac{30}{100}\right) + \left(100 \times \frac{20}{100}\right) + \left(390 \times \frac{40}{100}\right)$$
$$+ \left(0 \times \frac{10}{100}\right) = 1,796천 톤 CO_2eq$$

따라서 대기배출량이 가장 많은 부문인 '전기, 가스, 증기 및 수도 사업' 부문의 대기배출량을 줄여야 지구온난화 예방에 효과적이다.

05

정답 ③

세종특별자치시의 9월 혼인 건수의 전월 대비 증가율은

$$\frac{146 - 125}{125} \times 100 = 16.8\%로, 15\% 이상 증가하였으므로 ③$$

은 옳은 설명이다.

[오답분석]

① 전국 사망자 수 대비 출생아수의 비율은 8월에 $\frac{22,472}{25,286} \times$

$100 = 88.9\%$, 9월에 $\frac{23,567}{24,361} \times 100 = 96.7\%$로, 9월에

전월 대비 증가하였다.

직관적으로 분모가 되는 사망자 수는 9월에 전월 대비 감소하였고, 분자가 되는 출생아 수는 전월 대비 증가한 것을 통해 계산 없이도 사망자 수 대비 출생아 수 비율은 증가하였을 것을 알 수 있다.

② 충청남도의 사망자 수가 10월에 전월 대비 20% 감소한다면 10월 사망자 수는 $1,260 \times 0.8 = 1,008$명으로 1,000명 이상이다.

④ 8월 혼인 건수가 가장 많은 지역은 경기도이며, 9월 이혼 건수도 가장 많다.

⑤ 8월에는 강원도가 대전광역시보다 출생아 수가 적었으나, 9월에는 더 많으므로 출생아 수가 많은 지역들의 순위는 동일하지 않다.

06

정답 ④

1980년 전체 재배면적을 A라 하면, 2020년 전체 재배면적은 1.25A이다.

• 1980년 과실류 재배면적 : 0.018A
• 2020년 과실류 재배면적 : $0.086 \times 1.25A = 0.1075A$

따라서 재배면적은 $\frac{0.1075A - 0.018A}{0.018A} \times 100 = 500\%$ 증가

했다.

07

정답 ②

• 공연음악 시장 규모 : 2025년의 예상 후원 시장 규모는 $6,305 + 118 = 6,423$백만 달러이고, 티켓 판매 시장 규모는 $22,324 + 740 = 23,064$백만 달러이므로 2025년 공연음악 시장 규모는 $6,423 + 23,064 = 29,487$백만 달러이다.
• 스트리밍 시장 규모 : 2020년 스트리밍 시장의 규모가 1,530백만 달러이므로, 2025년의 스트리밍 시장 규모는 $1,530 \times 2.5 = 3,825$백만 달러이다.
• 오프라인 음반 시장 규모 : 2024년 오프라인 음반 시장 규모가 8,551백만 달러이므로, 2025년의 오프라인 음반 시장 규모는 $8,551 \times (1 - 0.06) = 8,037.9$백만 달러이다.

따라서 2025년의 음악시장 규모는 각각 공연음악은 29,487백만 달러, 스트리밍은 3,825백만 달러, 오프라인 음악은 8,037.9백만 달러이다.

08

정답 ③

투자비중을 고려하여 상품별 투자금액과 6개월 동안의 투자수익을 구하면 다음과 같다.

• 상품별 투자금액
  - A(주식) : $2,000 \times 0.4 = 800$만 원
  - B(채권) : $2,000 \times 0.3 = 600$만 원
  - C(예금) : $2,000 \times 0.3 = 600$만 원

- 6개월 동안의 투자수익

  – A(주식) : $800 \times \left\{ 1 + \left(0.10 \times \dfrac{6}{12} \right) \right\} = 840$만 원

  – B(채권) : $600 \times \left\{ 1 + \left(0.04 \times \dfrac{6}{12} \right) \right\} = 612$만 원

  – C(예금) : $600 \times \left\{ 1 + \left(0.02 \times \dfrac{6}{12} \right) \right\} = 606$만 원

따라서 6개월이 지난 후 E씨가 받을 수 있는 금액은 $840 + 612 + 606 = 2,058$만 원이다.

09 정답 ③

농·축·수산물별 부적합건수 비율은 다음과 같다.

- 농산물 : $\dfrac{1,725}{146,305} \times 100 ≒ 1.18\%$

- 축산물 : $\dfrac{1,909}{441,574} \times 100 ≒ 0.43\%$

- 수산물 : $\dfrac{284}{21,910} \times 100 ≒ 1.30\%$

따라서 부적합건수 비율이 가장 높은 것은 수산물이므로 ③은 옳지 않은 설명이다.

오답분석

① 생산단계에서의 수산물 부적합건수 비율은 $\dfrac{235}{12,922} \times 100$ $≒ 1.82\%$이고, 농산물 부적합건수 비율은 $\dfrac{1,209}{91,211} \times 100$ $≒ 1.33\%$이다.

② 농·축·수산물의 부적합건수의 평균은 $(1,725 + 1,909 + 284) \div 3 = 1,306$건이다.

④ 농산물 유통단계의 부적합건수는 516건으로, 49건인 수산물 부적합건수의 10배 이상이다.

⑤ 부적합건수가 가장 많은 건수는 축산물의 생산단계에서의 부적합건수로, 0.43%이다. 부적합건수가 가장 적은 건수는 수산물의 유통단계에서의 부적합건수이고 $\dfrac{49}{8,988} \times 100 ≒ 0.55\%$이므로 두 건수의 비율의 차이는 $0.55 - 0.43 = 0.12\%$p이다.

10 정답 ④

광고경기 체감도가 $80 \sim 99$점이라고 답한 수도권 업체의 수는 $5,128 \times 0.305 ≒ 1,564$개이다. 체감도가 120점 이상인 경상권 업체 수는 $1,082 \times 0.118 ≒ 128$개이다.
따라서 광고경기 체감도가 $80 \sim 99$점이라 답한 수도권 업체 수는 체감도가 120점 이상이라 답한 경상권 업체 수의 $1,564 \div 128 ≒ 12$배이다.

11 정답 ③

A지원자는 상황판단능력, D지원자는 수리능력에서 과락이므로 제외하고, 나머지 지원자들의 점수를 합격 점수 산출법에 따라 구하면 다음과 같다.

- B지원자 : $(65 \times 0.6) + (70 \times 0.3) + (55 \times 0.4) = 82$점
- C지원자 : $(65 \times 0.6) + (55 \times 0.3) + (50 \times 0.4) = 72.5$점
- E지원자 : $(90 \times 0.6) + (80 \times 0.3) + (49 \times 0.4) = 97.6$점

따라서 총점이 80점 이상인 B지원자와 E지원자가 최종 합격자이다.

12 정답 ②

유통업의 경우 9점을 받은 현지의 엄격한 규제 요인이 가장 강력한 진입 장벽으로 작용하므로 유통업체인 E사가 몽골 시장으로 진출할 경우, 해당 요인이 시장의 진입을 방해하는 요소로 작용할 가능성이 가장 크므로 ②는 옳은 설명이다.

오답분석

① 초기 진입 비용 요인의 경우 유통업(5점)보다 식·음료업(7점)의 점수가 더 높고, 유통업은 현지의 엄격한 규제 요인(9점)이 가장 강력한 진입 장벽으로 작용한다.

③ 몽골 기업의 시장 점유율 요인의 경우 제조업(5점)보다 유통업(7점)의 점수가 더 높으며, 제조업은 현지의 엄격한 규제 요인(8점)이 가장 강력한 진입 장벽으로 작용한다.

④ 문화적 이질감이 가장 강력한 진입 장벽으로 작용하는 업종은 해당 요인에 가장 높은 점수를 부여한 서비스업(8점)이다.

⑤ 서비스업은 초기 진입 비용이 타 업종에 비해 적게 든다.

13 정답 ②

폐기물을 통한 신재생에너지 공급량은 2018에 감소하였으므로 옳지 않은 설명이다.

오답분석

① 2019년 수력 공급량은 792.3천TOE로, 같은 해 바이오와 태양열의 공급량 합인 $754.6 + 29.3 = 783.9$천TOE보다 크다.

③ 2019년부터 수소·연료전지를 통한 공급량은 지열을 통한 공급량을 추월한 것을 확인할 수 있다.

④ 2019년부터 꾸준히 공급량이 증가한 신재생에너지는 '태양광, 폐기물, 지열, 수소·연료전지, 해양' 5가지이다.

⑤ 2016년에 비해 2024년에 공급량이 감소한 신재생에너지는 '태양열, 수력' 2가지이다.

14
정답 ④

전년 대비 신재생에너지 총 공급량의 증가율은 다음과 같다.

- 2018년 : $\dfrac{6,086.2-5,858.4}{5,858.4}\times100 \fallingdotseq 3.9\%$

- 2019년 : $\dfrac{6,856.2-6,086.2}{6,086.2}\times100 \fallingdotseq 12.7\%$

- 2020년 : $\dfrac{7,582.7-6,856.2}{6,856.2}\times100 \fallingdotseq 10.6\%$

- 2021년 : $\dfrac{8,850.7-7,582.7}{7,582.7}\times100 \fallingdotseq 16.7\%$

- 2022년 : $\dfrac{9,879.3-8,850.7}{8,850.7}\times100 \fallingdotseq 11.6\%$

따라서 전년 대비 신재생에너지 총 공급량의 증가율이 가장 큰 해는 2021년이다.

15
정답 ⑤

ㄱ. 제시된 표를 통해 쉽게 확인할 수 있다.

ㄴ. 각 6,570백만 원으로 동일하다.

ㄷ. (1kWh당 전기요금)=(연간 절감 전기요금)÷(연간 절감 전력량)

따라서 E시에 적용된 1kWh당 전기요금은 3,942백만÷3,942만=100원이다.

오답분석

ㄹ. (필요한 LED 전구 수)÷(적용 비율)=900÷0.3=300만 개

16
정답 ③

3년 후 절감액의 차는 (17,520-10,950)×3=19,710백만 원이다.

17
정답 ③

2023년 전년 대비 각 시설의 증가량은 축구장 60개소, 체육관 58개소, 간이운동장 789개소, 테니스장 62개소이다.
따라서 2023년 전년 대비 시설이 적게 늘어난 곳과 많이 늘어난 곳의 합은 639+11,458=12,097개소이다.

18
정답 ②

2021년 전체 공공체육시설 중 체육관이 차지하고 있는 비율은 $\dfrac{529}{467+529+9,531+428+1,387}\times100 \fallingdotseq 4.3\%$이다.

19
정답 ⑤

2024년 공공체육시설의 수는 649+681+12,194+565+2,038=16,127개소이므로 ⑤는 옳지 않다.

20
정답 ⑤

2022년과 2024년의 전체 어린이보호구역 수의 차는 (5,946+6,735+131+2,313+11)-(5,850+5,476+126+1,755+10)=15,136-13,217=1,919개소이다.

21
정답 ④

2021년의 전년 대비 각 시설의 증가율을 구하면 다음과 같다.

- 초등학교 : $\dfrac{5,654-5,526}{5,526}\times100 \fallingdotseq 2.32\%$

- 유치원 : $\dfrac{2,781-2,602}{2,602}\times100 \fallingdotseq 6.88\%$

- 특수학교 : $\dfrac{107-93}{93}\times100 \fallingdotseq 15.05\%$

- 보육시설 : $\dfrac{1,042-778}{778}\times100 \fallingdotseq 33.93\%$

- 학원 : $\dfrac{8-7}{7}\times100 \fallingdotseq 14.29\%$

따라서 2021년의 전년 대비 증가율은 보육시설이 가장 높다.

22
정답 ②

2024년의 어린이보호구역의 합계는 5,946+6,735+131+2,313+11=15,136개소이고, 2019년 어린이보호구역의 합계는 5,365+2,369+76+619+5=8,434개소이다.
따라서 2024년 어린이보호구역은 2019년보다 총 6,702개소 증가했으므로 ②는 옳지 않다.

23
정답 ③

- ㉯ : 6,194-(530+23+581+180+2,000)=2,880억 원

- ㉰ : $\dfrac{3,798-2,880}{2,880}\times100=\dfrac{918}{2,880}\times100 \fallingdotseq 32\%$

24
정답 ⑤

이랜드파크의 2022~2023년간 차입한 금액과 대여한 금액을 구하면 다음과 같다.

- 차입한 금액 : 4,500+530+8,030+5,000=18,060억 원
- 대여한 금액 : 2,880+3,798+23+1,200=7,901억 원

따라서 차입 금액이 대여한 금액보다 많으므로 ⑤는 옳다.

오답분석

① 2022년 차입금이 530억 원이고, 2023년 차입금이 8,030억

원이므로 증감률은 $\dfrac{8,030-530}{530}\times 100 \fallingdotseq 1,415\%$이다.

② 530＋8,030＋581＋581＋2,000＝11,722억 원

③ 이랜드파크의 총 차입액은 530＋4,500＋8,030＋5,000
＝18,060억 원이고, $\dfrac{5,000}{18,060}\times 100 \fallingdotseq 27.7\%$이므로 약
28%를 대여했다.

④ 2년 동안 581억 원씩 차입했다.

25 　　　　　　　　　　　정답 ②

23번의 해설에 따라 증감률은 32%이므로 ②는 옳지 않다.

[오답분석]

① 4,500＋8,030＋5,000＝17,530억 원

③ $\dfrac{23,109}{6,194}\fallingdotseq 3.7$배

④ $\dfrac{4,500+8,030+5,000}{23,109}\times 100 \fallingdotseq 75.9\%$

⑤ 이랜드건설이 5,000억 원으로 이랜드리테일을 제외하고
차입금을 가장 많이 대여해 준 회사이다.

성공은 자신의 한계를 넘어서는 과정에서 찾아진다.

– 마이클 조던 –

이랜드그룹 ESAT 답안지

언어비평검사 I (언어추리)

문번	1	2	3	4	5
1	①	②	③	④	⑤
2	①	②	③	④	⑤
3	①	②	③	④	⑤
4	①	②	③	④	⑤
5	①	②	③	④	⑤
6	①	②	③	④	⑤
7	①	②	③	④	⑤
8	①	②	③	④	⑤
9	①	②	③	④	⑤
10	①	②	③	④	⑤
11	①	②	③	④	⑤
12	①	②	③	④	⑤
13	①	②	③	④	⑤
14	①	②	③	④	⑤
15	①	②	③	④	⑤
16	①	②	③	④	⑤
17	①	②	③	④	⑤
18	①	②	③	④	⑤
19	①	②	③	④	⑤
20	①	②	③	④	⑤

언어비평검사 II (독해)

문번	1	2	3	4	5
1	①	②	③	④	⑤
2	①	②	③	④	⑤
3	①	②	③	④	⑤
4	①	②	③	④	⑤
5	①	②	③	④	⑤
6	①	②	③	④	⑤
7	①	②	③	④	⑤
8	①	②	③	④	⑤
9	①	②	③	④	⑤
10	①	②	③	④	⑤
11	①	②	③	④	⑤
12	①	②	③	④	⑤
13	①	②	③	④	⑤
14	①	②	③	④	⑤
15	①	②	③	④	⑤
16	①	②	③	④	⑤
17	①	②	③	④	⑤
18	①	②	③	④	⑤
19	①	②	③	④	⑤
20	①	②	③	④	⑤
21	①	②	③	④	⑤
22	①	②	③	④	⑤
23	①	②	③	④	⑤
24	①	②	③	④	⑤
25	①	②	③	④	⑤

교시장

성 명

수험번호

⓪	①	②	③	④	⑤	⑥	⑦	⑧	⑨
⓪	①	②	③	④	⑤	⑥	⑦	⑧	⑨
⓪	①	②	③	④	⑤	⑥	⑦	⑧	⑨
⓪	①	②	③	④	⑤	⑥	⑦	⑧	⑨
⓪	①	②	③	④	⑤	⑥	⑦	⑧	⑨
⓪	①	②	③	④	⑤	⑥	⑦	⑧	⑨
⓪	①	②	③	④	⑤	⑥	⑦	⑧	⑨

감독위원 확인

(인)

이랜드그룹 ESAT 답안지

고사장

성 명

수험번호

	⓪	⓪	⓪	⓪		⓪	⓪
①	①	①	①	①	①	①	①
②	②	②	②	②	②	②	②
③	③	③	③	③	③	③	③
④	④	④	④	④	④	④	④
⑤	⑤	⑤	⑤	⑤	⑤	⑤	⑤
⑥	⑥	⑥	⑥	⑥	⑥	⑥	⑥
⑦	⑦	⑦	⑦	⑦	⑦	⑦	⑦
⑧	⑧	⑧	⑧	⑧	⑧	⑧	⑧
⑨	⑨	⑨	⑨	⑨	⑨	⑨	⑨

감독위원 확인

(인)

수리비판검사

문번	1	2	3	4	5	문번	1	2	3	4	5
1	①	②	③	④	⑤	21	①	②	③	④	⑤
2	①	②	③	④	⑤	22	①	②	③	④	⑤
3	①	②	③	④	⑤	23	①	②	③	④	⑤
4	①	②	③	④	⑤	24	①	②	③	④	⑤
5	①	②	③	④	⑤	25	①	②	③	④	⑤
6	①	②	③	④	⑤						
7	①	②	③	④	⑤						
8	①	②	③	④	⑤						
9	①	②	③	④	⑤						
10	①	②	③	④	⑤						
11	①	②	③	④	⑤						
12	①	②	③	④	⑤						
13	①	②	③	④	⑤						
14	①	②	③	④	⑤						
15	①	②	③	④	⑤						
16	①	②	③	④	⑤						
17	①	②	③	④	⑤						
18	①	②	③	④	⑤						
19	①	②	③	④	⑤						
20	①	②	③	④	⑤						

상황판단검사

문번	1	2	3	4	5	문번	1	2	3	4	5
1	①	②	③	④	⑤	21	①	②	③	④	⑤
2	①	②	③	④	⑤	22	①	②	③	④	⑤
3	①	②	③	④	⑤	23	①	②	③	④	⑤
4	①	②	③	④	⑤	24	①	②	③	④	⑤
5	①	②	③	④	⑤	25	①	②	③	④	⑤
6	①	②	③	④	⑤	26	①	②	③	④	⑤
7	①	②	③	④	⑤	27	①	②	③	④	⑤
8	①	②	③	④	⑤	28	①	②	③	④	⑤
9	①	②	③	④	⑤	29	①	②	③	④	⑤
10	①	②	③	④	⑤	30	①	②	③	④	⑤
11	①	②	③	④	⑤	31	①	②	③	④	⑤
12	①	②	③	④	⑤	32	①	②	③	④	⑤
13	①	②	③	④	⑤						
14	①	②	③	④	⑤						
15	①	②	③	④	⑤						
16	①	②	③	④	⑤						
17	①	②	③	④	⑤						
18	①	②	③	④	⑤						
19	①	②	③	④	⑤						
20	①	②	③	④	⑤						

이랜드그룹 ESAT 답안지

언어비평검사 I (언어추리)

문번	1	2	3	4	5
1	①	②	③	④	⑤
2	①	②	③	④	⑤
3	①	②	③	④	⑤
4	①	②	③	④	⑤
5	①	②	③	④	⑤
6	①	②	③	④	⑤
7	①	②	③	④	⑤
8	①	②	③	④	⑤
9	①	②	③	④	⑤
10	①	②	③	④	⑤
11	①	②	③	④	⑤
12	①	②	③	④	⑤
13	①	②	③	④	⑤
14	①	②	③	④	⑤
15	①	②	③	④	⑤
16	①	②	③	④	⑤
17	①	②	③	④	⑤
18	①	②	③	④	⑤
19	①	②	③	④	⑤
20	①	②	③	④	⑤

언어비평검사 II (독해)

문번	1	2	3	4	5
1	①	②	③	④	⑤
2	①	②	③	④	⑤
3	①	②	③	④	⑤
4	①	②	③	④	⑤
5	①	②	③	④	⑤
6	①	②	③	④	⑤
7	①	②	③	④	⑤
8	①	②	③	④	⑤
9	①	②	③	④	⑤
10	①	②	③	④	⑤
11	①	②	③	④	⑤
12	①	②	③	④	⑤
13	①	②	③	④	⑤
14	①	②	③	④	⑤
15	①	②	③	④	⑤
16	①	②	③	④	⑤
17	①	②	③	④	⑤
18	①	②	③	④	⑤
19	①	②	③	④	⑤
20	①	②	③	④	⑤

문번	1	2	3	4	5
21	①	②	③	④	⑤
22	①	②	③	④	⑤
23	①	②	③	④	⑤
24	①	②	③	④	⑤
25	①	②	③	④	⑤

교시장

성 명

수 험 번 호

⓪	⓪	⓪	⓪	⓪	⓪	⓪
①	①	①	①	①	①	①
②	②	②	②	②	②	②
③	③	③	③	③	③	③
④	④	④	④	④	④	④
⑤	⑤	⑤	⑤	⑤	⑤	⑤
⑥	⑥	⑥	⑥	⑥	⑥	⑥
⑦	⑦	⑦	⑦	⑦	⑦	⑦
⑧	⑧	⑧	⑧	⑧	⑧	⑧
⑨	⑨	⑨	⑨	⑨	⑨	⑨

감독위원 확인

(인)

이랜드그룹 ESAT 답안지

고사장

성 명

수험번호

	①	②	③	④	⑤	⑥	⑦	⑧	⑨
⓪	①	②	③	④	⑤	⑥	⑦	⑧	⑨
⓪	①	②	③	④	⑤	⑥	⑦	⑧	⑨
⓪	①	②	③	④	⑤	⑥	⑦	⑧	⑨
⓪	①	②	③	④	⑤	⑥	⑦	⑧	⑨
⓪	①	②	③	④	⑤	⑥	⑦	⑧	⑨
⓪	①	②	③	④	⑤	⑥	⑦	⑧	⑨

감독위원 확인

㊞

수리비판검사

문번	1	2	3	4	5	문번	1	2	3	4	5
1	①	②	③	④	⑤	21	①	②	③	④	⑤
2	①	②	③	④	⑤	22	①	②	③	④	⑤
3	①	②	③	④	⑤	23	①	②	③	④	⑤
4	①	②	③	④	⑤	24	①	②	③	④	⑤
5	①	②	③	④	⑤	25	①	②	③	④	⑤
6	①	②	③	④	⑤						
7	①	②	③	④	⑤						
8	①	②	③	④	⑤						
9	①	②	③	④	⑤						
10	①	②	③	④	⑤						
11	①	②	③	④	⑤						
12	①	②	③	④	⑤						
13	①	②	③	④	⑤						
14	①	②	③	④	⑤						
15	①	②	③	④	⑤						
16	①	②	③	④	⑤						
17	①	②	③	④	⑤						
18	①	②	③	④	⑤						
19	①	②	③	④	⑤						
20	①	②	③	④	⑤						

상황판단검사

문번	1	2	3	4	5	문번	1	2	3	4	5
1	①	②	③	④	⑤	21	①	②	③	④	⑤
2	①	②	③	④	⑤	22	①	②	③	④	⑤
3	①	②	③	④	⑤	23	①	②	③	④	⑤
4	①	②	③	④	⑤	24	①	②	③	④	⑤
5	①	②	③	④	⑤	25	①	②	③	④	⑤
6	①	②	③	④	⑤	26	①	②	③	④	⑤
7	①	②	③	④	⑤	27	①	②	③	④	⑤
8	①	②	③	④	⑤	28	①	②	③	④	⑤
9	①	②	③	④	⑤	29	①	②	③	④	⑤
10	①	②	③	④	⑤	30	①	②	③	④	⑤
11	①	②	③	④	⑤	31	①	②	③	④	⑤
12	①	②	③	④	⑤	32	①	②	③	④	⑤
13	①	②	③	④	⑤						
14	①	②	③	④	⑤						
15	①	②	③	④	⑤						
16	①	②	③	④	⑤						
17	①	②	③	④	⑤						
18	①	②	③	④	⑤						
19	①	②	③	④	⑤						
20	①	②	③	④	⑤						

2025 최신판 시대에듀 이랜드그룹 ESAT 인적성검사 8개년 기출 + 모의고사 5회 + 무료이랜드특강

개정11판1쇄 발행	2025년 04월 15일 (인쇄 2025년 03월 18일)
초 판 발 행	2019년 04월 05일 (인쇄 2019년 02월 26일)
발 행 인	박영일
책 임 편 집	이해욱
편 저	SDC(Sidae Data Center)
편 집 진 행	안희선 · 윤지원
표지디자인	하연주
편집디자인	최혜윤 · 장성복
발 행 처	(주)시대고시기획
출 판 등 록	제10-1521호
주 소	서울시 마포구 큰우물로 75 [도화동 538 성지 B/D] 9F
전 화	1600-3600
팩 스	02-701-8823
홈 페 이 지	www.sdedu.co.kr

I S B N	979-11-383-9056-9 (13320)
정 가	25,000원

ESAT

이랜드그룹

인적성검사

최신기출유형+모의고사 5회
+무료이랜드특강

최신 출제경향 전면 반영